Schadensersatzansprüche im deutschen Kartellrecht
nach der 6. GWB-Novelle

Deutsches und Europäisches Wirtschaftsrecht

Herausgegeben von Jürgen F. Baur

Band 12

PETER LANG
Frankfurt am Main · Berlin · Bern · Bruxelles · New York · Oxford · Wien

Markus Röhrig

Schadensersatzansprüche im deutschen Kartellrecht nach der 6. GWB-Novelle

Eine ökonomische Betrachtung
privater Wettbewerbsaufsicht
am Beispiel des neuen Mißbrauchsverbots
gemäß § 19 GWB

PETER LANG
Europäischer Verlag der Wissenschaften

Bibliografische Information Der Deutschen Bibliothek
Die Deutsche Bibliothek verzeichnet diese Publikation in der Deutschen Nationalbibliografie; detaillierte bibliografische Daten sind im Internet über <http://dnb.ddb.de> abrufbar.

Zugl.: Köln, Univ., Diss., 2003

D 38
ISSN 1617-352X
ISBN 3-631-52408-0

www.peterlang.de

Inhaltsverzeichnis

Verzeichnis der zitierten Literatur

Ahrens, Hans-Jürgen: Die Entstehung der zivilrechtlichen Sanktionen des UWG, WRP 1980, Seiten 129 ff.

Albers, Carsten: Die Haftung der Bundesrepublik Deutschland für die Nichtumsetzung von EG-Richtlinien, Baden-Baden, 1995

Assmann, Heinz-Dieter: Schadensersatz in mehrfacher Höhe des Schadens, BB 1985, Seiten 15 ff.

Assmann, Heinz-Dieter / Kirchner, Christian / Schanze, Erich (Hrsg.): Ökonomische Analyse des Rechts, Regensburg, 1978

Aubin, Peter: Die Haftung der Europäischen Wirtschaftsgemeinschaft und ihrer Mitgliedsstaaten bei gemeinschaftsrechtswidrigen nationalen Verwaltungsakten, Dissertation, Baden-Baden, 1982

Bachof, Otto: Reflexwirkungen und subjektive Rechte im öffentlichen Recht, in: *Bachof, Otto / Drath, Martin / Gönnenwein, Otto / Walz, Ernst* (Hrsg.): Forschungen und Berichte aus dem öffentlichen Recht, Gedächtnisschrift für *Walter Jellinek*, München, 1955, Seiten 287 ff.

Badura, Peter: Staatsrecht, 2. Auflage, München, 1996

Ballerstedt, Kurt: Übernationale und nationale Marktordnung, Tübingen, 1955

Ballerstedt, Kurt: Kartellverbot und Einzelvertrag, JZ 1956, Seiten 267 ff.

Ballerstedt, Kurt: Über wirtschaftliche Maßnahmegesetze, in: Rechts- und Staatswissenschaftliche Fakultät der Rheinischen Friedrich Wilhelms Universität Bonn (Hrsg.): Festschrift für *Walter Schmidt-Rimpler*, Karlsruhe, 1957, Seiten 369 ff.

Ballerstedt, Kurt: Zur Systematik des Mißbrauchsbegriffs im GWB, in: Strukturen und Entwicklungen im Handels-, Gesellschafts- und Wirtschaftsrecht, Festschrift für *Wolfgang Hefermehl* zum 70. Geburtstag, München, 1976, Seiten 37 ff.

Bar, Christian von: Empfehlen sich gesetzgeberische Maßnahmen zur rechtlichen Bewältigung der Haftung für Massenschäden?, in: Verhandlungen des 62. Deutschen Juristentages Bremen 1998, Band I, München, 1998, Seiten A 1 bis A 104

Baron, Michael, in: Meinungen zur 6. GWB-Novelle, WuW 1998, Seiten 651 ff.

Bartling, Hartwig: Leitbilder der Wettbewerbspolitik, München, 1980

Baudenbacher, Carl: Machtbedingte Wettbewerbsstörungen als Unlauterkeitstatbestände, GRUR 1981, Seiten 19 ff.

Baudenbacher, Carl: Die Rolle der nationalen Gerichte im modernisierten EU-Wettbewerbsrecht, WuW 2000, Seite 1171

Baumbach, Adolf / Hefermehl, Wolfgang: Wettbewerbsrecht, 22. Auflage, München, 2001

Baums, Theodor: GWB-Novelle und Kartellverbot, ZIP 1998, Seiten 233 ff.

Baur, Jürgen F.: Der Mißbrauch im deutschen Kartellrecht, Tübingen, 1972

Baur, Jürgen F.: Schadensersatz- und Unterlassungsansprüche bei Verstößen gegen die Kartellrechtsvorschriften des EWG-Vertrags, EuR 1988, Seiten 257 ff.

Beater, Axel: Zur Deregulierung des Wettbewerbsrechts, ZHR Band 159 (1995), Seiten 217 ff.

Bechtold, Rainer: Zum Referenten-Entwurf der 6. GWB-Novelle, BB 1997, Seiten 1853 ff.

Bechtold, Rainer: Das neue Kartellgesetz, NJW 1998, Seiten 2769 ff.

Bechtold, Rainer: GWB, München, 1993 (zitiert als 1. Aufl.)

Bechtold, Rainer: GWB, München, 2. Auflage, München, 1999

Bechtold, Rainer: Die Entwicklung des deutschen Kartellrechts von 1999 bis 2001, NJW 2001, Seiten 3159 ff.

Becker, Gary: Crime and Punishment: An Economic Approach, 76 J. Pol. Econ. 169 (1968)

Beckner III, C. Frederick / Salop, Steven C.: Decision Theory and Antitrust Rules, 67 Antitrust L. J. 41 (1999).

Bellamy, Christopher / Child, Graham D.: Common Market Law of Competition (3d ed. 1987 & 1st Supp. 1991)

Benisch, Werner: Private Verfolgung von Wettbewerbsbeschränkungen und Allgemeininteresse, in: FIW-Schriftenreihe, Heft 75: Wettbewerbsordnung im Spannungsfeld von Wirtschafts- und Rechtswissenschaft, Festschrift für *Gunther Hartmann*, Köln, Berlin, Bonn, München, 1976, Seiten 37 ff.

Berger, Daniel / Bernstein, Roger: An Analytical Framework for Antitrust Standing, 86 Yale L. J. 809 (1977)

Biedenkopf, Kurt: Vertragliche Wettbewerbsbeschränkung und Wirtschaftsverfassung, Heidelberg, 1958

Bleckmann, Albert: Europarecht, 6. Auflage, Köln, Berlin, Bonn, München, 1997

Block, Michael K. / Lind, Robert C.: Crime and Punishment Reconsidered, 4 J. Legal Studies 241 (1975)

Blumenwitz, Dieter: Einführung in das anglo-amerikanische Recht, 6. Auflage, München, 1998

Böge, Ulf: Der Wettbewerb braucht Rechtssicherheit, in: FAZ v. 7.9.99, Nr. 207, Seite 19

Böhm, Monika: Voraussetzungen einer Staatshaftung bei Verstößen gegen primäres Gemeinschaftsrecht, JZ 1997, Seiten 53 ff.

Böhnel, Gisela: Netznutzungsentgelt und Netznutzungsvertrag aus der Sicht der Arbeitsgruppe Netznutzung Strom der Kartellbehörden des Bundes und der Länder: Darstellung und Kritik, RdE 2001, Seiten 176 ff.

Bolton, Patrick / Brodley, Joseph F. / Riordan, Michael H.: Predatory Pricing: Strategic Theory and Legal Policy, 88 Geo. L. J. 2239 (2000)

Borchardt, Knut / Fikentscher, Wolfgang: Wettbewerb, Wettbewerbsbeschränkung, Marktbeherrschung, Stuttgart, 1957

Borck, Hans-Günther: UWG-Deregulierung als Reformansatz, WRP 1994, Seiten 349 ff.

Bork, Robert H.: The Antitrust Paradox (1978)

Bornkamm, Joachim: Anwendung des EG-Kartellrechts durch den nationalen Zivilrichter, in: FIW-Schriftenreihe, Heft 158, Schwerpunkte des Kartellrechts 1992/93, Köln, Berlin, Bonn, München, 1994, Seiten 51 ff.

Breit, William: Efficiency and Equity Considerations, 8 Sw. U. L. Rev. 539 (1976)

Breit, William / Elzinga, Kenneth G.: Antitrust Penalties and Attitudes Towards Risk: An Economic Analysis, 86 Harv. L. Rev. 693 (1973)

Breit, William / Elzinga, Kenneth G.: Antitrust Penalty Reform (1986)

Brödermann, Eckart: Anmerkung zum Urteil des EuGH v. 5.3.96, verbundene Rs. C-46/93 und C-48/93, MDR 1996, Seite 347

Bröhmer, Jürgen: Die Weiterentwicklung des europäischen Staatshaftungsrechts - EuGH, EuGRZ 1996, 144, JuS 1997, Seiten 117 ff.

Bruglacher, Ingrid: Das Bestimmtheitsgebot im Rahmen der kartellrechtlichen Preismißbrauchsaufsicht, Dissertation, Starnberg, 1987

Büchner, Wolfgang / Ehmer, Jörg / Geppert, Martin / Kerkhoff, Bärbel / Piepenbrock, Hermann-Josef / Schuster, Fabian (Hrsg.): Beck'scher TKG-Kommentar, 2. Auflge, München, 2000 (zitiert als BeckTKG-Komm/ *Bearbeiter*)

Bunte, Hermann-Josef: Die Beurteilung von Lockvogel- und Sonderangeboten nach § 1 UWG, GRUR 1981, Seiten 397 ff.

Bunte, Hermann-Josef: Ein Votum für eine 6. GWB-Novelle, WuW 1994, Seiten 5 ff.

Bunte, Hermann-Josef: Die 6. GWB-Novelle - Das neue Gesetz gegen Wettbewerbsbeschränkungen, DB 1998, Seiten 1748 ff.

Burgi, Martin: Verwaltungsprozeß und Europarecht, München, 1996

Buxbaum, Richard M.: Die private Klage als Mittel zur Durchsetzung wirtschaftspolitischer Rechtsnormen, Karlsruhe, 1972

Callies, Christian: Kohärenz und Konvergenz beim europäischen Individualrechtsschutz, NJW 2002, Seiten 3577 ff.

Callies, Christian: Die umweltrechtliche Verbandsklage nach Novellierung des Bundesnaturschutzgesetzes, NJW 2003, Seiten 97 ff.

Callies, Christian / Ruffert, Matthias (Hrsg.): Kommentar zu EU-Vertrag und EG-Vertrag, Neuwied, Kriftel, 1999

Cass, Ronald A. / Hylton, Keith H.: Preserving Competition: Economic Analysis, Legal Standards And Microsoft, 8 Geo. Mason L. Rev. 1 (1999)

Clapham, Ronald: Das wettbewerbspolitische Konzept der Wettbewerbsfreiheit, in: *Cox, Helmut / Jens, Uwe / Markert, Kurt* (Hrsg.): Handbuch des Wettbewerbsrechts, München, 1981, Seiten 129 ff.

Classen, Claus Dieter: Strukturunterschiede zwischen deutschem und europäischem Verwaltungsrecht, NJW 1995, Seiten 2457 ff.

Classen, Claus Dieter: Anmerkung zum Urteil des EuGH vom 20.3.1997 – Rs. C-24/95, JZ 1997, Seiten 724 ff.

Cooter, Robert: Passing On the Monopoly Overcharge: A Further Comment on Economic Theory, 129 U. Pa. L. Rev. 1523 (1981)

Cox, Helmut / Hübener, Harald: Wettbewerb: Eine Einführung in die Wettbewerbstheorie und Wettbewerbspolitik, in: *Cox, Helmut / Jens, Uwe / Markert, Kurt* (Hrsg.): Handbuch des Wettbewerbsrechts, München, 1981, Seiten 1 ff.

Craswell, Richard / Calfee, John E.: Deterrence and Uncertain Legal Standards, J. L. Econ. & Org. 279 (1986)

Cremer, Wolfram: Forschungssubventionen im Lichte des EGV, Baden-Baden, 1995

Czaja, Astrid: Die außervertragliche Haftung der EG für ihre Organe, Dissertation, Baden-Baden, 1996

Dänzer-Vanotti, Wolfgang: Unzulässige Rechtsfortbildung des Europäischen Gerichtshofs, RIW 1992, Seiten 733 ff.

Danwitz, Thomas von: Verwaltungsrechtliches System und Europäische Integration, Tübingen, 1996

Danwitz, Thomas von: Die Eigenverantwortung der Mitgliedstaaten für die Durchführung von Gemeinschaftsrecht, DVBl 1998, Seiten 421 ff.

Dauses, Manfred A. (Hrsg.): Handbuch des EU-Wirtschaftsrechts, Loseblattsammlung, München, Stand 10. Ergänzungslieferung, Mai 2001 (zitiert als Dauses/*Bearbeiter*)

Deringer, Arved: Das Wettbewerbsrecht der Europäischen Wirtschaftsgemeinschaft, Loseblattsammlung, Düsseldorf, Stand 28. Ergänzungslieferung

Deringer, Arved: Stellungnahme zum Weißbuch der Europäischen Kommission über die Modernisierung der Vorschriften zur Anwendung der Art. 85 und 86 EG-Vertrag (Art. 81 und 82 EG), EuZW 2000, Seiten 5 ff.

Detterbeck, Steffen: Staatshaftung für die Mißachtung von EU-Recht, VerwArch 1994, Seiten 159 ff.

Dieselhorst, Jochen: Der „unmittelbar Verletzte" im Wettbewerbsrecht nach der UWG-Novelle, WRP 1995, Seiten 1 ff.

Dietrich, Gerhard: Die wettbewerbsrechtliche Qualität der Sonderzuwendungspraktiken unter Kaufleuten, DB 1978, Seiten 525 ff.

Dorman, Roderick G.: The Case for Compensation: Why Compensatory Components are Required for Efficient Antitrust Enforcement, 68 Geo. L. J. 1113 (1980)

Dreher, Meinrad: Kartellrechtsvielfalt oder Kartellrechtseinheit in Europa?, AG 1993, Seiten 437 ff.

Dreher, Meinrad: Das deutsche Kartellrecht vor der Europäisierung, WuW 1995, Seiten 881 ff.

Dreher, Meinrad: Die Verweigerung des Zugangs zu einer wesentlichen Einrichtung als Mißbrauch der Marktbeherrschung, DB 1999, Seiten 833 ff.

Dreier, Horst (Hrsg.): Grundgesetz, Band II, Tübingen 1998 (zitiert als Dreier/*Bearbeiter*)

Easterbrook, Frank H.: Detrebling Antitrust Damages, 28 J. L. & Econ. 445 (1985)

Easterbrook, Frank H.: A Reassessment of Antitrust Remedies: Treble What?, 55 Antitrust L. J. 95 (1986)

Ebenroth, Carsten Thomas / Durach, Wolfgang: Das Wettbewerbs- und Kartellrecht Großbritanniens im Markt der Europäischen Union, Heidelberg, 1996

Ehlers, Dirk: Die Weiterentwicklung des Staatshaftungsrechts durch das europäische Gemeinschaftsrecht, JZ 1996, Seiten 776 ff.

Eilmansberger, Thomas: Rechtsfolgen und subjektives Recht im Gemeinschaftsrecht, Baden-Baden, 1997

Elzinga, Kenneth G. / Wood, William C.: The Costs of the Legal System in Private Antitrust Enforcement, in Private Antitrust Litigation 107 (Lawrence J. White ed., 1988).

Emmerich, Volker: Der unlautere Wettbewerb der öffentlichen Hand, Tübingen, 1969

Emmerich, Volker: Das Wirtschaftsrecht der öffentlichen Unternehmen, Bad Homburg v.d.H., Berlin, Zürich, 1969

Emmerich, Volker: Der Wettbewerb der öffentlichen Hand, insbesondere das Problem der staatlichen Versorgungsmonopole, Frankfurt a.M., 1971

Emmerich, Volker: Kartellrecht, 7. Auflage, München, 1994 (nur soweit ausdrücklich als 7.Auflage zitiert)

Emmerich, Volker: Kartellrecht, 8. Auflage, München, 1999

Emmerich, Volker: Anmerkung zum Urteil des BGH v. 22.10.73 - KZR 3/73, NJW 1974, Seiten 902 ff.

Emmerich, Volker: Die höchstrichterliche Rechtsprechung zum GWB, ZHR Band 139 (1975), Seiten 501 ff. sowie Band 140 (1976), Seiten 97 ff.

Emmerich, Volker: Anmerkung zum Urteil des EuGH v. 5.3.96, verbundene Rs. C-46/93 und C-48/93, JuS 1996, Seiten 745 f.

Engelbrecht, Sylvia / Nagel, Bernhard: Probleme der Preiskontrolle nach dem GWB, DB 1977, Seiten 1237 ff.

Esser, Josef / Schmidt, Eike: Schuldrecht, Band I, Allgemeiner Teil, Teilband 2, 8. Auflage, Heidelberg, 2000

Esser-Wellié, Michael: Die Anwendung der Artikel 85 und 86 EG-Vertrag durch nationale Gerichte, WuW 1995, Seiten 457 ff.

Everling, Ulrich: Auf dem Wege zu einem europäischen Verwaltungsrecht, NVwZ 1987, Seiten 1 ff.

Everling, Ulrich: Zur richterlichen Kontrolle der Tatsachenfeststellungen und der Beweiswürdigung durch die Kommission in Wettbewerbssachen, WuW 1989, Seiten 877 ff.

Eyermann, Erich (Hrsg.): Verwaltungsgerichtsordnung, 11. Auflage, München, 2000 (zitiert als Eyermann/*Bearbeiter*)

Fehl, Ulrich / Schreiter, Carsten: Ordnungspolitische Kurswechsel in der Wettbewerbspolitik, in: ORDO Band 48 (1997), Seiten 219 ff.

Fezer, Karl-Heinz: Schadensersatz und subjektives Recht im Wettbewerbsrecht, WRP 1993, Seiten 565 ff.

Fikentscher, Wolfgang: Die Geschäftsgrundlage als Frage des Vertragsrisikos, München, 1971

Fikentscher, Wolfgang: Wirtschaftsrecht, Band II, München, 1983

Fikentscher, Wolfgang: Vertrag und wirtschaftliche Macht, in: *Möhring, Philipp / Ulmer, Peter / Wilde, Günther* (Hrsg.): Neue Entwicklungen im Wettbewerbs- und Kartellrecht, Festschrift für *Wolfgang Hefermehl* zum 65. Geburtstag, Heidelberg, 1971, Seiten 41 ff.

Finke, Katja: Die Haftung der Mitgliedstaaten für die Verletzung von Gemeinschaftsrecht, DZWir 1996, Seiten 361 ff.

Fischer, Hans Georg: Staatshaftung nach Gemeinschaftsrecht, EuZW 1992, Seiten 41 ff.

Fischerhof, Hans: Anmerkung zum Urteil des BGH v. 22.10.73 - KZR 3/73, NJW 1974, Seiten 1556 f.

Friend, Mark: Enforcing the ECSC Treaty in national courts, E. L. Rev. 1995, Seiten 58 ff.

Furrer, Andreas / Epiney, Astrid: Staatliche Haftung für quantifizierbare Wettbewerbsnachteile aus nicht umgesetzten Richtlinien, JZ 1995, Seiten 1025 ff.

Futter, Werner: Auf der Suche nach der Politik des Gesetzes, in: *Dubischar, Roland / Folkers, Horst / Futter, Werner / Köndgen, Johannes / de Lazzer, Dieter / Rothoeft, Dietrich / Schmidt, Eike / Struck, Gerhard / Weyers, Hans-Leo*: Dogmatik und Methode, *Josef Esser* zum 65. Geburtstag, Kronberg, 1975, Seiten 37 ff.

Gaedertz, Alfred-Carl: „Lockvogel-Angebote“ im Widerstreit zwischen Rechtsprechung des BGH und der 6. Novelle zum GWB?, WRP 1999, Seiten 31 ff.

Gamm, Otto-Friedrich Frhr. von: Das Verbot der unbilligen Behinderung und einer sachlich nicht gerechtfertigten Diskriminierung, NJW 1980, Seiten 2489 ff.

Gamm, Otto-Friedrich Frhr. von: Die Verbandsklagebefugnis nach § 35 Abs.3 GWB, WRP 1987, Seiten 290 ff.

Gamm, Otto-Friedrich Frhr. von: Kartellrecht, 2. Auflage, Köln, Berlin, Bonn, München, 1990

Gamm, Otto-Friedrich Frhr. von: Gesetz gegen den unlauteren Wettbewerb, 3. Auflage, Köln, Berlin, Bonn, München, 1993 (zitiert als *v. Gamm*: UWG)

Geiger, Rudolf: EUV / EGV, 3. Auflage, München, 2000

Glassen, Helmut / von Hahn, Helmut / Kersten, Hans-Christian / Kolvenbach, Walter / Lehmann, Jürgen (Hsrg.): Frankfurter Kommentar zum Gesetz gegen Wettbewerbsbeschränkungen, Loseblattsammlung, 3. Auflage, Stand 42. Ergänzungslieferung, Februar 2002

Gleiss, Alfred / Hirsch, Martin: EWG-Kartellrecht, Heidelberg, 1965

Gleiss, Alfred / Kracht, F.: „Mißbrauchsbestimmungen“ des GWB als Schutzgesetze, NJW 1959, Seiten 971 ff.

Gloy, Wolfgang (Hrsg.): Handbuch des Wettbewerbsrechts, 2. Auflage, München, 1997 (zitiert als Gloy/*Bearbeiter*)

Goll, Hans: § 22 GWB ein Schutzgesetz?, WuW 1976, Seiten 291 ff.

Goll, Hans: Verbraucherschutz im Kartellrecht, GRUR 1976, Seiten 486 ff.

Grabitz, Eberhard: Das Amtshaftungsrecht der Gemeinschaft, in: *Schweitzer, Michael* (Hrsg.): Europäisches Verwaltungsrecht, Wien, 1991, Seiten 167 ff.

Grabitz, Eberhard / Hilf, Meinhard (Hrsg.): Das Recht der Europäischen Union, Loseblattsammlung, München, Stand 18. Ergänzungslieferung, Mai 2001

Grehan, Duncan S.J.: EEC and Irish Competition Policy and Law, RabelsZ Band 47 (1983), Seiten 22 ff.

Griesbach, Bernhard: Jurist und Volkswirt vor der Fusionskontrolle, WuW 1971, Seiten 813 ff.

Groeben, Hans v.d. / Thiesing, Jochen / Ehlermann, Claus-Dieter (Hrsg.): Kommentar zum EU- / EG-Vertrag, 5. Auflage, Baden-Baden, 1999 (zitiert als GTE/*Bearbeiter*)

Gröning, Jochen: 100 Tage UWGÄndG, WRP 1994, Seiten 775 ff.

Groger, Thomas: Reformvorstellungen des Bundesministeriums für Wirtschaft, in: Frankfurter Institut - Stiftung Marktwirtschaft und Politik (Hrsg.): Kartellrecht in der Reform, Bad Homburg, 1996, Seiten 35 ff.

Grundmann, Stefan: Methodenpluralismus als Aufgabe, RabelsZ Band 61 (1997), Seiten 423 ff.

Hager, Günter: Umwelthaftung und Produkthaftung, JZ 1990, Seiten 397 ff.

Hailbronner, Kay: Staatshaftung bei säumiger Umsetzung von EG-Richtlinien, JZ 1992, Seiten 284 ff.

Hailbronner, Kay: Europarechtliche Aspekte der Vergabe öffentlicher Aufträge, RIW 1992, Seiten 553 ff.

Hailbronner, Kay / Klein, Eckart / Magiera, Siegfried / Müller-Graff, Peter-Christian: Handkommentar zum Vertrag über die Europäische Union (EUV/EGV), Loseblattsammlung, Köln, Berlin, Bonn, München, Stand 7. Ergänzungslieferung, November 1998

Harris, Robert G. / Sullivan, Lawrence A.: Passing On the Monopoly Overcharge: A Comprehensive Policy Analysis, 128 U. Pa. L. Rev. 269 (1979)

Harris, Robert G. / Sullivan, Lawrence A.: A Reply to Cooter and to Viton and Winston, 129 U. Pa. L. Rev. 1533 (1981)

Hayek, Friedrich August von: Marktwirtschaft und Wirtschaftspolitik, in: ORDO Band 6 (1954), Seiten 3 ff.

Hayek, Friedrich August von: Der Wettbewerb als Entdeckungsverfahren, Kiel, 1968

Hayek, Friedrich August von: Die Verfassung der Freiheit, Tübingen, 1971

Hazard, Geoffrey C. Jr. / Taruffo, Michelle: American Civil Procedure (1993)

Hellmann, Hans-Joachim: Die neue Bußgeldpraxis der Kommission, WuW 1999, Seiten 333 ff.

Herdegen, Matthias: Die Haftung der Europäischen Wirtschaftsgemeinschaft für fehlerhafte Rechtsetzungsakte, Berlin, 1983

Herrmann, Harald: Anzapfverbote im Einzelhandel und privatrechtlicher Verbraucherschutz, GRUR 1982, Seiten 395 ff.

Hitzler, Gehard: Anmerkung zum Urteil des BGH v. 20.3.1984 – KVR 12/83 – BB 1985, Seiten 417 ff.

Hohmann, Holger: Die essential facilities doctrine im Recht der Wettbewerbsbeschränkungen: Eine Untersuchung der allgemeinen Zugangsregelung zu Netzen und anderen Infrastruktureinrichtungen gemäß § 19 Abs.4 Nr.4 GWB unter Berücksichtigung US-amerikanischer, europäischer und sektorspezifischer Erfahrungen, Baden-Baden, 2001

Hoppmann, Erich: Problem einer praktikablen Definition des Wettbewerbs, in: *Schneider, Hans Karl* (Hrsg.): Grundlagen der Wettbewerbspolitik, Berlin, 1968, Seiten 9 ff.

Hoppmann, Erich: Fusionskontrolle, Tübingen, 1972

Hoppmann, Erich: Volkswirtschaftliche und wirtschaftspolitische Bedeutung des Kartell- und Monopolrechts, in: *Hoppmann, Erich / Mestmäcker, Ernst-Joachim*: Normenzwecke und Systemfunktionen im Recht der Wettbewerbsbeschränkungen, Tübingen, 1974, Seiten 5 ff.

Hoppmann, Erich: Preiskontrolle und Als-Ob-Konzept, Tübingen, 1974

Hoppmann, Erich: Marktmacht und Wettbewerb, Tübingen, 1977

Hoppmann, Erich: Behinderungsmißbrauch, Tübingen, 1980

Hovenkamp, Herbert: The Indirect Purchaser Rule and Cost-Plus Sales, 103 Harv. L. Rev. 1717 (1990)

Huber, Peter-Michael: Konkurrentenschutz im Verwaltungsrecht, Tübingen, 1991

Huber, Peter-Michael: Gemeinschaftsrechtlicher Schutz vor einer Verteilungslenkung durch deutsche Behörden – Europarechtliche Grundlagen des Konkurrentenschutzes, EuR 1991, Seiten 31 ff.

Immenga, Ulrich: Wettbewerbspolitik contra Industriepolitik, in: *Gerken, Lüder* (Hrsg.): Europa 2000 – Perspektive wohin?, Freiburg i. Br., 1993, Seiten 147 ff.

Immenga, Ulrich: Wettbewerbspolitik und die Zusammenarbeit zwischen den Kartellbehörden in der Europäischen Union, in: *Gerken, Lüder* (Hrsg.): Europa zwischen Ordnungswettbewerb und Harmonisierung, Berlin, Heidelberg, New York, 1995, Seiten 229 ff.

Immenga, Ulrich: Eine Wende in der gemeinschaftsrechtlichen Kartellpolitik?, EuZW 1999, Seite 609

Immenga, Ulrich / Mestmäcker, Ernst-Joachim (Hrsg.): GWB, Kommentar zum Kartellgesetz, 2. Auflage, München, 1992 (zitiert als IM/*Bearbeiter* (2. Aufl.))

Immenga, Ulrich / Mestmäcker, Ernst-Joachim (Hrsg.): GWB, Kommentar zum Kartellgesetz, 3. Auflage, München, 2001 (zitiert als IM/*Bearbeiter*)

Immenga, Ulrich / Mestmäcker, Ernst-Joachim (Hrsg.): EG-Wettbewerbsrecht, München, 1997 (zitiert als IM EG-WbR/*Bearbeiter*)

Ipsen, Hans-Peter: Europäisches Gemeinschaftsrecht, Tübingen, 1972

Isensee, Josef / Kirchhof, Paul (Hrsg.): Handbuch des Staatsrechts, Band III, 2. Auflage, Heidelberg, 1996 (zitiert als HdbStR/*Bearbeiter*)

Jaeger, Jean: Das Kartellverbot (Art. 65 EGKS-V), in: *Bernini, Giorgio / Jaeger, Jean / Matthies, Heinrich*: Kartellverbot in der Montanunion, Frankfurt a.M., 1972, Seiten 9 ff.

Jaeger, Wolfgang: Die möglichen Auswirkungen einer Reform des EG-Wettbewerbsrechts für die nationalen Gerichte, WuW 2000, Seiten 1062 ff.

Jansen, Udo: Die Kopplungsverträge im Recht der Wettbewerbsbeschränkungen, Bad Homburg v.d.H., Berlin, Zürich, 1968

Jarass, Hans D.: Haftung für die Verletzung von EU-Recht durch nationale Organe und Amtsträger, NJW 1994, Seiten 881 ff.

Jellinek, Georg: System der subjektiven öffentlichen Rechte, 2. Auflage, Tübingen, 1919

Kahl, Wolfgang: Umweltprinzip und Gemeinschaftsrecht, Heidelberg, 1993

Kahlenberg, Harald: Novelliertes deutsches Kartellrecht, BB 1998, Seiten 1593 ff.

Kahrs, Werner: Zivilrechtliche Ansprüche aufgrund einer Verletzung des Diskriminierungsverbots, Baden-Baden, 1965

Kantzenbach, Erhard: Die Funktionsfähigkeit des Wettbewerbs, 2. Auflage, Göttingen, 1967

Karl, Matthias: Die Rechtsstellung privater Dritter in der europäischen Fusionskontrolle, in: *Veelken, Winfried / Karl, Matthias / Richter, Stefan*: Die Europäische Fusionskontrolle, Tübingen, 1992, Seiten 37 ff.

Kaufmann, Horst: Allgemeines Persönlichkeitsrecht und Schmerzensgeld, JuS 1963, Seiten 373 ff.

Kaysen, Carl / Turner, Donald F.: Antitrust Policy (1965)

Kerls, Kathrin: Die Anpassung des deutschen Kartellverbots an das europäische Recht, Dissertation, Stuttgart, 1997

Kerse, Christopher Stephen: EEC Antitrust Procedure (1st ed. 1981)

Kerse, Christopher Stephen: EEC Antitrust Procedure (2d ed. 1989)

Kerse, Christopher Stephen: EEC Antitrust Procedure (3d ed. 1994)

Kirchhof, Paul: Die Bestimmtheit von Ermächtigungsgrundlage und Inhalt eines Verwaltungsakts nach § 37 a Abs.3 GWB, ZHR Band 150 (1986), Seiten 303 ff.

Kläver, Michael: Die Verfassung des Marktes: F.A. v. Hayeks Lehre von Staat und Markt im Spiegel grundgesetzlicher Staats- und Verfassungsrechtslehre, Dissertation, Stuttgart, 2000

Klocker, Peter: Die Befugnisse des Bundeskartellamtes im europäischen Recht, WuW 1990, Seiten 109 ff.

Knöpfle, Robert: Zur Problematik der Beurteilung einer Norm als Schutzgesetz im Sinne des § 823 Abs.2 BGB, NJW 1967, Seiten 697 ff.

Knöpfle, Robert: Zur Mißbrauchsaufsicht über marktbeherrschende Unternehmen auf dem Preissektor, BB 1974, Seiten 862 ff.

Knöpfle, Robert: Die marktbezogene Unlauterkeit, Tübingen, 1983

Koch, Eckart: Schadensersatz bei unerlaubten wettbewerbsbeschränkenden Handlungen nach deutschem und europäischem Recht, Bad Homburg v.d.H., Berlin, Zürich, 1968

Köhler, Helmut: Vertragsstrafe und Schadensersatz, GRUR 1994, Seiten 260 ff.

Köhler, Helmut / Piper, Henning: Gesetz gegen den unlauteren Wettbewerb, 2. Auflage, München 2001

Körber, Torsten: Die Konkurrentenklage im Fusionskontrollrecht der USA, Deutschlands und der Europäischen Union, Dissertation, Baden-Baden, 1996

Körber, Torsten: Konkurrentenklagen in der europäischen Fusionskontrolle, EuZW 1996, Seiten 267 ff.

Kötz, Hein: Ziele des Haftungsrechts, in: *Baur, Jürgen F. / Hopt, Klaus J. / Mailänder, K. Peter* (Hrsg.): Festschrift für *Ernst Steindorff* zum 70. Geburtstag, Berlin, New York, 1990, Seiten 643 ff.

Kötz, Hein: Tierzucht und Straßenverkehr, NZV 1992, Seiten 218 ff.

Krämer, Ludwig: EWG-Verbraucherrecht, Baden-Baden, 1985

Kraft, Alfons: Die Berücksichtigung wirtschaftspolitischer und gesellschaftspolitischer Belange im Rahmen des § 1 UWG, in: *Harms, Wolfgang / Heckelmann, Dieter / Knöpfle, Robert / Teichmann, Arndt* (Hrsg.): Entwicklungstendenzen im Wirtschafts- und Unternehmensrecht, Festschrift für *Horst Bartholomeyczik* zum 70. Geburtstag, Berlin, 1973, Seiten 223 ff.

Kraft, Alfons: Verbraucherschutz im GWB, WuW 1981, Seiten 317 ff.

Krattenmaker, Thomas G. / Salop, Steven C.: Anticompetitive Exclusion: Raising Rivals' Costs To Achieve Power Over Price, 96 Yale L. J. 209 (1986)

Kretschmer, Friedrich: Stellungnahme zur 6. GWB-Novelle, WuW 1998, Seiten 654 f.

Krohn, Günter: Anmerkung zum Urteil des BGH v. 24.10.96 - III ZR 127/91, EWiR 1996, Seiten 1123 f.

Landes, William A. / Posner, Richard A.: The Private Enforcement of Law, 4 J. Legal Studies 1, 15 (1975)

Landes, William A. / Posner, Richard A.: Should Indirect Purchasers Have Standing to Sue under the Antitrust Laws? An Economic Analysis of the Rule of Illinois Brick, 46 U. Chi. L. Rev. 602 (1979)

Landes, William A. / Posner, Richard A.: The Economics of Passing On: A Reply to Harris and Sullivan, 128 U. Pa. L. Rev. 1274 (1980)

Lange, Hermann: Schadensersatz, 2. Auflage, Tübingen, 1990

Langen, Eugen / Bunte, Hermann-Josef (Hrsg.): Kommentar zum deutschen und europäischen Kartellrecht, 8. Auflage, Neuwied, Kriftel, Berlin, 1998 (zitiert als *Langen/Bunte* (8. Aufl.))

Langen, Eugen / Bunte, Hermann-Josef (Hrsg.): Kommentar zum deutschen und europäischen Kartellrecht, 9. Auflage, Neuwied, Kriftel, Berlin, 2001

Larenz, Karl: Lehrbuch des Schuldrechts, Band I, Allgemeiner Teil, 14. Auflage, München, 1987

Larenz, Karl / Canaris, Claus-Wilhelm: Lehrbuch des Schuldrechts, Zweiter Band, 2. Halbband, 13. Auflage, München, 1994

Laufkötter, Regina: Die Rolle des Dritten im neuen Recht der Zusammenschlußkontrolle, WuW 1999, Seiten 671 ff.

Lehmann, Michael: Wettbewerbsrecht, Strukturpolitik und Mittelstandsschutz (Teil II), GRUR 1977, Seiten 633 ff.

Leisner, Walter: Eigentum – Grundlage der Freiheit, Sankt Augustin, 1993

Leisner, Walter: Marktoffenes Verfassungsrecht, in: *Ziemske, Burkhardt / Langheid, Theo / Wilms, Heinrich / Haverkate, Görg* (Hrsg.): Staatsphilosophie und Rechtspolitik, Festschrift für *Martin Kriele* zum 65. Geburtstag, 1997, Seiten 253 ff.

Lenz, Carl Otto (Hrsg.): EG-Vertrag Kommentar, 2. Auflage, Köln, 1999 (zitiert als *Lenz/Bearbeiter*)

Leo, Hans-Christoph : Zum Begriff der Schutzvorschrift in § 35 GWB, WuW 1959, Seiten 485 ff.

Levy, Nick / Laikin, Paul: Developments in National Competition Laws (October 1 - December 31, 1998; 13. The United Kingdom), WuW 1999, Seiten 258, 263 f.

Liebs, Rüdiger: Wettbewerbsbeschränkende Vertriebsverträge und unerlaubte Handlung, Stuttgart, 1973

Loewenheim, Ulrich: Die Erstattung von Abmahnkosten der Verbände in der neueren Rechtsentwicklung, WRP 1987, Seiten 286 ff.

Lohse, Andrea: Diskussionsbericht zum Vierten Symposion zu Fragen des Kartell- und Energierechts zu Ehren von Herrn Prof. Dr. Kurt Markert, AG 1998, Seiten 578 ff.

Lutter, Markus (Hrsg.): Umwandlungsgesetz, Köln, 1996 (zitiert als Lutter/ *Bearbeiter*)

Lutz, Helmut: Kartellverbot und zwischenbetriebliche Kooperation im deutschen Wettbewerbsrecht, GewA 1997, Seiten 265 ff.

Lutz, Helmut: Durchleitung von Gas nach Inkrafttreten des Gesetzes zur Neuregelung des Energiewirtschaftsrechts und der Sechsten GWB-Novelle, RdE 1999, Seiten 102 ff.

Mäsch, Gerald: Diskriminierung leicht gemacht? Die Zukunft selektiver Vertriebssysteme nach der Depotkosmetik-Entscheidung des BGH, ZIP 1999, Seiten 1507 ff.

Mailänder, K. Peter: Privatrechtliche Folgen unerlaubter Kartellpraxis, Karlsruhe, 1964

Mantell, Edmund H.: Denial of a Forum to Indirect-Purchaser Victims of Price Fixing Conspiracies: A Legal and Economic Analysis of Illinois Brick, 2 Pace L. Rev. 153 (1982)

Masing, Johannes: Die Mobilisierung des Bürgers für die Durchsetzung des Rechts, Dissertation, Berlin, 1997

Matthies, Heinrich: Artikel 65 des EGKS-Vertrags und der nationale Richter, ZHR Band 128 (1966), Seiten 99 ff.

Maurer, Hartmut: Allgemeines Verwaltungsrecht, 13. Auflage, München, 2000

Meier, Gert: Zur Geltung von Gemeinschaftsnormen im staatlichen Bereich, AWD 1968, 205 ff.

Merkel, Rudolf: Zum Schutz des Leistungswettbewerbs durch die Gerichte, BB 1977, Seiten 705 ff.

Mertens, Hans-Joachim: Kollektiver Schadensersatz als Mittel des Verbraucherschutzes, ZHR Band 139 (1975), Seiten 438 ff.

Mertens, Hans-Joachim: Deliktsrecht und Sonderprivatrecht - Zur Rechtsfortbildung des deliktischen Schutzes von Vermögensinteressen, AcP Band 178 (1978), Seiten 227 ff.

Merz, Andreas: Die Vorfeldthese, Baden-Baden, 1988

Mestmäcker, Ernst-Joachim: Medienkonzentration und Meinungsvielfalt, Baden-Baden, 1978

Mestmäcker, Ernst-Joachim: Europäische Kartellpolitik auf dem Stahlmarkt, Baden-Baden, 1983

Mestmäcker, Ernst-Joachim: Europäisches Wettbewerbsrecht, München, 1994

Mestmäcker, Ernst-Joachim: Über das Verhältnis des Rechts der Wettbewerbsbeschränkungen zum Privatrecht, AcP Band 168 (1968), Seiten 235 ff.

Mestmäcker, Ernst-Joachim: Versuch einer kartellpolitischen Wende in der EU, EuZW 1999, Seiten 523 ff.

Mörsdorf-Schulte, Juliana: Funktion und Dogmatik US-amerikanischer punitive damages, Dissertation, Tübingen, 1999

Möschel, Wernhard: Das Wirtschaftsrecht der Banken, Frankfurt a.M., 1972

Möschel, Wernhard: Mißbrauchsaufsicht über marktbeherrschende Unternehmen, NJW 1975, Seiten 753 ff.

Möschel, Wernhard: Preiskontrolle über marktbeherrschende Unternehmen, JZ 1975, Seiten 393 ff.

Möschel, Wernhard: Anforderungen an eine kartellbehördliche Mißbrauchsverfügung bei Verkäufen unter Einstandspreis, BB 1986, Seiten 1785 ff.

Möschel, Wernhard: Pressekonzentration und Wettbewerbsgesetz, Tübingen, 1978

Möschel, Wernhard: Reform des europäischen und des deutschen Kartellrechts, EWS 1995, Seiten 249 ff.

Möschel, Wernhard: Wertung aus ordnungspolitischer Sicht, in: Frankfurter Institut - Stiftung Marktwirtschaft und Politik (Hrsg.), Bad Homburg, 1996, Seiten 45 ff.

Möschel, Wernhard: Strompreis und kartellrechtliche Kontrolle, WuW 1999, Seiten 5 ff.

Möschel, Wernhard: Europäisches Kartellrecht in liberalisierten Wirtschaftssektoren, WuW 1999, Seiten 832 ff.

Much, Walter: Die Amtshaftung im Recht der Europäischen Gemeinschaft für Kohle und Stahl, Frankfurt a.M., 1952

Müller, Hans-Ulrich: Nochmals: § 22 GWB ein Schutzgesetz?, WuW 1977, Seiten 92 ff.

Müller, Heinz / Gießler, Peter / Scholz, Ulrich: Wirtschaftskommentar, Kommentar zum Gesetz gegen Wettbewerbsbeschränkungen, Kartellgesetz, 4. Auflage, Frankfurt a.M., 1981

Müller-Laube, Hans-Martin: Der private Rechtsschutz gegen unzulässige Beschränkungen des Wettbewerbs und mißbräuchliche Ausübung von Marktmacht im deutschen Kartellrecht, Berlin, 1980

Müller-Henneberg, Hans / Schwartz, Gustar (Hrsg.): Gesetz gegen Wettbewerbsbeschränkungen und Europäisches Kartellrecht, Gemeinschaftskommentar, 3. Auflage, Köln, Berlin, Bonn, München, 1972 ff. (zitiert als GK/*Bearbeiter* (3. Aufl.))

Müller-Henneberg, Hans / Schwartz, Gustar (Hrsg.): Gesetz gegen Wettbewerbsbeschränkungen und Europäisches Kartellrecht, Gemeinschaftskommentar, 4. Auflage, Köln, Berlin, Bonn, München, 1980 ff. (zitiert als GK/*Bearbeiter* (4. Aufl.))

Müller-Henneberg, Hans / Schwartz, Gustar (Hrsg.): Gesetz gegen Wettbewerbsbeschränkungen und Europäisches Kartellrecht, Gemeinschaftskommentar, 5. Auflage, Köln, Berlin, Bonn, München, 1999 ff. (zitiert als GK/*Bearbeiter*)

Nacken, Gert A.: Anmerkungen zu den Änderungen des UWG, WRP 1994, Seiten 791 ff.

Nessler, Volker: Richterrecht wandelt EG-Richtlinien: Die EuGH-Rechtsprechung zur unmittelbaren Wirkung von Richtlinien als Problem des europäischen Richterrechts, RIW 1993, Seiten 206 ff.

Nettesheim, Martin: Gemeinschaftsrechtliche Vorgaben für das deutsche Staatshaftungsrecht, DÖV 1992, Seiten 999 ff.

Nicolaysen, Gert: Anmerkung zum Urteil des FG Saarland v. 15.11.66 – Gz 357-358/64, EuR 1967, Seiten 140 ff.

Niederleithinger, Ernst: Anmerkung zum Urteil des BGH vom 10.11.1987 – KZR 15/86, EWiR 1988, Seiten 263 f.

Notaro, Nicola: Anmerkung zum Urteil des EuGH vom 2.12.1997, Rs. C-188/95, 35 C.M.L.R. 1385 (1998)

Nowak, Carsten: Konkurrentenschutz in der EG, Baden-Baden, 1997

Nowak, Carsten: Das Verhältnis zwischen zentralem und dezentralem Individualrechtsschutz im Europäischen Gemeinschaftsrecht, EuR 2000, Seiten 724 ff.

Nowak, Carsten: Anmerkung zum Urteil des EuGH vom 20.9.2001, Rs. C-453/99, EuZW 2001, Seiten 717 ff.

Nuolimaa, Risto: Die finnische Kartellgesetzgebung, EuZW 1993, Seiten 8 ff.

Oehler, Wolfgang: Privater Rechtsschutz gegen Wettbewerbsbeschränkungen, unveröffentlichte Habilitationsschrift, Tübingen, 1983

Oliver, Peter: General Principles of Community Law and Horizontal Effect, EuZW 1993, Seite 393

Oppermann, Bernd H.: Konstruktion und Rechtspraxis der Geschäftsführung ohne Auftrag, AcP Band 193 (1993), Seiten 497 ff.

Ossenbühl, Fritz: Der gemeinschaftsrechtliche Staatshaftungsanspruch, DVBl 1992, Seiten 993 ff.

Ossenbühl, Fritz: Staatshaftungsrecht, 5. Auflage, München, 1998

Page, William H.: Antitrust Damages and Economic Efficiency: An Approach to Antitrust Injury, 47 U. Chi. L. Rev. 467 (1980)

Palandt, Otto: Bürgerliches Gesetzbuch, 63. Auflage, München, 2004 (zitiert als Palandt/*Bearbeiter*)

Papier, Hans-Jürgen: Rechtsformen der Subventionierung und deren Bedeutung für die Rückabwicklung, ZHR Band 152 (1988), Seiten 493 ff.

Paulweber, Michael / Kögel, Rainer: Das europäische Wettbewerbsrecht am Scheideweg, AG 1999, Seiten 500 ff.

Pernice, Ingolf: Gestaltung und Vollzug des Umweltrechts im europäischen Binnenmarkt – Europäische Impulse und Zwänge für das deutsche Umweltrecht, NVwZ 1990, Seiten 414 ff.

Phillips, Charles F.: The Economics of Regulation – Theory and Practice in the Transportation and Public Utilities Industries (rev. ed. 1969)

Polinsky, A. Michael: Private Versus Public Enforcement of Fines, 9 J. Legal Studies 105 (1980)

Polinsky, A. Michael: Detrebling Versus Decoupling Antitrust Damages: Lessons from the Theory of Enforcement, 74 Geo. L. J. 1231 (1986)

Portwood, Timothy G.: Mergers under EEC Competition Law, European Community Law Series, Volume 7, London, 1994

Posner, Richard A.: Antitrust Law: An Economic Perspective (1976)

Posner, Richard A.: The Economics of Justice (2d ed. 1983)

Prieß, Hans-Joachim: Die Haftung der EG-Mitgliedsstaaten bei Verstößen gegen das Gemeinschaftsrecht, NVwZ 1993, Seiten 118 ff.

Preu, Peter: Subjektivrechtliche Grundlagen des öffentlichen Drittschutzes, Berlin, 1992

Raiser, Thomas: Ökonomen im Bundeskartellamt und in den Kartellgerichten, BB 1972, Seiten 471 ff.

Rebmann, Kurt / Säcker, Jürgen (Hrsg.): Münchener Kommentar zum Bürgerlichen Gesetzbuch, 3. Auflage, München 1992 ff. (zitiert als MüKo/*Bearbeiter*)

Rehbinder, Eckard: Anmerkung zum Urteil des BGH vom 12.5.1998 – KZR 23/96, LM EG-Vertrag Nr. 15

Rehbinder, Eckard / Burgbacher, Hans-Gerwin / Knieper, Rolf: Bürgerklage im Umweltrecht, Berlin, 1972

Reich, Norbert: Europäisches Verbraucherrecht, 3. Auflage, Baden-Baden, 1996

Reinhardt, Michael: Die Überwachung durch Private im Umwelt- und Technikrecht, AöR Band 118 (1993), Seiten 617 ff.

Rengeling, Hans-Werner: Deutsches und europäisches Verwaltungsrecht – wechselseitige Einwirkungen, VVDStRL Band 53 (1994), Seiten 202 ff.

Rengeling, Hans-Werner / Middeke, Andreas / Gellermann, Martin: Rechtsschutz in der Europäischen Union, München, 1994

Ress, Georg: Das subjektive öffentliche Recht, in: *Ermacora, Felix / Winkler, Günther / Koja, Friedrich / Rill, Heinz Peter / Funk, Bernd-Christian* (Hrsg.): Allgemeines Verwaltungsrecht, Wien, 1979, Seiten 105 ff.

Richardi, Reinhard: Bericht über die Tagung der Zivilrechtslehrer in Bad Pyrmont am 19. und 20. Oktober 1967, AcP Band 168 (1968), Seiten 318 ff.

Richter, Hans: Die Diskriminierung als Kartellordnungswidrigkeit, Köln, 1982

Rittner, Fritz : Die Rechtssicherheit im Kartellrecht, WuW 1969, Seiten 65 ff.

Rittner, Fritz: Wirtschaftsrecht, 2. Auflage, Heidelberg, 1987

Rittner, Fritz: § 22 GWB im Spannungsfeld wirtschaftswissenschaftlicher Theorien und rechtsstaatlicher Postulate, in: Forschungsinstitut für Wirtschaftsverfassung und Wettbewerb e.V. (Hrsg.): Wettbewerbsordnung im Spannungsfeld von Wirtschafts- und Rechtswissenschaft, Festschrift für *Gunther Hartmann*, Köln, Berlin, Bonn, München, 1976, Seiten 251 ff.

Rittner, Fritz: Wettbewerbs- und Kartellrecht, 6. Auflage, Heidelberg, 1999

Rittner, Fritz: Zurück zum Mißbrauchsprinzip im EG-Kartellrecht?, DB 1999, Seiten 1485 f.

Rittner, Fritz: Kartellpolitik und Gewaltenteilung in der EG, EuZW 2000, Seite 129

Röhling, Andreas: Anmerkung zum Urteil des BGH vom 12.5.1998 – KZR 23/96, EwiR 1998, Seiten 1083 f.

Römermann, Volker / Schröder, Henning: Anmerkung zum Urteil des LG Dortmund v. 1.9.2000 – 13 O 134/00 (Kart.) – BB 2000, Seiten 2327 f.

Rosenberg, Joachim: Der Präventionsgedanke im deutschen Zivilrecht, NJW 1996, Seiten 1935 ff.

Ruffert, Matthias: Subjektive Rechte im Umweltrecht der Europäischen Gemeinschaft, Heidelberg, 1996

Sambuc, Thomas: Monopolisierung als UWG-Tatbestand, GRUR 1981, Seiten 796 ff.

Sachon, Werner: Die wettbewerbsrechtliche Problematik des Vertriebs von Freistücken auf den Märkten der Fachpresse, WRP 1980, Seiten 659 ff.

Sachon, Werner: Fachzeitschriftenvertrieb und Wettbewerbsrecht, WRP 1982, Seiten 183 ff.

Sack, Rolf: § 1 UWG und Wirtschaftspolitik, WRP 1974, Seiten 247 ff.

Sack, Rolf: Zur Zulässigkeit von Vorspannangeboten, WRP 1975, Seiten 65 ff.

Sack, Rolf: Der wettbewerbsrechtliche Schutz gegen den Gebrauch des Namens verstorbener Persönlichkeiten zu Werbezwecken, WRP 1982, Seiten 615 ff.

Sack, Rolf: Der Schutzzweck des UWG und die Klagebefugnis des „unmittelbar Verletzten", in: Festschrift für Otto Friedrich Frhr. v. Gamm, Köln, Berlin, Bonn, München, 1990, Seiten 161 ff.

Salje, Peter: Preismißbrauch durch Elektrizitätsversorgungsunternehmen, Köln, Berlin, Bonn, München, 1978

Salop, Steven C. / Romaine, R. Craig: Preserving Monopoly: Economic Analysis, Legal Standards, And Microsoft, 7 Geo. Mason L. Rev. 617 (1999)

Salop, Steven C. / White, Lawrence J.: Economic Analysis of Private Antitrust Litigation, 74 Geo. L. J. 1001 (1986)

Sandrock, Otto: Grundbegriffe des Gesetzes gegen Wettbewerbsbeschränkungen, München, 1968

Sangmeister, Bernd: Die rule of reason und das per se-Konzept in der Rechtsprechung des Supreme Court der USA zu § 1 Sherman Act, Köln, Berlin, Bonn, München, 1975

Schack, Heimo: Internationales Zivilverfahrensrecht, 2. Auflage, München, 1996

Schäfer, Hans-Bernd / Ott, Claus: Lehrbuch der ökonomischen Analyse des Zivilrechts, Berlin, Heidelberg, New York, London, Paris, Tokyo, 1. Auflage, 1986 (zitiert als 1. Aufl.)

Schäfer, Hans-Bernd / Ott, Claus: Lehrbuch der ökonomischen Analyse des Zivilrechts, Berlin, Heidelberg, New York, London, Paris, Tokyo, 2. Auflage, 1995

Schaub, Alexander / Dohms, Rüdiger: Das Weißbuch der Europäischen Kommission über die Modernisierung der Vorschriften zur Anwendung der Artikel 81 und 82 EG-Vertrag, Die Reform der Verordnung Nr. 17, verfügbar im World Wide Web unter der Adresse http://europa.eu.int/comm/competition/speeches/text/sp_1999500_de.pdf

Scheider, Holger: Nichtigkeit mißbräuchlicher Rechtsgeschäfte? – Rechtsfolgen für den Bestand gegen Art. 86 EGV verstoßender Verträge, in: *Reichel, Christine / Schneider, Holger / Weyer, Hartmut* (Hrsg.): Beiträge zum deutschen und europäischen Energierecht, Festschrift für *Prof. Dr. Jürgen F. Baur* zum 60. Geburtstag, Baden-Baden, 1998, Seiten 177 ff.

Scherzberg, Arno: Grundlagen und Typologie des subjektiv-öffentlichen Rechts, DVBl 1988, Seiten 129 ff.

Schilling, Theodor: Anmerkung zum Urteil des EuGH v. 14.1.1997, verb. Rs. C-192/95 bis C-218/95, EuZW 1997, Seiten 118 f.

Schlemmer-Schulte, Sabine / Ukrow, Jörg: Die Haftung des Staates gegenüber dem Marktbürger für gemeinschaftsrechtswidriges Verhalten, EuR 1992, Seiten 82 ff.

Schmidt, André: Die europäische Wettbewerbspolitik nach dem Vertrag von Amsterdam, WuW 1999, Seiten 133 ff.

Schmidt, Ingo: Zum Nachweis des Mißbrauchs einer rechtlichen oder faktischen Wettbewerbsbeschränkung, Teil I, WuW 1967, Seiten 635 ff., Teil II, Seiten 777 ff.

Schmidt, Ingo: US-amerikanische und deutsche Wettbewerbspolitik gegenüber Marktmacht, Berlin, 1973

Schmidt, Ingo: Per se Rule oder Rule of Reason, WiSt 1981, Seiten 282 ff.

Schmidt, Ingo: EG-Integration: Industrie- versus Wettbewerbspolitik, Wirtschaftsdienst Band 72 (1992), Seiten 628 ff.

Schmidt, Ingo: Wettbewerbspolitik und Kartellrecht, Stuttgart, Jena, New York, 1993

Schmidt, Ingo: Handelskonzentration, Nachfragemacht und 6. GWB-Novelle, WuW 1997, Seiten 101 ff.

Schmidt, Karsten: Kartellverfahrensrecht – Kartellverwaltungsrecht – Bürgerliches Recht, Köln, Berlin, 1977

Schmidt, Karsten: Aufgaben und Leistungsgrenzen der Gesetzgebung im Kartelldeliktsrecht, Baden-Baden, 1978

Schmidt, Karsten: Vierte Kartellrechtsnovelle zwischen Effektivitäts- und Legitimitätsproblemen, ZRP 1979, Seiten 38 ff.

Schmidt, Karsten: Suspensiveffekt, Schadensersatz und Erlösabführung nach der vierten GWB-Novelle, DB 1980, Seiten 817 ff.

Schmidt, Karsten: Wettbewerbsgesetzgebung und Rechtssystem, in: *Helmrich, Herbert* (Hrsg.): Wettbewerbspolitik und Wettbewerbsrecht, Köln, Berlin, Bonn, München, 1987, Seiten 19 ff.

Schmidt, Karsten: Offenhaltung der Märkte durch private Klagen bei Kartellsachverhalten, in: *Andreae, Clemens-August / Kirchhoff, Jochen / Pfeiffer, Gerd* (Hrsg.): Wettbewerb als Herausforderung und Chance, Festschrift für *Werner Benisch*, Köln, Berlin, Bonn, München, 1989, Seiten 293 ff.

Schmidt, Karsten: Klagebefugnis und Beschwerdebefugnis verfahrensbeteiligter Dritter im europäischen und im nationalen Kartellrecht, in: *Baur, Jürgen F. / Hopt, Klaus J. / Mailänder, K. Peter* (Hrsg.): Festschrift für *Ernst Steindorf* zum 70. Geburtstag, Berlin, New York, 1990, Seiten 1085 ff.

Schmidt, Karsten: „Altes" und „neues" Kartellverbot, AG 1998, Seiten 551 ff.

Schmidt-Aßmann, Eberhard: Funktionen der Verwaltungsgerichtsbarkeit, in: *Erichsen, Hans-Uwe / Hoppe, Werner / Mutius, Albert von* (Hrsg.): System des verwaltungsgerichtlichen Rechtsschutzes, Festschrift für *Christian-Friedrich Menger* zum 70. Geburtstag, Köln, Berlin, Bonn, München, 1985, Seiten 107 ff.

Schmidt-Aßmann, Eberhard: Deutsches und Europäisches Verwaltungsrecht, DVBl 1993, Seiten 924 ff.

Schmidt-Preuß, Matthias: Kollidierende Privatinteressen im Verwaltungsrecht, Berlin, 1992

Schmiedel, Burkhard: Deliktsobligationen nach deutschem Kartellrecht, Erster Teil, Tübingen, 1974

Schmitz, Bernhard: Die Haftung der Europäischen Wirtschaftsgemeinschaft für Verordnungsunrecht im Aufgaben- und Beihilfenrecht, Frankfurt a.M., Bern, 1987

Schricker, Gerhard: Gesetzesverletzung und Sittenverstoß, München, 1970

Schricker, Gerhard: Deregulierung im Recht des unlauteren Wettbewerbs?, GRUR Int 1994, Seiten 586 ff.

Schulte, Josef L.: Änderungen der Fusionskontrolle durch die 6. GWB-Novelle, AG 1998, Seiten 297 ff.

Schultes, Werner: Preisdifferenzierung unter wettbewerbspolitischem Aspekt, FIW-Schriftenreihe, Heft 14, Köln, Berlin, Bonn, München, 1963

Schulz-Schaeffer, Rudolf: Das subjektive Recht im Gebiet der unerlaubten Handlung, Marburg, 1915

Schumacher, Hermann: Die Systematik des Wettbewerbsrechts, WuW 1971, Seiten 165 ff.

Schwartz, Warren F.: An Overview of the Economics of Antitrust Enforcement, 68 Geo. L. J. 1075 (1980)

Schwarze, Jürgen: Der Schutz des Gemeinschaftsbürgers durch allgemeine Verwaltungsrechtsgrundsätze im EG-Recht, NJW 1986, Seiten 1067 ff.

Schweitzer, Michael / Hummer, Waldemar: Europarecht, 5. Auflage, Neuwied, Kriftel, Berlin, 1996

Schwenn, Dirk M.: Die Dezentralisierung der Wettbewerbskontrolle nach dem „Weißbuch", RIW 2000, Seiten 179 ff.

Schwintowski, Hans-Peter: Der Zugang zu wesentlichen Einrichtungen, WuW 1999, Seiten 848 ff.

Selmer, Peter: Preismißbrauchsverfahren nach dem GWB und Schadensersatz, in: FIW-Schriftenreihe, Heft 81: Schwerpunkte des Kartellrechts 1976/77, Köln, Berlin, Bonn, München, 1978, Seiten 97 ff.

Shepherd, William / Wilcox, Clair: Public Policies Towards Businesses (6th ed. 1979)

Smit, Hans / Herzog, Peter: The Law of The European Economic Community (Supp. 1984)

Soell, Hermann: Beiladung und Konkurrentenschutz im Verwaltungsverfahren des Kartellgesetzes, in: *Müller, Klaus / Soell, Hermann* (Hsrg.): Rechtswissenschaft und Gesetzgebung, Festschrift für *Eduard Wahl* zum siebzigsten Geburtstag, Heidelberg, 1973, Seiten 439 ff.

Söllner, Renate: Art. 5 EWG-Vertrag in der Rechtsprechung des Europäischen Gerichtshofes, Dissertation, München, 1985

Soergel, Hans Theodor: Bürgerliches Gesetzbuch mit Einführungsgesetz und Nebengesetzen, 12. Auflage, Berlin, 1978 ff. (zitiert als Soergel/ *Bearbeiter*)

Soltész, Ulrich / Steinle, Christian / Bielesz, Holger: Rekordgeldbußen versus Bestimmtheitsgebot: Die Kartellverordnung auf dem Prüfstein höherrangigen Gemeinschaftsrechts, EuZW 2003, Seiten 202 ff.

Speckmann, Gerhard: Die Wettbewerbssache, 2. Auflage, Köln, Berlin, Bonn, München, 1995

Spengler, Albrecht: Zivilrechtliche Auswirkungen des Kartellgesetzes, WuW 1960, Seiten 410 ff.

Spiegel, Nico: Anmerkung zum Urteil des EuGH v. 1.6.99, Rs. C-126/97, EuZW 1999, Seiten 568 f.

Staudinger, Julius von: Kommentar zum Bürgerlichen Gesetzbuch mit Einführungsgesetz und Nebengesetzen, Berlin, 13. Auflage, 1993 ff. (zitiert als Staudinger/*Bearbeiter*)

Stein, Friedrich / Jonas, Martin: Kommentar zur Zivilprozeßordnung, 21. Auflage, Tübingen, 1993 ff. (zitiert als StJ/*Bearbeiter*)

Steindorff, Ernst: Buchbesprechung zu *Kurt Ballerstedt*: Übernationale und nationale Marktordnung, Eine montanrechtliche Studie, DVBl 1955, Seite 578

Steindorff, Ernst: Der Begriff der Preisdiskriminierung im Recht der Europäischen Gemeinschaft für Kohle und Stahl, RabelsZ Band 21 (1956), Seiten 270 ff.

Steindorff, Ernst: Gesetzgeberische Möglichkeiten zu verbesserter Durchsetzung des Gesetzes gegen Wettbewerbsbeschränkungen, ZHR Band 138 (1974), Seiten 504 ff.

Steindorff, Ernst: EG-Vertrag und Privatrecht, Baden-Baden, 1996

Steindorff, Ernst: Anmerkung zum Urteil des EuGH v. 22.4.1997, Rs. C-180/95, 34 C.M.L.R. 1259 (1997)

Stillfried, Georg / Stockenhuber, Peter: Schadensersatz bei Verstoß gegen das Kartellverbot des Art. 85 EG-V, WBl 1995, Seiten 301 ff. und 345 ff.

Taupitz, Jochen: Ökonomische Analyse und Haftungsrecht - Eine Zwischenbilanz, AcP Band 196 (1996), Seiten 114 ff.

Temple Lang, John: Decentralised enforcement of Community Competition Law, verfügbar im Internet unter der Adresse http://europa.eu.int/comm/competition/speeches/text/sp_1999456_en.pdf

Teplitzky, Otto: Wettbewerbsrechtliche Ansprüche, 7. Auflage, Köln, Berlin, Bonn, München, 1997

Thomas, Heinz / Putzo, Hans: Zivilprozeßordnung, 24. Auflage, München, 2002

Tiedemann, Klaus: Tatbestandsfunktionen im Nebenstrafrecht, Tübingen, 1969

Tilmann, Winfried: Zur Rechtsstellung der Verbraucher bei Wettbewerbsdelikten, ZHR Band 141 (1977), Seiten 32 ff.

Tilmann, Winfried: Die UWG-Novelle 1994, BB 1994, Seiten 1793 ff.

Toepke, Utz: Schadensersatz bei EWG-Kartellrechtsverstößen, RIW 1976, Seiten 279 ff.

Traugott, Rainer: Anspruch auf Belieferung aus Art. 85 Abs.1 EGV in Verbindung mit § 823 Abs.2 BGB und § 249 S.1 BGB?, WuW 1997, Seiten 486 ff.

Trautwein, Thomas: Anmerkung zum Urteil des EuGH v. 5.3.96, verb. Rs. C-46/93 und C-48/93, JA 1997, Seiten 108 ff.

Ullrich, Hanns: Das Recht der Wettbewerbsbeschränkungen des Gemeinsamen Marktes und die einzelstaatliche Zivilgerichtsbarkeit, Dissertation, Berlin, 1971

Ullrich, Hanns: Zivilprozeß und Kartellverstoß, in: Gewerblicher Rechtsschutz, Urheberrecht, Wirtschaftsrecht, Mitarbeiterfestschrift für *Eugen Ulmer* zum 70. Geburtstag, Köln, Berlin, Bonn, München, 1973, Seiten 521 ff.

Ulmer, Peter: Wettbewerbs- und kartellrechtliche Grenzen der Preisunterbietung im Pressewesen, AfP 1975, Seiten 870 ff.

Van den Bergh, Roger J. / Camesasca, Peter D.: Die 6. GWB-Novelle unter dem Gesichtspunkt des Subsidiäritätsprinzips: Teilkonvergenz mit dem europäischen Recht, WuW 1998, Seiten 1147 ff.

Van Miert, Karel: Die Wettbewerbspolitik der neuen Kommission, WuW 1995, Seiten 553 ff.

Violini, Lorenza: Der gemeineuropäische Bestand von Gegenständen mit Verfassungsrang, in: *Müller-Graf, Peter-Christian / Riedel, Eibe* (Hrsg.): Gemeinsames Verfassungsrecht in der Europäischen Union, Baden-Baden, 1998, Seiten 33 ff.

Vollmer, Lothar: Wettbewerbsrechtliche Mehrerlösabschöpfung nach der UWG- und GWB-Novelle, DB 1979, Seiten 2213 ff.

von Bogdandy, Armin: Europa 1992 - Die außervertragliche Haftung der Europäischen Gemeinschaften, JuS 1990, Seiten 872 ff.

von Linstow, Bernhard: Klagebefugnis und Gerichtsstand nach der UWG-Novelle, WRP 1994, Seiten 787 ff.

von Weizsäcker, Carl Christian: Abuse of a Dominant Position and Economic Efficiency, ZWeR 2003, Seiten 58 ff.

Wagner, Gerhard: Die Aufgaben des Haftungsrechts - eine Untersuchung am Beispiel der Umweltshaftungsrechts-Reform, JZ 1991, Seiten 175 ff.

Ward, Angela: New Frontiers in Private Enforcement of E.C. Directives, 23 E. L. Rev. 65 (1998)

Weiss, L. W.: The Concentration – Profits Relationship and Antitrust, in Industrial Concentration: The New Learning (Goldschmid, Mann & Weston ed., 1974)

Werden, Gregory J. / Schwartz, Marius: Illinois Brick and the Deterrence of Antitrust Violations: An Economic Analysis, 35 Hastings L. J. 629 (1984)

Werner, Rosemarie: Rechtsfolgen bei Wettbewerbsverstößen im GWB, in: FIW-Schriftenreihe, Heft 86: Schwerpunkte des Kartellrechts 1977/78, Köln, Berlin, Bonn, München, 1979, Seiten 49 ff.

Westrick, Klaus / Loewenheim, Ulrich (Hrsg.): Gesetz gegen Wettbewerbsbeschränkungen, 4. Auflage, Herne, Berlin, 1977

Weyer, Hartmut: Neue Fragen des Mißbrauchs marktbeherrschender Stellungen nach § 19 GWB, AG 1999, Seiten 257 ff.

Weyer, Hartmut: Gemeinschaftsrechtliches Verbot und nationale Zivilrechtsfolgen – Eine Untersuchung am Beispiel der Artikel 81, 82 EG-Vertrag, ZEuP 1999, Seiten 424 ff.

Weyer, Hartmut: Gemeinschaftsrechtliche Vorgaben für das nationale Zivilverfahren, EuR 2000, Seiten 145 ff.

Weyer, Hartmut: Konkurrierende Anwendung des Art. 81 EGV durch Kommission und nationale Gerichte, WuW 2000, Seiten 842 ff.

Weyer, Hartmut: Anmerkung zum Urteil des EuGH v. 20.9.2001, Rs. C-453/99, GRUR Int 2002, Seiten 57 ff.

Weyers, Hans-Leo: Unfallschäden, Frankfurt a.M., 1971

Wiedemann, Gerhard (Hrsg.): Handbuch des Kartellrechts, München, 1999 (zitiert als Wiedemann/*Bearbeiter*)

Wiedemann, Herbert: Rechtsethische Maßstäbe im Unternehmens- und Gesellschaftsrecht, ZGR Band 9 (1980), Seiten 147 ff.

Williamson, Oliver E.: Economies as an Antitrust Defense Revisited, 125 U. Pa. L. Rev. 699 (1977)

Winterstein, Alexander: A Community Right in Damages for Breach of EC Competition Rules?, 16 E.C.L.R. 49 (1995)

Witthuhn, Wilfried: Die Ausgestaltung der privaten Klage im Wirtschaftsrecht, Dissertation, Hamburg, 1976

Wohlmann, Herbert: Zur funktionalen Auslegung im Kartellrecht, in: *Forstmoser, Peter / Schluep, Walter* (Hrsg.): Freiheit und Verantwortung im Recht, Festschrift zum 60. Geburtstag von *Arthur Meier-Hayoz*, Bern, 1982, Seiten 461 ff.

Wolf, Dieter: Die wettbewerbspolitische Diskussion aus Sicht des Bundeskartellamts, in: Frankfurter Institut - Stiftung Marktwirtschaft und Politik (Hrsg.): Kartellrecht in der Reform, Bad Homburg, 1996, Seiten 26 ff.

Wolf, Dieter: Perspektiven des europäischen Kartellrechts, Positionspapier vorgelegt anläßlich des Diskussionsforums des Frankfurter Instituts – Stiftung Marktwirtschaft und Politik am 8. Juli 1999 in Frankfurt, verfügbar im World Wide Web unter der Adresse http://www.bundeskartellamt.de/prespektiven.html

Wolf, Manfred: Die Klagebefugnis der Verbände. Ausnahme oder allgemeines Prinzip?, Tübingen, 1971

Wrage, Heidi: UWG-Sanktionen bei GWB-Verstößen, Heidelberg, 1984

Zekoll, Joachim / Bolt, Jan: Die Pflicht zur Vorlage von Urkunden im Zivilprozeß – Amerikanische Verhältnisse in Deutschland?, NJW 2002, Seiten 3129 ff.

Zekoll, Joachim / Rahlf, Nils: US-amerikanische Antitrust-Treble-Damages-Urteile und deutscher ordre public, JZ 1999, Seiten 384 ff.

Zeuner, Martin: Die Haftung der EG-Mitgliedsstaaten für die Anwendung europarechtswidriger Rechtsnormen, München, 1995

Zinsmeister, Ute: Die dezentrale Anwendung des EG-Wettbewerbsrechts durch die nationalen Kartellbehörden in der Praxis, WuW 1999, Seiten 115 ff.

Zöller, Alexander: Ansätze zur Bekämpfung des Abmahnvereinunwesens, WRP 1994, Seiten 156 ff.

Zöller, Richard (Hrsg.): Zivilprozeßordnung, 23. Auflage, Köln, 2002 (zitiert als Zöller/*Bearbeiter*)

Zuleeg, Manfred: Das Recht der europäischen Gemeinschaften im innerstaatlichen Bereich, Köln, Berlin, Bonn, München, 1969

Zuleeg, Manfred: Umweltschutz in der Rechtsprechung des Europäischen Gerichtshofs, NJW 1993, Seiten 31 ff.

Abkürzungsverzeichnis*

a.A.	anderer Ansicht
a.a.O.	am angeführten Ort
ABGB	Österreichisches Allgemeines Bürgerliches Gesetzbuch
ABl.	Amtsblatt der Europäischen Gemeinschaften
Abs.	Absatz
AC	The Law Reports, Appeal Cases
AcP	Archiv für die civilistische Praxis
AEG	Allgemeines Eisenbahngesetz
a.F.	alte Fassung
AfP	Archiv für Presserecht
AG	Die Aktiengesellschaft
Anm.	Anmerkung
Antitrust L. J.	Antitrust Law Journal, Zitierweise: Autor, *Titel*, Band Antitrust L. J. Seite (Erscheinungsjahr)
AöR	Archiv des öffentlichen Rechts
Art.	Artikel
AWD	Außenwirtschaftsdienst des Betriebs-Beraters
Az.	Aktenzeichen
BB	Der Betriebsberater
Bd.	Band
BDI	Bundesverband der Deutschen Industrie
BeckTKG-Komm	*Büchner, Wolfgang / Ehmer, Jörg / Geppert, Martin / Kerkhoff, Bärbel / Piepenbrock, Hermann-Josef / Schuster, Fabian* (Hrsg.): Beck'scher TKG-Kommentar, 2. Auflage, München, 2000
Begr.	Begründung
BGB	Bürgerliches Gesetzbuch
BGBl. I	Bundesgesetzblatt Teil I
BGH	Bundesgerichtshof
BGHZ	Entscheidungen des Bundesgerichtshofs in Zivilsachen
BKartA	Bundeskartellamt
BT-Drucks.	Bundestagsdrucksachen

---

* Zitate und Abkürzungen US amerikanischer Urteile und Literatur entsprechen der offiziellen Zitierweise gemäß The Bluebook, A Uniform System of Citation (17th ed. 2000).

BVerfG	Bundesverfassungsgericht
BVerfGE	Entscheidungen des Bundesverfassungsgerichts
BVerfGG	Gesetz über das Bundesverfassungsgericht
BVerwG	Bundesverwaltungsgericht
BVerwGE	Entscheidungen des Bundesverwaltungsgerichts
bzw.	beziehungsweise
Cir.	United States Circuit Court of Appeals
cert. denied	certiorari denied
cert. granted	certiorari granted
Clayton Act	15 U.S.C. §§ 12-27 (1994)
C.M.L.R.	Common Market Law Reports
Dauses	*Dauses, Manfred A.* (Hrsg.): Handbuch des EU-Wirtschaftsrechts, Loseblattsammmlung, München, Stand 10. Ergänzungslieferung, Mai 2001
DB	Der Betrieb
D.D.C.	District Court of the District of Columbia
Ders.	Derselbe
d.h.	das heißt
Dies.	Dieselben
DÖV	Die Öffentliche Verwaltung
DoJ	United States Department of Justice
Dok.	Dokumente der Kommission
DRiG	Deutsches Richtergesetz
DVBl	Deutsches Verwaltungsblatt
DZWir	Deutsche Zeitschrift für Wirtschaftsrecht
ECC	European Commercial Cases
E.C.L.R.	European Competition Law Review, Zitierweise: Autor, *Titel*, Band E.C.L.R. Seite (Erscheinungsjahr)
ed.	edition / editor
EG	Vertrag zur Gründung der Europäischen Gemeinschaft in der Fassung des Vertrags von Amsterdam vom 2.10.1997*
EGBGB	Einführungsgesetz zum Bürgerlichen Gesetzbuche
EGKSV	Vertrag über die Gründung der Europäischen Gemeinschaft für Kohle und Stahl

* Vgl. Hinweis des Gerichtshofs zur Zitierweise der Bestimmungen der Verträge in den Texten des Gerichtshofs und des Gerichts, ABl. 1999 C 246/1.

EGV	Vertrag zur Gründung der Europäischen Gemeinschaft in der Fassung des Vertrags von Maastricht vom 7.2.1992*
E. L. Rev.	European Law Review
EMRK	Europäische Menschenrechtskonvention
EnWG	Gesetz über die Elektrizitäts- und Gasversorgung (Energiewirtschaftsgesetz)
EU	Europäische Union oder Vertrag über die Europäische Union in der Fassung des Vertrags von Amsterdam v. 2.10.1997*
EuG	Europäisches Gericht Erster Instanz
EuGH	Europäischer Gerichtshof
EuGH-Satzung	Protokoll über die Satzung des Gerichtshofs der Europäischen Wirtschaftsgemeinschaft
EuGH Slg.	Sammlung der Rechtsprechung des Gerichtshofs und des Gerichts Erster Instanz
EuGH VfO	Verfahrensordnung des Gerichtshofes der Europäischen Gemeinschaften
EuR	Europarecht
EuratomV	Vertrag zur Gründung der Europäischen Atomgemeinschaft
EUV	Vertrag über die Europäische Union in der Fassung des Vertrags von Maastricht v. 7.2.1992*
EuZW	Europäische Zeitschrift für Wirtschaftsrecht
EWiR	Entscheidungen zum Wirtschaftsrecht
EWS	Europäisches Wirtschafts- und Steuerrecht
f.	folgend
F.2d	Federal Reporter 2nd Edition, Zitierweise: Parteien, Band F.2d Seite (Gericht Entscheidungsjahr)
F.3d	Federal Reporter 3rd Edition, Zitierweise: Parteien, Band F.3d Seite (Gericht Entscheidungsjahr)
FAZ	Frankfurter Allgemeine Zeitung
FCC	Federal Communications Commission
Fed. R. Civ. P.	Federal Rules of Civil Procedure
Fed. Reg.	Federal Register, Zitierweise: Bezeichnung, Band Fed. Reg. Seite (Erscheinungsjahr)
ff.	fortfolgende

---

* Vgl. Hinweis des Gerichtshofs zur Zitierweise der Bestimmungen der Verträge in den Texten des Gerichtshofs und des Gerichts, ABl. 1999 C 246/1.

FG	Finanzgericht
FIW	Forschungsinstitut für Wirtschaftsverfassung und Wettbewerb e.V., Köln
FKVO	Verordnung (EWG) Nr. 4064/89 des Rates über die Kontrolle von Unternehmenszusammenschlüssen (Fusionskontrollverordnung)
fn.	footnote
Fn.	Fußnote
F. Supp.	Federal Supplement, Zitierweise: Parteien, Band F. Supp. Seite (Gericht Entscheidungsjahr)
F. Supp.2d	Federal Supplement 2nd Edition, Zitierweise: Parteien, Band F. Supp.2d Seite (Gericht Entscheidungsjahr)
FTC	Federal Trade Commission
FTC Act	Federal Trade Commission Act, 15 U.S.C. §§ 41-51 (1994)
GA	Generalanwalt
GemSOBG	Gemeinsamer Senat der Obersten Bundesgerichte
Geo. L. J.	Georgetown Law Journal, Zitierweise: Autor, *Titel*, Band Geo. L. J. Seite (Erscheinungsjahr)
Geo. Mason L. Rev.	George Mason Law Review, Zitierweise: Autor, *Titel*, Band Geo. Mason L. Rev. Seite (Erscheidungsjahr)
GeschO	Geschäftsordnung der Kommission
GewA	Gewerbearchiv
GG	Grundgesetz
GK	*Müller-Henneberg, Hans / Schwartz, Gustar (Hrsg.)*: Gesetz gegen Wettbewerbsbeschränkungen und Europäisches Kartellrecht, Gemeinschaftskommentar, 5. Auflage, Köln, Berlin, Bonn, München, 1999 ff.
GK (4. Aufl.)	*Müller-Henneberg, Hans / Schwartz, Gustar (Hrsg.)*: Gesetz gegen Wettbewerbsbeschränkungen und Europäisches Kartellrecht, Gemeinschaftskommentar, 4. Auflage, Köln, Berlin, Bonn, München, 1980 ff.
GK (3. Aufl.)	*Müller-Henneberg, Hans / Schwartz, Gustar (Hrsg.)*: Gesetz gegen Wettbewerbsbeschränkungen und Europäisches Kartellrecht, Gemeinschaftskommentar, 3. Auflage, Köln, Berlin, Bonn, München, 1972 ff.
Gloy	*Gloy, Wolfgang* (Hrsg.): Handbuch des Wettbewerbsrechts, München, 1997

GTE	*Groeben, Hans v.d. / Thiesing, Jochen / Ehlermann, Claus-Dieter* (Hrsg.): Kommentar zum EU- / EG-Vertrag, 5. Auflage, 1999
GRUR	Zeitschrift für gewerblichen Rechtsschutz und Urheberrecht
GRUR Int	Zeitschrift für gewerblichen Rechtsschutz und Urheberrecht, Internationaler Teil
GVG	Gerichtsverfassungsgesetz
GWB	Gesetz gegen Wettbewerbsbeschränkungen in der Fassung der Bekanntmachung vom 26. August 1998 (BGBl. I S. 2546)
GWB a.F.	Gesetz gegen Wettbewerbsbeschränkungen in der Fassung der Bekanntmachung vom 20. Februar 1990 (BGBl. I S. 235)
Harv. L. Rev.	Harvard Law Review, Zitierweise: Autor, *Titel*, Band Harv. L. Rev. Seite (Erscheinungsjahr)
Hastings L. J.	Hastings Law Journal, Zitierweise: Autor, *Titel*, Band Hastings L. J. Seite (Erscheinungsjahr)
HdbStR	*Isensee, Josef / Kirchhof, Paul* (Hrsg.): Handbuch des Staatsrechts, Band III, 2. Auflage, Heidelberg, 1996
h.L.	herrschende Lehre
h.M.	herrschende Meinung
Hrsg.	Herausgeber
idF.	in der Fassung
i.E.	im Ergebnis
I. Inst. VfO	Verfahrensordnung des Gerichts Erster Instanz der Europäischen Gemeinschaften
IM	*Immenga, Ulrich / Mestmäcker, Ernst-Joachim* (Hrsg.): GWB, Kommentar zum Kartellgesetz, 3. Auflage, München, 2001
IM (2. Aufl.)	*Immenga, Ulrich / Mestmäcker, Ernst-Joachim* (Hrsg.): GWB, Kommentar zum Kartellgesetz, 2. Auflage, München, 1992
IM EG-WbR	*Immenga, Ulrich / Mestmäcker, Ernst-Joachim (Hrsg.)*: EG-Wettbewerbsrecht, München, 1997
iSv.	im Sinne von
iVm.	in Verbindung mit
JA	Juristische Arbeitsblätter
JAG NW	Juristenausbildungsgesetz Nordrhein-Westfalen

Jg.	Jahrgang
J. L. & Econ.	Journal of Law and Economics, Zitierweise: Autor, *Titel*, Band J. L. & Econ. Seite (Erscheinungsjahr)
J. L. Econ. & Org.	Journal of Law, Economics and Organization, Zitierweise: Autor, *Titel*, Band J. L. Econ. & Org. Seite (Erscheinungsjahr)
J. Legal Studies	Journal of Legal Studies, Zitierweise: Autor, *Titel*, Band J. Legal Studies Seite (Erscheinungsjahr)
JNSt	Jahrbuch für Nationalökonomie und Statistik
J. Pol. Econ.	Journal of Political Economy, Zitierweise: Autor, *Titel*, Band J. Pol. Econ. Seite (Erscheinungsjahr)
JuS	Juristische Schulung
JZ	Juristenzeitung
KG	Kammergericht
Kommissionsvorschlag	Kommission der Europäischen Gemeinschaften, Vorschlag für eine Verordnung des Rates zur Durchführung der in den Artikeln 81 und 82 EG-Vertrag niedergelegten Wettbewerbsregeln vom 27.9.2000, KOM (2000) 582 endgültig
Lenz	*Lenz, Carl Otto* (Hrsg.): EG-Vertrag Kommentar, 2. Auflage, Köln, 1999
LG	Landgericht
lit.	littera
LM	Lindenmaier-Möhrig: Nachschlagewerk des Bundesgerichtshofs
Ls.	Leitsatz / Leitsätze
m.a.W.	mit anderen Worten
M.D. Pa.	District Court for the Middle District of Pennsylvania
MDR	Monatsschrift für deutsches Recht
m.E.	meines Erachtens
Mot.	Motive zum Entwurf eines Bürgerlichen Gesetzbuches
M.R.	Master of the Rolls
MüKo	*Rebmann, Kurt / Säcker, Jürgen* (Hrsg.): Münchener Kommentar zum Bürgerlichen Gesetzbuch, 3. Auflage, München, 1992 ff.
m.w.N.	mit weiteren Nachweisen
n.	note
n.F.	neue Fassung

NJW	Neue Juristische Wochenschrift
NVwZ	Neue Zeitschrift für Verwaltungsrecht
NZV	Neue Zeitschrift für Verkehrsrecht
OBG NW	Nordrhein-westfälisches Gesetz über Aufbau und Befugnisse der Ordnungsbehörden
ÖBl.	Österreichische Blätter für gewerblichen Rechtsschutz und Urheberrecht
ÖOGH	Österreichischer Oberster Gerichtshof
OLG	Oberlandesgericht
ORDO	Jahrbuch für die Ordnung von Wirtschaft und Gesellschaft
OWiG	Gesetz über Ordnungswidrigkeiten
p.	page(s)
Pace L. Rev.	Pace Law Review, Zitierweise: Autor, *Titel*, Band Pace L. Rev. Seite (Erscheinungsjahr)
Palandt	*Palandt, Otto*: Bürgerliches Gesetzbuch, 63. Auflage, München, 2004
PEntgV	Post-Entgeltregulierungsverordnung vom 22.11.1999, BGBl. I, S. 2386
PostG	Postgesetz
Prot. II	Protokolle der Kommission für die zweite Lesung des Entwurfs des Bürgerlichen Gesetzbuches, Band II
RabattG	Rabattgesetz
RabelsZ	Rabels Zeitschrift für ausländisches und internationales Privatrecht
RdE	Recht der Energiewirtschaft
Rdn.	Randnummer
RegE	Regierungsentwurf
reh. den.	rehearing denied
RG	Reichsgericht
RGBl.	Reichsgesetzblatt
RIW	Recht der Internationalen Wirtschaft
Rs.	Rechtssache(n)
S.	Seite(n)
S. Ct.	Supreme Court Reporter, Zitierweise: Parteien, Band S. Ct. Seite (Entscheidungsjahr)
sec.	section(s)
Sherman Act	15 U.S.C. §§ 1-7 (1994)

Staudinger	Kommentar zum Bürgerlichen Gesetzbuch mit Einführungsgesetz und Nebengesetzen, Berlin, 13. Auflage, 1993 ff.
StGB	Strafgesetzbuch
StJ	*Stein, Friedrich / Jonas, Martin*: Kommentar zur Zivilprozeßordnung, 21. Auflage, Tübingen, 1993 ff.
StPO	Strafprozeßordnung
str.	streitig
st. Rspr.	ständige Rechtsprechung
Supp.	Supplement
Sw. U. L. Rev.	Southwestern University Law Review, Zitierweise: Autor, *Titel*, Band Sw. U. L. Rev. Seite (Erscheinungsjahr)
TEntgV	Telekommunikations-Entgeltregulierungsverordnung
TKG	Telekommunikationsgesetz
Tz.	Textziffer
u.a.	unter anderem
U. Chi. L. Rev.	University of Chicago Law Review, Zitierweise: Autor, *Titel*, Band U. Chi. L. Rev. Seite (Erscheinungsjahr)
U. Pa. L. Rev.	University of Pennsylvania Law Review, Zitierweise: Autor, *Titel*, Band U. Pa. L. Rev. Seite (Erscheinungsjahr)
U.S.	United States Reports, Zitierweise: Parteien, Band U.S. Seite (Entscheidungsjahr)
U.S.C.	United States Code, Zitierweise: Band U.S.C. Section (Erscheinungsjahr)
UWG	Gesetz gegen den unlauteren Wettbewerb in der aktuellen Fassung
UWG 1896	Gesetz gegen den unlauteren Wettbewerb vom 27.5.1896
UWG a.F.	Gesetz gegen den unlauteren Wettbewerb idF. vor Inkrafttreten des Änderungsgesetzes v. 25.7.1994 (BGBl. I, S. 1738)
UWG-Novelle 1994	Gesetz zur Änderung des Gesetzes gegen den unlauteren Wettbewerb vom 25.7.1994 (BGBl. I, S. 1738)
v.	von / vom
verb. Rs.	verbundene Rechtssachen
VerfVO	Verordnung (EG) Nr. 3384/94 der Kommission über die Anmeldungen, über die Fristen sowie über die Anhörung nach der Verordnung (EWG) Nr. 4064/89 des Rates über die Kontrolle von Unternehmenszusammenschlüssen
VerwArch	Verwaltungsarchiv

vgl.	vergleiche
vol.	volume
VO Nr. 1/2003	Verordnung (EG) Nr. 1/2003 des Rates vom 16.12.2002 zur Durchführung der in den Artikeln 81 und 82 des Vertrags niedergelegten Wettbewerbsregeln, ABl. 2003 L 1/1
VO Nr. 17	Erste Durchführungsverordnung zu den Artikeln 85 und 86 des Vertrags zur Gründung der Europäischen Gemeinschaft 17/62/EWG (Kartellverordnung)
VVDStRL	Veröffentlichungen der Vereinigung der Deutschen Staatsrechtslehrer
VwGO	Verwaltungsgerichtsordnung
VwVfG	Verwaltungsverfahrensgesetz
VwVG	Verwaltungsvollstreckungsgesetz des Bundes
WBl	Wirtschaftsrechtliche Blätter
Weißbuch der Kommission	Weißbuch der Kommission über die Modernisierung der Vorschriften zur Anwendung der Artikel 85 und 86 EG-Vertrag, Arbeitsprogramm der Kommission Nr.99/027 (veröffentlicht im Internet unter der Adresse http://europa.eu.int/comm/dg04/entente/other.htm#dgiv_pdf_wb_modernisation)
Wiedemann	*Wiedemann, Gerhard* (Hrsg.): Handbuch des Kartellrechts, München, 1999
WiSt	Wirtschaftswissenschaftliches Studium
WiStG	Wirtschaftsstrafgesetz
WISU	Das Wirtschaftsstudium
WLR	The Weekly Law Reports
WRP	Wettbewerb in Recht und Praxis
WuW	Wirtschaft und Wettbewerb
WuW/E	Entscheidungssammlung zur Wirtschaft und Wettbewerb
WZG 1894	Gesetz zum Schutze der Warenbezeichnungen v. 12.5.1894 (RGBl. S. 441)
Yale L. J.	Yale Law Journal, Zitierweise: Autor, *Titel*, Band Yale L. J. Seite (Erscheinungsjahr)
ZEuP	Zeitschrift für Europäisches Privatrecht
ZGR	Zeitschrift für Unternehmens- und Gesellschaftsrecht
ZHR	Zeitschrift für das gesamte Handelsrecht und Wirtschaftsrecht

ZNER	Zeitschrift für Neues Energierecht
Zöller	*Zöller, Richard*: Zivilprozeßordnung, 23. Auflage, Köln, 2002
ZPO	Zivilprozeßordnung
ZRP	Zeitschrift für Rechtspolitik
ZugabeVO	Zugabeverordnung
ZWeR	Zeitschrift für Wettbewerbsrecht

Einleitung

Die Verfolgung von Verstößen gegen das deutsche Kartellrecht erfolgt in der Praxis weit überwiegend durch die Kartellbehörden des Bundes und der Länder. Auch rechtlich ist ihre Rechtsanwendungskompetenz umfassend. Gemäß § 32 GWB sind sie befugt, Zuwiderhandlungen gegen jedes im GWB normierte Verbot zu untersagen. In den Fällen des § 81 Abs.1 GWB kommt weiterhin die Verhängung einer Geldbuße in Betracht. Demgegenüber haben private Schadensersatzklagen für die Durchsetzung des GWB kaum Bedeutung erlangt. Dieser Befund steht in Widerspruch vor allem zu den Erfahrungen des US-amerikanischen Kartellrechts. Spätestens seit den vierziger Jahren zeichnen sich privaten Klagen auf der Grundlage von Section 4 Clayton Act für den weit überwiegenden Teil der Verfolgungsaktivität verantwortlich. Ende der siebziger Jahre erreichte das Verhältnis privater zu öffentlichen Klagen gar den Wert von zwanzig zu eins[1].

Ein Grund für die nur begrenzte Anzahl privater Schadensersatzprozesse im deutschen Kartellrecht ist im GWB selbst angelegt. Denn gemäß § 33 S.1 GWB ist zum Schadensersatz nur verpflichtet, wer gegen eine Vorschrift des GWB verstößt, die den Schutz eines anderen bezweckt. Schon seinem Wortlaut nach ist der kartellrechtliche Schadensersatzanspruch demnach in erster Linie auf die Durchsetzung individueller Rechtspositionen, nicht aber der Wettbewerbsordnung angelegt. Mit der individualistischen Konzeption des deutschen Kartelldeliktsrechts ist die Schadensersatzklage im US-amerikanischen Kartellrecht bereits im Ansatz nicht vergleichbar. Die Kompensationsfunktion tritt bei ihr zugunsten der Prävention künftiger Zuwiderhandlungen zurück. Aus diesem Grund bestimmt Section 4 Clayton Act, daß jeder, der durch ein gegen die Vorschriften des US-amerikanischen Kartellrechts verstoßendes Verhalten verletzt ist, den *dreifachen Betrag* des ihm entstandenen Schadens ersetzt verlangen kann. Die Aussicht, dreifachen Schadensersatz zu erlangen, sollte dabei von Beginn an Privaten als Anreiz dienen, die ihnen zustehenden Ansprüche zum Wohle der Allgemeinheit tatsächlich klageweise geltend zu machen[2].

Die Frage, ob und in welchem Umfang Schadensersatzansprüche geeignet sind, zu einer effektiven Durchsetzung des deutschen Kartellrechts beizutragen, ist zuletzt in den siebziger Jahren intensiv diskutiert worden. Insbesondere *I. Schmidt* ist hierbei als Verfechter einer wesentlichen Ausweitung schadensersatzrechtlicher Sanktion nach dem Vorbild des US-amerikanischen Rechts in

---

[1] Vgl. die Statistiken bei Steven C. Salop & Lawrence J White, *Economic Analysis of Antitrust Litigation*, 74 Geo. L. J. 1001, 1002-4 (1986).

[2] Vgl. zu den historischen Hintergründen William H. Page, *Antitrust Damages and Economic Efficiency: An Approach to Antitrust Injury*, 47 U. Chi. L. Rev. 467, 472-73 (1980). Vgl. auch Illinois Brick Co. v. Illinois, 431 U.S. 720, 746 (1977) („legislative purpose in creating a group of private attorney general").

Erscheinung getreten[3]. Demgegenüber hat *K. Schmidt* in zwei Monographien den Versuch unternommen, die Grenzen des Kartelldeliktsrechts als Mittel der objektiven Wettbewerbsaufsicht aufzuzeigen[4]. Hinzuweisen ist ferner auf ein von *Steindorff* für die *Kommission zur Bekämpfung der Wirtschaftskriminalität beim Bundesministerium für Justiz* erstattetes Gutachten, in welchem eine Reihe von Reformmöglichkeiten erwogen werden[5]. Die *Kommission* selbst hat vorgeschlagen, § 35 GWB a.F. um ein Instrument zur konzentrierten Geltendmachung von Schäden zu erweitern[6]. Eine grundlegende Reformierung des deutschen Kartelldeliktsrechts ist in der Folgezeit indessen nicht erfolgt. Insbesondere ist das Schutzgesetzprinzip als tragendes Element des deliktischen Rechtsschutzes im GWB erhalten geblieben.

Die 6. GWB-Novelle bietet nunmehr Anlaß, die Diskussion über Funktionen und Ausgestaltung schadensersatzrechtlicher Sanktionen im deutschen Kartellrecht erneut aufzugreifen. Zwar hat der Gesetzgeber auch im Zuge der 6. GWB-Novelle für das Kartelldeliktsrecht am Schutzgesetzprinzip festgehalten (vgl. § 33 S.1 GWB). Gleichwohl kommt in der Begründung des Regierungsentwurfs der Wille zum Ausdruck, private Schadensersatzklagen vermehrt im Interesse an einer umfassenden Durchsetzung der Wettbewerbsordnung dienstbar zu machen. Er manifestiert sich insbesondere in der Einführung eines ausdrücklichen *Verbots* des Mißbrauchs marktbeherrschender Stellungen (§ 19 Abs.1 GWB). Hierzu heißt es in der Begründung des Regierungsentwurfs:

> „Bisher sieht das GWB Bußgeldsanktion und Schadensersatzansprüche beim Mißbrauch einer marktbeherrschender Stellung erst vor, wenn sich ein Unternehmen über eine behördliche Mißbrauchsverfügung hinwegsetzt. Artikel 86 EG-Vertrag enthält dagegen ein Verbot der mißbräuchlichen Ausnutzung einer marktbeherrschenden Stellung durch ein oder mehrere Unternehmen und ist als unmittelbar wirkende Verbotsnorm ausgestaltet. Mit dem gemeinschaftsrechtlichen Ansatz wird die *bessere Vorfeldwirkung* erreicht. Darüber hinaus erhalten die Unternehmen die Möglichkeit, sich in Fällen des Mißbrauchs selbst – und ohne Einschaltung der Kartellbehörden – mit zivilgerichtlichen Schadensersatz- und Unterlassungsklagen zur Wehr zu setzen[7]."

Die beabsichtigte Harmonisierung des nationalen mit dem europäischen Kartellrecht, die als wesentliches Ziel der 6. GWB-Novelle über die Einführung eines Art. 82 EG entsprechenden Mißbrauchsverbots hinausreicht[8], lenkt zudem den

---

[3] Vgl. den Vorschlag von *I. Schmidt*: US-amerikanische und deutsche Wettbewerbspolitik gegenüber Marktmacht, S. 390.

[4] *K. Schmidt*: Aufgaben und Leistungsgrenzen der Gesetzgebung im Kartelldeliktsrecht; *Ders.*: Kartellverfahrensrecht – Kartellverwaltungsrecht – Bürgerliches Recht.

[5] *Steindorff* ZHR Bd. 138 (1974), 504.

[6] Tagungsberichte, Bd. IX, S. 121 unter A II c bb.

[7] Begr. RegE, BT-Drucks. 13/9720, S. 35 f. (Hervorhebung durch den Verfasser).

[8] Vgl. Begr. RegE, BT-Drucks. 13/9720, S. 30.

Blick auf das spezifisch gemeinschaftsrechtliche Verständnis subjektiver (Klage-) Rechte. Dabei fällt insbesondere der bewußt funktionale Umgang mit individuellen Rechtspositionen im Gemeinschaftsrecht auf. Ihre Gewährung nämlich dient nicht in erster Linie dem Schutz individueller Rechte oder Interessen, sondern versucht gezielt private Interessen zugunsten der wirksamen Durchsetzung des Gemeinschaftsrechts zu mobilisieren.

Ziel der nachfolgenden Untersuchung ist es, den kartellrechtlichen Schadensersatzanspruch als eigenständiges Sanktionsinstrument neben den öffentlich-rechtlichen Eingriffsbefugnissen zu etablieren. Dabei ist dem Mißbrauchsverbot des § 19 GWB insofern besondere Bedeutung beizumessen, als seine Einführung im Zuge der 6. GWB-Novelle den maßgeblichen Anstoß für den Versuch einer Neubewertung des Kartelldeliktsrechts liefert. Die im Laufe der Untersuchung gewonnenen Erkenntnisse sind indessen nicht auf das Mißbrauchsverbot beschränkt, sondern beanspruchen im Grundsatz für die schadensersatzrechtliche Sanktionierung aller materiellen Verbotsnormen des GWB Geltung.

Die vorliegende Arbeit wählt bewußt eine strikt ökonomische Betrachtungsweise. Dies erscheint gerechtfertigt, da der Wettbewerb als Regelungsgegenstand des Kartellrecht selbst ökonomischer Natur ist. Im ersten Teil sollen daher zunächst die ökonomischen Grundlagen kartellrechtlicher Sanktionen vorgestellt werden. Dabei liegt der Schwerpunkt auf der Herausarbeitung der unterschiedlichen sozialen Kosten privater und öffentlicher Rechtsdurchsetzung. Die als Ergebnis des ersten Teils gewonnenen, jedoch noch abstrakten ökonomischen Modelle sollen anschließend im zweiten Teil mit den für das deutsche Kartellrecht spezifischen Rahmenbedingungen abgestimmt werden. Auf dieser Grundlage wird der Versuch unternommen, allgemeine und der Anwendung in der Praxis zugängliche Kriterien zu entwickeln, anhand derer über die Eignung einer Norm zur Durchsetzung im Wege der privaten Schadensersatzklage entschieden werden kann. Sie sollen sodann beispielhaft auf die Mißbrauchstatbestände des § 19 Abs.4 GWB angewandt werden.

Im dritten und vierten Teil schließen sich Darstellungen des deutschen sowie des europäischen Kartelldeliktsrechts an. Dabei wird im dritten Teil das Schutzgesetzprinzip als Grundlage deliktischen Rechtsschutzes im GWB erörtert. Die Handhabung des Normzweckkriteriums in der Praxis wird am Beispiel des Streits um den Schutzgesetzcharakter von § 22 GWB a.F. verdeutlicht. Dem wird im vierten Teil das am Effizienzgebot ausgerichtete Konzept des privaten Rechtsschutzes im europäischen Kartellrecht gegenübergestellt. Zu klären ist dabei zunächst die Frage, ob die Verpflichtung zur Leistung von Schadensersatz bei Vestößen gegen die in den Art. 81 und 82 EG niedergelegten Verbote ihre Grundlage im nationalen Recht oder unmittelbar im Gemeinschaftsrecht finden. Anschließend soll das Konzept des subjektiven Gemeinschaftsrechts vertieft und daraufhin untersucht werden, welche Rückschlüsse es mit Blick auf die Abgrenzung eines möglichen gemeinschaftsrechtlichen Ersatzanspruchs zuläßt.

Im Rahmen des fünften Teils erfolgt eine eingehende Auseinandersetzung mit den gesetzgeberischen Zielen der 6. GWB-Novelle. Anhand der Begründungserwägungen soll dabei aufgezeigt werden, daß infolge der Harmonisierung des nationalen mit dem europäischen Recht auch eine dogmatische Neubewertung des Kartelldelitsrechts angestrebt oder zumindest doch ernsthaft in Betracht zu ziehen ist. Die 6. GWB-Novelle wird demgemäß als Anstoß für eine mögliche Fortentwicklung des Kartelldeliktsrechts im Sinne einer privaten Wettbewerbsaufsicht gewürdigt. Auf vornehmlich ökonomisch begründete Vorbehalte gegen eine unbesehene Übernahme des europäischen Rechtsbestands wird hingewiesen.

Der sechste Teil setzt sich mit dem Widerspruch auseinander, der sich aus der angestrebten Neurordnung des Kartelldeliktsrechts im Sinne einer objektiven Wettbewerbsaufsicht einerseits und dem gleichzeitigen Festhalten am Schutzgesetzprinzip als Grundlage des nach § 33 S.1 GWB zu gewährenden privaten Rechtsschutzes andererseits ergibt. Dabei wird zunächst anhand einer historischen Betrachtung der funktionale Charakter des Schutzgesetzprinzips und seine Offenheit gegenüber einer an den besonderen Erfordernissen des Kartellrechts ausgerichteten Fortentwicklung aufgezeigt. Sodann werden die de lege lata anerkannten Ansätze einer privaten Wettbewerbsaufsicht und ihr Verhältnis zum Schutzgesetzprinzip untersucht. Von Interesse sind hierbei vor allem die Verbandsklagebefugnisse gemäß § 33 S.2 GWB bzw. § 13 Abs.2 Nr.2 UWG. Abschließend wird ein Vorschlag zur Objektivierung der Schutzgesetzprüfung auf der Grundlage der Lehre vom subjektiven öffentlichen Recht unterbreitet.

Im siebten und letzten Teil dieser Arbeit schließlich wird der Stand der privaten Mißbrauchsaufsicht seit Inkrafttreten der 6. GWB-Novelle einer kritischen Würdigung unterzogen. Dabei erfolgt die Bewertung der Rechtsprechung wiederum nach Maßgabe der eingangs dieser Arbeit entwickelten ökonomischen Modelle.

1. Teil: Ökonomische Grundlagen kartellrechtlicher Sanktionen

A. Bedeutung und Rechtfertigung einer ökonomischen Betrachtung kartellrechtlicher Sanktionen

Während die Disziplin der ökonomischen Rechtsanalyse in den Vereinigten Staaten seit ihrer Entdeckung Ende der 50er Jahre unaufhaltsam an Bedeutung gewonnen hat[1] und mittlerweile das Gebiet des US amerikanischen Antitrust Law weitgehend dominiert, finden sich in der deutschen Literatur nur vereinzelt Ansätze einer ökonomischen Betrachtung von Rechtsnormen. Die für den deutschen Rechtskreis - noch immer - grundlegende Abhandlung der Thematik findet sich in dem Mitte der 80er Jahre von *Schäfer* und *Ott* vorgelegten Lehrbuch zur ökonomischen Analyse des Zivilrechts[2].

Zur Begründung ihrer Aussagen stützt sich die ökonomische Rechtsanalyse auf wohlfahrtstheoretische und mikroökonomische Modelle. Rechtsnormen versteht sie ausschließlich als Lenkungsinstrument, deren Gegenstand der Einsatz knapper Ressourcen und deren Ziel die Herstellung maximaler Allokationseffizienz ist. Regelungsobjekt effizienter Rechtsnormen sind solche Verhaltensweisen, die zu einem gesamtgesellschaftlichen Wohlfahrtsverlust führen. Oberste Maxime ist dabei die Minimierung der volkswirtschaftlichen Kosten solchen Verhaltens. Zu diesem Zweck unterscheidet die ökonomische Analyse zwischen primären, sekundären und tertiären Kosten. Primäre Kosten sind die unmittelbar durch schädigendes Verhalten vernichteten Nutzwerte. Sekundäre Kosten resultieren aus einer ungünstigen Schadensverteilung, wobei dem Prinzip des abnehmenden Grenznutzens wesentliche Bedeutung zukommt. Der Begriff der tertiären Kosten schließlich erfaßt solche Transaktionskosten, die im Zuge des Schadensausgleichs entstehen. Hierzu rechnen insbesondere Schadensverlagerungskosten und Schadensverlagerungsabwehrkosten[3].

Beachtung gefunden hat die Disziplin der ökonomischen Analyse im deutschen Rechtskreis vor allem mit ihren Bemühungen um die Entwicklung eines wohlfahrtsorientierten Fahrlässigkeitsmaßstabs[4]. Die Maxime der Kostenminimie-

---

[1] Zu den historischen Hintergründen vgl. *Taupitz* AcP Bd. 196 (1996), 114, 128 ff.

[2] *Schäfer/Ott*: Lehrbuch der ökonomischen Analyse des Zivilrechts. Vgl. auch *Assmann/Kirchner/Schanze*: Ökonomische Analyse des Rechts, die sich allerdings in weiten Teilen auf den Abdruck US-amerikanischer Literatur beschränken.

[3] Eine ausführliche Darstellung findet sich bei *Schäfer/Ott*, Lehrbuch der ökonomischen Analyse des Zivilrechts, S. 101 ff., sowie bei *Taupitz* AcP Bd. 196 (1996), 114, 138 ff.

[4] Vgl. etwa die sogenannte *Learned Hand* Formel. Danach ist Fahrlässigkeit anzunehmen, wenn die zur Vermeidung des Schadenseintritts erforderlichen Aufwendungen (Vorsorgeaufwendungen) niedriger sind als der zu erwartende Schaden multipliziert mit der Wahrscheinlichkeit des Schadenseintritts. Vgl. United States v. Carrol Towing Co., 159 F.2d 169, 173 (2d Cir. 1947) (Learned Hand, J.). Grundlegend ist die Überlegung, daß derjenige einen Schaden tragen sollte, der ihn am kostengünstigsten hätte vermeiden können (*cheapest cost avoider*).

rung läßt sich jedoch auf das Schadensrecht im weiteren Sinne übertragen. Gemeint ist hier die Gesamtheit aller derjenigen Normen des Zivil-, Verwaltungs- und Strafrechts, die mit der Prävention und Sanktionierung von Schadensereignissen befaßt sind. Aufgabe einer ökonomischen Betrachtungsweise ist es, unter Berücksichtigung der Nutzen und Kosten der verschiedenen schadensrechtlichen Optionen diejenige(n) zu bestimmen, die alleine oder in Kombination den gesamtgesellschaftlichen Wohlfahrtsverlust minimieren[5].

Eine entsprechende ökonomische Bewertung kartellrechtlicher Sanktionen, zumal nach dem GWB, ist bisher nur vereinzelt und nur im Ansatz unternommen worden[6]. In keinem Fall hat sie zur Entwicklung eines umfassenden ökonomischen Rahmens geführt. Dies ist aus zwei Gründen bemerkenswert. Erstens erweist sich das Kartellrecht für eine ökonomische Betrachtungsweise in besonderem Maße als geeignet. Sein Regelungsgegenstand, nämliches unternehmerisches Verhalten im Wettbewerb, ist mehr als andere Lebensbereiche von zweckrationalen Entscheidungen geprägt[7]. Es kann daher erwartet werden, daß der präventive Appell von Rechtsnormen den Adressaten tatsächlich erreicht und in der gewünschten Weise verhaltenssteuernd wirken kann[8]. Darüber hinaus ist das Kartellrecht selbst seinem Regelungsziel nach auf die Gewährleistung einer optimalen Versorgung der Bürger mit Gütern, mithin auf allokative Effizienz ausgerichtet. Gerade bei solchen Normen erscheinen ökonomische Überlegungen auch im Zuge der Auslegung und Anwendung im Einzelfall legitim[9]. Zweitens

---

Eine ausführliche Darstellung der Problematik eines ökonomischen Fahrlässigkeitsmaßstabs findet sich bei *Schäfer/Ott*: Lehrbuch der ökonomischen Analyse des Zivilrechts, S. 127 ff. Vgl. hierzu auch *Kötz*, in: Festschrift für *Steindorff*, S. 644 ff.; ähnlich für das Umwelthaftungsrecht auch *Hager* JZ 1990, 397, 401. Im Ergebnis haben sich die Vertreter einer ökonomischen Begründung des Fahrlässigkeitsmaßstabs nicht durchsetzen können. Vgl. etwa die Einwände bei Staudinger/*Hager* Vorbem zu §§ 823 ff. Rdn. 15 ff.

[5] Vgl. *Kötz*, in: Festschrift für *Steindorff*, S. 643, 657 f.; *Schäfer/Ott*: Lehrbuch der ökonomischen Analyse des Zivilrechts (1. Aufl.), S. 133; *Steindorff* ZHR Bd. 138 (1974), 504, 532.

[6] *Steindorff* ZHR Bd. 138 (1974), 504, 532, etwa erkennt die Notwendigkeit einer ökonomischen Analyse mit dem Ziel an, die sozialen Kosten der einzelnen Sanktionsmöglichkeiten und deren korrespondierenden Nutzen zu ermitteln. Die von ihm vorgelegte Studie über die gesetzgeberischen Möglichkeiten zu einer verbesserten Durchsetzung des GWB läßt freilich eine solche Analyse vermissen.

[7] Vgl. aber Richard A. Posner: Economics of Justice 1-2 (2d ed. 1983), der die Auffassung vertritt, der Mensch müsse in sämtlichen Lebensbereichen als rationaler Maximierer seiner Bedürfnisse betrachtet werden.

[8] Zur besonderen Eignung unternehmerischer Entscheidungen als Gegenstand verhaltenssteuernder Haftungsnormen vgl. *Esser/Schmidt*: Schuldrecht I/2, S. 176; *Wagner* JZ 1991, 175, 177. Zu den grundlegenden Voraussetzungen einer Verhaltenssteuerung durch Haftungsnormen *Weyers*: Unfallschäden, S. 456 ff.

[9] *Grundmann* RabelsZ Bd. 61 (1997), 423, 434.

hat der Gesetzgeber selbst die Notwendigkeit erkannt, bei der Ausgestaltung kartellrechtlicher Sanktionen Gesichtspunkte der Effizienz zu berücksichtigen[10].

Ziel der nachfolgenden Ausführungen ist es, diesen Mangel an ökonomischer Durchdringung der Problematik kartellrechtlicher Sanktionen zu beheben und damit zugleich die Grundlagen für eine Bewertung schadensersatzrechtlicher Ansprüche im Rahmen von § 19 GWB zu schaffen. Dazu soll zunächst das Konzept der Kostenminimierung erläutert und seine Folgen für die Entscheidung zwischen öffentlicher und privater Rechtsdurchsetzung kartellrechtlicher Normen dargelegt werden. Dabei sollen auch verschiedene Mechanismen privater Rechtsdurchsetzung aufgeführt und unter dem Gesichtspunkt der Effizienz vergleichend betrachtet werden. Die hierbei gewonnenen Erkenntnisse sollen sodann in die Formulierung einer Reihe von Faktoren einfließen, anhand derer für einzelne kartellrechtliche Tatbestände - insbesondere für § 19 GWB - eine Entscheidung darüber getroffen werden kann, ob die Gewährung privater Klagerechte unter dem Aspekt ökonomischer Effizienz sinnvoll ist oder ob ein Verfolgungsmonopol zugunsten der Kartellbehörden vorzugswürdig erscheint. Die ökonomische Grundlagen werden dabei vor allem der US amerikanischen Literatur entnommen.

B. Die ökonomischen Grundlagen der Rechtsdurchsetzung im Kartellrecht

I. Äquivalenz von Strafe und volkswirtschaftlichem Schaden

Ausgangspunkt der ökonomischen Analyse kartellrechtlicher Sanktionen ist das Gebot der Äquivalenz von Strafe[11] und volkswirtschaftlichem Schaden. Danach maximieren kartellrechtliche Sanktionen den volkswirtschaftlichen Wohlstand, soweit sie der Höhe nach der durch das rechtswidrige Verhalten verursachten ökonomischen Ineffizienz entsprechen. Es gilt also

$$f = D, \qquad (1)$$

---

[10] Vgl. etwa 4. GWB-Novelle, Begr. RegE, BT-Drucks. 8/2136, S. 15 („Die vorgesehene Ergänzung des § 35 hat im Vergleich zu der Umwandlung des § 22 in ein Schutzgesetz unter dem Gesichtspunkt der Effizienz den Vorteil, daß die für die Feststellung der Marktbeherrschung und des Mißbrauchs erforderlichen Markt- und Wettbewerbsuntersuchungen wie bisher zuerst durch die hierauf besonders ausgerichteten Kartellbehörden erfolgen, während die Zivilgerichte von derartigen wirtschaftlichen Untersuchungen entlastet bleiben“); 6. GWB-Novelle, Begr. RegE, BT-Drucks. 13/9720, S. 35 f. („Der Mißbrauch einer marktbeherrschenden Stellung wird entsprechend Artikel 86 EG-Vertrag durch eine unmittelbar wirkende Verbotsnorm untersagt [...] Mit dem gemeinschaftsrechtlichen Ansatz wird die bessere Vorfeldwirkung erreicht. Darüber hinaus erhalten die Unternehmen die Möglichkeit, sich in Fällen des Mißbrauchs selbst - und ohne Einschaltung der Kartellbehörden - mit zivilgerichtlichen Schadensersatz- und Unterlassungsklagen zur Wehr zu setzen.“).

[11] Strafe in diesem Sinne ist nicht nur die strafrechtliche Sanktion, sondern jede Sanktion, mittels derer eine präventive Verhaltenssteuerung erzielt werden soll.

wobei f die Höhe der Strafe und D die Höhe der volkswirtschaftlichen Ineffizienz bezeichnet. Dies gilt jedenfalls unter einer Reihe vereinfachender Annahmen, nämlich daß - erstens - alle Verstöße aufgedeckt und bestraft werden und – zweitens – Aufdeckung und Verurteilung[12] keine Kosten verursachen[13]. Die Äquivalenz von Strafe und volkswirtschaftlichem Schaden führt zu einer vollständigen Prävention kartellrechtswidrigen und damit ineffizienten Verhaltens. Mit anderen Worten, die optimale Anzahl von Rechtsverstößen unter der einschränkenden Annahme der Kostenneutralität entspricht null.

Keine der vorgenannten Annahmen hat freilich in der realen Welt Bestand. Die Wahrscheinlichkeit, daß ein Rechtsverstoß aufgedeckt und anschließend erfolgreich sanktioniert wird, beträgt – obwohl naturgemäß statistische Werte fehlen – sicherlich weit unter einhundert Prozent. Zudem sind Rechtsverfolgung und Rechtsdurchsetzung mit dem Einsatz erheblicher Ressourcen verbunden. Beide Imperfektionen haben unterschiedliche Implikationen für die Effizienz kartellrechtlicher Sanktionen.

Setzt man weiterhin Kostenneutralität voraus, so läßt sich dem Umstand einer nur unvollständigen Aufdeckung und Verurteilung kartellrechtswidriger Verhaltensweisen mit einer Erweiterung des Gebots der Äquivalenz von Strafe und volkswirtschaftlichen Schaden um einen der tatsächlichen Wahrscheinlichkeit Rechnung tragenden Umstand begegnen. Damit ergibt sich für die Höhe der optimalen Strafe

$$f = (1/p)\,D, \qquad (2)$$

wobei p die Wahrscheinlichkeit einer Aufdeckung und Verurteilung bezeichnet[14]. Unter Bedingung (2) werden alle Rechtsverstöße präventiert. Bei Kostenneutralität führt dies zur Maximierung der gesamtgesellschaftlichen Wohlfahrt. Anders verhält es sich, bezieht man die Kosten der Rechtsverfolgung und

---

[12] Verurteilung in diesem Sinne meint nicht nur die Verurteilung durch ein Gericht, sondern alle die Verhängung einer Strafe festlegenden Entscheidungen, einschließlich zivilgerichtlicher Schadensersatzurteile, strafgerichtlicher Verurteilungen und verwaltungsbehördlicher Bescheide.

[13] Gary Becker, *Crime and Punishment: An Economic Approach*, 76 J. Pol. Econ. 169, 192 (1968), William A. Landes & Richard A. Posner, *The Private Enforcement of Law*, 4 J. Legal Studies 1, 15, 31 (1975). Speziell für die Höhe privaten Schadensersatzes William H. Page, *Antitrust Damages and Economic Efficiency: An Approach to Antitrust Injury*, 47 U. Chi. L. Rev. 467, 472 (1980), Steven C. Salop & Lawrence J. White, *Economic Analysis of Private Antitrust Litigation*, 74 Geo. L. J. 1001, 1032 (1986); Frank H. Easterbrook, *Detrebling Antitrust Damages*, 28 J. L. & Econ. 445, 454-55 (1985); Warren F. Schwartz, *An Overview of the Economics of Antitrust Enforcement*, 68 Geo. L. J. 1075, 1081-83 (1980).

[14] Vgl. Gary Becker, *Crime and Punishment: An Economic Approach*, 76 J. Pol. Econ. 169, 199 Fn.55 (1968); Richard A. Posner, Antitrust Law: An Economic Perspective 226-27 (1976).

Rechtsdurchsetzung in die Betrachtung mit ein. Da die Kosten der Aufdeckung von Rechtsverstößen in dem Maße zunehmen, in dem die Anzahl der Rechtsverstöße zurückgeht, führt vollständige Prävention nicht zwingend zur Minimierung der gesellschaftlichen Kosten kartellrechtswidrigen Verhaltens[15]. Theoretisch wäre es denkbar, die Höhe der Strafe gegen unendlich streben zu lassen, also $f \to \infty$, so daß die Verfolgungsintensität und damit die mit ihr verbundenen Kosten auf ein Minimum begrenzt werden könnten. Eine solche Strategie ist allerdings praktisch nicht durchführbar, da das Vermögen der potentiellen Rechtsbrecher begrenzt ist und jenseits dieser Grenze eine weitere Anhebung der Strafe keinen zusätzlichen Abschreckungseffekt begründet[16]. In diesem Rahmen gilt es f und p so zu bestimmen, daß die sozialen Kosten von Kartellrechtsverstößen minimiert werden.

II. Minimierung der sozialen Kosten kartellrechtswidrigen Verhaltens

Die sozialen Kosten einer Rechtsverletzung (L) lassen sich nach der von *Becker* im Jahre 1968 eingeführten Gleichung darstellen als

$$L = D(O) + C(O,p) + bpfO. \qquad (3)$$

Dabei bezeichnet D den bei einer Anzahl O an Rechtsverletzungen verursachten Schaden, abzüglich des Verletzergewinns[17], C(O,p) die Kosten der Aufdeckung und Verurteilung in Abhängigkeit von der Anzahl der Rechtsverletzungen (O) und der Wahrscheinlichkeit einer Aufdeckung und Verurteilung (p), und bpfO die Kosten der Bestrafung[18]. Ist f unter der vereinfachenden Annahme von Kostenneutralität die einzige Variable, p aber dem System vorgegebener externer Faktor, so fließen nunmehr sowohl f als auch p als variable Faktoren in die Gleichung (3) ein. Dabei kann p beschrieben werden als

$$p = p(R/O), \qquad (4)$$

mithin als positive Funktion der pro Rechtsverstoß zur Rechtsverfolgung eingesetzten Ressourcen (R/O)[19]. Zugleich hängt die Anzahl der Rechtsverstöße ab sowohl von der Wahrscheinlichkeit p und der Höhe der Strafe f und kann mithin dargestellt werden als

$$O = O(p,f). \qquad (5)$$

---

[15] Vgl. William A. Landes & Richard A. Posner, *The Private Enforcement of Law*, 4 J. Legal Studies 1, 10-11 (1975).

[16] Vgl. A. Michael Polinsky, *Private Versus Public Enforcement of Fines*, 9 J. Legal Studies 105, 107 (1980).

[17] Mithin die Ineffizienz der Rechtsverletzung.

[18] Gary Becker, *Crime and Punishment: An Economic Approach*, 76 J. Pol. Econ. 169; William A. Landes & Richard A. Posner, *The Private Enforcement of Law*, 4 J. Legal Studies 1, 10 (1975).

[19] William A. Landes & Richard A. Posner, *The Private Enforcement of Law*, 4 J. Legal Studies 1, 4 (1975).

Mit anderen Worten, Ziel des Gesetzgebers muß es aus ökonomischer Sicht sein, Verfolgungsintensität (p), d.h. die zur Rechtsverfolgung bereitgestellten Ressourcen (R), und Strafhöhe (f) so zu bestimmen, daß die sozialen Kosten kartellrechtswidrigen Verhalten (L) unter Vorgabe der in Gleichung (3) beschriebenen Zusammenhänge minimiert werden[20].

Dabei ist als weiterer Faktor die Risikogeneigtheit der Normadressaten zu berücksichtigen. Hierzu seien folgende zwei Konstellationen betrachtet[21]. In der ersten Konstellation sei f = 1.000 und p = 10 %, in der zweiten Konstellation f = 10.000 und p = 1 %. In beiden Fällen beläuft sich das mit der verbotenen Verhaltensweise verbundene finanzielle Risiko auf 100. Ein Unternehmen, das sich gegenüber Risiko neutral verhält, wird daher in beiden Konstellationen zu derselben Entscheidung gelangen. Bei Risikogeneigtheit hingegen entfaltet eine Kombination aus niedriger Strafe mit hoher Wahrscheinlichkeit einen stärkeren Abschreckungseffekt, während bei Risikoaversion das Gegenteil der Fall ist. Grundsätzlich ist davon auszugehen, daß Manager heute überwiegend versuchen, Risiko und Unsicherheit zu begrenzen[22].

C. Rechtsdurchsetzung mit öffentlichen und privaten Mitteln im Vergleich

Das Ziel der Minimierung der sozialen Kosten kartellrechtswidrigen Verhaltens kann nicht ohne Rücksicht auf den konkreten Durchsetzungsmechanismus diskutiert werden. Die Verfolgung von Kartellverstößen kann entweder staatlichen Stellen überantwortet werden – sei es, daß Ermittlungs- und Entscheidungsbefugnisse bei einer Behörde zentriert werden, sei es, daß die letztendliche Verhängung der Strafe den Gerichten überantwortet ist – oder aber Privaten überlassen bleiben. Die Strafe selbst kann sowohl die Form einer strafrechtlichen Geldstrafe[23], einer verwaltungsrechtlichen Geldbuße oder sonstigen Zahlungsver-

---

[20] Dies entspricht im wesentlichen dem oben beschriebenen Ansatz einer Minimierung der Summe aus pimären, sekundären und tertiären Kosten, wie ihn *Schäfer/Ott*: Lehrbuch der ökonomischen Analyse des Zivilrechts, S. 101 ff., verfolgen.

[21] Das Beispiel ist gewählt in Anlehnung an William Breit, *Efficiency and Equity Considerations*, 8 Sw. U. L. Rev. 539, 546 (1976). Vgl. auch William Breit & Kenneth G. Elzinga, *Antitrust Penalties and Attitudes Towards Risk: An Economic Analysis*, 86 Harv. L. Rev. 693, 699-703 (1973).

[22] William Breit, *Efficiency and Equity Considerations*, 8 Sw. U. L. Rev. 539, 546 (1976); William Breit & Kenneth G. Elzinga, *Antitrust Penalties and Attitudes Towards Risk: An Economic Analysis*, 86 Harv. L. Rev. 693, 704-706 (1973).

[23] Denkbar ist auch eine Freiheitsstrafe, wie sie u.a. das US amerikanische Recht in Section 1 und 2 des Sherman Act kennt. Eine ökonomische Betrachtung der Freiheitsstrafe findet sich etwa bei Gary Becker, Crime and Punishment: *An Economic Approach*, 76 J. Pol. Econ. 169, 193-98 (1968); Michael K. Block & Robert C. Lind, *Crime and Punishment Reconsidered*, 4 J. Legal Studies 241 (1975). Ablehnend gegenüber einer weitreichenden Verwendung der Freiheitsstrafe im Kartellrecht William Breit & Kenneth G. Elzinga, *Antitrust Penalties and Attitudes Towards Risk: An Economic Analysis*, 86 Harv. L. Rev. 693, 695 (1973). Da eine

pflichtung[24] oder einer zivilrechtlichen Schadensersatzverpflichtung annehmen. Auch eine Kombination verschiedener Mechanismen ist denkbar.

Aus ökonomischer Sicht ist derjenige Rechtsdurchsetzungsmechanismus festzuschreiben, der am besten Gewähr dafür trägt, daß Strafhöhe und Verfolgungsintensität entsprechend dem Gebot der Kostenminimierung gewählt werden. Dabei sind die unterschiedlichen Kosten der verschiedenen Mechanismen zu berücksichtigen, da sie unmittelbar in Eingang finden in die zu minimierenden sozialen Kosten, nämlich im Rahmen des Kostenfaktors C (O,p) in Gleichung (3).

I. Kostenunterschiede bei öffentlicher und privater Rechtsdurchsetzung

Aufgrund der Vielgestaltigkeit denkbarer Sanktionen läßt sich eine definitive Aussage über die relative Kosteneffizienz öffentlicher und privater Durchsetzung kartellrechtlicher Normen kaum treffen. Möglich ist es jedoch, diejenigen Faktoren zu benennen, welche die Kostenstruktur öffentlicher bzw. privater Sanktionen maßgeblich bestimmen. Kostenvorteile aufgrund einer besseren Koordination der Verfolgungsanstrengungen sind danach in erster Linie bei einer zentralisierten, öffentlichen Stellen überantworteten Zuständigkeit zu erwarten. Privatwirtschaftliches Profitstreben kann einen effizienteren, kostensparenden Einsatz von Ressourcen bewirken. Andererseits wohnen zivilrechtlichen Sanktionen, zumal Schadensersatzansprüchen, Kosten inne, die bei einer ausschließlich öffentlichen Rechtsdurchsetzung vermieden werden.

Eine Zentralisierung der Rechtsverfolgung ermöglicht einen besser koordinierten Einsatz der zur Verfügung stehenden Ressourcen. Insbesondere wird eine Duplizierung von Ermittlungsbemühungen vermieden. Zugleich gewährleistet eine Zentralisierung eine optimale Auswertung von *economies of scale*[25] und ermöglicht die vollständige Berücksichtigung der externen Kosten und Nutzen einzelner Ermittlungserfolge. In einem System privater Rechtsdurchsetzung bedingt jede Investition in die Aufdeckung eines Rechtsverstoßes einen Vorteil nicht nur in der Person desjenigen, der die Investition getätigt hat, sondern auch zugunsten aller anderen Rechtsverfolger. Dieser externe Nutzen kreiert ein *free-riding* Problem[26]. Die Bereitschaft des einzelnen, in die Aufdeckung von

---

Freiheitsstrafe weder im deutschen noch im europäischen Kartellrecht vorgesehen ist, wird auf eine eingehende Betrachtung im Rahmen dieser Arbeit verzichtet.

[24] Gedacht ist hier etwa an die Mehrerlösabschöpfung gemäß § 34 GWB. Das US amerikanische Antitrust Law kennt ein ähnliches Instrument („disgorgement of illegally obtained funds“) auf der Grundlage von FTC Act § 13(b). Vgl. hierzu FTC v. Gem Merchandising, 87 F.3d 466, 470 (11th Cir. 1996); FTC v. Mylan Laboratories, Inc., 62 F. Supp.2d 25, 36-37 (D.D.C. 1999).

[25] A. Michael Polinsky, *Private Versus Public Enforcement of Fines*, 9. J. Legal Studies 105, 107 (1980).

[26] William M. Landes & Richard A Posner, *Should Indirect Purchasers Have Standing to Sue under the Antitrust Laws? An Economic Analysis of the Rule of Illinois Brick*, 46 U. Chi. L.

Rechtsverstößen zu investieren, nimmt ab. Externe Kosten entstehen in dem Maße in dem private Ermittlungserfolge zu einem Absinken der Anzahl der Rechtsverstöße führt. Dies folgt aus dem inversen Verhältnis zwischen den zur Ermittlung und Sanktionierung eines Rechtsverstoßes erforderlichen Ressourcen und der Anzahl der Rechtsverstöße insgesamt. Je seltener gegen eine Norm verstoßen wird, desto schwieriger und damit kostenintensiver ist die Verfolgung des einzelnen Verstoßes[27]. Zentralisierung der Rechtsverfolgung kommt primär in Form ausschließlicher kartellbehördlicher Zuständigkeit in Betracht. Denkbar ist jedoch auch die Schaffung eines privaten Rechtsdurchsetzungsmonopols[28]. Die beschriebenen Kostenvorteile der Zentralisierung sind beiden Konstellationen eigen.

Im Gegensatz zum Handeln der öffentlichen Hand unterliegt privates Handeln dem Gesetz der Profitabilität. Rechtsverfolgung durch Private findet daher ihre Grenze dort, wo die Kosten der Rechtsverfolgung ihren Nutzen – die dem Privaten zukommende Strafleistung des Rechtsbrechers – übersteigen. Zugleich werden in einem von Wettbewerb bestimmten privaten Markt für Leistungen auf dem Gebiet der Rechtsverfolgung alle Profite eliminiert werden. Mit anderen Worten, das Maß der Rechtsverfolgung findet nicht nur seine Grenze an den Kosten, sondern wird dieses unter Wettbewerbsbedingungen auch erreichen[29]. Der Inhaber eines privaten Wettbewerbsmonopols wird den Umfang seiner Verfolgungsaktivitäten hingegen so wählen, daß er seinen Gewinn maximiert[30]. In jedem Fall aber gewährleistet das von Profitstreben geleitete private Handeln einen Anreiz zur Kostenminimierung, an dem es der öffentlichen Hand mangelt[31]. Dieser Effekt wird unter Wettbewerbsdruck stärker zutage treten als unter Monopolbedingungen und kann daher in gewissem Maße die koordinationsbedingten Kostenvorteile zentralisierter Rechtsdurchsetzung ausgleichen.

Privatrechtliche Sanktionen schließlich können Kosten begründen, die bei ausschließlich öffentlicher Rechtsdurchsetzung entfallen. Dies gilt vor allem für die

---

Rev. 602, 624 (1979); Warren F. Schwartz: *An Overview of the Economics of Antitrust Enforcement*, 68 Geo. L. J. 1075, 1079 (1980).

27 Warren F. Schwartz: *An Overview of the Economics of Antitrust Enforcement*, 68 Geo. L. J. 1075, 1092-93 (1980).

28 Vgl. hierzu etwa William A. Landes & Richard A. Posner, *The Private Enforcement of Law*, 4 J. Legal Studies 1, 16-20 (1975) sowie ausführlich unten sub IV.2.a.

29 William A. Landes & Richard A. Posner, *The Private Enforcement of Law*, 4 J. Legal Studies 1, 5 (1975).

30 William A. Landes & Richard A. Posner, *The Private Enforcement of Law*, 4 J. Legal Studies 1, 16 (1975).

31 A. Michael Polinsky, *Private Versus Public Enforcement of Fines*, 9. J. Legal Studies 105, 107 (1980).

Verpflichtung zur Leistung von Schadensersatz hinsichtlich der Feststellung und Allokation des Schadens[32].

II. Private Rechtsdurchsetzung und optimale Durchsetzung mit öffentlichen Mitteln

Unter der Annahme, daß Unternehmen grundsätzlich auf die Vermeidung von Risiken bedacht sind, erweist sich eine Kombination aus hohen Strafen und niedriger Verfolgungsintensität als am besten geeignet, die sozialen Kosten kartellrechtswidrigen Verhaltens zu minimieren[33]. Dies gilt jedenfalls soweit der durch den Rechtsverstoß unmittelbar verursachte Schaden D(O) nicht so hoch ist, daß die danach festzusetzende Strafe regelmäßig das Vermögen des Rechtsbrechers übersteigen wird. Ist die Strafe der Höhe nach begrenzt, bedingt das Gebot der Äquivalenz von Strafe und volkswirtschaftlichem Schaden eine entsprechend intensivere Rechtsverfolgung[34].

Auf dieser Grundlage wird Rechtsverfolgung durch Private zunächst mit einen System optimaler öffentlicher Rechtsverfolgung verglichen. Dabei wird vorausgesetzt, daß – erstens – die zuständige öffentliche Stelle allein von dem Ziel der Effizienz geleitet ist, und daß – zweitens – die finanzielle Ausstattung der öffentlichen Hand über ein Mindestmaß an Finanzmitteln verfügt, um die optimale Verfolgungsintensität zu gewährleisten. Unter diesen Voraussetzungen wird davon ausgegangen, daß ein System optimaler öffentlicher Rechtsdurchsetzung eine Minimierung der sozialen Kosten in dem vorstehend beschriebenen Sinne gewährleistet.

Optimale öffentliche Rechtsdurchsetzung in diesem Sinne ist einem System privater Rechtsdurchsetzung grundsätzlich überlegen. Weder gewährleistet ein auf private Initiative setzendes System eine exakte Justierung der Verfolgungsintensität, noch stellt es sicher, daß nur diejenigen Verhaltensweisen verfolgt werden, die nach dem Sinn und Zweck des materiellen Kartellrechts verboten sind. Darüber hinaus können insbesondere Schadensersatzansprüche zu einer ineffizienten Verteilung von Schadensvermeidungskosten zwischen Verbrauchern und Unternehmen führen. Gleichzeitig begrenzen sie allerdings die Möglichkeit ei-

---

32 William Breit, *Efficiency and Equity Considerations*, 8 Sw. U. L. Rev. 539, 544 (1976). Vgl. auch Richard A. Posner: Antitrust Law: An Economic Perspective 227 (1976), der auf die Schwierigkeiten hinweist, die mit der Quantifizierung von Kartellrechtsverletzungen verbunden sind. Dies gelte gerade dort, wo der Schaden auf eine Vielzahl einzelner Kläger verteilt sei.

33 William Breit, *Efficiency and Equity Considerations*, 8 Sw. U. L. Rev. 539, 545-47 (1976); William Breit & Kenneth G. Elzinga, *Antitrust Penalties and Attitudes Towards Risk: An Economic Analysis*, 86 Harv. L. Rev. 693, 704-706 (1973).

34 A. Michael Polinsky, *Private Versus Public Enforcement of Fines*, 9. J. Legal Studies 105, 114 and fn.15 (1980).

nes Unternehmens, Drohungen gegen seine Wettbewerber strategisch einzusetzen.

1. Mangelnde Kontrolle der Verfolgungsintensität und Rechtsverfolgungskosten in einem auf private Initiative setzenden System

Nach Maßgabe von Gleichung (3) erfolgt die Steuerung der sozialen Kosten kartellrechtwidrigen Verhaltens über die Variablen f – die Höhe der Strafe – und p – die Wahrscheinlichkeit der Aufdeckung und Verurteilung, mithin die Verfolgungsintensität. In einem System öffentlicher Rechtsdurchsetzung können beide Variablen unabhängig voneinander so bestimmt werden, daß der soziale Schaden L minimiert wird. Im Falle privater Rechtsdurchsetzung hingegen unterliegt allein die Strafhöhe der unmittelbaren Festsetzung durch den Gesetzgeber, während die Verfolgungsintensität bestimmt wird durch die von der Strafhöhe ausgehenden Anreizwirkung. Diese Abhängigkeit der beiden maßgeblichen Variablen f und p in einem auf private Initiative vertrauenden System macht eine optimale Justierung im Sinne des Gebots der Kostenminimierung unmöglich[35]. Dabei sind sowohl eine gegenüber ausschließlich öffentlicher Rechtsdurchsetzung zu hohe als auch eine zu niedrige Verfolgungsintensität möglich.

Eine zu hohe Verfolgungsintensität ist dort wahrscheinlich, wo der primäre Schaden eines Verstoßes relativ gering und das rechtswidrige Verhalten geheim und daher nur schwer aufzudecken ist. Angesichts des im Grundsatz auf Risikovermeidung ausgerichteten Verhaltens von Unternehmen werden die sozialen Kosten kartellrechtswidrigen Verhaltens minimiert bei einer Kombination aus hoher Strafe und niedriger Verfolgungsintensität. Dies gilt jedenfalls, soweit der regelmäßig zu erwartende primäre Schaden nicht so hoch ist, daß die hiernach optimale Strafe das Vermögen potentieller Rechtsbrecher in der Regel übersteigen wird. Mit der Anhebung der Strafhöhe sinkt sowohl die Anzahl der Rechtsverstöße als auch die Wahrscheinlichkeit, daß die weiterhin vorkommenden Verstöße erfolgreich aufgedeckt und der Bestrafung zugeführt werden. Der öffentliche Rechtsdurchsetzer kann seine Verfolgungstätigkeit reduzieren und so den neuen Bedingungen anpassen. Die Rechtsverfolgungskosten werden minimiert.

In einem System privater Rechtsdurchsetzung hingegen führt die Anhebung der Strafe nicht zu einer kostenminimierenden Absenkung der Verfolgungsintensität, sondern zu einer weiteren Steigerung. Dies folgt aus der Abhängigkeit der Verfolgungsintensität privater Kläger von der Anreizwirkung der Strafe. Die Anhebung der Strafe signalisiert dem privaten Kläger einen erhöhten Bedarf an

---

[35] Warren F. Schwartz: *An Overview of the Economics of Antitrust Enforcement*, 68 Geo. L. J. 1075, 1092-93 (1980); William Breit & Kenneth G. Elzinga, Antitrust Penalty Reform 47 (1986).

privater Verfolgungsaktivität[36]. Bei gleichzeitig rückläufiger Anzahl der Rechtsverstöße steigen die Rechtsverfolgungskosten überproportional. Das mit der Anhebung der Strafe verfolgte Ziel der Kostenminimierung wird verfehlt, weil der individuelle private Kläger – anders als der öffentliche Rechtsdurchsetzer – die externen Folgen seiner Verfolgungsaktivität, nämlich die sinkenden Zahl der Verstöße und den damit verbundenen Anstieg in den Rechtsverfolgungskosten, nicht internalisiert[37].

Abbildung 1 verdeutlicht den Zusammenhang zwischen Strafhöhe f, Rechtsverfolgungskosten c und Anzahl A der verfolgten und bestraften Rechtsverstöße in einem System privater Rechtsdurchsetzung[38]. Dabei wird an dieser Stelle vereinfachend zunächst davon ausgegangen, daß die Verfolgung von Rechtsverstößen dem freien Wettbewerb zwischen privaten Unternehmen überantwortet ist. Abweichende Modelle privater Rechtsdurchsetzung werden an späterer Stelle diskutiert[39].

Die Strafhöhe f indiziert aus der Sicht des privaten Rechtsverfolgers die Nachfrage des Marktes nach Rechtsverfolgungsleistungen. Die Rechtsverfolgungskosten c sind als Grenzkosten in primärer Abhängigkeit von A dargestellt. Für jede einzelne Kurve wird dabei eine konstante Anzahl von Rechtsverstößen vorausgesetzt. Zwar führt eine Zunahme der Rechtsverfolgungsaktivität A objektiv zu einer verbesserten Prävention und damit zu einer Abnahme der Rechtsverstöße. Die Annahme einer konstanten Anzahl an Rechtsverstößen rechtfertigt sich allerdings aufgrund der Tatsache, daß der einzelne Rechtsverfolger im Falle vollständigen Wettbewerbs die externen Folgen seiner Verfolgungsaktivitäten nicht in seiner Entscheidung berücksichtigen wird. Eine konstante Anzahl von Rechtsverstößen vorausgesetzt, steigen die mit der Aufdeckung und Bestrafung

---

36 William A. Landes & Richard A. Posner, *The Private Enforcement of Law*, 4 J. Legal Studies 1, 10-16 (1975). Das Problem ließe sich lösen, würde man die Höhe der vom Rechtsbrecher zu zahlenden Strafe von dem dem privaten Kläger zukommenden Gewinn trennen. In diesem Sinne etwa Michael A. Polinsky, *Detrebling Versus Decoupling Antitrust Damages: Lessons from the Theory of Enforcement*, 74 Geo. L. J. 1231 (1986); Steven C. Salop & Lawrence J. White, *Economic Analysis of Private Antitrust Litigation*, 74 Geo. L. J. 1001, 1037 (1986).

37 Warren F. Schwartz: *An Overview of the Economics of Antitrust Enforcement*, 68 Geo. L. J. 1075, 1092-93 (1980). I.E. ebenso Kenneth G. Elzinga & William C. Wood, *The Costs of the Legal System in Private Antitrust Enforcement*, *in* Private Antitrust Litigation 107, 135 (Lawrence J. White ed., 1988). Vgl. aber auch Steven C. Salop & Lawrence J. White, *Economic Analysis of Private Antitrust Litigation*, 74 Geo. L. J. 1001, 1020-21, fn. 67 sowie Anhang A (1986), die darauf hinweisen, daß die Anzahl der privaten Klagen ab einem bestimmten Punkt wieder fallen wird, da die Zahl der verbleibenden Verstöße dann zu gering sei.

38 Das hier verwendete Modell ist dem Ansatz nach entliehen von William A. Landes & Richard A. Posner, *The Private Enforcement of Law*, 4 J. Legal Studies 1 (1975).

39 Vgl. unten sub IV.

jedes weiteren Rechtsverstoßes verbundenen Kosten mit zunehmenden Werten von A.

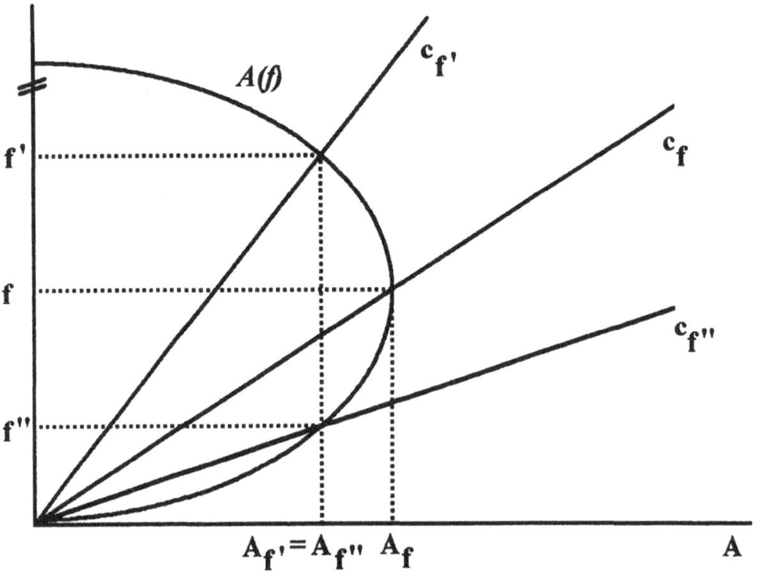

Abbildung 1: Anzahl der verfolgten Rechtsverstöße bei privat-wettbewerblicher Rechtsdurchsetzung

Unter der Annahme vollständigen Wettbewerbs wird der private Rechtsverfolger solange zusätzliche Ressourcen in die Verfolgung von Rechtsverstößen investieren wie der hiermit verbundene zusätzliche Erlös die zusätzlichen Kosten übersteigt. Mit anderen Worten, für jedes A_f gilt

$$c_f = f. \qquad (6)$$

Eine Anhebung der Strafhöhe von f auf f' führt zu einer externen Steigerung der Kosten, dargestellt in Abbildung 1 durch die Verlagerung der Kostenkurve von c_f zu $c_{f'}$. Gegenüber f erzielt f' eine bessere Prävention und führt damit zu einer Abnahme der Rechtsverstöße. Die Kosten der Überführung einer gleichbleibenden Anzahl von Rechtsbrechern nehmen zu. Demnach liegt $c_{f'}$ in Abbildung 1 graphisch über c_f. Nach Maßgabe des in Gleichung (6) bezeichneten Regel ergibt sich hieraus ergibt sich der neue Gleichgewichtszustand $A_{f'}$.

Eine Absenkung der Strafhöhe von f auf f'' führt demgegenüber zu einem Herabsinken der Rechtsverfolgungskosten von c_f auf $c_{f''}$. Die niedrigere Strafe vermindert die präventive Wirkung der Sanktion und zieht damit eine Zunahme der Rechtsverstöße nach sich. Für gleiche Werte von A fallen bei einer Strafe f'' im

Vergleich zu f niedrigere Kosten an. Graphisch liegt $c_{f'}$ unter c_f. Die Regel aus Gleichung (6) bestimmt den neuen Gleichgewichtszustand $A_{f'}$.

Für das Verhältnis von c_f zu $c_{f'}$ und $c_{f''}$ gilt dabei folgendes: Mit zunehmenden absoluten Werten für f steigen die Rechtsverfolgungskosten – für konstante Werte von A – überproportional. Für $f' > f > f''$ und $\Delta (f,f') = \Delta (f,f'')$ gilt demnach $\Delta (c_f,c_{f'}) > \Delta (c_f,c_{f''})$. Abbildung 2 verdeutlicht den Zusammenhang zwischen Anzahl der Rechtsverstöße O und den Rechtsverfolgungskosten c graphisch.

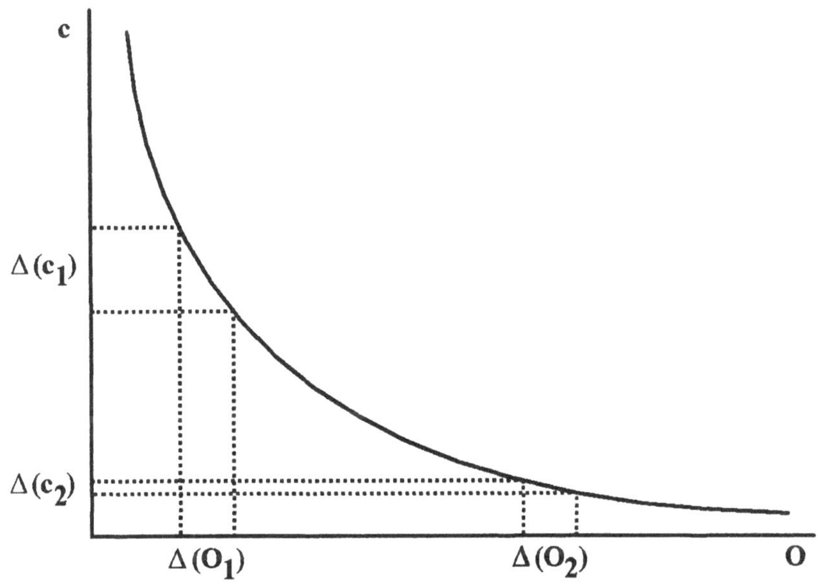

Abbildung 2: Rechtsverfolgungskosten in Abhängigkeit von der Anzahl der Rechtsverstöße

Für hohe Werte von O führt eine Verminderung der Rechtsverstöße $\Delta (O_2)$ zu einer verhältnismäßig geringeren Steigerung der Rechtsverfolgungskosten $\Delta (c_2)$. Für niedrige Werte von O führt hingegen dieselbe Verminderung $\Delta (O_1)$ zu einer relativ größeren Steigerung der Kosten $\Delta (c_1)$. Unter der Voraussetzung $\Delta (O_1) = \Delta (O_2)$ gilt mithin $\Delta (c_1) > \Delta (c_2)$. Mit anderen Worten, die Rechtsverfolgungskosten verhalten sich nicht proportional zu der Anzahl der Rechtsverstöße.

Unter Zugrundelegung dieser Annahme läßt sich die Entwicklung von A in Abhängigkeit von der Strafhöhe f beschreiben. Die Funktion *A(f)* in Abbildung 1 stellt diese Abhängigkeit graphisch dar. Ist für einen Rechtsverstoß keine Strafe festgesetzt, ist also f = 0, so werden keine Rechtsverstöße präventiert. Zugleich werden die Rechtsverfolgungskosten minimiert. Dennoch bleibt jede private Verfolgungstätigkeit aus, ist mithin A = 0, da es an jedwedem finanziellen Anreiz mangelt. Ebenso strebt A gegen 0 soweit f gegen unendlich strebt. Im Extremfall werden alle Rechtsverstöße präventiert, so daß der zu erwartende Gewinn privater Verfolgungstätigkeit null beträgt[40].

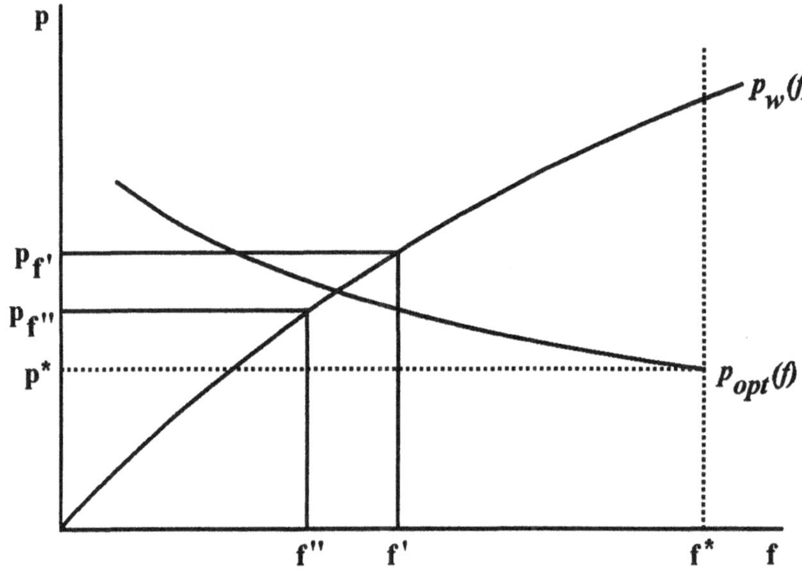

Abbildung 3: Verfolgungsintensität bei privat-wettbewerblicher und optimaler öffentlicher Rechtsdurchsetzung im Vergleich[41]

Abbildung 1 beschreibt ausschließlich den Zusammenhang zwischen Strafhöhe und der Verfolgungsaktivität A in absoluten Zahlen. Danach kann eine Anhebung der Strafhöhe sowohl zu mehr als auch zu weniger Rechtsverfolgung führen. Gleiches gilt für eine Absenkung der Strafe. In jedem Fall zieht eine Anhe-

---

[40] Steven C. Salop & Lawrence J. White, *Economic Analysis of Private Antitrust Litigation*, 74 Geo. L. J. 1001, 1020-21 (1986), beschreiben diesen Zusammenhang zwischen Strafhöhe und Anzahl privater Klagen vermittels der von ihnen entwickelten *Laffer Curve of Litigation.*
[41] Vgl. William A. Landes & Richard A. Posner, *The Private Enforcement of Law*, 4 J. Legal Studies 1, 13 (1975).

bung der Strafe jedoch eine Steigerung der Verfolgungsintensität p nach sich, wobei

$$p = A/O. \qquad (7)$$

Dieses Ergebnis läßt sich ohne weiteres aus Abbildung 1 herleiten. Da einerseits $A_{f'} = A_{f''}$, andererseits aber $O_{f'} < O_f < O_{f''}$, muß gelten $p_{f'} > p_{f''}$, und zwar für jede zwei Strafhöhen, die nach Maßgabe von A(f) zu demselben Wert von A führen. Die Verfolgungsintensität in einem System privat-wettbewerblicher Rechtsdurchsetzung muß folglich mit steigender Strafhöhe zunehmen. Abbildung 3 verdeutlicht diesen Zusammenhang und die sich hieraus ergebende Problematik einer zu hohen Verfolgungsintensität graphisch.

Die Funktion $p_w(f)$ beschreibt die Verfolgungsintensität bei privat-wettbewerblicher Rechtsdurchsetzung in Abhängigkeit von der Strafhöhe f. Die Funktion $p_{opt}(f)$ hingegen beschreibt diejenige Verfolgungsintensität, die für den jeweiligen Wert von f die sozialen Kosten kartellrechtwidrigen Verhaltens minimiert. Sie weist eine negative Steigung auf, d.h. eine höhere Strafe ist im Idealfall mit einer Absenkung der Verfolgungsintensität zu verbinden. Die sozialen Kosten werden minimiert bei einer Kombination aus Strafhöhe f* und einer Verfolgungsintensität p*. Diese Zielvorgabe ist allein in einem System optimaler öffentlicher Rechtsdurchsetzung zu verwirklichen, während privat-wettbewerbliche Rechtsdurchsetzung für f* zu einer überhöhten Verfolgungsintensität führt.

Zur Verdeutlichung dieses Ergebnisses dient das von *Landes* und *Posner* entwickelte Konzept der *social loss indifference curves (SLIC)*, welches in Abbildung 4 graphisch dargestellt ist[42]. Eine *SLIC* stellt verschiedene Kombinationen von Verfolgungsintensität p und Strafhöhe f dar, die konstante Werte für die sozialen Kosten L liefern. Die Funktionen I_1 bis I_3 in Abbildung 4 beschreiben verschiedene solcher *SLIC*. Dabei gilt: Je weiter rechts eine *SLIC* liegt, desto geringer die von ihr bezeichneten sozialen Kosten. Denn bei konstanter Verfolgungsintensität p führt eine Anhebung der Strafhöhe f zu einem Absinken der sozialen Kosten. Nach *Landes* und *Posner* ergeben sich optimale Werte für p und f, sofern infolge einer bestimmten Anhebung der Strafe f private Rechtsdurchsetzer, deren Verhalten allein durch das Ziel des Gewinnmaximierung bestimmt ist, die Verfolgungsaktivität p in genau demjenigen Umfang steigern würden, die erforderlich ist, um die sozialen Kosten L konstant zu halten. Diese Bedingung ist in einem System privat-wettbewerblicher Rechtsdurchsetzung, für welches die Funktion $p_w(f)$ gilt, im Punkt X, mit $f = f^1$ und $p = p^1$ erfüllt. Dabei folgt aus $p^1 > p^0$, daß die sozialen Kosten bei gleicher Strafhöhe f^1 in einem Sy-

[42] William A. Landes & Richard A. Posner, *The Private Enforcement of Law*, 4 J. Legal Studies 1, 11-15 (1975).

stem optimaler öffentlicher Rechtsdurchsetzung dennoch dennoch niedriger wären.

Das Problem einer zu hohen Verfolgungsintensität tritt nicht auf bei rechtswidrigen Verhaltensweisen, die entweder nicht geheim vollzogen oder aber nur schwer verdeckt werden können, bei denen also die Wahrscheinlichkeit einer Entdeckung nahezu einhundert Prozent beträgt. Unter diesen Voraussetzungen wird eine Anhebung der Strafe nicht zu einer Ausweitung des Verfolgungsaktivität führen. Das Ziel einer Senkung der Rechtsverfolgungskosten wird in gleicher Weise verwirklicht wie bei öffentlicher Rechtsdurchsetzung[43].

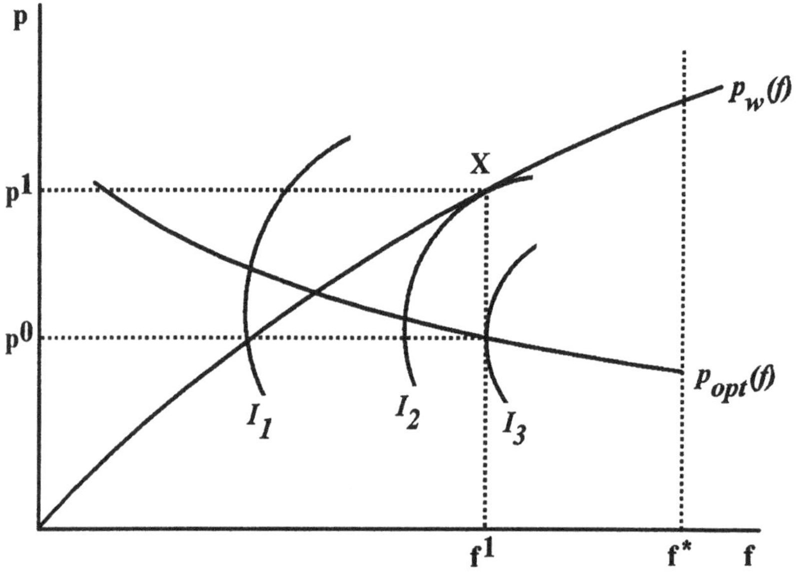

Abbildung 4: Das Konzept der *indifference curves* und seine Anwendung auf ein System privat-wettbewerblicher Rechtsdurchsetzung[44]

Eine zu niedrige Verfolgungsintensität hingegen liegt dort nahe, wo der zu erwartende primäre Schaden kartellrechtswidrigen Verhaltens so hoch ist, daß die kostenminimierende Kombination aus hoher Strafe und niedriger Verfolgungsintensität regelmäßig an der begrenzten finanziellen Leistungsfähigkeit des

---

[43] William A. Landes & Richard A. Posner, *The Private Enforcement of Law*, 4 J. Legal Studies 1, 31-32 (1975).

[44] Vgl. William A. Landes & Richard A. Posner, *The Private Enforcement of Law*, 4 J. Legal Studies 1, 13 (1975).

Rechtsbrechers scheitern wird. Optimale Prävention im Sinne des Gebots der Äquivalenz von Strafe und volkswirtschaftlichen Schaden läßt sich unter diesen Voraussetzungen nur durch eine entsprechend intensivere Verfolgung gewährleisten. Soweit die Kosten der Rechtsverfolgung die Höhe der Strafe – aus der Sicht des privaten Klägers die Höhe des zu erwartenden Gewinns – übersteigen, vermag private Rechtsdurchsetzung eine solche Verfolgungsintensität nicht zu gewährleisten[45]. Abbildung 5 verdeutlicht diese Problematik.

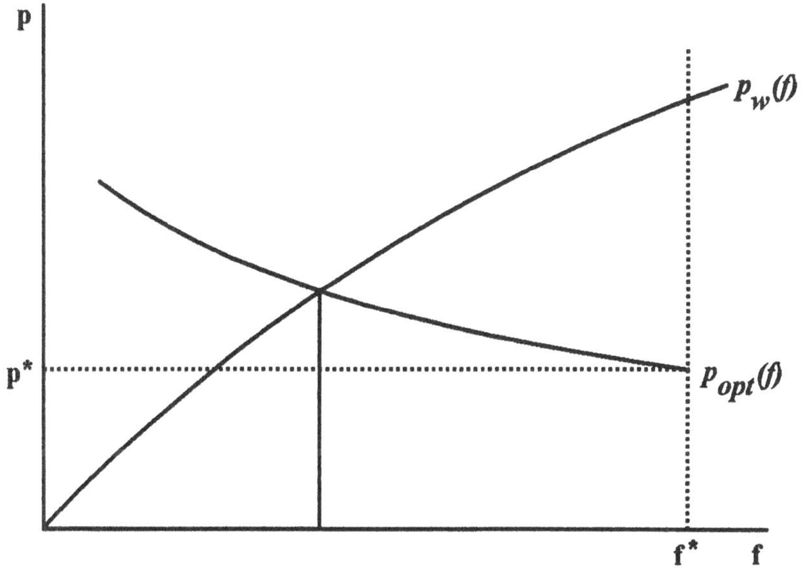

Abbildung 5: Zu niedrige Verfolgungsintensität privat-wettbewerblicher Rechtsdurchsetzung bei hohen externen Schäden und begrenzter finanzieller Leistungsfähigkeit von Rechtsbrechern[46]

Wie in Abbildung 3 beschreiben die Funktionen $p_w(f)$ und $p_{opt}(f)$ die Verfolgungsintensität p bei privat-wettbewerblicher bzw. optimaler öffentlicher

---

[45] A. Michael Polinsky, *Private Versus Public Enforcement of Fines*, 9 J. Legal Studies 105, 107, 114 (1980). Eine denkbare Lösung wäre es, dem erfolgreichen Kläger neben der vom Rechtsbrecher zu zahlenden Strafe von staatlicher Seite eine Belohnung – gewissermaßen eine Art „Kopfgeld" – zukommen zu lassen. Vgl. zu dem Gedanken einer Lösung der vom Verletzer zu erbringenden Leistung und dem von einem privaten Kläger zu erzielenden Gewinn bereits die Nachweise in Fn. 36.

[46] Vgl. William A. Landes & Richard A. Posner, *The Private Enforcement of Law*, 4 J. Legal Studies 1, 13 (1975).

Rechtsdurchsetzung in Abhängigkeit von der Strafhöhe f. Wiederum indizieren f* und p* diejenige Kombination von Verfolgungsintensität und Strafe, die zu einer Minimierung der sozialen Kosten führt. Ist die Höhe der Strafe durch die finanzielle Leistungsfähigkeit potentieller Rechtsbrecher begrenzt auf Werte von $f < f_{max}$, so liegt die optimale Verfolgungsintensität $p_{opt}(f)$ über der bei privat-wettbewerblicher Rechtsdurchsetzung gewährleisteten Wert von p. Für Werte von f, für die gilt $f_{max} < f < f^*$, hingegen bleibt es ob der Begrenzung der Strafhöhe bei einer zu intensiven privat-wettbewerblichen Rechtsverfolgung. Allein für $f = f_{max}$ gewährleisteten ein privat-wettbewerbliche und ein optimale öffentliche Rechtsdurchsetzung eine Minimierung der sozialen Kosten.

2. Bessere Auswahl der verfolgten Rechtsverstöße in einem System öffentlicher Rechtsdurchsetzung

Öffentliche Rechtsdurchsetzung vermeidet eine faktische Ausweitung der Kartellrechtsverantwortlichkeit über die Grenzen des nach Sinn und Zweck des materiellen Kartellrechts verbotenen Verhaltens hinaus. Aus ökonomischer Sicht läßt sich für jede kartellrechtlich relevante Verhaltensweise ein den volkswirtschaftlichen Wohlstand maximierender Verhaltensstandard definieren. Gegenüber diesem optimalen Verhaltensstandard sind kartellrechtliche Normen zwingend zu weit oder zu eng gefaßt. Dies folgt aus der mit einer exakten Bestimmung des optimalen Standards verbundenen Kosten, die gegen ein höheres Maß an Genauigkeit abgewogen werden müssen[47], der Begrenztheit sprachlicher Präzision allgemein sowie der Beschränktheit menschlicher Voraussicht.

Die mit der Verfolgung von Kartellrechtsverstößen befaßte öffentliche Stelle kann diesen Umstand im Rahmen ihrer Ermessenserwägungen berücksichtigen. Die Rechtstechnik des Ermessens, verstanden als Korrekturmechanismus, gewährleistet eine den Umständen des konkreten Falles ausgerichtete Normanwendung. Gegenüber einer präziseren Fassung des Tatbestands ist sie kostengünstiger und vermeidet, daß einzelne ihrer Wirkung nach unerwünschte Verhaltensweisen aufgrund eines zu engen Wortlauts der Verfolgung entzogen werden[48]. Die Konzentration öffentlicher Verfolgungsaktivität auf tatsächlich wettbewerbswidriges Verhalten wird zudem durch den Budgetzwang der öffentli-

---

[47] In diesem Sinne kann der Prozeß der Normsetzung, zumal im Kartellrecht, als Anwendungsfall ökonomischer Entscheidungstheorie betrachtet werden. Vgl. hierzu etwa C. Frederick Beckner III & Steven C. Salop, *Decision Theory and Antitrust Rules*, 67 Antitrust L. J. 41 (1999).

[48] Warren F. Schwartz, *An Overview of the Economics of Antitrust Enforcement*, 68 Geo. L. J. 1075, 1093 (1980); William M. Landes & Richard A. Posner, *The Private Enforcement of Law*, 4 J. Legal Studies 1, 38-40 (1975).

chen Hand[49] sowie die Besetzung der zuständigen Behörden mit Ökonomen gefördert[50].

In einem System privater Rechtsdurchsetzung hingegen kann die gemessen an ihrem Regelungsziel zu weit gefaßte Norm zu einer übermäßigen und damit ineffizienten Erweiterung der kartellrechtlichen Verantwortlichkeit führen. Ob eine Verhaltensweise verfolgt wird oder nicht bestimmt sich nicht danach, ob sie vom Sinn und Zweck einer kartellrechtlichen Norm erfaßt ist, sondern allein danach, ob der aufgrund einer Klage zu erwartende Gewinn die potentiellen Rechtsverfolgungskosten übersteigt[51]. Zwar wird ein Kläger seine Erfolgschancen in zunehmendem Maße kritisch bewerten, wenn sich eine Verhaltensweise nicht mehr im Kernbereich einer Norm, sondern in deren unsichereren Randbereichen bewegt. Außerdem besteht die Möglichkeit einer zweckorientierten Beschränkung der Normgeltung durch den Richter. Beides indessen beseitigt die Gefahr einer Ausweitung der Kartellrechtsverantwortlichkeit weder vollständig noch in einer die sozialem Kosten minimierenden Weise. Dies folgt aus einer Bewertung des mit einer Klage verbundenen Kostenrisikos aus Sicht des Beklagten einerseits sowie aus einer Betrachtung der dem Rechtssystem insgesamt entstehenden Kosten andererseits.

Aus der Sicht der Beklagten kann es wirtschaftlich sinnvoll sein, zur Abwehr selbst einer offensichtlich unbegründeten Klage einen Vergleich zu schließen. Dies gilt jedenfalls insoweit, als der dem Kläger vergleichsweise gezahlte Geldbetrag die zu erwartenden Rechtsverteidigungskosten unterschreitet[52]. Ein System privater Rechtsdurchsetzung fördert daher die Erhebung offensichtlich unbegründeter oder schlicht unsubstantiierter Klagen[53]. Kostenerstattungsansprüche zugunsten des Beklagten im Falle der Klageabweisung[54] vermögen nur in begrenztem Maße Abhilfe zu schaffen. Dies gilt insbesondere für die mit der Rechtsverteidigung verbundenen Opportunitätskosten[55].

---

[49] Richard A. Posner, Antitrust Law: An Economic Perspective 228 (1976).

[50] William Breit, *Efficiency and Equity Considerations*, 8 Sw. U. L. Rev. 539, 548 (1976).

[51] Richard A. Posner, Antitrust Law: An Economic Perspective 228 (1976).

[52] Steven C. Salop & Lawrence J. White, *Economic Analysis of Private Antitrust Litigation*, 74 Geo. L. J. 1001, 1028 (1986).

[53] William Breit, *Efficiency and Equity Considerations*, 8 Sw. U. L. Rev. 539, 544 (1976). Vgl. auch Robert H. Bork, The Antitrust Paradox 406-407 (1978), der vermutet, daß der „Mißbrauch von Gerichten" im Kartellrecht weitaus verbreiteter sei als gemeinhin vermutet.

[54] Vgl. etwa § 91 ZPO. Das US amerikanische Zivilverfahrensrecht hingegen kennt keinen solchen Kostenerstattungsanspruch. Eine Ausnahme macht allein § 4 Clayton Act zugunsten des in einem Kartellrechtsstreit obsiegenden Klägers.

[55] § 91 ZPO erklärt Opportunitätskosten nur in begrenztem Maße für ersatzfähig. Erfaßt ist allein die infolge der notwendigen Wahrnehmung von Terminen entstandene Zeitversäumnis Zöller/*Vollkommer* § 91 Rdn. 13 Zeitversäumnis. Auf die investitionshemmende Wirkung der

Die notwendige, am Gesetzeszweck ausgerichtete Korrektur der sprachlich zu weit gefaßten Geltungskraft kartellrechtlicher Normen ist im gerichtlichen Verfahren nicht ohne weiteres gewährleistet. Selbst wenn man die grundsätzliche Befähigung des Richters zur Bewältigung komplexer wirtschaftlicher Sachverhalte anerkennt, so bleibt das Ergebnis privater Klagen doch immer in gewissem Maße unberechenbar. Die Besonderheiten eines Sachverhalts können den Richter etwa verleiten, eine neue, möglicherweise weitreichende Rechtsregel zu formen, um so das erwünschte Ergebnis zu erreichen, ohne daβ hierbei deren Sinnhaftigkeit jenseits der spezifischen Sachverhaltskonstellation bedacht wird. Die Gefahr einer solchen Fehlleitung der Kartellrechtsdogmatik steigt mit der Urteilen beigemessenen Präjudizienwirkung[56].

Eine normzweckorientierte Begrenzung der kartellrechtlichen Verantwortlichkeit im Rahmen des öffentlichen Verfolgungsorganen zukommenden Ermessens schließlich minimiert regelmäßig die dem Rechtssystem durch unsubstantiierte Klagen entstehenden Kosten. Während Normzwecküberlegungen bereits am Anfang der Ermessenserwägungen Berücksichtigung finden können, noch bevor kostenintensive Ermittlungen angestellt werden, setzt eine richterliche Entscheidung voraus, daß bereits Klage erhoben und in gewissem Umfang Ressourcen aufgewendet worden sind, sowohl seitens der Parteien als auch seitens des das Gerichtssystem zur Verfügung stellenden Staates. Damit steigt im übrigen auch das Kostenrisiko des potentiellen Rechtsbrechers und damit seine Angreifbarkeit gegenüber unbegründeten Forderungen des Rechtsdurchsetzers.

3. Ineffiziente Verteilung von Schadensvermeidungskosten infolge privatrechtlicher Ersatzansprüche

Die Verfügbarkeit privatrechtlicher Ausgleichsansprüche kann zu einer ineffizienten Verteilung der Schadensvermeidungskosten zwischen potentiellen Rechtsbrechern und Opfern, insbesondere Verbrauchern, führen. Dies gilt jedenfalls, soweit das Schadensersatzrecht keine Regelung des Mitverschuldens oder einer Schadensminderungspflicht auf Seiten des Opfers kennt[57]. Es mangelt dann an jedem Anreiz insbesondere in der Person des Verbrauchers, den Umfang des drohenden Schadens zu begrenzen, und zwar selbst dort, wo ihm die

---

Bindung unternehmerischer Ressourcen durch Prozeßrisiken weist vor allem *Baur* EuR 1988, 257, 267, hin.

[56] Vgl. zu dieser Problematik aus US amerikanischer Sicht Richard A. Posner, Antitrust Law: An Economic Perspective 228 (1976).

[57] Vgl. im deutschen Recht § 254 BGB, der auf Ansprüche des Kartelldeliktsrechts Anwendung findet (IM/*Emmerich* § 33 Rdn. 40).

Vornahme entsprechender Maßnahmen kostengünstiger möglich ist als dem Rechtsbrecher[58].

4. Verhinderung strategischer Drohungen durch privatrechtliche Ersatzansprüche

Schadensersatzrechtliche Sanktionen beschränken allerdings zugleich die Möglichkeit insbesondere marktbeherrschender Unternehmen, die Androhung dem Behinderungswettbewerb zuzurechnender Maßnahmen strategisch einzusetzen. Die tatsächliche Durchführung einer Behinderungsstrategie kann für das marktbeherrschenden Unternehmen mit erheblichen Kostenrisiken verbunden sein. Im Falle des *predatory pricing* zum Beispiel, nimmt das marktbeherrschende Unternehmen kurzfristig Verluste in Kauf, ohne sicher sein zu können, ob es auf lange Sicht diese Verluste durch eine Anhebung der Preise kompensieren kann. In einem System ausschließlich öffentlicher Rechtsdurchsetzung kann hingegen bereits die bloße Androhung des *predatory pricing* ausreichen, sämtliche Wettbewerber eines marktbeherrschenden Unternehmens von einem allzu aggressiven Preiswettbewerb absehen zu lassen. Dies gilt selbst dann, wenn eine tatsächliche Durchführung der angedrohten Maßnahme flächendeckend gar nicht möglich ist. Für den Erfolg der Drohung genügt es bereits, das jeder einzelne Wettbewerber fürchten muß, daß er das Opfer der angedrohten Maßnahme wird, ohne nachträglich Ersatz des entstandenen Schadens verlangen zu können[59]. Im Gegensatz zu einer Gewährung schadensersatzrechtlicher Ansprüche vermögen öffentliche Sanktionen – jedenfalls soweit die Strafe dem öffentlichen Haushalt zufließt – die Anfälligkeit von Wettbewerbern gegenüber strategisch eingesetzten Drohungen nicht zu mindern[60].

III. Private Rechtsdurchsetzung und Durchsetzung mit öffentlichen Mitteln in der Realität

Der Nachweis, daß private Rechtsdurchsetzung weniger effizient ist als optimale öffentliche Rechtsdurchsetzung, rechtfertigt nicht ohne weiteres eine Absage an private Sanktion. Vielmehr bedarf es einer weitergehenden Betrachtung privater Sanktionen unter Einbeziehung der öffentlicher Rechtsdurchsetzung immanen-

---

[58] William Breit, *Efficiency and Equity Considerations*, 8 Sw. U. L. Rev. 539, 543 (1976); Warren F. Schwartz, *An Overview of the Economics of Antitrust Enforcement*, 68 Geo. L. J. 1075, 1092 (1980).

[59] Die Drohung muß allerdings glaubhaft sein. Glaubhaft ist die Drohung nur, wenn das marktbeherrschende Unternehmen in der Vergangenheit seinen Willen zur tatsächlichen Durchführung einer *predatory pricing* Strategie bewiesen hat. Zur Glaubhaftigkeit der Drohung und zur Bildung einer Reputation als *predator* vgl. Patrick Bolton, Joseph F. Brodley & Michael H. Riordan, *Predatory Pricing: Strategic Theory and Legal Policy*, 88 Geo. L. J. 2239, 2300-2304 (2000).

[60] Warren F. Schwartz, *An Overview of the Economics of Antitrust Enforcement*, 68 Geo. L. J. 1075, 1092 (1980).

ten Imperfektionen[61]. Dies betrifft sowohl die dem Handeln öffentlicher Amtswalter zugrundeliegenden Motivation sowie die tatsächliche finanzielle und personelle Ausstattung der öffentlichen Verfolgungsorgane.

Im Idealfall ist das Handeln öffentlicher Rechtsverfolgungsorgane bestimmt durch das Ziel, eine optimale Verfolgungsintensität sicherzustellen und so die sozialen Kosten wettbewerbsbeschränkenden Verhaltens zu minimieren. Die wahre Motivation öffentlicher Amtswalter indessen läßt sich kaum mit Sicherheit feststellen[62]. Gesellschaftlicher Druck, mittelbare Einflußnahme seitens des Gesetzgebers und die Aussicht auf persönliches Vorankommen in der Behördenhierarchie sind als zumindest mitbestimmende Faktoren nicht mit Sicherheit auszuschließen[63]. Auch besteht die Gefahr, daß sich die Kartellbehörden im Laufe der Zeit mit den Interessen der von ihnen beaufsichtigten Unternehmen identifizieren[64]. Ebensowenig von der Hand zu weisen ist die Gefahr einer diskriminierenden Ausübung des bei der Rechtsverfolgung eingeräumten Ermessens. Private Rechtsdurchsetzung vermeidet das Problem der Diskriminierung und die damit verbundenen gesellschaftlichen Kosten[65]. Auch mangelnde Erfahrung ist schließlich in Betracht zu ziehen, wo das Ziel optimaler Verfolgungsintensität verfehlt wird[66].

Optimale öffentliche Rechtsdurchsetzung erfordert eine finanzielle und personelle Ausstattung der zuständigen Stelle, die eine ausreichende Verfolgungsintensität sicherstellt. Hiervon kann nicht ohne weiteres ausgegangen werden. Denkbar ist auch, daß Ressourcen durch mehr oder weniger administrative Tätigkeiten gebunden werden und der eigentlichen Rechtsverfolgung daher nicht zur Verfügung stehen[67]. Unter diesen Voraussetzungen können – möglicherwei-

---

[61] William A. Landes & Richard A. Posner, *The Private Enforcement of Law*, 4 J. Legal Studies 1, 15-16 (1975).

[62] Roderick G. Dorman, *The Case for Compensation: Why Compensatory Components are Required for Efficient Antitrust Enforcement*, 68 Geo. L. J. 1113, 1115 (1980); William Breit & Kenneth G. Elzinga, Antitrust Penalty Reform 48 (1986).

[63] Warren F. Schwartz, *An Overview of the Economics of Antitrust Enforcement*, 68 Geo. L. J. 1075, 1093 (1980).

[64] Hoppmann: Fusionskontrolle, S. 83 f.; Charles Franklin Phillips, The Economics of Regulation – Theory and Practice in the Transpotation and Public Utilities Industries 718 (rev. ed. 1969); I. Schmidt WuW 1967, 777, 793 ff.; William Shepherd & Clair Wilcox, Public Policies Toward Business 477 (6th ed. 1979).

[65] William M. Landes & Richard A. Posner, *The Private Enforcement of Law*, 4 J. Legal Studies 1, 41 (1975).

[66] In diesem Sinne wohl Richard A. Posner, Antitrust Law: An Economic Perspective 230-31 (1976).

[67] Gedacht ist hier beispielsweise an die präventive Kontrolle von Unternehmenszusammenschlüssen und Kartellvereinbarungen. Vgl. hierzu etwa die hinter der angestrebten Reform der europäischen Kartellverordnung stehende Motivation der Kommission: VO

se auch nur ergänzende – private Sanktionen einen wesentlichen Beitrag zur effizienten Durchsetzung der Kartellrechtsordnung leisten[68].

IV. Mechanismen privater Rechtsdurchsetzung im Vergleich

Die Begriffe „öffentliche Rechtsdurchsetzung“ und „private Rechtsdurchsetzung“ treffen zunächst nur eine Festlegung hinsichtlich des mit der Verfolgung von Verstößen gegen das materielle Kartellrecht betrauten Personenkreises. Öffentliche Rechtsdurchsetzung obliegt ausschließlich staatlichen Instanzen, private Rechtsdurchsetzung hingegen privaten, d.h. nicht dem staatlichen Bereich zugeordneten Personen. Eine inhaltliche Konkretisierung im Sinne einer Abgrenzung der Klageberechtigung im Einzelfall, einer Festlegung des Verfahrens oder der Rechtsfolgen beinhalten beide Begriffe nicht.

Private Rechtsdurchsetzung kann sich sowohl durch die Schaffung eines privaten Rechtsdurchsetzungsmonopols vollziehen oder aber völlig dem Wettbewerb zwischen Rechtsverfolgungsunternehmen überantwortet werden. Denkbar ist auch die Zuweisung von Klagerechten an einen bestimmten Personenkreis. Klagerechte wiederum können zugunsten von Wettbewerbern, Abnehmern oder aller Geschädigten begründet werden. Sie können als übertragbare oder unübertragbare Rechtspositionen ausgestalten sein. Im folgenden sollen die wesentlichen Alternativen privater Rechtsdurchsetzung hinsichtlich ihrer ökonomischen Effizienz untersucht werden.

1. Freier Wettbewerb zwischen privaten Rechtsverfolgungsunternehmen

Unter der Bedingung vollständigen Wettbewerbs wird der private Rechtsverfolger zusätzliche Ressourcen in die Verfolgung von Rechtsverstößen investieren bis zu jenem Punkt, an dem die Grenzkosten – die mit der Aufdeckung des jeweils nächsten Rechtsverstoßes verbundenen Kosten – die Höhe des zu erwartenden Gewinns – d.h. die Höhe der Strafe – erreichen. Die sich hieraus ergebenden Folgen für Verfolgungsintensität und das Ziel der Kostenminimierung sind bereits an anderer Stelle ausführlich dargestellt worden[69]. Hier bedarf es daher nur noch einiger ergänzender Überlegungen.

Unter den Gesichtspunkten sowohl einer Minimierung der Verfahrenskosten als auch einer Maximierung der Anreize Privater, in die Verfolgung von Rechtsverstößen zu investieren, ist privat-wettbewerbliche Rechtsdurchsetzung idealerweise so auszugestalten, daß die gesamte Strafe einem einzelnen Kläger zufällt.

Nr. 1/2003, 3. Erwägungsgrund; vgl. auch schon Kommissionsvorschlag, S. 2, Weißbuch der Kommission, Tz. 25, 55.

[68] Daniel Berger & Roger Bernstein, *An Analytical Framework for Antitrust Standing*, 86 Yale L. J. 809, 849-50 (1977); Richard A. Posner, Antitrust Law: An Economic Perspective 230 (1976).

[69] Vgl. oben sub II.1.

Dabei ist das ausschließliche Recht zur Geltendmachung der Strafe demjenigen Wettbewerber zuzuerkennen, der als erster Klage bei Gericht erhebt.

Das Gebot der Äquivalenz verlangt zunächst nicht mehr, als daß die Strafe ihrer Gesamthöhe nach dem volkswirtschaftlichen Schaden entspricht. Eine bestimmte Stückelung der Strafe hingegen gibt es nicht vor. Beläuft sich der volkswirtschaftliche Schaden etwa auf 100.000 Euro, so ist dem Gebot der Äquivalenz nicht ohne weiteres zu entnehmen, ob die einmalige Verhängung einer Strafe in Höhe 100.000 Euro vorzuziehen ist oder aber eine Einzelstrafe in Höhe von 10.000 Euro, ausgesprochen zugunsten zehn verschiedener Kläger. Allerdings führt die Aufspaltung der Gesamtstrafe zu einer Vervielfachung der Verhandlungstermine, Beweiserhebungen und möglicherweise der Vollstrekkungsbemühungen und damit zu vergleichsweise höheren Verfahrenskosten. Andererseits verhalten sich die dem Rechtssystem tatsächlich zur Last fallenden Kosten – unter der Annahme gleichbleibender Sachverhaltskomplexität – gegenüber einer Steigerung des Streitwertes relativ konstant[70]. Die Konzentration der Strafe zugunsten nur eines Klägers ist mithin unter dem Gesichtspunkt der Kostenminimierung vorzuziehen.

Zugleich maximiert eine solche Ausgestaltung den Anreiz Privater, in die Verfolgung von Rechtsverstößen zu investieren. Dies ergibt sich ohne weiteres aus einer Betrachtung des zu erwartenden Nettoertrags E_n einer Klage, der vereinfacht dargestellt werden kann als

$$E_n = \pi_k f - (1 - \pi_k)c, \qquad (8)$$

wobei π_k die Wahrscheinlichkeit eines klägerischen Obsiegens aus der Sicht des Klägers, f die Strafhöhe und c die Kosten indizieren[71]. Verhalten sich die Kosten c bei zunehmenden Werten für f relativ konstant oder steigen jedenfalls unterproportional, so ergeben sich für niedrige Strafen relativ niedrige, für hohe Strafen hingegen relativ hohe Werte für E_n.

Zugleich vermeidet eine hohe, aber nur einmalig zu verhängende Strafe die Möglichkeit nachfolgender Kläger, als Trittbrettfahrer (*free rider*) von den Rechtsverfolgungsbemühungen des ersten Klägers zu profitieren. Wie bereits an anderer Stelle ausgeführt worden ist, bedingt jede Investition in die Aufdeckung eines Rechtsverstoßes einen Vorteil nicht nur in der Person desjenigen, der die

---

[70] Der Kostenvorteil entfällt nicht zwingend dort, wo die Höhe der Gebühren sich nicht an den tatsächlichen Kosten für das Rechtssystem, sondern am Streitwert orientiert. Für das deutsche Recht sei insoweit auf die degressive Staffelung der Gebührensätze hingewiesen.

[71] Vgl. etwa Steven C. Salop & Lawrence J. White, *Economic Analysis of Private Antitrust Litigation*, 74 Geo. L. J. 1001, 1018-19, 1053 (1986), deren Gleichung allerdings auf ein System bezogen ist, in dem Klagerechte grundsätzlich nur in der Person des oder der Geschädigten in Betracht kommen. Vgl. hierzu näher unten sub 2.b und 2.c.

Investition getätigt hat, sondern auch zugunsten aller anderen Rechtsverfolger[72]. Nachfolgende Kläger könnten sich die im ersten Verfahren aufgedeckten Tatsachen dienstbar machen, ohne selbst wesentliche Investitionen getätigt zu haben. Der Anreiz als erster Klage zu erheben würde erheblich gemindert.

Aus derselben Überlegung heraus erscheint auch die Zuweisung einer ausschließlichen Rechtsposition bereits mit Klageerhebung im Gegensatz zu einer erst mit Verfahrensabschluß eintretenden Rechtskraft inter omnes vorzugswürdig. Außerdem vermeidet eine solche Lösung die mit Parallelverfahren verbundenen zusätzlichen Kosten[73].

2. Gesetzliche Zuweisung von Klagerechten

Unter einer gesetzlichen Zuweisung von Klagerechten wird im Gegensatz zu privat-wettberblicher Rechtsdurchsetzung jede Regelung verstanden, die den Kreis der mit der Rechtsverfolgung bedachten Personen ex ante bestimmt. Dabei wird jedenfalls für die nachfolgend dargestellten Modelle davon ausgegangen, daβ die einzelnen Klagerechte – soweit mehr als nur ein Rechtsverfolger in Betracht kommt – kumulativ nebeneinander stehen. Anders als im Falle privat-wettberblicher Rechtsdurchsetzung führt die Erhebung einer Klage nicht zur Begründung einer ausschließlichen Rechtsposition.

a. Privates Rechtsdurchsetzungsmonopol

Der Inhaber eines privaten Rechtsdurchsetzungsmonopols wird zusätzliche Ressourcen in die Verfolgung von Kartellrechtsverstößen nur dann investieren, soweit er hierdurch seinen Profit steigern kann[74]. Gegenüber privat-wettbewerblicher Rechtsdurchsetzung folgt hieraus eine niedrigere Verfolgungsaktivität, sowohl gemessen an der absoluten Zahl der aufgedeckten und bestraften Verstöße als auch an der Verfolgungsintensität. Abbildung 6 veranschaulicht die unterschiedliche Verfolgungsaktivitäten bei privat-wettbewerblicher und monopolisierter privater Rechtsdurchsetzung.

A_w indiziert dasjenige Maß an Verfolgungsaktivität, für welches die Rechtsverfolgungskosten c_w – verstanden als Grenzkosten – der Strafe f entsprechen. A_w bezeichnet damit die Verfolgungsaktivität bei privat-wettbewerblicher Rechtsdurchsetzung. Der Monopolist hingegen wird einen Wert von A wählen, an dem der mit der Verfolgung eines zusätzlichen Rechtsverstoßes zu erzielende Erlös – d.h. der Grenzerlös – seinen Grenzkosten c_m entspricht. In Abbildung 6 ist dies der Wert A_m. Die Verschiebung der die Rechtsverfolgungskosten darstellenden

---

[72] Vgl. oben sub C.I.

[73] Vgl. die weitergehende Diskussion bei Warren F. Schwartz, *An Overview of the Economics of Antitrust Enforcement*, 68 Geo. L. J. 1075, 1097-1100 (1980); William M. Landes & Richard A. Posner, *The Private Enforcement of Law*, 4 J. Legal Studies 1, 34 (1975).

[74] William M. Landes & Richard A. Posner, *The Private Enforcement of Law*, 4 J. Legal Studies 1, 16 (1975).

Funktion von c_w auf c_m rechtfertigt sich dabei aus der Tatsache, daß der Monopolist anders als der im Wettbewerb stehende Rechtsverfolger die externen Folgen einer niedriger gewählten Verfolgungsintensität in seiner Entscheidung berücksichtigen wird. Eine Absenkung der Verfolgungsaktivität A mindert die Präventionswirkung der Sanktion. Die Zahl der Rechtsverstöße O steigt. Die zur erfolgreichen Verfolgung einer Anzahl von A_m Rechtsverstößen erfordert mithin einen geringeren Einsatz von Ressourcen als die Funktion c_w vorgeben würde. Die im Falle privat-wettbewerblicher Rechtsdurchsetzung zugrunde gelegte Annahme einer gegenüber Änderungen für A konstanten Anzahl von Rechtsverstößen – basierend auf dem Umstand, daß im Wettbewerb stehende Unternehmen solche externe Faktoren in ihrer Entscheidung nicht berücksichtigen – trifft auf den Monopolisten nicht zu. Desweiteren wird hinsichtlich der Kostenfunktion c_m angenommen, daß die Monopolisierung der Rechtsverfolgung einerseits eine verbesserte Ausnutzung von *scale economies* ermöglicht und andererseits Reibungsverluste bei konkurrierender Rechtsverfolgung vermeidet, so daß c_m für alle Werte von A unter c_w liegt[75]. Die Fläche MG bezeichnet den sich bei einer Strafe f und A_m ergebenden Monopolgewinn.

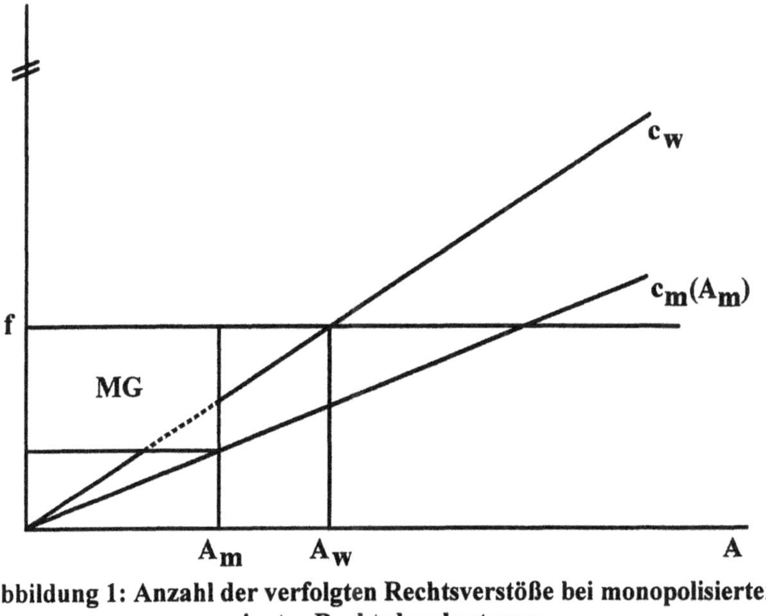

Abbildung 1: Anzahl der verfolgten Rechtsverstöße bei monopolisierter privater Rechtsdurchsetzung

---

[75] Vgl. hierzu ausführlich oben sub I.

Abbildung 7 verdeutlicht die sich hieraus ergebenden Folgen für die Verfolgungsintensität p. Die Funktion $p_m(f)$ indiziert die Verfolgungsintensität p in Abhängigkeit von der Strafhöhe f unter der Annahme eines privaten Rechtsdurchsetzungsmonopols. Für alle Werte von f liegt $p_m(f)$ unter der sich bei privat-wettbewerblicher Rechtsdurchsetzung ergebenden Verfolgungsintensität $p_w(f)$. Dieses Ergebnis folgt unmittelbar aus Abbildung 6 und den dort zugrunde gelegten Annahmen. Da $A_w > A_m$, gleichzeitig aber $O_{Aw} < O_{Am}$, muß für $p = A/O$ gelten $p_w > p_m$. Dennoch aber begründet auch ein privates Rechtsdurchsetzungsmonopol für die die sozialen Kosten minimierende Strafhöhe f* eine zu hohe Verfolgungsintensität[76].

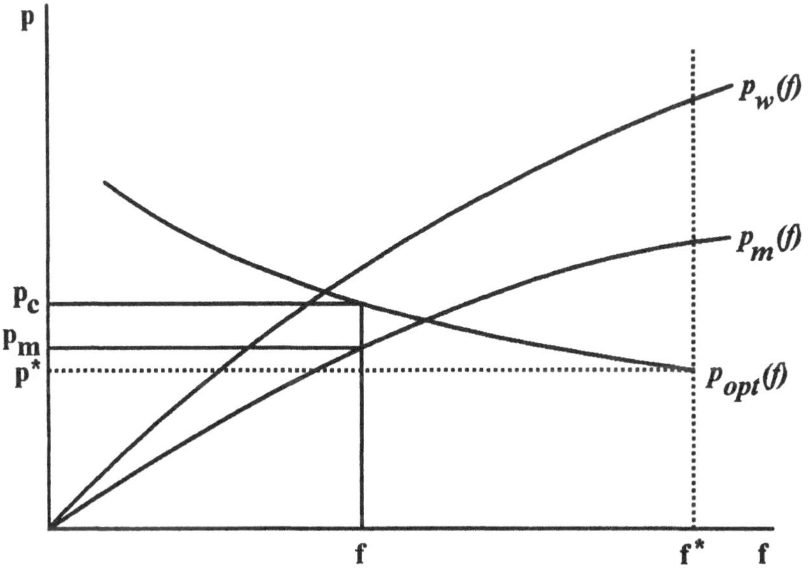

Abbildung 7: Verfolgungsintensität bei privat-wettbewerblicher und monopolisierter Rechtsdurchsetzung[77]

Daß die sozialen Kosten unter den Bedingungen eines privaten Rechtsdurchsetzungsmonopols geringer sind als in einem System privat-wettbewerblicher

[76] William M. Landes & Richard A. Posner, *The Private Enforcement of Law*, 4 J. Legal Studies 1, 16-17 (1975).

[77] Vgl. William A. Landes & Richard A. Posner, *The Private Enforcement of Law*, 4 J. Legal Studies 1, 19 (1975).

Rechtsdurchsetzung, läßt sich auch anhand des von *Landes* und *Posner* entwickleten Konzepts der *SLIC* darstellen (vgl. Abbildung 8).

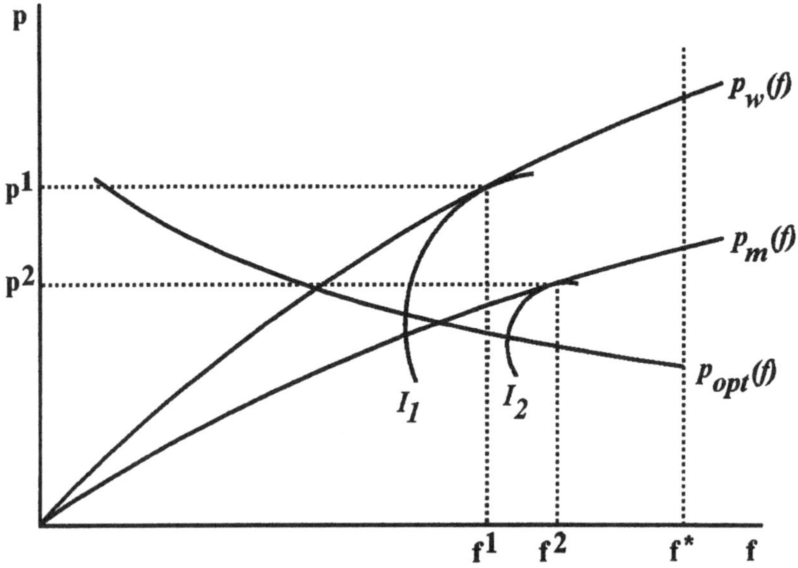

Abbildung 8: Das Konzept der *indifference curves* - privat-wettbewerbliche Rechtsdurchsetzung und privates Rechtsdurchsetzungsmonopol im Vergleich[78]

Da die gewinnmaximierende Verfolgungsintensität p für jeden Wert von f in einem Rechtsdurchsetzungsmonopol niedriger ist als in einem privat-wettbewerblichen System – d.h. $p_w(f) > p_m(f)$ (vgl. Abbildung 7) – und da der Monopolist auf eine Anhebung der Strafhöhe f mit einer geringeren Steigerung der Verfolgungsintensität p reagieren wird als dies unter Wettbewerbsbedingungen zu erwarten ist, ergibt sich unter den Bedingungen eines privaten Rechtsdurchsetzungsmonopols eine höhere *SLIC*. Sie ist in Abbildung 8 mit I_2 bezeichnet. Die sozialen Kosten werden demnach minimiert bei einer Kombination aus einer Strafhöhe f^2 und einer Verfolgungsintensität p^2. Da aber I_2 gegenüber der für ein System privat-wettbewerblicher Rechtsdruchsetzung maßgeblichen Funktion I_1 nach rechts verschoben ist und damit ein niedriges Niveau sozialer Kosten beschreibt, liegen die sozialen Kosten bei (f^2, p^2) zwingend unter denje-

[78] Vgl. William A. Landes & Richard A. Posner, *The Private Enforcement of Law*, 4 J. Legal Studies 1, 19 (1975).

nigen bei (f^1, p^1), d.h. der kostenminimierenden Kombination im Falle privat-wettbewerblicher Rechtsdurchsetzung[79].

b. Zuweisung von Klagerechten an alle Geschädigten mit oder unter Ausschluß freier Übertragbarkeit

Eine präzise Voraussage über die Verfolgungsintensität und damit die sozialen Kosten von Kartellrechtsverstößen bei Zuweisung von Klagerechten an den oder die Geschädigten unter Ausschluß sonstiger privater Rechtsverfolger ist nur schwer möglich. Dies ergibt sich aus dem Umstand, daß die dem Rechtssystem entstehenden Kosten bei zunehmender Streuung des Schadens steigen. Dies gilt in besonderem Maße, sofern die Höhe des Anspruchs nicht als abstrakte Strafe festgelegt ist, sondern sich nach dem jedem individuellen Kläger tatsächlich entstandenen Schaden bestimmt. Für die Verfolgungsintensität lassen sich hieraus unzweifelhaft niedrigere Werte ableiten. Die Folgen für die sozialen Kosten insgesamt indessen bleiben ambivalent.

Ließe man diesen externen Kostenfaktor unberücksichtigt, so ergäben sich für Verfolgungsintensität und soziale Kosten Werte zwischen denjenigen, die in Zumsammenhang mit privat-wettbelerblicher und monopolisierter Rechtsdurchsetzung erzielt werden. Dieses Ergebnis wird etwa dort erzielt, wo jeder Rechtsverstoß ein anderes, aber immer nur ein einzelnes Opfer trifft. Unter diesen Voraussetzungen wird zwar die für privat-wettbewerbliche Rechtsdurchsetzung verbundene Duplizierung von Rechtsverfolgungsmaßnahmen vermieden. Eine Internalisierung der Folgen der eigenen Verfolgungsaktivität für die Anzahl der Rechtsverstöße insgesamt, wie sie im Falle des privaten Rechtsdurchsetzungsmonopols erfolgt, hingegen unterbleibt. In Abbildung 8 lägen mithin die Funktion $p(f)$ zwischen $p_w(f)$ und $p_m(f)$ und die maßgebliche *indifference curve I* zwischen I_1 und I_2[80].

Eine Verfolgungsintensität entsprechend $p_m(f)$ ergäbe sich im Falle der freien Übertragbarkeit von Klagerechten der Geschädigten[81]. In einem solchen System würden sich die Klagerechte in der Hand des effizientesten Rechtsdurchsetzers – er mißt den Klagerechten den höchsten Wert zu – vereinigen. Der rechtsgeschäftliche Erwerb der Klagerechte wird dabei „finanziert“ durch den erwarteten Gewinn aus der Erlangung des faktischen Monopols[82]. Die sozialen Kosten eines solchen System lägen indessen über denjenigen eines privaten Rechtsdurch-

---

[79] William M. Landes & Richard A. Posner, *The Private Enforcement of Law*, 4 J. Legal Studies 1, 19-20 (1975); vgl. im übrigen bereits oben sub II.1.

[80] William M. Landes & Richard A. Posner, *The Private Enforcement of Law*, 4 J. Legal Studies 1, 22 (1975).

[81] Vgl. William M. Landes & Richard A. Posner, *The Private Enforcement of Law*, 4 J. Legal Studies 1, 21 (1975).

[82] Vgl. hierzu William M. Landes & Richard A. Posner, *The Private Enforcement of Law*, 4 J. Legal Studies 1, 22 (1975).

setzungsmonopols, da die nachträgliche Zusammenführung der Klagerechte in einer Hand Transaktionskosten begründet, die im Falle des gesetzlichen Monopols nicht existieren.

Bei zunehmender Streuung des jedem einzelnen Rechtsverstoß zuzurechnenden Schadens – eine breite Streuung dürfte den Regelfall im Kartellrecht darstellen – ist bei gleichzeitigem Ausschluß der freien Übertragbarkeit von Klagerechten[83] von einer absinkenden Verfolgungsintensität auszugehen. In begrenztem Maße kann dies möglicherweise gegenüber anderen Modellen privater Rechtsdurchsetzung zu einer Korrektur der Problematik einer zu hohen Verfolgungsintensität und damit zu einer Minimierung der sozialen Kosten führen[84]. Wahrscheinlicher ist jedoch ein insgesamt zu niedriges Niveau an Rechtsverfolgung mit der Folge eines erheblichen Anstiegs der Rechtsverstöße und des damit verbundenen primären Schadens.

In den Maße, in dem sich der – als konstant vorausgesetzte – Gesamtschaden auf eine zunehmende Anzahl potentieller Kläger verteilt, sinkt der finanzielle Anreiz des Einzelnen, die für eine erfolgreiche Klage notwendigen Ressourcen in die Verfolgung eines Rechtsverstoßes zu investieren. Während der im Falle des Obsiegens dem individuellen Kläger zufallende Gewinn abnimmt, verhält sich das klägerische Kostenrisiko – ebenso wie die das Rechtssystem insgesamt treffenden Kostenbelastung – relativ konstant gegenüber einer Verminderung des Streitwertes[85]. Bemißt sich die Höhe des Anspruchs darüber hinaus nicht nach einer abstrakten Strafe, sondern nach dem dem jeweiligen Kläger tatsächlich entstandenen und daher nachzuweisenden Schaden, ist von einer erheblichen Steigerung der Verfahrenskomplexität und mithin der Verfahrenskosten auszugehen. Zugleich dürfte der Kläger die Chance seines Obsiegens aufgrund der ihn treffenden höheren Beweislast zunehmend kritisch beurteilen. Im Ergebnis führt die breite Streuung des Gesamtschadens daher zu einem Absinken des zu erwartenden Nettoertrags privater Klagen.

---

[83] Sofern eine freie Übertragbarkeit gewährleistet ist, gilt es jedoch den mit zunehmender Schadensstreuung verbundenen Anstieg der Transaktionskosten zu bedenken.

[84] Vgl. zu dieser Überlegung etwa William M. Landes & Richard A. Posner, *The Private Enforcement of Law*, 4 J. Legal Studies 1, 21 (1975). Nach *Landes & Posner* würde die Zuweisung des ausschließlichen Klagerechts an den Staat, verbunden mit der Verpflichtung, dieses im Wege der Auktion an den meistbietenden Privaten zu veräußern, zu einer Absenkung der Verfolgungsintensität auf das im Falle eines privaten Rechtsdurchsetzungsmonopols bestehende Maß führen. Die für die Ersteigerung des Klagerechts aufzuwendende Gebühr – obwohl sie unmittelbar die Verfolgung des einzelnen Verstoßes verteuerte – verminderte demnach über eine Absenkung der Verfolgungsintensität die sozialen Kosten rechtswidriger Verhaltensweisen.

[85] Vgl. hierzu bereits oben sub IV.1.

Für die Bestimmung der Rechtsverfolgungsaktivität insgesamt ergibt sich hieraus, daß die Höhe der Strafe f nicht weiterhin als externer Faktor – bestimmt nach Maßgabe des Äquivalenzgebots aus Gleichung (2) – zu betrachten ist, sondern als Variable in Abhängigkeit sowohl von der Streuung des Schadens als auch von der Rechtsverfolgungsaktivität A selbst. Für konstante Werte von A folgen dabei mit zunehmender Streuung des Gesamtschadens abnehmende Werte für f, so daß die (Gesamt-) Strafe hinter den Vorgaben des Äquivalenzgebots zurückbleibt. Je weiter die Einzelansprüche der Höhe nach absinken, desto mehr potentielle Kläger werden in ihrer Bewertung des Klagerisikos zu einem negativen zu erwartenden Nettoertrag gelangen und daher von jedweder Investition in Rechtsverfolgungsaktivitäten absehen. Dabei scheiden zunächst diejenigen potentiellen Kläger aus, für die die Rechtsverfolgung mit dem höchsten Kostenaufwand verbunden ist. Sinkt die Höhe des individuellen Anspruchs unter die Kosten des effizientesten Rechtsverfolgers, so unterbleibt jede Verfolgungstätigkeit.

Bei konstanter Streuung sinkt die Gesamtstrafe ferner für jeden zusätzlich verfolgten Rechtsverstoß. Da die Grenzkosten mit jeder zusätzlichen Verurteilung steigen, wird derjenige Punkt, an dem der Individualanspruch der Höhe nach hinter den Rechtsverfolgungskosten zurückbleibt, früher erreicht.

c. Zuweisung von Klagerechten an Geschädigte unter Einbeziehung von Effizienzkriterien (*Concept of Optimal Deterrence*)

Die präventive Effizienz privater Rechtsdurchsetzung durch den oder die Geschädigten ließe sich – wie bereits dargestellt[86] – durch die Einführung frei übertragbarer Klagerechte verbessern. Der effizienteste Rechtsverfolger würde dann die Gesamtheit der Klagerechte in seiner Hand bündeln und so die Geltendmachung des gesamten volkswirtschaftlichen Schadens gewährleisten. Mit zunehmender Streuung des Schadens steigen indessen die Transaktionskosten der rechtsgeschäftlichen Zusammenführung der Klagerechte in einer Hand. Dies folgt vor allem aus den mit der Feststellung der Personen aller Geschädigten verbundenen Schwierigkeiten. Sind die Transaktionskosten prohibitiv hoch, findet die erwünschte Bündelung der Klagerechte nicht statt. In diesem Fall ist es sinnvoll, die Klagerechte ex ante dem oder den (kosten-) effizientesten Rechtsdurchsetzer(n) aus dem Kreis der Geschädigten zuzuweisen[87].

In Betracht zu ziehen ist in erster Linie eine Begrenzung des Klagerechts auf unmittelbare Abnehmer, Zulieferer oder Wettbewerber des oder der kartell-

---

[86] Vgl. oben sub b.

[87] Warren F. Schwartz, *An Overview of the Economics of Antitrust Enforcement*, 68 Geo. L. J. 1075, 1096 (1980). Vgl. zu der Problematik der Transaktionskosten und der gesetzlich vorbestimmten Zuweisung von Rechten allgemein Richard A. Posner, The Economics of Justice 70-72 (2d ed. 1983).

rechtswidrig handelnden Unternehmen, insbesondere unter Ausschluß etwaiger Klagebefugnisse privater Endverbraucher. Auf diese Weise können Anzahl, Komplexität und Kosten privater Klagen vermindert, der dem einzelnen potentiellen Kläger zukommende Individualanspruch erhöht und der Anreiz Privater zur Teilnahme an der Rechtsverfolgung verbessert werden. In jedem Fall ist jedoch dafür Sorge zu tragen, daß die Summe aller Einzelansprüche der Höhe nach weder wesentlich hinter dem volkswirtschaftlichen Schaden zurückbleibt, noch diesen erheblich übersteigt.

Ökonomisch sinnvoll – und mit der durch das Gebot der Äquivalenz vorgegebenen Einschränkung vereinbar – ist insbesondere die Zuweisung einer ausschließlichen Klagebefugnis an die unmittelbaren Abnehmer eines rechtswidrigen Preiskartells. Hier ist den unmittelbaren Abnehmern ein Anspruch in Höhe der Differenz zwischen dem tatsächlich gezahlten und demjenigen Preis zuzusprechen, der in Abwesenheit der Preisabsprache zu zahlen gewesen wäre (*monopoly overcharge*). Eine Berufung seitens der Beklagten darauf, die unmittelbaren Abnehmer hätten die kartellbedingte Preiserhöhung nicht selbst getragen, sondern auf ihre Kunden abgewälzt, ist auszuschließen. Nur mittelbaren Abnehmern ist im Gegenzug die Klagebefugnis zu verwehren. Dies gilt selbst dann, wenn sie – und nicht die unmittelbaren Abnehmer – tatsächlich den Schaden zu tragen haben[88].

Eine solche Regelung der Klagebefugnis befreit das private Streitverfahren von der Notwendigkeit, die Auswirkungen des Kartellpreises über die unmittelbar nachfolgende Marktstufe hinaus bis hin zum privaten Endverbraucher zu verfolgen, den auf jeder Marktstufe entstandenen Schaden anteilsmäßig zu bestimmen und schließlich zwischen den Teilnehmern derselben Marktstufe aufzuteilen. Zwar liefert die Mikroökonomie Modelle, mittels derer – unter Rückgriff auf Angebots- und Nachfrageelastizität – derjenige Anteil einer Preissteigerung bestimmt werden kann, den der profitmaximierende Unternehmer an seine Kunden weiterreichen würde[89]. Allerdings verlangen solche Untersuchungen nicht nur

---

[88] So das Ergebnis der *Indirect Purchaser Rule* im US-amerikanischen Antitrust Law. Vgl. Hanover Shoe Co. v. United Shoe Machinery Corp., 392 U.S. 481 (1968); Illinois Brick Co. v. Illinois, 431 U.S. 720 (1977). Einzelne US Bundesstaaten haben abweichende Regelungen getroffen. Zur Zulässigkeit solcher Regelungen vgl. California v. ARC America Corp., 490 U.S. 93 (1989).

[89] In Literatur und Rechtsprechung sind verschiedene Modelle vorgetragen worden. Vgl. etwa Illinois Brick Co. v. Illinois, 431 U.S. 720, 741-42 (1977); William M. Landes & Richard A. Posner, *Should Indirect Purchasers Have Standing to Sue Under the Antitrust Laws? An Economic Analysis of the Rule of Illinois Brick*, 46 U. Chi. L. Rev. 602, 615-21 (1979); Robert Cooter, *Passing On the Monopoly Overcharge: A Further Comment on Economic Theory*, 129 U. Pa. L. Rev. 1523 (1981); Robert G. Harris & Lawrence A. Sullivan, *A Reply to Cooter and to Viton and Winston*, 129 U. Pa. L. Rev. 1533, 1533-36 (1981).

umfangreiche und kostspielige Feststellungen in tatsächlicher Hinsicht, sondern sind ferner in ihrer Aussagekraft für die „reale Welt" nur begrenzt geeignet[90].

Zugleich wird mit der Begründung einer ausschließlichen Klagebefugnis zugunsten der unmittelbaren Abnehmer die Anreizwirkung zugunsten derjenigen Geschädigten vergrößert, die kartellrechtswidrige Preisabsprachen am kostengünstigsten aufzudecken und gerichtlich zu verfolgen in der Lage sind. Die Auswirkungen einer Preisabsprache auf die Preise entfernterer Marktstufen werden regelmäßig gering sein. Preiserhöhungen auf der dem Kartell unmittelbar nachgelagerten Marktstufe hingegen sind relativ einfach auszumachen[91]. Darüber hinaus können mittelbare Abnehmer nur schwer einschätzen, auf welcher der ihnen vorgelagerten Markstufen eine Preisabsprache stattgefunden hat. Die für sie mit der Aufdeckung des Verstoßes verbundenen Kosten sind naturgemäß höher[92]. Auch führt die Konzentration der Klagebefugnis auf der Ebene der unmittelbaren Abnehmer zu einer Vergrößerung der Einzelansprüche und damit des zu erwartenden Nettoertrags einer Klage[93]. Dabei wird das Gebot der Äquivalenz von Strafe und volkswirtschaftlichem Schaden weitgehend gewahrt. Die Berechnung des Schadens auf der Ebene der unmittelbaren Abnehmer nach Maßgabe des *monopoly overcharge* liefert hinreichend gute Näherungswerte für die Summe des auf allen Vertriebsebenen tatsächlich entstandenen Gesamtschaden. Die Ausschließlichkeit der Klagebefugnis unmittelbarer Abnehmer stellt zugleich

---

[90] Hanover Shoe Co. v. United Shoe Machinery Corp., 392 U.S. 481, 492-93 (1968); Illinois Brick Co. v. Illinois, 431 U.S. 720, 731-32, 737, 741-42 (1977).

[91] William M. Landes & Richard A. Posner, *Should Indirect Purchasers Have Standing to Sue Under the Antitrust Laws? An Economic Analysis of the Rule of Illinois Brick*, 46 U. Chi. L. Rev. 602, 618 (1979).

[92] William M. Landes & Richard A. Posner, *Should Indirect Purchasers Have Standing to Sue Under the Antitrust Laws? An Economic Analysis of the Rule of Illinois Brick*, 46 U. Chi. L. Rev. 602, 608-609 (1979).

[93] Vgl. Illinois Brick Co. v. Illinois, 431 U.S. 720, 745-46 (1977); Gregory J. Werden & Marius Schwartz, *Illinois Brick and the Deterrence of Antitrust Violations: An Economic Analysis*, 35 Hastings L. J. 629, 651-52 (1984). Zuweilen ist vorgetragen worden, unmittelbare Abnehmer könnten möglicherweise von einer Geltendmachung ihrer Klagebefugnis absehen, um nicht den Fortbestand langjähriger Vertragsbeziehungen mit ihren Zulieferern zu gefährden. Sie seien daher nicht notwendigerweise effizientere Rechtsdurchsetzer als mittelbare Abnehmer. In diesem Sinne etwa Robert G. Harris & Lawrence A. Sullivan, *Passing On the Monopoly Overcharge: A Comprehensive Policy Analysis*, 128 U. Pa. L. Rev. 269, 351-52 (1979); Herbert Hovenkamp, *The Indirect Purchaser Rule and Cost-Plus Sales*, 103 Harv. L. Rev. 1717, 1728 (1731). Hiergegen William M. Landes & Richard A. Posner, *Should Indirect Purchasers Have Standing to Sue Under the Antitrust Laws? An Economic Analysis of the Rule of Illinois Brick*, 46 U. Chi. L. Rev. 602, 613-14 (1979); Gregory J. Werden & Marius Schwartz, *Illinois Brick and the Deterrence of Antitrust Violations: An Economic Analysis*, 35 Hastings L. J. 629, 636 n.45 (1984).

sicher, daß Rechtsverstöße nicht mehrfach sanktioniert werden und die Strafe hierdurch den volkswirtschaftlichen Schaden wesentlich übersteigt[94].

[94] In diesem Sinne Illinois Brick Co. v. Illinois, 431 U.S. 720, 730 (1977).

2. Teil: Ökonomische Analyse privater Rechtsdurchsetzung im deutschen Kartellrecht am Beispiel des § 19 GWB

Sind die ökonomischen Grundlagen privater und öffentlicher Rechtsdurchsetzung im ersten Teil dieser Arbeit noch ohne Rücksicht auf die Rahmenbedingungen eines bestimmten nationalen Kartellrechts dargestellt worden, so soll nunmehr der Versuch unternommen werden, die hierbei gewonnenen Erkenntnisse für die Ausgestaltung privater Sanktionen nach dem GWB dienstbar zu machen. Angestrebt ist hierbei die Entwicklung praktikabler Kriterien, vermittels derer im Einzelfall – d.h. im Kontext spezifischer (Verbots-) Normen des materiellen Kartellrechts – eine Entscheidung über die ökonomische Sinnhaftigkeit privater Sanktionen getroffen werden kann. Diese Kriterien sollen sodann auf die speziellen Mißbrauchstatbestände des § 19 Abs.4 GWB angewandt werden, um so die ökonomischen Grundlagen für die in den weiteren Teilen dieser Arbeit folgende rechtliche Analyse zu schaffen.

A. Konkretisierung des Untersuchungsgegenstands: Rahmenbedingungen öffentlicher und privater Rechtsdurchsetzung im deutschen Kartellrecht

Zunächst gilt es den Untersuchungsgegenstand mit Blick auf die Vorgaben des deutschen Kartellrechts zu konkretisieren. Dies folgt unmittelbar aus dem Ziel dieser Arbeit, die darauf ausgerichtet ist, Anspruch und Grenzen deliktsrechtlicher Sanktionen im Falle des Mißbrauchs einer marktbeherrschenden Stellung gemäß § 19 GWB aufzuzeigen. Den Rahmen der Untersuchung bildet daher nicht ein „rechtsleerer Raum“, aus dem heraus es ein System kartellrechtlicher Sanktionen neu zu schaffen gilt. Maßgeblich sind vielmehr diejenigen Rahmenbedingungen, die das GWB für die Tätigkeit der Kartellbehörden einerseits sowie privater Kläger andererseits bindend festschreibt. Dementsprechend kann es nicht das Ziel der nachfolgenden Untersuchung sein, zu klären, ob private Sanktionen im Rahmen von § 19 GWB „abstrakt“ sinnvoll sein könnten. Dabei ist die Ermittlung der Rahmenbedingungen der kartellbehördlichen Sanktionsmöglichkeiten insoweit vorrangig, als die Feststellung eines optimalen öffentlichen Rechtsdurchsetzungsmechanismus weitere Ausführungen zu möglichen privaten Sanktionen entbehrlich machen würde. Optimale öffentliche Rechtsdurchsetzung minimiert die sozialen Kosten von Rechtsverstößen. Neben ihr sind private Sanktionen daher weder notwendig noch ökonomisch sinnvoll.

I. Rahmenbedingungen öffentlicher Rechtsdurchsetzung nach dem GWB

Die im GWB gesetzten Rahmenbedingungen für die Tätigkeit der Kartellbehörden werden den Anforderungen an ein System optimaler öffentlicher Rechtsdurchsetzung nicht in vollem Umfang gerecht. Ergänzende private Sanktionen sind danach grundsätzlich in Betracht zu ziehen. Ein völliger Verzicht öffentlicher zugunsten privater Rechtsdurchsetzung scheidet indessen ebenfalls aus, namentlich aufgrund der in § 32 GWB angelegten Allzuständigkeit der Kartellbehörden.

1. Suboptimale öffentliche Rechtsdurchsetzung

Öffentliche Rechtsdurchsetzung nach dem GWB ist suboptimal. Insbesondere sind den Kartellbehörden bei der Festsetzung der Strafhöhe zu enge Grenzen auferlegt. Bei kartellrechtswidrigen Verhaltensweisen, deren Verfolgung typischerweise einen hohen Aufwand erfordert, ist daher eine Minimierung der sozialen Kosten durch eine Kombination hoher, an die finanzielle Leistungsfähigkeit des Rechtsbrechers heranreichender Strafen einerseits und niedriger Verfolgungsintensität andererseits nicht in jedem Fall gewährleistet. Zugleich besteht die Gefahr, daß in solchen Konstellationen das Ziel der Äquivalenz von volkswirtschaftlichem Schaden und Strafhöhe verfehlt wird, namentlich dann, wenn eine Kompensation der zu niedrigen Strafhöhe durch eine höhere Verfolgungsaktivität an der mangelnden finanziellen wie personellen Ausstattung der Kartellbehörden scheitert.

Die von den Kartellbehörden insbesondere im Falle der Zuwiderhandlung gegen das Verbot des Mißbrauchs einer marktbeherrschenden Stellung maximal festzusetzenden Strafe bemißt sich nach § 81 Abs.1 Nr.1, Abs.2 GWB. Danach kann der als Ordnungswidrigkeit zu verfolgende Verstoß gegen § 19 GWB mit einem Bußgeld in Höhe von bis zu einer Millionen Deutsche Mark geahndet werden, über diesen Betrag hinaus – alternativ – mit einem Bußgeld bis zur dreifachen Höhe des durch die Zuwiderhandlung erlangten Mehrerlöses. Das in § 34 GWB vorgesehene Instrument der verwaltungsrechtlichen Mehrerlösabschöpfung führt weder für sich genommen, noch neben der Verfolgung der Zuwiderhandlung als Ordnungswidrigkeit zu einer höheren Strafe. Zum einen ist der danach abschöpfbare Betrag auf den einfachen, nach vorheriger Zustellungen einer behördlichen Untersagungsverfügung erlangten Mehrerlös beschränkt (§ 34 Abs.1 S.1 GWB). Zum anderen ist die Mehrerlösabschöpfung gegenüber einer Verfolgung der Zuwiderhandlung als Ordnungswidrigkeit weitgehend subsidiär. Namentlich scheidet sie aus, soweit einer Abschöpfung bereits vermittels Geldbuße erfolgt ist (§ 34 Abs.1 S.2 GWB).

Ein auf den dreifachen Mehrerlös begrenzter Strafrahmen wird regelmäßig bei Verhaltensweisen, die typischerweise mit hohen externen Schäden sowie aufwendigen Verfolgungsmaßnahmen verbunden sind, keine die sozialen Kosten minimierende Festsetzung der Strafhöhe ermöglichen[1]. Zu vermuten ist ferner,

---

[1] Vgl. etwa William M. Landes & Richard A. Posner, *The Private Enforcement of Law*, 4 J. Legal Studies 1, 33 n.70 (1975), die private Sanktionen angesichts einer zu niedrigen Kriminalstrafe bei § 1 Sherman Act für unentbehrlich halten und eine Neubewertung dieses Befunds bei einer Strafe in Höhe des einhundertfachen Mehrerlöses erwägen wollen. Als *Landes* und *Posner* ihren Aufsatz verfaßt haben, betrug die nach § 1 Sherman Act zulässige

daß das Gebot der Äquivalenz von Strafe und volkswirtschaftlichem Schaden verfehlt wird. Dies folgt unter anderem aus dem Umstand, daß die Berechnung der Strafe nach dem Mehrerlös – obwohl einer fixen, zumal zu niedrig angesetzten Strafe vorzuziehen – die im *deadweight loss* zum Ausdruck kommende allokative Ineffizienz außer Betracht läßt. Bei einer Nachfrage- und Angebotselastizität von eins, beläuft sich dieser Anteil des volkswirtschaftlichen Schadens beispielsweise auf 50 % des Monopolgewinns, d.h. des Mehrerlöses. Demgemäß entspricht der dreifache Mehrerlös „nur" dem zweifachen volkswirtschaftlichen Schaden. Zur Wahrung des Gebots der Äquivalenz müßten die Hälfte aller Rechsverstöße aufgedeckt und bestraft werden[2]. Dies gilt wohlgemerkt für den Fall, daß stets die maximal zulässige Strafe verhängt wird. Ob eine solche Verfolgungsintensität seitens der Kartellbehörden gewährleistet ist, darf – ohne die finanzielle und personelle Ausstattung der Kartellbehörden abschließend bewerten zu wollen oder zu können – bezweifelt werden[3]. Zuzugeben ist allerdings, daß insbesondere Maßnahmen des Behinderungsmißbrauch, zumal wenn sie die Form vertraglicher Vertikalvereinbarungen annehmen, in der Regel offen zutage liegen[4]. Dennoch werden die Kartellbehörden nicht jedem (zweiten) Verstoß nachgehen können, sondern ihre Ressourcen auf besonders schwere Fälle zu konzentrieren haben.

2. Allzuständigkeit der Kartellbehörden

Als weitere, der nachfolgenden Untersuchung vorgegebene Rahmenbedingung ist die in § 32 GWB zum Ausdruck gebrachte grundsätzliche Allzuständigkeit der Kartellbehörden zu berücksichtigen. Eine Ausschließlichkeit zugunsten privater Rechtsdurchsetzung kommt daher selbst dann nicht in Betracht, wenn dies

---

Höchststrafe noch $ 50.000. Heute beläuft sie sich auf $ 10.000.000 für Unternehmen und $ 350.000 für Privatpersonen. Gleichzeitig wurde die maximal zu verhängende Freiheitsstrafe von einem auf drei Jahre erhöht. Vgl. auch Richard A. Posner, Antitrust Law: An Economic Perspective 226-27 (1976), der eine Strafe von $ 1.000.000 für zu niedrig erachtet. Eine Strafe iHv. 25 % des Gewinns eines Unternehmens vor Steuern soll nach William Breit & Kenneth G. Elzinga, *Antitrust Penalties and Attitudes Towards Risk: An Economic Analysis*, 86 Harv. L. Rev. 693, 711-13 (1973), hingegen ausreichend sein, um Verstöße gegen das Kartellrecht zu unterbinden. Problematisch an dem Vorschlag *Breit's* und *Elzinga's* ist jedoch die mangelnde Orientierung der Strafhöhe am volkswirtschaftlichen Schaden.

2 Frank H. Easterbrook, *Detrebling Antitrust Damages*, 28 J. L. & Econ. 445, 455 (1985).

3 Frank H. Easterbrook, *Detrebling Antitrust Damages*, 28 J. L. & Econ. 445, 456 (1985) fordert – insoweit allerdings auf private Schadensersatzklagen nach § 4 Clayton Act Bezug nehmend – einen Faktor von mindestens drei.

4 Vgl. insoweit den Hinweis bei Richard A. Posner, Antitrust Law: An Economic Perspective 226-227 (1976), der annimmt, daß viele Kartellrechtsverstöße schwer zu verheimlichen seien. Die Wahrscheinlichkeit ihrer Entdeckung und Verurteilung sei daher größer als ein Drittel. Dies gelte vor allem für Fusionen und auf den Ausschluß von Wettbewerbern zielende Praktiken.

im Sinne einer Minimierung der sozialen Kosten geboten wäre. Zulässig hingegen ist in einem solchen Fall die Forderung an die Kartellbehörden, diese mögen im Rahmen ihres Aufgreifermessen auf ein Tätigwerden verzichten.

II. Rahmenbedingungen privater Rechtsdurchsetzung nach dem GWB

Soweit private Sanktionen danach nicht schon deswegen entbehrlich oder gar unökonomisch sind, weil das GWB über ein optimales System öffentlicher Rechtsdurchsetzung verfügt, hängt die Frage nach der Sinnhaftigkeit solcher Sanktionen weiterhin von denjenigen zwingenden Rahmenbedingungen ab, die das GWB der privaten Rechtsdurchsetzung oktroyiert. Dabei sind zunächst die materiell-rechtlichen Vorgaben des Kartelldeliktsrechts zu beachten, namentlich insoweit, als sie einen bestimmten Mechanismus privater Rechtsdurchsetzung festschreiben. Sodann ist das zur Durchsetzung privater Sanktionen berufene Verfahrensrecht dahingehend zu untersuchen, ob und in welchem Maße es die spezifischen, Kartellrechtsstreitigkeiten eigenen Problemstellungen zu bewältigen geeignet ist.

1. Materiell-rechtliche Vorgaben des Kartelldeliktsrechts

Mit Blick auf das materielle Kartelldeliktsrechts ist zunächst die Anknüpfung der privaten Klagebefugnis an die Geltendmachung eines individuellen Schadens als zwingend Vorgabe festzuhalten. Hieraus folgt, daß als Rechtsdurchsetzer solche Personen nicht in Betracht kommen, die selbst infolge des Rechtsverstoßes keinen Schaden erlitten haben. Dies gilt selbst dann, wenn ihnen die Rechtsverfolgung kostengünstiger möglich wäre als dem oder den Geschädigten. Nicht ist hingegen erforderlich, daß jedem Geschädigten notwendig die Klagebefugnis zugesprochen wird.

Hinzunehmen ist weiterhin die Entscheidung des Kartelldeliktsrechts, daß sich die Höhe des dem einzelnen Kläger zustehenden Anspruchs grundsätzlich nach dessen Schaden zu richten hat. Eine gänzlich unabhängige Bestimmung der Strafhöhe durch den Gesetzgeber ist ausgeschlossen. Gleiches gilt für die Einführung eines Anspruchs auf mehrfachen Schadensersatz. Ein solcher Anspruch wäre nach geltender Rechtsprechung unvereinbar mit dem deutschen ordre public sowie dem verfassungsrechlich verankerten Bestrafungsmonopol[5]. Nicht zwingend vorgegeben ist jedoch die konkrete Art der Schadensberechnung.

Schließlich ist vom Fehlen eines funktionierenden Marktes für private Klagebefugnisse auszugehen. Zwar ist die Übertragbarkeit (kartell-) deliktsrechtlicher

---

[5] So BGH NJW 1992, 3103, 3103; in Bezug auf die verfassungsrechtlichen Zweifel ausdrücklich offengelassen von BVerfG NJW 1996, 1935, 1938. A.A. etwa *Rosenberg* NJW 1996, 1935, 1937 f., sowie speziell für *treble damages* Urteile nach Section 4 Clayton Act zuletzt *Zekoll/Rahlf* JZ 1999, 384 ff. Gegen die Anerkennungsfähigkeit von *treble damages* Urteilen hingegen StJ/*Roth* § 328 Rdn. 134; *Schack*: Internationales Zivilverfahrensrecht, Rdn. 869.

Schadensersatzansprüche nicht schon von Gesetzes wegen ausgeschlossen[6]. Allerdings werden hinsichtlich der Durchsetzbarkeit solcher Ansprüche in der Regel zu viele Zweifel bestehen, um etwa für ein geschäftsmäßig betriebenes Factoring von Interesse zu sein. Mangels eines Marktes für kartelldeliktsrechtliche Ansprüche liegt die Annahme prohibitiv hoher Transaktionskosten nahe. Mit anderen Worten, eine optimale Allokation der Klagebefugnisse wird sich nicht von selbst auf dem Wege rechtsgeschäftlicher Übertragung einstellen. Erforderlich ist vielmehr eine Selektion durch den Gesetzgeber bereits bei der ursprünglichen Zuweisung der Klagebefugnisse.

2. Zivilprozessuale Rahmenbedingungen

In verfahrensrechtlicher Sicht steht die Zuweisung privater Kartellrechtsstreitigkeiten an die ordentliche Gerichtsbarkeit zwingend fest. Zur Entscheidung berufen sind demnach grundsätzlich Juristen, nicht Nationalökonomen. Hinzunehmen sind ferner die das Verfahren von der Zivilgerichten regelnden allgemeinen Verfahrensgrundsätze, insbesondere der Beibringungsgrundsatz sowie die Regeln der Beweislast. In welchem Maße diese Vorgaben private Rechtsdurchsetzung favorisieren, jedenfalls erlauben oder als nicht wünschenswert erscheinen lassen, hängt wesentlich von der Umständen des Einzelfalls ab. Ob in der kartellrechtlichen Literatur verbreiteter Skepsis[7], ist jedoch weder den Zivilgerichten die erforderliche Fachkompetenz noch dem Zivilprozeß die Eignung zur sachgemäßen Befassung mit kartellrechtlichen und volkswirtschaftlichen Lebenssachverhalten schlechthin abzusprechen.

a. Ökonomische Fachkompetenz der Zivilgerichte

Im Rahmen der ordentlichen Gerichtsbarkeit sind grundsätzlich Richter zur Entscheidung über kartelldeliktsrechtliche Streitigkeiten berufen. Eine Besetzung der Spruchkörper mit Nationalökonomen, wie sie § 54 Abs.4 GWB für die Beschlußabteilungen des BKartA eröffnet, scheidet hingegen im Allgemeinen aus (§§1, 5 DRiG). Dennoch ist das zweifellos notwendige, gerade auch volkswirtschaftliche Fachwissen des erkennenden Gerichts in bürgerlichen Kartellrechtsstreitigkeiten sichergestellt. Erforderlich ist jedoch keinesfalls einem diplomierten Volkswirt vergleichbares Fachwissen. Solches Fachwissen kann und muß sich das Gericht gegebenenfalls durch Einholung eines volkswirtschaftlichen Gutachtens vermitteln lassen[8]. Unerläßlich ist jedoch ein grundlegendes Ver-

---

[6] Selbst Ansprüche auf Schmerzensgeld (§ 253 Abs.2 BGB) sind frei übertragbar. Vgl. Palandt/*Heinrichs* § 253 Rdn. 26.

[7] Diese Skepsis hat sich gerade auch in der Diskussion um die Schutzzweckeigenschaft von § 22 GWB a.F. niedergeschlagen. Insoweit wird der Darstellung des Streitstands an dieser Stelle teilweise vorgegriffen. Vgl. im übrigen unten sub 3. Teil, B.II.6.a.

[8] *Müller-Laube*: Der private Rechtsschutz gegen unzulässige Beschränkungen des Wettbewerbs und mißbräuchliche Ausnutzung von Marktmacht im deutschen Kartellrecht, S. 20; *Ullrich*, in: Festschrift für *Ulmer*, S. 521, 527 f.

ständnis der volkswirtschaftlichen Zusammenhänge, welches es dem Gericht erlaubt, ein solches Gutachten nachzuvollziehen und auf seine Schlüssigkeit hin zu bewerten. Ein solches Maß an ökonomischem Fachwissen aber ist durch die weitgehende Konzentration bürgerlicher Kartellrechtstreitigkeiten bei einigen wenigen, meist mit einer entsprechenden Spezialzuständigkeit ausgestatteten Gerichten durchaus gewährleistet[9]. Auf der Ebene des BGH sowie der Oberlandesgerichte beispielsweise nimmt sie die Form der zwingenden Bildung besonderer Kartellsenate an (§§ 94, 91 GWB). In der ersten Instanz fallen bürgerliche Kartellrechtsstreitigkeiten in die sachliche Zuständigkeit der Landgerichte, und dort wiederum der Kammern für Handelssachen (§ 87 Abs.2 GWB iVm. §§ 93 ff. GVG). Für die örtliche Zuständigkeit sieht § 89 GWB ferner die Möglichkeit vor, bürgerliche Kartellrechtsstreitigkeiten einem Landgericht für mehrere Gerichtsbezirke ausschließlich zuzuweisen.

b. Der Beibringungsgrundsatz

Das Gericht ist in bürgerlichen Kartellrechtsstreitigkeiten auch an den Tatsachenvortrag der Parteien gebunden. Eine Ermittlung des Sachverhalts von Amts wegen findet nicht statt. Dieser sogenannte Beibringungsgrundsatz rechtfertigt sich im Allgemeinen aus dem mangelnden öffentlichen Interesse daran, die Wahrheit von Tatsachen zu ermitteln, die privatrechtlichen Rechtsbeziehungen zugrunde liegen und den Parteien des Rechtsstreits zur freien Disposition stehen[10]. Diese Überlegung freilich trifft auf private Schadensersatzklagen wegen Verletzung kartellrechtlicher Normen nicht zu. Dies gilt jedenfalls dann, wenn man die Rechtfertigung solcher Klagen primär oder gar ausschließlich auf ihre präventive, die sozialen Kosten kartellrechtswidrigen Verhaltens minimierende Wirkung stützt.

Folgendes einfaches Beispiel möge diesen Widerspruch von Beibringungsgrundsatz und mikroökonomischer Effizienz verdeutlichen. Angenommen, der Kläger trägt schlüssig die tatbestandlichen Voraussetzungen eines Schadensersatzanspruchs gemäß § 33 GWB iVm. § 19 Abs.1 Nr.1 GWB vor. Der Beklagte verteidigt sich ausschließlich mit der Behauptung, sein Marktanteil betrage weniger als ein Drittel und er sei auch nicht aufgrund anderer Umstände marktbeherrschend. Das Gericht verurteilt den Beklagten antragsgemäß. Tatsächlich aber hatte die mit der Klage angegriffene Verhaltensweise keineswegs einen den Wettbewerb behindernde, sondern sogar fördernde Wirkung. Dabei soll offen

---

[9] *Müller-Laube*, Der private Rechtsschutz gegen unzulässige Beschränkungen des Wettbewerbs und mißbräuchliche Ausnutzung von Marktmacht im deutschen Kartellrecht, S. 20; *K. Schmidt*: Aufgaben und Leistungsgrenzen der Gesetzgebung im Kartelldeliktsrecht, S. 103; i.E. ebenso *Buxbaum*: Die private Klage als Mittel zur Durchsetzung wirtschaftspolitischer Rechtsnormen, S. 52, allerdings ohne Hinweis auf die Bündelung der gerichtlichen Zuständigkeit.

[10] *Thomas/Putzo* Einl I Rdn. 3.

bleiben, warum der Beklagte hierzu nichts vorgetragen hat. Aus Sicht des Zivilprozeßrechts ist gegen das die Klage stattgebende Urteil nichts zu erinnern. Der Beklagte unterliegt, weil er es unterlassen hat, die ihm günstige Tatsache „wettbewerbsfördernde Wirkung" in den Prozeß einzuführen. In der Privatautonomie sind das Recht und die Obliegenheit zur verantwortlichen Wahrnehmung der eigenen Rechte untrennbar miteinander verbunden, auch und gerade im Prozeß. Kommt der Beklagte seiner Obliegenheit nicht nach, verliert er Prozeß und Recht. Wettbewerbspolitisch allerdings ist das Urteil falsch, weil es eine Verhaltensweise bestraft, die unter Berücksichtigung aller tatsächlichen Gegebenheiten nicht wettbewerbsbehindernd wirkt. Es gewährleistet kein optimales Marktergebnis.

In bürgerlichen Kartellrechtsstreitigkeiten erfährt die Parteiherrschaft jedoch eine maßgebliche Einschränkung durch die mögliche Verfahrensbeteiligung der Kartellbehörden. Ihnen kommt auch in diesem Rahmen die Funktion eines Bewahrers öffentlicher Interessen zu. Gemäß § 90 GWB ist das Gericht, bei dem eine bürgerliche Kartellrechtsstreitigkeit anhängig wird, verpflichtet, die zuständige Kartellbehörde zu unterrichten. Diese kann sodann eine Vertretung bestellen, die über die Funktion eines bloßen Beobachters hinaus befugt ist, Erklärungen abzugeben, auf Tatsachen und Beweismittel hinzuweisen sowie Fragen an Zeugen und Sachverständige zu stellen. Zwar schließt diese Befugnis nicht die Abgabe prozessualer Erklärungen im eigentlichen Sinne ein. Insbesondere ist es dem Gericht aufgrund des Beibrigungsgrundsatzes weiterhin verwehrt, solche Anregungen und Beweismittel zu verwerten, die nur der Vertreter der Kartellbehörde eingebracht hat, ohne daß sie sich zumindest eine Partei zueigen gemacht hätte. Die auf diese Weise geübte Einflußnahme der Kartellbehörden sollte dennoch nicht gering geschätzt werden. Gerade mit Blick auf die Ausübung der richterlichen Aufklärungspflicht (§ 139 ZPO) kann ihr maßgebliche Bedeutung zukommen[11].

c. Die Regeln der Beweislast

Einer ökonomischen Beurteilung privater Sanktionen nach dem GWB als externer Faktor zugrunde zu legen ist schließlich das Beweisrecht des Zivilprozesses. Dies schließt neben den verfahrensrechtlichen Regelungen insbesondere die Verteilung der Beweislast nach Maßgabe des GWB mit ein. Danach steht zunächst fest, daß die Erforschung des streitigen Sachverhalts nur im Rahmen der gerichtlichen Beweisaufnahme stattfindet; jedenfalls kommen nur hier gerichtli-

[11] GK/*von Renthe gen. Fink* (4. Aufl.) § 90 Rdn. 2, 7. Speziell zur Bedeutung von § 139 ZPO und § 90 GWB für den Beibringungsgrundsatz im kartellrechtlichen Zivilprozeß *Ullrich*, in: Festschrift für *Ulmer*, S. 521, 528 ff. Art. 15 VO Nr. 1/2003 enthält eine Spezialregelung für die Beteiligung der Kommission und der nationalen Kartellbehörden in Gerichtsverfahren, in denen die Art. 81 oder 82 EG zur Anwendung kommen.

che Zwangsmaßnahmen und anderweitige Sanktionen in Betracht. Einen notfalls gerichtlich durchsetzbaren Anspruch der Parteien auf (nahezu) unbegrenzten Zugang zu allen für den Rechtsstreit möglicherweise erheblichen, in den Händen der gegnerischen Partei oder dritter Personen befindlichen Informationen und Unterlagen schon im Stadium der Prozeßvorbereitung kennt das deutsche Zivilprozeßrecht nicht. Insbesondere das dem US-amerikanischen Prozeßrecht eigene Verfahren der *pretrial discovery* ist der ZPO fremd[12].

Auch im Rahmen der Beweisaufnahme selbst ist der Zugriff der Parteien auf Beweismittel, insbesondere Urkunden und sonstige Geschäftsunterlagen, die sich im Besitz der jeweils anderen Partei oder dritter Personen befinden, weithin begrenzt. Beweisanträgen auf Vorlage von Urkunden oder Einnahme von Augenschein sind durch das Verbot des Ausforschungsbeweises enge Schranken gesetzt. Insbesondere diejenige Partei, die keinen Einblick in den internen Geschäftsabläufe des Prozeßgegners hat, wird es regelmäßig unmöglich sein, eine bestimmte Urkunde oder ein bestimmtes in Augenschein zu nehmendes Objekt zu benennen und so ihrer Obliegenheit zu substantiiertem Vortrag nachzukommen (vgl. §§ 371, 421 ZPO). Erschwerend wirkt weiterhin der Umstand, daß die beweisrechtliche Relevanz der Urkunde bzw. des Augenscheinsobjekts allein noch keine erzwingbare Vorlage- bzw. Duldungspflicht begründet (vgl. § 422 ZPO)[13]. Allerdings kann das Gericht gem. § 142 ZPO von Amts wegen die Vorlage von Urkunden anordnen, soweit sich eine Partei – auch nur sinngemäß – auf die bezieht. Im Zuge der ZPO-Reform[14] hat der Gesetzgeber diese Befugnis auf die Anordnung der Vorlage durch Dritte ausgedehnt. Gleichwohl bleibt die Vorlagepflicht nach deutschem Zivilprozeßrecht auch weiterhin qualitativ mit der US-amerikanischen *pretrial discovery* nicht vergleichbar[15]. Auch im Rahmen von § 142 ZPO gilt das Ausforschungsverbot mit der Folge, daß das Gericht die Vorlage von Unterlagen nur auf den substantiierten Vortrag einer Partei hin anordnen darf[16]. Dieser Grundsatz des deutschen Zivilprozesses hat

---

[12] Vgl. für das Verfahren vor bundesstaatlichen Gerichten Fed. R. Civ. P. 26-45; zur Reichweite der discovery insbesondere Fed. R. Civ. P. 26(b)(1): „Parties may obtain discovery regarding any matter, not privileged, which is relevant to the subject matter involved in the pending action, whether it relates to the claim or defense of any other party, including the existence, description, nature, custody, condition, and location of any books, documents or any other tangible things and the identity and location of persons having knowledge of any discoverable matter. The information sought need not be admissible at trial if the information sought appears reasonable calculated to lead to the discovery of admissible evidence."

[13] Für die Duldung der Augenscheinseinnahme *Thomas/Putzo* Vorbem § 371 Rdn. 2.

[14] Gesetz zur Reform des Zivilprozesses vom 27.7.2001, BGBl. I, S. 1887.

[15] *Zekoll/Bolt* NJW 2002, 3129, 3133 f.

[16] *Zekoll/Bolt* NJW 2002, 3129, 3130.

auch nach der Erweiterung der Vorlagepflicht auf Dritte im Rahmen der ZPO-Reform Bestand[17].

Dem gegenüber stehen die umfassenden Ermittlungsbefugnisse der Kartellbehörden nach den Vorschriften der §§ 57 ff. GWB bzw. der Strafprozeßordnung. Danach können die Kartellbehörden insbesondere auch an dritte Unternehmen umfassende Auskunftverlangen richten, Geschäftsunterlagen einsehen und prüfen, Geschäftsräume betreten und durchsuchen (§ 59 GWB, §§ 102 ff. StPO) und als Beweismittel in Betracht kommende Gegenstände beschlagnahmen (§ 58 GWB, §§ 94 ff. StPO).

In Anbetracht der durch das Beweisverfahrensrechts eng begrenzten Möglichkeiten der beweisbelasteten Partei, auf Beweismittel Zugriff zu nehmen, die sich im Besitz des Prozeßgegners oder dritter Personen befinden, kommt der Verteilung der Beweislast maßgebende Bedeutung zu. Dabei ist auch für das Kartellrecht zunächst von dem allgemeinen Grundsatz auszugehen, daß der Kläger alle im günstigen, insbesondere alle anspruchsbegründenden Tatsachen zu beweisen hat; dies indessen nur insoweit, als die betreffenden Tatsachen, dem eigenen Wissenskreis des Klägers zuzuordnen sind[18]. Weitere spezifische Beweislastregelungen finden sich im Kontext einzelner materiell-rechtlicher Verbotsnormen. Für den im Mittelpunkt der vorliegenden Untersuchung stehenden Mißbrauchstatbestand ist insoweit zunächst auf die gesetzlichen Marktbeherrschungsvermutungen des § 19 Abs. 3 GWB hinzuweisen. Eine Beweislastumkehr findet sich ferner im Rahmen der Beispielstatbestände des § 19 Abs.4 GWB hinsichtlich der sachlichen Rechtfertigung des im übrigen tatbestandlichen Verhaltens. Ausdrücklich geregelt war dies seit jeher für den Tatbestand der Preis- und Konditionenspaltung (§ 19 Abs.4 Nr.3 GWB). Auch für den Tatbestand der mißbräuchlichen Verweigerung des Zugangs zu Netzen oder anderen Infrastruktureinrichtungen (§ 19 Abs.4 Nr.4 GWB) hat sich der Gesetzgeber im Ergebnis für eine Formulierung entschieden, die eine Umkehr der Beweislast hinsichtlich der sachlichen Rechtfertigung deutlich zum Ausdruck bringt[19]. Eine

---

[17] Vgl. Bericht des Rechtsausschusses, BT-Drucks. 14/6036, S. 121 („Das Gericht darf die Urkundenvorlage nur auf der Grundlage des schlüssigen Vortrags der Partei, die sich auf die Urkunde bezieht, anordnen. § 142 ZPO-E gibt dem Gericht nicht die Befugnis, unabhängig von einem schlüssigen Vortrag zum Zwecke der Informationsgewinnung Urkunden anzufordern. Eine solche Ausforschung der Parteien oder des Dritten ist und bleibt prozeßordnungswidrig.").

[18] So WuW/E BGH 863, 869 f. „Rinderbesamung II" für § 26 Abs.2 GWB a.F.

[19] Anders noch der RegE zur 6. GWB-Novelle, BT-Drucks. 13/9720, S. 8: „ Ein Mißbrauch liegt insbesondere vor, wenn ein marktbeherrschendes Unternehmen als Anbieter oder Nachfrager einer bestimmten Art von Waren oder gewerblichen Leistungen [...] den Zugang eines anderen Unternehmens zu den eigenen Netzen oder anderen für die Aufnahme von Wettbewerb wesentlichen Einrichtungen *ohne sachlich gerechtfertigten Grund* verweigert, wenn es

Beweislastumkehr ist aber auch für die Alternative des Behinderungsmißbrauchs (§ 19 Abs.4 Nr.1 GWB) anzunehmen. Dabei kann letztlich offen bleiben, ob dies mit der Indizwirkung den Wettbewerb behindernder Verhaltensweisen zu begründen ist[20], oder ob insoweit die Überlegung durchgreift, die maßgeblichen Tatsachen werden regelmäßig in der Sphäre des marktbeherrschenden Unternehmens zu suchen sein[21]. Inwieweit darüber hinaus eine Umkehr oder zumindest eine Erleichterung der Beweislast auch mit Blick auf das Merkmal des Mißbrauchs in Betracht kommt, ist unklar. In diese Richtung weist etwa eine zu § 26 Abs.2 GWB a.F. ergangene Entscheidung des OLG Frankfurt a.M., das für das Merkmal der Unbilligkeit als solches eine teilweise Beweislastumkehr annimmt[22].

Einen Ansatz für eine umfassende Neuverteilung der Beweislast im Rahmen des Mißbrauchsverbots liefert zudem die Stellungnahme des Bundesrates zu § 19 Abs.4 Nr.4 GWB. Danach nämlich soll sich die Umkehr der Beweislast bei § 19 Abs.4 Nr.4 GWB nicht zuvorderst aus dem Sphärengedanken rechtfertigen, sondern aus dem besonders hohen Grad wettbewerblich nicht kontrollierter Marktmacht[23]. Die Argumentation erinnert an die Dogmatik der zivilrechtlichen Gefährdungshaftung. Die ihr zugrunde liegende Annahme, Marktmacht trage stets die Gefahr ihres Mißbrauch in sich, überzeugt indessen nicht. Sie widerspricht nicht nur der in § 19 GWB angelegten wettbewerbspolitischen Grundentscheidung, sondern ist auch ökonomisch nicht sinnvoll. Das deutsche Kartellrecht verfolgt gegenüber dem Phänomen der Marktbeherrschung ein reines Mißbrauchsprinzip, nimmt aber den Zustand der Marktbeherrschung als solchen grundsätzlich hin. Demnach obliegt einem marktbeherrschenden Unternehmen auch keine allgemeine Verantwortung für die Schaffung bzw. Aufrechterhaltung wettbewerblicher Marktstrukturen[24]. Hiermit ist eine Auslegung des Miß-

---

dem anderen Unternehmen nicht möglich oder nicht zumutbar ist, eigene Einrichtungen zu schaffen (Hervorhebung durch den Verfasser)".

[20] So wohl das OLG Frankfurt a.M. WuW/E OLG 1283, 1286 „Brunneneinheits-Kunststoffkasten". Nicht tragfähig wäre eine solche Begründung zumindest für die Umkehr der Beweislast in den Fällen des § 19 Abs.4 Nr.3 GWB; vgl. hierzu näher unten sub C.III.

[21] Vgl. WuW/E BGH 863, 869 f. „Rinderbesamung II".

[22] OLG Frankfurt a.M. WuW/E OLG 1283, 1286 „Brunneneinheits-Kunststoffkasten". IM/*Markert* § 20 Rdn. 233 gelangt zu einer ausnahmsweisen Umkehr der Beweislast über die entsprechende Anwendung von § 20 Abs.5 GWB. Vgl. auch BGH WuW/E DE-R 839, 842 „Privater Pflegedienst", wonach ein marktbeherrschendes Unternehmen, das von mehreren Vertragspartnern diegleiche Leistung zu unterschiedlichen Preisen bezieht, die Gründe darzulegen hat, die die unterschiedliche Preisgestaltung rechtfertigen.

[23] Stellungnahme des Bundesrates, BT-Drucks. 13/9720, S. 73; hierzu *Weyer* AG 1999, 257, 263.

[24] Diese Verantwortung ausdrücklich ablehnend KG WuW/E OLG 2148, 2149 „Sonntag Aktuell I".

brauchsverbots unvereinbar, wonach ein marktbeherrschendes Unternehmen für jedwedes, einen Wettbewerber nachteilig berührendes Verhalten dessen Nichtmißbräuchlichkeit zu beweisen hätte. Zudem wäre eine solche „Gefährdungshaftung" ökonomisch ineffizient insofern, als sie eine zu weite Ausdehnung der kartellrechtlichen Verantwortlichkeit bewirkte. Namentlich begründete sie die Gefahr, effizienzsteigernde Verhaltensweisen marktbeherrschender Unternehmen abzuschrecken, beispielsweise die volle Ausnutzung von *economies of scale* – ihre Weitergabe an die Verbraucher vorausgesetzt. Davon, daß die hiermit verbundenen Kosten durch die umfassendere Unterbindung tatsächlich wettbewerbsschädlichen Verhaltens aufgewogen würden, kann nicht schlechthin angenommen werden. Eine Beweislastumkehr hinsichtlich des Merkmals des Mißbrauchs kommt daher nur für einzelne Verhaltensweisen in Betracht, für die aufgrund entsprechender Erfahrungswerte feststeht, daß sie in der absolut überwiegenden Zahl der Fälle wettbewerbsschädlich wirken, daß mit anderen Worten bei ihnen die mit einer Beweislastumkehr zulasten des marktbeherrschenden Unternehmens verbundenen Kosten falscher Verurteilungen (*false convictions*) gegenüber denjenigen Kosten in den Hintergrund treten, die im Falle einer für potentielle Kläger nachteiligeren Beweislastregelung durch fehlerhafte Freisprüche (*false acquittals*) entstünden[25].

B. Ökonomische Bewertung privater Rechtsdurchsetzung im Kontext spezifischer Verhaltensnormen: Entwicklung praktikabler Beurteilungskriterien

Im folgenden werden insgesamt acht Kriterien aufgezeigt, anhand derer – jeweils in Bezug auf eine spezifische Norm des materiellen Kartellrechts – über die ökonomische Sinnhaftigkeit privater Sanktionen zu entscheiden ist. Sie leiten sich unmittelbar ab aus den im ersten Teil dieser Arbeit dargelegten allgemeinen ökonomischen Grundlagen der Rechtsdurchsetzung. Im einzelnen sind zu nennen: (1) Die Höhe des regelmäßig zu erwartenden externen (primären) Schadens; (2) die Verteilung und insbesondere Streuung des Schadens; (3) Heimlichkeit oder Offenheit des Rechtsverstoßes; (4) die Praktikabilität einer Zuweisung von Klagebefugnissen an Geschädigte; (5) die regelmäßig zu erwartenden Verfahrenskosten, insbesondere im Vergleich mit den Kosten einer rein kartellbehördlichen Ermittlungstätigkeit; (6) das Maß an Rechtsklarheit be-

---

[25] Diese Frage wird im US-amerikanischen Antitrust Law unter dem Aspekt der *per se rules* im Gegensatz zu einer *rule of reason* geführt. Vgl. hierzu näher unten sub 5. Teil, A.II.1.a. Eine ökonomische Betrachtung von *per se rules* unter dem Aspekt der Entscheidungstheorie findet sich bei C. Frederick Beckner III & Steven C. Salop, *Decision Theory and Antitrust*, 67 Antitrust L. J. 41 (1999). Aus ökonomischer Sicht kritisch gegenüber *per se rules* für das Verhalten marktbeherrschender Unternehmen *von Weizsäcker* ZWeR 2003, 58 ff., der insbesondere die Rechtsanwendungspraxis zu Art. 82 EG (z.B. Kopplungsvereinbarungen, Preisdiskriminierung, Lieferverweigerung) in Frage stellt.

züglich der zu beweisenden Tatbestandsmerkmale; (7) die Möglichkeit, eine bestimmte kartellrechtswidrige Verhaltensweise strategisch einzusetzen; (8) die Effizienz der Kontrolle von Ermessenserwägungen bei öffentlicher Rechtsdurchsetzung.

I. Die Höhe des regelmäßig zu erwartenden externen (primären) Schadens

Ist der infolge eines Rechtsverstoßes regelmäßig zu erwartende Schaden hoch, so ist eine Durchsetzung der betreffenden Norm mit öffentlichen Mitteln zu bevorzugen. Dies folgt aus der Begrenztheit der finanziellen Leistungsfähigkeit des Rechtsbrechers. Wird sie regelmäßig durch den volkswirtschaftlichen Schaden überschritten, kann die Vorgabe des Äqivalenzgebots nur durch eine entsprechende Erhöhung der Verfolgungsintensität gewährleistet werden. Ihr sind im Falle privater Rechtsdurchsetzung Grenzen gesetzt durch die Notwendigkeit einer kostendeckenden Rechtsverfolgung.

II. Verteilung und insbesondere Streuung des Schadens

Eine breite Streuung des Schadens spricht grundsätzlich gegen die Sanktionierung eines Rechtsverstoßes mit privatrechtlichen Mitteln. Je größer die Anzahl der Geschädigten und damit der potentiellen Kläger, desto kleiner die Einzelansprüche und der Anreiz des einzelnen, überhaupt Klage zu erheben; desto höher die durch die Feststellung und Allokation des Schadens entstehenden Kosten; desto größer die Vorteile einer Koordination der Rechtsverfolgung; desto geringer schließlich die Wahrscheinlichkeit, daß die Summe der tatsächlich verhängten Strafen den Wert des volkswirtschaftlichen Schadens erreicht.

Im Falle einer breiten Streuung des Schadens ist daher entscheidend, in welchem Umfang die vorstehend aufgeführten Nachteile privater Rechtsdurchsetzung entweder durch die Konzentration der Klagebefugnis in den Händen einiger weniger Geschädigter – freilich unter Wahrung des Äquivalenzgebots – oder mit den Instrumenten den Zivilprozeßrechts gemindert werden können. Ersteres wird insbesondere dort Schwierigkeiten bereiten, wo als Geschädigte allein die privaten Endverbraucher in Betracht kommen. Aber auch im Falle gegen einzelne Wettbewerber gerichteter Verhaltensweisen des Behinderungswettbewerbs ist dieser Weg nicht immer gangbar. Die zivilprozessualen Möglichkeiten einer gemeinschaftlichen Rechtsdurchsetzung Privater sind im deutschen Recht relativ beschränkt. Die in § 33 S.2 GWB vorgesehene Verbandsklagebefugnis ist ausdrücklich auf die Geltendmachung von Unterlassungsansprüchen begrenzt. In Betracht zu ziehen ist daher allein eine Verbindung im Wege der Streitgenossenschaft (§§ 59 ff. ZPO). Hingegen kennt das deutsche Zivilprozeßrecht – anders als das US-amerikanische – weder das Instrument der *class action* noch dasjenige der *parens patriae* Klage[26].

III. Heimlichkeit oder Offenheit des Rechtsverstoßes

Rechtsnormen, deren tatbestandliches Verhalten regelmäßig offen zutage liegt, sind in besonderem Maße für eine Verfolgung durch Private geeignet. Wo hingegen ein sich in der Regel verdeckt vollziehendes oder leicht zu verbergendes Verhalten in Rede steht, erscheinen öffentliche Sanktionen vorzugswürdig. Zu der ersten Gruppe dürften in erster Linie vertikale Vertriebsvereinbarungen zählen, zu der zweiten Gruppe hingegen etwa klassische Preiskartelle[27].

Die Problematik einer zu hohen Verfolgungsintensität ist bei nicht verdeckten Handlungen zu vernachlässigen. Die Verfolgung solcher Handlungen erfordert einen relativ geringen Einsatz von Ressourcen, so daß von einer nahezu vollständigen Durchsetzung der betreffenden Rechtsnorm auszugehen ist. Eine Anhebung der Strafe – etwa im Wege der Einführung eines Mehrfachschadensersatzes – wird daher allein zu einem Absinken der Zahl der Rechtsverstöße führen. Ein Anreiz zur Investition zusätzlicher Ressourcen in die Verfolgung von Rechtsverstößen hingegen geht von ihr nicht aus, da eine weitere Steigerung der

---

[26] Die *class action* ist geregelt in Fed. R. Civ. P. 23(a), (b). Sie gestattet die Erhebung einer Schadensersatzklage im Namen einer Gruppe von ähnlich betroffenen Personen. Vgl. hierzu etwa *Blechmann/Bernstein*, in: Frankfurter Kommentar, USA Tz. 154. Das Instrument der *parens patriae* Klage, vorgesehen in Sec. 4C-4H Clayton Act, 15 U.S.C. §§ 15c-15h (1994), ermöglicht es einzelnen Bundesstaaten den seitens ihrer Bürger erlittenen Schaden klageweise geltend zu machen. Im deutschen Recht hingegen finden sich Ansätze einer gemeinschaftlichen Geltendmachung von Schadensersatzansprüchen nur vereinzelt. § 26 UmwG beispielsweise sieht vor, daß durch die Verschmelzung von Unternehmen verursachten Schäden zwingend gemeinschaftlich durch einen besonderen Vertreter geltend zu machen sind. Allerdings dient die Norm nicht der Erleichterung der Rechtsdurchsetzung, sondern soll lediglich einen Wettlauf der Berechtigten verhindern (Lutter/*Grunewald* § 26 Rdn.3). Allerdings hat die Problematik der Massenschäden zuletzt zunehmend Beachtung gefunden. Im Rahmen des 62. Deutschen Juristentages ist vorgeschlagen worden, das Zivilprozeßrecht in Anlehnung an § 93 a VwGO um die Möglichkeit von Musterprozessen zu erweitern (*Bar*: Empfehlen sich gesetzgeberische Maßnahmen zur rechtlichen Bewältigung der Haftung für Massenschäden?, in: Verhandlungen des 62. Deutschen Juristentages Bremen 1998, Band I, S. A 1, A 100 f.). Für eine kollektive Durchsetzung von Schadensersatzansprüchen speziell im Kapitalanlagerecht hat sich die von der Bundesregierung eingesetzte Kommission Corporate Governance ausgesprochen. In ihrem Schlußbericht hat sie eine dem Grundkonzept des § 26 UmwG folgende Regelung empfohlen (Regierungskommission Corporate Governance: Abschlußbericht, S. 188 ff., veröffentlicht im Internet unter der Adresse http://www.ovs.de/ovs_homepage/pdf/RegKommCorpGov_D3.pdf).

[27] William M. Landes & Richard A. Posner, *The Private Enforcement of Law*, 4 J. Legal Studies 1, 33 n.70 (1975).

Erfolgsquote nicht mehr möglich ist[28]. Ähnlich einem System öffentlicher Rechtsdurchsetzung sinken die sozialen Kosten bei steigender Strafhöhe.

Zugleich vermindern die mit der Verfolgung offen zutage liegender Verhaltensweisen verbundenen relativ niedrigen Kosten die Gefahr einer zu niedrigen Verfolgungsintensität bei zunehmender Streuung des Schadens.

IV. Praktikabilität einer Zuweisung von Klagebefugnissen an Geschädigte

Private Rechtsdurchsetzung insbesondere durch den oder die Geschädigten ist nur dort sinnvoll, wo eine solche Zuweisung der Klagerechte praktikabel in dem Sinne ist, daß einerseits überhaupt zumindest eine Geschädigte Person existiert und identifiziert werden kann[29], und daß andererseits eine Durchsetzung gerade durch diese Person erwartet werden kann. Dabei gilt es zu berücksichtigen: Den Wert des Rechts im Verhältnis zu den mit seiner Durchsetzung verbundenen Kosten; die dem Geschädigten auferlegte Beweis- bzw. Darlegungslast; der Umfang, in dem die zur Begründung der Klage maßgeblichen Informationen tatsächlicher Art dem Geschädigten unmittelbar zugänglich sind; hilfsweise die seitens des Zivilprozeßrechts dem Kläger zur Verfügung gestellten Mittel, diese Informationen notfalls auch aus den Händen des oder der Beklagten zu erlangen.

Für das deutsche Recht ist in diesem Zusammenhang vor allem auf die begrenzten Möglichkeiten des Klägers im Zivilprozeß hinzuweisen, im Besitz des Beklagten oder Dritter Personen befindliche Unterlagen einzusehen. Eine Einsichtnahme außerhalb der gerichtlichen Beweisaufnahme, zumal vor Beginn der Hauptverhandlung, ist nach deutschem Zivilprozeßrecht nicht vorgesehen. Insbesondere ist der ZPO das dem US-Recht entstammende Verfahren der *pretrial discovery* fremd[30]. Zwar kann der Kläger zumindest im Rahmen der gerichtlichen Beweisaufnahme Antrag auf Vorlage einer Urkunde durch den Gegner (§§ 421 ff. ZPO) oder auch durch Dritte stellen (§§ 428 ff. ZPO). Der Antrag indessen hat die vorzulegende Urkunde und deren Inhalt genau zu bezeichnen (§ 424 ZPO). Ein Antrag auf Vorlage aller den Sachverhalt betreffenden Urkunden ist danach unzulässig[31]. Darüber hinaus ist die Vorlagepflicht auch in materieller Hinsicht eng begrenzt (vgl. §§ 422 f., 429 ZPO). Zwar ist das Gericht

---

[28] William M. Landes & Richard A. Posner, *The Private Enforcement of Law*, 4 J. Legal Studies 1, 32 (1975).

[29] Zur Problematik von *victimless crimes* vgl. William M. Landes & Richard A. Posner, *The Private Enforcement of Law*, 4 J. Legal Studies 1, 32 (1975).

[30] Die Zulässigkeit der *pretrial discovery* im Verfahren vor den Bundesgerichten folgt aus Fed. R. Civ. P. 26(b)(3)-(5).

[31] Zur Unzulässigkeit des Ausforschungsbeweises im deutschen Recht Zöller/*Greger* Vor § 284 Rdn. 5. Vgl. demgegenüber etwa die Reichweite der US-amerikanischen *discovery* gemäß Fed. R. Civ. P. 26(b)(1): „Parties may obtain discovery regarding any matter, not privileged, which is relevant to the subject matter involved in the pending action [...]“

gem. § 142 ZPO befugt, die Vorlage von Unterlagen von Amts wegen anzuordnen. Auch die Anordnung der Vorlage von Amts wegen darf jedoch nur auf den schlüssigen Vortrag der Partei hin erfolgen, die sich auf die Unterlagen bezieht. Sie dient daher gerade nicht zur Erlangung von bisher unbekannten Informationen[32].

V. Die Höhe der regelmäßig zu erwartenden Verfahrenskosten, insbesondere im Vergleich mit den Kosten einer rein kartellbehördlichen Ermittlungstätigkeit

Hohe Verfahrenskosten favorisieren eher ein System öffentlicher Rechtsdurchsetzung. Dies gilt insbesondere gegenüber einem privaten Sanktionsmechanismus, der die Rechtsverfolgung in die Hände des oder der Geschädigten legt. Je höher die Verfahrenskosten, desto gewichtiger wiegt der Vorteil öffentlicher Rechtsdurchsetzung, die Verfolgungsintensität und damit die sozialen Kosten insgesamt mittels der Strafhöhe zu kontrollieren. Zu berücksichtigen sind ferner die relativen Kosten der Rechtsverfolgung im zivilgerichtlichen Verfahren gegenüber den Kosten öffentlicher Rechtsdurchsetzung.

VI. Das Maß an Rechtsklarheit bezüglich der zu beweisenden Tatbestandsmerkmale

Private Rechtsdurchsetzung stellt Anforderungen an den Tatbestand kartellrechtlicher Normen im Sinne eines Mindestmaßes an Bestimmtheit. Normen, die spezifische Verhaltensweisen ohne Rücksicht auf deren wettbewerblichen Effekt im Einzelfall untersagen, sind daher in besonderer Weise für eine Durchsetzung durch Private geeignet. Solche Normen hingegen, die auf eine Kontrolle konkreter Marktergebnisse abstellen, erfordern höchstkomplexe ökonomische Wertungen. Den hiermit verbundenen Folgen kann besser im Rahmen öffentlicher Rechtsdurchsetzung Rechnung getragen werden.

In tatsächlicher Hinsicht komplexe und rechtlich relativ unbestimmte Tatbestandsmerkmale erlegen potentiellen Klägern eine erhöhte Beweis- und Darlegungslast auf. Die Ungewißheit in Bezug auf die Erfolgsaussichten einer Klage sinkt, während zugleich die für den Nachweis des Anspruchs aufzuwendenden Kosten steigen. Im Ergebnis sinkt damit der zu erwartende Nettoertrag potentieller Klagen[33]. Der Anreiz Privater, in die Verfolgung der betreffenden Rechtsverstöße zu investieren sinkt.

---

[32] Bericht des Rechtsausschusses zu dem Entwurf eines Gesetzes zur Reform des Zivilprozesses, BT-Drucks. 14/6036, S. 121.

[33] Denkbar ist ein Ausgleich im Wege einer Erhöhung des dem Kläger zustehenden Anspruchs, etwa im Wege des Mehrfachschadensersatzes. Steven C. Salop & Lawrence J. White, *Economic Analysis of Private Antitrust Litigation*, 74 Geo. L. J. 1001, 1031, 1034-35 (1986), haben nachgewiesen, daß Ersatzansprüche in mehrfacher Höhe des tatsächlich erlittenen Schadens aus ökonomischer Sicht dort sinnvoll sind, wo das tatbestandliche Verhalten

Gesteigert wird hingegen der Anreiz, Unternehmen durch die Erhebung unbegründeter – und in diesem Sinne mißbräuchlicher – Klagen zum Abschluß von Vergleichen zu veranlassen. Ein solcher Vergleich ist für den Beklagten ökonomisch sinnvoll, sofern die an den Kläger auszukehrende Summe hinter seinen erwarteten Kosten der Rechtsverteidigung, einschließlich der Opportunitätskosten, zurückbleibt[34]. Da mit der Komplexität des Streitgegenstands, so wie er sich infolge der Ausgestaltung des gesetzlichen Tatbestands darstellt, zugleich die Verfahrenskosten steigen, und zwar auf Seiten des Klägers wie des Beklagten, lassen mißbräuchliche Klagen höhere „Erträge" erwarten.

In der Person des potentiellen Rechtsbrechers – jedenfalls soweit sein Verhalten im Wettbewerb auf die Vermeidung unnötiger Risiken ausgerichtet ist – wird die Unsicherheit in Bezug auf die Reichweite einer kartellrechtlichen Verbotsnorm im Zweifelsfall dazu führen, daß Verhaltensweisen unterlassen werden, die im Ergebnis zwar zulässig sind, deren Rechtmäßigkeit ex ante allerdings zweifelhaft ist[35].

In einem System öffentlicher Rechtsdurchsetzung kann einer solchen ineffizienten Ausweitung des Geltungsbereich kartellrechtlicher Normen Rechnung getragen werden sowohl im Rahmen des behördlichen Ermessens als auch durch die Veröffentlichung von Verwaltungsrichtlinien, die die Anwendungspraxis der Behörde(n) erläutern und so die relativ unbestimmte Norm konkretisieren. Eine ähnliche Wirkung wird zwar grundsätzlich mit der Herausbildung einer ständigen zivilgerichtlichen Rechtsprechung erzielt. Allerdings fehlt es hier – jedenfalls im deutschen Recht – an einer bindenden Präjudizienwirkung. Die Zentralisierung der öffentlichen Rechtsdurchsetzung in den Händen einer Behörde stellt hingegen sicher, daß die in den Richtlinien gemachten Vorgaben tatsächlich be-

---

komplex und sein Nachweis daher mit erheblichem Kostenaufwand für den Kläger verbunden ist. Vgl. auch Frank H. Easterbrook, *Detrebling Antitrust Damages*, 28 J. L. & Econ. 445, 463-64 (1985). Nicht zwingend zutreffend ist hingegen die – intuitiv möglicherweise naheliegende – Vermutung, primär „Hardcore" Kartelle seien mit der Sanktion des Mehrfachschadensersatzes zu belegen.

[34] Steven C. Salop & Lawrence J. White, *Economic Analysis of Private Antitrust Litigation*, 74 Geo. L. J. 1001, 1028 (1986).

[35] Steven C. Salop & Lawrence J. White, *Economic Analysis of Private Antitrust Litigation*, 74 Geo. L. J. 1001, 1022-23 (1986); Richard Craswell & John E. Calfee, *Deterrence and Uncertain Legal Standards*, J. L. Econ. & Org. 279, 280 (1986). Diese Tendenz einer zu weitreichenden Befolgung von Rechtsnormen schlägt bei extremer Ungewißheit ins Gegenteil um. Ebenda. Vgl. auch Tops Markets, Inc., v. Quality Markets, Inc., 142 F.3d 90, 95 (2d Cir. 1998) („Wasteful trials and prolonged litigation that may have a chilling effect on procompetitive market forces should be avoided."); bestätigt durch Virgin Atlantic Airways v. British Airways, 257 F.3d 256, 263 (2d Cir. 2001).

folgt werden[36]. Eine Konkretisierung tatbestandlich unbestimmter Rechtsnormen im Wege des Richtlinienerlasses entfaltet ihre Wirkung ferner zeitnah und ermöglicht die vorausschauende Einbeziehung in der Zukunft möglicherweise aktuell werdender Sachverhalte. Die Herausbildung einer ständigen Rechtsprechung demgegenüber bedarf definitionsgemäß gewisser Zeit. Auch ist sie ausschließlich rückwärtsgewandt, d.h. auf die Behandlung in der Vergangenheit liegender Sachverhalte beschränkt.

Je bestimmter der Tatbestand einer Norm daher formuliert ist, desto geringer ist der Bedarf einer Konkretisierung mit den Instrumenten öffentlicher Rechtsdurchsetzung und desto geeigneter ist sie für eine Durchsetzung mittels privater Sanktionen.

VII. Die Möglichkeit, eine bestimmte kartellrechtswidrige Verhaltensweise strategisch einzusetzen

Für Verhaltensweisen, deren bloße Androhung von Unternehmen strategisch zur „Einschüchterung" anderer Marktteilnehmer eingesetzt werden kann, sind vorzugsweise private, insbesondere schadensersatzrechtliche Sanktionen in Betracht zu ziehen[37]. Dies wird vor allem auf solche Maßnahmen zutreffen, die auf eine Behinderung der Wettbewerber eines Unternehmens gerichtet sind[38]. Das bloße Einfordern von Monopolpreisen hingegen begründet in der Regel keine Gefahr strategischer Drohungen.

---

[36] Da Richtlinien Bindungswirkung ausschließlich für die sie erlassende Behörde entfalten, erscheint in diesem Zusammenhang eine konkurrierende Zuständigkeit mehrerer Behörden in Bezug auf die Durchsetzung derselben Norm problematisch. Dies betrifft etwa im US-amerikanischen Kartellrecht die konkurrierenden Zuständigkeiten des Department of Justice (DoJ) und der Federal Trade Commission (FTC) hinsichtlich des Sherman Act und des Clayton Act; im europäischen Kartellrecht der Kommission und der nationalen Kartellbehörden (Art. 9 VO Nr.17, § 50 GWB; die parallele Zuständigkeit bleibt auch nach der Reform der Kartellverordnung gem. Art. 4, 5, 11 ff. VO Nr. 1/2003 erhalten); und im deutschen Kartellrecht des Bundeskartellamtes und der Landeskartellbehörden (vgl. § 48 GWB). Denkbare Lösungen liegen in gemeinsamen Richtlinien – FTC und DoJ erlassen ihre Guidelines in der Regel gemeinschaftlich – oder in der Installierung einer Rechtsaufsicht, mittels derer die übergeordnete Behörde ihre in der jeweils einschlägigen Richtlinie zum Ausdruck gebrachte Rechtsauffassung durchzusetzen vermag. Die VO Nr. 1/2003 begegnet dem Problem konkurrierender Zuständigkeiten mit ausführlichen Regeln über die Zusammenarbeit zwischen der Kommission und den Wettbewerbsbehörden der Mitgliedsstaaten (vgl. Art. 11 ff. VO Nr. 1/2003).

[37] Vgl. oben sub 1. Teil, C.II.4.

[38] Vgl. Warren F. Schwartz, *An Overview of the Economics of Antitrust Enforcement*, 68 Geo. L. J. 1075, 1092 (1980), der auf die Möglichkeit strategischer Drohungen ausdrücklich im Zusammenhang mit gegen Mitbewerber gerichteten Maßnahmen hinweist.

VIII. Die Effizienz der Kontrolle von Ermessenserwägungen bei öffentlicher Rechtsdurchsetzung

Die Gefahr einer Ausübung behördlichen Ermessens nicht am Maßstab einer möglichst effizienten Durchsetzung des Kartellrechts sondern bestimmt durch zweckfremde Erwägungen stellt den hervorragendsten Mangel öffentlicher Rechtsdurchsetzung dar. Soweit es an hinreichenden Mechanismen zur Kontrolle behördlichen Ermessens fehlt, kann ein System privater Rechtsdurchsetzung sinnvoll sein.

Gemäß § 71 Abs.5 S.1 GWB sind kartellbehördliche Verfügungen unter dem Gesichtspunkt einer fehlerhaften Ausübung des Ermessens der gerichtlichen Kontrolle unterworfen. Die Nachvollziehbarkeit der Ermessenserwägungen nach außen wird durch die der Kartellbehörde auferlegte Verpflichtung zur Begründung ihrer Verfügungen (§ 61 Abs.1 S.1 GWB) sowie die für das Verfahren vor den Kartellbehörden – jedenfalls in den hier maßgeblichen Fällen des § 19 GWB – grundsätzlich angeordnete öffentliche mündliche Verhandlung sichergestellt (§ 56 Abs.3 S.1 GWB). Inwieweit hierdurch eine „echte“ Nachprüfung des behördlichen Ermessens erreicht wird, entscheidet sich jedoch letztlich an der Befähigung des einzelnen Richters, komplexe wirtschaftliche Sachverhalte nachzuvollziehen, und den ihm hierbei von Seiten des Prozeßrechts an die Hand gegebenen Instrumente.

C. Private Rechtsdurchsetzung im Falle des § 19 GWB

Die vorstehend entwickelten Kriterien sollen im folgenden auf § 19 GWB – und dort insbesondere auf die Beispielstatbestände des Absatzes 4 – zur Anwendung gebracht werden. Dabei wird zunächst begründet, warum der Ausbeutungsmißbrauch (§ 19 Abs.4 Nr.2 GWB) grundsätzlich der privaten Rechtsdurchsetzung nicht, der Behinderungsmißbrauch (§ 19 Abs.4 Nr.1 GWB) hingegen sehr wohl zugänglich ist. Anschließend werden die Preis- und Konditionenspaltung (§ 19 Abs.4 Nr.3 GWB) als Spielart des Ausbeutungsmißbrauchs sowie die mißbräuchliche Verweigerung des Zugangs zu wesentlichen Einrichtungen (§ 19 Abs.4 Nr.4 GWB) als Spezialfall des Behinderungsmißbrauchs behandelt.

I. Ausbeutungsmißbrauch (§ 19 Abs.4 Nr.2 GWB)

Eine Durchsetzung des in § 19 Abs.4 Nr.2 GWB normierten Tatbestands des Ausbeutungsmißbrauchs im Wege privater (Schadensersatz-) Sanktionen muß aus ökonomischer Sicht ausscheiden. Dies gilt insbesondere, soweit dieser als Mittel der Preisaufsicht zu dienen bestimmt ist[39]. Dem Tatbestand mangelt es an der für private Rechtsdurchsetzung erforderlichen Bestimmtheit. Für die Ermittlung hypothetischer Marktergebnisse, zumal des wettbewerbsanalogen Prei-

---

[39] Der BGH hat die Instrumentalisierung von § 22 Abs.4 Nr.2 GWB im Sinne einer Preisaufsicht im Grundsatz anerkannt. Vgl. WuW/E BGH 1435, 1442 f. „Vitamin B 12“; 1445, 1452 ff. „Valium“.

ses, fehlt es bereits in der Mikroökonomie an hinreichend gesicherten Grundlagen. In jedem Fall erforderte eine solche Ermittlung – die Verfügbarkeit entsprechender Modelle unterstellt – höchstkomplexe Wertungen, so daß Vorhersagen über den Verfahrensausgang kaum möglich erscheinen. Aus klägerischer Sicht folgt aus der Komplexität des Streitgegenstands zunächst eine kaum zu bewältigende Darlegungslast. Zudem ist eine genaue Quantifizierung des Schadens, wie sie zumindest im Rahmen deliktischer Sanktionen erforderlich wird, unmöglich. Am schwersten jedoch wiegt die Gefahr einer übermäßigen Kontrolle der im Rahmen einer Marktwirtschaft grundsätzlich dem freien Spiel von Angebot und Nachfrage überantworteten Preisbildung, mit der Folge einer Beeinträchtigung der Dynamik des Wettbewerbs und dessen Leistungsfähigkeit als Mechanismus einer optimalen Allokation knapper Ressourcen.

Ökonomisch fragwürdig ist bereits die Idee einer Preisaufsicht als solcher, und zwar ohne Rücksicht auf den gewählten Durchsetzungsmechanismus. Insbesondere die Vertreter der neoklassischen Wettbewerbsfreiheitslehre haben stets darauf hingewiesen, daß die dynamische Natur des Wettbewerbs als Entdeckungsverfahren es unmöglich mache, konkrete Marktergebnisse aufgrund modelltheoretischer Überlegungen vorherzusagen[40]. Die Überzeugungskraft dieser grundsätzlichen Kritik kann an dieser Stelle dahin stehen. Denn auch den Verfechtern einer strikt an preistheoretischen Modellen orientierten Wettbewerbspolitik[41] ist es – ob der Vielzahl der Ansätze insbesondere im Bereich der Oligopoltheorie[42] – bisher nicht gelungen, die Abhängigkeit von Marktkonzentration und Preisniveau auch in quantitativer Hinsicht mit letzter Sicherheit zu klären. Mit Recht als völlig ungeeignet verworfen wurde daher etwa der Versuch, mittels der kartellrechtlichen Preisaufsicht die Gewinnspannen marktbeherrschender Unternehmen unmittelbar begrenzen zu wollen[43].

---

[40] Vgl. etwa *v. Hayek*: Der Wettbewerb als Entdeckungsverfahren; *Hoppmann*, in: *Hoppmann/Mestmäcker*: Normenzwecke und Systemfunktionen im Recht der Wettbewerbsbeschränkungen, S. 7 sowie 12; *Ders*.: Preiskontrolle und Als-Ob-Konzept, S. 5 f.

[41] Vgl. etwa die zusammenfassende Darstellung preistheoretischer Ansätze bei *Cox/Hübener*, in: *Cox/Jens/Markert* (Hrsg.): Handbuch des Wettbewerbs, S. 1, 11 ff.; *I. Schmidt*: Wettbewerbspolitik und Kartellrecht, S. 5 ff.

[42] Einen Üblick über die Vielfalt im Bereich der Oligopoltheorien findet sich bei L. W. Weiss, *The Concentration – Profits Relationship and Antitrust, in* Industrial Concentration: The New Learning 189-193, 231 (Goldschmid, Mann & Weston ed., 1974). Bezeichnend ist das Ergebnis der Untersuchung von *Weiss*: Zwar bestehe weitgehend Einigkeit, daß eine zunehmende Konzentration des Marktes zu höheren Preisen führe. Hinsichtlich des genauen Zusammenhangs von Preis und Marktkonzentration fielen die Ansichten jedoch auseinander.

[43] Ablehnend etwa IM/*Möschel* § 19 Rdn. 157, 168; *Ders*. JZ 1975, 393, 395. A.A. *Knöpfle* BB 1974, 862, 864 ff. Vgl. auch EuGH Slg. 1978, 207, 305 „Chiquita-Bananen“, der eine Preisaufsicht auf der Grundlage eines Konzepts der Gewinnspannenbegrenzung für denkbar zu halten scheint.

Den Mangel an tatbestandlicher Bestimmtheit vermag auch das zunächst von der Rechtsprechung entwickelte[44] und im Zuge der 4. GWB-Novelle in den Tatbestand des § 19 Abs.4 Nr.2 GWB übernommene Vergleichsmarktkonzept nicht grundsätzlich zu beheben. Schwierigkeit bereitet vor allem die Feststellung der Vergleichbarkeit von Märkten. Der seitens der Rechtsprechung verfolgte Ansatz jedenfalls, strukturelle Marktunterschiede durch pauschale Zu- oder Abschläge auf den Preis zu berücksichtigen[45], führt zu einer mehr oder weniger willkürlichen Anpassung[46]. Gleiches gilt für die sog. Mißbrauchszuschläge, die dem Umstand Rechnung tragen sollen, daß erst bei einer erheblichen Überschreitung des wettbewerbsanalogen Preises sicher von einem mißbräuchlich hohen Preis ausgegangen werden könne[47]. Hinzu kommt, daß selbst innerhalb der so ermittelten Mißbrauchsbandbreite noch unternehmensindividuelle Besonderheiten Berücksichtigung finden sollen[48]. Im übrigen ist es durchaus möglich, daß ein geeigneter Vergleichsmarkt überhaupt nicht gefunden werden kann. Die Preisaufsicht wäre dann doch auf eine unmittelbare Gewinnkontrolle angewiesen[49]. Daran, ob der Tatbestand des Ausbeutungsmißbrauch das für ein funktionierendes System privater Rechtsdurchsetzung erforderliche Mindestmaß an Bestimmtheit aufweist, bestehen daher begründete Zweifel[50].

Insbesondere eine Steuerung unternehmerischen Verhaltens im Sinne allokativer Effizienz mit den Mitteln des Deliktsrechts muß angesichts der letztlich nicht zu bewältigenden Schwierigkeiten bei der Ermittlung des wettbewerbsadäquaten Preises ausscheiden. Die Sanktion des Schadensersatzes ist zunächst überhaupt nur dort in Betracht zu ziehen, wo eine Quantifizierung des Schadens grundsätzlich möglich erscheint. Bereits dies ist im Falle des Ausbeutungsmißbrauchs fraglich, weil sich die Höhe des Schadens unmittelbar nach dem hypothetischen Wettbewerbspreis und damit nach einem Umstand richtet, dessen Feststellung seinerseits mit erheblicher Unsicherheiten verbunden ist. Der mangelnden Be-

---

[44] Vgl. etwa BGHZ 76, 142, 149 ff.

[45] Vgl. IM/*Möschel* § 19 Rdn. 163 m.w.N.

[46] In diesem Sinne wohl IM/*Möschel* § 19 Rdn. 167.

[47] So BHGZ 142, 239, 251 „Flugpreisspaltung", ausdrücklich für § 19 Abs.4 Nr.3 GWB. Die Entscheidung ist allerdings auf § 19 Abs.4 Nr.2 übertragbar (*Bechtold* NJW 2001, 3159, 3162). Vgl. hierzu auch IM/*Möschel* § 19 Rdn. 159.

[48] IM/*Möschel* § 19 Rdn. 163.

[49] In KG WuW/E OLG 1645, 1652 f. „Valium Librium", hat das Gericht eine Gewinnkontrolle für den Fall erwogen, daß eine andere Möglichkeit zur Feststellung mißbräuchlicher Preise nicht gegeben sei. Offengelassen in WuW/E BGH 1678, 1684 „Valium II".

[50] Vgl. etwa die – insoweit nicht auf ein System privatrechtlicher Preisaufsicht beschränkte – Auffassung von *Rittner*: Wettbewerbs- und Kartellrecht, § 10 Rdn. 108, S. 304, wonach Eingriffe in die marktliche Preisbildung auf der Grundlage von § 19 Abs.4 Nr.2 GWB letztlich immer am Rande der Willkür stehen. Vgl. ferner *Wiedemann* ZGR Bd. 9 (1980), 147, 171 f., der wettbewerbsanaloges Verhalten für schwer bis überhaupt nicht feststellbar hält.

stimmtheit auf Tatbestandsseite entspricht auf der Rechtsfolgenseite die mangelnde Quantifizierbarkeit des Schadens.

Auch dem Mangel der Quantifizierbarkeit läßt sich nicht mit dem Hinweis auf das Vergleichsmarktkonzept entgegentreten. Dabei kann dessen Justiziabilität letztlich dahinstehen[51]. Entscheidend ist vielmehr, daß eine Berechnung des Schadens im Sinne der Differenz zwischen dem tatsächlich verlangten und dem auf dem Vergleichsmarkt festgestellten Preis keine Gewähr dafür leistet, daß der Schadenersatzanspruch seiner Höhe nach dem volkswirtschaftlichen Schaden entspricht. Nach Ansicht der Rechtsprechung etwa kommt als Vergleichsmarkt jeder Markt in Betracht, auf dem sich eine höhere Wettbewerbsintensität feststellen läßt als auf dem beherrschten Markt. *Wirksamen Wettbewerb*, wie ihn der Wortlaut des § 19 Abs.4 Nr.2 GWB zugrunde legt, muß der zum Vergleich herangezogene Markt hingegen nicht aufweisen[52]. Der auf dieser Grundlage berechnete Schadensersatzanspruch wird daher regelmäßig seiner Höhe nach hinter dem tatsächlichen volkswirtschaftlichen Schaden zurückbleiben. Das Vergleichsmarktkonzept muß daher als Methode der Schadensberechnung in einem ausschließlich auf präventive Effizienz ausgerichteten Kartelldeliktsrecht ausscheiden. Als Berechnungsgrundlage kommt allein ein Gewinnbegrenzungskonzept in Betracht. Dies freilich ist – wie oben dargelegt – jedenfalls im Zivilprozeß nicht justiziabel.

Am schwersten gegen eine zivilrechtliche Sanktionierung des Ausbeutungsmißbrauchs wiegt jedoch die Gefahr, die sich infolge einer übermäßigen Ausweitung der Preisaufsicht für die Dynamik des wettbewerblichen Prozesses ergibt. Im schlimmsten Falle droht die Verfestigung der bestehenden vermachteten Marktstruktur. Zur Verdeutlichung dieses Punktes ist eine kurze Darstellung der Funktionsweise des dynamischen Wettbewerbsprozesses erforderlich[53]. Dieser Prozeß ist gekennzeichnet durch Innovations- und Immitationsphasen. Angenommen ein Unternehmen entwickelt ein neues Produktionsverfahren und kann

---

[51] Da der Richter die Höhe des Schadens im Streitfalle nach seiner freien Überzeugung bestimmen kann (§ 287 Abs.1 ZPO), ließe sich die Auffassung vertreten, das Vergleichsmarktkonzept sei als Methode zumindest der Schadensschätzung praktikabel. Diese Ansicht wäre darüber hinaus selbst dann tragbar, wenn man das Vergleichsmarktkonzept im Rahmen des Tatbestands für nicht hinreichend bestimmt hielte. Insoweit wäre dann in der Tat die Absenkung des Bestimmtheitserfordernisses durch § 287 Abs.1 ZPO ausschlaggebend. Diese Differenzierung hinsichtlich der Bestimmtheitsanforderungen zwischen Tatbestands- und Rechtsfolgenseite findet sich etwa auch im US-amerikanischen Kartellrecht. Vgl. etwa Zenith Radio Corp. v. Hazeltine Research, Inc., 395 U.S. 100, 123-24 (1969); Bigelow v. RKO Radio Pictures, Inc., 327 U.S. 251, 264 (1946).

[52] KG WuW/E OLG 2935, 2939 „BAT Am Biggenkopf Süd"; IM/*Möschel* § 19 Rdn. 162; *Ders.* JZ 1975, 393, 396.

[53] Vgl. den Überblick bei *Cox/Hübener*, in: *Cox/Jens/Market* (Hrsg.): Handbuch des Wettbewerbs, S. 1, 5-8.

hierdurch seine Kosten erheblich senken, möglicherweise weit unter die durchschnittlichen Kosten seiner Wettbewerber. Für das Unternehmen bestehen nun mehrere Handlungsalternativen. Es kann seine Preise unverändert lassen und bei gleichbleibendem Marktanteil seinen Profit durch einen höheren Gewinn pro verkaufter Einheit steigern. Es kann aber auch seine Preise absenken, mit dem Ziel, den eigenen Marktanteil zulasten seiner Wettbewerber auszubauen. Angenommen es gelingt dem Unternehmen auf diese Weise, alle seine Wettbewerber vom Markt zu verdrängen. In diesem Fall wird man nicht sagen können, es habe seine Monopolstellung auf rechtswidrige Weise erlangt. Das Unternehmen wird nun versucht sein, seinen Profit über höhere Preise weiter zu steigern. Dieser Profit ist letztlich die Belohnung für sein innovatives Verhalten. Ohne die von ihr ausgehende Anreizwirkung hätte sich das Unternehmen vermutlich nicht dafür entschlossen, in das neue Verfahren zu investieren und das hiermit verbundene Kostenrisiko einzugehen. Zugleich aber signalisieren die hohen Preise anderen Unternehmen, wie profitabel der Markt ist. Über kurz oder lang werden andere Unternehmen das neue Produktionsverfahren immitieren oder eigenständig nach kostensenkenden Innovationen forschen und so den Markt in einen wettbewerblichen Gleichgewichtszustand zurückführen.

Die Forderung von Monopolpreisen bringt demnach für den Verbraucher kurzfristig Nachteile in Form höherer Preise, kann aber auf lange Sicht zu einer Verbesserung der Marktstruktur und einem Mehr an Innovation führen. Ob kurzfristige Nachteile oder langfristige Vorteile überwiegen, hängt wesentlich von den äußeren Gegebenheiten des Marktes und insbesondere davon ab, ob die Marktzutrittsschranken für potentielle Wettbewerber hoch oder eher niedrig sind. Nur dann, wenn die Marktzutrittsschranken so hoch sind, daß auch auf lange Sicht eine Rückkehr des Markts zum Wettbewerb auszuschließen ist, ist eine Preisaufsicht ökonomisch sinnvoll. Diese Situation dürfte aber den Ausnahmefall darstellen. Ist sie gegeben, erscheint darüber hinaus eine umfassende Regulierung des betreffenden „Ausnahmebereichs" besser zur Bewältigung der strukturellen Defizits geeignet[54]. Im übrigen wirkt die Preisaufsicht eher wettbewerbsbehindernd. Wichtig ist in diesem Zusammenhang die Erkenntnis, daß niedrige Preise selbst eine erhebliche Marktzutrittsschranke bilden können[55]. Die kartellrechtliche Preismißbrauchsaufsicht sollte daher – wenn man ihr die Berechtigung nicht schlechthin absprechen will[56] – auf ein Mindestmaß begrenzt werden[57].

---

[54] In diesen Sinne wohl auch *Möschel* JZ 1975, 393, 395.

[55] IM/*Möschel* § 19 Rdn. 150.

[56] So etwa im US-amerikanischen Kartellrecht. Richtungsweisend United States v. Aluminum Co. of America, 148 F.2d 416, 430 (2d Cir. 1945) (Learned Hand, J.): „A single producer may be the survivor out of a group of active competitors, merely by virtue of his superior skill, foresight and industry. In such cases a strong argument can be made that, although the

Eine Durchsetzung des Verbots mißbräuchlicher Preise und Geschäftsbedingungen iSv. § 19 Abs.4 Nr.2 GWB im Wege des Kartelldeliktsrechts ist nicht geeignet, die erforderliche Begrenzung des Anwendungsbereichs in dem vorstehend bezeichneten Sinn zu gewährleisten. Dies folgt aus der mangelnden Berücksichtigung langfristiger, die Marktstruktur betreffender Überlegungen im Rahmen der individuellen Kosten/Nutzen Analyse im Vorfeld der Klageerhebung einerseits sowie der zweifelhaften Eignung des Zivilprozesses andererseits, diejenigen Informationen hervorzubringen, derer es für eine angemessene Bewertung des streitgegenständlichen Preises, nämlich in seiner Eigenschaft als bloße Momentaufnahme in einem dynamischen Wettbewerbsprozeß, bedarf.

Die Entscheidung des individuellen Klägers über die Erhebung einer Schadensersatzklage beruht auf einer Abwägung des aus ihr erwachsenden Nutzens auf der einen Seite sowie der mit der Rechtsverfolgung verbundenen Kosten auf der anderen Seite. Externe (Kosten-) Effekte der Rechtsverfolgung bleiben im Rahmen dieser individuellen Kosten/Nutzen Analyse regelmäßig außer Betracht. Auf diesen Umstand ist bereits im Zuge der vergleichenden Untersuchung der Verfolgungsintensität bei (optimaler) öffentlicher bzw. privater Rechtsdurchsetzung hingewiesen worden. Dort hatte sich die mangelnde Internalisierung der Folgen einer intensiveren Rechtsverfolgung (weniger Rechtsverstöße und höhere Rechtsverfolgungskosten) dafür verantwortlich gezeichnet, daß eine Anhebung der Strafe – anders als im Falle (optimaler) öffentlicher Rechtsdurchsetzung – nicht zu einem die sozialen Kosten minimierenden Absinken der Verfolgungsintensität führt, sondern das Gegenteil erreicht[58]. Ebensowenig werden potentielle Kläger im Falle des § 19 Abs.4 Nr.2 GWB diejenigen negativen Folgen internalisieren, die mit einer „künstlichen" Begrenzung des Preisniveaus für die Marktstruktur und die Dynamik des Wettbewerbs verbunden sind. Die Möglichkeit, daß die zwischenzeitliche Hinnahme höherer Preis auf lange Sicht zu einem Absinken des Preisniveaus unter dasjenige führen könnte, welches die Mißbrauchsaufsicht unter Hinzuziehung des Vergleichsmarktkonzepts zu „garantieren" vermag, bleibt außer Acht.

Der Gefahr einer übermäßigen Ausweitung der Preismißbrauchsaufsicht kann nicht mit dem Hinweis begegnet werden, die Rechtsdurchsetzung sei im Falle des § 19 Abs.4 Nr.2 GWB für potentielle Kläger mit so erheblichen Kostenrisiken verbunden, daß es zur Erhebung von Schadensersatzklagen überhaupt nur

---

result may expose the public to the evils of monopoly, the [Sherman] Act does not mean to condemn the resultant of those very forces which it is its prime object to foster: *finis opus coronat. The successful competitor, having been urged to compete, must not be turned upon when he wins* (Hervorhebung durch den Verfasser)."

57 In diesem Sinne beispielsweise *Rittner*: Wettbewerbs- und Kartellrecht, § 10 Rdn. 108, S. 304 („äußerster Notbehelf"); IM/*Möschel* § 19 Rdn. 150 („Preiskontrollen als Notbehelf").

58 Vgl. oben sub 1. Teil, C.II.1.

bei schwerwiegenden Mißbräuchen kommen werde. Zwar trifft es zu, daß der Tatbestand des Ausbeutungsmißbrauch potentiellen Klägern aufgrund seiner Unbestimmtheit einerseits sowie der Komplexität des geregelten Sachverhalts andererseits eine hohe Darlegungslast auferlegt. Solche Umstände – unsichere Erfolgsaussichten bei hoher Kostenbelastung – sprechen in der Tat grundsätzlich eher für eine niedrige denn für eine (zu) hohe Verfolgungsintensität Privater. Dies freilich gilt nur insoweit, als mit der Klageerhebung tatsächlich das Ziel einer Verurteilung verfolgt wird, nicht aber für (offensichtlich) unbegründete, allein der „Erzwingung" eines Vergleichs dienende und insofern mißbräuchliche Klagen[59]. Gegenüber solchen Klagen aber ist der Tatbestand des Ausbeutungsmißbrauchs in hohem Maße anfällig. Dies folgt aus dem Umstand, daß der Ausbeutungsmißbrauchs – insoweit anders als die übrigen Regelbeispiele des § 19 Abs.4 Nr.1, 4 GWB[60] – kein objektives Verhalten zum Anlaß einer Überprüfung des Marktergebnisses nimmt. Vielmehr ist die Forderung eines nicht wettbewerbsadäquaten Preises Anlaß und zu kontrollierendes Ergebnis zugleich. Damit aber wird jede vertragliche Vereinbarung über Preise oder sonstige Geschäftsbedingungen zum potentiellen Klagegegenstand. Zugleich werden die Verteidigungsmöglichkeiten des marktbeherrschenden Unternehmens erheblich beschränkt. Ökonomisch ergibt sich die Möglichkeit mißbräuchlicher Klagen aus dem Umstand, daß der Abschluß eines Vergleichs selbst im Falle offensichtlich unbegründeter Klagen für ein marktbeherrschendes Unternehmen kostengünstiger sein kann als die auch im Ergebnis erfolgreiche Verteidigung im gerichtlichen Verfahren. Dies folgt aus den mit der Prozeßführung verbundenen Opportunitätskosten. Allerdings kann es für das Unternehmen sinnvoll sein, sich zumindest zeitweilig gegen solche Klagen zur Wehr zu setzen, um so dem Eindruck der generellen „Erpreßbarkeit" entgegenzuwirken[61]. Doch führen tatbestandliche Unbestimmtheit und Komplexität der Sach- und Rechtsfragen bei § 19 Abs.4 Nr.2 GWB nicht nur auf klägerischer Seite zu einem höheren Kostenrisiko, sondern ebenso auf der Seite des Beklagten. Aus denselben Gründen wird die Mißbräuchlichkeit einer Klage auch nicht immer ohne weiteres für das marktbeherrschende Unternehmen offensichtlich sein. Die Klage gewinnt an Glaubwürdigkeit[62]. Beide Aspekte sind geeignet, die Verteidigungsbereitschaft des marktbeherrschenden Unternehmens zu mindern. In dem Maße aber, in dem der Rechtsstreit der Entscheidung den staatlichen Gerichten durch Vergleich entzogen wird, können diese auch nicht zu einer dogmatischen, an den Vorga-

---

[59] Vgl. hierzu oben sub B.VI.

[60] Zu § 19 Abs.4 Nr.3 GWB vgl. unten sub III.

[61] Steven C. Salop & Lawrence J. White, *Economic Analysis of Private Antitust Litigation*, 74 Geo. L. J. 1001, 1029 (1986).

[62] Vgl. hierzu Steven C. Salop & Lawrence J. White, *Economic Analysis of Private Antitust Litigation*, 74 Geo. L. J. 1001, 1029 (1986).

ben eines dynamischen Wettbewerbskonzepts ausgerichteten Eingrenzung des Tatbestand des Ausbeutungsmißbrauchs beitragen. Die gerichtliche Preisaufsicht schwebt damit gleichsam als „Damoklesschwert“ über jeder vertraglichen Beziehung marktbeherrschender Unternehmen. Das System der freien Preisbildung am Markt wird grundsätzlich in Frage gestellt.

Gegen die Gewährung deliktischer Sanktionen im Falle des Ausbeutungsmißbrauchs spricht schließlich die zweifelhafte Eignung gerade des Zivilprozesses, eine ökonomisch angemessene Bewertung des Preisniveaus zu gewährleisten, nämlich in seiner Eigenschaft als bloße Momentaufnahme in einem dynamischen Wettbewerbsprozeß. Dies folgt aus der Notwendigkeit, im Rahmen des Zivilprozesses die Entwicklung des relevanten Marktes und Marktpreises rückblickend rekonstruieren zu müssen[63]. Hier ist ein aufsichtsbehördlicher Durchsetzungsmechanismus von Vorteil. Nur wenn der beherrschte Markt fortwährend beobachtet und ein beständiger Informationsfluß zwischen beaufsichtigtem Unternehmen und Aufsichtsbehörde hergestellt wird, sind die für eine Einordnung des aktuellen Preises in den dynamischen Gesamtkontext erforderlichen Informationen mit einiger Sicherheit verfügbar. Eine solche umfassende Aufsicht ist freilich mit erheblichen Kosten verbunden und sollte daher nur dort in Betracht gezogen werden, wo die wettbewerbliche Dynamik selbst aufgrund besonderer Umstände außer Kraft gesetzt ist[64].

II. Behinderungsmißbrauch (§ 19 Abs.4 Nr.1 GWB)

Der Beispielstatbestand des Behinderungsmißbrauchs ist für eine Durchsetzung mit den Mitteln des Privatrechts, insbesondere solchen des Kartelldeliktsrechts, grundsätzlich geeignet. Allerdings sollte die Klagebefugnis beschränkt werden auf den oder die Wettbewerber, gegen den oder die die behindernde Maßnahme unmittelbar gerichtet ist, sowie Abnehmer der unmittelbar nachfolgenden Marktstufe. Schadensersatzansprüche von Wettbewerbern sind hierbei nach dem

---

[63] In diesem Sinne kann die in ständiger Rechtsprechung befolgte Weigerung US-amerikanischer Gerichte verstanden werden, die *reasonableness* von Preisen zu bewerten. Richtungsweisend United States v. Trenton Potteries Co., 273 U.S. 392, 397-98 (1927) („The reasonable price fixed today may through economic and business changes become the unreasonable price of tomorrow [...] [I]n the absence of express legislation requiring it, we should hesitate to adopt a construction making the difference between legal and illegal conduct in the field of business relations depend upon so uncertain a test as whether prices are reasonable – a *determination which can be satisfactorily made only after a complete survey of our economic organization* and a choice between rival philosophies.“) (Hervorhebung durch den Verfasser). Vgl. auch Law Offices of Curtis V. Trinko, L.L.P., v. Bell Atlantic Corp., 305 F.3d 89, 113 (2d Cir. 2002) („Courts may not be suited to order telecommunications carriers to make local markets more competitive.“), cert. granted, 123 S. Ct. 1480 (2003).

[64] Gedacht ist hier in erster Linie an natürliche Monopole, aber auch an in sonstiger Weise derart strukturell gestörte Märkte, daß nicht auf die Selbstheilungskräfte des Wettbewerbs vertraut werden kann. Vgl. zu dem letzteren Aspekt IM/*Möschel* § 19 Rdn. 151.

ihnen tatsächlich erlittenen Schaden zu berechnen, während Abnehmern pauschal die Differenz zwischen dem tatsächlich bezahlten und demjenigen Preis zuzuerkennen ist, der in Abwesenheit der Behinderungsmaßnahme zu zahlen gewesen wäre, mithin der *monopoly overcharge*.

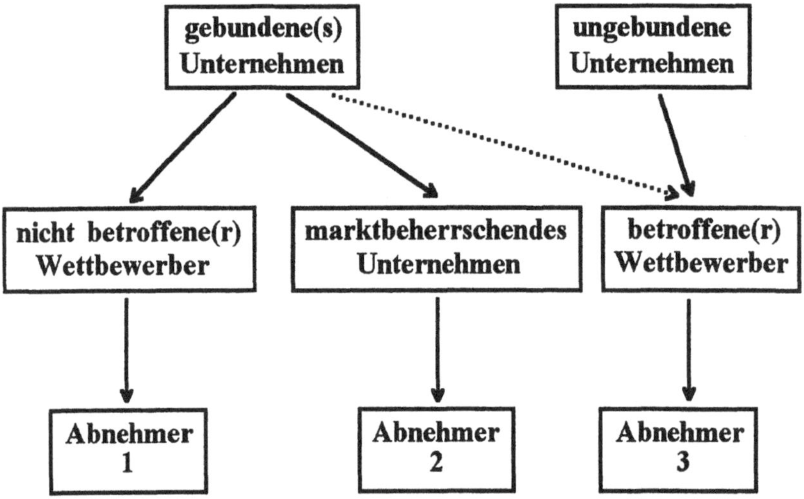

Abbildung 9: Klagebefugnis bei mißbräuchlichen Absatzbindungen

Abbildung 9 veranschaulicht die der hier vorgeschlagene Zuweisung privater Klagebefugnisse zugrunde liegende Methodik[65] am Beispiel mißbräuchlicher Absatzbindungen. Das marktbeherrschende Unternehmen verpflichtet einen Zulieferer (das gebundene Unternehmen), sein Produkt entweder ausschließlich an das marktbeherrschende Unternehmen zu liefern (Ausschließlichkeitsbindung) oder jedenfalls einen bestimmten Wettbewerber (den betroffenen Wettbewerber) von der Belieferung auszuschließen.

Geschädigt wird zunächst der betroffene Wettbewerber, nämlich insoweit als er das relevante Produkt nicht oder nur zu für ihn nachteilhaften Bedingungen von ungebundenen Zulieferern beziehen kann. Die adäquate Berechnungsmethode für den ihm entstandenen Schaden ist der entgangene Gewinn.

---

[65] Vgl. hierzu Thomas G. Krattenmaker & Steven C. Salop, *Anticompetitive Exclusion: Raising Rivals' Costs To Achieve Power Over Price*, 96 Yale L. J. 209 (1986).

Geschädigt werden ferner die Abnehmer, sofern eine der beiden nachfolgenden Konstellationen eintritt. Erstens, der betroffene Wettbewerber scheidet mit der Folge aus dem Markt aus, daß die Marktmacht des beherrschenden Unternehmens zusätzlich gesteigert wird. Dies ist dann der Fall, wenn andere (nicht betroffene) Wettbewerber keine hinreichende Kontrolle auf die Preisgestaltung des beherrschenden Unternehmens ausüben, deren Produkte mithin aus der Sicht der Abnehmer keine guten Substitute darstellen[66]. Zweitens, der betroffene Wettbewerber wälzt die zusätzlichen Kosten (ganz oder teilweise) im Wege höherer Preise auf seine Abnehmer ab, mit der Folge, daß sowohl das marktbeherrschende Unternehmen als auch nicht betroffene Wettbewerber mit ihren Preisen anziehen können. In jedem Fall beläuft sich der Schaden der Abnehmer auf die Differenz zwischen dem infolge der Behinderungsmaßnahme tatsächlich gezahlten Preis und dem Preis, der sich in Abwesenheit derselben eingestellt hätte.

Für die Gewährung privater Sanktionen im Falle des Behinderungsmißbrauchs spricht die Tatsache, daß die relevanten Sachverhalte regelmäßig offen zu Tage liegen und nicht – wie etwa horizontale Preisabsprachen – geheim vollzogen werden. Ausschließlichkeitsbindungen werden in aller Regel ausdrücklich in schriftlichen Vertragswerken Erwähnung finden. Gleiches gilt für Rabattsysteme und – in begrenztem Maße – Kopplungsvereinbarungen. Unter diesem Gesichtspunkt wäre das gebundene Unternehmen sicherlich der effizienteste private Rechtsverfolger. Doch selbst wenn man in dessen Beteiligung an der wettbewerbsbeschränkenden Absprache keinen hinreichen Grund für eine Versagung

---

[66] Zur Definition von Marktmacht als der Fähigkeit eines Unternehmens, einen höheren als den im Falle des Wettbewerbs vorherrschenden Preis zu verlangen vgl. aus der Sicht des US-amerikanischen Antitrust Law United States v. E.I. Du Pont De Nemours & Co., 351 U.S. 377, 391 (1956) („Monopoly power is the power to control prices or exclude competition"). Demgegenüber stellen das deutsche und das europäische Kartellrecht grundsätzlich auf eine Gesamtbetrachtung der Marktverhältnisse ab. Vgl. BGHZ 67, 104, 113 (überragender einseitiger Verhaltensspielraum beim Einsatz einzelner Verhaltensparameter) bzw. EuGH Slg. 1979, 461, 520 „Hoffmann-La Roche" (wirtschaftliche Machtstellung eines Unternehmens, die dieses in die Lage versetzt, die Aufrechterhaltung eines wirksamen Wettbewerbs auf dem relevanten Markt zu verhindern, indem sie ihm die Möglichkeit verschafft, sich seinen Wettbewerbern, Abnehmern und letztlich dem Verbraucher gegenüber in nennenswertem Umfang unabhängig zu verhalten). Der Freiheit in der Preisgestaltung kommt im Rahmen der Gesamtbewertung gleichwohl erhebliches Gewicht zu. Der BGH, DB 1982, 2073, etwa hat eine marktbeherrschende Stellung für den Fall abgelehnt, daß ein Unternehmen auf einem Markt für homogene Massengüter einem intensiven Preiswettbewerb augesetzt ist. Auch der EuGH (Slg. 1979, 461, 532 „Hoffmann-La Roche") hat festgestellt, daß es mit der für eine marktbeherrschende Stellung charakteristischen Unabhängigkeit des Verhaltens unvereinbar ist, wenn ein Unternehmen unter dem Druck von Preissenkungen seiner Wettbewerber ebenfalls den Preis herabsetzen muß.

der Klagebefugnis sieht[67], so wird es bei dem gebundenen Unternehmen jedoch meist an einem Schaden fehlen, jedenfalls an einem solchen, der dem mit der mißbräuchlichen Verhaltensweise verbundenen Schaden entspricht[68]. In einem System, das die Klagebefugnis an die Geltendmachung eines eigenen Schadens knüpft, muß das gebundene Unternehmen daher regelmäßig als Kläger ausscheiden. Auch *predatory pricing* vollzieht sich nicht im Geheimen, sondern wird durch einen harten Preiskampf nach außen sichtbar[69].

Der gesetzliche Tatbestand des Behinderungsmißbrauchs ist hinreichend bestimmt für eine Durchsetzung im Wege der Privatklage. Dies gilt insbesondere für das zentrale Element der Beeinträchtigung *in einer für den Wettbewerb auf dem Markt erheblichen Weise*. Zwar begnügt sich der Tatbestand des Behinderungsmißbrauch – anders als das Verbot unbilliger Behinderung und Diskriminierung (§ 20 GWB) – nicht schon mit dem Nachweis einer bloßen individuellen Beeinträchtigung, sei sie auch noch so schwerwiegend. Erforderlich ist vielmehr eine Bewertung der angeblich mißbräuchlichen Verhaltensweise mit Rücksicht auf ihre wettbewerbliche Wirkung insgesamt. Der Tatbestand des Behinderungsmißbrauchs ist daher im Ansatz jedenfalls auf eine Marktergebniskontrolle ausgerichtet; nur im Ansatz jedoch deshalb, weil die ständige Rechtsprechung auf den Nachweis eines tatsächlichen Effekts im Sinne einer Stärkung der Marktmacht und infolge dessen höherer Preise verzichtet. Ausreichend ist danach bereits die objektive Eignung einer Maßnahme, unter besonderer Berücksichtigung des Ausmaßes der Marktmacht, die Marktverhältnisse negativ zu beeinflussen[70]. Dieses Verständnis des Merkmals *in einer für den Wettbewerb auf dem Markt erheblichen Weise* ließe sich für einzelne Verhaltensweisen konkretisieren. Seiner Darlegungslast könnte der private Kläger dann etwa – gewissermaßen prima facie – bereits dadurch nachkommen, daß er nachweist: (1) Ein durch die Rechtsprechung zuvor näher spezifiziertes Verhalten, das grundsätzlich als Mittel der Behinderung in Betracht kommt; (2) ein näher bestimmtes Ausmaß der Behinderung, etwa in Form eines Prozentsatzes des Zulieferer- oder

---

67 Für das europäische Recht zuletzt EuGH EuZW 2001, 715, 716 f. „Courage Ltd.“; für das US-amerikanische Recht Perma Life Mufflers, Inc. v. International Parts Corp., 392 U.S. 134, 138-140 (1968).

68 Eine Ausschließlichkeitsbindung etwa wird regelmäßig auch für das gebundene Unternehmen vorteilhaft sein, und sei es auch nur deshalb, weil das marktbeherrschende Unternehmen für die vertraglich zugesicherte Ausschließlichkeit bezahlt. Streitigkeiten zwischen dem marktbeherrschenden und dem gebundenen Unternehmen werden in der Regel erst auftreten, wenn letzteres von Wettbewerbern ein günstigeres Angebot für seine Produkte erhält und daher aus dem Vertrag mit dem Marktbeherrscher entlassen werden möchte.

69 Zur Anwendbarkeit des Mißbrauchsverbots auf Fälle des *predatory pricing* vgl. IM/*Möschel* § 19 Rdn. 122 ff.

70 KG WuW/E OLG 2403, 2410 f. „Milchaustauschfuttermittel“; 3124, 3129 „Fertigfutter“. Vgl. auch IM/*Möschel* § 19 Rdn. 113.

Abnehmermarktes, welcher dem Wettbewerber infolge des Verhaltens des Marktbeherrschers verschlossen wird; und (3) – unabhängig vom Nachweis der Marktbeherrschung an sich – einen bestimmten Marktanteil, der eine nachteilige Wirkung für den betroffenen Markt, insbesondere in Form steigender Preise, befürchten läßt[71].

Hinreichende Bestimmtheit ist auch gegeben mit Rücksicht auf die für die Gewährung eines individuellen Anspruchs notwendige Quantifizierung des Schadens. Dies gilt insbesondere für den Schadensersatzanspruch der unmittelbaren Abnehmer, sofern für die Berechnung des insoweit maßgeblichen *monopoly overcharge* der richtige Bezugswert festgesetzt wird. In dieser Hinsicht nämlich unterscheidet sich der Tatbestand des Behinderungsmißbrauchs wesentlich von demjenigen des Ausbeutungsmißbrauchs[72]. Während letzterer für die Berechnung des *monopoly overcharge* auf die Differenz zwischen dem tatsächlich bezahlten und dem hypothetischen Wettbewerbspreis abstellt, ist im Falle des Behinderungsmißbrauchs der Preis in Abwesenheit der konkret den Rechtsverstoß begründenden Verhaltensweise entscheidend. Dabei ist es unerheblich, ob dieser Preis der Wettbewerbspreis ist oder – aufgrund vorhandener Vermachtung des Marktes – bereits einen (teilweisen) Monopolgewinn enthält. Der Ermittlung eines hypothetischen Wettbewerbspreises bedarf es daher nicht. Vielmehr kann in der Regel auf den vor Durchführung der Behinderungsmaßnahme vorherrschenden Preis zurückgegriffen werden. Problematisch ist die Berechnung des *monopoly overcharge* allerdings dort, wo das Verhalten des marktbeherrschenden Unternehmens nicht gegen einen aktuellen Wettbewerber gerichtet ist, sondern den Eintritt eines neuen Wettbewerbers in den Markt verhindern soll. Hier ist in der Tat ein hypothetischer Preis zu ermitteln, nämlich derjenige Preis, der sich im Falle eines erfolgreichen Markteintritts aufgrund des verschärften Wettbewerbs gebildet hätte (sog. *price down* Fälle)[73].

---

[71] Beispielhaft sei die Behandlung von Kopplungsvereinbarungen im US-amerikanischen Antitrust Law erwähnt. Danach sind solche Vereinbarungen rechtswidrig – allerdings unter § 1 Sherman Act – sofern drei Voraussetzungen erfüllt sind: (1) Die gekoppelten Produkte sind nicht zusammengehörig; (2) das koppelnde Unternehmen besitzt Marktmacht in dem Markt für das Hauptprodukt; (3) durch die Kopplungsvereinbarungen wird anderen Unternehmen ein nicht unerheblicher Teil des Marktes für das gekoppelte Nebenprodukt verschlossen. Vgl. Eastman Kodak Co. v. Image Technical Services, Inc., 504 U.S. 451, 461-62 (1992). Bereits nach geltendem deutschen Recht ist die Erheblichkeit einer Beeinträchtigung im Rahmen von § 19 Abs.4 Nr.1 GWB unter Berücksichtigung des Ausmaßes der Marktmacht und der Art des Verhaltens zu bestimmen (sog. Theorie der beweglichen Schranken; vgl. IM/*Möschel* § 19 Rdn. 107, 113). Dieser Zusammenhang müßte daher lediglich institutionalisiert werden.

[72] Vgl. hierzu bereits oben sub I.

[73] Vgl. hierzu insbesondere unten sub IV. in Zusammenhang mit § 19 Abs.4 Nr.4 GWB.

Im Ergebnis erweist sich daher die Zuweisung von Klagebefugnissen an den oder die Geschädigten als praktikabel. Dies gilt jedenfalls unter der hier vertretenen Begrenzung der Klagebefugnis auf den vorstehend bezeichneten Personenkreis. Wettbewerber des marktbeherrschenden Unternehmens werden sich regelmäßig in der besten Position befinden, wettbewerbsbehindernde Maßnahmen aufzudecken, zumal wenn diese unmittelbar gegen sie gerichtet sind. Ausschließlichkeitsbindungen etwa werden sie aufgrund ständiger Geschäftsbeziehungen zu Zulieferern oder Abnehmern am ehesten in der Lage sein, auszumachen und in ihren wettbewerblichen Wirkungen zu bewerten. Beim *predatory pricing* werden sie am besten beurteilen können, ob ein Preis mißbräuchlich tief festgesetzt ist, da sie jedenfalls die generellen Kostenstrukturen im relevanten Markt kennen. Zugunsten der Wettbewerber sind private Sanktionsmöglichkeiten darüber hinaus sogar geboten. Ihnen gegenüber besteht in besonderem Maße die Gefahr eines strategischen Einsatzes bloßer Drohungen mit wettbewerbsbehindernden Maßnahmen.

Die Gefahr, daß Wettbewerber ihre Klagebefugnis zum Anlaß nehmen werden, auch wettbewerbsadäquate Verhaltensweisen ihres marktbeherrschenden Konkurrenten zu unterbinden, ist zwar gegeben, vermag die grundsätzliche Entscheidung zugunsten privater Sanktionierung von Behinderungsmißbräuchen jedoch nicht in Frage zu stellen. Jedwedes Verhalten im Wettbewerb ist letztlich darauf gerichtet, den eigenen Gewinn auf Kosten – d.h. zum Schaden – der Konkurrenten zu maximieren. Ein Unternehmen, welches seine Produktionskosten durch Innovation vermindert und daraufhin seine Preise senkt, wird zwangsläufig Wettbewerbern Kunden abwerben und so deren Gewinn mindern. Solches Verhalten aber ist nicht nur vereinbar mit der wettbewerblichen Ordnung, sondern von ihr gerade erwünscht. Dies gilt auch für marktbeherrschenden Unternehmen[74]. Es besteht demnach ein Anreiz benachteiligter – weil ineffizienterer – Wettbewerber, unter dem Vorwand wettbewerbswidrigen Verhaltens auch gegen solches, erwünschtes Verhalten auf dem Klagewege vorzugehen[75]. Die Wahrscheinlichkeit, daß solche Klagen durchdringen oder die Androhung solcher Klagen das marktbeherrschende Unternehmen zu einem weniger aggressiven Wettbewerbsverhalten bewegen, wird jedoch dadurch erheblich gemindert, daß der Tatbestand des Behinderungsmißbrauchs – wenn auch in der oben beschriebenen, abstrahierten Weise – den Nachweis eines negativen (Preis-) Ef-

---

[74] Vgl. etwa KG WuW/E OLG 2148, 2149 „Sonntag Aktuell I"; *Mestmäcker*: Medienkonzentration und Meinungsvielfalt, S. 130, wonach eine generelle Verantwortung marktbeherrschender Unternehmen für das Überleben ihrer Wettbewerber nicht besteht.

[75] Vgl. etwa Frank H. Easterbrook, *A Reassessment of Antitrust Remedies: Treble What?*, 55 Antitrust L. J. 95, 100 (1986) ("The lure of damages for lost profits induces firms to make arguments that will injure rather than protect consumers. Profit gets primarily lost from hard competition.").

fekts für den oder die Abnehmer voraussetzt. Von Bedeutung – gerade in Abgrenzung zum Ausbeutungsmißbrauch – ist ferner der Umstand, daß der Tatbestand des Behinderungsmißbrauchs ein spezifisches Verhalten, nämlich die Behinderung eines Wettbewerbers, zum Anlaß nimmt, Marktergebnisse der (gerichtlichen) Kontrolle zu unterwerfen. Nicht hingegen ist das konkrete Marktergebnis selbst Anlaß seiner eigenen Überprüfung. Damit wird gerade nicht jedwedes Handeln des marktbeherrschenden Unternehmens potentiell, d.h. durch mißbräuchliche Klagen, zur Disposition gestellt.

Die Einräumung von Klagebefugnissen zugunsten unmittelbarer Abnehmer ist erforderlich, weil der Schaden betroffener Wettbewerber regelmäßig nicht repräsentativ für denjenigen Schaden ist, den die Verbraucher infolge einer zusätzlichen Vermachtung des Marktes und den daraus folgenden höheren Preisen erleiden. Bei genauerer Betrachtung zeigt sich vielmehr, daß sich beide Schadensposition entgegengesetzt verhalten. Je größer der Anteil der mit der Behinderung verbundenen Steigerung der Produktionskosten, den der Wettbewerber auf seine Kunden abwälzen kann, desto kleiner sein eigener Schaden, desto größer aber der Schaden auf Seiten der Verbraucher.

Die Versagung von Klagebefugnissen zugunsten nur mittelbarer Abnehmer rechtfertigt sich aus dem Bestreben, die Geltendmachung des Gesamtschadens auf möglichst wenige potentielle Kläger zu begrenzen und so deren Anreiz zur Investition in die Verfolgung von Verstößen zu maximieren. Ohnehin ist davon auszugehen, daß unmittelbare Abnehmer aufgrund ihrer relativen Nähe zu dem durch die Behinderungsmaßnahme betroffenen Markt – neben Wettbewerbern – am besten in der Lage sein werden, rechtswidriges Verhalten aufzudecken. Zugleich wird das (zivil-) gerichtliche Verfahren von der Notwendigkeit befreit, die Fortsetzung des Schadens über mehrere Marktstufen hinweg bis zum Endverbraucher vermittels komplexer mikroökonomischer Modelle zu verfolgen. Die Berechnung des Schadens unmittelbarer Abnehmer nach dem *monopoly overcharge* liefert dabei einen hinreichend genauen Näherungswert für den gesamten, sowohl dem unmittelbaren als auch den ihm nachgeordneten Abnehmer entstandenen Schaden.

Ausnahmsweise sind mittelbare Abnehmer allerdings dann klagebefugt, soweit ihr Zulieferer – d.h. der in Bezug auf den beherrschten Markt unmittelbare Abnehmer – an der klageweisen Geltendmachung eines Kartellrechtsverstoßes entweder aus rechtlichen Gründen gehindert ist oder kein wirtschaftliches Interesse hat. Einen solchen Sonderfall stellen etwa mißbräuchliche Bezugsbindungen dar. Bezugsbindung in diesem Sinne ist die Verpflichtung von Abnehmern des marktbeherrschendes Unternehmens, ihren Bedarf an dem relevanten Produkt – insgesamt oder jedenfalls zu einem bestimmten Umfang – bei dem marktbeherrschenden Unternehmen – oder jedenfalls nicht bei einem bestimmten

Wettbewerber desselben – zu decken (vgl. § 16 Nr.2 Alt.1 GWB)[76]. In diesem Fall ist das gebundene Unternehmen selbst unmittelbarer Abnehmer. Allerdings wird es ihm – wie bereits dargelegt[77] – regelmäßig an einem wirtschaftlichen Interesse mangeln, gegen die Bezugsverpflichtung auf dem Klagewege vorzugehen. Schlösse man in diesem Fall dennoch die Abnehmer des gebundenen Unternehmens aus, bliebe deren Schaden unberücksichtigt, was mit dem Gebot der Äquivalenz von (Gesamt-) Strafe und volkswirtschaftlichem Schaden nicht zu vereinbaren wäre. Eine generelle Ausweitung auf alle mittelbaren Abnehmer der betreffenden Marktstufe muß allerdings ausscheiden. Zwar trifft es zu, daß sich zumindest für den ausnahmsweise klagebefugten mittelbaren Abnehmer Feststellungen hinsichtlich der Fortsetzung des Schadens erforderlich sind. Die Begrenzung der Klagebefugnis auf unmittelbare Abnehmer führt hier mithin nicht dazu, die Zivilgerichtsbarkeit in Gänze von den mit diesen Feststellungen verbundenen höchstkomplexen ökonomischen Wertungen zu befreien. Allerdings mangelt es dem deutschen Zivilrecht an einem geeigneten prozessualen Mittel, die einmal gefundenen Ergebnisse auch der Zivilgerichtsbarkeit insgesamt – jedenfalls soweit sie mit den Klagen anderer mittelbarer Abnehmer befaßt ist – zugute kommen zu lassen. Dies aber wäre Voraussetzung, um die obige Schlußfolgerung rechtfertigen zu können. Zu einem abweichenden Ergebnis wird man etwa für das US-amerikanische Recht aufgrund der fort gegebenen Möglichkeit der *class action* gelangen können.

III. Preis- und Konditionenspaltung (§ 19 Abs.4 Nr.3 GWB)

Eine Durchsetzung der Preis- und Konditionsspaltung im Wege der privaten Schadensersatzklage muß ebenso wie im Falle des Ausbeutungsmißbrauchs ausscheiden. Die Preis- und Konditionenspaltung ist eine Variante des bereits § 19 Abs.4 Nr.2 GWB zugrunde liegenden räumlich-gegenständlichen Vergleichsmarktkonzepts. Der Tatbestand ist somit grundsätzlich dem Ausbeutungsmißbrauch zuzuordnen[78], wenn er daneben auch Elemente des Preisstrukturmißbrauchs beinhaltet[79]. Die insoweit im vorherigen Abschnitt gemachten Ausführungen beanspruchen daher auch hier Geltung. Dies betrifft sowohl die

---

[76] Im Gegensatz zu Absatzbindungen ist das Verhalten des marktbeherrschenden Unternehmens bei Bezugsbindungen nicht darauf gerichtet, seinen Wettbewerbern den Zugang zu Produktionsfaktoren zu erschweren und so deren Kosten anzuheben, sondern darauf, die Nachfrage nach ihren Produkten zu verringern und damit ihre Absatzmöglichkeiten zu beschränken. Die betroffenen Wettbewerber könnten dann genötigt sein, ihre Fixkosten auf eine geringere Produktionsmenge zu verteilen, mithin ihre Stückpreise anzuheben. Im Grenzfall könnte ihre (absetzbare) Produktion unter dasjenige Niveau absinken, welches für ein Überleben am Markt erforderlich ist (*minimum viable scale*).

[77] Vgl. hierzu bereits Fn. 68.

[78] BGHZ 142, 239, 247 „Flugpreisspaltung".

[79] IM/*Möschel* § 19 Rdn. 169.

mangelnde Bestimmtheit des Tatbestands, die Schwierigkeiten in Bezug auf eine dem Maßstab präventiver Effizienz Rechnung tragenden Quantifizierung des Schadens sowie das drohende Überhandnehmen gerichtlicher Kontrolle zulasten des marktlichen Preisbildungsmechanismus. Die nachfolgenden Ausführungen können sich daher auf eine Darstellung der sich aus den tatbestandlichen Besonderheiten des § 19 Abs.4 Nr.3 GWB erklärenden Modifikationen beschränken.

Unter dem Gesichtspunkt der tatbestandlichen Bestimmtheit ergibt sich für die Preis- und Konditionenspaltung ein abweichendes Ergebnis gegenüber dem Ausbeutungsmißbrauch nicht aus dem § 19 Abs.4 Nr.3 GWB eigenen Merkmal der „gleichartigen Abnehmer." Die Gleichartigkeit der Abnehmer ist letztlich nur ein Teilaspekt der Vergleichbarkeit der Märkte[80]. Eine abweichende Wertung folgt auch nicht aus dem Umstand, daß im Rahmen der Preis- und Konditionenspaltung nicht das Verhalten eines anderen, sondern des marktbeherrschenden Unternehmens selbst Vergleichsbasis ist, wenn auch auf einem anderen Markt. Die Notwendigkeit, für strukturelle Marktunterschiede pauschale Zu- oder Abschläge in Rechnung zu stellen, die mangels objektiver Grundlage letztlich der Willkür des Rechtsanwenders überantwortet bleiben, wird durch den Austausch der Vergleichsbasis nicht behoben. Hinzu kommen zudem vermehrt solche Unsicherheiten, die mit der Kostenrechtfertigung diskriminierender Preise im allgemeinen verbunden sind[81].

Ebensowenig vermag die spezifische Ausformung des Vergleichsmarktkonzepts in § 19 Abs.4 Nr.3 GWB die im Rahmen des allgemeinen Ausbeutungsmißbrauchs aufgeworfenen Zweifel an der Quantifizierbarkeit des Schadens auszuräumen; dies jedenfalls dann nicht, wenn man daran festhält, daß schadensersatzrechtliche Sanktionen zuallererst der Prävention dienen und die Höhe des Schadensersatzanspruchs daher grundsätzlich dem volkswirtschaftlichem Schaden entsprechen soll. Insoweit genügt bereits der Hinweis, daß das Vergleichsverhalten, auf welches § 19 Abs.4 Nr.3 GWB zum Zwecke der Feststellung des Mißbrauchs verweist, selbst keiner Prüfung unter Wettbewerbsgesichtspunkten unterworfen ist[82].

Als gegenüber § 19 Abs.4 Nr.2 GWB vorteilhaft – jedenfalls soweit dies die Eignung des Tatbestand als Gegenstand privater Rechtsdurchsetzung betrifft – erweist sich allerdings die für den Kläger günstigere Verteilung der Darlegungs- und Beweislast im Rahmen der Preis- und Konditionenspaltung. Für den Tatbestand des Ausbeutungsmißbrauchs hat der BGH aus dem Merkmal der „hohen

---

[80] IM/*Möschel* § 19 Rdn. 170.

[81] Vgl. *Möschel* JZ 1975, 393, 396. Der Nachweis mangelnder Kostendeckung selbst durch den höheren Preis schließt die Annahme eines Verstoßes gegen § 19 Abs.4 Nr.3 GWB regelmäßig aus. BGHZ 142, 239, 246 ff. „Flugpreisspaltung".

[82] *Möschel* JZ 1975, 393, 396.

Wahrscheinlichkeit" hergeleitet, daß nicht schon jedes Überschreiten des wettbewerbsanalogen Preises mißbräuchlich sein könne, sondern es vielmehr einer erheblichen Überschreitung bedürfe[83]. In der Praxis wird dem durch einen weiteren Zuschlag auf den Vergleichspreis Rechnung getragen[84]. Der Nachweis, daß der Preis des markbeherrschenden Unternehmens mißbräuchlich in diesem Sinne ist, obliegt im Rahmen des § 19 Abs.4 Nr.2 GWB dem Kläger. Ein vergleichbares, *anspruchsbegründendes* Merkmal kennt die Preis- und Konditionenspaltung nicht. Vielmehr erlangt der Aspekt der erheblichen Überschreitung des wettbewerbsanalogen Preises erst bei der Prüfung der sachlichen Rechtfertigung Bedeutung[85]. Insofern aber ist nicht der Kläger, sondern das beklagte marktbeherrschende Unternehmen darlegungs- und beweispflichtig[86]. Für die Kosten/Nutzen Analyse potentieller Kläger ergibt sich hieraus eine grundsätzlich positivere Bewertung des mit Klageerhebung verbundenen (Kosten-) Risikos. Die Erleichterung der klägerischen Darlegungs- und Beweislast ist daher grundsätzlich geeignet, den sich aus der tatbestandlichen Unbestimmtheit für die Verfolgungsintensität bei privater Rechtsdurchsetzung ergebenden negativen Folgen in gewissem Maße entgegenzuwirken.

Allerdings hat der Gesetzgeber speziell bei § 19 Abs.4 Nr.3 GWB mit dem Merkmal der Preisspaltung einen für die Umkehr der Beweislast jedenfalls aus ökonomischen Gesichtspunkten untauglichen Anknüpfungspunkt gewählt[87]. Der grundsätzlich mögliche positive Effekt einer Beweislastumkehr wird im Fall des § 19 Abs.4 Nr.3 GWB konterkarriert durch die gegenüber dem Tatbestand des allgemeinen Ausbeutungsmißbrauchs noch gesteigerte Gefahr einer übermäßigen Ausdehnung der gerichtlichen Preisaufsicht. Da die Preis- und Konditionenspaltung primär eine Spielart des Ausbeutungsmißbrauchs darstellt, treten bei ihr zunächst dieselben Externalitäten bei der Rechtsverfolgung auf, die bereits im Rahmen des § 19 Abs.4 Nr.2 GWB ausführlich dargestellt worden sind, namentlich die Gefahr einer Verfestigung der vermachteten Marktstruktur einerseits (künstliche Marktzutrittsschranken) sowie einer Behinderung der dynamischen Wettbewerbsfunktion des Wettbewerbs andererseits (Eliminierung von Innovationsanreizen). Soweit § 19 Abs.4 Nr.3 GWB daneben Elemente des

---

[83] WuW/E BGH 1445, 1454 „Valium I"; BGHZ 142, 239, 251 „Flugpreisspaltung".

[84] Das Kammergericht, WuW/E OLG 2053, 2065 f. „Valium", beispielsweise hat einen Zuschlag iHv. 25 % in Ansatz gebracht.

[85] IM/*Möschel* § 19 Rdn. 171.

[86] Klarstellend insofern nunmehr im Zuge der 6. GWB-Novelle Begr. RegE, BT-Drucks. 13/9720, S. 72 f.

[87] IM/*Möschel* § 19 Rdn. 172; *Ders.* WuW 1999, 5, 13. Gleichwohl erlegt der BGH marktbeherrschenden Unternehmen nunmehr auch im Rahmen von § 20 Abs.1 GWB den Nachweis auf, daβ Unterschiede in der Preisgestaltung ggü. verschiedenen Unternehmen für dasgleiche Produkt gerechtfertigt sind (WuW/E DE-R 839, 842 „Privater Pflegedienst").

Preisstrukturmißbrauchs beinhaltet, ist ergänzend auf folgendes hinzuweisen: Die Bewertung (preis-) diskriminierender Verhaltensweisen ist ambivalent. Gemessen an einem fiktiven, einheitlichen Preis führt diskriminierendes Verhalten zu der Besserstellung einer Gruppe von Verbrauchern bei gleichzeitiger Schlechterstellung einer anderen Gruppe. Ob die volkswirtschaftliche Effizienz in der Summe gemindert oder gesteigert wird, läßt sich indessen nicht ohne weiteres beurteilen, sondern hängt vielmehr von den konkreten Marktbedingungen ab, insbesondere den Charakteristiken von Angebot und Nachfrage[88]. Auch die Unterbindung möglicherweise effizienter Preisspaltung begründet externe Kosten, die der potentielle Privatkläger in seiner Kosten/Nutzen Analyse nicht berücksichtigen wird.

Schließlich wirkt sich die tatbestandliche Anknüpfung des § 19 Abs.2 Nr.3 GWB an den Lebenssachverhalt der Preisspaltung auch fördernd auf die Erhebung mißbräuchlicher Klagen in dem bereits im Rahmen von § 19 Abs.4 Nr.2 GWB dargelegten Sinne aus. Diese fördernde Wirkung wird durch die zugleich angeordnete Umkehr der Darlegungs- und Beweislast noch verstärkt. Ähnlich wie im Falle des Ausbeutungsmißbrauchs bestimmt die Preis- und Konditionenspaltung kein spezifisches, die mißbräuchliche Ausübung von Marktmacht indizierende Verhaltensweise zum Anlaß einer Überprüfung des Marktergebnisses. Im Gegenteil, die Preisspaltung entspricht vielmehr dem „unverfälschten Normalfall, daß ein Unternehmen sein Preise den jeweilig vorgefundenen Marktverhältnissen anpaßt.“[89] Auch hier wird daher jeder einzelne Preis eines marktbeherrschenden Unternehmens – zumindest potentiell – in Frage gestellt, obwohl auch marktbeherrschende Unternehmen die Ausnutzung unterschiedlicher Preise am Markt nicht verwehrt ist[90].

IV. Verweigerung des Zugangs zu wesentlichen Einrichtungen (§ 19 Abs.4 Nr.4 GWB)

Der im Zuge der 6. GWB-Novelle eingefügte Tatbestand der Verweigerung des Zugangs zu wesentlichen Einrichtungen ist – jedenfalls in seiner derzeitigen Fassung – einer Durchsetzung mit den Mitteln des privaten Schadensersatzrechts nicht zugänglich. Zwar folgt die ökonomische Analyse des in § 19 Abs.4 Nr.4 GWB geregelten Lebenssachverhalts im wesentlichen derjenigen des in § 19 Abs.4 Nr.1 GWB kodifizierten (allgemeinen) Behinderungsmiß-

---

[88] Vgl. zu den wettbewerblich ambivalenten Auswirkungen der Preisdiskriminierung IM/Möschel § 20 Rdn. 8 ff.; *Schultes*: Preisdifferenzierung unter wettbewerbspolitischem Aspekt, S. 101 ff. Gegen ein generelles Verbot der Preisdiskriminierung durch marktbeherrschende Unternehmen zuletzt *von Weizsäcker* ZWeR 2003, 58,70.

[89] IM/*Möschel* § 19 Rdn. 172; ebenso *Ders.* WuW 1999, 5, 13.

[90] So ausdrücklich BGH WuW/E DE-R 839, 841 f. „Privater Pflegedienst“. Unzulässig ist es nach Auffassung des BGH hingegen, wenn ein marktherrschendes Unternehmen mit Hilfe seiner Stellung die Preise zu seinen Gunsten beeinflußt.

brauchs, was zunächst dafür sprechen könnte, daß die dort gefundenen Ergebnisse auch hier Geltung beanspruchen. Ein solches Ergebnis ließe jedoch den Gesamtregelungszusammenhang des § 19 Abs.4 Nr.4 GWB außer Acht. Der Tatbestand der Verweigerung des Zugangs zu Netzen oder sonstigen Infrastruktureinrichtungen ist ein dem Gebiet der *regulated industries* entliehenes Instrument zur Förderungen wettbewerblicher Strukturen. Die Öffnung von wesentlichen Einrichtungen (*essential facilities*) soll Wettbewerb auf dem vorbzw. nachgelagerten Markt ermöglichen und so den Bedarf der (Entgelt-) Regulierung zum Fortfall bringen. Im Ergebnis freilich wird lediglich eine Verlagerung der Regulierungstätigkeit auf die Ebene der *essential facilities* erreicht. Echte wettbewerbliche Kontrolle findet demgegenüber nur im Falle einer Duplizierung der *essential facilities* selbst statt. Für die Frage, ob private Sanktionen im Rahmen von § 19 Abs.4 Nr.4 GWB in Betracht zu ziehen sind, ist daher dessen Nähe zur (Entgelt-) Regulierung und damit zum Tatbestand des Ausbeutungsmißbrauch zu berücksichtigen. Sie wird im Tatbestand der Zugangsverweigerung deutlich durch das Merkmal „gegen angemessenes Entgelt."

Gegenüber dem allgemeinen Tatbestand des Behinderungsmißbrauchs iSv. § 19 Abs.4 Nr.1 GWB ist die dem Tatbestand der Zugangsverweigerung zugrunde liegende Sachverhaltskonstellation demnach durch zwei Besonderheiten gekennzeichnet: Erstens, die vertikale, *unternehmensinterne* Integration des marktbeherrschenden Unternehmens in den Markt für Netze oder andere Infrastruktureinrichtungen. § 19 Abs.4 Nr.1 GWB betrifft demgegenüber primär jedenfalls Fälle einer vertikalen Integration durch Vertrag, insbesondere durch Ausschließlichkeitsbindungen[91]. Zweitens, die monopolartige Stellung des den vor- oder nachgelagerten Markt beherrschenden Unternehmens auch auf dem Markt für die in Rede stehenden Netze oder sonstigen Infrastruktureinrichtungen. Im Regelfall des § 19 Abs.4 Nr.1 GWB hingegen ist der Markt, zu dem der Zugang des Wettbewerbers beschränkt werden soll, grundsätzlich von Wettbewerb bestimmt. Um potentiellen Wettbewerbern des marktbeherrschenden Unternehmens den Marktzutritt zu ermöglichen, genügt es in den Fällen des § 19 Abs.4 Nr.1 GWB daher regelmäßig, die vertragliche Bindung als solche zu beseitigen. Die Konditionen, zu denen potentielle Wettbewerber dann zum Beispiel ein zwingend benötigtes Vorprodukt erwerben können, bleiben sodann dem Markt überlassen. Verfügt das marktbeherrschende Unternehmen aber zugleich über ein Monopol auf diesem – in dem soeben bezeichneten Beispiel vorgelagerten – Markt, so vermag allein das Aufbrechen der vertikalen Ausschließlichkeit den Zugang potentieller Wettbewerber zu dem benötigten Vorprodukt nicht sicherzustellen. So aber liegt es im Falle des § 19 Abs.4 Nr.4 GWB.

---

[91] Zur Frage, inwieweit § 19 GWB neben den §§ 35 ff. GWB auf (vertikale) Unternehmenszusammenschlüsse Anwendung findet, vgl. IM/*Möschel* § 19 Rdn. 233 ff.

Die Zweckmäßigkeit privater Rechtsdurchsetzung im Rahmen von § 19 Abs.4 Nr.4 GWB richtet sich folglich danach, in welchem Maße sich die Folgen privater Sanktionen eher nach den für § 19 Abs.4 Nr.1 GWB getroffenen Feststellungen richten oder aber die in Zusammenhang mit § 19 Abs.4 Nr.2 GWB geäußerten Bedenken auch hier durchgreifen. Hinzuweisen ist an dieser Stelle zunächst darauf, daß es sich bei der den Rechtsverstoß maßgeblich kennzeichnenden Handlung, nämlich der Verweigerung des Zugangs, nicht um eine solche handelt, die sich typischerweise im Verborgenen abspielt. Im Gegenteil, die Erklärung der Zugangsverweigerung erfolgt regelmäßig offen und – darüber hinaus – unmittelbar an einen potentiellen Kläger, nämlich den den Zugang begehrenden Wettbewerber. Dieser Umstand favorisiert zunächst einen privaten Rechtsdurchsetzungsmechanismus. Der Aspekt der tatbestandlichen Bestimmtheit mit spricht Ausnahme des Merkmals „gegen angemessenes Entgelt" für, in diesem entscheidenden Punkt jedoch gegen die Gewährung privater Sanktionen. Dasselbe gilt aufgrund des engen sachlichen Zusammenhangs für die zwingend erforderliche Quantifizierbarkeit des Schadens. Differenziert ist hingegen die Gefahr einer Außerkraftsetzung des marktlichen Preisbildungsmechanismus zu bewerten.

Mit Ausnahme des Merkmals „gegen angemessenes Entgelt" – hierauf wird nachfolgend gesondert einzugehen sein – ist der Tatbestand der Zugangsverweigerung für eine Durchsetzung im Wege privater (Schadensersatz-) Klagen hinreichend bestimmt. Dabei gilt für das Verhältnis zu § 19 Abs.4 Nr.1 GWB folgendes: § 19 Abs.4 Nr.4 GWB verzichtet auf einen gesonderten Nachweis der Wettbewerbserheblichkeit der Zugangsverweigerung mit Blick auf den vor- oder nachgelagerten Markt. Vielmehr tritt an die Stelle des in § 19 Abs.4 Nr.1 GWB vorgesehenen Merkmals der Beeinträchtigung *in einer für den Wettbewerb erheblichen Weise* eine (im wesentlichen) verhaltensgebundene Konkretisierung, nämlich die Weigerung, Zugang zu den eigenen Netzen oder Infrastruktureinrichtungen zu gewähren, obwohl Wettbewerb auf dem vor- oder nachgelagerten Markt ohne deren Mitbenutzung aus rechtlichen oder tatsächlichen Gründen nicht, die Mitbenutzung selbst aber sehr wohl möglich und im übrigen auch zumutbar ist[92]. Die Notwendigkeit, konkrete Marktergebnisse vorherzusagen, entfällt damit zwar nicht völlig[93], aber doch in einem erheblichem Maße. Hieraus

---

[92] Vgl. zu dieser Überlegung, das auf eine Marktergebniskontrolle gerichtete Merkmal der Beeinträchtigung in einer für den Wettbewerb erheblichen Weise durch Herausarbeitung verhaltensbezogener Fallgruppen zu konkretisieren, bereits oben sub II.

[93] Eine Prognose der künftigen Marktentwicklung kann im Rahmen der Prüfung erforderlich werden, inwieweit es anderen aus tatsächlichen Gründen unmöglich ist, ohne die Gewährung des Zugangs in Wettbewerb mit dem marktbeherrschenden Unternehmen einzutreten. Dies folgt aus dem Umstand, daß tatsächliche Unmöglichkeit auch unter Zugrundelegung einer wirtschaftlichen Betrachtungsweise angenommen werden kann, in dem Sinne nämlich, daß

folgt in jedem Fall ein Gewinn an tatbestandlicher Bestimmtheit, mögen mit den einzelnen Merkmale auch neue Unsicherheiten verbunden sein[94].

Bedenken hinsichtlich der für eine Durchsetzung im Wege der Privatklage hinreichenden Bestimmtheit ergeben sich demgegenüber aus dem Merkmal „gegen angemessenes Entgelt[95].“ Insoweit kommt der bereits einleitend erwähnte, den Tatbestand der Zugangsverweigerung gegenüber § 19 Abs.4 Nr.1 GWB auszeichnende Umstand zu tragen, daß die Bestimmung des Preises für die Gewährung des Zugangs nicht dem Markt überlassen bleiben kann, sondern aufgrund der Monopolstellung des marktbeherrschenden Unternehmens auch auf dem Markt für Netze bzw. sonstige Infrastruktureinrichtungen durch den Rechtsanwender zu erfolgen hat. Soweit die Ermittlung des angemessenen Preises entsprechend der Vorgaben des § 19 Abs.4 Nr.2 GWB vorgeschlagen wird[96], sei auf die dortigen Einwände hinsichtlich der Bestimmtheit des Vergleichs-

---

kein drittes Unternehmen – objektiv und nicht nur aufgrund subjektiver, im den Zugang konkret begehrenden Unternehmen begründet liegender Umstände – in wirtschaftlicher Weise auf dem vor- oder nachgelagerten Markt tätig werden kann. In diesem Fall hat der Rechtsanwender eine Prognose hinsichtlich der künftigen technischen Entwicklung und deren Folgen für die Marktstruktur, insbesondere für den Fortbestand der Unmöglichkeit des Marktzutritts anzustellen. Vgl. insoweit IM/*Möschel* § 19 Rdn. 199 f. m.w.N.

94 So etwa *Bechtold* NJW 1998, 2769, 2772; *Dreher* DB 1999, 833, 837. Wie die Erfahrungen mit der *essential facilities doctrine* im europäischen Rechts zeigen, dürften auch diese Unsicherheiten zu bewältigen sein. Der Rechtsprechung des EuGH mag dabei eine gewisse Vorbildfunktion zukommen. Für die Auslegung kann ferner auf § 103 Abs.5 Nr.4 GWB a.F. (vgl. *Weyer* WG 1999, 257, 261) sowie die sondergesetzlichen Normierungen der *essential facilities doctrine* Bezug genommen werden (vgl. zu § 6 Abs.1 EnWG etwa IM/*Möschel* § 19 Rdn. 209 m.w.N.). Rechtsvergleichend ist schließlich ein Rückgriff auf die Rechtsprechung des U.S. Supreme Court denkbar.

95 Vgl. hierzu auch OLG Düsseldorf WuW/E DE-R 472 „Puttgarden“. Danach ist eine auf § 19 Abs.4 Nr.4 GWB gestützte kartellbehördliche Verfügung, die in Wiederholung des Gesetzeswortlauts dem marktbeherrschenden Unternehmen aufgibt, Zugang gegen „angemessenes Entgelt“ zu gewähren, nicht hinreichend bestimmt, wenn dieses Entgelt nicht näher der Höhe nach bestimmt ist. Anders nunmehr BGH WuW/E DE-R 977, 978 ff. „Fährhafen Puttgarden“. Nach Auffassung des BGH untersagt die Verfügung dem Normadressaten des § 19 Abs.4 Nr.4 GWB jedoch lediglich „im ersten Zugriff“, Dritten entweder den Zugang generell zu verweigern oder ein Entgelt zu fordern, das so offensichtlich unangemessen wäre, daß die Forderung bei objektiver Wertung nicht ernst gemeint sein kann und sich daher als Fortsetzung der grundsätzlichen Zugangsverweigerung darstellt. Der BGH geht jedoch davon aus, daß – sollten weitere Verhandlungen über das Entgelt scheitern – eine weitere Verfügung erforderlich würde, in der das Entgelt dann konkret festzusetzen wäre. Hierzu bedürfte es der Einholung eines Sachverständigengutachtens durch das BKartA. Auch der Verlauf der vorangegangenen Verhandlungen könne wesentlichen Anhaltspunkte dafür liefern, welche Interessen bei der Festsetzung zu berücksichtigen und wie sie zu gewichten seien.

96 *Schultz*, in: *Langen/Bunte*, § 19 Rdn. 168; *Lutz* RdE 1999, 102, 109 f.

marktkonzepts verwiesen[97]. Die Bestimmung des angemessenen Entgelts im Wege einer unmittelbaren Kostenkontrolle ist nicht minder problematisch[98]. Das Konzept der Kostenkontrolle findet regelmäßig nur im Bereich der *regulated industries* Anwendung, wo der zwingend notwendige Zugriff der zuständigen (Regulierungs-) Behörde auf die kostenrelevanten unternehmensinternen Informationen durch (sonder-) gesetzliche Ermittlungs- und Eingriffsbefugnisse sichergestellt ist[99]. Eine nachträgliche Rekonstruktion dieser Informationen im Zivilprozeß erscheint nur äußerst begrenzt möglich[100]. Nochmals gesteigert werden die mit einer gerichtlichen Kostenkontrolle verbundenen Unsicherheiten, wenn als Maßstab nicht die tatsächlichen Kosten des marktbeherrschenden Unternehmens, sondern die Kosten einer effizienten Leistungserbringung vorgeschlagen werden. Ob eine Leistung effizient erbracht wird, ist eine Frage, die letztlich nur durch den Wettbewerb selbst beantwortet werden kann. Der Hinweis auf den Maßstab des § 19 Abs.4 Nr.2 GWB hilft hier kaum weiter[101]. Wäre ein tauglicher Vergleichsmarkt vorhanden, bedürfte es des Kostenkontrolle von vornherein nicht[102].

---

[97] Vgl. oben sub I.

[98] So der Vorschlag von IM/*Möschel* § 19 Rdn. 204; *Möschel* WuW 1999, 832, 840 f.; Wiedemann/*Wiedemann* § 23 Rdn. 65.

[99] Vgl. etwa § 72 TKG, § 2 TEntgV, § 26 PostG, § 2 PEntgV. Ablehnend gegenüber einer Kostenkontrolle im Rahmen von § 19 Abs.4 Nr.4 GWB daher *Böhnel* RdE 2001, 176, 180 f.

[100] Vgl. hierzu bereits oben sub I. a.E.

[101] So aber IM/*Möschel* § 19 Rdn. 204; *Hohmann*: Die essential facilitis doctrine im Recht der Wettbewerbsbeschränkungen: Eine Untersuchung der allgemeinen Zugangsregelung zu Netzen und anderen Infrastruktureinrichtungen gemäß § 19 Abs.4 Nr.4 GWB unter Berücksichtigung US-amerikanischer, europäischer und sektorspezifischer Erfahrungen, Teil 3 C.III.3.b.

[102] Dies gesteht im Grundsatz auch IM/*Möschel* § 19 Rdn. 204 zu. Zuzugeben ist *Möschel*, ebenda, und *Hohman*: Die essential facilitis doctrine im Recht der Wettbewerbsbeschränkungen: Eine Untersuchung der allgemeinen Zugangsregelung zu Netzen und anderen Infrastruktureinrichtungen gemäß § 19 Abs.4 Nr.4 GWB unter Berücksichtigung US-amerikanischer, europäischer und sektorspezifischer Erfahrungen, Teil 3 C.III.3.b., allerdings, daß das wettbewerbspolitische Ziel, Wettbewerb auf dem vor- bzw. nachgelagerten Markt zu ermöglichen und so die Preise für den Verbraucher zu senken, nicht erreicht werden kann, wenn auf den Netzbetreiber kein Druck in Richtung einer Steigerung der (Kosten-) Effizienz ausgeübt wird. Ob das Instrument der unmittelbaren Kostenregulierung hierzu überhaupt geeignet ist, erscheint allerdings zweifelhaft. Wesentliche Effizienzfortschritte und Preissenkungen sind auf dem US-amerikanischen Telekommunikationsmarkt beispielsweise erst erreicht worden, nachdem die FCC von der traditionellen *rate base regulation* zu einem *price cap* Verfahren übergegangen war (vgl. etwa FCC Price Cap Performance Review for Local Exchange Carriers, Notice of Proposed Rulemaking, 59 Fed. Reg. 12,888 (1994), für eine zusammenfassende Darstellung der Preisentwicklung nach Einführung von *price caps* im Bereich der Ortsgespräche). Zutreffend ist allerdings der Hinweis *Möschels*, daß der Maßstab der effizienten Leistungserbringung Eingang in die sektorspezifischen Regelungen des § 24 Abs.1 TKG, des § 3 TEntgV sowie des § 20 PostG gefunden hat. Hinzuzufügen ist frei-

Ob in den Fällen des § 19 Abs.4 Nr.4 GWB eine hinreichende Quantifizierung des Schadens, wie sie im Schadensersatzprozeß zwingend vorausgesetzt wird, zu erreichen ist, erscheint zweifelhaft. Dies gilt sowohl für den Schadensersatzanspruch des den Zugang begehrenden potentiellen Wettbewerbers, soweit dieser auf Ersatz entgangenen Gewinns gerichtet ist, als auch für die nach dem Monopolgewinn bemessenen Ansprüche der (unmittelbaren) Abnehmer[103]. Dabei ist zunächst im Anschluß an die zu § 19 Abs.4 Nr.2 GWB gemachten Ausführungen daran zu erinnern, daß eine Ermittlung des angemessenen Entgelts nach Maßgabe des Vergleichsmarktkonzepts – jedenfalls in seiner herrschenden Auslegung – keine Gewähr dafür trägt, daß der so ermittelte Schadensersatzanspruch überhaupt dem volkswirtschaftlichen Schaden äquivalent ist[104]. Eine unmittelbare Kostenkontrolle würde dieses Problem zwar mindern, die tatsächlichen Schwierigkeiten bei der Ermittlung des angemessenen Entgelts indessen – wie vorstehend dargelegt – erheblich vermehren; dies aufgrund der besonderen Konstellation der von § 19 Abs.4 Nr.4 GWB geregelten Sachverhalte, namentlich der tatbestandlichen Verknüpfung zweier einander vor- bzw. nachgeordneter, durch dasselbe Unternehmen beherrschter Märkte, sogar in einer gegenüber dem Tatbestand des Ausbeutungsmißbrauch gesteigerten Weise. Denn sie macht es erforderlich, im Rahmen der Schadensberechnung auf gleich zwei hypotheti-

---

lich, daß in beiden Regulierungsbereichen der *price cap* Regulierung ausdrücklich Vorrang vor einer an den Kosten der effizienten Leistungserbringung orientierten Einzelgenehmigung eingeräumt worden ist (§ 1 Abs.1 TEntgV, § 1 PEntgV). Die *price cap* Regulierung aber verzichtet gerade auf einen Vergleich der tatsächlichen Kosten mit den Kosten der effizienten Bereitstellung jeder einzelnen Leistung (BeckTKG-Komm/*Schuster/Stürmer* § 27 Rnd. 15). Im übrigen ist darauf hinzuweisen, daß die nach den von *Möschel* genannten Vorschriften zulässigen Entgelte gerade nicht Gegenstand privater Rechtsdurchsetzung, sondern einer behördlichen ex ante Regulierung sind. Dies gilt im Falle des Postrechts auch insoweit, als die Vorgabe der „effizienten Leistungsbereitstellung" auf die Gewährung von Zugang zu wesentlichen Einrichtung für anwendbar erklärt wird (§§ 28 Abs.2, 29 Abs.2 PostG). Dasselbe gilt für die Gewährung besonderen Netzzugangs nach § 35 TKG, soweit Gegenstand des Zugangs Sprachtelefondienste oder – wichtiger – Übertragungswege sind (§ 39 TKG iVm. §§ 24, 25 Abs.1 TKG; vgl. BeckTKG-Komm/*Piepenbrock* § 39 Rdn. 11). Im übrigen unterliegen die Zugangsentgelte allerdings in der Tat nur dem Verfahren des Mißbrauchsaufsicht nach § 33 TKG (BeckTKG-Komm/*Piepenbrock* § 39 Rdn. 12) und damit keiner ex ante Regulierung, wohl aber der Möglichkeit einer zivilgerichtlichen Durchsetzung (BeckTKG-Komm/*Piepenbrock* § 33 Rdn. 101). Wie sich in diesem Fall die materiellen Vorgaben an die Höhe des Entgelts in § 33 Abs.1 TKG (interne Verrechnungspreise) und in §§ 39, 24 Abs.1 TKG (Orientierung an den Kosten der effizienten Leistungsbereitstellung – der materielle Maßstab gilt im Rahmen des § 35 TKG unabhängig von der verfahrensrechtlichen Frage, ob ex ante Regulierung vorliegt oder nicht; vgl. BeckTKG-Komm/*Piepenbrock* § 39 Rdn. 12) zueinander verhalten, ist nicht klar.

[103] Zur Terminologie vgl. oben sub II.

[104] Vgl. oben sub I.

sche Preise zurückzugreifen. Dieselbe Notwendigkeit stellt sich weder in den Fällen des allgemeinen Behinderungsmißbrauchs nach § 19 Abs.4 Nr.1 GWB noch in denen des Ausbeutungsmißbrauchs nach § 19 Abs.4 Nr.2 GWB.

Der den Ersatz entgangenen Gewinns geltend machende potentielle Wettbewerber wird im Schadensersatzprozeß zumindest vortragen und im Falle des Bestreitens auch beweisen müssen, daß sein Marktzutritt ohne die gemäß § 19 Abs.4 Nr.4 GWB rechtswidrige Zugangsverweigerung tatsächlich erfolgt wäre[105]; darüber hinaus die Höhe des zu erwartenden Marktanteils sowie den auf den Verkauf der einzelnen Einheit aller Wahrscheinlichkeit nach fallenden Gewinn[106]. Dabei kann naturgemäß nicht von dem vor dem (erfolgreichen) Marktzutritt gegebenen Preisniveau ausgegangen werden, sondern ist ein niedrigerer, notwendigerweise hypothetischer Preis zugrundezulegen. Im Grundsatz bestehen insoweit keine Unterschiede gegenüber anderen, in den Anwendungsbereich des § 19 Abs.4 Nr.1 GWB fallenden Praktiken, die nicht auf die Verdrängung aktueller, sondern auf die Verhinderung des Zutritts neuer Wettbewerber gerichtet sind[107]. Fest steht dort indessen, nämlich aufgrund tatsächlich bestehenden Wettbewerbs, regelmäßig der Preis desjenigen Produktionsfaktors, zu dem einem potentiellen Wettbewerber in kartellrechtswidriger Weise der Zugang verwehrt wird. An dessen Stelle tritt im Falle der Zugangsverweigerung nach § 19 Abs.4 Nr.4 GWB hingegen das „angemessene Entgelt", also ein zweiter nur hypothetischer Preis, mit den oben beschriebenen und in Zusammenhang mit § 19 Abs.2 Nr.2 GWB bekannten Unsicherheiten seiner Ermittlung. Mit anderen Worten, der hypothetische Preis auf dem vor- oder nachgelagerten Markt hängt von dem seinerseits nur hypothetischen wettbewerbsadäquaten Preis für den Netzzugang ab. Ersichtlich ist damit zugleich, inwieweit ein von den Abnehmern geltend zu machender, auf den Monopolgewinn gerichteter Anspruch betroffen ist. Aus der Zusammenschau der relativen tatbestandlichen Unbestimmtheit und der mangelnden Quantifizierbarkeit des Schadens folgen – erstens – ein hohes, gegenüber allen anderen Beispielstatbeständen des § 19 Abs.4 Nr.1-3 GWB gesteigertes Maß an Unsicherheit über den Ausgang eines möglichen Rechtsstreits sowie – zweitens – angesichts der Komplexität der zu ermittelnden mikroökonomischen Zusammenhänge überdurchschnittliche Kosten der Rechtsverfolgung. Beide Umstände favorisieren ein System öffentlicher Rechtsdurchsetzung.

Nicht in demselben Maße wie im Rahmen des Ausbeutungsmißbrauchs gegeben ist im Rahmen des § 19 Abs.4 Nr.4 GWB die Gefahr einer Außerkraftsetzung

---

105 Zum Nachweis einer Beeinträchtigung des vor- bzw. nachgelagerten Marktes *Weyer* AG 1999, 257, 262.

106 Zur Anwendbarkeit der §§ 252 BGB, 287 ZPO vgl. IM/*Emmerich* § 33 Rdn. 47 m.w.N.

107 Vgl. hierzu bereits oben sub II.

des marktlichen Preisbildungsmechnismus zugunsten einer (zivil-) gerichtlichen Preiskontrolle, mit der Folge einer Schädigung des dynamischen Wettbewerbsprozesses insgesamt. Dabei kommen zwar zunächst aufgrund der Qualifizierung des § 19 Abs.4 Nr.4 GWB als Instrument der *public utility regulation* dieselben generellen Bedenken gegen eine (zivil-) gerichtliche Überprüfung der Angemessenheit von Preisen zu tragen, die im Falle des § 19 Abs.4 Nr.2 GWB entscheidend gegen die Gewährung privater Klagebefugnisse sprachen[108]. Sie liegen auch im Rahmen des § 19 Abs.4 Nr.4 GWB in jenen externen Kosten begründet, die in der Kosten Nutzen Analyse des individuellen Klägers unberücksichtigt bleiben und für deren Internalisierung ein System öffentlicher Rechtsdurchsetzung folglich die beste Gewähr trägt. Derartige Externalitäten treten primär in Zusammenhang mit dem Merkmal „gegen angemessenes Entgelt" auf. Namentlich sind negative Auswirkung für die Anreizwirkung des Eigentums zu besorgen, wenn das Zugangsentgelt zu niedrig festgesetzt wird und die Investition in den Neu- und Ausbau von Netzen und Infrastruktureinrichtungen keine Amortisation in wirtschaftlich attraktiver Weise mehr verspricht[109]. Eine ähnliche Wirkung zöge eine zu weite Fassung des Zugangsgrundes, insbesondere der rechtlichen oder tatsächlichen Unmöglichkeit, anderweitig in Wettbewerb zu dem marktbeherrschenden Unternehmen treten zu können, nach sich. Für potentielle Wettbewerber mag der Weg über die Nutzung fremder Netze oder Infrastruktureinrichtungen die billigste Möglichkeit darstellen, in den vor- bzw. nachgelagerten Markt einzutreten. Kurzfristig mag dies auch für den Verbraucher von Vorteil sein. Echte wettbewerbliche Kontrolle des Marktbeherrschers allerdings ließe sich nur durch Wettbewerber mit eigener Infrastruktur erzwingen. Die allzu leicht zu erreichende Öffnung der Einrichtungen des Marktbeherrschers zur Mitbenutzung nimmt jedoch gerade Wettbewerbern den Anreiz, in den Aufbau eigener, möglicherweise dann sogar effizienterer Infrastruktureinrichtungen zu investieren, wohlgemerkt zum langfristigen Nachteil der Verbraucher.

Eine gegenüber § 19 Abs.4 Nr.2 GWB differenziertere Bewertung rechtfertigt sich jedoch aus dem Umstand, daß im Rahmen der Zugangsverweigerung die bloße Behauptung eines unangemessenen Preises eine Schadensersatzklage gerade noch nicht trägt. Vielmehr bedarf es insbesondere des Nachweises eines negativen Effekts der Zugangsverweigerung auf den Wettbewerb auf dem vor- bzw. nachgelagerten Markt, namentlich, daß ein (erfolgreicher) Eintritt neuer Wettbewerber allein an der Forderung eines nicht angemessenen Entgelts gescheitert sei. Dies folgt zwar nicht unmittelbar aus dem Tatbestand des § 19 Abs.4 Nr.4 GWB, wohl aber aus der Zuordnung der Norm zur Gruppe der Behinderungsmißbräuche. Insbesondere erfordert die Geltendmachung des

---

[108] Vgl. hierzu oben sub I.
[109] IM/*Möschel* § 19 Rdn. 204.

Schadens in Form des entgangenen Gewinns die Wettbewerbserheblichkeit der Zugangsverweigerung. Die hiermit verbundene gegenüber § 19 Abs.4 Nr.4 GWB wesentlich gesteigerte klägerische Darlegungslast einerseits sowie die Erweiterung der Verteidigungsmöglichkeiten auf Beklagtenseite lassen die Gefahr eines weiträumigen Mißbrauchs der privaten Schadensersatzklage als weniger schwerwiegend erscheinen.

3. Teil: Private Mißbrauchsaufsicht vor Inkrafttreten der 6. GWB-Novelle gemäß § 22 iVm. § 35 GWB a.F.

A. Rechtsgrundlage privater Rechtsdurchsetzung vor Inkrafttreten der 6. GWB-Novelle: Das Schutzgesetzprinzip des § 35 GWB a.F.

Als Rechtsgrundlage privater Rechtsdurchsetzung war vor Inkrafttreten der 6. GWB-Novelle vorrangig § 35 GWB a.F. in Betracht zu ziehen – im Falle von Unterlassungsbegehren in Verbindung mit § 1004 BGB analog. Danach war derjenige zum Schadensersatz verpflichtet, der gegen eine Vorschrift des GWB oder gegen eine aufgrund des GWB erlassene Verfügung verstieß, sofern diese Vorschrift oder Verfügung den Schutz eines anderen bezweckte. Der Gesetzgeber hat damit das Schutzgesetzprinzip, wie es bereits in § 823 Abs.2 BGB Eingang gefunden hat, ausweislich der Begründung zum Regierungsentwurfes des GWB von 1957 in das deutsche Kartellrecht übernommen[1]. Dementsprechend hat der BGH entschieden, daß § 35 GWB a.F. nur dann als Grundlage eines Schadensersatz- oder Unterlassungsanspruchs in Verbindung mit einer anderen Vorschrift in Betracht komme, wenn die betreffende Vorschrift in Form eines bestimmten Gebots oder Verbots den Schutz eines bestimmten Personenkreises umfasse und gegen eine näher bestimmte Art der Schädigung eines im Gesetz festgelegten Rechtsguts oder Individualinteresses gerichtet sei[2]. Finden sich in der kartellrechtlichen Literatur auch verschiedentlich Überlegungen, das Schutzgesetzprinzip de lege lata einschränkend auszulegen, wenigstens aber de lege ferenda zu lockern, und so den Weg hin zu einer stärkeren Einbeziehung zivilrechtlicher Klagen in das System der Wettbewerbsaufsicht zu bereiten, so waren für die Rechtsanwendungspraxis die Weichen mit der Entscheidung des BGH gestellt. Für den Bereich der Mißbrauchsaufsicht galt es somit zu klären, ob § 22 GWB a.F. Schutzgesetz in diesem Sinne war.

B. Private Mißbrauchsaufsicht vor Inkrafttreten der 6. GWB-Novelle: § 22 GWB a.F. als Schutzgesetz?

I. Die Schutzzweckdiskussion in der Rechtsprechung: Die Mißbrauchsaufsicht als primär institutionsschützende Eingriffsermächtigung ohne Schutzgesetzcharakter

Der BGH hat die Schutzgesetzeigenschaft von § 22 GWB a.F. in der Rechtssache „Strombezugspreis“ unter Berufung auf formale Argumente verneint. Zwar stehe allein die Tatsache, daß das GWB primär im Allgemeininteresse den Schutz der Wettbewerbsfreiheit als Institution bezwecke, der Einordnung einer Vorschrift als Schutzgesetz iSv. § 35 GWB a.F. nicht grundsätzlich entgegen. Vielmehr bedürfe es in jedem Fall einer eingehenden Prüfung des Schutzzwecks der betreffenden Norm. Allerdings diene § 22 GWB a.F. gerade nicht dem un-

---

[1] Begr. RegE, BT-Drucks. 2/1158, S. 38.
[2] WuW/E BGH 1361, 1364 „Krankenhaus-Zusatzversicherung“.

mittelbaren Schutz von Individualinteressen[3]. Eine Abgrenzung des Schutzbereichs der Mißbrauchsaufsicht in sachlicher wie persönlicher Hinsicht erübrigte sich damit[4].

Das Kammergericht ist der Rechtsprechung des BGH gefolgt, ohne sich selbst mit dem Schutzzweck der Mißbrauchsaufsicht auseinanderzusetzen[5]. Von den übrigen Instanzgerichten haben sich allein das OLG Frankfurt a.M. sowie das LG Köln mit der Schutzgesetzeigenschaft von § 22 GWB a.F. befaßt. In beiden Fällen wurden zivilrechtliche Ansprüche verneint, da die Norm lediglich eine Eingriffsermächtigung zugunsten der Kartellbehörden begründe. Marktbeherrschende Unternehmen seien nur Adressat der aufgrund von § 22 Abs.5 GWB a.F. ergangenen kartellbehördlichen Verfügungen, nicht jedoch der Norm als solcher[6].

II. Die Schutzzweckdiskussion in der kartellrechtlichen Literatur

Anders als in der Rechtsprechung ist die Schutzgesetzeigenschaft von § 22 GWB a.F. in der kartellrechtlichen Literatur kontrovers erörtert worden. Dabei ist die herrschende Ansicht im Ergebnis dem BGH gefolgt. Eine durchaus gewichtige Mindermeinung ist demgegenüber für eine Einordnung von § 22 GWB a.F. als Schutznorm im Sinne von § 35 GWB a.F. eingetreten[7]. Vor dem Hintergrund der nur kursorischen Behandlung des Streits in der Rechtsprechung hat die Diskussion wesentlich zum Verständnis der Mißbrauchsaufsicht sowie der Schutzgesetzdogmatik allgemein beitragen können. Im folgenden sollen die

---

[3] WuW/E BGH 1299, 1300 „Strombezugspreis"; ähnlich argumentiert das OLG Düsseldorf (WuW/E OLG 1536, 1539 f. „Umstellung auf Erdgas"), allerdings in Bezug auf die Begründung eines subjektiv öffentlichen Rechts aus § 22 GWB a.F. im Verwaltungsverfahren.

[4] Dennoch verwundert die äußerst knapp gefaßte Begründung des BGH, betrachtet man vergleichend das Urteil des BGH zu Art. 4 lit.b, 60 § 1 EGKSV – der Mißbrauchsvorschrift des EGKS-Vertrags. Zwar erkennt der BGH auch diese Norm nicht als Schutzgesetz an. Immerhin setzt sich das Gericht dort aber eingehend mit deren Schutzzweck auseinander (BGHZ 30, 74, 80 ff. „Saarbergwerke"). Vgl. zur Abgrenzung des sachlichen und persönlichen Schutzbereichs bei der Prüfung von Ansprüchen aus § 35 GWB a.F. WuW/E BGH 1361, 1364 „Krankenhaus-Zusatzversicherung".

[5] KG WuW/E OLG 1813, 1815 „Medizinischer Badebetrieb"; ebenso das OLG Düsseldorf WuW/E OLG 1536, 1540 „Umstellung auf Erdgas". Offen gelassen hat das KG die Schutzgesetzeigenschaft von § 22 GWB a.F. in WuW/E OLG 1637, 1638 „Weichschaum"; 1758, 1762 „Weichschaum II"; ebenso OLG Celle WuW/E OLG 1387, 1391 „Bauleitplan".

[6] OLG Frankfurt a.M. WuW/E OLG 1194, 1197 f. „Stromversorgung für US-Streitkräfte"; LG Köln WuW/E LG/AG 305, 305 f. „Kalkstickstoff".

[7] Vgl. neben den in der nachfolgenden Darstellung genannten Autoren *Fischerhof* NJW 1974, 1556, 1557; *Hennig*, in: *Langen/Bunte* (8. Aufl.), § 35 Rdn. 24; *K. Schmidt* ZRP 1979, 38, 45; *Ders.* DB 1980, 817, 818; *Selmer*: FIW-Schriftenreihe, Heft 81, S. 97 (sämtlich – ohne Begründung – gegen die Schutzgesetzeigenschaft von § 22 GWB a.F.) sowie *Möschel* NJW 1975, 753, 757 (für die Schutzgesetzeigenschaft – ebenfalls ohne Begründung).

in diesem Zusammenhang vorgebrachten Argumente beider Seiten näher beleuchtet werden.

1. Der Wortlaut: Eingriffsermächtigung contra Mißbrauchsverbot

Gegen die Einordnung von § 22 GWB a.F. als Schutzgesetz ist von den Vertretern der herrschenden Ansicht – im Anschluß an die Rechtsprechung – eingewandt worden, die Norm sei ausschließlich als Eingriffsermächtigung zugunsten der Kartellbehörden formuliert. Ihr sei daher jegliche unmittelbar privatrechtliche Relevanz abzusprechen[8]. Ob solche Vorschriften, die der Ausfüllung oder Ergänzung durch eine Entscheidung der zuständigen Verwaltungsbehörde bedürfen, als Schutzgesetze in Betracht kommen, betrifft ein aus dem allgemeinen Deliktsrecht – namentlich in Zusammenhang mit § 823 Abs.2 BGB – bekanntes Problem. Die Frage wird dort im Grundsatz überwiegend bejaht[9].

Auf Seiten der herrschenden Ansicht zu § 22 GWB a.F. lassen sich drei Ansätze unterscheiden. Einige Autoren verweisen auf die in der Rechtsprechung des BGH verwandte Definition des Schutzgesetzes, wonach als solches überhaupt nur eine Norm in Betracht kommt, die ein hinreichend bestimmtes Verbot begründet. An dieser Voraussetzung fehle es bei Eingriffstatbeständen wie § 22 GWB a.F. Denn sie beschrieben gerade kein rechtswidriges, vorbehaltlich des Vorliegens von Rechtfertigungsgründen verbotenes Verhalten und begründeten daher keine Unrechtstatbestände[10]. Ein zweiter Ansatz argumentiert, die Eingriffsermächtigung des § 22 GWB a.F. beträfe allein die Kartellbehörden als ihre Adressaten. Marktbeherrschende Unternehmen könnten daher insoweit auch nicht Gegner eines Anspruchs aus § 35 GWB a.F. sein[11]. Damit ist ein gegenüber dem Verbotscharakter von § 22 GWB a.F. selbständiger Gesichtspunkt an-

---

[8] *Baur/Weyer*, in: Frankfurter Kommentar, § 22 a.F. Rdn. 692; *v. Gamm*: Kartellrecht, § 22 Rdn. 6; GK/*Benisch* (4. Aufl.) § 35 Rdn. 14; *Gleiss/Kracht* NJW 1959, 971, 973; *Goll* GRUR 1976, 486, 492; *Ders.* WuW 1976, 291, 293 f.; *Leo* WuW 1959, 485, 493 f.; *Paschke/Kersten*, in: Frankfurter Kommentar, § 22 a.F. Rdn. 36; *Rittner* WuW 1969, 65, 72; *Roth*, in: Frankfurter Kommentar, § 35 a.F. Rdn. 69; *I. Schmidt*: US-amerikanische und deutsche Wettbewerbspolitik gegenüber Marktmacht, S. 390; *K. Schmidt*: Aufgaben und Leistungsgrenzen der Gesetzgebung im Kartelldeliktsrecht, S. 15, 64; *Schmiedel*: Deliktsobligationen nach deutschem Kartellrecht, Erster Teil, S. 45 f.; *Spengler* WuW 1960, 410, 418; *Ulmer* AfP 1975, 870, 884; *Westrick/Loewenheim* § 22 Rdn. 2, 75; *Wrage*: UWG-Sanktionen bei GWB-Verstößen?, S. 5 f.

[9] Vgl. *Larenz/Canaris*: Schuldrecht II/2, § 77 II 1 a, S. 433; *MüKo/Mertens* § 823 Rdn. 174; *Soergel/Zeuner* § 823 Rdn. 286.

[10] So *Goll* WuW 1976, 291, 293 f.; *Schmiedel*: Deliktsobligationen nach deutschem Kartellrecht, Erster Teil, S. 46; *Spengler* WuW 1960, 410, 418; *Wrage*, UWG-Sanktionen bei GWB-Verstößen?, S. 5 f.

[11] *Schmiedel*, Deliktsobligationen nach deutschem Kartellrecht, S. 46; aus der Rechtsprechung vgl. OLG Frankfurt a.M. WuW/E OLG 1194, 1197 f. „Stromversorgung für US-Streitkräfte"; LG Köln WuW/E LG/AG 305, 305 f. „Kalkstickstoff".

gesprochen. Er betrifft zunächst nicht den materiell-rechtlichen Inhalt der Mißbrauchsaufsicht, sondern verweist auf die weiterreichenden Fragen nach der Kompatibilität zivilrechtlicher und verwaltungsrechtlicher Sanktionssysteme einerseits sowie den sich hieraus ergebenden Zuständigkeitskonflikten zwischen Kartellbehörden und Zivilgerichten andererseits. Einige Vertreter der herrschenden Ansicht schließlich haben maßgeblich auf die sich aus der Formulierung der Rechtsfolge – Eingriffsbefugnis zugunsten der Kartellbehörden – ergebende Zuordnung von § 22 GWB a.F. zum öffentlichen Recht abgestellt[12]. Die herkömmliche Abgrenzung zwischen Normen des öffentlichen und des privaten Rechts paßt für das Kartellrecht jedoch nur sehr begrenzt. Denn das GWB knüpft an denselben Tatbestand regelmäßig nicht nur eine einzelne Rechtsfolge, sondern zumeist ein Bündel privatrechtlicher, verwaltungsrechtlicher und bußgeldrechtlicher Sanktionen[13]. Schon deshalb lassen sich aus der Zuordnung von § 22 GWB a.F. zum öffentlichen Recht keine zwingenden Vorgaben dahingehend entnehmen, ob die Norm Rechtsfolgen im Verhältnis zwischen einem marktbeherrschenden Unternehmen und einem durch dessen Verhalten geschädigten Marktteilnehmer zeitigt.

In diesem Sinne ist der herrschenden Ansicht vor allem entgegengehalten worden, sie verknüpfe in unzulässiger Weise Rechtsfolge und Tatbestand des § 22 GWB a.F. Allein die Tatsache, daß die Vorschrift als Eingriffsermächtigung zugunsten der Kartellbehörden formuliert sei, schließe nicht zwingend aus, § 22 iVm. § 35 GWB a.F. als Grundlage zivilrechtlicher Sanktionen heranzuziehen. *Mestmäcker* führt hierzu aus, es sei die Eigenart des deutschen Zivilrechts, materielle Rechtslage und Rechtsfolge unmittelbar miteinander zu verbinden. Dieser Zusammenhang sei dem Privatrecht aber weder historisch noch rechtsvergleichend vorgegeben. Vielmehr unterscheide gerade das *equity* Verfahren, welches für die Anwendung des US-amerikanischen Kartellrechts maßgeblich sei, strikt zwischen dem Gesetzesverstoß und den zur Herstellung eines gesetzmäßigen Zustands erforderlichen gerichtlichen Anordnungen[14]. Auch für das deutsche Kartellrecht sei es nicht ungewöhnlich, an einen Tatbestand verschiedene Rechtsfolgen anzuknüpfen[15]. Für die Ermittlung dieses, die einheitliche Grundlage sämtlicher Sanktionsanordnungen bildenden, Tatbestands[16] könne es

---

[12] *Leo* WuW 1959, 485, 493 f.

[13] *Müller-Laube*: Der private Rechtsschutz gegen unzulässige Beschränkungen des Wettbewerbs und mißbräuchliche Ausnutzung von Marktmacht im deutschen Kartellrecht, S. 15 f.; *Rittner*: Wettbewerbs- und Kartellrecht, § 5 Rdn. 49, S. 132 f.

[14] *Mestmäcker* AcP Bd. 168 (1968), 235, 243 = DB 1968, 787, 789.

[15] *Emmerich*: Das Wirtschaftsrecht der öffentlichen Unternehmen, S. 337.

[16] So die Formulierung von *Müller-Laube*: Der private Rechtsschutz gegen unzulässige Beschränkungen des Wettbewerbs und mißbräuchliche Ausnutzung von Marktmacht im deutschen Kartellrecht, S. 16.

daher weder auf die Formulierung der Rechtsfolge und noch darauf ankommen, ob eine Norm als ausdrückliches Verbot abgefaßt sei. Entscheidend sei allein der materielle Schutzgehalt der Norm[17].

Die Kritik an der herrschenden Ansicht stützt sich insbesondere auf eine vergleichende Betrachtung der Rechtsprechung des BGH zu den §§ 1 und 27 GWB a.F.[18]. Obwohl keine der beiden Vorschriften als ausdrückliches Verbot gefaßt war, hat der BGH deren Eigenschaft als Schutzgesetz im Sinne von § 35 GWB a.F. bestätigt[19]. Zwar läßt sich mit Blick auf § 1 GWB a.F. argumentieren, der Verbotscharakter der Norm sei unzweifelhaft in der Sanktionierung als Ordnungswidrigkeit gemäß § 38 Abs.1 Nr.4 GWB a.F. zum Ausdruck gekommen. Bemerkenswert bleibt in jedem Fall die Bejahung der Schutzgesetzeigenschaft von § 27 GWB a.F. Die Norm begründete weder ein ausdrückliches Verbot zulasten von Wirtschafts- oder Berufsvereinigungen, die Aufnahme von Unternehmen aus sachlich nicht gerechtfertigten Gründen zu verweigern, noch war eine solche Verweigerung im Rahmen von § 38 Abs.1 GWB a.F. mit einer Geldbuße bedroht. Als Eingriffsermächtigung sah § 27 GWB a.F. vielmehr lediglich die Befugnis der Kartellbehörden vor, die Aufnahme durch Verfügung anzuordnen. Der Rechtsprechung des BGH kann daher keinesfalls entnommen werden, die Formulierung der Rechtsfolge einer Norm – insbesondere im Sinne einer kartellbehördlichen Eingriffsermächtigung – sei als zwingendes Präjudiz im Rahmen des Schutzgesetzprüfung zu berücksichtigen. Maßgeblich ist stets der materielle Normzweck.

Insoweit haben die Befürworter des Schutzgesetzcharakters von § 22 GWB a.F. die Ansicht vertreten, es könne nicht zweifelhaft sein, daß die Norm nach ihrem Sinn und Zweck ein grundsätzliches Verbot mißbräuchlicher Ausübung von

---

17 *Emmerich*: Das Wirtschaftsrecht der öffentlichen Unternehmen, S. 337; IM/*Emmerich* (2. Aufl.) § 35 Rdn. 50.

18 *Emmerich*: Das Wirtschaftsrecht der öffentlichen Unternehmen, S. 338; *Ders.*: Der Wettbewerb der öffentlichen Hand, S. 48, dort Fn. 105; *Ders.* NJW 1974, 902, 903; *Fikentscher*: Die Geschäftsgrundlage als Frage des Vertragsrisikos, S. 85 f.; *Koch*: Schadensersatz bei unerlaubten wettbewerbsbeschränkenden Handlungen nach deutschem und europäischem Recht, S. 67; *Möschel*: Das Wirtschaftsrecht der Banken, S. 468. *Rittner* WuW 1969, 65, 72, als Vertreter der herrschenden Meinung hingegen befürchtet, die Entscheidung könnte den Weg in ein kartellrechtliches Chaos ebnen.

19 Vgl. WuW/E BGH 1361, 1364 f. „Krankenhaus-Zusatzversicherung" für § 1 GWB a.F. sowie BGHZ 29, 344, 349 „Sanifa"; WuW/E BGH 499, 500 f. „Prüfungsverband", 1061, 1062 ff. „Zeitungsgroßhandel II" für § 27 GWB a.F. Insbesondere im Streit um die Schutzgesetzeigenschaft von § 1 GWB a.F. hatten sich die Gegner einer solchen Einordnung auf den Wortlaut der Norm berufen. Vgl. zum (nunmehr überholten) Streitstand IM/*Emmerich* § 33 Rdn. 12.

Marktmacht konstituiere[20]. *Müller-Laube* etwa hat in diesem Zusammenhang ausgeführt:

> „Mißbrauch ist zwar ein unbestimmter Rechtsbegriff, der aber einen materiellrechtlichen Bewertungsmaßstab enthält. Kennzeichnend ist nicht das Fehlen gesetzlicher Determination, sondern die durch die generalklauselartige Fassung des Verbots bedingte Offenheit gegenüber der Rechtswirklichkeit. Mißbräuchliche Ausnutzung von Marktmacht ist materiellrechtlich ebenso verboten wie sittenwidriges Verhalten im Rechtsverkehr nach der generalklauselartig gefaßten Deliktsnorm des § 826 BGB, unabhängig davon, daß hier wie dort der Rechtspraxis die Aufgabe gestellt bleibt, das allgemein gehaltene Verbot näher zu präzisieren[21]."

Dieses Verständnis von § 22 GWB a.F. als materielle Verbotsnorm überzeugt. Insbesondere kann dem dort angelegten Mißbrauchsprinzip nichts gegenteiliges entnommen werden. Zwar verfolgt das wettbewerbspolitische Regulierungskonzept der Mißbrauchsgesetzgebung den Ansatz, bestimmte Wettbewerbsbeschränkungen im Grundsatz zu dulden[22]. Zugelassen im Falle von § 22 GWB a.F. ist indessen ausschließlich die Marktbeherrschung im Sinne einer Wettbewerbsschränkung durch Zustand. Deren mißbräuchliche Ausnutzung hingegen – sie kann als Wettbewerbsbeschränkung durch Maßnahme bezeichnet werden – bleibt verboten[23]. Die Vermachtung von Märkten durch internes Unternehmenswachstum nimmt das GWB - anders übrigens als externes Unternehmenswachstum (vgl. die Vorschriften über die Fusionskontrolle in den §§ 35 ff. GWB, vormals §§ 23 ff. GWB a.F.) - als notwendiges Element von Wettbewerb im Sinne eines dynamischen Prozesses hin[24]. Innovative Vorstöße einzelner Wettbewerber, ohne die Wettbewerbsdynamik erst gar nicht entstehen

---

[20] *Emmerich*: Das Wirtschaftsrecht der öffentlichen Unternehmen, S. 337; *Ders.*: Der Wettbewerb der öffentlichen Hand, S. 47; *Ders.* ZHR Bd. 140 (1976), 97, 116; IM/*Emmerich* (2. Aufl.) § 35 Rdn. 51.

[21] *Müller-Laube*: Der private Rechtsschutz gegen unzulässige Beschränkungen des Wettbewerbs und mißbräuchliche Ausnutzung von Marktmacht im deutschen Kartellrecht, S. 51 f.

[22] Vgl. etwa *Fikentscher*: Wirtschaftsrecht, Band II, S. 233; *I. Schmidt*: US-amerikanische und deutsche Wettbewerbspolitik gegenüber Marktmacht, S. 109 ff.

[23] Diese Unterscheidung orientiert sich an der Typisierung von Wettbewerbsbeschränkungen, wie sie von *Borchardt/Fikentscher*: Wettbewerb, Wettbewerbsbeschränkung, Marktbeherrschung, S. 30; *Fikentscher*: Wirtschaftsrecht, Bd. II, S. 226 ff., sowie *Sandrock*: Grundbegriffe des Gesetzes gegen Wettbewerbsbeschränkungen, S. 231 ff., eingeführt worden ist.

[24] Hier zeigt sich, daß das GWB seiner wettbewerbstheoretischen Konzeption nach nicht der Modellvorstellung der vollständigen Konkurrenz folgt, sondern das Konzept des funktionsfähigen Wettbewerbs zugrunde legt. Zwar nennt der RegE v. 1957 (BT-Drucks. 2/1158, S. 16) noch die Marktform des vollkommenen Wettbewerbs als das mit den Mitteln der staatlichen Aufsicht zu verfolgende Ziel. Doch ist der Gesetzgeber bald aufgrund der neueren Entwicklungen im Bereich der Wettbewerbstheorie von dieser Auffassung abgegangen (vgl. RegE zur 2. GWB-Novelle, BT-Drucks. 6/2520, S. 34).

würde, sind überhaupt nur denkbar, wenn eine hinreichende Aussicht besteht, die mit ihnen verbundenen Aufwendungen durch den erlangten Vorsprung gegenüber den Konkurrenten, d.h. durch die Vorrangstellung auf dem betreffenden Markt, amortisieren zu können. Ebenso verlangt die Dynamik des Wettbewerbs aber auch, daß aktuelle wie potentielle Konkurrenten die Chance erhalten, diesen Vorsprung aufzuholen oder selbst durch weitere technische Verbesserungen des Produktes eine Vorrangstellung am Markt zu erreichen. Dort, wo Marktmacht nicht mehr Ergebnis eines derartigen dynamischen Wettbewerbsprozesses ist, sondern als Mittel zur Verhinderung potentiellen oder Einschränkung aktuellen Wettbewerbs dient, beginnt (Behinderungs-) Mißbrauch als wettbewerbsbeschränkende Maßnahme. In einem Gesetz, das den Schutz des Wettbewerbs bezweckt, kann der Mißbrauchsbegriff daher nicht wertneutral sein, sondern nur Ausdruck grundsätzlicher Ablehnung der hierunter zu subsumierenden Verhaltensweisen. § 22 GWB a.F. erlaubte daher keinesfalls bis zur Bestandskraft einer kartellbehördlichen Verfügung den Mißbrauch von Marktmacht. Mißbrauch iSv. § 22 GWB a.F. war nach Sinn und Zweck der Vorschrift verboten. Verfügungen nach § 22 Abs.5 GWB a.F. hatten damit allein feststellenden Charakter, machten aber nicht ein erlaubtes Verhalten im Sinne einer konstitutiven Wirkung zu einem mißbräuchlichen.

Klarstellend ist an dieser Stelle darauf hinzuweisen, daß mit der Feststellung des Verbotscharakters einer Norm noch keine zwingende Aussage über die Möglichkeiten privatrechtlichen Rechtsschutzes gemäß § 35 GWB a.F. getroffen ist. Dies verkennen anscheinend *K. Schmidt*[25] und *Wrage*[26], die der Mindermeinung vorwerfen, sie verwechsle in unzulässiger Weise Tatbestand und Rechtsfolge. Hier ist es vielmehr erforderlich, genau zwischen den verschiedenen Aspekten der Schutzzweckprüfung zu differenzieren. An erster Stelle steht hierbei die Frage nach dem Verbotscharakter einer Norm. Nur sie ist nach Maßgabe der vorstehenden Ausführungen für § 22 GWB a.F. bisher bejaht worden. Ebenfalls nur sie ist durch die Neuregelung der Mißbrauchsaufsicht im Rahmen der 6. GWB-Novelle – namentlich die Einführungen eines ausdrücklichen Mißbrauchsverbots gemäß § 19 Abs.1 GWB – nunmehr eindeutig beantwortet. Von der Frage nach dem Verbotscharakter strikt zu trennen ist, inwieweit die Mißbrauchsaufsicht nach § 22 GWB a.F. neben dem institutionellen Wettbewerbsschutz zumindest auch dem Schutz individueller Interessen zu dienen bestimmt war[27]. Schließlich ist zu untersuchen, in welcher Weise das GWB die Kompe-

---

[25] *K. Schmidt*: Kartellverfahrensrecht - Kartellverwaltungsrecht - Bürgerliches Recht, S. 266.

[26] *Wrage*: UWG-Sanktionen bei GWB-Verstößen?, S. 64.

[27] Dies erkennt auch *K. Schmidt*: Aufgaben und Leistungsgrenzen der Gesetzgebung im Kartelldeliktsrecht, S. 64. Er betont sogar, nur beim fehlenden Verbotscharakter und nicht bei der Frage nach dem Schutzzweck des § 22 GWB a.F. liege der Grund für die Ablehnung von Schadensersatzansprüchen nach § 35 GWB a.F.

tenzen zur Durchsetzung des in § 22 GWB a.F. begründeten Verbots zwischen Kartellbehörden und Zivilgerichten verteilt hat. Dabei stellt sich insbesondere die Frage, ob möglicherweise ausschließliche Kompetenzbereiche zugunsten einer behördlichen Mißbrauchsaufsicht anzuerkennen sind[28].

Zurecht weisen *K. Schmidt* und *Wrage* darauf hin, daß von dem individualschützenden Zweck einer Norm nicht unmittelbar auf die Befugnis des Verletzten geschlossen werden kann, seine geschützten Interessen gerade im Wege der Schadensersatzklage gemäß § 35 GWB a.F. geltend zu machen. Gleichfalls unzulässig ist es indessen, aus dem Umstand, daß eine Norm nur eine Rechtsfolge ausdrücklich benennt, ohne weiteres zu schlußfolgern, andere Sanktionen seien damit zwingend ausgeschlossen. Es mag Fälle geben, in denen dieser Schluß gerechtfertigt ist. Ermächtigt eine Norm die Kartellbehörden etwa, einen Vertrag für unwirksam zu erklären (z.B. § 16 GWB), so erscheint es ausgeschlossen, dieselbe als Verbotsnorm iSv. § 134 BGB mit der Folge einer ex tunc wirkenden Nichtigkeit anzusehen[29]. Die Zivilgerichte haben den Vertrag demnach bis zu einer die Unwirksamkeit anordnenden kartellbehördlichen Verfügung als wirksam zu behandeln[30]. Dies indessen sind Fälle, in denen sich verwaltungsrechtliche und zivilrechtliche Sanktion bereits logisch gegenseitig ausschließen. Daß sich Untersagungsverfügungen zwingend gegen ein zunächst erlaubtes Verhalten richten müßten, ist hingegen nicht in diesem Sinne vorgegeben. Das Gegenteil ist ausweislich des neuen § 32 GWB der Fall. Entscheidend kann hier dann nur der wettbewerbspolitische Sinn und Zweck einer Vorschrift sein. Mit *Müller-Laube* wird man daher sagen können, daß das GWB zwar äußerlich einen Schwerpunkt zugunsten der Ahndung von Kartellrechtswidrigkeiten durch behördliche Eingriffe gesetzt hat, damit aber zivilrechtliche Sanktionen nicht grundsätzlich ausschließen wollte, sondern lediglich einer institutionellen Rechtsfortbildung anheimgestellt hat[31].

2. Der Schutzzweck der Mißbrauchsaufsicht: Institutionsschutz contra Individualschutz

Die Frage, inwieweit das Kartellrechts ausschließlich dem institutionellen Wettbewerbsschutz oder aber zumindest auch dem individuellen Schutz der Markt-

---

28 Hierzu unten sub 5.c.

29 Nicht zu verwechseln hiermit ist die Frage, ob eine Unwirksamkeitserklärung gem. § 16 GWB (vormals § 18 GWB a.F.) schlechthin voraussetzt, daß der Vertrag wirksam ist. Dies ist nicht erforderlich. Vielmehr kann sich die Nichtigkeit bereits aus § 138 BGB, früher auch aus § 125 BGB iVm. § 34 GWB a.F. ergeben (heute allenfalls noch iVm. § 15 Abs.2 GWB). Vgl. etwa IM/*Emmerich* § 16 Rdn. 123; *Rittner*: Wettbewerbs- und Kartellrecht, § 9 Rdn. 39, S. 263.

30 WuW/E BGH 602, 603 „Schiffspumpen".

31 *Müller-Laube*: Der private Rechtsschutz gegen unzulässige Beschränkungen des Wettbewerbs und mißbräuchliche Ausnutzung von Marktmacht im deutschen Kartellrecht, S. 16.

teilnehmer dient, hat die Literatur seit Inkrafttreten des GWB beschäftigt[32]. Daß die Mißbrauchsaufsicht über marktbeherrschende Unternehmen ausschließlich den Wettbewerb als Institution schütze, haben indessen selbst diejenigen Vertreter nicht behauptet, die sich mit der herrschenden Ansicht gegen die Schutzgesetzeigenschaft von § 22 GWB a.F. ausgesprochen haben. So bestand etwa nie Streit darüber, daß auf der Grundlage von § 22 Abs.5 GWB a.F. ergangene Mißbrauchsverfügungen Schutzverfügungen iSv. § 35 GWB a.F. darstellen können[33]. Die eigentliche Fragestellung ging vielmehr dahin, nicht ob, sondern wie die Interessen der betroffenen Marktteilnehmer geschützt werden.

Eine Norm kann in erster Linie dem Schutz von Allgemeininteressen dienen, rein tatsächlich auf diesem Wege aber auch Individualinteressen zugute kommen. Der Betroffene ist darauf angewiesen, daß die zuständige Behörde seine Belange - etwa in ihren Ermesssenserwägungen - berücksichtigt, hat hierauf aber keinen Anspruch, den er auf dem Rechtswege geltend machen könnte. Man spricht von einem bloßen Rechtsreflex. Eine Norm kann dem Einzelnen auch ein subjektives öffentliches Recht einräumen, vermittels dessen er im Verwaltungsrechtswege die Berücksichtigung seiner Interessen durchzusetzen vermag. Schließlich kann eine Norm auch privatrechtliche Ansprüche unmittelbar gegen den Verletzer gewähren. Ohne Einschaltung der Verwaltung kann der Betroffene dann seine Interessen selbst vor den Zivilgerichten wahren.

Die Ausführungen des BGH im „Strombezugspreis“ – Urteil beruhen maßgeblich auf dieser Differenzierung zwischen bloßem Rechtsreflex, subjektivem öffentlichen und subjektivem privaten Recht. Danach soll § 22 GWB a.F. gerade nicht den *unmittelbaren* Schutz von Individualinteressen mit der Folge bezwekken, daß ein zivilrechtlicher Anspruch gemäß § 35 GWB a.F. zur Entstehung gelange[34]. Die herrschende Ansicht in der Literatur hat sich dem mit der Maßgabe angeschlossen, die Mißbrauchsaufsicht diene primär dem institutionellen Wettbewerbsschutz. Dem Einzelnen komme sie hingegen nur mittelbar, nämlich im Wege eines bloßen Rechtsreflexes zugute[35].

Die abweichende Auffassung hat insbesondere *Emmerich* vertreten. Wenn es die Aufgabe der Mißbrauchsaufsicht sei, im Interesse der gleichen Freiheit aller die wirtschaftliche Bewegungsfreiheit Dritter im Einflußbereich marktbeherrschender Unternehmen zu schützen, wenn die Vorschrift des § 22 GWB a.F. marktbeherrschenden Unternehmen zumindest auch im Interesse bestimmter Personen

---

[32] Vgl. IM/*Zimmer* § 1 Rdn. 7; *K. Schmidt*: Kartellverfahrensrecht – Kartellverwaltungsrecht – Bürgerliches Recht, S. 63 ff.

[33] So *Müller* WuW 1977, 92, 93 für die Schutzgesetzeigenschaft von § 22 GWB a.F.

[34] WuW/E BGH 1299, 1300 „Strombezugspreis“ (Hervorhebung durch den Verfasser).

[35] So aus der Literatur *v. Gamm*: Kartellrecht, § 22 Rdn. 6; *Gleiss/Kracht* NJW 1959, 971, 973; *Goll* GRUR 1976, 486, 492; *Ders.* WuW 1976, 291, 294; *Paschke/Kersten*, in: Frankfurter Kommentar, § 22 a.F. Rdn. 33.

konkrete Verhaltensweisen untersage, könne das Mißbrauchsverbot nur Schutzgesetz iSv. § 35 GWB a.F. sein[36]. Im Sinne des von *Emmerich* behaupteten weitgehenden Gleichlaufs des Schutzes institutioneller und individueller Interessen im Kartellrecht kann auf das „Sanifa“-Urteil des BGH zum Schutzgesetzcharakter von § 27 GWB a.F. verwiesen werden. Die im öffentlichen Interesse erlassenen Vorschriften gegen eine mißbräuchliche Beschränkung des Wettbewerbs – so der BGH – dienten in der Regel auch dem privatrechtlichen Schutz des Verletzten[37]. Zwar hat der BGH später im „Strombezugspreis“ - Urteil betont, mit der vorstehenden Formulierung habe er nur zum Ausdruck bringen wollen, daß im Einzelfall zu prüfen sei, ob eine Norm neben Allgemeininteressen unmittelbar – und eben nicht nur als bloßen Reflex – auch den Schutz von Individualinteressen bezwecke[38]. Dennoch hat der BGH mit der Anerkennung von § 27 GWB a.F. als Schutzgesetz einen Präzedenzfall geschaffen, auf den gerade mit Blick auf § 22 GWB a.F. oftmals Bezug genommen worden ist[39].

3. Die historisch-genetische Auslegung

Die Befürworter der Schutzgesetzeigenschaft von § 22 GWB a.F. haben darauf hingewiesen, daß Betroffene vor Inkrafttreten des GWB von 1957 zivilrechtlichen Schutz gegen die Ausübung wirtschaftlicher Übermacht erlangen konnten und daß der Gesetzgeber das bestehende Schutzniveau mit der Einführung der kartellrechtlichen Mißbrauchsaufsicht nicht habe beschneiden wollen[40]. Dies trifft insoweit zu, als sowohl zunächst das Reichsgericht als auch hieran anschließend der BGH in ständiger Rechtsprechung Fälle des sogenannten Monopolmißbrauchs als sittenwidrige Schädigung im Sinne von § 826 BGB behandelt haben[41]. Zugleich aber steht die behördliche Mißbrauchsaufsicht gemäß § 22 GWB a.F. in der Tradition früherer kartellrechtlicher Gesetzeswerke. Namentlich die Kartellverordnungen aus den Jahren 1923, 1930 und 1942 regelten den

---

36 *Emmerich*: Der Wettbewerb der öffentlichen Hand, S. 47 f.; *Ders.*: Das Wirtschaftsrecht der öffentlichen Unternehmen, S. 337; *Ders.* ZHR Bd. 140 (1976), 97, 115 f.; IM/*Emmerich* (2. Aufl.) § 35 Rdn. 53; ebenso *Jansen*: Kopplungsverträge, S. 131; *Koch*: Schadensersatz bei unerlaubten wettbewerbsbeschränkenden Handlungen nach deutschem und europäischem Recht, S. 67; *Mestmäcker* AcP Bd. 168 (1968), 235, 252; *Möschel*: Das Wirtschaftsrecht der Banken, S. 468.

37 BGHZ 29, 344, 349 „Sanifa“.

38 WuW/E BGH 1299, 1300 „Strombezugspreis“.

39 *Emmerich*: Das Wirtschaftsrecht der öffentlichen Unternehmen, S. 338; *Mestmäcker* AcP Bd. 168 (1968), 235, 252 = DB 1968, 835, 836; *Möschel*: Das Wirtschaftsrecht der Banken, S. 468.

40 *Fikentscher*, in: Festschrift für *Hefermehl*, S. 41, 56; *Ders.*: Die Geschäftsgrundlage als Frage des Vertragsrisikos, S. 85 f. (hier allerdings nur für § 27 GWB a.F.).

41 RGZ 99, 107, 109; 102, 396, 397; 103, 82, 84; 106, 386, 388; 115, 218, 220; 115, 253; 128, 92; 132, 273; BGH DB 1969, 78; WuW/E BGH 1391, 1397 „Rossignol“; BGH LM Nr.33 zu § 826 (Gd) „Metallhütte“.

Mißbrauch wirtschaftlicher Macht ausschließlich durch Einräumung einer behördlichen Eingriffsermächtigung[42]. Aus der Vorgeschichte des GWB lassen sich daher keine zwingenden Anhaltspunkte für oder gegen den Schutzgesetzcharakter von § 22 GWB a.F. entnehmen.

Gegen die Einordnung von § 22 GWB a.F. als Schutzgesetz spricht demgegenüber eine Analyse der Begründungen zu dem Regierungsentwurfs 1957 sowie den nachfolgenden Novellierungen des GWB[43]. Zwar verband der Gesetzgeber mit der Aufnahme eines besonderen kartellrechtlichen Haftungstatbestands in das neue GWB[44] die Vorstellung, hierdurch den deliktischen Rechtsschutz gegenüber den Regeln des allgemeinen bürgerlichen Rechts zu erweitern, nicht ihn einzuschränken. Dem sollte vor allem die Ausdehnung der Haftung auf Verstöße gegen bestimmte Verfügungen der Kartellbehörden dienen. Eine solche Regelung war nach Auffassung des Gesetzgebers gerade deshalb notwendig, weil zahlreiche Normen des neuen Gesetzes nicht unmittelbar zivilrechtlichen Sanktionen zugängliche Verbote begründeten, sondern auf die vorherige Konkretisierung durch kartellbehördliche Verfügungen angelegt seien. In diesem Zusammenhang wird insbesondere auf die Mißbrauchsaufsicht über marktbeherrschende Unternehmen verwiesen[45]. Auch an anderer Stelle bezieht die Begründung des Regierungsentwurfs den Schadensersatzanspruch im Kontext der Mißbrauchsaufsicht ausschließlich auf Zuwiderhandlungen gegen behördliche Untersagungsverfügungen[46].

Im Rahmen der 4. GWB-Novelle hat der Gesetzgeber erneut seine Auffassung zum Ausdruck gebracht, bei § 22 GWB a.F. handele es sich nach der geltenden Rechtslage nicht um ein Schutzgesetz im Sinne von § 35 GWB a.F. Namentlich im Zuge der Aufnahme von § 35 Abs.2 GWB a.F. führt er aus:

> „Die vorgesehene Ergänzung des § 35 hat im Vergleich zu der *Umwandlung des § 22 in ein Schutzgesetz* unter dem Gesichtspunkt der Effizienz den Vorteil, daß die für die Feststellung der Marktbeherrschung und des Mißbrauchs erforderlichen Markt- und Wettbewerbsuntersuchungen wie bisher zuerst durch die hierauf besonders ausgerichteten Kartellbehörden erfolgen, während

---

[42] Hierauf weist *Goll* WuW 1976, 291, 294, hin.

[43] A.A. *Müller* WuW 1977, 982, 93; *Fikentscher*, in: Festschrift für *Hefermehl*, S. 41, 56, wonach den Gesetzgebungsmaterialien zum GWB nichts für bzw. gegen die Einordnung von § 22 GWB a.F. als Schutzgesetz zu entnehmen sein soll.

[44] § 28 GWB idF. v. 27.7.1957.

[45] § 17 GWB idF. v. 27.7.1957. Vgl. Begr. RegE, BT-Drucks. 2/1158, S. 38, sowie *Roth*, in: Frankfurter Kommentar, § 35 a.F. Rdn. 69.

[46] Begr. RegE, BT-Drucks. 2/1158, S. 20.

die Zivilgerichte von derartigen wirtschaftlichen Untersuchungen entlastet bleiben[47]."

Schließlich sei in diesem Zusammenhang auf die Begründung zur 6. GWB-Novelle verwiesen:

> „Der Mißbrauch einer marktbeherrschenden Stellung wird entsprechend Art. 86 EGV durch eine unmittelbar wirkende Verbotsnorm untersagt [...] [Hierdurch] *erhalten* die Unternehmen die Möglichkeit, sich in Fällen des Mißbrauchs selbst - und ohne Einschaltung von Kartellbehörden - mit zivilgerichtlichen Schadensersatz- und Unterlassungsklagen zur Wehr zu setzen[48]."

Die historisch-genetische Auslegungsmethode stützt damit die herrschende Ansicht, wonach § 22 GWB a.F. nicht als Schutzgesetz im Sinne von § 35 GWB a.F. in Betracht kam.

4. Die systematische und rechtsvergleichende Auslegung

Die Gesetzessystematik des GWB ist überwiegend von den Vertretern der herrschenden Ansicht und damit als Argument gegen die Schutzgesetzeigenschaft von § 22 GWB a.F. bemüht worden. Die Befürworter deliktischer Mißbrauchskontrolle haben sich hingegen bevorzugt auf einen Vergleich mit dem europäischen Recht, namentlich dem Mißbrauchsverbot des Art. 82 EG berufen.

a. Vom Zweck der Einführung von § 35 Abs.2 GWB a.F.

Die herrschende Ansicht hat zunächst vorgetragen, die Einordnung von § 22 GWB a.F. als Schutzgesetz sei mit dem Regelungszweck des § 35 Abs.2 GWB a.F. nicht in Einklang zu bringen. Die Norm habe gerade die Sanktionslücke schließen sollen, die sich insbesondere auf dem Gebiet der Mißbrauchsaufsicht aus der Begrenzung des deliktischen Rechtsschutzes auf Verstöße gegen unanfechtbare Verfügungen der Kartellbehörden ergeben habe. § 35 Abs.2 GWB a.F. habe daher demjenigen Unternehmen, das ein von Seiten der Kartellbehörden gerügtes Verhalten auch nach Zustellung der Verfügung fortsetze, das Risiko des ungewissen Ausgangs eines Rechtsstreits auferlegen wollen. Sofern die Verfügung später unanfechtbar wurde, war danach der gesamte bereits ab Zustellung eingetretene Schaden zu ersetzen[49]. Der systematische Zusammenhang zwischen der Regelung des § 35 Abs.2 GWB a.F. und dem Schutzgesetzcharakter von § 22 GWB a.F. wird nunmehr durch die Neufassung des Schadensersatzanspruchs im Zuge der 6. GWB-Novelle bekräftigt. Zur Auf-

---

[47] Begr. RegE, BT-Drucks. 8/2136, S. 15 (Hervorhebung durch den Verfasser); hierzu *Kraft* WuW 1981, 317, 325; *Roth*, in: Frankfurter Kommentar, § 35 a.F. Rdn. 69; *K. Schmidt* DB 1980, 817, 818.

[48] Begr. RegE, BT-Drucks. 13/9720, S. 35 f. (Hervorhebung durch den Verfasser); hierzu *Roth*, in: Frankfurter Kommentar § 35 a.F. Rdn. 69.

[49] *Baur/Weyer*, in: Frankfurter Kommentar, § 22 a.F. Rdn. 692; GK/*Benisch* (4.Aufl.) § 35 Rdn. 14; *Roth*, in: Frankfurter Kommentar, § 35 a.F. Rdn. 69. Vgl. auch Begr. RegE, BT-Drucks. 8/2136, S. 14 f.

hebung des § 35 Abs.2 GWB a.F. führt die Begründung des Regierungsentwurf insbesondere aus:

> „Der bisherige § 35 Abs.2 wird gestrichen, da durch die Umgestaltung des bisherigen § 22 zu einer Verbotsnorm Schadensersatz schon ab Verstoß gegen den neuen § 19 verlangt werden kann[50]."

Der Einwand, die § 35 Abs.2 GWB a.F. zugrunde liegenden Vorstellungen des Gesetzgebers seien im Wortlaut der Vorschrift nicht zwingend zum Ausdruck gekommen, vermag dieses systematische Argument der herrschenen Ansicht nicht zu entkräften. Gleiches gilt für die Behauptung, § 35 Abs.2 GWB a.F. behalte auch bei einer Einordnung von § 22 GWB a.F. einen sinnvollen Gehalt[51]. Zwar wäre es denkbar, wegen desselben mißbräuchlichen Verhaltens zwei getrennte Schadensersatzprozesse anzustrengen. In einem ersten Prozeß könnte zunächst ein Verstoß gegen § 22 GWB a.F. als Schutzgesetz, in einem zweiten sodann die Zuwiderhandlung gegen eine aufgrund von § 22 Abs.5 GWB a.F. erlassene Schutzverfügung geltend gemacht werden. Fraglich ist aber bereits, inwieweit ein solches Vorgehen zivilprozessual zulässig oder jedenfalls der Richter im nachfolgenden Rechtsstreit an das Urteil des ersten gebunden ist.

b. Die Erwähnung der Schutzverfügungen in § 35 Abs.1 GWB a.F.

Gegen die Schutzgesetzeigenschaft von § 22 GWB a.F. hat *Wrage* angeführt, die privatrechtliche Sanktionierbarkeit hänge im Rahmen der Mißbrauchsaufsicht von der verbindlichen Verbotskonkretisierung durch die Kartellbehörde ab. Diese Sperrwirkung ergebe sich nicht nur aus § 22 GWB a.F., sondern auch aus der besonderen Erwähnung der Schutzverfügung in § 35 GWB a.F.[52]. Allerdings hat der Gesetzgeber mit der Aufnahme der Schutzverfügungen in den Tatbestand des § 35 GWB a.F. gerade die Vorstellung verbunden, die deliktische Haftung gegenüber dem auf Schutzgesetzverletzungen begrenzten § 823 Abs.2 BGB zu erweitern[53]. Für ein exklusives Verhältnis der beiden Tatbestandsalternativen zueinander finden sich demgegenüber keine Anhaltspunkte. Ein zwingendes gesetzessystematisches Argument gegen die Einordnung von § 22 GWB a.F. als Schutzgesetz läßt sich aus der gesonderten Erwähnung der Schutzverfügungen in § 35 GWB a.F. daher nicht entnehmen.

c. Die Aufforderung nach § 22 Abs.5 S.2 GWB a.F.

Von der Vertretern der herrschenden Ansicht ist aus systematischer Sicht weiterhin die Ausgestaltung der Ermächtigungsnorm des § 22 Abs.5 GWB a.F. selbst vorgebracht worden. Gemäß § 22 Abs.5 S.2 GWB a.F. nämlich solle die Kartellbehörde die Beteiligten zunächst auffordern, den beanstandeten Miß-

---

[50] Begr. RegE, BT-Drucks. 13/9720, S. 55.
[51] So aber IM/*Emmerich* (2. Aufl.) § 35 Rdn. 54.
[52] *Wrage*: UWG-Sanktionen bei GWB-Verstößen?, S. 64.
[53] Begr. RegE, BT-Drucks. 2/1158, S. 38.

brauch abzustellen, bevor sie eine förmliche Verfügung erlasse. Eine solche Regelung passe nicht zu der Annahme einer unmittelbar wirkenden Schutznorm. Daß der Untersagung gemäß § 37 a Abs.2 GWB a.F., die ausschließlich anerkannte Schutznormen wie insbesondere § 26 Abs.2 GWB a.F. betreffe, keine § 22 Abs.5 S.2 GWB a.F. vergleichbare Regelung enthalte, verdeutliche diesen systematischen Zusammenhang[54]. Er wird nunmehr zudem durch die 6. GWB-Novelle bestätigt. Gemäß § 32 GWB sind die Kartellbehörden befugt, jedwedes Verhalten zu untersagen, das gegen eine Verbotsnorm des GWB verstößt. Dies gilt aufgrund des neuen § 19 GWB insbesondere für die mißbräuchliche Ausübung von Marktmacht. Zugleich hat der Gesetzgeber jedoch auf die Übernahme der vormals in § 22 Abs.5 S.2 GWB a.F. enthaltenen Regelung verzichtet.

Aus rechtsvergleichender Sicht ist an dieser Stelle jedoch auf Art. 3 Abs.3 VO Nr.17 hinzuweisen. Danach kann die Kommission, bevor sie eine verbindliche Entscheidung gemäß Art. 3 Abs.1 VO Nr.17 erläßt, an die beteiligten Unternehmen Empfehlungen zur Abstellung der beanstandeten Zuwiderhandlung richten. Die unmittelbare Wirkung der Art. 81 und 82 EGV steht der Anwendung von Art. 3 Abs.3 VO Nr.17 dabei nicht entgegen[55]. Die bloße Möglichkeit der Kartellbehörden, Verstöße gegen eine Norm im Verwaltungsverfahren ohne förmliche Entscheidung abzustellen, schließt daher deren Einordnung als unmittelbar sanktioniertes Schutzgesetz nicht zwingend aus. Vielmehr steigt das Bedürfnis nach selbständigen zivilrechtlichen Sanktionen in dem Maße, in dem die Behörden den Schwerpunkt ihrer Tätigkeit von verbindlichen Entscheidungen hin zu informellen, in Absprache mit den marktbeherrschenden Unternehmen getroffenen Verfahrenslösungen verlagern[56].

d. Die Untersagungsverfügung als einheitliche Grundlage für Bußgeld- und privatrechtliche Sanktionen

Leo hat eingewandt, da im Rahmen der Mißbrauchsaufsicht über marktbeherrschende Unternehmen gemäß § 38 Abs.1 Nr.4 GWB a.F. nur derjenige ord-

---

[54] *Roth*, in: Frankfurter Kommentar, § 35 a.F. Rdn. 69.

[55] Die Regelung des Art. 3 Abs.3 VO Nr.17 ist nicht in die neue VO Nr. 1/2003 übernommen worden (vgl. Art. 7 VO Nr. 1/2003). Gem. Art. 9 VO Nr. 1/2003 kann die Kommission jedoch vor Erlaß einer Entscheidung zur Abstellung einer Zuwiderhandlung Verpflichtungszusagen der beteiligten Unternehmen entgegen nehmen und durch Entscheidung für bindend erklären.

[56] Der Vorschlag von *Goll* WuW 1976, 291, 295, bei einer - von ihm im Grundsatz jedoch abgelehnten - Umwandlung des § 22 GWB a.F. in ein Schutzgesetz Schadensersatzansprüche zumindest für den Fall gesetzlich auszuschließen, daß das mißbräuchliche Verhalten nach einer Aufforderung der Kartellbehörde abgestellt worden ist, erscheint allenfalls dann haltbar, wenn man private Klagen nicht in erster Linie mit kompensatorischer Zwecksetzung einführt, sondern als Mittel privater Mißbrauchsaufsicht. Das Abrücken vom Schutzgesetzprinzip ist dann der logisch nächste Schritt.

nungswidrig handele, der gegen eine unanfechtbare Verfügung im Sinne von § 22 Abs.5 GWB a.F. verstoße, könne § 22 GWB a.F. auch zivilrechtlich keine unmittelbaren Folgen, insbesondere keine Verpflichtung zur Leistung von Schadensersatz, begründen[57]. Der von *Leo* vorausgesetzte Gleichlauf zivilrechtlicher und bußgeldrechtlicher Sanktionen ließ sich aus der Gesetzessystematik vor Inkrafttreten der 6. GWB-Novelle jedoch nicht zwingend begründen. Zwar bestand faktisch eine weitgehende Übereinstimmung zwischen denjenigen Normen, die gemäß § 38 Abs.1 GWB a.F. unmittelbar mit einer Bußgeldandrohung bewährt waren, und solchen, die allgemein als Schutzgesetz im Sinne von § 35 GWB a.F. anerkannt waren. Sowohl für § 17 Abs.1 Nr.1 GWB a.F. als auch für 27 GWB a.F. indessen hat die Rechtsprechung die Schutzgesetzeigenschaft bejaht, obwohl in beiden Fällen gemäß § 38 Abs.1 Nr.4 GWB a.F. die Verhängung eines Bußgelds erst im Falle der Zuwiderhandlungen gegen eine unanfechtbare Verfügung der Kartellbehörden in Betracht kam[58].

Zu einer anderen Bewertung wird man nunmehr möglicherweise auf der Grundlage des durch die 6. GWB-Novelle neugefaßten GWB gelangen. So ist die sachlich nicht gerechtfertigte Verweigerung der Aufnahme in eine Wirtschafts- oder Berufsvereinigung in Anerkennung der Rechtsprechung zu § 27 GWB a.F. nunmehr gemäß § 81 Abs.1 Nr.1 GWB unmittelbar mit einem Bußgeld bedroht. Gleiches gilt für den Mißbrauch einer marktbeherrschenden Stellung insoweit, als der Gesetzgeber mit der Qualifizierung des neuen § 19 GWB als Schutzgesetz zugleich den Katalog der Ordnungswidrigkeiten entsprechend ergänzt hat (§ 81 Abs.1 Nr.1 GWB). Demgegenüber hat er es für die Mißbrauchsaufsicht über Preisbindungen gemäß § 15 Abs.3 Nr.1 GWB dabei belassen, daß erst der Verstoß gegen eine vollziehbare Verfügung der Kartellbehörden mit einem Bußgeld geahndet werden kann (§ 81 Abs.1 Nr.6 lit.a GWB). In Übereinstimmung mit der Entscheidung des Gesetzgebers, wird der Norm auch die Eigenschaft als Schutzgesetz abgesprochen, da die Einleitung eines Mißbrauchsverfahrens ausschließlich im Ermessen der Kartellbehörden stehe[59]. Es läßt sich daher gut die Auffassung vertreten, Ziel der 6. GWB-Novelle sei es

---

[57] *Leo* WuW 1959, 485, 494.

[58] Für § 27 GWB a.F.: BGHZ 29, 344, 349 „Sanifa"; WuW/E BGH 499, 500 f. „Prüfungsverband"; 1061, 1062 ff. „Zeitungsgroßhandel II"; für § 17 Abs.1 GWB a.F.: *Hennig*, in: *Langen/Bunte* (8. Aufl.), § 35 Rdn. 12; IM/*Emmerich* (2. Aufl.) § 35 Rdn. 42; *Tilmann* ZHR Bd. 141 (1977), 32, 43 (str., a.A. etwa GK/*Benisch* (4. Aufl.) § 35 Rdn. 14). Während nach Inkrafttreten der 6. GWB-Novelle im Rahmen der Mißbrauchsaufsicht über Preisbindungen weiterhin nur Verstöße gegen eine vollziehbare Verfügung der Kartellbehörde mit einem Bußgeld bewährt sind (§ 81 Abs.1 Nr.6 a GWB), kann bei mißbräuchlicher Ausübung einer marktbeherrschenden Stellung unmittelbar ein Bußgeld verhängt werden (§ 81 Abs.1 Nr.1 GWB).

[59] Vgl. IM/*Emmerich* § 33 Rdn. 21. Anderes soll wiederum für § 17 Abs.1 Nr.1 GWB gelten.

auch gewesen, die Sanktionen des Zivilrechts und des Ordnungswidrigkeitenrechts besser aufeinander abzustimmen.

Daß private Ersatzansprüche seitens des Gesetzgebers vorzugsweise bei Verstößen gegen bußgeldbewährte Normen in Betracht zu ziehen sind, hat *Tilmann* ausführlich begründet. Wer gegen ein als Ordnungswidrigkeit qualifiziertes Verbot verstoße, müsse stets damit rechnen, daß ihm der durch sein rechtswidriges Verhalten zugewachsene wirtschaftliche Vorteil nicht belassen werde. Denn gemäß § 17 Abs.4 OWiG bzw. § 38 Abs.4 GWB a.F. seien die Kartellbehörden gehalten, mindestens die Abschöpfung des gesamten auf die Zuwiderhandlung zurückzuführenden Mehrerlöses sicherzustellen[60]. In Höhe des der Rechtsordnung danach ohnehin verfallenden Betrags könne die Gewährung privater Schadensersatzansprüche somit keine schutzwürdigen Interessen des Rechtsbrechers beeinträchtigen. Durch die zwingende Anrechnung von Schadensersatzpflichten auf den im Wege der Geldbuße abzuschöpfenden Betrag sei dabei gewährleistet, daß dem Rechtsbrecher nicht mehr genommen werde, als ihm nach Erfüllung der Ersatzansprüche verbleibe. Zwar werde eine solche Anrechnung in den Bußgeldtatbeständen des Ordnungswidrigkeitenrechts nicht ausdrücklich geregelt[61]. Sie ergebe sich jedoch ohne weiteres aus der Anbindung des Bußgeldrahmens an den tatsächlich erlangten, insbesondere nach Abzug geleisteter Schadensersatzzahlungen noch vorhandenen, wirtschaftlichen Vorteil. Diese Subsidiarität der Abschöpfung mit den Mitteln des Ordnungswidrigkeitenrechts gegenüber zivilrechtlichen Ersatzansprüchen zeige zudem, daß die Rechtsordnung der Wiedergutmachung des Schadens die Priorität vor einer einfachen Entreicherung des Rechtsbrechers einräume. Allein diese Priorität spreche dafür, deliktische Ersatzansprüche bei Verstößen gegen bußgeldbewährte Kartellvorschriften anzuerkennen[62].

Gleichwohl kann nicht geschlußfolgert werden, der zulässige Anwendungsbereich schadensersatzrechtlicher Sanktionen sei zwingend durch das Ordnungswidrigkeitenrecht vorgegeben.

Wettbewerbspolitisch nicht sinnvoll wäre der mit einem solchen Ansatz verbundene Verlust des Schadensersatzrechts als grundsätzlich selbständiges Sanktionsinstrument der Kartellaufsicht. Die für jede Verbotsnorm des Kartellrechts zu treffende Entscheidung darüber, vermittels welcher Sanktionen Zuwiderhand-

---

[60] Auch die Kommission berücksichtigt bei der Festlegung von Geldbußen die durch eine Zuwiderhandlung gegen die Art. 81, 82 EG erlangten wirtschaftlichen und finanziellen Vorteile. Vgl. Ziffer 5 lit.b der Leitlinien zur Bußgeldpraxis der Kommission, ABl. 1998 Nr. C 9/5; XXI. Bericht über die Wettbewerbspolitik der Europäischen Gemeinschaft (1991), Tz. 139.

[61] Vgl. demgegenüber § 73 Abs.1 S.2 StGB für den strafrechtlichen Vermögensverfall sowie § 34 Abs.1 S.2, Abs.4 GWB für die verwaltungsrechtliche Mehrerlösabschöpfung.

[62] *Tilmann* ZHR Bd. 141 (1977), 32, 61 ff.

lungen ökonomisch effizient unterbunden werden können, würde ohne Not a priori beschränkt. Vorstellbar sind insbesondere Verhaltensweisen, für die ein rein privaterrechtlicher Durchsetzungsmechanismus eine Minimierung der gesamtgesellschaftlichen Kosten am ehesten gewährleistet[63].

Rechtsdogmatisch ist ein solcher Schluß nicht geboten. § 35 Abs.1 GWB a.F. verlangte ebenso wie nunmehr § 33 S.1 GWB den Verstoß gegen ein Gesetz. Ob ein Gesetz in diesem Sinne vorliegt, entscheidet sich ausschließlich nach dem Rechtsnormcharakter einer Vorschrift (Art. 2 EGBGB), nicht aber nach deren Bußgeldbewährung.

Rechtsvergleichend ist schließlich auf das englische Kartellrecht hinzuweisen. Das englische Kartellrecht gewährt betroffenen Unternehmen grundsätzlich keine Schadensersatzansprüche; auch die Verhängung von Bußgeldern durch die Wettbewerbsbehörden ist erst seit der Novellierung durch den Competition Act von 1998 vorgesehen[64]. Aufgrund der Vorgaben des europäischen Gerichtshofs sind die englischen Gerichte jedoch verpflichtet, bei Zuwiderhandlungen gegen die Art. 81 und 82 EG auch privaten Rechtsschutz zu gewährleisten. Mangels einer speziellen kartellrechtlichen Anspruchsgrundlage stützt sich die wohl herrschende Ansicht auf den Tatbestand der Verletzung einer gesetzlicher Verpflichtung (*breach of a statutory duty*). Als gesetzliche Verpflichtung in diesem Sinne wird dabei Section 2 des European Community Act herangezogen. Die Anspruchsgrundlage *breach of a statutory duty* setzt jedoch üblicherweise voraus, daß die gerügte Pflichtverletzung nicht schon mit Geldstrafe bedroht ist. Dies freilich ist aufgrund von Art. 15 Abs.2 lit.a VO Nr.17[65] für die Art. 81 und 82 EG der Fall[66]. Vor dem Hintergrund des europarechtlichen Effizienzgebots dürfte dieser Einwand keinen Bestand haben. Das Konzept des Tatbestands *breach of a statutory duty* zeigt jedoch, daß der Gleichlauf zivilrechtlicher und bußgeldrechtlicher Sanktionen gerade nicht zwingend vorgegeben ist. Selbst das andere Extrem ist denkbar – wenn auch wettbewerbspolitisch nicht minder problematisch.

e. § 26 Abs.2 GWB a.F. als spezieller Mißbrauchstatbestand

Nach allgemeiner Ansicht regelte § 26 Abs.2 GWB a.F. einen gegenüber § 22 GWB a.F. speziellen Mißbrauchstatbestand[67]. Anders als die allgemeine Mißbrauchsaufsicht war das Behinderungs- und Diskriminierungsverbot des

---

63 Vgl. zu möglichen Kriterien für die Auswahl solcher Verhaltensweisen oben sub 2. Teil, B.

64 Vgl. hierzu die Zusammenfassung der wichtigsten Neuregelungen bei *Levy* und *Laikin*, in: Developments in National Competition Laws, WuW 1999, 258, 263 f.

65 Art. 23 Abs.2 lit.a VO Nr. 1/2003.

66 Vgl. hierzu mit weiterführenden Nachweisen aus der englischen Rechtsprechung und Literatur *Ebenroth/Durach*: Das Wettbewerbs- und Kartellrecht Großbritanniens im Markt der Europäischen Union, Rdn. 131, 133 ff., sowie ausführlich unten sub 4. Teil, A.I.2.

67 IM/*Möschel* (2. Aufl.) § 22 Rdn. 207.

§ 26 Abs.2 GWB a.F. indessen als Schutzgesetz anerkannt[68]. Hieraus haben die Vertreter der herrschenden Ansicht geschlossen, für die Gewährung deliktischen Rechtsschutzes nach Maßgabe von § 22 GWB a.F. bestehe überhaupt kein Bedürfnis. Denn der Gesetzgeber habe in § 26 Abs.2 GWB a.F. gerade diejenigen mißbräuchlichen Verhaltensweisen marktbeherrschender Unternehmen gesondert aufgeführt, die sich typischerweise gegen einzelne Marktteilnehmer richteten und daher der besonderen Sanktion des § 35 GWB a.F. bedürften[69]. Rechtsdogmatisch ließe sich diese Ansicht vermittels der zu § 823 Abs.2 BGB entwickelten Subsidiaritätsthese begründen[70].

Die Befürworter der Schutzgesetzeigenschaft von § 22 GWB a.F. haben demgegenüber die Auffassung vertreten, die individualschützende Zielsetzung des § 26 Abs.2 GWB a.F. sei auf den allgemeinen Mißbrauchstatbestand zu übertragen[71]. Das Bedürfnis eines über die speziellen Fälle des § 26 Abs.2 GWB a.F. hinaus reichenden deliktischen Rechtsschutzes sei empirisch nachweisbar. Namentlich habe der BGH mehrfach zur Begründung eines den Umständen des Falles nach gebotenen Individualrechtsschutzes auf § 26 Abs.2 GWB a.F. zurückgreifen müssen. Dabei habe er zuweilen wissentlich die tatbestandlichen Voraussetzungen überdehnen müssen, während eine Subsumtion unter den allgemeinen Mißbrauchstatbestand dogmatisch ohne Verwerfungen möglich gewesen wäre[72].

---

68 IM/*Möschel* (2. Aufl.) § 35 Rdn. 60.

69 *Ballerstedt*, in: Festschrift für *Hefermehl*, S. 37, 55; *Goll* WuW 1976, 291, 295 f.; *K. Schmidt*: Aufgaben und Leistungsgrenzen der Gesetzgebung im Kartelldeliktsrecht, S. 78 ff.; *Werner*, in: FIW-Schriftenreihe, Heft 86, S. 49, 53 f.

70 Vgl. hierzu BGH NJW 1980, 1792, 1793 sowie BGHZ 84, 312, 314, wonach deliktischer Schutz nach § 823 Abs.2 BGB dort entbehrlich sein soll, wo dieselben Interessen anderweitig ausreichend abgesichert sind. Beide Entscheidungen betreffen zwar Sachverhalte, in denen die Subsidiarität des Anspruchs aus § 823 Abs.2 BGB gegenüber Ansprüchen gegen andere Personen in Rede stand. BGHZ 116, 7, 14, erörtert den Subsidiaritätsgedanken aber auch im Verhältnis von Ansprüchen aus Prospekthaftung und aus § 823 Abs.2 BGB iVm. § 264 a StGB gegen dieselbe Person. Daß der BGH hier die Subsidiarität des Anspruchs aus Schutzgesetzverletzung ablehnt, liegt allein in der Unanwendbarkeit des Subsidiaritätsgrundsatzes in Bezug auf Kriminalstraftatbestände begründet.

71 In diesem Sinne *Mestmäcker* AcP Bd. 168 (1968), 235, 252. Für den Fall der Diskriminierung zieht *Tilmann* ZHR Bd. 141 (1977), 32, 71 f., Schlüsse von § 26 Abs.2 GWB a.F. auf den Privatrechtsschutz im Rahmen von § 22 GWB a.F.

72 *Müller-Laube*: Der private Rechtsschutz gegen unzulässige Beschränkungen des Wettbewerbs und mißbräuchliche Ausnutzung von Marktmacht im deutschen Kartellrecht, S. 61 f., unter Verweis auf WuW/E BGH 1238 „Registrierkassen". Ähnlich *Müller* WuW 1977, 92, 94, wonach nicht auszuschließen sein soll, daß der Nachweis des allgemeinen Mißbrauchstatbestands in Einzelfällen sogar leichter fallen könne als derjenige des § 26 Abs.2 GWB a.F.

f. Der Vergleich mit Art. 86 EGV

Zugunsten der Einordnung von § 22 GWB a.F. ist rechtsvergleichend auf die Normen des europäischen Kartellrechts verwiesen worden[73]. Namentlich das Mißbrauchsverbot des Art. 86 EGV sei nach Maßgabe von Art. 1 VO Nr.17[74] unmittelbar anwendbar[75]. Nach herrschender Auffassung sei Art. 86 EGV daher als Schutzgesetz zu qualifizieren und vermöge in Verbindung mit § 823 Abs.2 BGB deliktische Ansprüche zu begründen[76]. Der Verweis auf Art. 86 EGV hatte insofern Gewicht, als die Angleichung des deutschen an das europäische Kartellrecht die Entwicklung des GWB maßgeblich mitbestimmt hat[77].

Wenig Beachtung unter dem Gesichtspunkt der Rechtsvergleichung hat demgegenüber das „Saarbergwerke“ - Urteil des BGH gefunden, wonach den Vorschriften der Art. 4 lit.b, 60 § 1 EGKSV – sie konstituierten die Mißbrauchsaufsicht auf dem Gebiet der Europäischen Gemeinschaft für Kohle und Stahl – die Eigenschaft als Schutzgesetz gerade nicht zukommen sollte[78]. Gestützt wird die Auffassung des BGH durch die Entscheidung des Gerichtshof in der Rechtssache „Banks“ insoweit, als dort die unmittelbare Anwendbarkeit der Art. 4 lit.d, 65, 66 § 7 EGKSV verneint wird[79]. Beide Urteile hätten zur Unterstützung der

---

[73] *Emmerich* NJW 1974, 902, 903; IM/*Emmerich* (2. Aufl.) § 35 Rdn. 51; *Fikentscher*: Die Geschäftsgrundlage als Frage des Vertragsrisikos, S.85; *Mestmäcker* AcP Bd. 168 (1968), 235, 244.

[74] Art. 1 VO Nr. 1/2003.

[75] Vgl. zur unmittelbaren Anwendbarkeit auch EuGH Slg. 1974, 51, 63 „BRT/SABAM“; 1974, 313, 317 „SABAM II“; 1974, 409, 341 „Telebiella“; 1980, 2481, 2500 „Marty“.

[76] Vgl. BGH WRP 1999, 101, 103 f. „Depotkosmetik“; ferner *Jung*, in: *Grabitz/Hilf*, Art. 82 Rdn. 283; IM EG-WbR/*Möschel* Art. 86 Rdn. 33, jeweils m.w.N. Näher hierzu unten sub 4. Teil, A.I.1.

[77] Vgl. zur 1. GWB-Novelle: *Jansen:* Die Kopplungsverträge im Recht der Wettbewerbsbeschränkungen, S. 131; zur 4. GWB-Novelle: Schriftlicher Bericht des Wirtschaftsausschusses, BT-Drucks. 4/3533, S. 5, sowie *Fikentscher*: Die Geschäftsgrundlage als Frage des Vertragsrisikos, S.85, der die Angleichungsabsicht sogleich auf die Frage des Schutzgesetzcharakters überträgt; zur 6. GWB-Novelle nunmehr: Begr. RegE, BT-Drucks. 13/9720, S. 30, 35 f., 51.

[78] BGHZ 30, 74, 80 ff. „Saarbergwerke“, unter Berufung auf *Ballerstedt*: Übernationale und nationale Marktordnung, S. 26 ff., sowie *Steindorff* RabelsZ Bd. 21 (1956), 270, 317 ff. Vgl. auch GA *Lagrange* Slg. 1954, 37, 64 ff., sowie *Steindorff* DVBl 1955, 578. Zweifelnd an der Vereinbarkeit des BGH-Urteils mit den Vorgaben des europäischen Rechts, insbesondere des Effizienzgebots, *Koch*: Schadensersatz bei unerlaubten wettbewerbsbeschränkenden Handlungen nach deutschem und europäischem Recht, S. 31 f.

[79] EuGH Slg. 1994, I-1209, 1275 „Banks“ gegen die anderslautenden Schlußanträge des GA *van Gerven* (Slg. 1994, I-1209, 1237 ff.), der übrigens auch für Art. 60 § 1 EGKSV ausdrücklich die unmittelbare Anwendbarkeit bejaht hat. Gegen eine unmittelbare Anwendbarkeit von Art. 65 EGKSV auch *Jaeger*: Das Kartellverbot (Art. 65 EGKS-V), in: *Bernini/Jaeger/Mathies*: Kartellverbot und Fusionskontrolle in der Montanunion, S. 9, 63 ff.; *Mestmäcker*: Europäische Kartellpolitik auf dem Stahlmarkt, S. 90. A.A. GK/*Knöpfle*

herrschenden Ansicht in Bezug auf § 22 GWB a.F. herangezogen werden können.

Allerdings hat der BGH im „Saarbergwerke" – Urteil selbst die Auffassung vertreten, die Entscheidung könne nur in sehr begrenztem Maße die Wirkung eines Präjudizes entfalten. Denn die sie tragenden Erwägungen – nämlich die mangelnde Justiziabilität der montanrechtlichen Mißbrauchsvorschriften sowie die sich hieraus für die Normadressaten ergebende Rechtsunsicherheit – seien weitgehend auf Besonderheiten des EKGS-Vertrags zurückzuführen. Insbesondere sei von Bedeutung, daß auf dem Gebiet der Montanunion eine die Einheitlichkeit der Rechtsprechung sichernde, umfassende Zuständigkeit des Gerichtshofs nicht begründet sei[80]. Im übrigen weist das allgemeine Mißbrauchsverbot des Art. 86 EGV im Vergleich zu den Art. 4 lit.b, 60 § 1 EGKSV jedenfalls eine erheblich größere Sachnähe zu § 22 GWB a.F. auf. Für die Zwecke der rechtsvergleichenden Auslegung ist es daher zurecht vorrangig herangezogen worden.

5. Verfassungsrechtliche Argumente

Die verfassungsrechtlichen Argumente für und wider die Schutzgesetzeigenschaft von § 22 GWB a.F. lassen sich auf drei wesentliche Gesichtspunkte reduzieren. Die herrschende Meinung hat insbesondere auf das Gebot der Rechtssicherheit verwiesen. Die Einordnung von § 22 GWB a.F. als Schutzgesetz müsse an der mangelnden Bestimmtheit der Mißbrauchsvorschriften scheitern. Die Vertreter der Gegenansicht haben demgegenüber die Schutzbedürftigkeit betroffener Marktteilnehmer hervorgehoben und auf dieser Grundlage versucht, einen grundrechtlich verankerten Anspruch auf Gewährung privaten Rechtsschutzes gegen mißbräuchliches Wettbewerbsverhalten zu begründen. Das Prinzip der Gewaltenteilung schließlich war insoweit von dem Meinungsstreit betroffen, als es die Abgrenzung der Kompetenzen von Kartellbehörden und Zivilgerichten auf dem Gebiet des Kartellrechts in Rede stand.

(4. Aufl.) EGKS Rdn. 35. Für eine begrenzte Anerkennung von Art. 65 EGKSV als Schutzgesetz iSv. § 823 Abs.2 BGB auch *Matthies* ZHR Bd. 128 (1966), 99, 104, 110 f. S. 99, 104.

[80] BGHZ 30, 74, 85 „Saarbergwerke". Ein dem Art. 234 EG entsprechendes, mit einem Auslegungsmonopol des EuGH verbundenes Vorabentscheidungsverfahren ist in Art. 41 EGKSV lediglich in Bezug auf die Gültigkeit von Beschlüssen der Kommission als Hohe Behörde der Europäischen Gemeinschaft für Kohle und Stahl und des Rates vorgesehen. Die Vorlagepflicht nach Art. 41 EGKSV ist allerdings insofern strenger als Art. 234 EG, als sie nicht davon abhängt, daß ein letztinstanzliches Gericht mit der Frage befaßt ist (*Mestmäcker*: Europäische Kartellpolitik auf dem Stahlmarkt, S. 88). Ein allgemeines Vorabentscheidungsverfahren könnte daher allein durch eine Kompetenzzuweisung durch die Mitgliedsstaaten gem. Art. 43 Abs.2 EGKSV erfolgen. Anders wiederum der EuratomV, der in Art. 150 eine Entsprechung zu Art. 234 EG enthält.

a. Das Bestimmtheitserfordernis bei § 22 GWB a.F.

Gegen die Qualifikation von § 22 GWB a.F. als Schutzgesetz ist von den Vertretern der herrschenden Auffassung angeführt worden, das in der Eingriffsermächtigung gemäß § 22 Abs.5 GWB a.F. zum Ausdruck kommende Monopol der Kartellbehörden zur Konkretisierung des in hohem Maße unbestimmten Mißbrauchstatbestands sei von Verfassungs wegen geboten[81]. Zweifel an der Eignung von § 22 GWB a.F. als unmittelbar wirkendes Schutzgesetz sind, soweit sie auf dem Gebot hinreichender Normbestimmtheit beruhen, unter verfassungsrechtlichen wie wettbewerbspolitischen Gesichtspunkten ernst zu nehmen[82]. Allein lassen die von der Rechtsprechung entwickelten Grundsätze zur hinreichenden Bestimmtheit kartellrechtlicher Normen den Schluß der herrschenden Auffassung nicht als zwingend erscheinen. Vielmehr stellt sich die Rechtslage als ambivalent dar.

Allerdings teilte der Gesetzgeber selbst lange Zeit die von der herrschenden Ansicht vorgetragenen Zweifel an der Verfassungsmäßigkeit eines unmittelbar wirkenden Mißbrauchsverbots. Namentlich im Rahmen der 4. GWB-Novelle hat er sich – ob der damit verbundenen Rechtsschutzlücken – ausdrücklich gegen eine Umwandlung von § 22 GWB a.F. in ein Schutzgesetz ausgesprochen. Statt dessen entschloß er sich, auf der Grundlage des in diesem Zusammenhang neu eingeführten § 35 Abs.2 GWB a.F. die Haftung für die Zuwiderhandlung gegen – auch noch nicht bestandskräftige – Schutzverfügungen zu verschärfen[83]. Mit dieser Regelung verband er ausweislich der Gesetzesbegründung insbesondere den Vorteil, daß Unternehmen nicht allein aufgrund der allgemeinen Mißbrauchsvorschrift für einen in der Vergangenheit liegenden Zeitraum auf Schadensersatz in Anspruch genommen werden könnten, ohne daß ihr Verhalten zuvor durch die zuständige Behörde als mißbräuchlich beanstandet worden sei[84]. Dem lag offenkundig die Sorge zugrunde, die potentiellen Normadressaten eines unmittelbar wirkenden Mißbrauchsverbots könnten wegen dessen relativ unbestimmten Tatbestands, der zudem komplexe wirtschaftlich Wertungen erforderlich mache, nicht in jedem Fall mit hinreichender Sicherheit vorhersehen, ob ein Verhalten verboten oder erlaubt sei. Zurückgewiesen hat der Gesetzgeber damit indessen die weitergehende, in der Literatur zuweilen auch diskutierten Auffassung, § 22 GWB a.F. genüge auch als Ermächtigungsgrundlage zugunsten der

---

[81] *K. Schmidt*: Aufgaben und Leistungsgrenzen der Gesetzgebung im Kartelldeliktsrecht, S. 64; ebenso *Baur/Weyer*, in: Frankfurter Kommentar, § 22 a.F. Rdn. 692; *Goll* WuW 1976, 291, 294; *Rittner*, in: Festschrift für *Hartmann*, 251, 270; Zweifel an der Bestimmtheit auch bei *Tilmann* ZHR Bd. 141 (1977), 32, 65 (dort Fn. 15).

[82] Zur Bedeutung der Normbestimmtheit bei der wettbewerbspolitischen Entscheidung über den für eine Norm zu wählenden Sanktionsmechanismus vgl. bereits oben sub 2. Teil, B.VI.

[83] Vgl. zur Bedeutung des § 35 Abs.2 GWB a.F. oben sub 4.a.

[84] Begr. RegE, BT-Drucks. 8/2136, S. 15.

Kartellbehörden nicht den rechtsstaatlichen Bestimmtheitsanforderungen[85]. Im Zuge der 6. GWB-Novelle allerdings hat der Gesetzgeber diese differenzierte Bewertung des Mißbrauchstatbestands aufgegeben. Ohne dies in der Gesetzesbegründung näher auszuführen, geht er nunmehr davon aus, daß das Mißbrauchsverbot in jeder Hinsicht den rechtsstaatlichen Anforderungen an die Normbestimmtheit genügt.

Zutreffend ist zudem die von der herrschenden Ansicht dahingehend vorgenommene Differenzierung, daß eine unmittelbar anwendbare Norm von Verfassungs wegen höheren Anforderungen an Bestimmtheit und Klarheit genügen muß als eine im Wege der Verwaltungsentscheidung zu konkretisierende Eingriffsermächtigung. Insoweit ist auf das „Kaufmarkt“ - Urteil des BGH hinzuweisen[86]. Dem Rechtsstreit lag eine auf § 37 a Abs.3 GWB[87] gestützte Verfügung der zuständigen Landeskartellbehörde zugrunde. Darin war dem klagenden Unternehmen untersagt worden, kleine und mittlere Wettbewerber dadurch unbillig zu behindern, daß es Waren aus bestimmten Warengruppen unter oder zum jeweils geltenden Einkaufspreis zuzüglich Umsatzsteuer anbiete oder verkaufe. Der BGH gab der Klage in letzter Instanz statt. Allerdings bejahte er zunächst die Verfassungsmäßigkeit der in § 37 a Abs.3 GWB[88] generalklauselartig begründeten Eingriffsermächtigung zugunsten der Kartellbehörden. Die Verfügung der Landeskartellbehörde indessen – so der BGH – sei in Anbetracht der für den Fall der Zuwiderhandlung gemäß § 38 Abs.1 Nr.4 GWB[89] drohenden Bußgeldsanktion nicht ausreichend bestimmt. Dies gelte bereits für den Begriff des Einstandspreises. Einer Konkretisierung in der Verfügung hätte es insbesondere deswegen bedurft, weil es an einer einheitlichen Definition des Einstandspreises auf dem Gebiet der Wirtschaftswissenschaften fehle. Auch habe die Kartellbehörde diejenigen Verhaltensweise näher konkret bezeichnen müssen, die ihrer Ansicht nach als unbillig einzustufen seien. Schließlich lasse die Verfügung nicht mit hinreichender Sicherheit erkennen, welche „kleinen und mittleren Unternehmen“ nicht behindert werden dürften. Erforderlich sei hier zumindest eine Eingrenzung des sachlich und räumlichen Marktes gewesen[90].

---

[85] Vgl. hierzu etwa die Ausführungen von *Bruglacher*: Das Bestimmtheitsgebot im Rahmen der kartellrechtlichen Preismißbrauchsaufsicht, S. 53 ff., 93, die § 22 GWB a.F. im Ergebnis allerdings als hinreichend bestimmt ansieht.

[86] WuW/E BGH 2073 „Kaufmarkt“.

[87] In der Fassung vom 26.4.1980; nunmehr § 20 Abs.4 S.1 GWB, allerdings in der Form eines unmittelbar wirkenden Verbots.

[88] In der Fassung vom 26.4.1980.

[89] In der Fassung vom 26.4.1980.

[90] WuW/E BGH 2073, 2074 ff. „Kaufmarkt“. Vgl. zur hinreichenden Bestimmtheit von § 37 a GWB a.F. weiterhin *Hitzler* BB 1985, 417 ff.; *Kirchhof* ZHR Bd. 150 (1986), 303 ff.; *Möschel* BB 1986, 1785 ff. Mit Beschluß vom 1.9.2000 hat das BKartA der Wal-Mart Ger-

Für die Mißbrauchsaufsicht steht aufgrund des „Kaufmarkt" – Urteils fest, daß der Tatbestand des § 22 GWB a.F. jedenfalls in seiner Funktion als kartellbehördliche Eingriffsermächtigung den rechtsstaatlichen Anforderungen an die Normbestimmtheit genügte. Demgegenüber können der Entscheidung keine zwingenden Erkenntnisse hinsichtlich der Eignung von § 22 GWB a.F. als unmittelbar wirkende Grundlage deliktischer Sanktionen entnommen werden. Zum einen stützt der BGH die verfassungsrechtlichen Beurteilung der Verfügung im „Kaufmarkt" – Urteil maßgeblich auf die drohende Bußgeldsanktion. Für das Ordnungswidrigkeitenrecht aber gelten gegenüber dem Zivilrecht aufgrund von Art. 103 Abs.2 GG nochmals erhöhte Anforderungen an die tatbestandliche Bestimmtheit. Zum anderen hat der Gesetzgeber die verfassungsrechtlichen Bedenken des BGH insoweit verworfen. Denn bereits im Zuge der 5. GWB-Novelle hat er den vormals als bloße Eingriffsermächtigung formulierten Tatbestand des § 37 a Abs.3 GWB[91] in ein unmittelbar wirkendes Verbot überführt (§ 26 Abs.4 GWB a.F.). Dieses Verbot hat der Gesetzgeber zudem mit einem Bußgeld bewährt (§ 38 Abs.1 Nr.8 GWB a.F.). Der BGH schließlich hat § 26 Abs.4 GWB a.F. als Schutzgesetz im Sinne von § 35 GWB a.F. anerkannt[92].

Die Befürworter der Schutzgesetzeigenschaft von § 22 GWB a.F. haben unter anderem die von der herrschenden Ansicht geäußerten Bedenken mit dem Hinweis zu entkräften versucht, die Frage der hinreichenden Bestimmtheit könne für das Mißbrauchsverbot nicht anders beantwortet werden als für § 26 Abs.2 GWB a.F. Dessen Justiziabilität sei aber allgemein anerkannt. Denn das Behinderungs- und Diskriminierungsverbot des § 26 Abs.2 GWB a.F. enthalte auf der einen Seite keine gegenüber § 22 GWB a.F. konkretere Bestimmung des Adressatenkreises, auf der anderen Seite aber eine größere Anzahl von Tatbestandsmerkmalen. Wenn gegen die Schutzgesetzeigenschaft von § 26 Abs.2 GWB a.F. dennoch keine verfassungsrechtlichen Einwände würden, so könne für § 22 GWB a.F. nichts anderes gelten[93]. Der Vergleich mit § 26 Abs.2 GWB a.F. vermag jedoch nicht zu überzeugen. Ihm liegt die nicht tragfähige Annahme zugrunde, die Bestimmtheit einer Norm in Abhängigkeit von der Anzahl ihrer Tatbestandsmerkmale definieren zu können. Entscheidend für die vergleichende Betrachtung der beiden Tatbestände ist vielmehr, daß die Umschreibung des tatbestandlich relevanten Verhaltens im Falle des § 26 Abs.2 GWB a.F. insgesamt

---

many GmbH & Co. KG gem. § 20 Abs.4 S.2 GWB untersagt, bestimmte Waren unter Einstandspreis zu verkaufen (WuW/E DE-V 316 „Wal-Mart"). Weder das OLG Düsseldorf (WuW/E DE-R 781 „Wal-Mart") noch der BGH (WuW/E DE-R 1042 „Wal-Mart") haben die hinreichende Bestimmtheit der Verfügung erörtert.

[91] In der Fassung vom 26.4.1980.

[92] BGHZ 129, 203, 206 „Hitlisten-Platten".

[93] *Müller* WuW 1977, 92, 94; *Vollmer* DB 1979, 2213, 2217.

konkreter gefaßt ist und daher in Bezug auf den Adressatenkreis eine weitergehende Unbestimmtheit in Kauf genommen werden kann[94].

Für die Frage, ob der Tatbestand des § 22 GWB a.F. hinreichend bestimmt ist, um als Schutzgesetz unmittelbar Rechtswirkungen zwischen Privaten zu zeitigen, kann es daher nicht auf den Vergleich mit § 26 Abs.2 GWB a.F. ankommen, sondern auf die Auslegung des Mißbrauchsbegriffs selbst. Erforderlich ist der Nachweis, daß der Mißbrauchstatbestand einer Auslegung zugänglich ist, die potentiellen Normadressaten ein einigermaßen sicheres Urteil darüber ermöglicht, ob ein von ihnen in Betracht gezogenes Verhalten verboten oder erlaubt ist[95]. In diesem Sinne haben *Emmerich* und *Mestmäcker* zutreffend die Ansicht vertreten, hinreichend bestimmt sei der Begriff des Mißbrauchs jedenfalls dann, wenn man ihn nicht im Sinne einer am Maßstab des Als-Ob-Wettbewerbs ausgerichteten Marktergebniskontrolle, sondern einer strikten Verhaltenskontrolle begreife[96]. Zweifelhaft ist demgegenüber insbesondere die Preismißbrauchskontrolle im Rahmen des Ausbeutungstatbestands[97].

Daß der Begriff des Mißbrauchs im übrigen aber hinlänglich bestimmt ist, haben die Befürworter des Schutzgesetzcharakters von § 22 GWB a.F. zudem unter Hinweis auf Art. 86 EGV dargetan[98]. Die Justiziabilität des europäischen Mißbrauchsverbots hat der Gerichtshof in der Rechtssache „Hoffmann – La Roche"

---

[94] Zur gegenseitigen Abhängigkeit der Bestimmtheit von Adressatenkreis und tatbestandlichem Verhalten vgl. *Bruglacher*: Das Bestimmtheitsgebot im Rahmen der kartellrechtlichen Preismißbrauchsaufsicht, S. 48 ff., 92 f.

[95] So die Vorgabe des BVerfG für gesetzliche Verbote; vgl. BVerfGE 17, 306, 314.

[96] *Emmerich*: Das Wirtschaftsrecht der öffentlichen Unternehmen, S. 338; *Mestmäcker* AcP Bd. 168 (1968), 235, 244 f.; in diesem Sinne ist wohl auch *Müller-Laube*: Der private Rechtsschutz gegen unzulässige Beschränkungen des Wettbewerbs und mißbräuchliche Ausnutzung von Marktmacht im deutschen Kartellrecht, S. 55 ff., zu verstehen, der zwar grundsätzlich § 22 GWB a.F. als Grundlage zivilrechtlicher Ansprüche anerkennt, die Marktergebniskontrolle jedoch als Privileg der kartellbehördlichen Mißbrauchsaufsicht ansieht.

[97] Vgl. hierzu bereits aus wettbewerbspolitischer Sicht oben sub 2. Teil, C.I.

[98] So insbesondere *Mestmäcker* AcP Bd. 168 (1968), 235, 244. Anders verhält es sich jedoch bei Art. 81 Abs.3 EG. Seine hinreichende Bestimmtheit und Justiziabilität ist zuletzt im Zuge der Diskussion um das Weißbuch der Kommission in den Mittelpunkt der Aufmerksamkeit gerückt. Die Kommission hegt insofern keine Zweifel (Weißbuch der Kommission, Tz. 78). Erhebliche Bedenken werden hingegen in der deutschen Literatur geäußert, vgl. etwa *Mestmäcker* EuZW 1999, 523, 526; *Möschel* EWS 1995, 249, 250; *Paulweber/Kögel* AG 1999, 500, 510; *Rittner* DB 1999, 1485. Vgl. auch Monopolkommission: Sondergutachten 28, Stellungnahme zum Weißbuch der EU-Kommission, Tz. 72, 78, sowie die Stellungnahme der Bundesregierung zum Weißbuch der Kommission, S. 8 (veröffentlicht im Internet unter der Adresse www://bmwi.de/Homepage/download/stellungweissbuch.doc). A.A. etwa *Schaub/Dohms*: Das Weißbuch der Europäischen Kommission über die Modernisierung der Vorschriften zur Anwendung der Artikel 81 und 82 EG-Vertrag, Die Reform der Verordnung Nr. 17, S. 16, 20.

ausdrücklich bestätigt. Die Klägerin hatte vorgetragen, die dem Mißbrauchsverbot des Art. 86 EGV zugrunde liegenden Rechtsbegriffe „mißbräuchliche Ausnutzung“ sowie „beherrschende Stellung“ seien zu unbestimmt und weder durch die Verwaltungspraxis der Kommission noch die Rechtsprechung des Gerichtshofs in einem ausreichendem Maße konkretisiert, um die gegen sie gerichtete Bußgeldentscheidung zu tragen. Der Gerichtshof verwarf die Argumentation der Klägerin. Beide Begriffe seien nicht neu, sondern nähmen auf Bewertungsmaßstäbe Bezug, die im wesentlichen den Wettbewerbsrechten der Mitgliedsstaaten gemein und durch die national zuständigen Behörden ebenso inhaltlich ausgefüllt worden seien wie von der Rechtsanwendungspraxis der Kommission selbst. Soweit seitens der Klägerin dennoch Zweifel an der Zulässigkeit der streitgegenständlichen Verhaltensweise bestanden hätten, wäre es an ihr gewesen, sich durch einen Antrag auf Erteilung eines Negativattest gemäß Art. 2 VO Nr.17[99] die erforderliche Gewißheit zu verschaffen[100].

Auch das Berliner Kammergericht hat verfassungsrechtliche Zweifel an der hinreichenden Bestimmtheit von § 22 GWB a.F. in der Rechtssache „Handpreisauszeichner“ zurückgewiesen. Die Mißbrauchsklausel des § 22 GWB a.F. unterscheide sich ihrem Wesen nach nicht von anderen Generalklauseln. Derartige Bestimmungen seien überall erforderlich, wo der Gesetzgeber eine Fülle besonders vielgestaltiger Einzelfälle erfassen müsse, die keine vorausschauende allgemeingültige Abgrenzung zuließen, sondern allenfalls im Laufe der Zeit durch die Entwicklung typischer Fallgruppen ausgefüllt werden könnten. Das Grundgesetz mißbillige solche Generalklauseln nicht, solange sie in Übereinstimmung mit der verfassungsmäßigen Ordnung und entsprechend der Zielsetzung der Gesetze, in denen sie enthalten seien, ausgelegt würden[101]. Zwar hatte das Kammergericht in der Rechtssache „Handpreisauszeichner“ unmittelbar nur darüber zu befinden, ob § 22 GWB a.F. als verwaltungsrechtliche Eingriffsermächtigung den rechtsstaatlichen Anforderungen genügte. Die der Entscheidung zugrunde liegenden Erwägungen beanspruchen indessen auch für die verfassungsrechtliche Bewertung von § 22 GWB a.F. als unmittelbar wirkendem Schutzgesetz Geltung. Dies folgt insbesondere aus dem vergleichenden Hinweis des Kammergerichts auf die deliktischen Generalklauseln in § 826 BGB sowie § 1 UWG. Denn beide Vorschriften hat die Rechtsprechung in der Vergangenheit zur Begründung privaten Rechtsschutzes gerade auch gegen mißbräuchliche Verhal-

---

99 Gem. Art. 10 VO Nr. 1/2003 kann die Kommission die Nichtanwendbarkeit der Art. 81 und 82 EG durch Entscheidung feststellen.

100 EuGH Slg. 1979, 461, 553 ff. „Hoffmann-La Roche“.

101 KG WuW/E OLG 995, 998 f. „Handpreisauszeichner“; vgl. auch KG WuW/E OLG 1599, 1600 f. „Vitamin B-12“.

tensweisen marktmächtiger Unternehmen herangezogen, ohne hierbei auf etwaige Zweifel an deren hinreichender Bestimmtheit einzugehen[102].

Die von der herrschenden Ansicht gegen die Einordnung von § 22 GWB a.F. als Schutzgesetz geäußerten Bedenken vermögen daher im Ergebnis – zumindest mit Ausnahme des Sonderfalls der Preismißbrauchsaufsicht – nicht zu überzeugen. Vielmehr ist davon auszugehen, daß der Mißbrauchstatbestand den allgemeinen, durch das Rechtsstaatsprinzip des Art. 20 Abs.3 GG vorgegebenen Anforderungen an die Bestimmtheit und Klarheit von Normen genügte. Insoweit bestehen demgemäß auch gegen die Neufassung der Mißbrauchsaufsicht im Zuge der 6. GWB-Novelle keine verfassungsrechtlichen Bedenken. Zweifelhaft könnte jedoch sein, ob der Gesetzgeber den neuen § 19 GWB zudem als *bußgeldbewährtes* Verbot ausgestalten durfte (vgl. § 81 Abs.1 Nr.1 GWB)[103]. Denn insoweit muß sich die Norm nunmehr an den strengeren Vorgaben des Art. 103 Abs.2 GG messen lassen[104]. Zweifel an der Verfassungsmäßigkeit der neuen Kartellordnungswidrigkeit ergeben sich dabei insbesondere aus einem Vergleich mit der Rechtslage vor Inkrafttreten der 6. GWB-Novelle. Sie lassen sich nicht ohne weiteres durch einen rechtsvergleichenden Hinweis auf das europäische Recht entkräften. Eine Aussage darüber, zu welchem Ergebnis der BGH in dieser Frage gelangen wird, kann indessen auf der Grundlage der bisherigen Rechtsprechung nicht sicher getroffen werden.

Vor Inkrafttreten der 6. GWB-Novelle kam die Verhängung eines Bußgelds im Rahmen des Mißbrauchsaufsicht über marktbeherrschende Unternehmen nur bei Zuwiderhandlung gegen eine unanfechtbare Verfügung gemäß § 22 Abs.5 GWB a.F. in Betracht (§ 38 Abs.1 Nr.4 GWB a.F.). Die Bußgeldsanktion hing danach maßgeblich von der vorherigen Konkretisierung des allgemeinen Mißbrauchstatbestands im Hinblick auf die verfahrensgegenständliche Verhaltensweise ab. Auf die bloße Wiederholung des Gesetzeswortlauts durfte sich die Kartellbehörde dabei gerade nicht beschränken[105]. Nur die dergestalt konkretisierte Verfügung unterlag sodann der verfassungsrechtlichen Kontrolle nach

---

[102] Vgl. zu § 826 BGB: RGZ 99, 107, 109; 102, 396, 397; 103, 82, 84; 106, 386, 388; 115, 218, 220; 115, 253; 128, 92; 132, 273; BGH DB 1969, 78; WuW/E BGH 1391, 1397 „Rossignol"; BGH LM Nr. 33 zu § 826 (Gd) „Metallhütte". Zu § 1 UWG: *Baumbach/Hefermehl* § 1 UWG Rdn. 879; *Möschel*: Pressekonzentration und Wettbewerbsgesetz, S. 152 f.

[103] An der Verfassungsmäßigkeit zweifelnd *Dreher* WuW 1995, 881, 902; *Kahlenberg* BB 1998, 1593,l 1596 (hinsichtlich des Marktbeherrschungsbegriffs); *Weyer* AG 1999, 257, 258 f. (unter Einbeziehung der zivilrechtlichen Folgen gemäß §§ 134 BGB, 33 GWB); insbesondere in Bezug auf § 19 Abs.4 Nr.4 GWB auch *Dreher* DB 1999, 833, 837, 839, allerdings nur in seinem Anwendungsbereich als Bußgeldvorschrift und Eingriffsermächtigung.

[104] Zur Geltung des Art. 103 Abs.2 GG auch für das Ordnungswidrigkeitenrecht vgl. BVerfGE 81, 132, 135; 87, 399, 411.

[105] Vgl. WuW/E BGH 2073, 2074 ff. „Kaufmarkt".

Maßgabe von Art. 103 Abs.2 GG, nicht hingegen der Mißbrauchstatbestand als solcher[106].

Zudem war die Verfolgung selbst des Verstoßes gegen eine unanfechtbare Verfügung im Sinne von § 22 Abs.5 GWB a.F. als Ordnungswidrigkeit dann ausgeschlossen, wenn in der Verfügung nicht ausdrücklich auf diese Möglichkeit hingewiesen worden war. Einerseits versetzte dieser Hinweis den Verfügungsadressaten – verbunden mit der Konkretisierung des beanstandeten Mißbrauchs – in die Lage, einigermaßen sicher die Folgen einer fortgesetzten Zuwiderhandlung gegen das Mißbrauchsverbot abzuschätzen. Insoweit diente das Erfordernis eines gesonderten Hinweises auf die Rechtsfolgen des § 38 Abs.1 Nr.4 GWB a.F. der Wahrung des aus Art. 103 Abs.2 GG abzuleitenden Bestimmtheitsgebots[107]. Andererseits war damit der zuständigen Kartellbehörde die Möglichkeit eröffnet, im Sinne des Verhältnismäßigkeitsgrundsatzes je nach der Schwere eines Verstoßes oder der drohenden Wiederholungsgefahr eine Untersagungsverfügung mit oder ohne Androhung bußgeldrechtlicher Folgen zu erlassen[108]. Nachdem nunmehr gemäß § 81 Abs.1 Nr.6 lit.a GWB jede Verfügung ohne weiteres bußgeldbewährt ist, bleibt für solche Erwägungen allein im Rahmen der gemäß § 47 OWiG zu treffenden Ermessensentscheidung Raum[109]. Die Qualifizierung des Mißbrauchsverbots als Kartellordnungswidrigkeit ist danach unter dem Gesichtspunkt von Art. 103 Abs.2 GG zumindest verfassungsrechtlich bedenklich.

Diese Bedenken sind nicht ohne weiteres durch den Hinweis auf das europäische Kartellrecht zu entkräften. Zwar kann die Kommission Verstöße gegen das europäische Mißbrauchsverbot (Art. 82 EG) gemäß Art. 15 Abs.2 lit.a VO Nr.17[110] unmittelbar durch die Festsetzung eines Bußgeldes ahnden[111]. Zu-

---

[106] IM/*Dannecker/Biermann* § 81 Rdn. 254 hingegen halten Art. 103 Abs.2 GG auf tatsächliches Verwaltungshandeln im Einzelfall für nicht anwendbar. Die Vorschrift betreffe nur den gesetzlichen Tatbestand. Für die Bestimmtheit einer bußgeldbewährten Verfügung der Kartellbehörde sei hingegen der allgemeine Rechtsstaatsgedanke maßgeblich.

[107] Ob der Hinweis verfassungsrechtlich zwingend geboten war, wurde unterschiedlich beurteilt. In diesem Sinne IM/*Tiedemann* (2. Aufl.) § 38 Rdn. 44 sowie *Ders.*: Tatbestandsfunktionen, S. 266 f., der in dem Verweisungserfordernis einen Ausdruck des durch Art. 103 Abs.2 GG gebotenen Vertrauensschutzes sah. Kritisch hingegen *Bechtold* (1. Aufl.) § 38 Rdn. 11. Der Streit um die Nachschiebbarkeit des Hinweises dürfte maßgeblich auf der verfassungsrechtlichen Bewertung des Verweisungserfordernisses beruht haben.

[108] So auch die Beschreibung der Funktion der Vorschrift bei IM/*Tiedemann* (2. Aufl.) § 38 Rdn. 45; *Müller/Gießler/Scholz* § 38 Rdn. 27. In diesem Sinne kann es auch interpretiert werden, daß das BKartA keineswegs stets von der Verweisung Gebrauch gemacht hat. Vgl. etwa WuW/E BKartA 725 „Grobwaschmittel"; 841 „Puschkin".

[109] IM/*Dannecker/Biermann* § 81 Rdn. 255.

[110] Art. 23 Abs.2 lit.a VO Nr. 1/2003.

[111] Vgl. aber *Soltész/Steinle/Bielesz* EuZW 2003, 202 ff., die die Bußgeldregelung für zu unbestimmt und daher rechtsstaatlich bedenklich halten.

treffend ist ferner, daß die Harmonisierung der deutschen und der europäischen Kartellrechtsordnungen ein zentrales Anliegen der 6. GWB-Novelle war[112]. Auch hat dieses Ziel gerade in der Schaffung eines ausdrücklichen Mißbrauchsverbots Niedergeschlag gefunden[113]. Gleichwohl unterscheidet sich das europäische Kartellverfahrensrecht auch weiterhin ganz wesentlich von den Regeln des GWB. Die Zulässigkeit bußgeldrechtlicher Sanktionen gemäß Art. 15 Abs.2 lit.a VO Nr.17[114] iVm. Art. 82 EG läßt daher keine zwingenden Rückschlüsse für das deutsche Verfassungsrecht – namentlich Art. 103 Abs.2 GG – zu.

In formeller Hinsicht ist hier zunächst darauf hinzuweisen, daß der europäische Gesetzgeber auch insoweit nicht an die Vorgaben des Art. 103 Abs.2 GG gebunden ist, als die von ihm erlassenen Normen auf dem Gebiet der Bundesrepublik Deutschland unmittelbar anwendbar sind[115]. Welche Anforderungen an die Bestimmtheit gemeinschaftsrechtlicher Sanktionsnormen zu stellen sind, richtet sich vielmehr nach Art. 6 EU, über dessen Auslegung in erster Linie der Gerichtshof befindet[116]. Danach sind zu beachten das Gebot der Rechtsstaatlichkeit (Art. 6 Abs.1 EU), die gemeinschaftsrechtlichen Verfassungsgrundsätze (Art. 6 Abs.2 EU) sowie insbesondere auch der in Art. 7 EMRK niedergelegte Grundsatz „nulla poena sine lege“ (Art. 6 Abs.2 EU)[117].

In materieller Hinsicht kommt den Instrumenten des Negativattests (Art. 2 VO Nr.17) sowie des *comfort letters* herausragende Bedeutung für die Frage zu, ob Verstöße gegen Mißbrauchsverbot gemäß Art. 15 Abs.2 lit.a VO Nr.17[118]

---

[112] Vgl. Begr. RegE, BT-Drucks. 13/9720, S. 30.

[113] Vgl. Begr. RegE, BT-Drucks. 13/9720, S. 35 f.

[114] Art. 23 Abs.2 lit.a VO Nr. 1/2003.

[115] Zum Vorrang des Gemeinschaftsrechts, auch gegenüber nationalem Verfassungsrecht, vgl. EuGH Slg.1964, 1251, 1269 „Costa/ENEL“; 1978, 629, 643 ff. „Staatliche Finanzverwaltung/ Simmenthal“. Dies ist aus der Sicht des deutschen Verfassungsrechts problematisch. Das BVerfG bejaht die Grundrechtsbindung auch von Handlungen der Gemeinschaftsorgane, begrenzt seine Gerichtsbarkeit jedoch durch die Annahmen eines Kooperationsverhältnisses zwischen ihm und dem EuGH (BVerfGE 89, 155, 174 f. „Maastricht-Urteil“).

[116] Zwar beschränkt Art. 46 lit.d EU die Rechtsprechungskompetenz des EuGH auf die in Art. 6 Abs.2 EU festgeschriebene Grundrechtsbindung der Gemeinschaft, während die Grundsätze des Art. 6 Abs.1 EU nicht ausdrücklich genannt sind. Eine Verletzung rechtsstaatlicher Grundsätze wird in der Regel jedoch auch Grundrechtsrelevanz haben. Jedenfalls wird man aus der Einführung des besonderen Verfahrens nach Art. 7 EU für den Fall, daß einer der Mitgliedsstaaten in schwerwiegender Weise gegen einen der in Art. 6 Abs.1 EU genannten Grundsätze verstößt, nicht das systematische Argument herleiten können, allein die Mitgliedsstaaten, nicht aber die Gemeinschaft selbst sei an diese Grundsätze gebunden.

[117] Der Grundsatz „nulla poena sine lege“ ist zugleich gemeinschaftlicher Verfassungsgrundsatz iSv. Art. 6 Abs.2 EU; vgl. *Violini*: Der gemeineuropäische Bestand von Gegenständen mit Verfassungsrang, in: *Müller-Graf/Riedel* (Hrsg.): Gemeinsames Verfassungsrecht in der Europäischen Union, S. 33, 48.

[118] Art. 23 Abs.2 lit.a VO Nr. 1/2003.

unter rechtsstaatlichen Gesichtspunkten zulässigerweise unmittelbar durch die Verhängung eines Bußgelds sanktioniert werden können[119]. Zwar bewirken weder das Negativattest noch der *comfort letter* eine rechtsverbindliche Feststellung der (Un-) Zulässigkeit einer streitigen Verhaltensweise[120]. Jedoch werden die nationalen Gerichte der in einem Negativattest bzw. einem *comfort letter* zum Ausdruck gebrachten Rechtsansicht regelmäßig Rechnung tragen[121]. Darüber hinaus tritt für die Kommission selbst insofern eine Bindung ein, als sie zur Wiederaufnahme des Verfahrens nur dann berechtigt ist, wenn sich die tatsächlichen Verhältnisse in einem wesentlichen Punkt ändern oder der Kommission neue entscheidungserhebliche Tatsachen bekannt werden[122]. Damit gibt das europäische Kartellrecht mit dem Antrag auf Erteilung eines Negativattests bzw. eines *comfort letters* potentiellen Adressaten des Mißbrauchsverbots Instrumente an die Hand, mittels derer sie selbst – zumindest im Bereich des Verwaltungs- und Bußgeldverfahrens – relative Rechtssicherheit erlangen können[123]. Insoweit trägt die Ausgestaltung des europäischen Kartellverfahrensrechts maßgeblich dazu bei, die Bedenken hinsichtlich der ausreichenden Bestimmtheit des Mißbrauchsverbots als Bußgeldtatbestand zu entkräften[124].

Ob der Bußgeldtatbestand des § 81 Abs.1 Nr.1 iVm. § 19 GWB in der Rechtsprechung des BGH Bestand haben wird, kann nicht mit Sicherheit vorhergesagt werden. Die Ausführungen des Gerichts im „Kaufmarkt" – Urteil sprechen eher gegen die Vereinbarkeit der Bußgeldandrohung mit Art. 103 Abs.2 GG[125]. Ein größeres Maß an tatbestandlicher Bestimmtheit gegenüber dem der Entscheidung zugrunde liegenden Verfügungstenor weist § 19 GWB allenfalls insoweit auf, als dessen Absatz 4 einzelne mißbräuchliche Verhaltensweisen beispielhaft

---

119 Gemäß Art. 10 VO Nr. 1/2003 wird die Kommission weiterhin befugt sein, die Nichtanwendbarkeit der Art. 81 und 82 EG auf bestimmte Verhaltensweisen festzustellen. Abweichend von Art. 2 VO Nr.17 soll die Feststellung allerdings nicht mehr auf Antrag, sondern nur noch von Amts wegen und zudem nur noch dann erfolgen, wenn dies im öffentlichen Interesse der Gemeinschaft liegt.

120 Anders wohl die Entscheidung gem. Art. 10 VO Nr. 1/2003 wegen Art. 249 Abs.4 EG.

121 EuGH Slg. 1980, 2511, 2533 „Lancôme/ETOS"; IM EG-WbR/*Ritter* Art.2 VO Nr.17 Rdn. 27.

122 EuG Slg. 1995, II-1533, 1553 f. „Lagnese-Iglo"; IM EG-WbR/*Ritter* Art.2 VO Nr.17 Rdn. 26.

123 So bereits die Argumentation von EuGH Slg. 1979, 461, 553 ff. „Hoffmann-La Roche" zur ausreichenden Bestimmtheit von Art. 86 EGV.

124 I.E. ebenso, wenn auch in anderem Zusammenhang *Bruglacher*: Das Bestimmtheitsgebot im Rahmen der kartellrechtlichen Preismißbrauchsaufsicht, S. 53 ff., 93. Sie begründet die ausreichende Bestimmtheit des § 22 GWB a.F. - allerdings nur bezogen auf seine Funktion als Eingriffsermächtigung zugunsten der Kartellbehörden - mit der Tatsache, daß eine Verfügung erst nach Durchschreiten des justizförmig ausgestalteten Verwaltungsverfahrens gem. den §§ 51 ff. GWB a.F. erlassen werden dürfe.

125 WuW/E BGH 2073, 2074 ff. „Kaufmarkt".

konkretisiert. Dennoch verbleibt dem Rechtsanwender auch im Rahmen der Beispielstatbestände des § 19 Abs.4 GWB ein weiter Auslegungsspielraum. Dies gilt insbesondere für die Fälle des Ausbeutungsmißbrauchs sowie der Preis- und Konditionenspaltung. Auch umschreibt das Mißbrauchsverbot den persönlichen Anwendungsbereich nicht wesentlich bestimmter als die dem „Kaufmarkt"-Urteil zugrunde liegende Verfügung, so daß unter diesem Gesichtspunkt eine Herabsetzung der Bestimmtheitsanforderungen an die übrigen Tatbestandsmerkmale gerechtfertigt erschiene. Insbesondere die Marktbeherrschungsvermutungen des § 19 Abs.3 GWB sind in diesem Zusammenhang nicht anwendbar, da sie entgegen dem Grundsatz „in dubio pro reo" zulasten potentieller Normadressaten wirken[126]. Fraglich ist indessen, ob der BGH an den strengen Anforderungen des „Kaufmarkt" – Urteils noch festhält. Zweifel hieran erscheinen angebracht. Immerhin hat der Gesetzgeber die vormals als Eingriffsbefugnis ausgestaltete Vorschrift des § 37 Abs.3 GWB[127] bereits im Zuge der 5. GWB-Novelle in ein unmittelbar wirkendes Verbot überführt (§ 26 Abs.4 GWB a.F.). Die in diesem Zusammenhang gleichfalls geschaffene Bußgeldsanktion gemäß § 38 Abs.1 Nr.8 GWB a.F. hat die Rechtsprechung bislang nicht beanstandet.

Speziell zu dem neuen Mißbrauchstatbestand des § 19 Abs.4 Nr.4 GWB sei in Bezug auf die Bußgeldbewährung abschließend noch auf folgendes hingewiesen. Abweichend von der allgemeinen Vorschrift des § 19 Abs.4 Nr.4 GWB sehen sämtliche spezialgesetzliche Normierungen der *essential facilities doctrine* die Verhängung eines Bußgelds erst in Zusammenhang mit der Zuwiderhandlung gegen eine die mißbräuchliche Zugangsverweigerung feststellende Verfügung vor (vgl. § 19 Abs.1 Nr.2 EnWG, § 96 Abs.1 Nr.7 TKG, § 49 Abs.1 Nr.3 PostG[128]). Die hiermit verbundene Ungleichbehandlung bedürfte unter dem Gesichtspunkt des Gleichheitsgrundsatzes (Art. 3 GG) zumindest der Rechtfertigung.

b. Die grundrechtliche Gewährleistung privaten Rechtsschutzes

Insbesondere *Koch* hat den Versuch unternommen, den im Streit befindlichen Schadensersatzanspruch im Falle der mißbräuchlichen Ausübung von Marktmacht in den Freiheitsrechten des Grundgesetzes zu verankern und dem Gesetzgeber damit verbindlich vorzugeben. Hierzu qualifiziert er zunächst die Wettbewerbsfreiheit als Grundrecht iSv. Art. 2 Abs.1 GG und zeigt ihre Verbindungen zur Vertragsfreiheit sowie zur Eigentumsgarantie (Art. 14 GG) auf. Sodann läßt er neben die Abwehrfunktion der Grundrechte gegen staatliche Ein-

---

[126] Vgl. *Richter*: Die Diskriminierung als Kartellordnungswidrigkeit, S. 61 ff.; *Ruppelt*, in: *Langen/Bunte*, § 19 Rdn. 64.

[127] In der Fassung vom 26.4.1980.

[128] Der Zugang zu Eisenbahninfrastruktureinrichtungen nach § 14 AEG ist nicht spezialgesetzlich bußgeldbewährt. Insoweit richten sich die Eingriffsbefugnisse der Kartellbehörden nach dem GWB.

griffe in die wirtschaftliche Betätigungsfreiheit eine Schutzpflicht des Staates zugunsten des Einzelnen vor privaten Wettbewerbsbeschränkungen treten, die er im wesentlichen aus der Menschenwürde (Art. 1 Abs.1 GG) herleitet. Die Erfüllung dieser Schutzpflicht – so *Koch* – bedinge notwendig die Gewährung privatrechtlichen Rechtsschutzes, insbesondere in Gestalt des Schadensersatzanspruchs[129].

Einer näheren Untersuchung bedarf der eigentumsrechtliche Aspekt der Wettbewerbsfreiheit. Denn mit Ausnahme der Rechtsfigur des eingerichteten und ausgeübten Gewerbebetriebs[130] wird die wirtschaftliche Betätigungsfreiheit in der allgemeinen Grundrechtsdogmatik weitestgehend dem Schutzbereich der Berufsfreiheit (Art. 12 GG) zugeordnet. Dem hält *Koch* entgegen, die wirtschaftliche Betätigungsfreiheit des Einzelnen finde ihre Grundlage in der Nutzung – vor allem der Veräußerung – des Eigentums. Nur in einem Zustand freien Wettbewerbs blieben die Erwerbs- und Veräußerungsvorgänge selbstbestimmt in dem Sinne, daß der Einzelne mit seinem Eigentum nach seinem eigenen wirtschaftlichen Plan verfahren könne. Zugleich regele der Wettbewerb unmittelbar die Geschäftsbedingungen der Veräußerungs- und Erwerbsvorgänge. Die Garantie eines freien Wettbewerbs sei daher gleichbedeutend mit der Garantie, daß der Wert sämtlicher Güter allein vom und im Wettbewerb bestimmt werde. Der freie Markt sei daher der wertbestimmende Faktor der Eigentumsgarantie. Wertverschiebungen habe der Einzelne nur als Ergebnis des Preisbildungsprozesses am freien Markt hinzunehmen; Werteinbußen infolge verbotswidrig eingesetzter Marktmacht seien in keinem Fall zu dulden. Aufgrund der Bestandsgarantie des Eigentums sei der Staat daher verpflichtet, dem Einzelnen durch die Gewährung privater Schadensersatzansprüche in die Lage zu versetzen, solche Einbußen auszugleichen. Zugleich sei die Einräumung von Schadensersatzansprüchen auch geboten, um die finanzielle Leistungsfähigkeit des rechtswidrig benachteiligten Wettbewerbers zu erhalten bzw. wieder herzustel-

---

129 *Koch*: Schadensersatz bei unerlaubten wettbewerbsbeschränkenden Handlungen nach deutschem und europäischem Recht, S. 41 ff.; i.E. ebenso, wenn auch ohne Begründung, *Vollmer* DB 1979, 2213, 2217; offengelassen von *Mestmäcker* AcP Bd. 168 (1968), 235, 246. Kritisch gegenüber einer grundrechtlichen Verpflichtung des Staates zur Einräumung privater Schadensersatzansprüche *Kaufmann* JuS 1963, 373, 381 f.; *Liebs*: Wettbewerbsbeschränkende Vertriebsverträge und unerlaubte Handlungen, S. 36.

130 Während der BGH und das BVerwG in Übereinstimmung mit der h.L. den eingerichteten und ausgeübten Gewerbebetrieb in den Schutzbereich von Art. 14 GG einbeziehen (vgl. BGHZ 23, 157, 162 f.; 92, 34, 37; BVerwGE 62, 224, 226) verhält sich das BVerfG in seiner Judikatur eher zurückhaltend. Der Schutz des Gewerbebetriebs solle jedenfalls nicht weitergehen, als der Schutz, den seine wirtschaftliche Grundlage genieße. Tatsächliche Gegebenheiten, insbesondere bestehende Geschäftsbedingungen, Kundenstamm und Marktstellung, sowie günstige Umweltbedingungen fielen damit nicht in den Schutzbereich des Eigentumsgrundrechts (vgl. BVerfGE 51, 193, 221 f.; 58, 300, 353; 74, 129, 148; 77, 84, 118).

len, dessen Teilnahme am gesamtwirtschaftlichen Wirtschaftsprozeß sicherzustellen und so den Fortbestand des Wettbewerbs als Institution zu gewährleisten[131].

Die Annahme eines in der Eigentumsgarantie des Art. 14 GG verankerten Leistungsanspruchs, gerichtet auf die Gewährung insbesondere deliktischen Rechtsschutzes gegen unzulässige Wettbewerbsbeschränkungen, stellt das Schutzgesetzprinzip als Grundlage des deutschen Kartelldeliktsrechts in Frage. Abweichend von der geltenden Rechtslage wird man Marktteilnehmern grundsätzlich bereits dann einen Anspruch auf Schadensersatz einräumen müssen, soweit sie den Nachweis führen, durch *rechtswidriges* Verhalten im Wettbewerb *kausal* einen *Schaden* erlitten zu haben. In welchem Maße der Gesetzgeber die Geltendmachung von weiteren, insbesondere einschränkenden Voraussetzungen abhängig machen kann, erscheint zweifelhaft.

Für zulässig wird man jedenfalls eine Begrenzung der deliktischen Haftung auf schuldhaftes Handeln halten müssen. Dies folgt bereits aus dem das deutsche Haftungsrecht prägenden Prinzip der personalen Verantwortung[132]. Zudem erscheint eine solche Begrenzung auch ökonomisch sinnvoll. Denn die Haftungsandrohung für schuldlos verursachte Schadensereignisse vermag weder eine präventive Wirkung zu entfalten noch ermöglicht sie im Sinne der *Learned Hand* Formel eine ökonomisch effiziente Verteilung des Schadensrisikos zwischen dem Schädiger und dem Geschädigten[133].

Im übrigen ist dem Gesetzgeber bei der Beurteilung der Rechtswidrigkeit wettbewerblichen Verhaltens ein gewisser Beurteilungsspielraum zuzuerkennen. Insbesondere wird man die Eigentumsgarantie nicht in dem Sinne verstehen dürfen, der Staat sei zur Gewährleistung eines Zustands vollständigen Wettbewerbs

---

[131] *Koch*: Schadensersatz bei unerlaubten wettbewerbsbeschränkenden Handlungen nach deutschem und europäischem Recht, S. 45 ff. Die Argumentation *Kochs* im Sinne einer grundrechtlichen Gewährleistung des Markts ähnelt der Eigentumsdogmatik *Leisners*, der in Art. 14 GG das Bekenntnis des Grundgesetzes zur Marktwirtschaft als Verfassungsziel erblicken will. Vgl. *Leisner*: Eigentum – Grundlage der Freiheit, S. 10 f.; *Ders.*:, in: Festschrift für *Kriele*, S. 253, 254.

[132] Das stellt auch *Koch*: Schadensersatz bei unerlaubten wettbewerbsbeschränkenden Handlungen nach deutschem und europäischem Recht, S. 46, ausdrücklich klar. Die Grundlagen personaler Verantwortung würden zwar auch bei einer verschuldensunabhängigen Gefährdungshaftung gewahrt bleiben (vgl. *Larenz/Canaris*: SchuldR II/2, § 84 I 2d, S. 608). Die Gefährdungshaftung basiert jedoch maßgeblich auf dem Prinzip von Gefahrveranlassung und Gefahrbeherrschung (*Dies.* § 84 I 2a, S. 605). Allein die Teilnahme am Wettbewerb als Gefahr in diesem Sinne einordnen zu wollen, wäre aber mit dem System einer freien Marktwirtschaft nicht nur unvereinbar, sondern würde ein solches System sogar pervertieren.

[133] Vgl. United States v. Carroll Towing Co., 159 F.2d 169, 173 (2d Cir. 1947) (Learned Hand, J.); ausführlich *Schäfer/Ott*: Lehrbuch der ökonomischen Analyse des Zivilrechts, S. 127 ff.

verpflichtet. Vielmehr wird der Gesetzgeber bei der Ausfüllung des Begriffs der Rechtswidrigkeit die Grundrechte aller Marktteilnehmer im Sinne ökonomischer Effizienz zum Ausgleich zu bringen haben.

Für eine weitergehende Begrenzung der deliktischen Haftung im Sinne des Schutzgesetzprinzip hingegen verbleibt nach der von *Koch* vertretenen Auffassung kein Raum. Denn eine aus Art. 14 GG begründete Schutzpflicht des Staates, gerichtet auf Wahrung wettbewerblicher Marktstrukturen kann nur einheitlich gegenüber allen Markteilnehmern angenommen werden. Da alle (privaten) Marktteilnehmer Träger des Eigentumsgrundrechts sind, scheidet eine Differenzierung nach dem persönlichen Schutzbereich der jeweiligen Verbotsnorm begriffsnotwendig aus.

c. Das Prinzip der Gewaltenteilung: Ausschließliche Verwaltungskompetenz und politische Gestaltungsbefugnis der Kartellbehörden aufgrund Ermessensnorm

Von den Vertretern der herrschenden Ansicht ist der Einwand erhoben worden, durch die Einordnung von § 22 GWB a.F. als Schutzgesetz und dessen unmittelbarer Anwendung im Zivilverfahren zögen die ordentlichen Gerichte in unzulässiger Weise ausschließliche Verwaltungsbefugnisse der Kartellbehörden an sich. Das Prinzip der Gewaltenteilung sei in diesem Fall ernsthaft gefährdet[134]. Fraglich ist indessen, ob und in welchem Umfang solche originär den Kartellbehörden zugewiesene Rechtsanwendungsbefugnisse überhaupt begründet sind.

Grundsätzlich obliegt die Durchsetzung des Kartellrechts in der Bundesrepublik Deutschland einer Vielzahl unterschiedlicher Instanzen. Hierzu rechnen als Kartellbehörden das Bundeskartellamt sowie die zuständigen obersten Landesbehörden als Landeskartellämter, ferner in besonderen Fällen der Bundesminister für Wirtschaft. Daneben sind die ordentlichen Gerichte berufen, die zivilrechtliche Unwirksamkeit kartellrechtswidriger Vereinbarungen durchzusetzen und im Rahmen des Kartelldeliktsrechts Rechtsschutz in Gestalt von Schadensersatz- und Unterlassungsklagen zu gewähren.

Vor diesem Hintergrund kann zunächst nicht angenommen werden, die Aufgabe der Rechtsfortbildung auf dem Gebiet des Kartellrechts falle ausschließlich oder auch nur vorrangig den Kartellbehörden zu. Wettbewerbspolitisch weist eine auf kartellbehördliche Untersagungsverfügungen gestützte Rechtsdurchsetzung zwar den Vorteil einer größeren Flexibilität auf. Denn unter rechtsstaatlichen Gesichtspunkten sind an die tatbestandliche Bestimmtheit von Verbietbarkeitsnormen regelmäßig niedrigere Anforderungen zu stellen als an unmittelbar wirkende Verbotsnormen. Sie ermöglichen den Kartellbehörden daher – auf der Grundlage weit gefaßter Generalklauseln – insbesondere, zeitnah und ohne er-

---

[134] *Spengler* WuW 1960, 410, 419; weniger scharf, aber in der Sache ähnlich *Gleiss/Kracht* NJW 1959, 971, 973.

neutes Tätigwerden des Gesetzgebers gegen neuartige Wettbewerbsbeschränkungen vorzugehen. Allerdings ist die Sorge, die Zivilgerichte könnten die Kartellbehörden bei der effizienten Wahrnehmung dieser Aufgabe über Gebühr behindern, unbegründet[135]. Soweit eine Verbietbarkeitsnorm im Einzelfall hinreichend bestimmt ist, gewährleistet die unabhängige Rechtsanwendungskompetenz der Zivilgerichte, daß Fehlentwicklungen bei der Rechtsauslegung durch die Kartellbehörden auch in den Fällen korrigiert werden, in denen diese selbst hierzu entweder aufgrund bei ihnen möglicherweise selbst einsetzenden Kartellbildungstendenzen nicht willens oder aus Gründen des Vertrauensschutzes in Bezug auf frühere Entscheidungen rechtlich nicht in der Lage sind[136]. Die Frage, ob und inwieweit die Zivilgerichte zur Anwendung des Kartellrechts berufen sind, läßt sich daher keinesfalls pauschal unter Berufung auf eine etwaige vorrangige Auslegungskompetenz der Kartellbehörden beantworten. Nach Maßgabe des insoweit als Kollissionsnorm wirkenden Schutzgesetzprinzips kommt es vielmehr auf den für jede Norm gesondert zu prüfenden Gesetzeszweck an.

Für die Annahme einer ausschließlichen Verwaltungskompetenz speziell auf dem Gebiet der Mißbrauchsaufsicht ist von der herrschenden Ansicht insoweit angeführt worden, bei § 22 Abs.5 GWB a.F. handele es sich um eine Ermessensvorschrift. In der Einräumung eines Ermessensspielraums aber komme die vorrangige Rechtsanwendungskompetenz der Kartellbehörden zum Ausdruck. Demgemäß habe der Gesetzgeber auch im Verwaltungsverfahren die Befugnis der Gerichte zur inhaltlichen Überprüfung kartellbehördlicher Entscheidungen nach Maßgabe von § 70 Abs.5 GWB a.F. begrenzt. Danach seien insbesondere behördliche Zweckmäßigkeitserwägungen sowie die Würdigung der gesamtwirtschaftlichen Lage und Entwicklung der richterlichen Bewertung entzogen[137].

Der Einwand wäre dann schlüssig begründet, wenn den zuständigen Kartellbehörden aufgrund von § 22 Abs.5 GWB a.F. tatsächlich ein wettbewerbspolitischen Zweckmäßigkeitsüberlegungen zugänglicher Ermessensspielraum eröffnet gewesen wäre. Dann nämlich hätte die zuständige Behörde – auch wenn der

---

[135] So aber *K. Schmidt*: Aufgaben und Leistungsgrenzen der Gesetzgebung im Kartelldeliktsrecht, S. 70 f., der auch den Flexibilitätsvorteil ausdrücklich hervorhebt. Vgl. hierzu auch *Ders.*, in: Wettbewerbspolitik und Wettbewerbsrecht, S. 19, 26.

[136] *Mertens* AcP Bd. 178 (1978), 227, 259 f.; MüKo/*Mertens* § 823 Rdn. 181. Vgl. zu der Gefahr einer mit der Zeit einsetzenden Identifikation der Kartellbehörden mit den Interessen der zu beaufsichtigenden Unternehmen aus US-amerikanischer Sicht bzw. unter Berufung auf die dort gemachten Erfahrungen *Hoppmann*: Fusionskontrolle, S. 83 f. (für den Bereich der Fusionskontrolle); *I. Schmidt* WuW 1967, 777, 793 f., sowie aus der amerikanischen Literatur Charles Franklin Phillips jr., The Economics of Regulation – Theory and Practice in the Transportation and Puplic Utilities Industries 718 (rev. ed. 1969); William Shepherd & Clair Wilcox, Public Policies Toward Business 477 (6th ed. 1979). In diesem Sinne auch schon *v. Hayek* ORDO Bd. 6 (1954), 3, 13.

[137] *Gleiss/Kracht* NJW 1959, 971, 973; *Spengler* WuW 1960, 410, 419.

Tatbestand des Mißbrauchs an sich nachgewiesen worden wäre – aus übergeordneten wettbewerbspolitischen Erwägungen den Entschluß fassen können, im konkreten Fall nicht einzuschreiten. Auf die Klage eines geschädigten Wettbewerbers hin hätte das angerufene Zivilgericht dennoch § 22 GWB a.F. uneingeschränkt zur Anwendung bringen und das marktbeherrschende Unternehmen antragsgemäß verurteilen müssen. Auf die abweichende Entscheidung der Kartellbehörde hätte es dabei keine Rücksicht nehmen können. Denn die Rechtsanwendung durch die Zivilgerichte unterliegt grundsätzlich einer strikten Gesetzesbindung, die – mangels einer besonderen Ermächtigung[138] – weder eigene Ermessenserwägungen noch die Rücksichtnahme auf das Ermessen einer konkurrierend zuständigen Verwaltungsbehörde zuläßt. Auch wenn das angerufene Zivilgericht daher nicht befugt wäre, die Ermessensausübung der Kartellbehörde durch eine eigene Ermessensentscheidung zu ersetzen, so führte doch bereits die schlichte Rechtsanwendung möglicherweise zu einem Eingriff in deren wettbewerbspolitische Gestaltungsbefugnis. Das Gericht verließe damit zwangsläufig den der Rechtsprechung von der Verfassung, namentlich dem Grundsatz der Gewaltenteilung, zugewiesenen Aufgabenbereich[139]. Zur Vermeidung eines solchen verfassungswidrigen Ergebnisses wäre es dann geboten gewesen, eine Befugnis der Zivilgerichte zur Anwendung von § 22 GWB a.F. im Wege der verfassungskonformen Auslegung von vornherein abzulehnen.

Es ist jedoch zweifelhaft, ob den Kartellbehörden im Rahmen der Mißbrauchsaufsicht gemäß § 22 Abs.5 GWB a.F. überhaupt ein wettbewerbspolitisches Ermessen eingeräumt war. In diesem Zusammenhang ist namentlich die Ansicht vertreten worden, in § 22 GWB a.F. sei den Kartellbehörden allein deshalb ein Ermessensspielraum zugestanden worden, um diesen die Möglichkeit zu eröffnen, ihre Tätigkeit auf schwerwiegende Rechtsverstöße zu konzentrieren. Ein solchermaßen gezieltes Vorgehen sei aufgrund der nur begrenzt zur Verfügung stehenden Ressourcen ohnehin unausweichlich[140].

---

[138] Eine solche findet sich beispielsweise in § 287 ZPO bzw. § 319 Abs.1 S.2 BGB.

[139] Verfassungsrechtlich ist die Aufgabe der Rechtsprechung auf eine reine Rechtmäßigkeitskontrolle beschränkt; vgl. BVerfGE 61, 82, 114 f.; BVerwGE 72, 300, 317; 76, 90, 93; Dreier/*Schulze-Fielitz* Art. 20 (Rechtsstaat) Rdn. 68. Die Zweckmäßigkeit kann zwar auch Rechtsfrage sein. So führt die völlige Untauglichkeit einer Maßnahme zur Erreichung eines angestrebten Zweckes zu deren Unverhältnismäßigkeit und damit zugleich zur Rechtswidrigkeit. Die Zweckmäßigkeit politischer Maßnahmen ist aber regelmäßig rechtlich neutral und unterliegt daher nicht der Judikatur der Gerichte. Vgl. hierzu HdbStR/*Bettermann*, § 73 Rdn. 51 f. (S. 799). Selbst das BVerfG übt lediglich Rechtsprechungsfunktion aus. Die Kompetenz, Entscheidungen des Gesetzgebers als verfassungswidrig durch Urteil aufzuheben, schließt, selbst wenn dieses mit Gesetzeskraft ausgestattet ist (§ 31 Abs.2 BVerfGG), keinesfalls die Befugnis ein, selbst politisch gestaltend tätig zu werden; vgl. etwa *Badura*: Staatsrecht, S. 614.

[140] So die ausführliche Begründung von *Koch*: Schadensersatz bei unerlaubten wettbewerbsbeschränkenden Handlungen nach deutschem und europäischem Recht, S. 68; i.E. ebenso

Wäre die Vorschrift des § 22 Abs.5 GWB a.F. im Sinne eines bloßen Aufgreifermessens zu verstehen gewesen, hätten sich verfassungsrechtliche Bedenken gegen die Einordnung von § 22 GWB a.F. als Schutzgesetz unter dem Gesichtspunkt der Gewaltenteilung nicht begründen lassen. Unproblematisch wäre eine Zuständigkeit der Zivilgerichte zunächst in solchen Fällen gewesen, die aufgrund ihrer geringen Bedeutung für die Allgemeinheit ein Tätigwerden der Kartellbehörden nicht hätten rechtfertigen können. Eine Kollision widersprechender kartellbehördlicher und gerichtlicher Entscheidungen wäre hier von vornherein ausgeschlossen gewesen. Vielmehr hätte insoweit erst die Gewährung privaten Rechtsschutzes hinreichende Gewähr für eine umfassende Wettbewerbsaufsicht geboten[141]. In diesem Sinne ist in der Literatur zuweilen gar die Auffassung vertreten worden, die weitgehende Ineffizienz der Mißbrauchsaufsicht sei auch Folge der Weigerung, § 22 GWB a.F. als Schutzgesetz der Anwendung durch die Zivilgerichtsbarkeit zu öffnen[142]. Rechtlich zulässig wäre eine dahingehende Auslegung von § 22 GWB a.F. aber auch im übrigen gewesen, namentlich dort, wo ein Eingreifen der Kartellbehörden wegen der herausragenden Bedeutung des Falles für das Allgemeinwohl in Betracht gekommen wäre. Denn folgt man der Ansicht, das in § 22 Abs.5 GWB a.F. eingeräumte Ermessen habe sich allein auf die Abwägung bezogen, ob ein Tätigwerden der Kartellbehörde in Anbetracht der Schwere der Rechtsverletzung und der mit der Rechtsverfolgung verbundenen Kosten gerechtfertigt erscheine, so muß die Entscheidung in der Sache eine rechtlich gebundene gewesen sein. Sie hätte dann ohnehin der uneingeschränkten Überprüfung durch die Gerichte unterlegen.

Ein Eingriff der Zivilgerichte in ausschließlich exekutive Kompetenzen wäre auf der Grundlage eines solchen Verständnisses von § 22 Abs.5 GWB a.F. allein dann in Betracht gekommen, wenn man den Kartellbehörden auch mit Blick auf die rechtliche Würdigung kartellrechtlicher Sachverhalte einen Beurteilungsspielraum zugestände. Lehnt man indessen eine wettbewerbspolitische Gestaltungsbefugnis der Kartellbehörden grundsätzlich ab, so läßt sich auch ein Beurteilungsspielraum nach Maßgabe der im allgemeinen Verwaltungsrecht aner-

---

IM/*Emmerich* (2. Aufl.) § 35 Rdn. 53; *Vollmer* DB 1979, 2213, 2217; unabhängig von der Frage nach dem Schutzgesetzcharakter von § 22 GWB auch *Salje*: Preismißbrauch durch Elektrizitätsversorgungsunternehmen, S. 12 f.

141 Die Breitenwirkung ist einer der wesentlichen Vorteile privatrechtlicher Wirtschaftsaufsicht. Vgl. *K. Schmidt*, in: *Helmrich* (Hrsg.): Wettbewerbspolitik und Wettbewerbsrecht, S. 19, 26. Auf diese Breitenwirkung nimmt auch *Emmerich* ZHR Bd. 140 (1976), 97, 115 f., Bezug, wenn er feststellt, der Schutz aller Dritten im Einflußbereich marktbeherrschender Unternehmen sei umfassend nur zu gewährleisten, wenn man den Schutzgesetzcharakter von § 22 GWB anerkenne.

142 *Emmerich*: Kartellrecht (7. Aufl.), S. 281; *Ders.* NJW 1974, 902, 903.

kannten Fallgruppen nicht begründen[143]. Danach kommt eine Einschränkung der gerichtlichen Überprüfung insbesondere solcher Verwaltungsentscheidungen in Betracht, die politisch wertende oder prognostische Beurteilungen enthalten, höchstkomplexe Sachverhalte betreffen oder weisungsfreien, fachkundigen bzw. pluralistisch zusammengesetzten Kollegialorganen überantwortet sind. Für die Annahme eines Beurteilungsspielraums unverzichtbar ist dabei in jedem Fall ein der betreffenden Entscheidung immanetes, politisch gestaltendes Element[144]. Nur soweit die zugrunde liegende Ermächtigung ihrem Normzweck entsprechend der Verwaltungsbehörde eine solche Einschätzungsprärogative zuerkennt, kommt eine Zurücknahme der grundsätzlich umfassenden richterlichen Überprüfungskompetenz überhaupt in Betracht.

Inwieweit sich dem Grundsatz der Gewaltenteilung zwingende Vorgaben für die Kompetenzabgrenzung zwischen Kartellbehörden und Zivilgerichten auf dem Gebiet der Mißbrauchsaufsicht entnehmen ließen, hing damit entscheidend von Inhalt und Zweck des in § 22 Abs.5 GWB a.F. eingeräumten Ermessens ab. Einigkeit besteht insoweit zunächst dahingehend, daß es nicht die Aufgabe der Kartellbehörden sein konnte, Aspekte des Wettbewerbsschutzes gegen allgemeinpolitische Belange abzuwägen, wie dies insbesondere Art. 81 Abs.3 EG von der Kommission verlangt[145]. Solche Gemeinwohlentscheidungen legt das deutsche Kartellrecht in Form der Ministerentscheidungen allein in die Hände unmittelbar politisch verantwortlicher Instanzen (vgl. §§ 8 Abs.1, 24 Abs.3 GWB a.F.; nunmehr §§ 8, 42 GWB)[146]. Die ihnen zugrundeliegenden Wertungen sind der gerichtlichen Überprüfung nicht zugänglich (§ 70 Abs.5 S.2 GWB a.F.; nunmehr § 71 Abs.5 S.2 GWB). Darüber hinaus indessen fehlen gesicherte Erkenntnisse über die Reichweite des kartellbehördlichen Ermessens.

Faktisch eröffnen die Normen des Kartellrechts schon wegen der unterschiedlichen Auffassungen über Begriff und Funktionen des Wettbewerbs einen weiten Gestaltungsspielraum. Dies gilt selbst dann, wenn – wie im GWB der Fall[147] – der Schutz des Wettbewerbs als alleiniges, nicht zur Disposition der Kartellbe-

---

143 Gegen einen Beurteilungsspielraum aufgrund der bisher von der Rechtsprechung entwickelten Kriterien insbesondere *Salje*: Preismißbrauch durch Elektrizitätsversorgungsunternehmen, S. 12 f. Für einen Beurteilungsspielraum bei der Feststellung des Preismißbrauchs hingegen *Engelbrecht/Nagel* DB 1977, 1237, 1243.

144 Eine anschauliche Übersicht über diese Fallgruppen mit weiteren Nachweisen aus der Rechtsprechung findet sich bei Eyermann/*Rennert* § 114 Rdn. 59 ff.

145 Gem. Art. 1 Abs.2 VO Nr. 1/2003 wird auch Art. 81 Abs.3 EG unmittelbar anwendbar sein.

146 IM/*Mestmäcker* Einleitung Rdn. 69; *Wolf*, in: Frankfurter Institut (Hrsg.): Kartellrecht in der Reform, S. 26, 32 f. Zu dem Ermessensspielraum der Kommission hinsichtlich der Abwägung der verschiedenen Politikziele des Gemeinschaftsrechts vgl. IM EG-WbR/*Mestmäcker* Einleitung A Rdn. 50 ff., 55.

147 Vgl. *Möschel*, in: Frankfurter Institut (Hrsg.): Kartellrecht in der Reform, S. 45, 48.

hörden stehendes Regelungsziel zwingend vorgegeben ist. Hieraus hat etwa *Müller-Laube* den Schluß gezogen, nach der Intention des Gesetzes könnten bestimmte Kontrollbereiche der ausschließlichen Prüfungs- und Entscheidungskompetenz der Kartellbehörden unterliegen und daher der Einwirkung von Privatpersonen entzogen sein. Solche Zuständigkeitsreservate seien überall dort anzunehmen, wo das Gesetz als Steuerungsinstrument fungiere und die Durchsetzung rechts- und wirtschaftspolitischer Ziele staatlichen Instanzen als Lenkungsorganen anvertraue. Zu denken sei in diesem Zusammenhang zuvorderst an die Ausnahmetatbestände zum Kartellverbot, die Vorschriften über die Fusionskontrolle sowie – auf dem Gebiet des § 22 GWB a.F. – die Preismißbrauchskontrolle[148].

Allerdings rechtfertigt der einer Norm zugrunde liegende wirtschaftspolitische Regelungszweck nicht zwingend den Schluß, der zur Anwendung einer solchen Norm berufenen Kartellbehörde sei damit zugleich die Funktion eines mit eigener Gestaltungsbefugnis ausgestatteten Lenkungsorgans zugestanden. Diese strikt zu beachtende Unterscheidung zwischen gesetzlichem Regelungszweck einerseits und dem Inhalt kartellbehördlicher Kompetenzen andererseits zeigt sich insbesondere auf dem Gebiet der Ausnahmen vom Kartellverbot. Im Interesse eines wirtschaftspolitisch begründeten Mittelstandsschutzes sind danach beispielsweise solche Vereinbarungen über die zwischenbetriebliche Zusammenarbeit privilegiert, die die Wettbewerbsfähigkeit kleiner oder mittlerer Unternehmen verbessern, ohne daß hierdurch der Wettbewerb auf dem relevanten Markt wesentlich beeinträchtigt wird. Gemäß § 5 b Abs.2 iVm. § 5 a Abs.3 GWB a.F. wurden solche Mittelstandskartelle wirksam, wenn die zuständige Kartellbehörde ihnen nicht binnen einer Frist von 3 Monaten ab Anmeldung widersprach. Aus dem Wortlaut von § 5 b Abs.1 GWB a.F. („§ 1 GWB gilt nicht") ergab sich dabei nach allgemeiner Ansicht ein ermessensunabhängiger Freistellungsanspruch. Eine Kompetenz der Kartellbehörde, selbst im Interesse des Mittelstandsschutzes wirtschaftspoltisch lenkend tätig zu werden, war demnach nicht begründet. An dieser Rechtslage hat sich infolge der 6. GWB-Novelle nichts geändert. Zwar bestimmt § 4 Abs.1 GWB – insoweit vom Wortlaut des § 5 b Abs.1 GWB a.F. abweichend –, daß Mittelstandskartelle *freigestellt werden können.* Dies könnte Anlaß zu der Vermutung geben, die Entscheidung über die Erhebung des Widerspruchs gemäß § 9 Abs.3 GWB habe in das Ermessen

---

[148] *Müller-Laube*: Der private Rechtsschutz gegen unzulässige Beschränkungen des Wettbewerbs und mißbräuchliche Ausnutzung von Marktmacht im deutschen Kartellrecht, S. 22 ff., 55 ff. Zur Qualität der Mißbrauchsaufsicht als wirtschaftspolitisches Lenkungsinstrument vgl. *Ballerstedt*, in: Festschrift für *Schmidt-Rimpler*, S. 369, 394 ff. Zur politischen Natur des Kartellrechts im Allgemeinen auch *Futter*, in: Festgabe für *Esser*, S. 37, 38 ff.

der Kartellbehörde gestellt werden sollen. Gleichwohl ist auch nach Inkrafttreten der 6. GWB-Novelle von einem Freistellungsanspruch auszugehen[149].

Auch soweit das Gesetz die Freistellung grundsätzlich dem Ermessen der zuständigen Kartellbehörde überantwortet hat (vgl. etwa § 4 GWB a.F.; nunmehr § 6 GWB – Strukturkrisenkartelle), bleibt für die Annahme einer selbständigen wirtschafts- oder wettbewerbspolitischen Gestaltungsbefugnis kein Raum. Denn durch die detaillierte Abfassung der Freistellungsvoraussetzungen wird die Ermessensentscheidung der Kartellbehörde jedenfalls entscheidend determiniert. Die Ausnahmetatbestände scheiden daher nicht schon deswegen als Schutzgesetze aus, weil die ihnen zugrunde liegenden wirtschaftspolitischen Regelungszwecke zwingend ihre ausschließliche Anwendung durch die Kartellbehörden erforderten.

Daß die Ausnahmetatbestände der §§ 2 ff. GWB gleichwohl der unmittelbaren Anwendung im zivilgerichtlichen Verfahren entzogen sind, ergibt vielmehr aus der im Gesetz ausdrücklich angeordneten, konstitutiven Wirkung des Freistellungsverfahrens. Dementsprechend können die Parteien einer Kartellvereinbarung gegenüber der auf § 1 GWB gestützten Schadensersatzklage eines Wettbewerbers nicht einwenden, die materiellen Freistellungsvoraussetzungen seien erfüllt. Denn die formell ordnungsgemäße Anmeldung und Freistellung des Kartells ist zwingende Voraussetzungen für dessen Anerkennung durch die Rechtsordnung[150]. Andererseits muß einer solchen Klage der Erfolg versagt bleiben, wenn die Voraussetzungen des § 1 GWB zwar vorliegen, die Kartellvereinbarung jedoch formell ordnungsgemäß freigestellt worden ist. Dies folgt ohne weiteres aus der Tatbestandswirkung der Freistellungsentscheidung, die insoweit auch die privatrechtlichen Beziehungen zu Dritten verbindlich gestaltet[151]. Ob die Freistellung dabei möglicherweise zu Unrecht erfolgt ist, ist insoweit ohne Belang. Zu einem ähnlichen Ergebnis wird man für die Vorschriften der Zusammenschlußkontrolle gelangen, zumal den Kartellbehörden dort nicht einmal dem Wortlaut nach ein Ermessensspielraum eingeräumt ist (vgl.

---

[149] *Bunte* DB 1998, 1748, 1751.

[150] Anders früher nur § 5 c GWB a.F., der ohne vorherige Anmeldung unmittelbar kraft Gesetzes zur Freistellung von § 1 GWB a.F. führte. Diese Sonderstellung der mittelständischen Einkaufskooperationen ist im Rahmen der 6. GWB-Novelle mit Einführung des (allerdings vereinfachten) Anmeldeverfahrens auch für diesen Ausnahmetatbestand beseitigt worden (vgl. §§ 4 Abs.2, 9 Abs.4 GWB).

[151] *Müller-Laube*: Der private Rechtsschutz gegen unzulässige Beschränkungen des Wettbewerbs und mißbräuchliche Ausnutzung von Marktmacht im deutschen Kartellrecht, S. 22; *K. Schmidt*: Kartellverfahrensrecht – Kartellverwaltungsrecht – Bürgerliches Recht, S. 192 ff.; a.A. *Soell*, in: Festschrift für *Wahl*, S. 439, 448 f. Gegen eine privatrechtsgestaltende Wirkung speziell bei Freistellungen im Widerspruchsverfahren auch *Koch*: Schadensersatz bei unerlaubten wettbewerbsbeschränkenden Handlungen nach deutschem und europäischem Recht, S. 107.

§ 24 Abs.1 GWB a.F.; nunmehr § 36 Abs.1 GWB). In beiden Bereichen ist der verfahrensrechtlich normierte Vorrang zugunsten einer Rechtsanwendung durch die Kartellbehörden daher keinesfalls von Verfassungs wegen unter dem Gesichtspunkt der Gewaltenteilung geboten.

Auch auf dem Gebiet der (Preis-) Mißbrauchsaufsicht werden die Kartellbehörden nicht als staatliche Lenkungsorgane mit wettbewerbspolitscher Gestaltungsbefugnis tätig. Ein verfassungsrechtlich begründetes Zuständigkeitsreservat der Kartellbehörden gegenüber den Zivilgerichten besteht daher auch in diesem Zusammenhang nicht. Zutreffend ist allerdings der Hinweis *Müller-Laubes*, die kartellbehördlichen Entscheidungen im Rahmen der (Preis-) Mißbrauchsaufsicht trügen in besonderem Maße marktpolitischen Zielkonflikten Rechnung. Preisherabsetzungen könnten die Marktstellung ohnehin marktbeherrschender Unternehmen verstärken oder sogar zementieren, indem sie die Zutrittsschranken für Außenseiter erhöhen oder Expansionsbestrebungen kleiner Konkurrenten vereiteln. Kurzfristige Verbraucherschutzvorteile seien daher immer gegen mittel- oder langfristige wettbewerbsstrukturelle Nachteile abzuwägen. Preiskontrolle gehöre mithin zu den typischerweise privilegierten Aufgaben der öffentlichen Kartellbehörden[152]. Ökonomisch ist diese Ansicht sicherlich zutreffend[153]. Allein, ob sie verfassungsrechtlich geboten ist, steht damit noch nicht fest. Zwar fehlt es im Rahmen der Mißbrauchsaufsicht an einer insbesondere den §§ 2 ff. GWB vergleichbaren, detaillierten Ausformulierung der für die kartellbehördliche Entscheidung maßgeblichen wettbewerbspolitischen Gesichtspunkte. Allerdings kann aus der relativen Unbestimmheit des Mißbrauchsbegriff dennoch nicht der Schluß gezogen werden, hiermit habe den Kartellbehörden eine wettbewerbspolitische Gestaltungsbefugnis eingeräumt werden sollen. Denn zumindest die grundlegende Entscheidung zugunsten einer Preiskontrolle über marktbeherrschende Unternehmen sowie der hierbei zur Anwendung zu bringende Beurteilungsmaßstab sind unmittelbar dem Gesetz zu entnehmen.

Die Rechtsprechung des BGH nötigt insoweit nicht zur Annahme einer verfassungsrechtlich verbürgten Gestaltungsbefugnis der Kartellbehörden. Zwar hat der BGH in der „Taxiflug“ Entscheidung den Kartellbehörden auf dem Gebiet der Mißbrauchsaufsicht ausdrücklich einen Ermessenspielraum zuerkannt. Auch hat der BGH es abgelehnt, dieses Ermessen durch die Gewährung eines subjektiv-öffentlichen Rechts auf Einschreiten der Kartellbehörden zu begrenzen[154].

---

[152] *Müller-Laube*: Der private Rechtsschutz gegen unzulässige Beschränkungen des Wettbewerbs und mißbräuchliche Ausnutzung von Marktmacht im deutschen Kartellrecht, S. 56 f.

[153] Vgl. ausführlich oben sub 2. Teil, C.I.

[154] WuW/E BGH 995, 998 f. „Taxiflug“; 1556, 1560 „Weichschaum III“. Merkwürdig ist dabei allein, daß der BGH sich in seiner ersten Entscheidung noch maßgeblich auf das Argument stützt, das in Rede stehende Verhalten erfülle zugleich den Tatbestand des § 26 Abs.2 GWB a.F., so daß der Beschwerdeführer bereits zivilrechtlich geschützt sei. Der

Fest steht ferner, daß der BGH den Entscheidungsspielraum der Kartellbehörden nicht auf ein bloßes Aufgreifermessen reduziert sah; vielmehr – so der BGH – umschreibe die Fassung der Eingriffsermächtigung die Aufgaben und Pflichten der Kartellbehörden, wenn der Eingriffstatbestand erfüllt sei[155]. Zu dem entscheidenden Gesichtspunkt allerdings, namentlich anhand welchen Maßstabs die Kartellbehörde den ihr danach zukommenden Ermessensspielraum auszufüllen hat, schweigt der BGH. *Möschel*, der ebenso wie der BGH ein subjektiv-öffentliches Recht aus § 22 GWB a.F. ablehnt, nennt als die Ermessensentscheidung leitende Zweckmäßigkeitserwägungen die (gesamtwirtschaftliche) Bedeutung der Angelegenheit, die Erfolgsaussichten des Verfahrens, den Arbeitsaufwand in Relation zu den zur Verfügung stehenden Ressourcen und die Frage, ob das Verfahren in ein konkret verfolgtes Arbeitsprogramm mit seinen Prioritäten und Schwerpunkten passen würde[156]. Die wettbewerbspolitische Opportunität behördlichen Einschreitens aber bleibt außen vor. Wenn *Möschel* in diesem Zusammenhang von einer drohenden Aushöhlung des Opportunitätsprinzips spricht[157], so liegt dem daher nicht der Gedanke zugrunde, eine wie auch immer geartete, inhaltliche Gestaltungsbefugnis der Kartellbehörde schützen zu müssen, sondern die Erkenntnis, daß die angesichts der beschränkten Verwaltungskapazitäten unentbehrliche Schwerpunktsetzung nicht mehr gewährleistet wäre[158]. Die Kartellbehörde wäre an der Wahrnehmung einer für ihre Tätigkeit ganz wesentlichen Aufgabe – nämlich der Schaffung von Rechtssicherheit durch Aufgreifen von Präzedenzfällen – gehindert. In der Praxis wird die Kartellbehörde die maßgeblichen Gesichtspunkte allerdings bereits bei der Entscheidung über die Eröffnung eines formellen Verfahrens gemäß den §§ 54 ff. GWB abwägen. Das Rechtsfolgeermessen des § 22 Abs.5 GWB a.F. geht damit weitgehend in dem für die Einleitung eines Verfahrens von Amts wegen geltenden Opportunitätsprinzip auf.

In diesem Sinne wird man auch das den Kartellbehörden in der „Taxiflug“ Entscheidung zugestandene Ermessen verstehen dürfen. Bemerkenswert ist immerhin, daß der BGH seine ablehnenden Haltung gegenüber einem subjektiv-öffentlichen Recht aus § 22 GWB a.F. gerade nicht unter Hinweis auf eine ver-

---

Gewährung eines subjektiv öffentlichen Rechts aus § 22 GWB a.F. bedürfe es daher nicht. Dieses Argument greift der BGH in seiner zweiten Entscheidung, die einen Fusionsfall betraf, nicht mehr auf, obwohl im Rahmen der Fusionskontrolle § 26 GWB a.F. nach allgemeiner Ansicht keine Anwendung fand (vgl. IM/*Markert* (2. Aufl.) § 26 Rdn. 313).

155 WuW/E BGH 995, 998 „Taxiflug“.

156 IM/*Möschel* (2. Aufl.) § 22 Rdn. 190.

157 IM/*Möschel* (2. Aufl.) § 22 Rdn. 190.

158 Vgl. *Mertens* AcP Bd. 178 (1978), 227, 259; *Müller-Laube*: Der private Rechtsschutz gegen unzulässige Beschränkungen des Wettbewerbs und mißbräuchliche Ausnutzung von Marktmacht im deutschen Kartellrecht, S. 19; *Steindorff* ZHR Bd. 138 (1974), 504, 526.

fassungsrechtlich verbriefte Gestaltungsbefugnis der Kartellbehörden begründet. Vielmehr verweist er auf den Umstand, daß § 22 GWB a.F. – anders als die besondere Mißbrauchsaufsicht des § 17 GWB – kein formelles Antragsrecht iSv. § 51 Abs.1 GWB a.F. vorsehe[159]. Man wird dies dahingehend auslegen müssen, daß es dem BGH bei der Verwehrung eines subjektiv-öffentlichen Rechts maßgeblich um den Schutz des Opportunitätsprinzips ging. In die gleiche Richtung weist im übrigen auch der Hinweis des BGH, ein öffentlich-rechtlicher Anspruch auf Durchführung eines kartellbehördlichen Verfahrens sei regelmäßig dort ausgeschlossen, wo dem Antragsteller ein zivilrechtlicher Klageanspruch zustehe, der sich nach Inhalt und Voraussetzungen mit der im Wege des Verwaltungsverfahrens ersuchten Maßnahme decke[160]. Dem kann keinesfalls die Annahme eines zivilrechtliche Ansprüche ausschließenden Verwaltungsermessens zugrunde liegen. Vielmehr erkennt der BGH hier ausdrücklich eine die Aufgaben der Kartellbehörden unterstützende zivilgerichtliche Durchsetzung kartellrechtlicher Normen an.

Darauf, ob zumindest in Einzelfällen eine Ermessenreduzierung auf Null in Betracht kommen kann, kommt es unter Zugrundelegung eines solches Verständnisses des den Kartellbehörden in § 22 GWB a.F. eingeräumten Ermessen nicht mehr an. Im übrigen vermag dieses von den Befürwortern der Schutzgesetzeigenschaft von § 22 GWB a.F. vorgebrachte Argument nur begrenzt zu überzeugen[161]. Insbesondere verschließt die Anknüpfung des privaten an den öffentlichrechtlichen Drittschutz den Weg hin zu einer autonomen, umfassenden Abgrenzung zwischen kartellbehördlichen und zivilgerichtlichen Kompetenzen bei der Durchsetzung des Kartellrechts.

6. Die Eignung des Zivilprozesses zur Gewährleistung effizienten Privatrechtsschutzes

Die zivilprozessualen Rahmenbedingungen des privaten Rechtsschutzes auf dem Gebiet des Kartellrechts haben bereits an anderer Stelle ausführliche Erörterung gefunden. Dabei hatte sich herausgestellt, daß an der Eignung des Zivilprozesses, effektiven (Privat-) Rechtsschutz sicherzustellen, jedenfalls keine grundlegenden Zweifel bestehen[162]. Eine genauere Betrachtung der ökonomischen Bedingungen privater Rechtsdurchsetzung im Rahmen des Mißbrauchsverbots hatte freilich mit Ausnahme des Behinderungswettbewerbs zu gegenteiligen Ergebnissen geführt[163]. Die von der herrschenden Ansicht zu § 22 GWB a.F. diesbezüglich vorgebrachten Zweifel, lassen indessen eine solch differenzierte Be-

---

[159] WuW/E BGH 995, 999 „Taxiflug".
[160] WuW/E BGH 995, 998 f. „Taxiflug". Im konkreten Fall ergab sich ein solcher Anspruch aus § 26 Abs.2 GWB a.F.
[161] So *Müller* WuW 1977, 92, 93.
[162] Vgl. oben sub 2. Teil, A.II.2.
[163] Vgl. oben sub 2. Teil, C.I., III. und IV.

trachtung vermissen[164]. Dennoch sollen sie an dieser Stelle in der gebotenen Kürze mit einigen wenigen ergänzenden Bemerkungen nochmals zusammenfassend dargestellt werden.

a. Überforderung des Zivilrichters?

Entgegen einer verbreiteten Auffassung im kartellrechtlichen Schrifttum steht eine Überforderung des Zivilrichters nicht schlechthin zu befürchten[165]. Sicherlich verlangt die Ökonomisierung des Kartellrechts dem Rechtsanwender ein zunehmendes volkswirtschaftliches Fachwissen ab. Dieses Fachwissen kann und muß sich das Gericht jedoch im Einzelfall ohnehin von einem Gutachter vermitteln lassen. Das Gerichts selbst muß lediglich in dem Maße über ein grundlegendes Verständnis der mikroökonomischen Zusammenhänge verfügen, die es benötigt, um die gutachterlichen Ausführungen nachvollziehen und auf ihre Schlüssigkeit hin überprüfen zu können. Hierfür trägt das GWB durch die Schaffung kartellrechtlicher Spezialzuständigkeiten hinreichend Gewähr[166].

Im übrigen sei auf folgenden Wertungswiderspruch hingewiesen: Gegen Verfügungen der Kartellbehörden ist – abweichend von § 40 Abs.1 VwGO – der Weg zu den ordentlichen Gerichten gegeben (vgl. §§ 63 Abs.4, 74 Abs.1, 83, 84 GWB). Die einheitliche Zuordnung aller Kartellrechtsstreitigkeiten – seien sie verwaltungsrechtlicher, ordnungsrechtlicher oder privatrechtlicher Natur – zu den Gerichten der ordentlichen Gerichtsbarkeit soll die zentrale Ausbildung von

---

164 Zuweilen haben indessen auch die Befürworter eines möglichst weitreichenden Privatrechtsschutzes im Kartellrecht auf etwaige Schwächen des Zivilverfahrensrechts hingewiesen, freilich nicht mit der Konsequenz einer Einschränkung des Privatrechtsschutzes, sondern der Forderung nach einer an dessen weiterreichenden Aufgaben ausgerichteten Anpassung des Zivilverfahrensrechts. Vgl. etwa MüKo/*Mertens* § 823 Rdn. 181; *Mertens* AcP Bd. 178 (1978), 227, 259 f.; *Vollmer* DB 1979, 2213, 2217 f.

165 So aber *Ballerstedt*, in: Festschrift für *Hefermehl* (1976), S. 55; *Ders.* JZ 1956, 267, 271; vgl. auch den Diskussionsbeitrag von *Ballerstedt* im Rahmen der Zivilrechtslehrertagung 1967, in: *Richardi* AcP Bd. 168 (1968), 318, 324; *Gleiss/Kracht* NJW 1959, 971, 973; *Griesbach* WuW 1971, 813, 819; *Raiser* BB 1972, 471, 473 f., sowie *Schmiedel*: Deliktsobligationen nach deutschem Kartellrecht, S. 45. Auch der Gesetzgeber hat in der Vergangenheit die Umwandlung von § 22 GWB a.F. in ein unmittelbar wirkendes Verbotsgesetz mit der Begründung abgelehnt, die Zivilgerichte so weit als möglich von wirtschaftlichen Untersuchungen freistellen zu wollen (Begr. RegE, BT-Drucks. 8/2136, S. 15). In der Wettbewerbspolitik ist diese Argumentation den Vertretern der sogenannten „workability-Konzepte“ (Theorien des funktionsfähigen Wettbewerbs) mit ihrer Forderung nach einer auf einzelfallbezogene Performancetests beruhenden Rechtsanwendung zuzuordnen. Vgl. etwa die Darstellung von *Hoppmann*, in: *Hoppmann/Mestmäcker*: Normenzwecke und Systemfunktionen im Recht der Wettbewerbsbeschränkungen, S. 5, 13, sowie *I. Schmidt*: Wettbewerbspolitik und Kartellrecht, S. 145 f.

166 Vgl. oben sub 2. Teil, A.II.2.a.

Fachkompetenz im Interesse einer effizienten Rechtsdurchsetzung fördern[167]. Sind demnach im wesentlichen dieselben Gerichte in verwaltungsrechtlichen und privatrechtlichen Streitigkeiten zur Entscheidung berufen, läßt sich nur schwer begründen, warum sie im ersten Fall sehr wohl, im zweiten aber nicht über die hinreichende Fachkompetenz verfügen sollen. Dabei soll nicht in Abrede gestellt werden, daß die im Falle des Beschwerdeverfahrens vorangehende Ermittlung und Bewertung des Sachverhalts durch die Kartellbehörden dem Gericht den Einstieg in die spezielle Problematik des Falles erheblich erleichtern kann. Von einer selbständigen rechtlichen wie tatsächlichen Würdigung befreit ist das Gericht jedoch auch im Beschwerdeverfahren nicht[168]. Maßgebliche Unterschiede ergeben sich allein in verfahrensrechtlicher Hinsicht. Überfordert könnte demnach allenfalls das Zivilverfahrensrecht sein, nicht aber die Person des Zivilrichters.

b. Allgemeine Verfahrensgrundsätze des Zivilprozeßrechts: Prozeßmaxime und Beibringungsgrundsatz

Die von Vertretern der herrschenden Ansicht oftmals pauschal behauptete mangelnde Eignung des Zivilprozesses folgt allerdings auch nicht aus dessen allgemeinen Verfahrensgrundsätzen. Fehl geht zunächst der Einwand, mißbräuchliches Verhalten sei stets von Amts wegen zu verfolgen, weshalb der Parteiprozeß bereits aufgrund der ihm eigenen Prozeßmaxime nicht geeignet sei, das gesamtwirtschaftliche Ziel der Beseitigung eines Monopolmißbrauchs zu verwirklichen[169]. Denn auch die Gewährung privater Sanktionen gemäß § 35 iVm. § 22 GWB a.F. schlösse ein Tätigwerden seitens der Kartellbehörden im Wege des Verwaltungs- oder Ordnungswidrigkeitenverfahrens – gerade auch von Amts wegen (§ 51 Abs.1 Alt.1 GWB a.F.) – nicht aus. Der Fehler dieses auf die Prozeßmaxime des Zivilprozesses gestützten Arguments liegt mithin in einer unzulässigen Herauslösung der privatrechtlichen Sanktionen aus dem als Ganzes zu bewertenden Rechtsfolgensystem des GWB begründet.

Nicht überzeugen kann im Ergebnis ferner die auf den Beibringungsgrundsatz abzielende Kritik, die wiefolgt zusammengefaßt werden kann: Die Mißbräuchlichkeit eines bestimmten Verhaltens könne nicht isoliert nach den Beziehungen zwischen dem Marktbeherrscher und dem betroffenen Unternehmen, sondern nur nach der Wettbewerbssituation auf dem relevanten Markt insgesamt beur-

---

[167] Vgl. *Kollmorgen*, in: *Langen/Bunte*, § 63 Rdn. 42; *Rittner*: Wettbewerbs- und Kartellrecht, § 14 Rdn. 94, S. 408.

[168] Nur in Bezug auf die Ermessenserwägungen der Kartellbehörde wird die Überprüfung durch das Gericht eingeschränkt (vgl. § 70 Abs.5 GWB). Ähnlich *Ullrich*, in: Festschrift für *Ulmer*, S. 521, 526 f. Gegen einen solchen Vergleich beider Verfahrensarten aber wohl *Mestmäcker* AcP Bd. 168 (1968), 235, 244, der seine Aussage allerdings im Hinblick auf die für die Justiziabilität einer Vorschrift zu ziehenden Schlüsse trifft.

[169] So aber *Goll* GRUR 1976, 486, 492; *Ders.* WuW 1976, 291, 294.

teilt werden. Nur so ließen sich negative Auswirkungen der einzelnen Entscheidung auf den (Rest-) Wettbewerb vermeiden. Die hiernach erforderliche Gesamtschau vermochten die Zivilgerichte aber aufgrund ihrer Angewiesenheit auf den Tatsachenvortrag der Parteien nicht sicher zu stellen[170]. Zwar lassen sich gewisse Spannungen zwischen dem dem Beibringungsgrundsatz zugrunde liegenden Gedanken der (prozessualen) Privatautonomie einerseits und dem auf Herstellung mirkoökonomischer Effizienz gerichteten Kartellrecht nicht leugnen. Eine hinreichende Wahrung öffentlicher Belange auch in bürgerlichen Kartellrechtsstreitigkeiten ermöglicht indessen die Verfahrensbeteiligung der Kartellbehörden gemäß § 90 GWB. Sie begrenzt in Zusammenwirken mit der richterlichen Aufklärungspflicht (§ 139 ZPO) die Parteiherrschaft über das Verfahren.

Fehl geht die auf den Beibringungsgrundsatz gestützte Kritik auch insoweit, als sie impliziert, der Kartellverwaltungsprozeß trage schon aufgrund der ihn bestimmenden Untersuchungsmaxime (§ 69 Abs.1 GWB a.F.[171]) Gewähr für ökonomisch „richtige" Urteile. Zutreffend ist vielmehr, daß die gerichtliche Praxis die Untersuchungsmaxime durchaus nicht im Sinne einer stets unbegrenzten Verpflichtung zur Erforschung des Sachverhalts von Amts wegen versteht. Vielmehr hat das Gericht – in einer der Hinweispflicht gemäß § 139 ZPO ähnlichen Weise – zunächst auf einen umfassenden Sachverhaltsvortrag durch die Parteien selbst hinzuwirken (§ 69 Abs.2 GWB a.F.)[172]. Läßt die Kartellbehörde es dennoch an einem hinreichenden Sachvortrag fehlen, insbesondere weil sie eine von der Ansicht des Gerichts abweichende Rechtsauffassung zugrunde legt, ist das Gericht keineswegs verpflichtet, von Amts wegen die umfassende Erforschung des Sachverhalts zu veranlassen. Im Verhältnis zur Kartellbehörde kann sich vielmehr auch das Kartellverwaltungsgericht auf bloße Ergänzungsermittlungen beschränken. Keinesfalls braucht es anstelle der zuständigen Kartellbehörde die erste Sachverhaltsaufklärung durchzuführen[173]. Im Kartellprozeß wirken daher der um die Verfahrensbeteiligung der Kartellbehörden ergänzte Bei-

---

[170] *Paschke/Kersten*, in: Frankfurter Kommentar, § 22 a.F. Rdn. 37; kritisch insoweit zuletzt auch *Mestmäcker* EuZW 1999, 523, 528. Ebenfalls auf die erforderliche *umfassende* Interessenabwägung verweist *Goll* WuW 1976, 291, 294, der allerdings keinen unmittelbaren Bezug zu Mängeln des Zivilverfahrensrechts herstellt. Ähnlich für den Fall der Preismißbrauchsaufsicht weiterhin - allerdings auch ohne zivilprozessualen Bezug - *Müller-Laube*: Der private Rechtsschutz gegen unzulässige Beschränkungen des Wettbewerbs und mißbräuchliche Ausnutzung von Marktmacht im deutschen Kartellrecht, S. 56 f.

[171] Nunmehr § 70 Abs.1 GWB.

[172] Nunmehr § 70 Abs.2 GWB. Zu den Mitwirkungsobliegenheiten der Beteiligten als Grenze der Amtsermittlungspflicht vgl. IM/*K. Schmidt* § 70 Rdn. 7 f.

[173] Vgl. KG WuW/E OLG 1321, 1323 „Zahnbürsten", sowie IM/*K. Schmidt* § 70 Rdn. 4.

bringungsgrundsatz einerseits sowie die Untersuchungsmaxime andererseits allenfalls graduell verschieden[174].

c. Die Regeln der Beweislast

Soweit die Schutzgesetzeigenschaft von § 22 GWB a.F. unter Hinweis auf die zivilprozessualen Rahmenbedingungen in Frage gestellt worden ist, überzeugt nach den vorstehenden Ausführungen am ehesten der Einwand, eine effiziente privatrechtliche Mißbrauchsaufsicht müsse schon angesichts der regelmäßig nicht zu bewältigenden klägerischen Beweislast scheitern[175]. Zutreffend ist insbesondere, daß das Beweisverfahrensrecht der ZPO dem Kläger nur in sehr begrenztem Maße die Möglichkeit eröffnet, zum Zwecke der Beweisführung Zugriff auf solche (Geschäfts-) Unterlagen zu nehmen, die sich entweder im Besitz des Prozeßgegners oder dritter Personen befinden. Negativ wirkt sich insofern vor allem das Fehlen eines dem US-amerikanischen Zivilprozeßrecht vergleichbaren *pretrial discovery* Verfahrens aus. Vor diesem Hintergrund lohnt es sich durchaus, über eine kartellrechtsspezifische Modifikation des zivilprozessualen Beweisrechts nachzudenken[176]. Eine pauschale Absage an deliktische Sanktionen, wie sie die überwiegende Ansicht zu § 22 GWB a.F. vertreten hat, erscheint aber bereits de lege lata nicht berechtigt. Insbesondere trägt sie nicht hinreichend den Bemühungen von Gesetzgeber und Rechtsprechung Rechnung, im Rahmen der Mißbrauchsaufsicht zu einer angemessenen Verteilung der Beweislast zu gelangen. Insoweit sei auf die bereits in anderem Zusammenhang gemachten Ausführungen zu den Marktbeherrschungsvermutungen sowie der Beweislastumkehr hinsichtlich der Merkmals der sachlichen Rechtfertigung verwiesen[177].

7. Wettbewerbstheoretisch begründete Argumente

a. Wettbewerbsordnung und Privatrechtsordnung

Die Befürworter der Schutzgesetzeigenschaft von § 22 GWB a.F. haben wiederholt auf die spezifische Beziehung zwischen der Privatrechtsordnung einerseits und der Wettbewerbsordnung andererseits hingewiesen. Entscheidende Bedeutung für die Frage nach der Gewährung privatrechtlicher Rechtsbehelfe auf dem Kartellrechts sei insbesondere das Verständnis von Wettbewerb als Prozeß der Kooperation von Individuen und der Koordination der ihrem Handeln zugrunde liegenden einzelwirtschaftlichen Plänen. Dieser Prozeß vollziehe sich in einem

---

[174] *Ullrich*, in: Festschrift für *Ulmer*, S. 521, 530.

[175] *Kraft* WuW 1981, 317, 325; *Rittner*, in: Festschrift für *Hartmann*, S. 251, 270. Zweifel an der Effizienz privater Klagen bekunden selbst Befürworter des Schutzgesetzcharakters von § 22 GWB a.F.; vgl. etwa *Mertens* AcP Bd. 178 (1978), 227, 259 f.; *Vollmer* DB 1979, 2213, 2217 f.

[176] Ein ausführlicher Überblick mit Nachweisen aus der Literatur findet sich bei *K. Schmidt*: Aufgaben und Leistungsgrenzen der Gesetzgebung im Kartelldeliktsrecht, S. 110 ff.

[177] Vgl. oben sub 2. Teil, A.II.2.c.

marktwirtschaftlichen System im Rahmen von Austauschgeschäften und sei daher durch die Institutionen des Privatrechts maßgeblich geprägt. Zugleich seien die Normen des Privatrechts Grundlage der individuellen Entscheidungsfindung. Die Wettbewerbsordnung insgesamt sei daher ganz wesentlich eine privatwirtschaftliche, durch die Freiheitsrechte – Vertragsfreiheit, Gewerbefreiheit, Wettbewerbsfreiheit und Privateigentum – konstituierte Ordnung[178]. Einer solchen Wirtschaftsordnung entspreche es am ehesten, der eigenverantwortlichen Rechtswahrung möglichst freien Raum zu lassen. Dies gelte insbesondere für den einzelnen Marktteilnehmer, der durch wettbewerbswidrige Maßnahmen geschädigt werde. Desweiteren verbiete der regulierende Einfluß kartellrechtlicher Normen auf das Privatrechtssystem einen Rechtsdurchsetzungsmechanismus, der die Zivilgerichte ob ihrer grundsätzlichen Verantwortung für die Auslegung und Fortentwicklung des Privatrechts vollends außen vorließe[179].

b. Die Dynamik des Wettbewerbs

Insbesondere *Goll* hat versucht, aus dem dynamischen Wesen des Wettbewerbs Rückschlüsse auf die Möglichkeit der Gewährung zivilrechtlichen Rechtsschutzes durch § 22 GWB a.F. zu ziehen. Der Wettbewerb – so *Goll* – befinde sich in ständiger Bewegung, bei der einmal die Wettbewerbsfreiheit des einen, dann die des anderen überwiege. Die bestehenden Marktbeherrschungen gingen infolge technischer Entwicklungen und Änderungen in der Verbraucherbedürfnissen verloren. In einem Moment könne ein Konkurrent des Schutzes bedürfen, im nächsten könne er bereits selbst aufgrund seiner zwischenzeitlich erstarkten Marktstellung wettbewerbsbehindernd wirken. Wettbewerb beinhalte mithin ein ständiges Auf und Ab wirtschaftlicher Interessen, das eine Durchsetzung von Individualinteressen mittels § 22 iVm. § 35 GWB a.F. nicht zulasse[180].

Der Einwand *Golls* soll anhand des folgenden Beispiels verdeutlicht werden: Das Unternehmen A sei auf dem Markt für das Produkt P marktbeherrschend und setze seine Marktmacht gezielt dazu ein, seine Konkurrenten mißbräuchlich im Sinne von § 22 GWB a.F. zu behindern. Einer dieser Konkurrenten sei das Unternehmen B. Angenommen, in der Folgezeit käme es infolge revolutionärer

---

[178] Vgl. zu Vertragsfreiheit und Eigentum als „fundamentale Rechtsinstitute des Marktes" die zusammenfassende – einen Schwerpunkt bei *Kant* und *v. Hayek* setzende – Darstellung von *Kläver*: Die Verfassung des Marktes, S. 127 ff.

[179] So der Grundtenor der Darstellungen von *Koch*: Schadensersatz bei unerlaubten wettbewerbsbeschränkenden Handlungen nach deutschem und europäischem Recht, S. 66 f.; *Mestmäcker* AcP Bd. 168 (1968), 235, 245 ff.; *Müller-Laube*: Der private Rechtsschutz gegen unzulässige Beschränkungen des Wettbewerbs und mißbräuchliche Ausnutzung von Marktmacht im deutschen Kartellrecht, S. 17 f.; *Mailänder*: Privatrechtliche Folgen unerlaubter Kartellpraxis, S. 12.

[180] *Goll* WUW 1976, 291, 294; *Ders.* GRUR 1976, 486, 492. Ebenso *Paschke/Kersten*, in: Frankfurter Kommentar, § 22 a.F. Rdn. 37.

technischer Fortschritte zu erheblichen Verschiebungen der Marktstellungen auf dem Markt für P. Das Unternehmen A verpasse den Anschluß an die neue Technologie und verliere innerhalb relativ kurzer Zeit seine marktbeherrschende Stellung. Das Unternehmen B sei hingegen der Innovator der technischen Entwicklung. Ihm gelinge es, seinen Marktanteil in derselben Zeit überdurchschnittlich zu steigern.

Vorausgesetzt, § 22 GWB a.F. sei Schutzgesetz im Sinne von § 35 GWB a.F., dann könnte B ungeachtet der grundlegend geänderten Marktverhältnisse von A Schadensersatz verlangen. Daß die tatbestandliche Zuwiderhandlung noch aus der Zeit vor der Neuordnung des Marktes datierte, bliebe unberücksichtigt. Wettbewerbspolitisch führte dies zu einem wenig sinnvollen Ergebnis. Denn einerseits würde die Finanzkraft des nunmehr ohnehin beherrschenden Unternehmens B gesteigert und seine wettbewerblichen Aktionsparameter auf diese Weise nochmals erweitert. Damit würde – entgegen der Zielsetzung des GWB – einer erneuten Vermachtung des Marktes Vorschub geleistet wird. Zugleich würde das Unternehmen A in seiner Eigenschaft als einer der verbleibenden Wettbewerber möglicherweise finanziell entscheidend geschwächt, so daß es die ihm im System des dynamischen Wettbewerbs zugedachte Funktion nicht mehr oder jedenfalls nicht mehr in vollem Umfang zu erfüllen vermochte. Auch hierdurch würde die Bildung wettbewerbsbeschränkter Marktstrukturen gefördert.

Die Eignung des dem Ausgleichsgedanken folgenden Schadensersatzrechts als Instrument vorausschauender Wettbewerbspolitik ist demnach begrenzt. Mit der Verwirklichung des deliktsrechtlichen Tatbestands gelangt der Schadensersatzanspruch endgültig zur Entstehung[181], während später hinzutretende Umstände allenfalls im Rahmen der Schadensberechnung Berücksichtigung finden können[182]. Das Kartellverwaltungsrecht ermöglicht in diesem Fall den Kartellbehörden eine wesentlich flexiblere Vorgehensweise. Zunächst kommt der Erlaß einer Untersagungsverfügung ohnehin nur solange in Betracht, wie die tatbestandlichen Voraussetzungen der Ermächtigungsgrundlage gegeben sind. Fallen sie später fort, ist ein Widerruf gem. § 49 VwVfG nicht nur zulässig, sondern nach Maßgabe von § 51 Abs.1 Nr.1 VwVfG zwingend geboten. Auch sehen die Vorschriften über die verwaltungsrechtliche Mehrerlösabschöpfung in § 34 Abs.2 S.1 GWB (vormals § 37 b Abs.2 S.1 GWB a.F.) eine Möglichkeit vor, in Fällen wie dem hier beschriebenen von der Abschöpfung abzusehen. Hilfsweise wird die Kartellbehörde entsprechende Erwägungen im Rahmen des ihr diesbezüglich

---

[181] So ausdrücklich für die Berücksichtigung hypothetischer Reserveursachen BGHZ 29, 207, 215 f.

[182] Gedacht ist hier vor allem an die Fälle hypothetischer Reserveursachen und solche der Vorteilsausgleichung.

eingeräumten Ermessens anzustellen haben[183]. Auch die Höhe der nach § 81 GWB zu verhängenden Geldbuße schließlich hat sich maßgeblich an der finanziellen Leistungsfähigkeit des Rechtsbrechers zu orientieren. Sie darf durch die Geldbuße nicht grundlegend in Frage gestellt werden[184].

C. Zusammenfassende Bewertung: Die Schutzgesetzdogmatik als Hindernis bei der Entwicklung eines ökonomisch effizienten Kartelldeliktsrechts

Die ausführliche Darstellung des Streitstandes zu § 22 GWB a.F. hat gezeigt, daß die Ermittlung des individualschützenden Normzwecks im eigentlichen Sinne für die Entscheidung über die Einordnung einer Norm als Schutzgesetz bereits vor Inkrafttreten der 6. GWB-Novelle weitgehend in den Hintergrund getreten war. Vielmehr haben Rechtsprechung und Literatur verschiedene typisierte Schutzgesetzmerkmale herausgebildet[185]. Im Zuge dieser Entwicklung hat sich die Bedeutung des Schutzgesetzprinzips als Grundlage des Kartelldeliktsrechts zunehmend in Richtung einer objektiven Kriterien folgenden, die Kompetenzen von Zivilgerichten und Kartellbehörden abgrenzenden Kollisionsnorm verschoben. Im einzelnen lassen sich den Argumenten aus der Diskussion um den Schutzgesetzcharakter von §§ 22 GWB a.F. folgende vier Zielrichtungen der Schutzzweckprüfung entnehmen:

(1) Zunächst dient das Schutzgesetzprinzip der *Abwägung verfassungsrechtlicher Rechtsgüter.* Insbesondere stehen sich gegenüber zugunsten des Geschädigten die aus Gewaltmonopol und Grundrechten herzuleitende Schutzpflicht des Staates einerseits und zugunsten des marktbeherrschenden Unternehmens das rechtsstaatliche Gebot hinreichender Normbestimmtheit andererseits.

(2) Ob die Schutzpflicht des Staates gerade die Einräumung deliktischer Sanktionen bedingt, ist weiterhin danach zu beurteilen, ob hierfür unter Berücksichtigung der übrigen Rechtsschutzmöglichkeiten überhaupt ein Bedürfnis besteht. Das *Zusammenwirken der subjektiv-rechtlichen Rechtsbehelfe* des GWB ist mithin in die Schutzzweckprüfung einzubeziehen.

(3) Die systematischen Argumente weisen darüber hinaus auf die Notwendigkeit einer weitergehenden *Harmonisierung der kartellrechtlichen Sanktionen.* Dabei stellt sich insbesondere die Frage, inwieweit ein Gleichlauf zwischen den Sanktionen des Kartelldeliktsrechts und des Ordnungswidrigkeitenrechts geboten ist. Darüber hinaus ist zu berücksichtigen, daß die Abschöpfung des gesamten Verletzergewinns gewährleistet ist.

---

183 Im europäischen Recht wäre in dem hier zur Diskussion gestellten Beispielsfall an die Verhängung einer nur symbolischen Geldbuße zu denken. Vgl. hierzu Ziffer 5 lit.d Leitlinien der Kommission zur Festsetzung von Geldbußen vom 14.1.1998 (ABl. Nr. C 9/3).

184 IM/*Dannecker/Biermann* § 81 Rdn. 377.

185 Vgl. zur Terminologie MüKo/*Mertens* § 823 Rdn. 165.

(4) Schließlich ist auf der Grundlage des Schutzgesetzprinzip die *Abgrenzung der Rechtsdurchsetzungbefugnisse von Zivilgerichten und Kartellbehörden* vorzunehmen. Dabei ist vorrangig dem Grundsatz der Gewaltenteilung Rechnung zu tragen. Die Einordnung einer Norm als Schutzgesetz darf keinen Übergriff der Rechtsprechung in ausschließliche Verwaltungskompetenzen zeitigen. Darüber hinaus ist in rechtspolitischer Hinsicht in die Abwägung einzustellen, inwieweit von den Zivilgerichten – ob der Komplexität kartellrechtlicher Sachverhalte – überhaupt ökonomisch sinnvolle, sachgerechte Entscheidungen erwartet werden können.

Von den vorstehend benannten Aspekten des Schutzgesetzprinzips finden allein die beiden ersten ihren Grundlage in dem Gedanken des Individualschutzes. Denn sie bestimmen den Schutzzweck der Norm ausschließlich unter Abwägung der Interessen des Geschädigten einerseits – seiner Schutzbedürftigkeit und Schutzwürdigkeit – und den möglicherweise entgegenstehenden Interessen des Schädigers andererseits. Objektiv-rechtliche Erwägungen bleiben unberücksichtigt; dies gilt insbesondere für ökonomische und wettbewerbspolitische Überlegungen.

Im Rahmen der beiden zuletzt aufgeführten Aspekte der Schutzgesetzprüfung tritt der individuelle Schutz des Geschädigten demgegenüber weitgehend hinter objektiven Zweckmäßigkeitserwägungen zurück. In diesem Sinne ist der individualschützende Normzweck notwendige, nicht aber ausreichende Bedingung für die Gewährung deliktischen Rechtsschutzes. Vielmehr kommt der wettbewerbspolitischen Opportunität schadensersatzrechtlicher Sanktionen eigenständige Bedeutung zu. Mit dem ursprünglich strikt subjektiv-rechtlichen Ansatz des Kartelldeliktsrechts hat Schutzgesetzprinzips in dieser – von Rechtsprechung und Literatur gedeckten – Ausformung daher nur noch wenig gemein.

Gleichwohl hat die überwiegende Ansicht formal an der Auffassung festgehalten, der Schadensersatzanspruch gemäß § 35 GWB a.F. sei maßgeblich durch den Schutz individueller Belange bestimmt. Indessen hätten die in der Schutzgesetzdogmatik bereits angelegten objektiv-rechtlichen Wertungskriterien Anlaß geben müssen, die Grundlagen des Kartelldeliktsrechts neu zu bestimmen. Damit wäre zugleich die Möglichkeit eröffnet worden, das Schutzgesetzprinzip im Sinne einer die Befugnisse von Zivilgerichten und Kartellbehörden umfassend abgrenzenden Kollisionsnorm fortzuentwickeln, die im Interesse einer optimalen Güterversorgung einzig dem Maßstab ökonomischer Effizienz verpflichtet gewesen wäre. So aber ist die eigentliche, der Auslegung von § 35 GWB a.F. zugrunde liegende rechtspolitische Fragestellung weitgehend unbeachtet geblieben. Insoweit sei auf die Ausführungen von *Mertens* verwiesen, der festgestellt hat:

> „Rechtspolitisch läuft die Frage [...] darauf hinaus, ob im Wirtschaftsrecht eine Konkurrenz stattfinden soll zwischen einer letztlich unter Einbeziehung aller wirtschaftlichen Daten entscheidenden, breitflächig operierenden, notwendi-

> gerweise die Kooperation mit den Unternehmen suchenden Bürokratie einerseits und einer stärker konfliktorientierten, einzelfallbezogenen und mehr an Gerechtigkeitsmaßstäben als an Effizienzgesichtspunkten orientierten Zivilrechtsprechung andererseits[186]."

Durch das Festhalten an der individualrechtlichen Begründung des kartellrechtlichen Schadensersatzanspruchs war zudem die Anwendung der im Grundsatz anerkannten objektiv-rechtlichen Wertungskriterien in der Praxis vorgezeichnet. Demgemäß haben diese vorrangig dort Berücksichtigung gefunden, wo die Gewährung deliktischen Rechtsschutzes ob der im übrigen feststehenden individualschützenden Zielrichtung einer Norm nicht angebracht erschien. Beispielhaft sei an den in Zusammenhang mit § 22 GWB a.F. erhobenen Einwand erinnert, den Zivilgerichte dürften keine Aufgaben überantwortet werden, für deren Wahrnehmung es diesen an den erforderlichen verfahrensrechtlichen Voraussetzungen fehle. Der naheliegende Umkehrschluß hingegen, die Sanktionen des Zivilrecht gezielt dort im Interesse der Rechtsdurchsetzung zu instrumentalisieren, wo sie hierzu einen wesentlichen Beitrag zu leisten in der Lage sind, hat in der Literatur zu § 35 GWB a.F. kaum Beachtung gefunden. Allein den Hinweis auf die gegenüber der kartellbehördlichen Aufsicht weiterreichende Breitenwirkung zivilrechtlicher Sanktionen mag man in diesem Sinne deuten[187].

Auf der Grundlage des Streits um den Schutzgesetzcharakter von § 22 GWB a.F. fällt die wettbewerbspolitische Bewertung des Kartelldeliktsrechts als Instrument einer ökonomisch effizienten Durchsetzung der Wettbewerbsordnung daher notwendig ernüchternd aus: Der Schadensersatzanspruch, verstanden nicht als Chance für den Wettbewerb, sondern als Gefahr für tradierte kartellbehördliche Kompetenzen; gefangen zwischen einer Theorie, die Anspruchsgewährung und zu schützende Individualbelange untrennbar aneinander bindet, und einem Verständnis von Staat und Verwaltung, das den Kartellbehörden ein Monopol auf die Wahrnehmung öffentlicher Belange einzuräumen scheint; zwischen seinem Ursprung im Recht der unerlaubten Handlungen, dessen allgemeinen Grundsätzen unterworfen, und der Einbindung in das funktionale Normverständnis des Kartellrechts; einem ständigen Mißtrauen gegenüber der Zivilgerichtsbarkeit und der ihr angehörenden Richter erlegen.

Ohne externen Anstoß schien eine Emanzipation des Schadensersatzanspruch kaum erreichbar. Die fortschreitende Inkorporation des europäischen (Kartell-) Rechtsbestandes in die nationale Rechtsordnung liefert nunmehr nach Inkraft-

---

[186] MüKo/*Mertens* § 823 Rdn. 180. Im zweiten Halbsatz, der sich auf die Zivilrechtsprechung bezieht kommt freilich wiederum die strikt subjektiv-rechtliche Verankerung des Schadensersatzanspruchs zum Ausdruck.

[187] Ausdrücklich *K. Schmidt*, in: *Helmrich* (Hrsg.): Wettbewerbspolitik und Wettbewerbsrecht, S. 19, 26; in der Sache ähnlich *Emmerich* ZHR Bd. 140 (1976), 97, 115 f.

treten der 6. GWB-Novelle Anlaß und Gelegenheit, einen Schritt in diese Richtung zu tun.

4. Teil: Private Rechtsdurchsetzung im europäischen Kartellrecht: Das Effizienzgebot (effet utile) als Grundlage eines unmittelbar gemeinschaftsrechtlichen Ersatzanspruchs am Beispiel der Art. 81 und 82 EG

Seit seinem Inkrafttreten im Jahre 1958 ist das GWB Gegenstand unzähliger Änderungen gewesen. Die meisten betrafen lediglich Detailfragen und erregten nur wenig Aufmerksamkeit. Anders verhält es sich mit den bisher fünf „großen" Novellen. Sie alle haben die Entwicklung des GWB hin zu einem modernen Kartellrecht entscheidend mitgeprägt. Im Mittelpunkt der 2. Novelle stand die Einführung der Fusionskontrolle. Die 3. Novelle brachte eine Neuregelung des Pressewesens. Im Zusammenhang mit der 4. Novelle sind zuvorderst die unverbindlichen Preisempfehlungen zu nennen. Die 6. GWB-Novelle soll nunmehr als Europa-Novelle in die Rechtsgeschichte eingehen[1]. Der Gesetzentwurf selbst bestimmt das Ziel der 6. GWB-Novelle wiefolgt:

> „Ziel des Entwurfes ist die Stärkung des Wettbewerbsprinzips im Hinblick auf die neuen Anforderungen. Gleichzeitig soll das deutsche Recht mit dem europäischen Recht harmonisiert werden[2]."

Harmonisierung bedeutet dabei für den Gesetzgeber in erster Linie Übernahme der ausdrücklichen Verbotsnormen der Art. 81 und 82 EG. Für den Bereich der Mißbrauchsaufsicht über marktbeherrschende Unternehmen rückt das deutsche Kartellrecht damit von dem – jedenfalls nach herrschender Ansicht – bisher in § 22 GWB a.F. verankerten Ansatz einer ausschließlich kartellbehördlichen Kontrolle ab. Ausweislich der Begründung des Regierungsentwurfs soll betroffenen Unternehmen die Möglichkeit eröffnet werden, sich selbst und ohne Einschaltung der Kartellbehörden mit zivilgerichtlichen Schadensersatzklagen gegen mißbräuchliches Verhalten zur Wehr zu setzen[3].

Zugleich hat der Gesetzgeber allerdings die Schadensersatzregelung des § 35 Abs.1 GWB a.F. im wesentlichen unverändert in den neuen § 33 GWB überführt. Ob die Zuwiderhandlung gegen eine bestimmte Norm des GWB ein Anspruch auf Schadensersatz begründet, richtet sich daher – so jedenfalls der Wortlaut von § 33 GWB – auch weiterhin nach deren Schutzzweck. Welchen Einfluß der Harmonisierungsgedanke dabei möglicherweise auf die Auslegung des Schutzgesetzerfordernisses nehmen wird, gilt es im folgenden auszuloten. Hierzu ist es jedoch zunächst erforderlich, Inhalt und Reichweite schadensersatzrechtlicher Sanktionen im europäischen Kartellrecht eingehend zu erörtern.

---

[1] Vgl. *Kretschmer* WuW 1998, 654, 654 f., für den das Ergebnis diesem Ziel jedoch in keiner Weise gerecht wird. Überhaupt bewertet er die 6. GWB-Novelle als „Novelle ohne Eigenschaften", was allerdings immer noch besser sei, als wenn sie, insoweit anspielend auf den neuen Ausnahmebereich Sport in § 31 GWB, als „Fußball-Novelle" in die Rechtsgeschichte einginge.

[2] Begr. RegE, BT-Drucks. 13/9720, S. 28, 30.

[3] Begr. RegE, BT-Drucks. 13/9720, S. 35 f.

Dies gilt um so mehr, als die privatrechtliche Dimension der Art. 81 und 82 EG selbst noch nicht abschließend geklärt erscheint.

A. Schadensersatzansprüche im Falle einer Verletzung der Art. 81 und 82 EG

Der europäische Gesetzgeber hat bei der Formulierung der Wettbewerbsregeln mit Ausnahme des Art. 81 Abs.2 EG darauf verzichtet, die zivilrechtlichen Folgen von Verstößen gegen die Art. 81 und 82 EG im Vertrag selbst zu regeln. Ebenso vergeblich wird man im wettbewerbsrechtlichen Sekundärrecht nach zivilrechtlichen Sanktionen suchen. Dies gilt insbesondere für die VO Nr.17, die neben den Befugnissen der Kommission im Verwaltungsverfahren nur noch Bußgeldvorschriften und damit allein öffentlich-rechtliche Rechtsfolgen enthält[4]. Hieraus kann allerdings nicht der Schluß gezogen werden, der europäische Gesetzgeber habe die Anwendung des Kartellrechts – gewissermaßen privatrechtlich neutral – allein der Kommission bzw. den nationalen Kartellbehörden (Art. 84 EG, Art. 9 Abs.3 VO Nr. 17[5]) überantworten wollen.

Frühzeitig bereits hat der Gerichtshof entschieden, die in den Art. 81 und 82 EG niedergelegten Verbote seien ihrer Natur nach geeignet, in den Beziehungen zwischen den einzelnen Marktteilnehmern Wirkungen zu entfalten und so in deren Person Rechte zu begründen. Diese Rechte zu wahren, obliege insbesondere den Gerichten der Mitgliedsstaaten[6]. In welcher Weise sie jedoch Schutz gerade durch zivilrechtliche Sanktionen erfahren, daß – so die übereinstimmende Ansicht der europäischen Gerichte[7] als auch der Kommission[8] – sei allein eine Frage des nationalen Rechts, nicht hingegen des Gemeinschaftsrechts. Ob insbe-

---

[4] Art. 6 und 15 VO Nr. 1/2003 regeln die Anwendung der Art. 81 und 82 EG durch die Gerichte der Mitgliedsstaaten und implizieren damit möglicherweise auch weitergehende zivilrechtliche Sanktionen. Eine Aussage darüber, ob diese originär europarechtlicher Natur oder den Rechtsordnungen der Mitgliedsstaaten zu entnehmen sind, wird damit jedoch nicht getroffen.

[5] Art. 5, 11 ff. VO Nr. 1/2003.

[6] Grundlegend EuGH Slg. 1974, 51, 62 „BRT/SABAM"; vgl. auch EuGH Slg. 1974, 409, 431 „Guiseppe Sacchi"; 1980, 2481, 2500 „Marty/Estée Lauder"; 1991, I-977, 992 ff. „Delimitis/Henninger Bräu"; 1997, I-1503, 1543 „Guérin Automobile"; EuZW 2001, 715, 716 „Courage Ltd.". Anders hingegen EuGH Slg. 1994, I-1209, 1275 „Banks" für Art. 65, 66 § 7 EGKSV, denen entgegen den Schlußanträgen des GA *van Gerven* (Slg. 1994, I-1209, 1237 ff.) eine unmittelbare Wirkung abgesprochen wird. Vgl. zum Streitstand weiterhin oben sub 3. Teil, B.II.4.f. (dort Fn. 79).

[7] So EuG Slg. 1992, II-2223, 2267 „Automec" ausdrücklich für Art. 81 EG; vgl. aber auch EuGH Slg. 1968, 679, 693 f. „Salgoil"; 1990, I-2911, 2935 „Hansen"; 1991, I-4371, 4387 „Vandevenne"; 1995, I-4705, 4736 „Van Schijndel und Van Veen".

[8] Vgl. etwa die Bekanntmachung über die Zusammenarbeit der Kommission mit den nationalen Gerichten, ABl. 1993 Nr. C 39/6, Tz. 6, 11, sowie auch schon früher die Anwort der Kommission auf die schriftliche Anfrage Nr. 519/72, ABl. 1973 Nr. C 67/55, Tz. 1.

sondere der Gerichtshof an der letztgenannten Auffassung speziell für Verstöße gegen die Art. 81 und 82 EG auch künftig festhalten wird, erscheint nach Urteilen in den Rechtssachen „Banks“[9] und „Courage Ltd.“[10] offen. Für einen gemeinschaftsrechtlichen Ersatzanspruch hat sich insbesondere Generalanwalt *Van Gerven* in der Rechtssache „Banks“ mit Nachdruck ausgesprochen[11]. Zunächst soll jedoch die Rechtslage nach Maßgabe der nationalen Rechtordnungen untersucht werden.

I. Schadensersatzansprüche nach Maßgabe des nationalen Haftungsrechts

1. Die Rechtslage in Deutschland: Art. 81 und 82 EG als Schutzgesetze iSv. § 823 Abs.2 BGB

Deliktischer Rechtsschutz bei Verstößen gegen die Art. 81 und 82 EG ist in Deutschland in Verbindung mit § 823 Abs.2 BGB gewährleistet. Der BGH hat insbesondere die Schutzgesetzeigenschaft des europäischen Kartellverbots in ständiger Rechtsprechung im Grundsatz anerkannt. Höchstrichterliche Entscheidungen zu Art. 82 EG liegen nicht vor. Auch in der Rechtsprechung der Instanzgerichte hat die Vorschrift kaum Bedeutung erlangt. Die Ausführungen des BGH zu Art. 81 EG sind jedoch grundsätzlich auf das europäische Mißbrauchsverbot übertragbar.

Erstmals hat sich der BGH in der Rechtssache „BMW-Importe“ für die Einordnung des europäischen Kartellverbots als Schutzgesetz im Sinne von § 823 Abs.2 BGB ausgesprochen. Dem Verfahren lag folgender Sachverhalt zugrunde. Die beklagte belgische Tochtergesellschaft der BMW AG hatte ihren belgischen Vertragshändlern ein Exportverbot für die von ihnen geführten PKW auferlegt. Der Klägerin, die geschäftsmäßig mit dem Import belgischer PKW nach Deutschland befaßt war, wurde dementsprechend seitens der Vertragshändler die Belieferung verweigert. Vor Gericht machte sie den ihr hierdurch entstandenen Schaden geltend. Der BGH führte aus, zwar gewähre Art. 85 EGV dem durch eine nach dieser Vorschrift verbotene Vereinbarung in seiner Wettbewerbsfreiheit Betroffenen selbst keine zivilrechtlichen Ansprüche. Die Vorschrift sei jedoch zumindest insoweit als Schutzgesetz iSv. § 823 Abs.2 BGB anzusehen, als sich das wettbewerbsrechtlich unzulässige Verhalten unmittelbar gegen den Betroffenen richte. Diese Voraussetzung sei in dem vorliegenden Fall für die gegenüber der Klägerin verhängten Liefersperre erfüllt[12].

---

[9] EuGH Slg. 1994, I-1209, 1269 ff. „Banks“.

[10] EuGH EuZW 2001, 715 „Courage Ltd.“.

[11] Slg. 1994, I-1209, 1212 ff. „Banks“.

[12] WuW/E BGH 1643, 1645 „BMW-Importe“; bestätigt durch BGH GRUR 1988, 327, 330 „Cartier-Uhren“ mit Anm. *Niederleithinger* EWiR 1988, 263 f.; i.E. ebenso OLG Hamburg

Bemerkenswert an dem „BMW-Importe" – Urteil ist zunächst weniger die grundsätzliche Anerkennung von Art. 81 EG als Schutzgesetz im Sinne von § 823 Abs.2 BGB. Insoweit war die Entscheidung des BGH durch die Ausführungen des Gerichtshofs zur unmittelbaren Anwendbarkeit der EG-Wettbewerbsregeln in der Rechtssache „BRT/SABAM" präjudiziert[13]. Die Schutzgesetzeigenschaft von Art. 81 EG entspricht zudem der ganz überwiegend in der Literatur vertretenen Ansicht[14]. Bedeutsamer erscheinen daher die Erwägungen des BGH hinsichtlich des persönlichen Schutzbereichs des europäischen Kartellverbots, wonach zur Geltendmachung des Schadensersatzanspruchs gemäß § 823 Abs.2 BGB nur derjenige befugt sein soll, gegen den die kartellrechtswidrige Ansprache unmittelbar gerichtet ist. Dieselbe Auffassung hatte der BGH zuvor bereits im Rahmen von § 1 GWB vertreten, namentlich für die Frage, unter welchen Voraussetzungen Unternehmen der Marktgegenseite Schadensersatzansprüche gegen die an einer *horizontalen* Kartellvereinbarung beteiligten Unternehmen geltend machen können[15]. Die Übertragung des Kriterums der zielgerichteten Wettbewerbsbeschränkung auf die in Zusammenhang mit einem Vertriebssystem getroffenen *vertikalen* Absprachen hätte daher zumindest der Begründung bedurft. Allerdings hat es der BGH in ständiger Rechtspre-

---

WuW/E OLG 5703, 5709 f. „fachdental nord 1994"; OLG München WuW/E OLG 5659, 5662 „Versand-Parfümerie"; 5760, 5763 „Graumarkt-Parfümerie".

[13] EuGH Slg. 1974, 51, 62 „BRT/SABAM". Vgl. aber auch *Weyer* ZEuP 1999, 424, 439, wonach sich aus dem Gemeinschaftsrecht zwar die Schutzrichtung der Norm zugunsten einzelner, nicht aber deren Schutzgesetzcharakter im Sinne von § 823 Abs.2 BGB ergebe. Dieser sei von der weiteren Voraussetzung abhängig, daß sich aus dem Gesamtzusammenhang des Normengefüges im deutschen Recht ergebe, daß die Schaffung eines Schadensersatzanspruchs tatsächlich vom Gesetz erstrebt werde, d.h. daß ein solcher Anspruch sinnvoll und im Lichte des haftungsrechtlichen Gesamtsystems tragbar erscheine.

[14] *Baur* EuR 1988, 257, 260 f.; *Bornkamm*, in: FIW-Schriftenreihe, Heft 158, S. 51, 52; *Bunte*, in: *Langen/Bunte*, Art. 81 Rdn. 226; Dauses/*Emmerich* H.I § 1 Rdn. 182, 412; *Emmerich*: Kartellrecht, S. 440; GK/*Mailänder* (3. Aufl.) Art. 85 Rdn. 98 ff., 101; GTE/*Schröter* Art. 85 Rdn. 236; IM EG-WbR/*K. Schmidt* Art. 85 Abs.2 Rdn. 76; *Huber* EuR 1991, 31, 43; *Koch*: Schadensersatz bei unerlaubten wettbewerbsbeschränkenden Handlungen nach deutschem und europäischem Recht, S. 29 ff.; *Koch*, in: *Grabitz/Hilf* (Altband I), Art. 85 Rdn. 149; *Mäsch* ZIP 1999, 1507, 1512; *Mestmäcker*: Europäisches Wettbewerbsrecht, S. 574 ff.; *Müller-Graff*, in: *Hailbronner/Klein/Magiera/Müller-Graff*, Art. 85 Rdn. 140; *Toepke* RIW 1976, 279, 284; *Rehbinder* LM EG-Vertrag Nr. 15; *Weiß*, in: *Callies/Ruffert*, Art. 81 Rdn. 149; ebenso auch das BKartA in seiner Arbeitsunterlage für die Sitzung des Arbeitskreises Kartellrecht am 8. und 9. Oktober 1998: Praxis und Perspektiven der dezentralen Anwendung des EG-Wettbewerbsrechts, S. 9 f.; a.A. lediglich *Gleiss/Hirsch* Art. 85 Rdn. 104; *Schumacher* WuW 1971, 165, 168 f.

[15] Vgl. BGHZ 86, 324, 330 „Familienzeitschrift".

chung abgelehnt, § 18 GWB a.F. als Schutzgesetz zu qualifizieren[16]. Die Bestimmung des persönlichen Schutzbereichs von Art. 81 EG in Fällen vertikaler Vertriebsbindungen unter Rückgriff auf die insoweit sachnähere Regelung der deutschen Kartellrechts mußte aus der Sicht des BGH daher von vornherein ausscheiden.

Auf eine eingehende Auseinandersetzung mit dem Kriterium der zielgerichteten Wettbewerbsbeschränkung muß an dieser Stelle verzichtet werden. Gleichwohl sei auf zweierlei hingewiesen. Erstens können die Ausführungen des BGH insoweit nicht im Sinne einer abschließenden Definition verstanden werden. Vielmehr schließt die Wortwahl des Gerichts die Gewährung deliktischer Ansprüche an einen weiteren Personenkreis gerade nicht aus („jedenfalls“)[17]. Zweitens stellt sich die Frage, ob das Merkmal der zielgerichteten Wettbewerbsbeschränkung – soweit es die Möglichkeit eines Geschädigten beschränkt, den ihm infolge einer Zuwiderhandlung gegen die europäischen Wettbewerbsregeln entstandenen Schaden ersetzt zu verlangen – mit den Vorgaben des gemeinschaftsrechtlichen Effizienzgebotes vereinbar ist. In Anbetracht der Ausführungen des Generalanwalts *Van Gerven* in der Rechtssache „Banks“[18] sowie der neueren Rechtsprechung des Gerichtshofs zur Haftung der Mitgliedsstaaten für Verstöße gegen das Gemeinschaftsrecht[19] erscheinen diesbezüglich zumindest Zweifel angebracht[20].

Zum Inhalt des gemäß § 823 Abs.2 BGB in Verbindung mit Art. 81 EG gewährten Schadensersatzanspruchs hat sich der BGH in der „Depotkosmetik“-Entscheidung geäußert. Die Klägerin in diesem Verfahren betrieb eine Parfümerie in der Münchener Innenstadt; die Beklagte war mit dem Vertrieb hochwertiger Kosmetikartikel in Deutschland befaßt. Hierzu bediente sie sich ausschließlich autorisierter Fachhändler, zu denen zunächst auch die Klägerin zählte. Infolge mehrfach vertragswidrigen Verhaltens seitens der Klägerin hatte die Beklagte in der Folgezeit die Belieferung der Klägerin eingestellt. Die Klägerin verlangte von der Beklagten, gestützt auf Art. 85 EGV iVm. §§ 823 Abs.2,

---

[16] Vgl. WuW/E BGH 342, 344 „Bierhaus“; 1515, 1515 f. „Rhenania/Pilsener“; zum Meinungstand in der Literatur vgl. IM/*Emmerich* (2. Aufl.) § 35 Rdn. 44 ff. m.w.N. Von denjenigen Stimmen in der Literatur, die § 18 GWB a.F. grundsätzlich als Schutzgesetz anerkannt haben, ist der persönliche Schutzbereich auf die vom Markt ausgeschlossen Wettbewerber bzw. Dritten begrenzt worden. Vgl. *Biedenkopf*: Vertragliche Wettbewerbsbeschränkungen und Wirtschaftsverfassung, S. 217 ff.; *Janssen*: Die Kopplungsverträge im Recht der Wettbewerbsbeschränkungen, S. 122 ff.; *Koch*: Schadensersatz bei unerlaubten wettbewerbsbeschränkenden Handlungen nach deutschem und europäischem Recht, S. 149.

[17] So auch die Auslegung der Entscheidung durch *Stillfried/Stockhuber* WBl 1995, 301, 306.

[18] Slg. 1994, I-1209, 1212 ff. „Banks“.

[19] EuGH Slg. 1996, I-1029 ff. „Brasserie du Pecheur“; 1996, I-4845 ff. „Dillenkofer“.

[20] Vgl. näher unten sub II.1.

249 BGB, Wiederaufnahme in deren Vertriebssystem und Fortsetzung der Belieferung. Der BGH folgte dem Vortrag der Klägerin nicht. Zwar stelle Art. 85 EGV grundsätzlich ein Schutzgesetz iSv. § 823 Abs.2 BGB dar. Auch sei die Klägerin als Außenseiterin des von der Beklagten verwendeten selektiven Vertriebssystems dem persönlichen Schutzbereich des Art. 85 EGV zuzurechnen. Der Schutzzweck des Art. 85 EGV umfasse jedoch keinen Anspruch auf Belieferung. Zwar begründe die Vorschrift einen mittelbaren Zwang zur Gleichbehandlung. Dieser führe jedoch nicht zu einer Einschränkung des Rechts der freien Wahl des Vertragspartners. Vielmehr stehe es der Beklagten vorliegend frei, die Zuwiderhandlung gegen das Kartellverbot nach ihrem Willen entweder durch eine diskriminierungsfreie Belieferung von Außenseitern oder aber durch die Aufgabe ihres Vertriebssystems insgesamt zu beenden. Die Klägerin sei daher auf die Geltendmachung des ihr materiell entstandenen Schadens in Geld beschränkt, es sei denn, sie könne zugleich einen Verstoß gegen Art. 86 EGV geltend machen[21].

Weniger zurückhaltend in der Gewährung zivilrechtlicher Ansprüche haben sich überwiegend die Instanzgerichte gezeigt. So hatte etwa das OLG München – abweichend von der „Depotkosmetik"-Entscheidung des BGH – zunächst einen Belieferungsanspruch gemäß Art. 85 EGV in Verbindung mit § 823 Abs.2 BGB gegen das ein rechtswidriges selektives Vertriebssystem unterhaltende Unternehmen angenommen[22]. Das OLG Stuttgart hat in einem anderen Fall ausdrücklich das europäische Mißbrauchsverbot als Schutzgesetz insbesondere auch zugunsten des privaten Endverbrauchers angesehen. Dem lag folgender Sachverhalt zugrunde. Der Kläger hatte in Großbritannien ein Motorrad erworben, welches der beklagte Verkäufer zuvor aus Deutschland importiert hatte. Dabei war ihm versichert worden, für das Motorrad bestehe eine Garantie des in Deutschland ansässigen Herstellers. Nachdem er festgestellt hatte, daß eine solche Herstellergarantie tatsächlich nicht existierte, verlangte der Kläger von dem beklagten Verkäufer die Rückerstattung des Kaufpreises. Das OLG Stuttgart gab der Klage statt. Dabei führte es mit Blick auf das Verhältnis zwischen dem Klä-

---

[21] BGH WRP 1999, 101, 103 f. „Depotkosmetik"; zustimmend *Bunte*, in: *Langen/Bunte*, Art. 81 Rdn. 226; *Traugott* WuW 1997, 486, 490 ff.; *Weiß*, in: *Callies/Ruffert*, Art. 81 Rdn. 149 sowie *Röhling* EWiR 1998, 1083, 1084, der darüber hinaus sogar die Ersatzfähigkeit des materiellen Schadens bezweifelt. Demgegenüber hatte das OLG München (WuW/E OLG 5760, 5763 „Graumarkt-Parfümerie") in einem Parallelverfahren als Berufungsinstanz noch einen Belieferungsanspruch bejaht und die Beklagte entsprechend verurteilt; ebenso zuvor bereits OLG München WuW/E OLG 5659, 5662 „Versand-Parfümerie", allerdings nur obiter, da es im konkreten Fall bereits an einer Verletzung von Art. 85 EGV fehlte. Gegen den BGH auch IM EG-WbR/*K. Schmidt* Art. 85 Rdn. 86; *Mäsch* ZIP 1999, 1507, 1512 ff.; *Rehbinder* LM EG-Vertrag Nr. 15 sowie früher bereits *Baur* EuR 1988, 257, 268.

[22] OLG München WuW/E OLG 5760, 5763 „Graumarkt-Parfümerie"; 5659, 5662 „Versand-Parfümerie".

ger und dem deutschen Hersteller insbesondere aus, insoweit kämen keine vertraglichen, sondern allenfalls deliktische Ansprüche gemäß § 823 Abs.2 BGB in Verbindung mit Art. 86 EGV in Betracht. Denn die europäischen Wettbewerbsregeln seien auch Schutzgesetze zugunsten des Verbrauchers[23].

2. Die Rechtslage in den anderen Mitgliedsstaaten

Die Verpflichtung, den infolge einer Zuwiderhandlung gegen die Vorschriften des europäischen Wettbewerbsrechts entstandenen Schaden zu ersetzen, ist dem Grunde nach in den nationalen Rechtsordnungen aller Mitgliedsstaaten vorgesehen[24]. Ein einheitliches Konzept des deliktischen Rechtsschutzes besteht indessen nicht. Vielmehr weisen die nationalen Regelungen insbesondere hinsichtlich ihrer tatbestandlichen Voraussetzungen teils erhebliche Unterschiede auf. Die wesentlichen Ansätze werden nachfolgend beipielhaft dargestellt[25].

Ein § 823 Abs.2 BGB vergleichbares, maßgeblich auf den *Schutzzweck der europäischen Wettbewerbsvorschriften* abstellendes Konzept verfolgen das österreichische (§ 1311 S. 2 Alt. 2 ABGB) sowie das niederländische Schadensersatzrecht (Art. 1401 Burgerlijk Wetboek). Gemäß § 1311 S. 2 Alt. 2 ABGB ist zur Leistung von Schadensersatz verpflichtet, wer gegen eine Gesetz verstößt, das ein abstrakt gefährliches Verhalten verbietet, um auf diese Weise zufälligen Beschädigungen vorzubeugen und einzelne Personen oder einen bestimmten Kreis von Personen vor einer Verletzung ihrer Güter zu bewahren[26]. Auch Art. 1401 Burgerlijk Wetboek ist entsprechend der ständigen Rechtsprechung des Hoge Raad dahin auszulegen, daß der Verstoß gegen eine gesetzliche Bestimmung nur dann einen Schadensersatzanspruch zu begründen vermag, wenn eben diese allein oder zumindest auch den Schutz der geschädigten Interessen zur Aufgabe hat.

---

23 OLG Stuttgart WuW/E OLG 3490, 3491 „Yamaha".

24 Einen Überblick liefern die nachfolgenden, von der Kommission in Auftrag gegebene Studien: *Kommission*: Schadensersatzansprüche bei einer Verletzung der Artikel 85 und 86 des Vertrags zur Gründung der EWG, Kollektion Studien, Reihe Wettbewerb Nr. 1 (für die ursprünglichen 6 Mitgliedsstaaten; eine Zusammenfassung der Ergebnisse findet sich in AWD 1966, 239 ff.); *Germer*-Bericht, Dok. IV/292/85 (für alle Mitgliedsstaaten mit Ausnahme Spaniens und Portugals); *Braakmann*: Die Anwendung der Artikel 85 und 86 des EG-Vertrags durch die Gerichte der Mitgliedsstaaten, in: Europäische Kommission, Dokument, 1997 (für alle Mitgliedsstaaten mit Ausnahme Österreichs, Finnlands und Schwedens).

25 Vgl. im übrigen die bereits genannten Studien (ebenda, Fn. 24) sowie die weiteren Nachweise bei GTE/*Schröter* Art. 85 Rdn. 236 f.; GK/*Mailänder* (3. Aufl.) Art. 85 Rdn. 99; *Koch*, in: *Grabitz/Hilf* (Altband I), Art. 85 Rdn. 149; *Mestmäcker*: Europäisches Wettbewerbsrecht, S. 576 f.; *Müller-Graff*, in: *Hailbronner/Klein/Magiera/Müller-Graff*, Art. 85 Rdn. 142; *Toepke* RIW 1976, 279, 284. Einen Überblick über die Rechtslage speziell im irischen Recht liefert ferner Grehan RabelsZ Bd. 47 (1983), 22, 58 ff.

26 Vgl. näher zu Schadensersatzansprüchen im österreichischen Recht *Stillfried/Stockenhuber* WBl 1995, 301, 303 ff.

In einer Reihe weiterer Mitgliedsstaaten erfolgt die Gewährung privaten Rechtsschutzes auf der Grundlage einer *schadensersatzrechtlichen Generalklausel*, so etwa in Frankreich (Art. 1382, 1383 Code Civil[27]), Belgien (Art. 1382 Code Civil Belge), Luxemburg (Art. 1382 Code Civil), Italien (Art. 2043 iVm. Art. 2600, 2598 Codice Civile) und Griechenland (Art. 914 des Zivilgesetzbuches). Hier genügt in der Regel bereits die kausale und schuldhafte Zufügung eines Nachteils zur Begründung des Ersatzanspruchs. Auf einen etwaigen individualschützenden Charakter der europäischen Wettbewerbsregeln kommt es hingegen grundsätzlich nicht an[28].

Problematisch war die Begründung des Schadensersatzanspruchs zunächst im englischen *common law*, zumal das englische Kartellrecht vor seiner Novellierung durch den Competition Act von 1998 eine solche Sanktion grundsätzlich nicht vorsah[29]. Heute indessen ist jedenfalls im Ergebnis überwiegend anerkannt, daß auch nach Maßgabe des englischen Rechts für Zuwiderhandlungen gegen die Art. 81 und 82 EG Schadensersatz zu leisten ist. Die Gegenansicht wird nur noch vereinzelt vertreten[30]. Auch der Gesetzgeber setzt die Existenz eines solchen Schadensersatzanspruchs nunmehr in Section 60(6)(b) Competition Act 1998 stillschweigend voraus[31]. Umstritten ist demgegenüber weiterhin, auf welcher Rechtsgrundlage der Anspruch konkret beruht. Die Rechtsprechung stützt sich seit *Garden Foods v. Milk Marketing Board* auf den *common law*

---

[27] Art. 1382: „Wer einem anderen in irgendeiner Form Schaden zufügt, ist diesem zum Ersatz des entstandenen Schadens verpflichtet." Art. 1383: „Jeder ist zum Ersatz des Schadens verpflichtet, den er vorsätzlich oder durch grobe oder leichte Fahrlässigkeit verursacht." Die Übersetzung folgt *Mestmäcker*: Europäisches Wettbewerbsrecht, S. 576, dort Fn. 53.

[28] Dennoch sind gewisse Tendenzen in der Rechtsprechung der genannten Mitgliedsstaaten zu erkennen, die auf eine Beschränkung der prinzipiell grenzenlosen Privatklagemöglichkeiten gerichtet sind; vgl. hierzu insbesondere GK/*Mailänder* (3. Aufl.) Art. 85 Rdn. 99 m.w.N.

[29] Ein Schadensersatzanspruch kam nach Maßgabe des *common law* allein wegen der Verletzung einer gesetzlichen Pflicht (*breach of a statutory duty*) iVm. den Vorschriften des Restrictive Trade Practices Act von 1976 in Betracht. Erfaßt war damit allerdings nur der Fall der nicht ordnungsgemäßen Anmeldung einer Kartellvereinbarung. Vgl. *Bellamy/Child*: Common Market Law of Competition, Rdn. 10-029, dort Fn. 5 m.w.N.; *Ebenroth/Durach*: Das Wettbewerbs- und Kartellrecht Großbritanniens im Markt der Europäischen Union, Rdn. 131. Vgl. nunmehr aber Sec. 60 (6) Competition Act 1998.

[30] Kritisch etwa *Bellamy/Child*: Common Market Law of Competition, Rdn. 10-029 („It seems rather strange that a right to damages should depend, in effect, on whether some actual or potential effect on the inter-state trade can be made out").

[31] Section 60(6) Comptition Act 1998 lautet: „In subsections (2)(b) and (3), 'decision' includes a decision as to (a) the interpretation of any provision of Community law; (b) *the civil liability of an undertaking for harm caused by its infringement of Community law* (Hervorhebung durch den Verfasser)." Die Vorschriften Sec. 60 (2)(b) und (3) begründen die Verpflichtung der englischen Gerichte zur Auslegung des Competition Act 1998 in Übereinstimmung mit der Rechtsprechung des EuGH und der Entscheidungspraxis der Kommission.

Tatbestand der Verletzung einer gesetzlichen Pflicht (*breach of a statutory duty*). Die Pflichtverletzung wird dabei aus Section 2(1) bzw. Section 3(1) des European Community Act hergeleitet[32]. Danach setzt die Geltendmachung des Schadensersatzanspruch nach englischem Recht voraus, daß dem Kläger ein Schaden entstanden ist, der kausal auf der Zuwiderhandlung gegen die Art. 81 oder 82 EG beruht und zudem in den Schutzbereich der verletzten Norm fällt[33]. Erstmalig hatte der High Court im April 2003 in *Yeheskel Arkin v. Borchard Lines Limited & Ors*[34] über einen Schadensersatzanspruch wegen Verstoßes gegen Art. 82 EG zu befinden. Das High Court prüft die Voraussetzungen des Tatbestands der Verletzung einer gesetzlichen Pflicht, verneint jedoch im Ergebnis einen Mißbrauch im Sinne von Art. 82 EG.

II. Ansätze für die Entwicklung eines gemeinschaftsrechtlichen Ersatzanspruchs

Die unterschiedliche Ausgestaltung des Schadensersatzanspruchs im Falle von Verstößen gegen die Art. 81 und 82 EG in den nationalen Rechtsordnungen birgt die Gefahr, daß sich innerhalb der Gemeinschaft ein ungleiches Schutzniveau herausbildet und so die Entwicklung des gemeinsamen Markts entscheidend behindert wird. Gleichwohl haben der Gerichtshof und das Gericht Erster Instanz in ständiger Rechtsprechung lange die Autonomie des nationalen Rechts bei der Ausgestaltung der zivilrechtlichen Sanktionen von Verstößen gegen gemeinschaftsrechtliche Vorschriften betont[35]. Seit dem „Francovich"-Urteil[36] aus

---

[32] *Lord Diplock*, in: *Garden Foods v. Milk Marketing Board* [1984] AC at p. 144 A - E (vgl. aber auch die abweichende Ansicht von *Lord Wilberforce*, in: *Garden Foods v. Milk Marketing Board* [1984] AC at p. 151 E - 152 D, der Schadensersatzansprüche generell ablehnt); *Bourgoin SA v. Ministry of Agriculture Fisheries and Food* [1985] 3 WLR at p. 1086 F; ähnlich *Plessey Co. plc. v. General Electric Co. plc. and Siemens* [1990] EEC at p. 384. Abweichende Konzepte haben sich in der Praxis bisher nicht durchsetzen können. Dies gilt sowohl für die Entwicklung eines neuen, selbständigen torts (undue restriction of competition within the common market; abuse of dominat position within the common market) wie auch für den Versuch, das vermögensrechtliche Delikt der verbotenen Eigenmacht (economic tort of unlawful interference) fruchtbar zu machen. Vgl. *Ebenroth/Durach*: Das Wettbewerbs- und Kartellrecht Großbritanniens im Markt der Europäischen Union, Rdn. 141 f. m.w.N.

[33] Vgl. insbesondere zu dem Erfordernis eines in den Schutzbereich der verletzten Norm fallenden Schadens *Ebenroth/Durach*: Das Wettbewerbs- und Kartellrecht Großbritanniens im Markt der Europäischen Union, Rdn. 140; vgl. auch die kritische Stellungnahme von *Bellamy/Child*: Common Market Law of Competition, Rdn. 10-029, die insbesondere auf die Probleme bei der Abgrenzung der Klageberechtigung (competitors, customers, ultimate consumers) hinweisen.

[34] Entscheidung des High Court (Commercial Court) vom 10.4.2003, verfügbar im Internet unter der Adresse www.bailii.org/ew/cases/EWHC/Comm/2003/687.html.

[35] EuG Slg. 1992, II-2223, 2267 „Automec" (speziell für Art. 81 EG); in anderem Zusammenhang auch EuGH Slg. 1968, 679, 693 f. „Salgoil"; 1990, I-2911, 2935 „Hansen"; 1991, I-4371, 4387 „Vandevenne".

dem Jahre 1991 indessen hat der Gerichtshof diese Autonomie unter Berufung auf das gemeinschaftsrechtliche Effizienzgebot zunehmend beschränkt. Dabei hat er wiederholt die Bedeutung gerade des Schadensersatzanspruchs für die Durchsetzung der europäischen Rechtsordnung herausgestellt. In diesem Zusammenhang hat der Gerichtshof zudem – mittlerweile bereits mehrfach – auch nationale Vorschriften beanstandet, die nach seiner Auffassung die Geltendmachung von Verstößen gegen die Art. 81 und 82 EG im zivilgerichtlichen Verfahren unangemessen erschwerten[37]. Inwieweit vor diesem Hintergrund speziell die Ausgestaltung des kartellrechtlichen Schadensersatzanspruchs weiterhin den Mitgliedsstaaten überlassen ist, erscheint zweifelhaft.

1. Die Schlußanträge des Generalanwalts *Van Gerven* in der Rechtssache „Banks“

Im Sinne eines unmittelbar der Gemeinschaftsrechtsordnung entspringenden Schadensersatzanspruchs hat sich mit Nachdruck Generalanwalt *Van Gerven* in der Rechtssache „Banks“ ausgesprochen. Dem lag folgender Sachverhalt zugrunde: Die Beklagte des englischen Ausgangsverfahrens, die British Coal Corporation, verfügte als öffentliches Unternehmen im Gebiet des Vereinigten Königreichs über das exklusive Recht, sich Rohkohle anzueignen sowie Lizenzen für den Abbau von Rohkohle zu erteilen. Für die Berechnung der Lizenzgebühr fanden dabei zwei alternative Regelungen Anwendung. Bei der „Lizenz gegen Gebühr“ berechnete die Beklagte dem Lizenznehmer eine Gebühr für jede geförderte Tonne Rohkohle; dieser blieb im Gegenzug zum Weiterverkauf der Kohle an Dritte befugt. Bei der „Lizenz mit Lieferverpflichtung“ hingegen verpflichtete sich der Lizenznehmer die geförderte Kohle ausschließlich der Beklagten zu einem vorher bestimmten Preis zum Kauf anzudienen. Die Klägerin des Ausgangsverfahrens, die H. J. Banks & Company Ltd., war als privates Kohleerzeugungsunternehmen Lizenznehmerin der Beklagten. Mit der vor dem High Court of Justice eingereichten Schadensersatzklage hat sie geltend gemacht, die von der Beklagten erhobenen Lizenzgebühren bzw. der für die angediente Kohle berechnete Kaufpreis verstießen wahlweise gegen die Art. 4 lit.d, 60, 65, 66 § 7 EGKSV oder aber gegen die Art. 85 und 86 EGV. Hierdurch sei sie daran gehindert worden, einen angemessen Gewinn zu erzielen[38]. Der High Court of Justice hat dem Gerichtshof unter anderem folgende Frage zur Vorabentscheidung vorgelegt: „Ist das nationale Gericht nach Gemeinschaftsrecht befugt und/oder verpflichtet, bei Verstößen gegen die genannten Artikel des

---

[36] EuGH Slg. 1991, I-5357 „Francovich“.
[37] EuGH Slg. 1995, I-4705, 4736 „Van Schijndel“; 1999, I-3055 „Eco Swiss“; EuZW 2001, 715 „Courage Ltd.“.
[38] Zum Sachverhalt EuGH Slg. 1994, I-1209, 1270 f. „Banks“.

EGKS- und des EG-Vertrags Ersatz für die aufgrund dieser Verstöße entstandenen Schäden zuzusprechen[39]?"

Der Gerichtshof gelangte in seinem Urteil zu der Auffassung, der ihm vorgelegte Sachverhalt sei ausschließlich nach den Vorschriften des EGKS-Vertrags zu beurteilen. Diese aber seien nicht unmittelbar anwendbar, so daß die Vorlagefrage schon aus diesem Grund zu verneinen sei[40]. Ob eine solche Verpflichtung im Falle der Zuwiderhandlung insbesondere gegen die unmittelbar anwendbaren Art. 85 und 86 EGV bestehen kann, blieb daher offen. Vor diesem Hintergrund erlangen die Ausführungen des Generalanwalts *Van Gerven* besondere Bedeutung. Zwar betreffen sie unmittelbar nur die als verletzt gerügten Vorschriften des EGKS-Vertrags, die der Generalanwalt – anders als der Gerichtshof – für unmittelbar anwendbar befand[41]. In den Schlußanträgen findet sich jedoch der ausdrückliche Hinweis, die in Bezug auf den EGKS-Vertrag gemachten Ausführungen seien auf die Art. 85 und 86 EGV uneingeschränkt übertragbar[42].

Der Generalanwalt bejaht zunächst die grundsätzliche Verpflichtung der nationalen Gerichte, demjenigen, der infolge des Verstoßes gegen eine unmittelbar anwendbare Norm des Gemeinschaftsrechts einen Schaden erlitten habe, einen entsprechenden Ersatzanspruch einzuräumen. Die in „Francovich" für die Haftung der Mitgliedsstaaten bei nicht fristgerechter Umsetzung von Richtlinien entwickelten Grundsätze seien auch auf gemeinschaftsrechtwidriges Verhalten Privater anwendbar[43]. Denn Rechtssubjekte der durch den EG-Vertrag geschaffenen eigenständigen Rechtsordnung seien nicht nur die Mitgliedsstaaten, sondern auch die privaten Marktteilnehmer. Ihnen könne das Gemeinschaftsrecht daher in gleicher Weise wie den Mitgliedsstaaten sowohl Rechte zuerkennen als auch Pflichten auferlegen. Solche Rechte und Pflichten müßten nicht zwingend ausdrücklich im Vertragstext bestimmt sein. Vielmehr könnten sich insbesondere Rechte des Einzelnen auch dort ergeben, wo das Gemeinschaftsrecht einem anderen Privaten eine eindeutige, korrespondierende Verpflichtung auferlege. Wer durch sein Verhalten ein solches Recht – wie es insbesondere die wettbewerbsrechtlichen Vorschriften des Gemeinschaftsrechts begründeten – verletzte, müsse zu dem Ersatz des von ihm verursachten Schadens verpflichtet sein. Dies gebiete die volle Wirksamkeit des Gemeinschaftsrechts unabhängig davon, ob das schädigende Verhalten staatlicher oder privater Natur sei. Die Zubilligung des Schadensersatzanspruchs sei die zwingende Folge der – gleichermaßen vertikalen wie horizontalen – unmittelbaren Anwendbarkeit gemeinschaftsrechtlicher Normen. Diese könne weder allein durch Unterlassungsansprüche noch

---

39 Zu den Vorlagefragen EuGH Slg. 1994, I-1209, 1271 ff. „Banks".
40 EuGH Slg. 1994, I-1209, 1274 ff.
41 GA *van Gerven* Slg. 1994, I-1209, 1233 ff.
42 GA *van Gerven* Slg. 1994, I-1209, 1243.
43 Vgl. EuGH Slg. 1991, I-5357 „Francovich".

durch die bloße Anordnung der Nichtigkeit in vollem Umfang gewährleistet werden[44]. Vor diesem Hintergrund erkennt der Generalanwalt die Bedeutung von Schadensersatzklagen als Mittel der objektiven Wettbewerbsaufsicht ausdrücklich an[45].

Sodann führt der Generalanwalt – gleichfalls unter Verweis auf „Francovich" – aus, nicht nur die Verpflichtung der nationalen Gerichte, deliktischen Rechtsschutz gegen wettbewerbswidriges Verhalten zu gewähren, sondern der Schadensersatzanspruch als solcher sei unmittelbarer Bestandteil der Gemeinschaftsrechtsordnung. Mithin obliege die Entwicklung und inhaltliche Ausformung der Haftungsvoraussetzungen ausschließlich der Zuständigkeit des Gerichtshofs. Bestimmungen des nationalen Rechts hingegen, die die Durchsetzung des im Gemeinschaftsrecht verankerten Ersatzanspruchs verhinderten oder erschwerten, seien von den Zivilgerichten der Mitgliedsstaaten außer Acht zu lassen[46].

Im folgenden konkretisiert der Generalanwalt die tatbestandlichen Voraussetzungen des Ersatzanspruchs unter Bezugnahme auf die für die außervertragliche Haftung der Gemeinschaft maßgeblichen Grundsätze (Art. 288 EG). Denn diese fänden ihre Grundlage in denjenigen allgemeinen Rechtsgrundsätzen, die den Rechtsordnungen der Mitgliedsstaaten gemeinsam seien, und beanspruchten daher für jegliche Form der Schadensersatzhaftung bei Verstößen gegen das Gemeinschaftsrecht Geltung[47]. Demnach setze der Schadensersatzanspruch auf dem Gebiet des europäischen Wettbewerbsrechts lediglich die Rechtswidrigkeit des gerügten Verhaltens, einen Schaden sowie einen unmittelbaren Kausalzusammenhang zwischen Schaden und Verletzungshandlung voraus. Darüber hinaus bedürfe es weder eines schuldhaften Verhaltens, noch seien etwaige Rechtfertigungsgründe zu prüfen[48].

Seinem Inhalt nach – so der Generalanwalt abschließend - müsse der Schadensersatzanspruch in jedem Fall die vollständige Wiedergutmachung der erlittenen Vermögenseinbuße gewährleisten. Zudem müsse von ihm eine abschreckende Wirkung ausgehen[49]. Fraglich ist, ob das Gebot des vollständigen Schadensersatzes stets eine Wiederherstellung des Zustands vor Eintritt des schädigenden Ereignisses im Wege der Naturalrestitution erfordert oder ob der Anspruch auf

---

[44] GA *van Gerven* Slg. 1994, I-1209, 1248 ff. Die Tragfähigkeit von „Francovich" als Präjudiz bezweifelnd hingegen *Friend* E. L. Rev. 1995, 58, 64, allerdings unter der irrigen Annahme, es gehe um die Begründung einer schadensersatzrechtlichen Haftung der Mitgliedsstaaten für kartellrechtswidriges Verhalten ihrer Staatsangehörigen.

[45] GA *van Gerven* Slg. 1994, I-1209, 1250 f.

[46] GA *van Gerven* Slg. 1994, I-1209, 1251 f. unter Abkehr von EuG Slg. 1992, II-2223, 2267 „Automec".

[47] GA *van Gerven* Slg. 1994, I-1209, 1255.

[48] GA *van Gerven* Slg. 1994, I-1209, 1256 ff.

[49] GA *van Gerven* Slg. 1994, I-1209, 1258 ff.

Ersatz in Geld beschränkt werden darf. Von Bedeutung ist dies vor allem in den Fällen der unberechtigten Lieferungsverweigerung. Zweifelhaft könnte insbesondere sein, ob die von Seiten des BGH in dem „Depotkosmetik"-Urteil[50] zum Ausdruck gebrachte Auffassung, der unter Verstoß gegen Art. 81 EG aus einem selektiven Vertriebssystem ausgeschlossene Händler könne ausschließlich Schadensersatz in Geld, nicht aber unmittelbar Belieferung verlangen, mit den Vorgaben des europäischen Rechts in Einklang steht[51].

Für die Vereinbarkeit des „Depotkosmetik" – Urteils mit dem Gebot des vollständigen Schadensersatz spricht indessen die Rechtsprechung des Gerichtshofs zu § 611 a BGB. Die dort für den Fall der geschlechtsbezogenen Benachteiligung im Arbeitsverhältnis vorgesehenen Rechtsfolgen hat der Gerichtshofs mehrfach wegen Verstoßes gegen die Richtlinie 76/207/EWG verworfen. Keine ausreichende Sanktion stellte danach etwa ein ausschließlich auf das negative Interesse gerichteter Schadensersatzanspruch des Benachteiligten dar[52]. Zu dem gleichen Ergebnis gelangte der Gerichtshof für eine Regelung, die den Schadensersatzanspruch selbst dann der Höhe nach auf drei Monatsgehälter begrenzte, wenn der Arbeitgeber nicht nachweisen konnte, daß der wegen seines Geschlechts benachteiligte Bewerber die Stelle auch bei diskriminierungsfreier Auswahl nicht erhalten hätte[53]. Nicht beanstandet hat der Gerichtshof hingegen die Vorschrift des § 611 a Abs.2 Hs.2 BGB, wonach ein Anspruch auf Begründung eines Arbeitsverhältnisses und damit Schadensersatz in Form der Naturalrestitution ausgeschlossen ist.

2. Die Entscheidung des Gerichtshofs in der Rechtssache „Brasserie du Pêcheur"

In Richtung der Entwicklung eines unmittelbar im Gemeinschaftsrecht begründeten Schadensersatzanspruchs bei Zuwiderhandlungen gegen die Art. 81 und 82 EG weist die Entscheidung des Gerichtshofs in der Rechtssache „Brasserie du Pêcheur[54]". Sie betrifft zwar in erster Linie die Haftung der Mitgliedsstaaten für deren europarechtwidriges Handeln. Die Ausführungen des Gerichtshofs hinsichtlich der Grundlage des staatshaftungsrechtlichen Entschädigungsanspruchs sind jedoch auch für das europäische Kartelldeliktsrecht von Belang.

Die klagende Brauerei mit Sitz in Frankreich mußte Ende 1981 den Export ihres Bieres nach Deutschland einstellen, nachdem seitens der deutschen Behörden

---

[50] BGH WRP 1999, 101, 103 f. „Depotkosmetik"; vgl. hierzu bereits oben sub I.1.

[51] *Mäsch* ZIP 1999, 1507, 1515, sieht in der Verweigerung eines Belieferungsanspruchs einen Verstoß gegen das gemeinschaftsrechtliche Effizienzgebot.

[52] EuGH Slg. 1984, 1891, 1908 f. „Von Colson und Kamann"; Slg. 1984, 1921, 1941 ff. „Harz/Deutsche Tradax".

[53] EuGH Slg. 1997, I-2195, 2221 f. „Draehmpaehl". Mit der Änderung des § 611 a BGB per Gesetz vom 29.6.1998 hat der deutsche Gesetzgeber der Kritik des EuGH Rechnung getragen.

[54] EuGH Slg. 1996, I-1029 „Brasserie du Pêcheur".

ein Verstoß gegen die §§ 9 und 10 des Biersteuergesetzes („Reinheitsgebot") festgestellt worden war. Auf Klage der Kommission erklärte der EuGH die entsprechenden Vorschriften wegen Verstoßes gegen Art. 30 EG für unanwendbar. Daraufhin verlangte die Klägerin von der Bundesrepublik Deutschland Ersatz der ihr aufgrund der Einfuhrbeschränkung entstandenen Schäden. Der BGH erörterte einen Schadensersatzanspruch aus § 839 BGB iVm. Art. 34 GG, verneinte jedoch in Übereinstimmung mit der ständigen Rechtsprechung das Bestehen einer drittgerichteten Amtspflicht in Bezug auf den Erlaß des Biersteuergesetzes, da der Gesetzgeber allein Aufgaben gegenüber der Allgemeinheit wahrnehme. Allerdings hegte der BGH Zweifel an der Vereinbarkeit seines Ergebnisses mit den Vorgaben des europäischen Rechts und legte dem EuGH die Rechtssache gem. Art. 234 EG zur Entscheidung vor.

Die Bundesregierung vertrat die Ansicht, die dem „Francovich"-Urteil zugrunde liegenden Erwägungen seien auf die vorliegende Sachverhaltskonstellation nicht übertragbar. Der EuGH habe dort nur eine Lücke im System des Rechtsschutzes schließen wollen, die speziell Verstöße gegen nicht unmittelbar anwendbare Vorschriften des Gemeinschaftsrechts betroffen habe. Wo allerdings im nationalen Recht bereits ein Klagerecht gegeben sei, wie dies bei Verstößen gegen unmittelbar anwendbare Normen der Fall sei, bestehe keine Notwendigkeit, außerdem noch einen gemeinschaftsrechtlichen Entschädigungsanspruch zu gewähren[55]. Hierauf aber kam es nach Ansicht des Gerichtshofs nicht entscheidend an. Vielmehr stelle der Entschädigungsanspruch im Falle der Verletzung eines unmittelbar durch eine Gemeinschaftsnorm verliehenen Rechts, auf das sich der einzelne vor den nationalen Gerichten berufen könne, die notwendige Ergänzung der unmittelbaren Wirkung dar[56]. In ständiger Rechtsprechung hat der Gerichtshofs seitdem betont, daß die Haftungsvoraussetzungen dieses Entschädigungsanspruchs ihre Grundlage unmittelbar im Gemeinschaftsrecht finden[57].

Zwar betreffen die Ausführungen des Gerichtshofs zunächst nur die Begründung von Schadensersatzpflichten im Verhältnis zwischen Marktbürgern und Mitgliedsstaaten. Findet die Verpflichtung zur Leistung von Schadensersatz aber ihre Grundlage in der unmittelbaren Wirkung der verletzten Norm des Gemein-

---

[55] EuGH Slg. 1996, I-1029, 1142 „Brasserie du Pêcheur". In diesem Sinne auch *Steindorff*: EG-Vertrag und Privatrecht, S. 306, 325.

[56] EuGH Slg. 1996, I-1029, 1143 „Brasserie du Pêcheur". Nahezu Wortgleich in der Rechtssache „Banks" GA *Van Gerven* Slg. 1994, I-1209, 1250: Die Zubilligung eines Ersatzanspruchs bei Verletzung des EG-Wettbewerbsrechts bilde die logische Folge der horizontalen Drittwirkung der betreffenden Bestimmungen.

[57] Zuletzt EuGH Slg. 2000, I-5123, 5160 „Salomone Haim". Für die Annahme eines unmittelbar gemeinschaftsrechtlichen Ersatzanspruchs infolge der Entscheidung „Basserie du Pêcheur" etwa *Ossenbühl*: Staatshaftungrecht, S. 526; *Brödermann* MDR 1996, 347; wohl auch BGH DVBl 1997, 124, 126.

schaftsrechts selbst, so ist kein Grund ersichtlich, warum für das Verhältnis der Marktbürger untereinander etwas anderes gelten sollte. Erforderlich ist einzig, daß die betreffende Norm nicht nur unmittelbare vertikale, sondern darüber hinaus auch unmittelbare horizontale Wirkung entfaltet. Diese Voraussetzung ist für die Art. 81 und 82 EG erfüllt[58]. Daß zivilrechtliche Rechtsfolgen, soweit sie auf zwingenden Vorgaben des Gemeinschaftsrechts beruhen, selbst horizontale Wirkung entfalten, ist im Ergebnis unbestritten. Dabei kann letztlich dahin stehen, ob die Schadensersatzpflicht gewissermaßen als eine Art „Annex" an der unmittelbaren Wirkung der einschlägigen Verbotsnorm – hier also der Art. 81 und 82 EG – teilhat[59], oder ob ihr als allgemeiner Grundsatz des Gemeinschaftsrechts schon wegen ihrer überragenden Bedeutung selbständig horizontale Wirkung zukommt[60]. Auch der Gerichtshof differenziert demgemäß in „Brasserie du Pêcheur" nicht zwischen vertikal und horizontaler unmittelbaren Wirkung.

Noch in einem weiteren Punkt stützt die Entscheidung „Brasserie du Pêcheur" den gemeinschaftsrechtlichen Ansatz *Van Gervens*, nämlich insoweit, als dieser das Erfordernis schuldhaften Handelns als Anspruchsvoraussetzung ablehnt. Die Verpflichtung zum Schadensersatz – so der EuGH – könne nicht von einer an den Verschuldensbegriff geknüpften Voraussetzung abhängig gemacht werden, die über den hinreichend qualifizierten Verstoß gegen das Gemeinschaftsrecht hinausgehe[61].

In Fortentwicklung der staatshaftungsrechtlichen Rechtsprechung des EuGH – von „Francovich" bis „Brasserie du Pêcheur" – dürften an dessen grundsätzlicher Bereitschaft, nunmehr auch auf dem Gebiet des Kartellrechts einen unmittelbar gemeinschaftsrechtlich verankerten Ersatzanspruch zu begründen, keine ernsthaften Zweifel bestehen[62]. Dem steht die zuletzt in der Rechtssache „Alcan Deutschland" zum Ausdruck gebrachte Ansicht des EuGH nicht entgegen, die Rückforderung gemeinschaftsrechtswidrig gezahlter Beihilfen finde grundsätzlich nach Maßgabe des einschlägigen nationalen Rechts statt; allein dürfe dessen

---

[58] St. Rspr. seit EuGH Slg. 1974, 51, 62 „BRT/SABAM".

[59] So *Weyer* ZEuP 1999, 424, 463 ff.; *Ders.* EuR 2000, 145, 148; *Ders.* GRUR Int 2002, 57, 59.

[60] In diesem Sinne *Oliver* EuZW 1993, 393. Ihm folgend *Ward* E. L. Rev. 1998, 65, 70. Zur Schadensersatzpflicht als allgemeinem Grundsatz des Gemeinschaftsrechts (hier in Zusammenhang mit der Staatshaftung) vgl. *Prieß* NVwZ 1993, 118, 120.

[61] EuGH Slg. 1996, I-1029, 1155 f. „Brasserie du Pêcheur". Bestätigt durch EuGH Slg. 1996, I-2553, 2613 f. „Hedley Lomas"; 1998, I-1531, 1599 f. „Norbrook Laboratories"; 2000, I-5123, 5162 „Salomone Haim". Vgl. auch EuGH Slg. 1997, I-2195, 2219 f. „Draehmpaehl", wonach das Verschuldenserfordernis in § 611 a Abs.2 BGB idF. v. 24.6.1994 gegen die Vorgaben der Richtlinie 76/207 EWG verstieß.

[62] So die Einschätzung des EuGH von *Tilmann* ZHR Bd. 140 (1977), 32, 55, bereits auf Grundlage von EuGH Slg. 1974, 51, 62 „BRT/SABAM".

Anwendung die gemeinschaftsrechtlich vorgeschriebene Rückforderung nicht praktisch unmöglich machen[63]. Die Entscheidung beruht auf Sonderregelungen des europäischen Beihilferechts. Für die Frage nach der rechtlichen Grundlage der Schadensersatzpflicht bei Verstößen gegen unmittelbar wirkende Normen des Gemeinschaftsrechts kann ihr nichts entnommen werden. Denn die Gemeinschaftsrechtswidrigkeit einer Beihilfe – jedenfalls soweit sie deren Rückgewähr zwingend erfordert – folgt gerade nicht aus einer unmittelbar zulasten des Begünstigten anwendbaren Rechtsnorm. Damit fehlt es bereits an der wesentlichen Voraussetzung für die Annahme eines originär gemeinschaftsrechtlichen Rückgewähranspruchs.

Unmittelbare Wirkung hat im Rahmen des Beihilferechts allein das Durchführungsverbot gemäß Art. 88 Abs.3 S.3 EG[64]. Allein auf die formelle Rechtswidrigkeit einer Beihilfe indessen kann deren Rückforderung regelmäßig nicht gestützt werden. Hinzutreten muß vielmehr die materielle Unvereinbarkeit mit dem Gemeinsamen Markt nach Maßgabe von Art. 87 EG[65]. Die Feststellung der Unvereinbarkeit aber erfolgt durch die Kommission, deren Entscheidung insoweit konstitutive Wirkung hat. Art. 87 EG ist demnach nicht unmittelbar anwendbar[66]. Auch als Grundlage der Rückforderung kommt daher ausschließlich die Kommissionsentscheidung in Betracht[67]. Diese aber ergeht an den Mitgliedsstaat, der die Beihilfe gewährt hat. Unmittelbare Wirkung zulasten des Beihilfeempfängers kann sie schon deshalb nicht entfalten[68].

Darüber hinaus ist dem Verfahren bei Rückforderung rechtswidriger Beihilfen für die vorliegende Problematik des Entschädigungsanspruchs bei Verstößen gegen unmittelbar wirkende Verbotsnormen des Gemeinschaftsrechts schon deswegen nichts zu entnehmen, da für das Beihilferecht nunmehr in Art. 14 Abs.3 VO (EG) Nr. 659/1999 ausdrücklich bestimmt ist, daß die Rückforderung nach Maßgabe des einzelstaatlichen Verfahrensrechts erfolgt[69]. Allerdings steht die Anwendbarkeit des nationalen Verfahrensrechts danach ausdrücklich unter dem Vorbehalt, daß die sofortige und tatsächliche Vollstreckung der Kommissionsentscheidung hierdurch ermöglicht wird. Damit scheint der europäische Ge-

---

63 EuGH Slg. 1997, I-1591, 1616 „Alcan Deutschland“. A.A. *Mäsch* ZIP 1999, 1507, 1512.
64 *Geiger* Art. 87 Rdn. 6.
65 GTE/*Mederer* Art. 93 Rdn. 62 m.w.N. Vgl. auch Art. 14 Abs.1 VO (EG) Nr. 659/1999 v. 22.3.1999 (ABl. 1999 Nr. L 83), wonach die Kommission in Negativentscheidungen über die Rückforderung einer rechtswidrigen Beihilfe entscheidet. Negativentscheidung in diesem Sinne ist aber nur eine solche, die die Beihilfe für unvereinbar mit dem Gemeinsamen Markt erklärt (vgl. Art. 7 Abs.5 der Verordnung).
66 *Geiger* Art. 87 Rdn. 6.
67 *Classen* JZ 1997, 724, 725. Vgl. auch *Papier* ZHR Bd. 152 (1988), 493, 504.
68 *Classen* JZ 1997, 724, 726.
69 VO (EG) Nr. 659/1999 v. 22.3.1999 (ABl. 1999 Nr. L 83).

setzgeber dem Gerichtshofs die Möglichkeit einer richterlichen Rechtsfortbildung offenzuhalten. Eine dogmatisch tragfähige Begründung für die Annahme einer originär gemeinschaftsrechtlichen Verpflichtung des Begünstigten zur Rückgewähr rechtswidriger Beihilfen dürfte indessen aufgrund der vorstehenden Ausführungen nur schwer zu finden sein.

3. Die Entscheidung des Gerichtshofs in der Rechtssache „Courage Ltd."

Die Auffassung, wonach die Schadensersatzpflicht bei Verstößen gegen die Art. 81 und 82 EG ihre Grundlage unmittelbar im Gemeinschaftsrecht findet, wird durch die Entscheidung des Gerichtshofs in der Rechtssache „Courage Ltd." bestärkt. Zwar läßt sich der Gerichtshof – abweichend von der oben zitierten ständigen Rechtsprechung auf dem Gebiet des Staatshaftungsrechts[70] – nicht ausdrücklich in diesem Sinne ein. Dennoch legen die Ausführungen des Gerichtshofs den Schluß nahe, daß die Befugnis des Verletzten, im Falle von Verstößen gegen die Art. 81 und 82 EG Schadensersatz zu verlangen, im Sinne eines allgemeinen Grundsatzes des Gemeinschaftsrechts zwingend vorgegeben ist[71].

Die Beklagte des englischen Ausgangsverfahren pachtete im Jahre 1991 zwei im Eigentum einer Tochtergesellschaft der klagenden Brauerei stehende Wirtschaften. Nach Maßgabe des hierbei verwendeten Musterpachtvertrags war die Beklagte verpflichtet, das von ihr ausgeschänkte Bier ausschließlich von der Klägerin zu beziehen. Die Klägerin hat mit ihrer Klage zunächst Zahlungsansprüche wegen bereits erfolgter Bierlieferungen geltend gemacht. Widerklagend hat die Beklagte Schadensersatz mit der Begründung verlangt, die pachtvertragliche Alleinbezugsvereinbarung verstoße gegen Art. 85 EGV. Die Klägerin habe ihr Bier an unabhängige Schankwirte zu wesentlich niedrigeren Preisen verkauft als sie den durch die Alleinbezugsklausel gebundenen Pächtern in Rechnung gestellt habe. Die ihr hierdurch entstandenen Gewinneinbußen seien von der Klägerin im Wege des Schadensersatzes auszugleichen[72]. Das vorlegende Gericht hat ausgeführt, nach englischem Recht müsse ein Schadensersatzanspruch der Beklagten ausscheiden, weil sie selbst Partei des – möglicherweise rechtswidrigen – Vertrags gewesen sei[73].

Nach Auffassung des Gerichtshofs ist ein Grundsatz des nationalen Rechts, wonach die Partei eines rechtswidrigen Vertrags generell mit Schadensersatzansprüchen gegen ihren Vertragspartner ausgeschlossen ist, mit Art. 85 EGV unvereinbar. Vielmehr könne das nationale Recht der Partei eines gegen das europäische Kartellverbot verstoßenden Vertrages die Geltendmachung des ihr in-

---

[70] Zuletzt EuGH Slg. 2000, I-5123, 5160 „Salomone Haim".
[71] In diesem Sinne auch *Nowak* EuZW 2001, 717, 718.
[72] Zum Sachverhalt EuGH EuZW 2001, 715 „Courage Ltd.".
[73] EuGH EuZW 2001, 715 „Courage Ltd.".

folge der Vertragsdurchführung entstandenen Schadens nur insoweit verwehren, als die Partei selbst eine erhebliche Verantwortung für die Wettbewerbsverzerrung trage[74]. Denn die volle Wirksamkeit sowohl des in Art. 85 EGV niedergelegten Verbots als auch der Rechte des Einzelnen, die Art. 85 EGV infolge seiner unmittelbaren Wirkung begründe, geböten es, daß jedermann denjenigen Schaden ersetzt verlangen könne, der ihm durch einen gegen das europäische Kartellverbot verstoßenden Vertrag entstanden sei[75]. Zwar betont der Gerichtshof weiterhin, daß es mangels einer einschlägigen gemeinschaftsrechtlichen Regelung Sache des innerstaatlichen Rechts sei, die für die Geltendmachung des Schadensersatzanspruchs zuständigen Gerichte zu bestimmen und die Verfahrensmodalitäten für solche Klagen zu regeln, die den Schutz der dem Bürger aus der unmittelbaren Wirkung des Gemeinschaftsrechts erwachsenden Rechte gewährleisten sollen[76]. Damit ist den Mitgliedsstaaten jedoch weder die Entscheidung darüber anheim gestellt, ob sie einen Schadensersatzanspruch für Verstöße gegen das europäische Wettbewerbsrechts vorsehen wollen, noch unter welchen Voraussetzungen ein solcher Schadensersatzanspruch in Betracht kommt. Vielmehr ist der Schadensersatzanspruch als Rechtsfolge von Zuwiderhandlungen – vorliegend gegen Art. 85 EGV – zwingend vorgegeben. Das Recht, gegen nachteilige Wirkungen von Verstößen gegen das europäische Wettbewerbsrecht geschützt zu werden, ist Teil derjenigen Rechte, die infolge der unmittelbaren Wirkung der betreffenden Normen in der Person des Einzelnen zur Entstehung gelangen[77]. Die Ausführungen des Gerichtshofs in der Rechtssache „Courage Ltd." greifen damit über die noch in der „Automec" – Entscheidung von Seiten des Gerichts Erster Instanz vetretenen Auffassung hinaus, von den möglichen zivilrechtlichen Folgen einer Zuwiderhandlung gegen das europäische Kartellverbot begründe Art. 85 EGV nur die Nichtigkeit der Vereinbarung. Im übrigen sei es die Sache des nationalen Rechts, die mit Verstößen gegen das europäische Wettbewerbsrecht verbundenen Rechtsfolgen, einschließlich der Verpflichtung zum Schadensersatz, festzulegen[78]. Gegenstand der Regelung durch das innerstaatliche Recht sind vielmehr lediglich die verfahrensrechtlichen Modalitäten des Schadensersatzanspruchs[79].

Nicht zutreffend ist demgegenüber die von *Weyer* geäußerte Auffassung, der Gerichtshof sei mit seinen Ausführungen implizit dem von *Van Gerven* in der

---

[74] EuGH EuZW 2001, 715, 716 f. „Courage Ltd.".

[75] EuGH EuZW 2001, 715, 716 „Courage Ltd.".

[76] EuGH EuZW 2001, 715, 716 „Courage Ltd.".

[77] So GA *Mischo* in seinen Schlußanträgen in der Rechtssache „Courage Ltd.", Tz. 37.

[78] EuG Slg. 1992, II-2223, 2267 „Automec".

[79] EuGH EuZW 2001, 715, 716 „Courage Ltd.". Wie hier *Nowak* EuZW 2001, 717, 718. Anders wohl GA *Mischo* in seinen Schlußanträgen, Tz. 47, der für die formellen und materiellen Voraussetzungen auf das innerstaatliche Recht verweist.

Rechtssache „Banks“ unternommenen Versuch entgegengetreten, Schadensersatzansprüche bei Verstößen gegen die Art. 81 und 82 EG hinsichtlich aller wesentlichen Anspruchsvoraussetzungen dem Gemeinschaftsrecht selbst zu entnehmen[80]. Vielmehr stellt der Gerichtshof das Fehlen einer einschlägigen Gemeinschaftsregelung gerade nur mit Blick auf die Verfahrensmodalitäten von Schadensersatzklagen fest. Die materiell-rechtlichen Voraussetzungen hingegen benennt der Gerichtshof in Randnummer 26 des Urteils ausschließlich unter Rückgriff auf das Gemeinschaftsrecht selbst, nämlich: Vorliegen eines Verstoßes gegen Art. 81 oder 82 EG, Schaden und Kausalität[81]. Der Gerichtshof bestätigt damit nicht nur die Auffassung *Van Gervens*, daß die Haftung für Verstöße gegen die Art. 81 und 82 EG ihre Grundlage im Gemeinschaftsrecht findet, sondern folgt dessen Ausführungen in der Rechtssache „Banks“ darüber hinaus auch in der Formulierung der Haftungsvoraussetzungen[82]. Demgegenüber legt *Weyer* einen zu weiten Begriff der Verfahrensmodalitäten zugrunde. Daß mit ihm nicht auch die materiell-rechtlichen Anspruchsvoraussetzungen gemeint sind, verdeutlicht zunächst eine Betrachtung der englischen Originalfassung des Urteils. Dort nämlich ist von den *„detailed procedural rules governing actions“* die Rede. Hätte der Gerichtshof darüber hinaus auch die materiell-rechtlichen Voraussetzungen des Schadensersatzanspruchs den nationalen Rechtsordnungen überantwortet wissen wollen, so hätte er dies durch die Verwendung des Begriffs *„substantive rules“* zum Ausdruck gebracht[83].

Daß sich die materiellen Voraussetzungen des Schadensersatzanspruchs primär nach dem Gemeinschaftsrechts bestimmen, wird im Rahmen der „Courage Ltd.“ - Entscheidung auch insoweit deutlich, als sich der Gerichtshof nicht auf die Feststellung beschränkt, die ihm zur Entscheidung vorgelegte Regelung des englischen Rechts sei mit Art. 85 EGV nicht vereinbar. Vielmehr bestimmt der Gerichtshof selbst, unter welchen Voraussetzungen das an einem gegen Art. 85 EGV verstoßenden Vertrag beteiligte Unternehmen den ihm infolge der Vertragsdurchführung entstandenen Schaden nicht ersetzt verlangen kann, nämlich wenn dieses eine erhebliche Verantwortung für die Wettbewerbsverzerrung trägt. Im Rahmen dieser Entscheidung *hat* das nationale Gericht – so der EuGH – zu prüfen, ob die geschädigte Partei der anderen eindeutig unterlegen war, so daß ihre Freiheit, die Vertragsbedingungen auszuhandeln, und ihre Fähigkeit, insbesondere durch den rechtzeitigen Einsatz aller ihr zur Verfügung stehenden

---

80 *Weyer* GRUR Int 2002, 57, 58.

81 EuGH EuZW 2001, 715, 716 „Courage Ltd.“. Wie hier *Nowak* EuZW 2001, 717, 718.

82 Vgl. Slg. 1994, I-1209, 1256 ff. „Banks“.

83 Verfahrensmodalitäten betrafen unzweifelhaft die Entscheidungen EuGH Slg. 1995, I-4705 „Van Schijndel“ (Beibringungsgrundsatz im niederländischen Zivilprozeßrechts) sowie EuGH Slg. 1995, I-3055 „Eco Swiss“ (Berücksichtigung neuer rechtlicher Aspekte bei Antrag auf Aufhebung eines Schiedsspruchs).

Rechtsschutzmöglichkeiten den Schadenseintritt zu verhindern oder den Schadensumfang zu begrenzen, ernsthaft beschränkt oder nicht vorhanden waren[84]. Das europäische Recht wirkt demnach in Bezug auf den Schadensersatzanspruch nicht lediglich im Sinne einer kassatorischen Negativkorrektur, sondern legt darüber hinaus positiv dessen Voraussetzungen in materiell-rechtlicher Hinsicht fest.

4. Der gemeinschaftsrechtliche Schadensersatzanspruch in der kartellrechtlichen Literatur

Nach der im deutschen Schrifttum überwiegend vertretenen Ansicht lassen sich aus den in Art. 81 und 82 EG begründeten Verboten keine ungeschriebenen Zivilrechtsfolgen herleiten. Insbesondere die Frage, unter welchen Voraussetzungen Verstöße gegen die Art. 81 und 82 EG eine Verpflichtung zur Leistung von Schadensersatz begründen, sei ausschließlich nach Maßgabe des nationalen Rechts – namentlich auf der Grundlage von § 823 Abs.2 BGB – zu beantworten[85]. Weder die „Francovich" - Entscheidung des Gerichtshofs noch die Schlußanträge des Generalanwalts *Van Gerven* in der Rechtssache „Banks" haben in diesem Zusammenhang zunächst Beachtung gefunden. Erst nachdem der Gerichtshof in den Entscheidungen „Van Schijndel" und „Eco Swiss" die Verpflichtung der nationalen Zivilgerichte zur Anwendung der in den Art. 81 und 82 EG niedergelegten Verbote ausdrücklich bekräftigt hatte[86], zeigten sich ernsthafte Bemühungen, die Regelungsbefugnisse der Gemeinschaft und der Mitgliedsstaaten auf dem Gebiet der zivilrechtlichen Folgen wettbewerbswidrigen Verhaltens voneinander abzugrenzen[87]. Die zu diesem Zeitpunkt bereits im europäischen Ausland im Vordringen befindliche Ansicht, die Verpflichtung zur Leistung von Schadensersatz bei Verstößen gegen die

---

[84] EuGH EuZW 2001, 715, 717 „Courage Ltd.".

[85] *Baur* EuR 1988, 257, 259; *Bornkamm*, in: FIW-Schriftenreihe, Heft 158, S. 51, 52; Dauses/*Emmerich* H.I § 1 Rdn. 182, 412; *Deringer* Art. 85 Abs.2 Rdn. 139; *Emmerich*: Kartellrecht, S. 440, 468; *v. Gamm*: Kartellrecht, Art. 85 Rdn. 93 sowie Art. 86 Rdn 22; GK/*Mailänder* (3. Aufl.) Art. 85 Rdn. 97; GTE/*Schröter* Art. 85 Rdn. 235 sowie Art. 86 Rdn. 50; IM EG-WbR/*K. Schmidt* Art. 85 Rdn. 2; *Mäsch* ZIP 1999, 1507, 1511 f.; *Müller-Graff*, in: *Hailbronner/Klein/Magiera/Müller-Graff*, Art. 85 Rdn. 140; *Rehbinder* LM EG-Vertrag Nr. 15; *Ullrich*: Das Rechts der Wettbewerbsbeschränkungen des Gemeinsamen Marktes und die einzelstaatliche Zivilgerichtsbarkeit, S. 30; *Weyer* ZeuP 1999, 424, 437 ff.; *Ders.* EuR 2000, 145, 146 f.; *Ders.* GRUR Int 2002, 57, 58. Ebenfalls ablehnend, wenn auch gegenüber zukünftigen Entwicklungen offener *Tilmann* ZHR Bd. 140 (1977), 32, 55.

[86] EuGH Slg. 1995, I-4705 „Van Schijndel"; 1999, I-3055 „Eco Swiss".

[87] Hinzuweisen ist an dieser Stelle vor allem auf die Arbeiten von *Weyer* (ZEuP 1999, 424 ff., sowie EuR 2000, 145 ff.), der im Ergebnis jedoch der herrschenden Ansicht beipflichtet.

Art. 81 und 82 EG finde ihre Grundlage unmittelbar im Gemeinschaftsrecht, konnte sich in der deutschen Literatur im Ergebnis dennoch nicht durchsetzen[88].

Die Auseinandersetzung um die Verortung des Schadensersatzanspruchs ist zunächst rechtspolitischer Natur. Sie betrifft die Frage, inwieweit dem Interesse der Gemeinschaft an der umfassenden Wirksamkeit der im EG-Vertrag begründeten Verbotsnormen besser durch eine weitgehende Angleichung der nationalen Rechtsordnungen oder aber durch einen „Wettbewerb der Systeme" Rechnung getragen werden kann[89]. Die Befürworter eines originär europarechtlichen Ersatzanspruchs haben betont, solle sich die Gemeinschaft zu einem wahrhaft integrierten Markt entwickeln, mit den Art. 81 und 82 EG als seinen hervorragenden Regulierungsmechanismen, so könne die privatrechtliche Dimension dieser Normen nicht den divergierenden nationalen Rechtsordnungen überlassen werden[90]. Zweifel an der praktischen Wirksamkeit eines solchen Anspruchs hat demgegenüber insbesondere *Weyer* vorgetragen. Schon die Formulierung der Anspruchsvoraussetzungen bereite erhebliche Schwierigkeiten. Dies betreffe zunächst die Abgrenzung der Klagebefugnis in sachlicher wie in persönlicher Hinsicht. Ungeklärt sei etwa, ob jeder Verstoß gegen die in den Art. 81 und 82 EG niedergelegten Verbote zwingend die Verpflichtung zur Leistung von

---

[88] Vgl. *Portwood*: Mergers under EEC Competition Law, S. 123 f.; *Smit/Herzog*: The Law of The European Economic Community, 85.40, S. 3-145 ff. sowie 86.31, S. 3-287 ff.; *Stillfried/Stockenhuber* WBl 1995, 345, 350, 352; Alexander Winterstein, *A Community Right in Damages for Breach of EC Competition Rules?*, 16 E.C.L.R. 49, 51-52 (1995). Ebenso falsch wie bezeichnend für den überwiegenden Teil der deutschen Literatur ist hingegen die Anmerkung von GTE/*Schröter* Art. 85 Rdn. 235 (dort Fn. 5), die Ansicht, die materiellen und formellen Voraussetzungen eines Schadensersatzanspruchs wegen Verletzung von Art. 81 EG könnten dem Gemeinschaftsrecht selbst entnommen werden, habe keine Anhänger gefunden habe.

[89] Für einen „Wettbewerb der Systeme" wohl *Weyer* ZEuP 1999, 424, 440; *Ders.* EuR 2000, 145, 164.

[90] *Smit/Herzog*: The Law of The European Economic Community, 85.40, S. 3-145 ff. sowie 86.31, S. 3-287 ff.; den Überlegungen *Van Gervens* zustimmend *Steindorff*: EG-Vertrag und Privatrecht, S. 325 ff.; Alexander Winterstein, *A Community Right in Damages for Breach of EC Competition Rules?*, 16 E.C.L.R. 49 (1995); wohl auch *Stillfried/Stockenhuber* WBl 1995, 345, 350 sowie 352. Eine Regelung der Schadensersatzpflicht auf europäischer Ebene jedenfalls vorziehen würden *Bellamy/Child*: Common Market Law of Competition, Rdn. 10-029, wobei allerdings nicht klar wird, ob sie hierfür eine gesetzliche Regelung für notwendig erachten; im letztgenannten Sinne wohl auch *Temple Lang*: Decentralised Enforcement of Community Competition Law, S. 3, 8. Differenzierend hingegen *Zuleeg*: Das Recht der europäischen Gemeinschaften im innerstaatlichen Bereich, S. 190 f. sowie 202, der die Entwicklung eines gemeinschaftsrechtlichen Entschädigungsanspruchs (nur) dann für geboten hält, sofern in einem Mitgliedsstaat ein solcher Anspruch aufgrund nationalen Rechts grundsätzlich nicht in Betracht käme und nicht nur im konkreten Fall an besonderen Tatbestandsvoraussetzungen scheitere.

Schadensersatz auslösen solle oder ob eine solche Sanktion nur in Fällen einer klaren Zuwiderhandlung in Betracht komme. Zu berücksichtigen seien ferner diejenigen Probleme, die sich infolge einer weiten Ausdehnung der Klagebefugnis unter Einbeziehung der privaten Endverbraucher ergäben. Darüber hinaus sei die Auslegung der Begriffe des Schadens und der Kausalität weiterhin mit großen Unsicherheiten verbunden. Nicht beantwortet sei schließlich die Frage, ob die Schadensersatzpflicht schuldhaftes Handeln voraussetze[91].

Die Ausführungen von *Weyer* vermögen nicht zu überzeugen. Die Anspruchsvoraussetzungen der Schadensersatzpflicht bei Verstößen gegen die Art. 81 und 82 EGV lassen sich abschließend und mit der gebotenen Klarheit dem Gemeinschaftsrecht entnehmen. Insbesondere die Abgrenzung der Klagebefugnis in persönlicher wie in sachlicher Hinsicht ist auf der Grundlage der Theorie des subjektiven Gemeinschaftsrechts und des Konzepts der unmittelbaren Anwendbarkeit zuverlässig möglich. Insoweit sei auf die nachfolgenden Ausführungen verwiesen[92]. Auch die Merkmale des Schadens und der Kausalität sind in der Rechtsprechung des Gerichtshofs entgegen der von *Weyer* vertretenen Ansicht weitgehend geklärt. *Weyer* selbst verweist auf die einschlägigen Entscheidungen[93], namentlich in Bezug auf die Anerkennung einer Schadensminderungspflicht[94], die Abwälzung des Schadens[95], die Ersatzfähigkeit entgangenen Gewinns[96], die Zulässigkeit der Feststellungsklage bei noch nicht genau bezifferbarem Schaden[97], die Regeln der Beweiswürdigung[98] sowie die Berücksichtigung mittelbarer Schadensfolgen[99].

Rechtsdogmatisch stellt sich mit der Annahme eines originär gemeinschaftsrechtlichen Schadensersatzanspruchs die Frage nach der Regelungskompetenz. In diesem Sinne hat die Bundesrepublik in der Rechtssache „Brasserie du Pêcheur“ die Ansicht vertreten, ein allgemeiner staatshaftungsrechtlicher Entschädigungsanspruch zulasten der Mitgliedsstaaten könne nur im Wege der Gesetzgebung eingeführt werden. Die Anerkennung eines solchen Anspruch im Wege der richterlichen Rechtsfortbildung hingegen sei mit der Zuständigkeits-

---

91 *Weyer* ZEuP 1999, 424, 437 ff.

92 Vgl. unten sub B.II.

93 *Weyer* ZEuP 1999, 424, 438.

94 EuGH Slg. 1992, I-3061, 3136 f. „Mulder“.

95 EuGH Slg. 1979, 2955, 2973 f. „Ireks-Arkady“; 1979, 3017, 3039 f. „DGV“; 1979, 3045, 3065 f. „Interquell Stärke Chemie“; 1979, 3091, 3115 f. „Dumortier Frères“; 1980, 501, 523 „Just“; 1980, 1205, 1226 f. „Denkavit Italiana“. Vgl. hierzu ausführlich unten sub B.II.2.b.(2).(d).

96 EuGH 1967, 331, 358 „Kampffmeyer“; 1992, I-3061, 3135 „Mulder“.

97 EuGH 1976, 711, 742 „Kampffmeyer“; 1987, 49, 90 „Zuckerfabrik Bedburg“.

98 EuGH Slg. 1979, 3045, 3064 „Interquell Stärke Chemie“.

99 EuGH Slg. 1979, 3091, 3115 „Dumortier Frères“.

verteilung zwischen den Organen der Gemeinschaft und den Mitgliedsstaaten nicht vereinbar[100]. Richtigerweise ist zwischen der Verbandskompetenz der Gemeinschaft einerseits und der Organkompetenz des Gerichtshofs andererseits zu unterscheiden[101].

Die Verbandskompentenz der Gemeinschaft zur Regelung der zivilrechtlichen Folgen von Zuwiderhandlungen findet ihre Grundlage primär in Art. 83 EG, wonach der Rat auf Vorschlag der Kommission die zweckdienlichen Verordnungen oder Richtlinien zur Verwirklichung der in den Art. 81 und 82 EG niedergelegten Grundsätzen beschließt[102]. Dem kann nicht entgegengehalten werden, zivilrechtliche Sanktionen fänden in dem Katalog des Art. 83 Abs.2 EG keine ausdrückliche Erwähnung. Zwar trifft es zu, daß Art. 83 Abs.2 lit.a EG nur die Einführung von Geldbußen und Zwangsgeldern, Art. 83 Abs.2 lit.b EG den Erlaß verwaltungs- und verwaltungsverfahrensrechtlicher Vorschriften und Art. 83 Abs.2 lit.e EG die Regelung des Verhältnisses der Art. 81 ff. EG zu den nationalen (Zivil-) Rechtsordnungen benennt. Auch ließe sich einwenden, die Nichtigkeitsfolge in Art. 81 Abs.2 EG zeige, daß die vertragsschließenden Staaten die zivilrechtliche Dimension der europäischen Wettbewerbsregeln erkannt und, soweit sie dies auf der Ebene des Gemeinschaftsrechts für erforderlich hielten, auch geregelt hätten. Zuweilen ist daher die Ansicht vertreten worden, Art. 83 EG begründe keine Befugnis der Gemeinschaft zur Einführung zivilrechtlicher – insbesondere schadensersatzrechtlicher – Sanktionen[103]. Allerdings enthält Art. 83 Abs.2 EG gerade keine abschließende Aufzählung der zulässigen Regelungsinhalte. Maßgeblich ist vielmehr allein Art. 83 Abs.1 EG. Danach umfaßt die Regelungskompetenz der Gemeinschaft *alle* zur Verwirklichung der in den Art. 81 und 82 EG niedergelegten Grundsätze zweckdienlichen Maßnahmen. Dies schließt Sanktionen zivilrechtlicher Natur ein. Der europäische Gesetzgeber hat von der ihm gemäß Art. 83 EG eingeräumten Befugnis, zivilrechtswirksame Regelungen zu treffen, auch bereits mehrfach Gebrauch gemacht. In diesem Zusammenhang ist auf Art. 4 Abs.3 VO 19/65 EWG[104] sowie Art. 4 Abs.3 VO 2821/71 EWG[105] hinzuweisen. Danach sind Schadensersatzansprüche für bestimmte, in den Anwendungsbereich der jeweiligen Grup-

---

[100] Vgl. EuGH Slg. 1996, I-1029, 1143 „Brasserie du Pêcheur".

[101] Vgl. *von Danwitz* DVBl 1998, 421, 429 (dort Fn. 86); *Weyer* EuR 2000, 145, 163 f.

[102] *Pernice*, in: *Grabitz/Hilf* (Altband I), Art. 87 Rdn. 16; *Smit/Herzog*: The Law of The European Economic Community, 87.07, S. 2-298 f.

[103] GTE/*Schröter* Art. 87 Rdn. 28, 30; *Jungbluth*, in: *Langen/Bunte*, Art. 83 Rdn. 20; *Mestmäcker*: Europäisches Wettbewerbsrecht, S. 568; zweifelnd ferner *Deringer* Art. 87 Rdn. 14; Christopher Stephen Kerse, EEC Antitrust Procedure 266-67 (1st ed. 1981).

[104] Verordnung Nr. 19/65 EWG v. 2.3.1965 (ABl. 1965 Nr. L 553), zuletzt geändert durch Verordnung (EG) Nr. 1215/99 v. 10.6.1999 (ABl. 1999 Nr. L 148/1).

[105] Verordnung Nr. 2821/71 v. 20.12.1971 (ABl. 1971 Nr. L 285/46), geändert durch Verordnung Nr. 2743/72 v. 19.12.1972 (ABl. 1972 Nr. L 291/44).

penfreistellungsverordnung fallende Verstöße gegen Art. 81 EG ausgeschlossen[106].

Allerdings begründet Art. 83 EG ausschließlich eine Befugnis des Rates zur Einführung zivilrechtlicher Sanktionen durch den Erlaß einer entsprechenden Verordnung oder Richtlinie, nicht hingegen eine Organkompetenz des Gerichtshofs. In der Literatur ist daher überwiegend auf den Gedanken der Rechtsangleichung zurückgegriffen worden. Die Art. 81 und 82 EG könnten nur dann ihrer marktintegrierenden Funktion gerecht werden, wenn auch ihre privatrechtliche Dimension einheitlich für alle Mitgliedsstaaten geregelt sei[107]. Allein der Gesichtspunkt der Rechtsangleichung vermag indessen auch keine Kompetenz des Gerichtshofs zu begründen. Denn gemäß Art. 94 EG obliegt die Rechtsetzung auch insoweit primär dem Rat. Eine Befugnis zur richterlichen Rechtsfortbildung auf dem Gebiet der zivilrechtlichen Sanktionen bei Verstößen gegen die in den Art. 81 und 82 EG niedergelegten Verbote ergibt sich erst in Verbindung mit der Aufgabe des Gerichtshofs zur Wahrung des Rechts bei der Auslegung und Anwendung des EG-Vertrags (Art. 220 EG). In „Brasserie du Pêcheur" hat der Gerichtshof hierzu ausgeführt:

> „Soweit der Vertrag keine Vorschriften enthält, die die Folgen von Verstößen der Mitgliedsstaaten gegen das Gemeinschaftsrecht ausdrücklich und genau regeln, hat der Gerichtshof in Erfüllung der ihm durch Art. 164 EGV [Art. 220 EG] übertragenen Aufgabe, die Wahrung des Rechts bei der Auslegung und Anwendung des Vertrags zu sichern, über eine solche Frage nach den allgemein anerkannten Auslegungsmethoden zu entscheiden, insbesondere indem er auf die Grundprinzipien der Gemeinschaftsrechtsordnung und gegebenenfalls auf allgemeine Grundsätze, die den Rechtsordnungen der Mitgliedsstaaten gemeinsam sind, zurückgreift[108]."

An der Zulässigkeit einer solchen, auf das Postulat der „einheitlichen Wirksamkeit" des Gemeinschaftsrechts rekurrierenden Rechtsfortbildung ist vielfach Kritik geübt worden[109]. Insbesondere die bei einer Regelung zivilrechtlicher – zumal schadensersatzrechtlicher – Rechtsfolgen erforderliche detaillierte Analyse und Bewertung der Interessen aller betroffenen Wirtschaftsteilnehmer

---

[106] Vgl. *Smit/Herzog*: The Law of The European Economic Community, 85.40, S. 3-145.

[107] In diesem Sinne *Smit/Herzog*: The Law of The European Economic Community, 85.40, S. 3-145 ff. sowie 86.31, S. 3-287 ff.; *Stillfried/Stockenhuber* WBl 1995, 345, 350; Alexander Winterstein, *A Community Right in Damages for Breach of EC Competition Rules?*, 16 E.C.L.R. 49, 49-50 (1995).

[108] EuGH Slg. 1996, I-1029, 1144 „Brasserie du Pêcheur".

[109] Speziell für zivilrechtliche Sanktion bei Verstößen gegen die Art. 81 und 82 EG *Weyer* EuR 2000, 145, 149; *Ders.* GRUR Int 2002, 57, 58. In Zusammenhang mit der staatshaftungsrechtlichen Rechtsprechung des Gerichtshofs weiterhin *von Danwitz*: Verwaltungsrechtliches System und Europäische Integration, S. 120 ff.; *Ders.* DVBl 1998, 421, 428 f. A.A. *Notaro* 35 C.M.L.R. 1385, 1391 (1998).

müsse dem parlamentarischen Verfahren vorbehalten bleiben[110]. Soweit darüber hinaus eine Kompetenz des Gerichtshofs zur Rechtsfortbildung auf dem Gebiet des Zivilrechts schon mangels einer planwidrigen Regelungslücke verneint oder jedenfalls in Zweifel gezogen wird[111], ist jedoch zu bedenken, daß sich die Voraussetzungen richterlicher Rechtsfortbildung nicht allein nach Maßgabe des deutschen Rechts bestimmen. Entscheidend sind vielmehr die allgemeinen Grundsätze, die den Mitgliedsstaaten gemeinsam sind, bei deren Feststellung der gegenüber richterlichen Rechtsfortbildungen weniger reservierte angelsächsische Rechtskreis sicherlich nicht außer Acht gelassen werden darf[112]. Für die Praxis sei schließlich angemerkt, daß es letztlich der Gerichtshof selbst ist, der über die Grenzen zulässiger Rechtsfortbildung entscheidet. Kompetenzrechtlichen Rügen dürfte daher – auch in Zusammenhang mit den Art. 81 und 82 EG – kaum Erfolg beschieden sein[113].

Nicht abschließend in der Literatur geklärt ist ferner die Frage, ob die Verpflichtung zur Leistung von Schadensersatz nach Maßgabe des Gemeinschaftsrechts nur für schuldhafte Verstöße begründet oder – wie von Generalanwalt *Van Gerven* in „Banks" vorgeschlagen[114] – verschuldensunabhängig ausgestaltet ist[115]. Aus den gemeinsamen Rechtsprinzipien der Mitgliedsstaaten, auf die der Gerichtshof zur Begründung zivilrechtlicher Sanktionen zurückgreift[116], läßt sich eine verschuldensunabhängige Haftung indessen nur schwer herleiten. Zwar hat der Gerichtshof sowohl in der Entscheidung „Francovich" als auch in „Brasserie du Pêcheur" die Haftung der Mitgliedsstaaten für Verstöße gegen das Gemeinschaftsrecht nicht an ein gesondertes Verschuldenserfordernis gebunden[117]. Anders als auf dem Gebiet des Staatshaftungsrechts liegt den Zivilrechtsordnungen aller Mitgliedsstaaten jedoch das Prinzip der Verschuldenshaftung zugrunde. Auch derjenige, der wider die Vorschriften der nationalen Kartellrechte handelt, haftet danach nur insoweit auf Schadensersatz, als ihn der Vorwurf des

---

[110] *Weyer* ZEuP 1999, 424, 440.

[111] Speziell für die Art. 81, 82 EG *Stillfried/Stockenhuber* WBl 1995, 345, 350; vgl. im übrigen bereits zur „Francovich" Rechtsprechung *Dänzer-Vanotti* RIW 1992, 733, 740; *Nessler* RIW 1993, 206, 210; *Ossenbühl* DVBl 1992, 993, 995 f.; *Schlemmer-Schulte/Ukrow* EuR 1992, 82, 90 f. Vgl. auch *Nowak*: Konkurrentenschutz in der EG, S. 233.

[112] In diesem Sinne auch *Stillfried/Stockenhuber* WBl 1995, 345, 350, die hier Vorbehalte eher aufgrund etwaiger Einschränkungen der nationalen Souveränität sehen.

[113] So auch das Ergebnis von *Stillfried/Stockenhuber* WBl 1995, 345, 350.

[114] GA *Van Gerven* Slg. 1994 I, 1209, 1258.

[115] Für eine verschuldensunabhängige Haftung wohl *Steindorff*: EG-Vertrag und Privatrecht, S. 315 f.; zurückhaltender Christopher Stephen Kerse, EEC Antitrust Procedure ¶ 10.21 A (3d ed. 1994). Für eine Haftung nur bei Verschulden *Stillfried/Stockenhuber* WBl 1995, 345, 349 f.; *Smit/Herzog*: The Law of The European Economic Community, 85.40, S. 3-146.

[116] EuGH Slg. 1996, I-1029, 1144 „Brasserie du Pêcheur".

[117] EuGH Slg. 1991,I-5357, 5415 „Francovich"; 1996, I-1029, 1156 „Brasserie du Pêcheur".

Verschuldens trifft[118]. Im übrigen war der Gerichtshof auch im Rahmen von Art. 288 Abs.2 EG zunächst von einer Verschuldenshaftung ausgegangen. Erst später sah der Gerichtshof von einer gesonderten Prüfung des Verschuldenserfordernisses ab. Ausdrücklich ausgesprochen hat der Gerichtshof indessen nie, daß die Haftung der Gemeinschaft gemäß Art. 288 Abs.2 EG unabhängig von dem Verschulden der für sie handelnden Organe und Bediensteten begründet sei[119].

B. Die Theorie des subjektiven Gemeinschaftsrechts

I. Das Konzept der funktionalen Subjektivierung[120]: Mobilisierung des Bürgers und effet utile

Die Entwicklung eines gemeinschaftsrechtlichen Ersatzanspruchs bei Verstößen gegen die Art. 81 und 82 EG zielt nicht auf eine grundlegende Reform des Haftungsrechts der Europäischen Gemeinschaft. Sie findet ihre Grundlage vielmehr unmittelbar in der mit dem „Francovich" – Urteil begründeten Rechtsprechung des Gerichtshofs, wie der Generalanwalt *Van Gerven* in seinen Schlußanträgen in „Banks" richtig festgestellt hat[121]. Konkrete Aussagen über die Reichweite des Schadensersatzanspruchs – insbesondere mit Blick auf die Abgrenzung der Klagebefugnis in persönlicher Hinsicht – sind daher nicht denkbar, ohne daß zuvor die dogmatischen Grundlagen der „Francovich"-Rechtsprechung geklärt worden sind. Herausragende Bedeutung kommt hierbei der Theorie des subjektiven Gemeinschaftsrechts zu.

Die Entscheidung über Funktion und Reichweite von Individualbefugnissen ist zwingend mit dem Verständnis des Verhältnisses zwischen Bürger und Staat verbunden. In ihr kommen die verfassungspolitischen Grundlagen einer Rechtsordnung zum Ausdruck[122]. Prägend für die Entwicklung der Theorie des subjektiven Gemeinschaftsrechts war in diesem Sinne die Diskrepanz zwischen den beständig zunehmenden Rechtssetzungskompetenzen der Gemeinschaft einerseits und den dahinter zurückbleibenden exekutiven Zuständigkeiten ihrer Organe andererseits. Zwar haben die Befugnisse der Kommission auf dem Gebiet des

---

[118] GTE/*Schröter* Art. 85 Rdn. 238; *Smit/Herzog*: The Law of The European Economic Community, 85.40, S. 3-145 f.; *Stillfried/Stockenhuber* WBl 1995, 345, 349 f. Demgegenüber beruht zumindest das deutsche Staatshaftungsrecht in weiten Teilen auf einer verschuldensunabhängigen Einstandspflicht; vgl. etwa die Judikatur zum enteignungsgleichen Eingriffs (vgl. auch die spezialgesetzliche Regelung in § 39 Abs.1 lit.b OBG NW), zum enteignenden Eingriffs sowie zum allgemeinen Aufopferungsanspruch. Anders freilich § 839 BGB iVm. Art. 34 GG.

[119] *Ossenbühl*: Staatshaftungsrecht, S. 605 f.

[120] Der Begriff „funktionale Subjektivierung" stammt von *Ruffert*: Subjektive Rechte im Umweltrecht der Europäischen Gemeinschaft, S. 161 ff. sowie 223 f.

[121] Vgl. oben sub A.II.1.

[122] *Masing*: Die Mobilisierung des Bürgers für die Durchsetzung des Rechts, S. 176.

Normvollzugs seit der Frühzeit der Gemeinschaften eine erhebliche Ausdehnung erfahren. Im Wettbewerbsrecht ist insbesondere an den Erlaß der VO Nr.17 sowie nunmehr der VO Nr. 1/2003 zu erinnern. Auch verfügt die Kommission in Form der Generaldirektorate mittlerweile über einen umfangreichen Verwaltungsunterbau. Dennoch verbleiben Effizienzdefizite bei der Durchsetzung der gemeinschaftsrechtlichen Rechtsordnung[123]. Sie finden ihren Grund unter anderem in der Eigenschaft der Kommission als kollegial strukturiertem und daher dem Mehrheitsprinzip unterworfenem Organ[124], wobei insbesondere die – entgegen Art. 213 Abs.2 EG in der Praxis weiterhin bestehende – Bindung der Kommissare an nationale und parteipolitische Interessen hinderlich wirkt. Als Vollzugshindernis hat sich jedoch primär die Angewiesenheit der Gemeinschaft auf die Umsetzung der von ihr erlassenen Normen durch die nationalen Gesetzgeber und Verwaltungsbehörden erwiesen[125]. Hieran hat das Instrument des Vertragsverletzungsverfahrens (Art. 226 ff. EG) ob der zeitweiligen Verschärfung der Sanktionsbestimmungen nur begrenzt etwas zu ändern vermocht[126].

Vor diesem Hintergrund hat der Gerichtshof in „Van Gend & Loos" den Grundsatz der unmittelbaren Wirkung entwickelt[127]. Der Einzelne erhielt damit das Recht, sich vor den nationalen Gerichten auf solche Normen des Gemeischaftsrechts zu berufen, die rechtlich vollkommen in dem Sinne sind, daß sie keiner weiteren Konkretisierung bedürfen, inhaltlich klar und unbedingt sind, keine weiteren Vollzugsmaßnahmen erfordern und weder den Organen der Gemeinschaft noch den Mitgliedsstaaten einen Ermessensspielraum eröffnen. Zur Begründung hat der Gerichtshof ausgeführt, die Wachsamkeit des an der Wahrung seiner Rechte interessierten Bürgers stelle eine Kontrolle dar, welche die Kommission in ihrer Funktion als Hüterin der Verträge wirksam ergänzen könne[128]. In der Folgezeit hat der Gerichtshof den Grundsatz der unmittelbaren Wirkung zunächst genutzt, um die Mitgliedsstaaten zur fristgerechten Umsetzung von Richtlinien anzuhalten. Die praktische Wirksamkeit einer auf die Umsetzung durch den nationalen Gesetzgeber angewiesenen Richtlinie – so der Gerichtshof – werde erheblich beeinträchtigt, wenn der Einzelne die ihm in der Richtlinie eingeräumten Rechte nicht unmittelbar – notfalls klageweise – geltend machen

---

123 Zu möglichen Gründen von Vollzugsdefiziten im Gemeinschaftsrecht vgl. *Callies* NJW 2003, 97, 100 f.

124 Vgl. Art. 219 EG iVm. Art. 1, 4 lit.a GeschO. Zwar sehen die Art. 12, 13 GeschO gewisse Vereinfachungen in der Beschlußfassung vor, allerdings nur in einem Rahmen, der das Kollegialprinzip voll gewahrt läßt.

125 *Masing*: Die Mobilisierung des Bürgers für die Durchsetzung des Rechts, S. 19.

126 Zur steigenden Anzahl nicht ausgeführter Urteile im Zeitraum von 1980 bis 1997 vgl. *Cremer*, in: *Callies/Ruffert*, Art. 228 Rdn. 8.

127 Vgl. hierzu auch *Callies* NJW 2002, 3577, 3578 f.

128 EuGH Slg. 1963, 1, 26 „Van Gend & Loos".

könne[129]. Seit „Francovich" kann der Einzelne darüber hinaus den Schaden, der ihm infolge der nicht fristgerechten Umsetzung einer Richtlinie entstanden ist, von dem seine Verpflichtungen verletzenden Mitgliedsstaat ersetzt verlangen[130]. In „Brasserie du Pêcheur" schließlich hat der Gerichtshof diesen Ersatzanspruch auf Verstöße gegen unmittelbar anwendbare Normen des primären Gemeinschaftsrechts ausgedehnt[131]. Dabei liegt sowohl „Francovich" als auch „Brasserie du Pêcheur" das Ziel zugrunde, die betroffenen Privatinteressen für die Durchsetzung objektiven Rechts zu instrumentalisieren.

Die Gewährung subjektiver Rechtspositionen durch den Gerichtshof ist danach nicht durch den Gedanken des Individualschutzes bestimmt, sondern vielmehr durch das gemeinschaftsrechtliche Effizienzgebot (effet utile). Das zunächst bloße Interesse des Einzelnen, durch die Nichtbeachtung des Gemeinschaftsrechts keinen Nachteil zu erleiden, wird in der Rechtsprechung des Gerichtshofs dort zu einem klagbaren subjektiven Recht aufgewertet, wo dies im Interesse einer effizienten Durchsetzung der Rechtsordnung geboten erscheint. Auf der Grundlage privater Klagerechte hat der Gerichtshof so ein System des dezentralen Vollzugs gemeinschaftsrechtlicher Normen geschaffen[132]. In diesem System nimmt der Bürger nimmt öffentliche Aufgaben wahr; er wird gewissermaßen selbst Teil der Verwaltung[133]. *Pernice* bezeichnet diese besondere Stellung des Gemeinschaftsbürgers als „status activus processualis"[134].

Ob eine Norm des Gemeinschaftsrechts dem Einzelnen ein subjektives Recht verleiht, ist damit eine Frage der allgemeinpolitischen Allokation von Aufsichtsbefugnissen, die maßgeblich von dem Ziel einer möglichst effektiven und lückenlosen Rechtsdurchsetzung bestimmt wird. Praktikabilitätsgesichtspunkte gewinnen hierbei eine wesentliche Bedeutung[135]. Die Auslegung des Merkmal der unmittelbaren Anwendbarkeit durch den Gerichtshofs verdeutlicht diesen Zusammenhang. Insoweit sei auf die Analyse der Rechtsprechung durch den

---

[129] EuGH Slg. 1977, 113, 126 f. „Nederlandse Ondernemingen".

[130] EuGH Slg. 1991, I-5357, 5414 „Francovich".

[131] EuGH Slg. 1996, I-1029, 1142 „Brasserie du Pêcheur".

[132] Vgl. etwa *Callies* NJW 2003, 97, 99 („gesellschaftliche Akteure [...], die kooperativ in die Gemeinwohlverwirklichung einbezogen werden sollen").

[133] *Baudenbacher* WuW 2000, 1171 („Funktionär der Gesamtrechtsordnung"); *Huber* EuR 1991, 31, 34 („Marktbürger als eine Art Organ des Gemeinsamen Marktes"). Vgl. zur Instrumentalisierung subjektiver Rechte mit dem Ziel einer wirksamen Durchsetzung des Gemeinschaftsrechts *Burgi*: Verwaltungsprozeß und Europarecht, S. 52; *Masing*: Die Mobilisierung des Bürgers für die Durchsetzung des Rechts, S. 42 ff.; *Schmidt-Aßmann* DVBl 1993, 924, 934.

[134] *Pernice* NVwZ 1990, 414, 424.

[135] Kritisch gegenüber der Verwendung des Begriffs des subjektiven Rechts in diesem Zusammenhang daher *Hailbronner* RIW 1992, 553, 556; *Ruffert*: Subjektive Rechte im Umweltrecht der Europäischen Gemeinschaft, S. 163.

Generalanwalt *Van Gerven* in „Banks" verwiesen. Die ständig wechselnden Formulierungen – so *Van Gerven* – bestätigten den außerordentlich praktischen Charakter des Kriteriums für die unmittelbar Wirkung. Sofern und soweit eine Gemeinschaftsbestimmung für sich allein ***hinreichend brauchbar*** für die Anwendung durch das Gericht sei, entfalte sie unmittelbare Wirkung[136]. *Ruffert* beschreibt den Ansatz des Gerichtshofs daher funktionale Subjektivierung objektiver Rechtsnormen[137].

Die Theorie des subjektiven Gemeinschaftsrechts schließt indessen nicht aus, daß die auf ihrer Grundlage begründeten Individualbefugnisse zugleich privaten Interessen dienen. Ein solcher Gleichlauf von öffentlichen und privaten Interessen ist vielmehr die unmittelbare Folge des funktionalen Ansatzes. Denn der Einzelne wird am ehesten dort von den ihm im öffentlichen Interesse zugewiesenen Befugnissen Gebrauch machen, wo er sich hiervon zugleich eigene insbesondere finanzielle Vorteile verspricht. Hier liegt die eigentliche Bedeutung des Konzepts einer Mobilisierung privater Interessen zur Durchsetzung objektiven Rechts[138].

Was die europäischen Wettbewerbsregeln anbelangt, so ist die grundsätzliche Entscheidung zugunsten einer Einbindung privater Interessen bereits im EG-Vertrag selbst, namentlich in der Nichtigkeitsregelung des Art. 81 Abs.2 EG angelegt. Sie mußte hier anfangs um so dringlicher erscheinen, als deren Durchsetzung zunächst ausschließlich den nationalen Behörden oblag (Art. 84 EG). Dabei dürfte nicht einmal die Befürchtung gewisser Ressentiments gegenüber einer Anwendung des europäischen Rechts im Mittelpunkt gestanden haben. Vielmehr befand sich die kartellrechtliche Entwicklung in den Mitgliedsstaaten selbst ebenfalls erst am Anfang, so daß nicht nur materielle Normen, sondern auch spezielle Behördenstrukturen und Verfahrensordnungen fehlten[139]. Dänemark, Finnland, Irland, Schweden und Luxemburg haben noch bis heute keine gesetzliche Grundlage für eine Anwendung der Art. 81 und 82 EG durch ihre

---

[136] GA *Van Gerven* Slg. 1994, I-1209, 1237 „Banks" (Hervorhebung im Original).

[137] *Ruffert*: Subjektive Rechte im Umweltrecht der Europäischen Gemeinschaft, S. 161 ff. sowie 223 f.

[138] *Masing*: Die Mobilisierung des Bürgers für die Durchsetzung des Rechts, S. 46, 178. Ob für die Verleihung von Individualbefugnissen gegenüber der Gemeinschaft ein anderer Maßstab anzulegen ist, muß hier offen bleiben. Für eine solche Differenzierung spricht jedenfalls die Tatsache, daß der Gerichtshof im Rahmen von Art. 288 Abs.2 EG in ständiger Rechtsprechung verlangt, daß die verletzte Norm zumindest auch den Interessen des Klägers zu dienen bestimmt ist; vgl. *Ruffert*, in: *Callies/Ruffert*, Art. 288 Rdn. 13 m.w.N. Auch die im Zuge des Vertrags von Maastricht eingefügte Bindung der Gemeinschaft an gewisse grundrechtliche Mindeststandards iS. klassischer Abwehrrechte (Art. F Abs.2 EUV, nunmehr Art. 6 Abs.2 EU) weist in diese Richtung.

[139] Das deutsche GWB beispielsweise ist auch erst 1957 erlassen worden. Als letzter Mitgliedsstaat hat sich Italien im Jahre 1990 ein Kartellgesetz gegeben.

nationalen Kartellbehörden geschaffen[140]. Erst mit Erlaß der VO Nr.17 im Jahre 1962 erlangte die Kommission ihre Stellung als „europäische Kartellbehörde". Zugleich bestätigte Art. 1 VO Nr.17 – insoweit der Entscheidung „van Gend & Loos"[141] vorgreifend – durch die Anordnung der unmittelbaren Wirkung der Art. 81 und 82 EG bereits implizit die Notwendigkeit einer ergänzenden Kontrolle durch private Klagen.

Der Gerichtshof hat die grundsätzliche Eignung der Art. 81 und 82 EG zur Begründung individueller Rechte erstmals in „BRT/SABAM" anerkannt[142]. In der Rechtssache „Courage Ltd." hat der Gerichtshof zudem ausgeführt, die volle Wirksamkeit der in den Art. 81 und 82 EG ausgesprochenen Verbote sowie der Schutz der den Einzelnen aus ihnen erwachsenden Rechte gebiete es, Zuwiderhandlungen gerade auch durch die Einräumung von Schadensersatzansprüchen zu sanktionieren:

> „Ein solcher Schadensersatzanspruch erhöht nämlich die Durchsetzungskraft der gemeinschaftlichen Wettbewerbsregeln und ist geeignet, von – oft verschleierten – Vereinbarungen oder Verhaltensweisen abzuhalten, die den Wettbewerb beschränken oder verfälschen können. Aus dieser Sicht können Schadensersatzklagen vor den nationalen Gerichten wesentlich zur Aufrechterhaltung eines wirksamen Wettbewerbs in der Gemeinschaft beitragen[143]."

Der Gerichtshof greift damit explizit den Hinweis des Generalanwalts *Van Gerven* in der Rechtssache „Banks" auf, daß nämlich die Schadensersatzpflicht in unmittelbarem Zusammenhang mit dem Gebot der effektiven Durchsetzung der europäischen Wettbewerbsregeln zu sehen sei[144]. Die Aufgabe der Sanktion „Schadensersatz" reicht demgemäß über den bloßen Rechtsschutz hinaus[145]. Sie erschöpft sich nicht in der Wiedergutmachung des Schadens, sondern definiert

---

[140] Vgl. die Übersicht bei *Zinsmeister* WuW 1999, 114, 119. Ob eine ausdrückliche Ermächtigungsnorm erforderlich ist, oder ob sich die Befugnis zur Anwendung der Art. 81, 82 EG bereits unmittelbar aus Art. 84 EG iVm. Art. 9 Abs.3 VO Nr.17 ergibt, ist allerdings umstritten. Die Kommission folgt der erstgenannten Ansicht (vgl. die Bekanntmachung über die Zusammenarbeit zwischen der Kommission und den Wettbewerbsbehörden der Mitgliedsstaaten bei der Bearbeitung von Fällen im Anwendungsbereich der Artikel 85 und 86 EG-Vertrag, ABl. 1997 Nr. C 313/3, Tz. 15 f.). Zur Rechtslage in Deutschland vor Erlaß von § 50 GWB (§ 47 GWB a.F.) im Zuge der 5. GWB-Novelle *Klocker* WuW 1990, 109, 110 ff. m.w.N. Selbst in den Ländern, in denen eine entsprechende Rechtsgrundlage besteht, erfolgt die Anwendung der Art. 81, 82 EG jedoch mitunter nur sehr zurückhaltend (vgl. *Zinsmeister*, ebenda, S. 116).

[141] EuGH Slg. 1963, 1, 26 „Van Gend & Loos".

[142] EuGH Slg. 1974, 51, 62 „BRT/SABAM".

[143] EuGH EuZW 2001, 715, 716 „Courage Ltd.".

[144] GA *Van Gerven* Slg. 1994 II, 1209, 1249 „Banks".

[145] *Schneider*: Nichtigkeit mißbräuchlicher Rechtsgeschäfte? – Rechtsfolgen für den Bestand gegen Art. 86 EGV verstoßender Verträge, in: Festschrift für *Jürgen F. Baur* zum 60. Geburtstag, S. 171, 181.

sich primär über ihre abschreckende Wirkung[146]. Die danach feststehende objektivrechtliche Verankerung des Entschädigungsanspruchs erklärt letztlich auch den Verzicht auf das Schutzzweckkriterium als besonderes Tatbestandsmerkmal[147]. Die Unterscheidung zwischen Normen, die öffentliche Interessen schützen, und solchen, die allein oder doch zumindest auch privaten Interessen zu dienen bestimmt sind, ist nicht nur überflüssig, sondern gar unsinnig[148].

Auch die Kommission hat bereits mehrfach auf die Bedeutung insbesondere privater Schadensersatzklagen für die effektive Durchsetzung des europäischen Kartellrechts hingewiesen. So heißt es etwa in der Bekanntmachung zur Zusammenarbeit mit den nationalen Gerichten, aller Wahrscheinlichkeit nach werden die Unternehmen stärker darauf achten, nicht gegen das Wettbewerbsrecht zu verstoßen, wenn sie damit rechnen müßten, von den Betroffenen auf Leistung von Schadensersatz in Anspruch genommen zu werden[149]. An anderer Stelle bewertet sie Schadensersatzklagen geschädigter Verbraucher als sinnvolle Ergänzung ihrer eigenen Schritte zur Abstellung von Verstößen gegen die Art. 81 und 82 EG[150]. Mit der von der Kommission angestrebten Modernisierung des Kartellverfahrensrechts schließlich soll die Durchsetzung der Wettbewerbsregeln über Klagen Einzelner weiter verstärkt werden[151]. Der nationale Richter – so die Kommission – bilde eine für die wirksame Anwendung des Wettbewerbsrechts unerläßliche Stütze[152].

---

146 Zur abschreckenden Wirkung als zwingende Vorgabe von nationalen Sanktionen für Verstöße gegen gemeinschaftsrechtliche Vorschriften bereits EuGH Slg. 1989, 2965, 2984 f. „Kommission/Griechische Republik"; 1990, I-2911, 2935 „Anklagemyndigheden/Hansen & Søn"; 1996, I-4345, 4369 „Gallotti"; 1997, I-285, 308 „Pastoors". Dem EuGH folgend *Schneider*: Nichtigkeit mißbräuchlicher Rechtsgeschäfte? – Rechtsfolgen für den Bestand gegen Art. 86 EGV verstoßender Verträge, in: Festschrift für *Jürgen F. Baur* zum 60. Geburtstag, S. 171, 180 f. Gegen eine Berücksichtigung des Gesichtspunkts einer abschreckenden Sanktionierung *Weyer* ZEuP 1999, 424, 452 ff.; *Ders.* EuR 2000, 145, 148; kritisch auch *Steindorff* 34 C.M.L.R. 1259, 1270 (1997).

147 Vgl. sogleich sub II.1.

148 *Masing*: Die Mobilisierung des Bürgers für die Durchsetzung des Rechts, S. 178.

149 Bekanntmachung der Kommission über die Zusammenarbeit mit den nationalen Gerichten, Tz. 16.

150 Antwort der Kommission auf die schriftliche Anfrage Nr. 519/72, ABl. 1973 Nr. C 67/55, Tz. 1.

151 Kommissionsvorschlag, S. 7, 36.

152 VO Nr. 1/2003, 7. Erwägungsgrund; Weißbuch der Kommission, Tz. 99. Vgl. aber auch die eher ernüchternde Analyse von *Nowak* EuR 2000, 724, 736 f., sowie *Ders.*: Konkurrentenschutz in der EG, S. 244 f., wonach die Geltendmachung von Verstößen gegen die Art. 81 und 82 EG durch Private bisher eher der Ausnahmefall geblieben sei.

II. Das subjektive Recht als Grundlage des gemeinschaftsrechtlichen Ersatzanspruchs

1. Der Schutzzweck der Norm im europäischen (Wettbewerbs-) Recht?

Folgt man den Schlußanträgen des Generalanwalts *Van Gerven* in der Rechtssache „Banks", so setzt die Schadensersatzhaftung im Bereich des unmittelbar anwendbaren Gemeinschaftsrechts – in Anlehnung an Art. 288 Abs.2 EG – lediglich die Rechtswidrigkeit des gerügten Verhaltens, den Eintritt eines Schaden sowie einen kausalen Zusammenhang zwischen der Verletzungshandlung und dem Schaden voraus. Demgegenüber soll es nicht darauf ankommen, ob der Verstoß hinreichend qualifiziert ist und eine höherrangige, *den Einzelnen schützende* Rechtsnorm betrifft, obschon diese weitere Voraussetzung für die außervertragliche Haftung der Gemeinschaft gemäß Art. 288 Abs.2 EG allgemein anerkannt ist[153].

Gleichwohl begründet der Ersatzanspruch keine strikte Kausalhaftung für rechtswidriges Verhalten. Vielmehr findet er seine Grundlage in dem Eingriff des Schädigers in eine dem Geschädigten durch die verletzte Norm zur individuellen Wahrnehmung seiner Interessen zugewiesene Rechtsposition. Eine solche Rechtsposition allerdings ergibt sich nach Ansicht des Generalanwalts bereits zwingend aus der unmittelbaren Wirkung, so daß es auch für den Ersatzanspruch nicht auf den Zweck der verletzten Norm, sondern ausschließlich auf deren Justiziabilität ankommt. Denn unmittelbar anwendbar ist eine Norm bereits, wenn sie rechtlich vollkommen, insbesondere klar und eindeutig formuliert ist und ihre Ausführung weder an das Vorliegen einer materiellen Bedingung geknüpft ist noch im Ermessen der Gemeinschaftsorgane oder der Mitgliedsstaaten steht[154]. Demgemäß hat sich der Generalanwalt bei der Begründung des Ersatzanspruchs auf dem Gebiet der europäischen Wettbewerbsvorschriften auf die Feststellung beschränkt, diese enthielten genaue und unmittelbar wirkende Verpflichtungen, die in der Person des Einzelnen Rechte entstehen ließen[155]. Der Ersatzanspruch aber sei die logische Folge der horizontalen Drittwirkung der Wettbewerbsnormen des EG-Vertrags[156].

Ob die Gewährung subjektiver Rechtspositionen im europäischen Recht ausschließlich auf der Grundlage des Kriteriums der unmittelbaren Anwendbarkeit erfolgt oder aber der Normzweck ergänzend heranzuziehen ist, wird unterschiedlich beurteilt[157]. Ausgeschlossen erscheint allerdings eine strikte Anknüp-

---

[153] GA *Van Gerven* Slg. 1994, I-1209, 1256 ff.

[154] Vgl. nur GTE/*G. Schmidt* Art. 189 Rdn. 9 f. m.w.N.

[155] GA *Van Gerven* Slg. 1994, I-1209, 1258.

[156] GA *Van Gerven* Slg. 1994, I-1209, 1250.

[157] Für die unmittelbare Anwendbarkeit als hinreichende Bedingung etwa *Eilmansberger*: Rechtsfolgen und subjektives Recht im Gemeinschaftsrecht, S. 85 f.; *Nicolaysen* EuR 1984,

fung an die deutsche Normzwecklehre[158]. Denn das Konzept der funktionellen Subjektivierung, das der Theorie des subjektiven Gemeinschaftsrechts zugrunde liegt, zeichnet sich gerade dadurch aus, daß die Annahme einer individuellen Rechtsposition nicht zwingend durch den materiell individualschützenden Normzweck determiniert ist. Die Rechtsprechung des Gerichtshofs ist uneinheitlich[159]. Jedenfalls für das primäre Gemeinschaftsrechts ergibt sich jedoch, daß für die Frage, ob eine Norm geeignet ist, in der Person Einzelner subjektive Rechte zu begründen, allein deren unmittelbare Wirkung, nicht aber der Schutzzweck maßgeblich ist.

In diesem Sinne wird man insbesondere die Ausführungen des Gerichtshofs in „Brasserie du Pêcheur“ zu verstehen haben. Zwar prüft der Gerichtshof dort zunächst, ob die als verletzt gerügte Rechtsnorm *bezweckt*, dem Einzelnen Rechte zu verleihen[160]. Auch nimmt er dabei ausdrücklich auf Art. 288 Abs.2 EG Bezug, der für die außervertragliche Haftung der Gemeinschaft maßgeblich auf den Schutzzweck der verletzten Norm abstellt[161]. Gleichwohl beruht die Entscheidung – soweit sie über das Bestehen subjektiver Rechte befindet – nicht auf einer Anwendung von Normzwecküberlegungen[162]. Vielmehr begnügt sich der

---

380, 386; *Ruffert*: Subjektive Rechte im Umweltrecht der Europäischen Gemeinschaft, S. 161, 163. Vgl. im übrigen die Nachweise zu den nachfolgend besprochenen Entscheidungen des EuGH.

[158] So auch *Burgi*: Verwaltungsprozeß und Europarecht, S. 52.

[159] Vgl. beispielhaft die Analyse von EuGH Slg. 1991, I-4269 „Emmot“ bei *Ruffert*: Subjektive Rechte im Umweltrecht der Europäischen Gemeinschaft, S. 166.

[160] EuGH Slg. 1996, I-1029, 1149 „Brasserie du Pêcheur“ (Hervorhebung durch den Verfasser); zuletzt bestätigt durch EuGH Slg. 2000, I-5123, 5161 „Salomone Haim“.

[161] St. Rspr. seit EuGH Slg. 1967, 332, 341, 355 „Kampffmeyer“. Vgl. hierzu ausführlich GTE/*Gilsdorf/Oliver* Art. 215 Rdn. 38 ff. sowie *Ossenbühl*: Staatshaftungsrecht, S. 591 ff., jeweils m.w.N. aus der Rechtsprechung.

[162] So auch die Wertung der herrschenden Ansicht; vgl. *Böhm* JZ 1997, 53 ff.; *Brödermann* MDR 1996, 347; *Brömer* JuS 1997, 117, 122; *Emmerich* JuS 1996, 745; in diesem Sinne wohl auch *Trautwein* JA 1997, 108, 109. Demgegenüber scheint *Krohn* EWiR 1996, 123, in der Entscheidung des EuGH den Schutzzweckgedanken angewendet zu sehen, wenn er die erste Haftungsvoraussetzung als „Verletzung einer individualschützenden Norm“ wiedergibt. Auch *Finke* DZWir 1996, 361, 364, geht offenbar davon aus, daß die unmittelbare Anwendbarkeit nicht das einzige Kriterium bei der Begründung subjektiver Rechte darstellt. Denn nach ihr soll das Rechtsverleihungserfordernis bei unmittelbar anwendbaren Vorschriften *häufig* (Hervorhebung durch den Verfasser), also eben gerade nicht immer erfüllt sein. Unklar *Ehlers* JZ 1996, 776, 778, der eine Formulierung der ersten Anpruchsvoraussetzung in dem Sinne für besser gehalten hätte, daß die verletzte Gemeinschaftsrechtsnorm subjektivrechtlichen Charakter haben oder in hinreichend konkretisierter Weise eine Verleihung von Rechten bezwecken müsse. Ob er damit das Festhalten des EuGH am Kriterium der unmittelbaren Anwendbarkeit kritisiert oder aber nur dessen mißverständliche Ausdrucksweise bei der Anerkennung des Schutzzwecksgedankens bemängelt, wird nicht deutlich. Insgesamt fällt auf, daß dem Rechtsverleihungserfordernis im Gegensatz zum Merkmal der „hinreichenden Quali-

Gerichtshof im folgenden gerade mit dem schlichten Hinweis, die einschlägigen Vorschriften seien – wie bereits in anderem Zusammenhang festgestellt – unmittelbar anwendbar[163]. Daß der Normzweck im Rahmen der Prüfung der unmittelbaren Wirkung als solcher keine Berücksichtigung findet, entspricht dabei der gängigen Entscheidungspraxis des Gerichtshofs[164]. Der Entschädigungsanspruch – so fügt der Gerichtshof hinzu – sei die notwendige Ergänzung der unmittelbaren Wirkung[165]. Auch auf die von Generalanwalt *Tesauro* in seinen Schlußanträgen ausdrücklich in diesem Zusammenhang vorgebrachte Forderung nach einer Übernahme des Schutznormerfordernisses aus Art. 288 Abs.2 EG[166] geht der Gerichtshof – anders als auf das Kriterium des hinreichend qualifizierten Verletzung – nicht besonders ein[167]. Vielmehr befindet er das dem deutschen Staatshaftungsrecht eigene Merkmal der drittgerichteten Amtspflichtverletzung für unvereinbar mit den Vorgaben des europäischen Rechts und lehnt damit explizit eine Einschränkung des Ersatzanspruchs nach Maßgabe des Schutzzwecks

---

fiziertheit" kaum Beachtung geschenkt worden ist. Die Aussagekraft der Urteilsbesprechungen ist daher begrenzt. Bezeichnend etwa die Aussage von *Brömer* JuS 1997, 117, 122, der dem Rechtsverleihungserfordernis offensichtlich keine wesentlich haftungsbeschränkende Funktion zuweist. Das freilich dürfte mit der weiten Auslegung des EuGH zusammenhängen.

163 EuGH Slg. 1996, I-1029, 1150 „Brasserie du Pêcheur" für Art. 30 EGV unter Verweis auf EuGH Slg. 1977, 557, 576 „Iannelli & Volpi" sowie für Art. 52 EGV unter Verweis auf EuGH Slg. 1974, 631, 652 „Reyners"; ebenso EuGH Slg. 1996, I-2553, 2613 „Hedley Lomas" unter Verweis auf EuGH Slg. 1978, 2347, 2374 „Pigs Marketing Board". Vgl. zu diesem Argument auch *Eilmansberger*: Rechtsfolgen und subjektives Recht im Gemeinschaftsrecht, S. 211.

164 So die ganz herrschende Bewertung der Rechtsprechung des EuGH zur unmittelbaren Anwendbarkeit, die freilich nicht von allen nachfolgend genannten Autoren für richtig befunden wird. Vgl. *Eilmansberger*: Rechtsfolgen und subjektives Recht im Gemeinschaftsrecht, S. 83 f., 87 f.; *Bleckmann*: Europarecht, S. 413 (Rdn. 1175); *Huber* EuR 1991, 31, 33; *Ipsen*: Europäisches Gemeinschaftsrecht, S. 120; *Nicolaysen* EuR 1967, 140, 150; *Ruffert*: Subjektive Rechte im Umweltrecht der Europäischen Gemeinschaft, S. 160 ff.; *Steindorff*: EG-Vertrag und Privatrecht, S. 307; für Richtlinien auch *Fischer* EuZW 1992, 41, 43; a.A. nur *Aubin*: Die Haftung der Europäischen Wirtschaftsgemeinschaft und ihrer Mitgliedsstaaten bei gemeinschaftsrechtwidrigen nationalen Verwaltungsakten, S. 40 f.; *Zuleeg*: Das Recht der europäischen Gemeinschaften im innerstaatlichen Bereich, S. 180; unklar *Meier* AWD 1968, 205, 208 f. An der Notwendigkeit, allein schon aufgrund der unmittelbaren Wirkung Rechtsschutz zu gewähren, ändert sich hingegen dann nichts, wenn man die Ausführungen des EuGH nicht im Sinne einer Begründung subjektiver Rechte, sondern lediglich verfahrensrechtlich verstanden wissen will, so daß in diesen Fällen die Schaffung einer – notfalls vom Bestehen subjektiver Rechte unabhängigen – Klagebefugnis geboten wäre; so insbesondere *Classen* NJW 1995, 2457, 2458 f.

165 EuGH Slg. 1996, I-1029, 1143 „Brasserie du Pêcheur".

166 GA *Tesauro* Slg. 1996, I-1029, 1107 „Brasserie du Pêcheur".

167 *Eilmansberger*: Rechtsfolgen und subjektives Recht im Gemeinschaftsrecht, S. 211.

– denn um eine solche handelt sich bei dem Merkmal der drittgerichteten Amtspflichtverletzung im Rahmen von § 839 BGB iVm. Art. 34 GG – ab[168].

Eigenständige Bedeutung scheint der Gerichtshof dem Normzweck hingegen in Zusammenhang mit der Haftung der Mitgliedsstaaten wegen Nichtumsetzung von Richtlinien beizumessen. Dies folgt zwar noch nicht aus den Erwägungen in „Francovich“, wohl aber aus der Begründung in „Dillenkofer“. In „Francovich“ konkretisiert der Gerichtshof das Rechtsverleihungserfordernis in Bezug auf Richtlinienbestimmungen dahin, das durch die Richtlinie vorgegebene Ziel müsse die Verleihung von Rechten an Einzelne beinhalten und der Inhalt dieser Rechte müsse auf der Grundlage der Richtlinie bestimmbar sein[169]. In der Literatur ist dies zu Unrecht überwiegend als Anerkennung des Schutzzweckgedankens verstanden worden[170]. Denn mit der Anerkennung des Erfordernisses der Rechtsverleihung ist noch keine Aussage darüber getroffen, auf welche Weise diese Rechte verliehen sein müssen[171]. Hierzu aber trifft der Gerichtshof in „Francovich“ gerade keine Aussage. Vielmehr hatte er sich zuvor zur Begründung der unmittelbaren Anwendbarkeit von Richtlinien regelmäßig mit Feststellungen zur inhaltlichen Unbedingtheit und hinreichenden Genauigkeit der in Rede stehenden Bestimmungen begnügt[172]. Anders als noch in „Francovich“ stellt der EuGH in „Dillenkofer“ allerdings ausdrücklich einen Bezug zwischen dem Erfordernis der Rechtsverleihung und dem Schutzzweck der streitgegenständlichen Richtlinie her. In diesem Zusammenhang unterzieht er Wortlaut und Begründungserwägungen der Richtlinie einer detaillierten Analyse. Hierbei gelangt er zu dem Ergebnis, Ziel der Richtlinie sei zumindest auch der Schutz des Verbrauchers, und bejaht auf dieser Grundlage das Rechtsverleihungserfordernis[173].

In welchem Verhältnis „Dillenkofer“ und „Brasserie du Pêcheur“ zueinander stehen, ist zweifelhaft. Einerseits wird das Bestreben des Gerichtshofs deutlich, sowohl die Haftung für Verstöße gegen primärrechtliche Normen wie auch für Verletzungen der Umsetzungspflicht bei Richtlinien auf eine einheitliche

---

168 EuGH Slg. 1996, I-1029, 1154 „Brasserie du Pêcheur“. Vgl. zu § 839 BGB iVm. Art. 34 GG Palandt/*Thomas* § 839 Rdn. 47.

169 EuGH Slg. 1991, I-5357, 5415 „Francovich“.

170 *Detterbeck* VerwArch 1994, 159, 179 f.; *Furrer/Epiney* JZ 1995, 1025, 1032; *Hailbronner* JZ 1992, 284, 288; *Jarass* NJW 1994, 881, 883; *Nettesheim* DÖV 1992, 999, 1002; *Prieß* NVwZ 1993, 118, 122; a.A. *Albers*: Die Haftung der Bundesrepublik Deutschland für die Nichtumsetzung von EG-Richtlinien, S. 113; *Eilmansberger*: Rechtsfolgen und subjektives Recht im Gemeinschaftsrecht, S. 209 f.; *Zenner*: Die Haftung der EG-Mitgliedsstaaten für die Anwendung europarechtswidriger Rechtsnormen, S. 28 f.

171 *Eilmansberger*: Rechtsfolgen und subjektives Recht im Gemeinschaftsrecht, S. 210.

172 *Ruffert*: Subjektive Rechte im Umweltrecht der Europäischen Gemeinschaft, S. 166 ff. mit Nachweisen aus der Rechtsprechung.

173 EuGH Slg. 1996, I-4845, 4881 ff. „Dillenkofer“.

Grundlage zu stellen. In diesem Sinne ist der Gerichtshof in „Dillenkofer" ersichtlich bemüht, die in „Francovich" entwickelten Haftungsvoraussetzungen mit dem in „Brasserie du Pêcheur" begründeten Merkmal der „hinreichenden Qualifiziertheit" abzugleichen[174]. Andererseits betont der er in „Dillenkofer" explizit, daß die Voraussetzungen, unter denen die Haftung des Staates einen Entschädigungsanspruch eröffnet, von der Art des Verstoßes gegen das Gemeinschaftsrecht abhängig sei[175]. So ließe es sich durchaus rechtfertigen, an die Verleihung subjektiver Rechte durch Richtlinienbestimmungen höhere Anforderungen zu stellen als bei Normen des primären Gemeinschaftsrecht. Denn während primärrechtliche Normen ihrer Natur gemäß unmittelbar in den Mitgliedsstaaten gelten, bedarf dies für Richtlinien, die üblicherweise Wirkungen nur im Verhältnis zwischen Gemeinschaft und Mitgliedsstaaten zeitigen (Art. 249 Abs.3 EG), der besonderen Begründung. Daß primär- und sekundärrechtliche Normen unterschiedlichen Maßstäben unterworfen sind, zeigt sich zudem an der Frage der horizontalen Wirkung. Während der Gerichtshof eine solche unmittelbar horizontale Wirkung von Richtlinienbestimmungen in ständiger Rechtsprechung abgelehnt[176], hat er gegen die Anwendung von primärrechtlichen Normen auch im Verhältnis zwischen Privaten keine Bedenken geäußert[177]. Im übrigen finden sich in der Rechtsprechung des Gerichtshofs auch schon in früheren Entscheidungen Andeutungen in Richtung einer stärkeren Berücksichtigung von Schutzzweckgesichtspunkten, freilich ohne daß dies zur Entwicklung einer gesicherten Dogmatik geführt hätte[178]. Insofern sind auch die Ausführungen in „Dillenkofer" mit Vorsicht zu genießen. Was eine etwaige Übertragung des Schutzzweckgedankens auf die Art. 81 und 82 EG anbelangt, so kommt ferner hinzu, daß der Generalanwalt *Van Gerven* in „Banks" ausdrücklich eine Ableitung der

---

174 EuGH Slg. 1996, I-4845, 4878 ff. „Dillenkofer".

175 EuGH Slg. 1996, I-4845, 4878 „Dillenkofer"; so bereits schon EuGH Slg. 1991, I-5357, 5415 „Francovich"; 1996, I-1029, 1146 „Brasserie du Pêcheur"; 1996, I-1631, 1667 „British Telecommunications"; 1996, I-2553, 2612 „Hedley Lomas".

176 Zuletzt EuGH Slg. 1996, I-1281, 1303 f. „El Corte Inglés"; vgl. aber auch EuGH Slg. 1990, 3941, 3973 „Dekker" zur Gleichbehandlungsrichtlinie.

177 Vgl. EuGH Slg. 1974, 1405, 1419 ff. „Walrave"; 1976, 1333, 1340 f. „Dona"; 1976, 455, 475 „Defrenne II".

178 Vgl. etwa die Ansätze der Rechtsprechung zur Umsetzung der Umweltrichtlinien: EuGH Slg. 1991, I-825, 867 „Kommission/Bundesrepublik Deutschland"; 1991, I-2567, 2600 f. „Kommission/Bundesrepublik Deutschland"; 1991, I-2607, 2631 „Kommission/Bundesrepublik Deutschland"; 1991, I-4983, 5023 „Kommission/Bundesrepublik Deutschland". Eine zusammenhängende Darstellung dieses Problembereichs findet sich bei *Ruffert*: Subjektive Rechte im Umweltrecht der Europäischen Gemeinschaft, S. 146 ff. Weitere Beispiele aus der Rechtsprechung in EuGH Slg. 1976, 45, 56 „Russo/AIMA"; 1989, 2491, 2518 „Enichem". Eine umfassende Analyse des Schutzzwecks in der Rechtsprechung des Gerichtshofs findet sich bei *Eilmansberger*: Rechtsfolgen und subjektives Recht im Gemeinschaftsrecht, S. 68 ff.

Haftungsvoraussetzungen aus der „Francovich" – Rechtsprechung abgelehnt hat[179].

Jedenfalls für Normen des primären Gemeinschaftsrechts – insbesondere mithin der Art. 81 und 82 EG – ergibt sich deren Eignung, in der Person Einzelner subjektive Rechte erwachsen zu lassen, daher allein aus dem Konzept der unmittelbaren Anwendbarkeit. Eines weitergehenden Rückgriffs auf den Normzweck bedarf es hingegen nicht.

2. Die Abgrenzung der Anspruchsberechtigung in persönlicher Hinsicht: Unmittelbare Anwendbarkeit und Betroffenheit

In der Rechtssache „Courage Ltd." hat der Gerichtshof die Auffassung vertreten, die volle Wirksamkeit des in Art. 81 Abs.1 EG ausgesprochenen Verbots wäre beeinträchtigt, wenn nicht *jedermann* Ersatz des Schadens verlangen könnte, der ihm durch einen gegen das Kartellverbot verstoßenden Vertrag oder ein entsprechendes Verhalten entstanden sei[180]. Damit kann indessen nicht gemeint sein, jeder auch nur entfernt Geschädigte sei zur Geltendmachung eines solchen Schadensersatzanspruchs berechtigt. Denn der Gerichtshof betont zugleich, daß der Schadensersatzanspruch seine Grundlage in der unmittelbaren Wirkung des Gemeinschaftsrechts findet[181]. Zu seiner Geltendmachung kann daher nur befugt sein, wer sich auf die unmittelbare Wirkung der von ihm als verletzt gerügten Verbotsnorm des europäischen Wettbewerbsrechts berufen kann.

Nachdem eine Abgrenzung der Anspruchsberechtigung in persönlicher Hinsicht unter dem Gesichtspunkt des Normzweck ausscheidet, ist das maßgebliche Kriterium ausschließlich dem Merkmal der unmittelbaren Anwendbarkeit zu entnehmen. Einen tragfähigen Ansatz hierfür bietet das in der Rechtsprechung des EuGH in Zusammenhang mit der unmittelbaren Anwendbarkeit des Gemeinschaftsrechts geprägte Kriterium der Betroffenheit. Die Gefahr einer Ausweitung des gemeinschaftsrechtlichen Ersatzanspruchs in Richtung einer Popularklage ist hiermit nicht verbunden[182]. Eine solche Popularklage entspräche in

---

[179] GA *Van Gerven* Slg. 1994, I-1209, 1255 f. „Banks".

[180] EuGH EuZW 2001, 715, 716 „Courage Ltd." (Hervorhebung durch den Verfasser). Vgl. hierzu auch die Schlußanträge des GA *Mischo* in derselben Rechtssache, Tz. 38, der insofern vor allem auf Wettbewerber und Verbraucher verweist.

[181] EuGH EuZW 2001, 715, 716 „Courage Ltd.".

[182] *Rengeling/Middeke/Gellermann*: Rechtsschutz in der Europäischen Union, S. 540 f. (Rdn. 1090); *Ruffert*: Subjektive Rechte im Umweltrecht der Europäischen Gemeinschaft, S. 149; *Zuleeg* NJW 1993, 31, 37; kritisch hingegen *Eilmansberger*: Rechtsfolgen und subjektives Recht im Gemeinschaftsrecht, S. 103 ff.

keinster Weise der europäischen Rechtstradition[183]. Sie darf aber nicht mit der Interessentenklage verwechselt werden.

a. Das Konzept der Betroffenheit: Die Notwendigkeit eines unmittelbaren Interesses an der Anwendung der Wettbewerbsnormen

Die Ansicht, die persönliche Anspruchsberechtigung lasse sich im Rahmen unmittelbar anwendbarer Normen des Gemeinschaftsrechts mittels der Kriteriums der Betroffenheit konkretisieren, stützt sich zunächst auf die Ausführungen des Gerichtshofs in den Rechtssachen „Simmenthal", „Salgoil" und „Roks". In „Simmenthal" heißt es zur Rechtsnatur unmittelbar anwendbarer Bestimmungen des Gemeinschaftsrechts, diese seien unmittelbare Quelle von Rechten und Pflichten für alle diejenigen, die sie *betreffen*[184]. In „Salgoil" stellt der EuGH fest, die Art. 31 und 32 Abs.1 EGV verpflichteten die Behörden und die zuständigen Gerichte der Mitgliedsstaaten dazu, die Interessen der durch eine Verletzung dieser Vorschriften *betroffenen Einzelnen* zu wahren[185]. In „Roks" schließlich findet sich die Formulierung, derjenige solle sich auf die unmittelbar anwendbaren Bestimmungen einer Richtlinie berufen können, der durch die Auswirkungen einer diesen Bestimmungen widersprechenden Maßnahme eines Mitgliedsstaates *betroffen* sei[186]. Ähnliche Formulierungen finden sich ferner in den Entscheidungen des EuGH betreffend die mangelhafte Umsetzung der Umweltschutzrichtlinien durch die Bundesrepublik Deutschland[187].

Allen Urteilen gemeinsam ist die Betonung der persönlichen Betroffenheit. Sie tritt als zweites wesentliches Merkmal neben die unmittelbare Anwendbarkeit. Während die Tatsache der unmittelbaren Anwendbarkeit zunächst nicht mehr oder weniger besagt, als daß eine Norm grundsätzlich *geeignet* ist, subjektive Rechte in der Person des Einzelnen zu begründen, muß im konkreten Einzelfall eine individuelle Betroffenheit des sich auf die verletzte Norm Berufenden hinzukommen, um auf diese Weise ein subjektives, sanktionsbewährtes Recht zur Entstehung zu bringen[188]. Nichts anderes meint der Gerichtshof, wenn er in

---

[183] *Kahl*: Umweltprinzip und Gemeinschaftsrecht, S. 145; *Rengeling/Middeke/Gellermann*: Rechtsschutz in der Europäischen Union, S. 540 f. (Rdn. 1090); vgl. auch die Schlußanträge von GA *Capotorti* Slg. 1981, 1805, 1850 „Rewe/Hauptzollamt Kiel".

[184] EuGH Slg. 1978, 629, 643 f. „Simmenthal" (Hervorhebung durch den Verfasser).

[185] EuGH Slg. 1968, 679, 693 „Salgoil" (Hervorhebung durch den Verfasser).

[186] EuGH Slg. 1994, I-571, 602 „Roks" (Hervorhebung durch den Verfasser).

[187] EuGH Slg. 1991, I-2567, 2601 „Kommission/Bundesrepublik Deutschland"; 1991 I, 2607, 2631 „Kommission/Bundesrepublik Deutschland"; 1991 I, 4983, 5023 „Kommission/Bundesrepublik Deutschland".

[188] So schon *Rengeling* VVDStRL Bd. 53 (1994), S. 202, 210; *Söllner*: Art. 5 EWG-Vertrag in der Rechtsprechung des Europäischen Gerichtshofes, S. 48; ähnlich auch *Schmidt-Preuß*: Kollidierende Interessen im Verwaltungsrecht, S. 242, der allerdings - in Bezug auf Art. 87 f. EG - eine qualifizierte Betroffenheit iS. einer Gefährdung der unternehmerischen Existenz fordert.

„BRT/SABAM" ausführt, die in den Art. 81 und 82 EG enthaltenen Verbote seien ihrer Natur nach *geeignet*, in den Beziehungen zwischen den Marktteilnehmern Wirkungen zu entfalten und so in deren Personen Rechte entstehen zu lassen, auch wenn an dieser Stelle der Hinweis auf die Notwendigkeit einer persönlichen Betroffenheit im Einzelfall fehlt[189].

Ob der gemeinsamen Betonung der Betroffenheit als zweites rechtsbegründendes Merkmal, weichen die Ausführungen des Gerichtshofs in der Rechtssache „Simmenthal" in einer kaum auffallenden Kleinigkeit von denjenigen in „Salgoil" und „Roks" ab. Eine genauere Betrachtung zeigt jedoch, daß der Bezugspunkt des Betreffens ein verschiedener ist. In „Simmenthal" impliziert der Gerichtshof, die als verletzt gerügten Normen des Gemeinschaftsrechts als solche müßten den Einzelnen betreffen. Ob diese Voraussetzung erfüllt ist, läßt sich nicht ohne Bezugnahme auf den objektiven Regelungsgehalt der Norm bestimmen, wobei eine solche Vorgehensweise strikt von einer – der EuGH-Rechtsprechung gerade nicht zugrunde liegenden – Rekurrierung auf den Schutzzweck der Norm zu unterscheiden ist[190]. Demgegenüber spricht der EuGH in den beiden anderen Entscheidungen von einer Betroffenheit infolge der Verletzungshandlung. Der wesentliche Unterschied besteht hier in dem Fehlen einer unmittelbaren Beziehung zwischen dem Einzelnen und der verletzten Norm. Rechtlichen Charakter hat allein die Frage, ob eine bestimmte Handlung rechtmäßig oder rechtswidrig im Sinne einer bestimmten Norm ist. Die Frage der Betroffenheit ist hingegen ausschließlich tatsächlicher Natur.

Der Unterschied zwischen beiden Ansätzen ist für die Bestimmung des bei Verstößen gegen die Art. 81, 82 EG anspruchsberechtigten Personenkreises von erheblicher Bedeutung. Da Betroffenheit zunächst einmal nicht mehr verlangt als eine Beschwer[191], kommt ihr kaum eine begrenzende Wirkung zu. Betroffen in diesem Sinne sind nicht nur diejenigen Personen, gegen die im Sinne der „BMW-Importe"-Entscheidung des BGH[192] die verbotene Schädigung der Wettbewerbsfreiheit unmittelbar gerichtet, sondern alle Wettbewerber, Lieferanten und Kunden, deren Wettbewerbsmöglichkeiten durch ein solches Verhalten unmittelbar oder auch nur mittelbar, insbesondere durch eine nachteilige Veränderung der Marktstruktur, beeinträchtigt werden. Betroffen sind ferner

---

189 EuGH Slg. 1974, 51, 62 „BRT/SABAM" (Hervorhebung durch den Verfasser).

190 Deutlich zu dieser Differenzierung *Wrage*: UWG-Sanktionen bei GWB-Verstößen?, S. 2 f.

191 *Cremer*, in: *Calliess/Ruffert*, Art. 230 Rdn. 45.

192 WuW/E BGH 1643, 1645 „BMW-Importe". Es sind dies mit Blick auf den im Mittelpunkt dieser Arbeit stehenden Mißbrauchstatbestand vor allem Fälle des Boykotts, der Geschäftsverweigerung, der Diskriminierung oder sonstiger individueller Behinderungspraktiken, die nach deutschem Recht, d.h. unter Zugrundelegung des Schutzgesetzprinzips, schon bisher sowohl gemäß § 35 iVm. § 26 GWB a.F. als auch gemäß § 823 Abs.2 BGB iVm. Art. 82 EG deliktsrechtlich sanktioniert waren.

diejenigen Unternehmen der unmittelbar vor- und nachgelagerten Wirtschaftsstufen, die aufgrund des rechtswidrigen Wettbewerbs- und insbesondere des Preisverhaltens eines marktbeherrschenden Unternehmens oder eines Kartells Leistungen nur zu nicht wettbewerbskonformen Preisen erlangen oder absetzen konnten. Soweit sich die Auswirkungen solcher Preispolitik in der Absatzkette fortsetzen, schließt dies Unternehmer auf weiter entfernten Wirtschaftsstufen mit ein. Betroffen ist daher insbesondere auch der private Endverbraucher.

Der Kreis tatsächlich Betroffeber läßt sich zudem über die unmittelbar am Markt tätigen Unternehmen hinaus ausdehnen. Betroffen ist etwa auch der Anteilseigner eines Unternehmens, das infolge einer Beeinträchtigung seiner Wettbewerbsmöglichkeiten Gewinneinbußen und einen Rückgang des Aktienkurses hinzunehmen hat. Betroffen sind auch die Arbeitnehmer eines solchen Unternehmens, die möglicherweise eine Kürzung ihrer Bezüge, vielleicht sogar den Verlust ihres Arbeitsplatzes befürchten müssen. Letzteres wiederum hätte den Ausfall von Mitgliedsbeiträgen bei den Gewerkschaften zur Folge. Möglicherweise fallen auch Gläubiger mit ihren Forderungen aus, wenn ein Unternehmen vom Markt gedrängt wird.

Das deutsche Schadensersatzrecht begegnet der Geltendmachung solch mittelbarer Schäden bei § 823 Abs.1 BGB durch den Ausschluß der Ersatzfähigkeit reiner Vermögensschäden, bei § 823 Abs.2 BGB ebenso wie bei § 33 GWB mittels Schutzzwecküberlegungen und im übrigen durch das Erfordernis eines nicht nur adäquaten, sondern auch dem potentiellen Schädiger zurechenbaren Kausalzusammenhangs[193]. Der erste Ansatz indessen widerspricht dem gemeinschaftsrechtlichen Gebot des vollen Schadensersatzes[194]. Auch ein Rückgriff auf den Schutzzweck der Norm muß nach Maßgabe der einschlägigen Rechtsprechung ausscheiden[195]. Zulässig ist demgegenüber eine Begrenzung des Ersatzanspruchs auf unmittelbare Schäden unter Kausalitätsgesichtspunkten. Vorrangig ist jedoch zu untersuchen, ob nicht das Merkmal der Betroffenheit selbst die Anspruchsberechtigung in persönlicher Hinsicht einschränkt. In diesem Sinne gilt es zu klären, ob bereits die rein faktische Betroffenheit zur Begründung eines subjektiven Rechts genügt oder ob darüber hinaus eine rechtliche Betroffenheit erforderlich ist[196].

Einen ersten Anhaltspunkt liefern insofern die Ausführungen des EuGH in der Rechtssache „Verholen". Es ist dies – soweit ersichtlich – die einzige Entschei-

---

193 *Larenz*: Lehrbuch des Schuldrechts, Band I, S. 459 f.

194 EuGH Slg. 1992, I-3061, 3137 „Mulder". Für zivilrechtliche Schadensersatzansprüche unter Privaten wegen Verletzung wettbewerbsrechtlicher Normen GA *Van Gerven* Slg. 1994, I-1209, 1259 „Banks".

195 Vgl. oben sub 1.

196 Im letztgenannten Sinne wohl *Ruffert*: Subjektive Rechte im Umweltrecht der Europäischen Gemeinschaft, S. 149.

dung, in der sich der Gerichtshof ausdrücklich mit der Frage befaßt hat, unter welchen Voraussetzungen sich der Einzelne auf die unmittelbare Anwendbarkeit (hier einer Richtlinie) berufen kann. Gegenstand des Vorabentscheidungsverfahrens war eine Vorschrift des belgischen Rentenversicherungsrechts, wonach der Rentenanspruch eines Ehepartners um einen Zuschlag zu erhöhen war, sofern dem anderen Ehepartner gegenüber eine Unterhaltspflicht bestand. Dieser Zuschlag konnte jedoch für Zeiten, in denen der unterhaltsberechtigte Ehepartner nicht erwerbstätig gewesen war, anteilig gekürzt werden. In Anwendung dieser Vorschrift hatte der Kläger des Ausgangsverfahrens in seinem Rentenbescheid nur einen gekürzten Zuschlag zugesprochen bekommen. Hiergegen wandte er sich unter anderem mit der Begründung, die Kürzung des Zuschlags beinhalte eine mit der Gleichbehandlungsrichtlinie 79/7/EWG unvereinbare Diskriminierung seiner Ehefrau. Die Besonderheit dieses Falles war also darin zu sehen, daß sich der Ehemann auf eine (unmittelbar anwendbare) Richtlinienvorschrift berief, deren persönlicher Anwendungsbereich ihn nicht direkt erfaßte.

Gleichwohl sah sich der Gerichthof nicht gehindert, die Richtlinie zum Vorteil der Ehemanns zur Anwendung zu bringen. Denn – so der Gerichthof – es sei nicht auszuschließen, daß auch andere Personen ein *unmittelbares Interesse* daran haben könnten, daß die Richtlinienbestimmungen zugunsten des geschützten Personenkreises beachtet würden[197]. Für den Bereich des Wettbewerbsrechts folgt hieraus zunächst, daß eine Begrenzung des Ersatzanspruchs auf den oder die Adressaten wettbewerbswidrigen Verhaltens, wie sie der BGH in „BMW-Importe" angenommen hat, nicht vom europäischen Recht gedeckt sein dürfte[198]. Darüber hinaus kommt der Konkretisierung der Betroffenheit im Sinne eines unmittelbaren Interesses maßgebliche Bedeutung für das Verständnis des Rechtsschutzes im Gemeinschaftsrecht zu. Denn sie weist in Richtung einer Anlehnung an das Konzept einer insbesondere der französischen Rechtstradition entstammenden Interessentenklage[199]. Damit bestätigt sich zugleich erneut, daß der Gerichtshof bei der Gewährung subjektiver Rechte gerade keinen dem deutschen Recht vergleichbaren, auf den Schutzzweck der verletzten Norm abstellenden Ansatz verfolgt. Ob das danach allein maßgebliche unmittelbare Interesse dennoch rechtlicher Natur sein muß, bleibt in „Verholen" offen. Im konkre-

---

[197] EuGH Slg. 1991, I-3757, 3790 „Verholen" (Hervorhebung durch den Verfasser).

[198] So aber fälschlicherweise wohl *Eilmansberger*: Rechtsfolgen und subjektive Rechte im Gemeinschaftsrecht, S. 104 f., gerade in Bezug auf die Art. 81, 82 EG.

[199] Vgl. hierzu sowie zur Vorbildfunktion des französischen Verwaltungsrechts für das europäische Modell der Rechtsgewährung und Rechtsdurchsetzung im Allgemeinen *Masing*: Die Mobilisierung des Bürgers für die Rechtsdurchsetzung, S. 196 ff.; vgl. auch *Classen* NJW 1995, 2457, 2461 f.; *Everling* NVwZ 1987, 1, 6; *Rengeling* VVDStRL Bd. 53 (1994), 202, 215; *Ruffert*: Subjektive Rechte im Umweltrecht der Europäischen Gemeinschaft, S. 181; *Schwarze* NJW 1986, 1067, 1072.

ten Fall hätte der Kläger ein solches vermutlich geltend machen können, da sein Rentenanspruch der Höhe nach unmittelbar von der Anwendbarkeit des in der Richtlinie begründeten Diskriminierungsverbots abhängig war.

Ausführliche Erörterung hat die Frage nach der erforderlichen Qualität der betroffenen Interessen allerdings bereits im Rahmen der Nichtigkeitsklage, namentlich der Klagebefugnis gemäß Art. 230 Abs.4 EG gefunden[200]. Danach kann eine natürliche oder juristische Person nur gegen solche Kommissionsentscheidungen im Wege der Nichtigkeitsklage vorgehen, die entweder an sie ergangen sind oder sie unmittelbar und individuell betreffen. Die Rechtsprechung des EuGH verfährt hier – ob vereinzelt mißverständlicher Formulierungen[201] – im Allgemeinen großzügig. In der Rechtssache „Cofaz“ beispielsweise ließ der Gerichtshof bereits die Feststellung genügen, die Kläger hätten in stichhaltiger Weise dargelegt, aus welchen Gründen die angefochtene Entscheidung der Kommission sie – im wesentlichen durch deren *Auswirkungen auf ihre Stellung auf dem betroffenen Markt* – in ihren berechtigten Interessen verletze[202]. Das Gericht Erster Instanz hat darüber hinausgreifend in einer neueren, allerdings nicht das Wettbewerbsrecht betreffenden Entscheidung ausdrücklich alternativ auf die rechtliche oder tatsächliche Betroffenheit abgestellt[203]. Dieses Ergebnis deckt sich sowohl mit der bereits früher vom EuGH zu Art. 33 Abs.2 EGKSV vertretenen Auffassung[204] als auch mit den Umstand, daß die Antrags- und Anhörungsrechte im Verfahren nach der Kartell- sowie der Fusionskontrollverord-

---

[200] Vgl. aus der neueren Kommentarliteratur GTE/*Krück* Art. 173 Rdn. 44; IM EG-WbR/ *Immenga* Gerichtlicher Rechtsschutz Rdn. 22 sowie im übrigen die Darstellung bei *Körber*: Die Konkurrentenklage im Fusionskontrollrecht der USA, Deutschlands und der Europäischen Union, S. 267 ff. m.w.N.

[201] EuGH Slg. 1981, 2639, 2651 „IBM“ spricht von Rechtswirkungen, die die Interessen des Klägers durch einen Eingriff in seine Rechtsstellung beeinträchtigen. EuG Slg. 1997, II-2529, 2547 „ATM“ verlangt eine Beeinträchtigung von Interessen der Klägerin dergestalt, daß deren *rechtliche* Situation spürbar verändert werde (Hervorhebung durch den Verfasser). An einer späteren Stelle verweist das Gericht dann aber wiederum auf die mögliche Bejahung der Klagebefugnis aufgrund der Wettbewerbswirkungen einer angefochtenen Entscheidung.

[202] EuGH Slg. 1986, 391, 416 „Cofaz“ (Hervorhebung durch den Verfasser). In ähnlicher Weise verweisen EuG Slg. 1994, II-121, 162 f. „Air France I“; 1994, II-323, 341 „Air France II“; 1995, II-1281, 1306 f. „ASPEC“; 1995, II-1971, 1989 f., 1995 f., 2001 f. „AITEC“, wesentlich auf die Auswirkungen auf den betroffenen Markt.

[203] EuG Slg. 1993, II-1169, 1183 „Zunis Holding“.

[204] EuGH Slg. 1960, 591, 615 „Chambre Syndicale de la Sidêrurgie de l´est de la France“; 1961, 3, 39 „De Gezamenlijke Steenkolenmijnen“.

nung gleichermaßen kein rechtliches Interesse voraussetzen. Vielmehr genügt auch hier ein bloßes wirtschaftliches Interesse[205].

Betroffen und damit im Rahmen des Konzepts der unmittelbaren Anwendbarkeit zur Geltendmachung des gemeinschaftsrechtlichen Ersatzanspruchs befugt ist demnach, wer ein unmittelbares wirtschaftliches, nicht notwendigerweise zugleich auch rechtliches Interesse daran hat, daß die Vorschriften des europäischen Wettbewerbsrechts zu seinen Gunsten beachtet werden. Die bloße ideelle Betroffenheit genügt demgegenüber nicht. Dies folgt schon aus der mit der Verleihung subjektiver Rechte im Gemeinschaftsrechts verbundenen Zielsetzung. Denn die Beeinträchtigung ideeller Interessen wird regelmäßig keinen materiellen Schaden begründen, so daß die Sanktion des Schadensersatzes ins Leere liefe. Der gemeinschaftsrechtliche Ersatzanspruch setzt zwingend einen tatsächlichen Schaden voraus. Hierauf hat der Generalanwalt *Van Gerven* in „Banks“ zutreffend hingewiesen[206]. Scheitert der Ersatzanspruch aber in den Fällen einer bloßen Beeinträchtigung ideeller Interessen am Vorliegen eines einklagbaren Schadens, so vermag er von vornherein keinen Beitrag zur effizienten Durchsetzung des Gemeinschaftsrechts zu leisten. Der Gedanke der funktionalen Subjektivierung trägt die Zuerkennung eines subjektiven Rechts hier nicht.

b. Die Konkretisierung des unmittelbaren Interesses auf dem Gebiet des Wettbewerbsrechts: Bestimmung der persönlichen Anspruchsberechtigung mittels des Erfordernisses eines eigenen, wirtschaftlichen und marktbezogenen Interesses

Der in „Verholen“ geprägte Begriff des unmittelbaren Interesses läßt sich für das Gebiet des europäischen Wettbewerbsrechts nochmals konkretisieren. Danach kann sich auf die unmittelbare Wirkung der Art. 81 und 82 EG im Rahmen des gemeinschaftsrechtlichen Ersatzanspruchs berufen, wer ein eigenes, wirtschaftliches und marktbezogenes Interesse daran hat, daß diese Normen zu seinen Gunsten beachtet und durchgesetzt werden. Diese Wertung jedenfalls meine ich der rechtlichen Ausgestaltung des europäischen Kartell- bzw. Fusionskontrollverfahrensrechts entnehmen zu können. Maßgebliche Bedeutung kommt hierbei der verfahrensrechtlichen Stellung Dritter zu, namentlich den ihnen eingeräumten Antrags- und Anhörungsrechten (Art. 3 Abs.2 lit.b, 19 Abs.2 S.2 VO Nr.17, Art. 18 Abs.4 S.2 FKVO) sowie der (Dritt-) Klagebefugnis im Rahmen der Nichtigkeitsklage (Art. 230 Abs.4 EG)[207]. Der gesonderten Erörterung

---

[205] IM EG-WbR/*Immenga* Art. 18 FKVO Rdn. 19 sowie Gerichtlicher Rechtsschutz Rdn. 31; *Karl*, in: *Veelken*: Die Europäische Fusionskontrolle, S. 37, 56 ff.; *Körber*: Die Konkurrentenklage im Fusionskontrollrecht, S. 85 f.

[206] GA *Van Gerven* Slg. 1994, I-1209, 1256, unter Verweis auf EuGH Slg. 1974, 675, 694 „Holtz & Willemsen“; 1980, 569, 580 „Pool“; 1987, 4833, 4856 „Grands Moulins de Paris“.

[207] Vgl. hierzu sogleich sub (1).

bedarf dabei die Frage, in welchem Umfang aus den verfahrensrechtlichen Regelungen Rückschlüsse auf die materiell-rechtliche Ausgestaltung des gemeinschaftsrechtlichen Ersatzanspruchs gezogen werden können[208].

(1) Die Herleitung des Erfordernisses eines eigenen, wirtschaftlichen Interesses aus den Beteiligungsrechten Dritter im europäischen Kartell- und Fusionskontrollverfahrensrecht

Weder den die verfahrensrechtliche Stellung Dritter betreffenden Vorschriften der Kartellverordnung bzw. der Fusionskontrollverordnung noch der Regelung der Drittklagebefugnis im Rahmen der Nichtigkeitsklage läßt sich unmittelbar das Erfordernis eines eigenen, wirtschaftlichen und marktbezogenen Interesses entnehmen. So ist im Verfahren vor der Kommission beispielsweise antrags- bzw. anhörungsbefugt, wer wahlweise ein berechtigtes (Art. 3 Abs.2 lit.b VO Nr.17), ausreichendes (Art. 19 Abs.2 S.2 VO Nr.17) oder hinreichendes Interesse (Art. 18 Abs.4 S.2 FKVO) an der streitgegenständlichen Kommissionsentscheidung geltend machen kann. Gemäß Art. 230 Abs.4 EG ist ein Dritter, an den die Entscheidung der Kommission nicht ergangen ist, klagebefugt, sofern diese ihn unmittelbar und individuell betrifft. Auch hat der EuGH das Kriterium des eigenen, wirtschaftlichen und marktbezogenen Interesses nicht explizit als Grundlage der verfahrensrechtlichen Stellung Dritter anerkannt. Jedoch liegt der Entscheidungspraxis des Gerichtshofs eine entsprechende Wertung zugrunde. Dies soll im folgenden anhand einer nach Personengruppen aufgeschlüsselten Rechtsprechungsanalyse verdeutlicht werden.

(a) Beteiligungsrechte der Wettbewerber, einschließlich solcher Unternehmen, die in ihrer wettbewerblichen Situation auf Drittmärkten beeinträchtigt werden: Das „wettbewerbliche Interesse" als Ausgangspunkt

Die verfahrensrechtliche Stellung von Unternehmen, die durch eine kartellrechtsrelevante Maßnahme in ihrer wettbewerblichen Situation nachteilig betroffen sind, steht aufgrund der Rechtsprechung des Gerichtshofs unzweifelhaft fest. Dabei kommt es nicht entscheidend darauf an, ob ein Wettbewerbsverhältnis mit demjenigen Unternehmen selbst besteht, an das die Kommissionsentscheidung gerichtet ist, oder ob die Beeinträchtigung auf einem anderen, insbesondere vor- bzw. nachgelagerten Markt zu besorgen ist. Ausschlaggebend ist allein die wettbewerbliche Natur des betroffenen Interesses.

In diesem Sinne hat der Gerichtshof entschieden, daß ein Unternehmen, dem die Aufnahme in ein selektives Vertriebssystem verweigert wird, und das daraufhin bei der Kommission gemäß Art. 3 Abs.2 lit.b VO Nr.17 die Untersagung dieses Vertriebssystems beantragt, im Wege der Nichtigkeitsklage gegen die später erfolgte Einstellung des Untersagungsverfahrens vorgehen kann[209]. Auch im

---

[208] Vgl. hierzu sogleich sub (2).
[209] EuGH Slg. 1983, 3045 „Demo-Studio Schmidt".

Rahmen von Freistelllungsentscheidungen der Kommission auf der Grundlage von Art. 81 Abs.3 EG iVm. Art. 6 Abs.1 VO Nr.17 hat der Gerichtshof sowohl Wettbewerbern der kartellierenden Unternehmen[210] als auch – wiederum für den Fall eines selektiven Vertriebssystems – Abnehmern die Klagebefugnis gemäß Art. 230 Abs.4 EG zuerkannt[211]. Schließlich hat der Gerichtshof auch die Nichtigkeitsklage von Wettbewerbern gegen Freigabeentscheidungen im Rahmen der Fusionskontrolle für zulässig erachtet[212].

Besondere Betonung findet die Betroffenheit gerade in wettbewerblichen Interessen auch in mehreren die Klagebefugnis von Unternehmensverbänden betreffenden Entscheidungen des Gerichts Erster Instanz. Sie betrafen zwar unmittelbar das Beihilfeverbot. Die ihnen zugrunde liegenden Wertungen lassen sich jedoch auf die Art. 81 und 82 EG uneingeschränkt übertragen. Danach sind Unternehmensverbände im Rahmen von Art. 230 Abs.4 EG nur insoweit klagebefugt, als sie eine Beeinträchtigung der Wettbewerbsposition ihrer Mitglieder geltend machen könnten[213]. Dementsprechend verneinte das Gericht Erster Instanz in der Rechtssache „ATM“ die Klagebefugnis eines Unternehmensverbands, weil er weder im Wettbewerb mit dem duch die strittige Beihilfe bevorzugten Unternehmen stand, noch ein Rechtsschutzinteresse aufgrund sonstiger Wettbewerbswirkungen darlegen konnte[214].

Die Bindung verfahrensrechtlicher Rechtspositionen an die Geltendmachung wettbewerblicher Interessen läßt sich auch anhand von Art. 11 lit.c VerfVO aufzeigen[215]. Art. 11 VerfVO konkretisiert mit Blick auf Art. 18 Abs.4 S.2 FKVO den Kreis derjenigen Personen, die regelmäßig im Verfahren der Fusionskontrolle anzuhören sind. Gemäß Art. 11 lit.c VerfVO kommen als anhörungsberechtigte Dritte insbesondere in Betracht: Kunden, Lieferanten und Wettbewerber, Mitglieder der Aufsichts- und Leitungsorgane der beteiligten Unternehmen sowie anerkannte Arbeitnehmervertreter. Hierbei ist zu differenzieren: Soweit Art. 11 lit.c VerfVO Kunden, Lieferanten und Wettbewerbern ein Anhörungsrecht einräumt, füllt die Norm den nach Art. 18 Abs.4 S.2 FKVO insoweit maß-

---

210 EuG Slg. 1996, II-649 „Métropole télévision“.

211 EuGH Slg. 1986, 3021 „Metro“.

212 EuG Slg. 1994, II-121 „Air France I“; 1994, II-323 „Air France II“. Vgl. auch EuGH Slg. 1998, I-1375 „Frankreich/Kommission“, wo sich die Nichtigkeitsklage nicht gegen die Freigabe des Unternehmenszusammenschlusses richtete, sondern gegen die mit ihr verbundenen Bedingungen (vgl. Art. 8 Abs.2 Unterabs.2 FKVO).

213 EuG Slg. 1995, II-1971, 1994 ff. „AITEC“; 1999, II-179, 200 „ADL & Hapag-Lloyd“.

214 EuG Slg. 1997, II-2529, 2549 „ATM“. Ähnlich, allerdings bzgl. der Verbandsmitglieder EuGH Slg. 1992, I-5003, 5007 „Landbouwschap“.

215 Vgl. zu den Beteiligungsrechten Dritter im deutschen Kartellverwaltungsverfahren gem. § 54 Abs.2 Nr.3 GWB OLG Düsseldorf WuW/E DE-R 1013, 1020 „E.ON/Ruhrgas“ (spürbare Auswirkungen auf wirtschaftliche Interessen des Unternehmens, die mit der Freiheit des Wettbewerbs oder der Wettbewerbsstruktur im relevanten Markt zusammenhängen).

geblichen Terminus des „hinreichenden Interesses“ aus. Dem liegt offensichtlich die gemeinsame Überlegung zugrunde, die von ihnen geltend gemachten Bedenken werden typischerweise wettbewerblicher Natur sein. In diesem Rahmen ist die Wertung des Art. 11 lit.c VerfVO auf das Antrags- bzw. Anhörungsrecht im Verfahren nach der Kartellverordnung übertragbar. Unerheblich ist dabei der abweichende Wortlaut der einzelnen Vorschriften. Eine inhaltliche Differenzierung ist mit den Begriffen des „hinreichenden Interesses“ (Art. 18 Abs.4 S.2 FKVO), des „berechtigten Interesses“ (Art. 3 Abs.2 lit.b VO Nr.17) bzw. des „ausreichenden Interesses“ (Art. 19 Abs.2 S.2 VO Nr.17) weder bezweckt noch tatsächlich verbunden[216].

Die in Art. 11 lit.c VerfVO begründeten weitergehenden Anhörungsrechte der Mitglieder der Aufsichts- und Leitungsorgangen sowie der Arbeitnehmervertreter tragen demgegenüber den besonderen Umständen der Zusammenschlußkontrolle Rechnung[217]. Rückschlüsse darauf, welche Interessen allgemein zur Begründung einer verfahrensrechtlichen Rechtsposition genügen, lassen sich ihnen nicht entnehmen. Dies folgt schon aus dem Wortlaut des Art. 18 Abs.4 S.2 FKVO, der den Begriff des „hinreichenden Interesses“ erkennbar nur auf natürliche und juristische Personen bezieht, während die Anhörungsrechte der Mitglieder der Leitungsorgane sowie der Arbeitnehmervertreter daneben gesondert Erwähnung finden. Eine ähnliche sprachliche Zäsur findet sich auch in Art. 11 lit.c VerfVO selbst. Demgegenüber fehlt es im Rahmen der Kartellverordnung gerade an einer entsprechenden Ausdehnung des Kreises der Antrags- bzw. Anhörungsberechtigten. Wenn das Gericht Erster Instanz in der Rechtssache „Vittel“ daher feststellt, die rechtlich anerkannten Vertreter der Arbeitnehmer der an einem Zusammenschluß beteiligten Unternehmen seien grundsätzlich als durch die Entscheidung der Kommission über die Vereinbarkeit des Zusammenschlusses mit dem Gemeinsamen Markt individuell betroffen anzusehen, so beruht dies auf der besonderen Stellung, die die FKVO den sozialen Belangen der Arbeitnehmer im Rahmen der Fusionskontrolle einräumt[218].

Mit der Begründung, eine gegen Art. 82 EG verstoßende Verhaltensweise beeinträchtige sie in ihrer Wettbewerbssituation, können demnach die Durchführung eines Untersagungsverfahrens beantragen, ihre Anhörung verlangen sowie eine Kommissionsentscheidung anfechten: (1) Bei Behinderungsmißbräuchen – seien sie individuell oder auch marktbezogen – regelmäßig die Wettbewerber des marktbeherrschenden Unternehmens, unabhängig davon, ob das Wettbe-

---

216 IM EG-WbR/*Immenga* Art. 18 FKVO Rdn. 19 sowie Gerichtlicher Rechtsschutz Rdn. 31.

217 Vgl. auch 13. Begründungserwägung zur FKVO (Verpflichtung der Kommission zur Berücksichtigung der sozialen Ziele der Gemeinschaft gemäß Art. 2 EG).

218 Im Rahmen eines einstweiligen Anordnungsverfahrens EuG ABl. 1993 Nr. C 135/7 und Nr. C 210/15; bestätigt durch die Entscheidungen in der Hauptsache; EuG Slg. 1995, II-1213, 1229 f. „CCE de la Société Générale des Grandes Sources“; 1995, II-1247, 1267 f. „Vittel“.

werbsverhältnis auf dem beherrschten oder einem anderen Markt besteht, sofern nur ihre Marktposition konkret beeinträchtigt wird. (2) Unternehmen, die zwar nicht mit dem marktbeherrschenden Unternehmen selbst in Wettbewerb stehen, aber auf Drittmärkten tätig sind, und deren Wettbewerbsverhältnisse das marktbeherrschende Unternehmen insbesondere durch die Verwendung wettbewerbsbeschränkender Vertikalabsprachen nachteilig zu beeinflussen sucht. (3) Lieferanten und Abnehmer des marktbeherrschenden Unternehmens, sofern diese in ihren Wettbewerbsmöglichkeiten auf den entsprechenden Märkten durch Maßnahmen des Boykotts, der Geschäftsverweigerung, einschließlich der Ablehnung der Aufnahme in ein selektives Vertriebssystem, oder der Preis- und Konditionenspaltung behindert werden. Auch Fälle, die mittels der *essential facilities* Doktrin gelöst werden, sind hierher zu zählen.

(b) Beteiligungsrechte der Lieferanten und Abnehmer in Fällen des Ausbeutungsmißbrauchs: Die Ersetzung des „wettbewerblichen Interesses" durch das „marktbezogene Interesse"

Unzweifelhaft kommen Lieferanten und Abnehmer dann als Inhaber von Verfahrensrechten in Betracht, wenn die strittige Maßnahme gezielt ihre Diskriminierung bezweckt und damit die Wettbewerbsverhältnisse auf dem vor- bzw. nachgelagerten Markt beeinträchtigt. In diesen Fällen können sie ein wettbewerbliches Interesse geltend machen. Schwieriger verhält es sich dort, wo die wettbewerbswidrige Maßnahme alle Unternehmen der Marktgegenseite in gleicher Weise trifft. In Betracht kommen vornehmlich zwei Fallkonstellationen, namentlich (Preis-) Kartelle, soweit sie nicht gegen bestimmte Teilnehmer der Marktgegenseite gerichtet sind, sowie Fälle des „reinen" Ausbeutungsmißbrauchs. Ein wettbewerbliches Interesse an der Beachtung der Art. 81 und 82 EG in dem Sinne, daß sie anderenfalls Nachteile im Wettbewerb mit ihren Konkurrenten befürchten müßten, werden Lieferanten bzw. Abnehmer hier regelmäßig nicht dartun können[219]. Betroffen kann jedoch auch schon sein, wer ganz

---

[219] Ausnahmsweise können auch „reine" Ausbeutungsmißbräuche zu einer Veränderung der Struktur auf dem vor- bzw. nachgelagerten Markt führen. Vorstellbar ist dies etwa, wo die betroffenen Unternehmen wesentlich verschiedene Kostenstrukturen aufweisen. Kosteneffizientere Abnehmer beispielsweise könnten unter solchen Bedingungen infolge einer mißbräuchlichen Anhebung des Preises für ein bestimmtes Ausgangsprodukt in der Lage sein, ihren Marktanteil erheblich auszubauen. Für solche Unternehmen könnte es ökonomisch vorteilhaft sein, die zusätzlich anfallenden Kosten unter Preisgabe eines Teils ihrer Gewinnspanne selbst aufzufangen und nicht an ihre Kunden weiterzureichen. Andere Abnehmer, denen dies aufgrund ihrer unvorteilhaften Kostenstruktur nicht möglich ist, könnten hierbei vom Markt verdrängt werden. Eine vergleichbare Vorgehensweise ist denkbar bei Unternehmen, deren Tätigkeit nicht auf den von dem Ausbeutungsmißbrauch betroffenen Markt begrenzt ist. Sie könnten zu einer marktübergreifenden Preisstrategie übergehen. Namentlich könnten sie auf dem betroffenen Markt zumindest vorübergehend auf jeglichen Gewinn verzichten und den erwirtschafteten Verlust für diese Zeit unternehmens- oder gar konzernintern durch ande-

allgemein wegen seiner Tätigkeit auf dem betroffenen Markt – mit anderen Worten als Marktteilnehmer – ein Interesse daran hat, daß die Wettbewerbsnorm – hier Art. 82 EG – zu seinen Gunsten Anwendung findet.

Allerdings läßt sich diese Ausweitung des Begriffs der Betroffenheit nicht in ähnlich eindeutiger Weise der Entscheidungspraxis des Gerichtshofs zu Art. 230 Abs.4 EG entnehmen, wie dies für das „wettbewerbliche Interesse“ der Fall war. Dies folgt schon aus dem Umstand, daß eine Entscheidungspraxis im eigentlichen Sinne hier gar nicht existiert. Was den Ausbeutungsmißbrauch anbelangt, hatte der Gerichtshof – soweit ersichtlich – bisher in keinem Fall über die Klage eines Lieferanten bzw. Abnehmers zu befinden, mit welcher die Entscheidung der Kommission, ein Verfahren nicht zu eröffnen bzw. einzustellen, angegriffen worden wäre. Soweit Abnehmer erfolgreich im Wege der Nichtigkeitsklage gegen Freigabeentscheidungen nach Art. 81 Abs.3 EG vorgegangen sind, betraf dies ausschließlich selektive Vertriebssysteme, Fälle also, in denen ein wettbewerbliches Interesse der nicht zugelassenen Händler unzweifelhaft bejaht werden kann[220]. Der Grund hierfür dürfte darin zu sehen sein, daß die Klagebefugnis im Rahmen des Art. 230 Abs.4 EG eine qualifizierte, nämlich individuelle Betroffenheit voraussetzt. Denn nach der sogenannten „Plaumann“-Formel des Gerichtshofs betrifft eine Entscheidung der Kommission nur denjenigen individuell, den sie wegen bestimmter persönlicher Eigenschaften oder besonderer, ihn aus dem Kreis aller übrigen Personen heraushebender Umstände berührt und daher in ähnlicher Weise individualisiert wie den Adressaten. Allein die Betroffenheit in der Ausübung einer kaufmännischen Tätigkeit, die jederzeit durch jedermann ausgeübt werden kann, genügt dem Merkmal der Individualität hingegen nicht[221]. Die Nichtigkeitsklage bietet daher bei Verhaltensweisen, die alle Unternehmen der Marktgegenseite gleichermaßen benachteiligen, von vornherein keine hinreichende Aussicht auf Erfolg.

---

re Aktivitäten decken. In beiden Fallkonstellationen würde der Ausbeutungsmißbrauch – ohne selbst diskriminierend angelegt zu sein – i.E. zulasten bestimmter Lieferanten bzw. Abnehmer gehen und so einen Konzentrationsprozeß auf dem vor- bzw. nachgelagerten Markt in Gang setzen oder jedenfalls fördern.

[220] Vgl. EuGH Slg. 1986, 3021 „Metro“.

[221] EuGH Slg. 1963, 211, 238 f. „Plaumann“; 1985, 207, 242 f. „Piraiki-Patraiki“; 1989, I-2045 (nur Ls.) „RAR“; 1993, I-3345, 3350 „Chiquita Banana“. Das EuG hat in der Rechtssache „Jégo-Quéré/Kommission“ eine Abkehr von der Plaumann-Formel für den Fall vorgeschlagen, daβ dem Kläger sonst keine Rechtsschutzmöglichkeit vor den nationalen oder europäischen Gerichten offen steht. Als individuell betroffen müsse der Kläger unter dieser Voraussetzung bereits angesehen werden, wenn die angegriffene Bestimmung seine Rechtsposition unzweifelhaft und gegenwärtig beeinträchtige, indem sie seine Rechte einschränke oder ihm Pflichten auferlege (Slg. 2002, II-2365, 2383). Der EuGH hat diese Erwägungen jedoch in der Rechtssache „Unión de Pequeños Agricultores/Rat“ zurückgewiesen, so daβ die Plaumann-Formel weiterhin Bestand hat (Slg. 2002, I-6677, 6732 ff.).

Der Schluß, in Fällen der vorliegenden Art fehle es bereits am Merkmal der Betroffenheit, ist demgegenüber nicht gerechtfertigt. Das Gegenteil erweist sich als richtig. Zwar hat der Gerichtshof bei der Anwendung der „Plaumann"-Formel meist nur unzureichend zwischen den einzelnen Tatbestandsmerkmalen des Art. 230 Abs.4 EG – Betroffenheit, Unmittelbarkeit und Individualität – differenziert[222]. Die Betroffenheit als solche dürfte aber wohl kaum je in Zweifel gestanden haben. Vielmehr läßt sich aus der „Plaumann" – Formel der Umkehrschluß ableiten, daß eine Betroffenheit der Marktgegenseite nicht schon deswegen verneint werden kann, weil alle Unternehmen in gleicher Weise einen Nachteil erleiden und damit eine Beeinträchtigung der Wettbewerbssituation innerhalb des Marktes nicht zu besorgen ist. Im übrigen hat der Gerichtshof in keinem Fall entschieden, daß nicht mehrere Personen zugleich iSv. Art. 230 Abs.4 EG betroffen sein könnten[223].

Weitere Anhaltspunkte dahingehend, daß Betroffenheit nicht in jedem Fall ein wettbewerbliches Interesse voraussetzt, lassen sich der Rechtsprechung des Gerichts Erster Instanz zur Klagebefugnis im Rahmen des Art. 230 Abs.4 EG entnehmen. Sie betrifft zwar nicht unmittelbar die Art. 81 und 82 EG, ist aber dennoch aufschlußreich. In der Rechtssache „ATM" beispielsweise hat das Gericht Erster Instanz ausdrücklich anerkannt, daß neben dem Bestehen eines Wettbewerbsverhältnisses auch sonstige Wettbewerbswirkungen die Klagebefugnis begründen könnten[224]. Welchen Vorstellung das Gericht mit der Bezugnahme auf diese sonstigen Wettbewerbswirkungen verbunden hat, erhellt sich unter Heranziehung der insoweit von der Kommission vorgetragenen Argumentation. Nach Auffassung der Kommission war die Klagebefugnis zu verneinen, weil die Klägerin weder das Bestehen eines Wettbewerbsverhältnisses noch einer sonstigen Beziehung dargetan habe, die unter dem Blickwinkel des Schutzes des freien Wettbewerbs relevant sei[225]. Dem hat sich das Gericht unter Verwendung der vorstehend wiedergegebenen Formulierung in der Sache angeschlossen. Das Austauschverhältnis zwischen Unternehmen unmittelbar aufeinander folgender Marktstufen begründet zweifelos eine solche, für den Schutz des freien Wettbewerbs relevante Beziehung. In dem vertraglichen Austausch von Leistungen verwirklicht sich die Grundidee des Marktes; hier treffen Angebot und Nachfrage aufeinander und werden unter Bildung des (Markt-) Preises zum Ausgleich gebracht. Zugleich bestimmt der Preis die Allokationen der einer Volkswirtschaft zur Verfügung stehenden Produktionsfaktoren. Daß der Gewinn eines Unternehmens vor diesem Hintergrund wettbewerbliche Relevanz besitzt, hat

---

[222] *Cremer*, in: *Callies/Ruffert*, Art. 230 Rdn. 45; GTE/*Krück* Art. 173 Rdn. 45.

[223] Vgl. insbesondere EuGH Slg. 1998, I-1375, 1472 unter Bezugnahme auf die dahingehende Argumentation der Kläger (vgl. ebenda, S. I-1469).

[224] EuG Slg. 1997, II-2529, 2549 „ATM".

[225] EuG Slg. 1997, II-2529, 2541 „ATM".

das Gericht Erster Instanz – ebenfalls in einem das Beihilferecht betreffenden Fall – anerkannt[226].

Beachtung verdient in diesem Zusammenhang auch die Entscheidung des Gerichts Erster Instanz in der Rechtssache „NALOO“, und dies nicht allein deshalb, weil sie das verwaltungsverfahrensrechtliche Gegenstück zu „Banks“[227] darstellt. Mit derselben Begründung, mit der die H. J. Banks & Company Ltd. vor den englischen Zivilgerichten Schadensersatz von der British Coal Corporation verlangte – Verstoß der Lizenzgebühren sowie der für den Ankauf der abgebauten Kohle vereinbarten Preise wahlweise gegen die Art. 81, 82 EG bzw. die Art. 4, 60, 63, 65 und 66 EGKSV –, hatte bereits zuvor die National Association of Licensed Opencast Operators (NALOO), zu deren Mitglied unteren anderen auch die H. J. Banks & Company Ltd. zählte, bei der Kommission Beschwerde eingereicht. Gegen deren Zurückweisung wandte sich die NALOO vor dem Gericht Erster Instanz.

Obwohl sich das Gericht ausführlich mit der Zulässigkeit der seitens der NALOO gestellten Anträge auseinandersetzt, wird an keiner Stelle das Problem der Betroffenheit problematisiert. Auch wenn die Kommission insofern keine Unzulässigkeitsrüge erhoben hatte, wären ein paar klarstellende Ausführungen zumindest wünschenwert gewesen[228]. Immerhin sieht die Rechtsprechung Unternehmensverbände iSv. Art. 48 EGKSV im allgemeinen nur dann als betroffen iSv. Art. 33 Abs.2 EGKSV an, soweit ihre Mitglieder mit den durch eine Entscheidung der Kommission begünstigten Unternehmen in unmittelbarem Wettbewerb stehen[229]. Zwar lag zwischen den Mitgliedern der NALOO und der British Coal Corporation insoweit ein Wettbewerbsverhältnis vor, als die Lizenzvergabe gegen eine nach abgebauten Tonnen berechnete Gebühr bei gleichzeitiger Gestattung des freien Verkaufs der Kohle an Dritte erfolgte, da die British Coal Corporation neben der Lizenzvergabe selbst Kohleminen betrieb[230]. Das Argument, durch die Höhe der Lizenzgebühren suche die British Coal Corpora-

---

226 Vgl. EuG Slg. 1995, II-1971, 1989 f. „AITEC“ (Beeinträchtigung der Rendite eines Unternehmens durch die Gewährung von Beihilfen an dessen Wettbewerber).

227 EuGH Slg. 1994, I-1209 „Banks“.

228 Das EuG ist – da die Klagebefugnis eine unverzichtbare Prozeßvoraussetzung darstellt (EuGH Slg. 1990, 2945, 2998 „Neotype Techmashexport“; 1993, I-3203, 3254 „Matra“; EuG Slg. 1997, II-1839, 1853 „EISA“) – insoweit nicht gehindert, deren Vorliegen von Amts wegen zu prüfen (Art. 113 I. Inst. VfO).

229 EuGH Slg. 1990, 4413, 4441 „Wirtschaftsvereinigung Eisen- und Stahlindustrie/Kommission“; EuG Slg. 1997, II-1839, 1853 „EISA“.

230 Anders verhielt es sich hingegen bei denjenigen Lizenzen, die nur bei gleichzeitiger ausschließlicher Lieferverpflichtung an die British Coal Corporation vergeben wurden. Die diesbezüglichen Anträge der NALOO hat das EuG jedoch ohne Eingehen auf das Problem der Klagebefugnis bereits aus anderen Gründen für unzulässig erachtet (EuG Slg. 1996, II-1019, 1048 ff. „NALOO“).

tion ihre Marktstellung gegenüber den lizensierten Kohleproduzenten auszubauen, spielte allerdings weder im Vortrag der NALOO, noch in der Entscheidung des Gerichts eine maßgebliche Rolle. Die Frage, die das Gericht zu beantworten hatte, ging vielmehr dahin, ob die erhobene Gebühr in Anbetracht der Betriebskosten der British Coal Corporation sowie der von ihren Kohleminen erzielten Gewinnspannen, auch den Mitgliedern der NALOO die Möglichkeit gewährte, einen angemessenen Gewinn zu erwirtschaften. Sie betrifft primär Aspekte der Preiskontrolle, nicht aber solche des Behinderungswettbewerbs[231]. Die Entscheidung des Gerichts kann mithin nur in dem Sinne verstanden werden, daß es für die Betroffenheit iSv. Art. 230 Abs.4 EG auf das Interesse, nicht in der eigenen Wettbewerbssituation gegenüber unmittelbaren Konkurrenten benachteiligt zu werden, nicht zwingend ankommt.

In dieselbe Richtung weisen die das Anhörungsrecht Dritter betreffenden Vorschriften des Kartell- und Fusionskontrollverfahrensrechts. Nach Art. 18 Abs.4 S.2 FKVO iVm. Art. 11 lit.c VerfVO sind insbesondere Lieferanten und Abnehmer im Vorfeld von Entscheidungen nach der Fusionskontrollverordnung anzuhören. Dabei ist es unerheblich, ob der in Rede stehende Zusammenschluß die Benachteiligung einzelner Wettbewerber auf dem vor- bzw. nachgelagerten Markt besorgen läßt. Das Gegenteil dürfte regelmäßig der Fall sein. Zumindest die Fusion von unmittelbar im Wettbewerb miteinander stehender Unternehmen läßt, soweit sie eine marktbeherrschende Stellung begründet oder verstärkt (Art. 2 Abs.2, 3 FKVO), in erster Linie eine Anhebung des allgemeinen Preisniveaus auf dem betroffenen Markt besorgen. Sie aber trifft alle auf dem vor- bzw. nachgelagerten Markt gleichermaßen. Die Art. 11 lit.c VerfVO zugrunde liegende Wertung ist auf das Antrags- bzw. Anhörungsrecht nach Maßgabe der Kartellverordnung übertragbar[232]. Auch in den Fällen des Ausbeutungsmißbrauchs oder von (Preis-) Kartellen kommt es für die verfahrensrechtliche Stellung Dritter damit nicht darauf an, ob diese ein Interesse daran haben, in ihrer Wettbewerbssituation gegenüber ihren unmittelbaren Konkurrenten benachteiligt zu werden. Ausreichend ist vielmehr auch hier die Geltendmachung eines auf die Eigenschaft als Teilnehmer an einem betroffenen Markt gestützten – mit anderen Worten eines „marktbezogenen" – Interesses.

(c) Die Stellung der Arbeitnehmer im Wettbewerbsverfahrensrecht: Fehlende Marktbezogenheit von Interessen (1)

Kein hinreichendes Interesse an der Anwendung des europäischen Wettbewerbsrechts zu ihren Gunsten können die Arbeitnehmer betroffener Unternehmen geltend machen. Dies gilt insbesondere für die Besorgnis, die wettbewerbswidrige Schädigung des Unternehmens könne zu ihren Lasten Entgeltkürzungen

---

[231] Vgl. EuG Slg. 1996, II-1019, 1066 ff. „NALOO".

[232] Vgl. hierzu bereits oben sub (a).

oder gar den Abbau von Arbeitsplätzen nach sich ziehen. Denn insoweit fehlt es an einem durch die Teilnahme am Markt vermittelten Interesse.

Diese Auffassung wird durch die Ausführungen des Gerichtshofs in der Rechtssache „Ludwigshafener Walzmühle“ bestätigt. Dort hatte der Gerichtshof über den Antrag einer Gewerkschaft auf Zulassung als Streithelferin gemäß Art. 37 Abs.2 EuGH-Satzung zu befinden. Im Hauptsacheverfahren verlangte die Ludwigshafener Walzmühle von der Gemeinschaft unter Berufung auf Art. 288 Abs.2 EG Schadensersatz wegen einer angeblich rechtwidrigen Festsetzung des Preises für Hartweizen. Der EuGH erkannte ausdrücklich an, daß die Gewerkschaft zur Vertretung der Arbeitnehmerinteressen des von dem als rechtswidrig gerügten Verhalten betroffenen Wirtschaftszweiges berufen war, lehnte ein berechtigtes Interesse iSv. Art. 37 Abs.2 EuGH-Satzung aber gleichwohl ab. Mit dem Antrag auf Zulassung als Streithelferin – so der Gerichtshof – bezwecke die Gewerkschaft die Unterstützung eines gerichtlichen Vorgehens, daß sich im Falle seines Erfolges günstig auf die wirtschaftliche Lage der betroffenen Unternehmen und auf diesem Wege auf den Fortbestand von Arbeitsplätzen auswirken könnte. Ein solches mittelbares und fernliegendes Interesse vermöge den Antrag der Gewerkschaft nicht zu rechtfertigen[233]. Da der Gerichtshof schon früher im Grundsatz anerkannt hatte, daß Gewerkschaften ein berechtigtes Interesse an der Zulassung als Streithelfer haben könnten[234], muß man die Entscheidung „Ludwigshafener Walzmühle“ dahingehend verstehen, daß bereits das Interesse der Arbeitnehmer an einer Verbesserung der wettbewerblichen Situation des Unternehmens als solches fernliegend und damit nicht berechtigt iSv. Art. 37 Abs.2 EuGH-Satzung ist.

Diesem Befund läßt sich nicht unter Hinweis auf das Anhörungsrecht der Arbeitnehmervertreter im Verfahren der Zusammenschlußkontrolle (§ 18 Abs.4 S.2 FKVO) entgegentreten. Denn der Norm ist nach der hier vertretenen Auffassung gerade keine der Verallgemeinerung fähige Wertung zu entnehmen[235]. Auch die Verpflichtung der Europäischen Gemeinschaft zur Berücksichtigung sozialpolitischer Belange einschließlich des Arbeitnehmerschutzes (Art. 2, 3 Abs.1 lit. i, 125 ff., 136 ff. EG) führt zu keinem anderen Ergebnis. Zwar sind entsprechende Überlegungen insbesondere in die Abwägung gemäß Art. 81 Abs.3 EG einzubeziehen[236]. Damit ist jedoch noch nichts darüber ausgesagt, ob die Arbeitnehmerschaft auch berufen ist, selbst an der Durchsetzung ihrer Belange mitzuwirken.

---

[233] EuGH Slg. 1981, 1041, 1043 „Ludwigshafener Walzmühle“.

[234] EuGH Slg. 1975, 401, 409 f. „Union Syndicate“.

[235] Vgl. hierzu bereits ausführlich oben sub (a).

[236] Vgl. etwa EuGH Slg. 1977, 1875, 1915 „Metro“; GTE/*Schröter* Vorbemerkung zu den Artikeln 85 bis 94 Rdn. 41.

(d) Die Stellung der Anteilseigner im Wettbewerbsverfahrensrecht: Fehlende Marktbezogenheit von Interessen (2)

An einem „marktbezogenen" Interesse fehlt es auch den Anteilseignern eines in wettbewerbswidriger Weise betroffenen Unternehmens. Eine verfahrensrechtlich abgesicherte Rechtsposition kommt ihnen insoweit nicht zu. Insbesondere klagebefugt iSv. Art. 230 Abs.4 EG sind Anteilseigner nur, soweit sich diejenige Maßnahme, die Gegenstand des Verfahrens vor der Kommission war, auf ihre Stellung innerhalb der Gesellschaft auswirkt, und weitere, besondere Umstände hinzutreten. Dies hat das Gerichts Erster Instanz in der Rechtssache „Zunis-Holding" zum Ausdruck gebracht[237]. Dem Rechtsstreit lag die Absicht der Mediobanca SpA zugrunde, ihre Beteiligung an der Generali SpA von 5,98 % auf 12,84 % aufzustocken. Die Kommission hatte die Fusionskontrollverordnung auf den Anteilserwerb für nicht anwendbar erklärt. Hiergegen wandten sich die anderen Anteilseigner der Generali SpA im Wege der Nichtigkeitsklage. Gegenstand des Verfahrens war somit eine Maßnahme, die unmitelbar die Beziehungen zwischen den Anteilseignern betraf. Über deren Rechtsstellung im Falle von Verhaltensweisen, die sich gegen das Unternehmen als ganzes richten, ist damit keinesfalls positiv entschieden.

Nichts anderes ergibt sich aus der Entscheidung des Gerichtshofs in der Rechtssache „Kali + Salz". Dort hatte der Gerichtshof über ein Zusammenschlußvorhaben der Kali und Salz AG (K+S) sowie der Mitteldeutschen Kali AG (MdK) zu befinden. Die Kommission gelangte zu dem Ergebnis, der Zusammenschluß sei geeignet, die Entstehung eines marktbeherrschenden Duopols, bestehend aus K+S/MdK einerseits sowie der Société commerciale des potasses et de l'azote (SCPA) andererseits, zu fördern und sah sich daher nur unter der Erteilung von Bedingungen iSv. Art. 8 Abs.2 Unterabs.2 FKVO in der Lage, die notwendige Genehmigung zu erteilen. Diese Bedingungen zielten vor allem auf die Herstellung von Wettbewerb zwischen den potentiellen Duopolisten K+S/MdK und SCPA ab. Zu diesem Zweck verpflichtete die Kommission K+S unter anderem, sich aus der Kali-Export GmbH, einem gemeinsam mit der SCPA und einer dritten Gesellschaft betriebenen Exportkartell, zurückzuziehen. Gegen diese Bedingungen wandte sich neben der SCPA auch die Entreprise minière et chimique (EMC) – die Muttergesellschaft der SCPA. Der Gerichtshof bejahte zunächst die Klagebefugnis der SCPA mit dem Argument, der aufgetragene Rückzug der K+S aus dem Exportkartell beeinträchtige dessen Fortbestand als solches und damit das Vertriebsnetz der SCPA insgesamt[238]. Dies enspricht im Grundsatz der vom Gericht Erster Instanz in der Rechtssache „Zunis Holding" vertretenen Auffassung. Die der Freigabeentscheidung beigefügte Bedingung wirkte sich

---

[237] EuG Slg. 1993, II-1169, 1182 f. „Zunis Holding".
[238] EuGH Slg. 1998, I-1375, 1470 „Kali und Salz".

unmittelbar auf die Stellung der SCPA als Anteilseignerin der Kali-Erxport GmbH aus. Das Erfordernis besonderer Umstände kann hier unter Hinweis auf die mit der Auflage verbundenen Auflösung oder der besonderen Bedeutung des Exportkartells für das Vertriebsnetz der SCPA bejaht werden.

Zur Klage der Muttergesellschaft der SCPA – der EMC – führte der Gerichtshof sodann aus: Die Kommission habe aufgrund des von ihr ermittelten Sachverhalts annehmen müssen, die EMC bilde mit der SCPA den Teil einer gemeinsamen Einheit. Deshalb habe die Kommission die EMC neben der SCPA als tatsächlichen Adressaten der Entscheidung betrachtet, obwohl formal nur die SCPA an dem Exportkartell beteiligt gewesen sei. Die Verzahnung beider Gesellschaften finde im vorliegenden Fall ihre Grundlage in dem Umstand, daß die EMC sämtliche Anteile an der SCPA halte. Die Stellung der EMC lasse sich daher mit Blick auf die Klagebefugnis nicht anders behandeln als die SCPA selbst[239]. Unklar bleibt, unter welchem rechtlichen Aspekt des Art. 230 Abs.4 EG der Gerichtshof hier die Klagebefugnis der EMC als alleinige Anteilseignerin der SCPA begründet wissen will. Denkbar ist in der Tat, daß der Gerichtshof die EMC aufgrund der besonderen Umstände, namentlich der von beiden Gesellschaften gebildeten gemeinsamen Einheit, für selbst unmittelbar und individuell betroffen angesehen hat. Dies allerdings erklärt nicht den Hinweis des Gerichtshofs, die Kommission habe die EMC als tatsächlichen Adressaten ihrer Entscheidung betrachtet. Näher liegt daher die Vermutung, daß es sich nach der Auffassung des Gerichtshofs bei der Entscheidung der Kommission um eine solche gehandelt habe, die nicht nur an die SCPA, sondern auch an die EMC ergangen sei. Die Klagebefugnis der EMC folgt damit unproblematisch aus Art. 230 Abs.4 Alt.1 EG. Daß die Nennung des Klägers in der angegriffenen Kommissionsentscheidung dessen Klagebefugnis begründet, ist allgemein anerkannt[240]. Darüber, ob die Eigenschaft der EMC als alleinige Anteilseignerin deren Betroffenheit in einem für das Wettbewerbsrecht relevanten Interesse zu begründen vermochte, ist damit gerade nicht entschieden.

(e) Die Stellung des privaten Endverbrauchers: Verwehrung verfahrensrechtlicher Teilhabe ob eines „marktbezogenen“ Interesses

Der Verbraucherschutz ist erklärtes Ziel des Gemeinschaftsrechts (Art. 3 Abs.1 lit.t, 153 EG). Die Interessen der Verbraucher sind daher auch bei der Anwendung des europäischen Wettbewerbsrechts zu berücksichtigen (Art. 81 Abs.3, 82 S.2 lit.b EG). Dies hat auch der Gerichtshof wiederholt betont[241]. Als Rechtssubjekt des europäischen Wettbewerbsrechts, als Träger mit-

---

239 EuGH Slg. 1998, I-1375, 1470 „Kali und Salz“.

240 EuGH Slg. 1984, 1005, 1030 „Allied Corporation“; GTE/*Krück* Art. 173 Rdn. 57.

241 Vgl. etwa EuGH Slg. 1973, 215, 246 „Continental Can“; 1980, 2033, 2057 „National Panasonic“; aus der Kommentarliteratur beispielhaft GTE/*Schröter* Vorbemerkung zu den Arti-

hin von eigenen Rechten und Pflichten, hat der Verbraucher bislang jedoch kaum Beachtung gefunden[242]. Dies mag daran liegen, daß er sich auf ein Interesse an der Anwendung der Art. 81 und 82 EG als Wettbewerber nicht berufen kann. Zwar besteht im Rahmen eines bestimmten sachlich-örtlichen Marktes ein Wettbewerbsverhältnis zwischen privaten Endverbrauchern. Präsent dürfte dies freilich den wenigsten Verbrauchern sein. Das Interesse des privaten Endverbrauchers ist demgemäß nicht auf die Erlangung eines Preisvorteils gegenüber seinen „Konkurrenten" gerichtet. In der Sache kann jedoch nicht bezweifelt werden, daß auch der einzelne private Endverbraucher von Wettbewerbsverstößen betroffen in dem Sinne ist, daß er ein Interesse an der Anwendung des Wettbewerbsrechts zu seinen Gunsten hat, welches unter dem Blickwinkel des Schutzes des freien Wettbewerbs relevant ist. Dieses Interesse folgt aus seiner unmittelbaren Teilhabe am Marktprozeß und ist auf die möglichst preisgünstige Versorgung mit den Gütern des täglichen Lebens gerichtet. Die (faktische) Nichtbeteiligung des privaten Endverbrauchers im Verfahren vor der Kommission vermag dieses Interesse nicht in Frage zu stellen.

Die Betroffenheit des privaten Endverbrauchers läßt sich insbesondere nicht unter Hinweis darauf in Abrede stellen, daß ihm nicht die Befugnis zukommt, wettbewerbsrechtliche Entscheidungen der Kommission mit der Nichtigkeitsklage anzugreifen. Der Grund hierfür ist nicht in der mangelnden Betroffenheit des privaten Endverbrauchers als solcher, sondern vielmehr darin zu sehen, daß seine Betroffenheit keine im Sinne der „Plaumann"-Formel individuelle ist[243]. Auch den gegenüber Art. 230 Abs.4 EG mit Blick auf eine Verfahrensbeteiligung privater Endverbraucher noch einmal restriktiveren Vorschriften des EGKS-Vertrags bzw. des Euratom-Vetrags ist keine solche Wertung zu entnehmen. Zwar begrenzt Art. 33 Abs.2 EGKSV die Klagebefugnis schon dem Wortlaut nach auf Unternehmen. Auch Art. 146 Abs.4 EuratomV schließt, obwohl er Klagen natürlicher Personen zunächst ermöglicht, in der Sache Klagen privater Endverbraucher aus. Namentlich die in Art. 196 lit.a EuratomV gewählte Definition der natürlichen Person impliziert die Ausübung einer unternehmerischen Tätigkeit. Weder Art. 33 Abs.2 EGKSV noch Art. 146 Abs.4 EuratomV liegt jedoch der Anspruch zugrunde, allen Betroffenen die Nichtigkeitsklage zu eröffnen. Vielmehr wird die Klagebefugnis a priori auf bestimmte Personen begrenzt. So sind gemäß Art. 33 Abs.2 iVm. Art. 80 EGKSV nur solche Unternehmen klagebefugt, die eine Produktionstätigkeit auf dem Gebiet von

---

keln 85 bis 94 Rdn. 41; *Ders.* Art. 85 Rnd. 74, 83 sowie Art. 86 Rdn. 18 f.; IM EG-WbR/*Sauter* Art. 85 Abs.3 Rdn. 18; IM EG-WbR/*Möschel* Art. 86 Rdn. 5.

242 Vgl. aber GA *Mischo* in seinen Schlußanträgen in der Rechtssache „Courage Ltd.", Tz. 38. Danach haben die Verbraucher das Recht, gegen nachteilige Wirkungen eines rechtswidrigen Kartells geschützt zu werden.

243 EuGH Slg. 1963, 211, 238 f. „Plaumann".

Kohle und Stahl ausüben. Unternehmen anderer Wirtschaftsbereiche bleiben generell unberücksichtigt, obwohl sie unzweifelhaft betroffen sein können. Auch Rückschlüsse auf die Betroffenheit privater Endverbraucher lassen sich den betreffenden Vorschriften daher nicht entnehmen.

Zugunsten der hier vertretenen Auffassung, daß der private Endverbraucher grundsätzlich Betroffener sein kann, kann demgegenüber auf die Entscheidung des Gerichtshofs in der Rechtssache „Général Sucrière“ verwiesen werden. Dort hatte der Gerichtshof über die Frage zu befinden, ob Verbraucherverbänden gemäß Art. 37 Abs.2 EuGH-Satzung ein Rechts auf Zulassung als Streithelfer in Verfahren zusteht, in denen um die Vereinbarkeit eines Verhaltens mit den Art. 81 bzw. 82 EG gestritten wird. Der Gerichtshof erkannte der Antragstellerin ein berechtigtes Interesse an der Zulassung als Streithelferin zu. Da sie als Verbraucherverband den Zweck verfolge, die Verbraucher zu vertreten und zu schützen, könne sie durchaus ein Interesse an der fehlerfreien Anwendung der gemeinschaftsrechtlichen Wettbewerbsvorschriften haben, zumal diese nicht allein darauf abzielten, das einwandfreie Funktionieren des gemeinsamen Marktes zu ermöglichen, sondern auch darauf, den Verbrauchern Vorteile zu bringen[244].

Die Bedeutung dieser Ausführungen erschließt sich letztlich erst aus einer vergleichenden Betrachtung der Entscheidung „Ludwigshafener Walzmühle“. Danach haben Gewerkschaften in wettbewerbsrechtlichen Streitigkeiten unter Berufung auf die von ihnen wahrgenommenen Arbeitnehmerinteressen gerade keinen Anspruch auf Zulassung als Streithelfer gemäß Art. 37 Abs.2 EuGH-Satzung[245]. Die unterschiedliche Behandlung von Verbraucherverbänden in „Général Sucrière“ einerseits und Gewerkschaften in „Ludwigshafener Walzmühle“ andererseits rechtfertigt sich nicht ohne weiteres aus den vorstehenden – zweifellos zutreffenden[246] – Ausführungen des Gerichtshofs zur auch verbraucherschütenden Zielrichtung des Wettbewerbsrechts. Denn auch die Interessen der Arbeitnehmerschaft sind nach den Zielbestimmung der Europäischen Gemeinschaft bei der Anwendung des Wettbewerbsrechts zu berücksichtigen (vgl. Art. 2, 3 Abs.1 lit.i, 125 ff., 136 ff. EG). Der wahre Grund dafür, daß die Interessen der Arbeitnehmer dennoch nur fernliegend und bloß mittelbarer Natur sind[247], ist vielmehr darin zu sehen, daß die privaten Endverbraucher selbst Marktteilnehmer und damit unmittelbares Regelungsobjekt der Wettbewerbsvorschriften sind.

---

[244] EuGH Slg. 1973, 1465, 1469 „Général Sucrière“.

[245] EuGH Slg. 1981, 1041, 1043 „Ludwigshafener Walzmühle“; vgl. bereits oben sub (c).

[246] GTE/*Schröter* Vorbemerkung zu den Artikeln 85 bis 94 Rdn. 41; *Ders.* Art. 85 Abs.1 Rdn. 74, 83; *Ders.* Art. 86 Rdn. 18 f.; IM EG-WbR/*Sauter* Art. 85 Abs.3 Rdn. 18; IM EG-WbR/*Möschel* Art. 86 Rdn. 5.

[247] So EuGH Slg. 1981, 1041, 1043 „Ludwigshafener Walzmühle“.

Ein Blick auf die Grundlagen des Verbraucherschutzes im Rahmen der Gemeinschaft verdeutlicht diese Stellung des Verbrauchers. Der EG-Vertrag betrachtet den Schutz des Verbrauchers nicht als eigenständigen Wert, sondern ordnet ihn in erster Linie dem übergeordneten Ziel der Herstellung und Förderung des Binnenmarkts unter. Geschützt wird nicht der Verbraucher als sozial schutzbedürftige Person, sondern der Verbraucher in seiner wirtschaftlichen Rolle im Marktgeschehen[248]. Dementsprechend hatte auch das Wettbewerbsrecht ursprünglich keinen spezifischen Verbraucherbegriff herausgebildet. Verbraucher im Sinne der Art. 81 Abs.3, 82 S.2 lit.b EG war daher nicht nur der private Endverbraucher, sondern jeder unmittelbare und mittelbare Abnehmer, insbesondere einschließlich der industriellen Weiterverarbeiter und der Großhändler[249]. Sicherlich ist auch der Arbeitnehmerschutz – zumindest soweit er in der Freizügigkeit Niederschlag gefunden hat (Art. 39 ff. EG) – binnenmarktbezogen. (Private) Verstöße gegen die entsprechenden Vorschriften würden daher den betroffenen Arbeitnehmern zweifellos ein subjektives Recht und damit auch einen Entschädigungsanspruch zuwachsen lassen, weil sie in Bezug auf den Arbeitsmarkt Marktteilnehmer – nämlich Anbieter – sind. Genau hieran, an der Eigenschaft als Marktteilnehmer, fehlt es ihnen jedoch im Gegensatz zu den Verbrauchern hinsichtlich des Regelungsgegenstandes der europäischen Wettbewerbsvorschriften.

(f) Die Klagebefugnis der Unternehmensverbände: Verfahrensrechtliche Teilhabe aufgrund nur abgeleiteter Betroffenheit

In der Rechtsprechung des Gerichtshofs ist anerkannt, daß auch Unternehmensverbände im Rahmen von Art. 230 Abs.4 EG die Nichtigerklärung einer Kommissionsentscheidung begehren können. Dies gilt primär dort, wo sie bereits im Verwaltungsverfahren selbst die Rolle eines priviligierten Gesprächspartners der Kommission eingenommen haben[250]. Im übrigen sind sie indessen nur insoweit klagebefugt, als sie die Beeinträchtigung der Wettbewerbsposition ihrer Mitglieder geltend machen können[251]. In diesem Sinne hat das Gericht Erster Instanz die gegen eine beihilferechtliche Entscheidung gerichtete Klage eines Unternehmensverbands mit der Begründung abgewiesen, dieser stehe weder selbst im Wettbewerb mit dem durch die streitgegenständliche Beihilfe bevorzugten Unternehmen, noch habe er ein Rechtsschutzinteresse aufgrund sonstiger Wettbewerbswirkungen dargetan[252]. Ein solches Rechtsschutzinteresse – so habe der Gerichtshof in anderem Zusammenhang klargestellt – ergebe sich nicht schon

---

[248] Dauses/*Lecheler* H.V Rdn. 33; *Wolf*, in: *Grabitz/Hilf*, Verbraucherschutzrecht A.1 Rdn. 7.

[249] IM EG-WbR/*Sauter* Art. 85 Abs.3 Rdn. 19; *Krämer*: EWG-Verbraucherrecht, S. 17 f.; *Reich*: Europäisches Verbraucherrecht, S. 64 f.

[250] EuGH Slg. 1988, 219, 269 „Van der Kooy“.

[251] EuG Slg. 1995, II-1971, 1994 ff. „AITEC“; 1999, II-179, 200 „ADL & Hapag Lloyd“.

[252] EuG Slg. 1997, II-2529, 2549 „ATM“.

aus dem Umstand, daß der klagende Verband kraft seines satzungsmäßigen Zwecks generell zur gemeinsamen Wahrnehmung der wettbewerblichen Interessen seiner Mitglieder berufen sei. Auch finanzielle Eigeninteressen des Verbands vermochten die Klagebefugnis im Rahmen von Art. 230 Abs.4 EG nicht zu begründen[253]. In diesen Fällen verbleibt dem Verband daher nur die Möglichkeit eines Beitritts zu bereits anderweitig anhängig gemachten Verfahren gemäß § 37 Abs.2 EuGH-Satzung iVm. Art. 93 EuGH VfO bzw. Art. 115 f. I. Inst. VfO[254]. Die Regelung des EG-Vertrags unterscheidet sich damit ganz erheblich von derjenigen des Art. 33 Abs.2 EGKSV, der sämtlichen Unternehmensverbänden, sofern sie den Anforderungen des Art. 48 EGKSV entsprechen, das Recht einräumt, Entscheidungen der Kommission auf dem Gebiet des Montanrechts anzufechten. Dieser Vorteil wird durch den engen Unternehmensbegriff des Art. 80 EGKSV freilich relativiert.

(2) Zur Übertragbarkeit des Erfordernisses eines eigenen, wirtschaftlichen und marktbezogenen Interesses aus dem Kartellverfahrensrecht in das materielle Schadensersatzrecht

Die in den Art. 230 Abs.4 EG, Art. 3 Abs.2 lit.b, 19 Abs.2 S.2 VO Nr.17 sowie Art. 18 Abs.4 S.2 FKVO getroffene Wertung, daß am Kartellverwaltungsverfahren vor der Kommission beteiligt sein soll, wer ein wirtschaftliches, insbesondere marktbezogenes Eigeninteresse an der Durchsetzung einer Norm des europäischen Wettbewerbsrechts durch die verfahrensgegenständliche Kommissionsentscheidung hat, läßt sich auf die materiell-rechtliche Frage, zu wessen Gunsten eine solche Norm unmittelbar anwendbar und damit durch den gemeinschaftsrechtlichen Ersatzanspruch sanktioniert ist, jedenfalls im Grundsatz übertragen. Dem stehen weder rechtliche noch ökonomische Überlegungen entscheidend entgegen. Mit Blick auf die Natur des Ersatzanspruchs sind jedoch in eng begrenztem Umfang Modifikationen unerläßlich.

(a) Mögliche rechtlich begründete Einwände

Einer Übertragung der den Art. 230 Abs.4 EG, Art. 3 Abs.2 lit.b, 19 Abs.2 S.2 VO Nr.17 sowie Art. 18 Abs.4 S.2 FKVO entnommenen Wertung läßt sich nicht mit dem Hinweis entgegentreten, die genannten Vorschriften beträfen lediglich die verfahrensrechtliche Stellung Drittbetroffener, während die Frage, wer zur Geltendmachung des gemeinschaftsrechtlichen Ersatzanspruchs befugt sei, eine

---

[253] EuGH Slg. 1998, I-1651, 1715 „Greenpeace Council"; 1998, I-7531, 7546 „Sveriges Betodlares und Henrikson"; EuG Slg. 1999, II-179, 200 „ADL & Hapag Lloyd".

[254] So ausdrücklich EuGH Slg. 1975, 401, 409 f. „Union Syndicate" für eine Gewerkschaft sowie eine Beamtenvereinigung, deren Nichtigkeitsklagen gegen eine Neufestsetzung der Beamtenbesoldung zuvor mangels Betroffenheit als unzulässig abgewiesen worden waren. Zum Beitrittsrecht eines Verbraucherverbandes in Wettbewerbssachen EuGH Slg. 1973, 1465, 1469 „Général Sucrière".

solche des materiellen Rechts darstelle. Einer solche Argumentation ließe das erforderliche Verständnis des subjektiven Gemeinschaftsrechts vermissen. Vor dem Hintergrund des tragenden Gedankens der funktionellen Subjektivierung objektiv-rechtlicher Normen kann der unterschiedlichen Regelungstechnik im Rahmen des Verfahrensrechts einerseits sowie des privatrechtlichen Ersatzanspruchs andererseits keine maßgebliche Bedeutung beigemessen werden.

Gemäß Art. 3 Abs.2 lit.b VO Nr.17[255] kann eine Person, die ein berechtigtes Interesse darlegt, bei der Kommission den Antrag stellen, diese möge eines oder mehrere Unternehmen duch Entscheidung verpflichten, eine behauptete Zuwiderhandlung gegen die Art. 81 oder 82 EG abzustellen. Gemäß Art. 230 Abs.4 EG kann eine Person gegen eine Entscheidung der Kommission, die sie unmittelbar und individuell betrifft, Nichtigkeitsklage erheben. Beide Normen betreffen ausschließlich die Zulässigkeit des jeweiligen Rechtsbehelfs. Im Rahmen der Begründetheit ist sodann darüber zu befinden, ob tatsächlich eine Verletzung der Art. 81 oder 82 EG vorliegt oder nicht. Diese Prüfung ist ausschließlich objektiv-rechtlicher Natur in dem Sinne, daß es auf eine Verletzung des Klägers in seinen Rechten, wie sie in § 113 Abs.1 S.1 VwGO als zweites Merkmal neben die Rechtswidrigkeit tritt, nicht ankommt.

Zur Geltendmachung des gemeinschaftsrechtlichen Ersatzanspruch ist berechtigt, zu wessen Gunsten die angeblich verletzte Norm des europäischen Wettbewerbsrechts unmittelbar anwendbar ist, d.h. wer ein unmittelbares Interesse daran hat, daß die betreffende Norm zu seinen Gunsten zur Anwendung gebracht wird, und daher betroffen ist. Begründet wird hiernach ein subjektives Recht des Klägers, welches als materiell-rechtliche Voraussetzung des Ersatzanspruchs im Rahmen der Begründetheit zu prüfen ist. Rechtstechnisch setzt die erfolgreiche Schadensersatzklage damit neben der Rechtswidrigkeit als solcher tatsächlich die Verletzung eines subjektiven Rechts des Klägers voraus. In der Sache jedoch unterscheiden sich diese Voraussetzungen nicht von denjenigen der zulässigen und begründeten Nichtigkeitsklage gemäß § 230 Abs.4 EG, namentlich Betroffenheit des Klägers einerseits sowie Verstoß gegen die Art. 81 oder 82 EG andererseits. Insbesondere kommt dem Begriff des subjektiven Gemeinschaftsrecht insoweit keine dem § 113 Abs.1 S.1 VwGO vergleichbare Funktion zu, als dieser die Verletzung des Klägers in seinen eigenen Rechten verlangt. Dies folgt ohne weiteres aus der Absage des europarechtlichen Dogmatik des subjektiven Rechts an den Schutzzweckgedanken. Daß die Klagebefugnis im Rahmen des gemeinschaftsrechtlichen Ersatzanspruchs eine Frage des materiellen und nicht des Verfahrensrechts ist, ist im übrigen zwingende Folge der fehlenden Rechtssetzungskompetenz der Gemeinschaft auf dem Gebiet des für die nationalen Gerichte maßgeblichen Zivilprozeßrechts.

---

[255] Art. 7 Abs.2 VO Nr. 1/2003.

Soweit die Herleitung des Kriteriums eines wirtschaftlichen, marktbezogenen Eigeninteresses auf Art. 230 Abs.4 EG gestützt wurde, kann hiergegen auch nicht der Einwand erhoben werden, die Nichtigkeitsklage sei ausschließlich auf ein kassatorisches Urteil gerichtet, während der gemeinschaftsrechtliche Ersatzanspruch im Wege der Leistungsklage durchzusetzen sei. Denn im Rahmen der *positiven* Konkurrentenklage gemäß Art. 232 Abs.3 EG bestimmt sich die Klagebefugnis ebenfalls nach Art. 230 Abs.4 EG. Insoweit findet das Merkmal der Betroffenheit mithin auch auf Leistungsklagen Anwendung[256].

Aus Rechtsgründen nicht haltbar ist allerdings die Übertragung der im Rahmen von Art. 230 Abs.4 EG anerkannte Befugnis von (Unternehmens-) Verbänden, die Interessen ihrer Mitglieder klageweise geltend zu machen. Dies folgt zunächst aus der Entscheidung des Gerichtshofs in der Rechtssache „Verholen". Zwar verlangt der Gerichtshof in „Verholen" nicht ausdrücklich, daß sich auf die unmittelbare Anwendbarkeit einer Norm des europäischen Gemeinschaftsrechts nur berufen könne, wer ein *eigenes* Interesse an deren Anwendung zu seinen Gunsten habe. Vielmehr spricht er nur von einem hierfür erforderlichen *unmittelbaren* Interesse[257]. Hätte der Gerichtshof jedoch die Vertretung fremder Interessen genügen lassen wollen, selbst unter der einschränkenden Bedingungen eines gewissen Näheverhältnisses zu der betreffenden dritten Person, hätte es der diesbezüglichen Ausführungen gar nicht bedurft. Allein schon wegen des Fehlens eines wettbewerblichen Eigeninteresses kann den Verbänden daher kein subjektives Recht aufgrund der Art. 81 f. EG zukommen. Im übrigen entsteht den Verbänden regelmäßig kein ersatzfähiger Schaden. In Betracht zu ziehen sind insoweit zwei mögliche Schadenspositionen, namentlich der Ausfall von Mitgliedsbeiträgen einerseits sowie der kummulierte Schaden der betroffenen Verbandsmitglieder andererseits. Bei der ersten Position handelt es sich zwar um einen eigenen, tatsächlichen Schaden des Verbands. Dieser allerdings beruht auf einem für die Geltendmachung des Ersatzanspruchs nicht relevanten Verbandsinteresse[258]. Der Schaden der Verbandsmitglieder andererseits resultiert zwar aus der Beeinträchtigung relevanter, nämlich eigener marktbezogener Interessen. Es erscheint jedoch äußerst fraglich, ob auf diesem Wege das Institut einer Verbandsschadensersatzklage eingeführt werden kann.

(b) Mögliche ökonomisch begründete Einwände

Die unterschiedlichen Mechanismen zur Steuerung der Verfolgungsintensität im Sinne einer Minimierung der gesellschaftlichen Kosten, die in den Systemen der

---

[256] Die Zulässigkeit dieser sogenannten positiven Konkurrentenklage ist umstritten. Vgl. *Cremer*, in: *Calliess/Ruffert*, Art. 232 Rdn. 8; GTE/*Krück* Art. 175 Rdn. 17 sowie *Wohlfarth*, in: *Grabitz/Hilf* (Altband II), Art. 175 Rdn. 20 jeweils m.w.N.

[257] EuGH Slg. 1991, I-3757, 3790 „Verholen" (Hervorhebung durch den Verfasser).

[258] Vgl. hierzu bereits oben sub (1).(f).

öffentlichen bzw. privaten Rechtsdurchsetzung wirksam werden[259], stehen dem hier gewählten Ansatz, nämlich der Bestimmung der Reichweite des gemeinschaftsrechtlichen Ersatzanpruchs in persönlicher Hinsicht unter Rückgriff auf die Wertungen der Art. 230 Abs.4 EG, Art. 3 Abs.2 lit.b und 19 Abs.2 S.2 VO Nr.17 sowie Art. 18 Abs.4 S.2 FKVO, nicht grundlegend entgegen. Allerdings sind in diesem Zusammenhang die unterschiedlichen, spezifischen Rechtsverfolgungskosten öffentlicher und privater Rechtsdurchsetzung zu beachten. Sie könnten eine restriktivere Handhabung des Begriffs der Betroffenheit im Rahmen des Ersatzanspruchs rechtfertigen.

Die Beteiligung Dritter an der Durchsetzung des europäischen Wettbewerbsrechts durch die Kommission in der Form von Antrags-, Anhörungs- und Klagerechten verursacht nur geringe zusätzliche Kosten, die von den Vorteilen zumindest teilweise wieder aufgewogen werden. Insbesondere führt die Beteiligung Dritter in diesem Rahmen nicht zu einer Duplizierung der Rechtsverfolgungsbemühungen, sondern bündelt die Interessen Drittbetroffener in einem einzigen Verfahren. Einer der zentralen Kostenvorteile öffentlicher Rechtsdurchsetzung bleibt damit gewahrt[260]. Dies gilt uneingeschränkt für die Anhörungsrechte gemäß 19 Abs.2 S.2 VO Nr.17 bzw. Art. 18 Abs.4 S.2 FKVO, die der Kommission zugleich der verbesserten Beschaffung der entscheidungsrelevanten Informationen dienen. Zusätzliche Kosten durch die Neueröffnung von Ermittlungen oder die weitere Fortführung eines Verfahrens entstehen demgegenüber durch das Antragsrecht gemäß Art. 3 Abs.2 lit.b VO Nr.17 bzw. die Klagebefugnis gemäß Art. 230 Abs.4 EG. Beide Vorschriften ermöglichen betroffenen Dritten möglicherweise, der Kommission Verfahren aufzudrängen, die sie selbst nicht eröffnet hätte bzw. bereits beendete hatte, weil sie entweder die gerügte Verhaltensweise von dem Sinn und Zweck der Art. 81 bzw. 82 EG nicht gedeckt sah oder aber eine Verfolgung des Rechtsverstoßes unter dem Gesichtspunkt der Rechtsverfolgungskosten, insbesondere der externen Wirkungen weiterer Rechtsverfolgung, für nicht gerechtfertigt hielt[261]. Diese Möglichkeit ist indessen hinzunehmen. Denn die (Kosten-) Vorteile öffentlicher Rechtsdurchsetzung hängen maßgeblich davon ab, daß die mit der Durchsetzung betraute Stelle sich bei ihrer Tätigkeit ausschließlich von dem Ziel der Effizienz leiten läßt[262]. Eine gerichtliche Kontrolle der Entscheidungen der Kommission ist unter diesem Blickwinkel unverzichtbar. Eine Duplizierung der Rechtsverfolgungsbemühungen ist auch hiermit nicht verbunden, da die Entscheidung des

---

[259] Vgl. hierzu ausführlich oben sub 1. Teil, C.II.1.
[260] Vgl. hierzu ausführlich oben sub 1. Teil, C.I.
[261] Vgl. hierzu ausführlich oben sub 1. Teil, C.II.2 sowie C.II.1.
[262] Vgl. hierzu ausführlich oben sub 1. Teil, C.III.

Gerichtshofs bzw. des Gerichts Erster Instanz gemäß Art. 231 EG inter omnes wirkt[263].

Demgegenüber erfolgt die Durchsetzung des europäischen Wettbewerbsrechts im Rahmen des privaten Ersatzanspruchs dezentral. Jeder Betroffene, der auf diesem Weg seinen individuellen Schaden ersetzt verlangt, setzt ein selbständiges Verfahren mit neuen Kosten in Gang. Auch wirkt das von dem Einzelnen erstrittene Urteil nur inter partes. Dies gilt jedenfalls, soweit die nationalen Vorschriften des Zivilprozeßrechts keine Bündelung etwa im Wege der *class action* eröffnen. Die Reichweite der Befugnis zur Geltendmachung des Ersatzanspruchs in persönlicher Hinsicht kann demnach erheblichen Einfluß auf die Kosten der Rechtsverfolgung und damit auf das Ziel der Minimierung der sozialen Kosten wettbewerbswidrigen Verhaltens insgesamt erlangen. Der Frage, zu wessen Gunsten die Gewährung des Klagerechts auch im Einzelfal ökonomisch effizient ist, kommt demgemäß für den gemeinschaftsrechtlichen Ersatzanspruch erhebliche Bedeutung zu. Dabei haben die Ausführungen in den ersten beiden Teilen dieser Arbeit gezeigt, daß insoweit eine durchaus zurückhaltende Position angebracht ist. Dies gilt insbesondere für die Klagebefugnis nur mittelbarer Abnehmer einerseits und der privaten Endverbraucher andererseits[264].

(c) Das Merkmal der individuellen Betroffenheit bei Art. 230 Abs.4 EG

Die demnach aus ökonomischen Gründen angezeigte Notwendigkeit einer Begrenzung des gemeinschaftsrechtlichen Ersatzanspruchs läßt sich nicht dadurch erreichen, daß nur derjenige zur Geltendmachung des Anspruchs befugt sein soll, der nicht nur generell, sondern im Sinne von Art. 230 Abs.4 EG *individuell* betroffen ist. Namentlich die vom EuGH bei Auslegung des Merkmals der Individualität herangezogene „Plaumann" – Formel[265] führt im Rahmen des Ersatzanspruchs zu nicht tragbaren Ergebnissen. Dies gilt zunächst insoweit, als hiernach Schadensersatzklagen von Abnehmern oder Lieferanten dort ausgeschlossen wären, wo die wettbewerbswidrige Maßnahme nicht im Sinne einer Diskriminierung nur gegen einzelne Abnehmer oder Lieferanten, sondern gegen die Marktgegenseite schlechthin gerichtet ist[266]. Aus ökonomischer Sicht wäre dies für die Fälle des Ausbeutungsmißbrauchs zwar hinzunehmen, da private Rechtsdurchsetzung insofern ohnehin ineffizient erscheint[267]. Nicht hinnehmbar ist diese Beschränkung indessen insbesondere für Preiskartelle.

---

[263] *Cremer*, in: *Callies/Ruffert*, Art. 231 Rdn. 2.

[264] Für einen Schadensersatzanspruch bei Verstößen zugunsten von Verbrauchern hingegen wohl GA *Mischo* in seinen Schlußanträgen in der Rechtssache „Courage Ltd.", Tz. 38.

[265] EuGH Slg. 1963, 211, 238 f. „Plaumann"; weitere Nachweise in Fn. 221.

[266] Vgl. hierzu bereits oben sub (1).(b).

[267] Vgl. speziell zu § 19 Abs.4 Nr.2 GWB oben sub 2. Teil, C.I.

Auch die Anspruchsberechtigung behinderter Wettbewerber könnte durch eine Übernahme des Markmals „individuelle Betroffenheit“ über Gebühr beschränkt werden. Zwar hält die Rechtsprechung bereits länger nicht mehr strikt an der Auffassung fest, allein die Eignung einer Maßnahme zur Beeinflussung der Marktverhältnisse vermöge niemals die individuelle Betroffenheit Einzelner zu begründen[268]. Dennoch verlangt insbesondere das Gerichts Erster Instanz auch heute noch zumindest eine wahlweise spürbare oder erhebliche Interessenbeeinträchtigung[269]. Am ehesten wird dies dort der Fall sein, wo der betroffene Markt ohnehin bereits oligopolistisch strukturiert ist[270]. Ob die Beschränkung der Klagebefugnis durch das Merkmal der Spürbarkeit bzw. der Erheblichkeit, insbesondere in Verbindung mit dem letztgenannten tatsächlichen Befund, im Rahmen des Art. 230 Abs.4 EG tragfähig ist, erscheint durchaus zweifelhaft[271]. Auf die Problematik der Gewährung subjektiver Rechte jedenfalls kann sie nicht übertragen werden, vor allem nicht insoweit, als deren zivilrechtliche Relevanz in Rede steht[272]. In diesem Zusammenhang ist daran zu erinnern, daß der gemeinschaftsrechtliche Entschädigungsanspruch zwingend den Eintritt eines materiellen Schadens voraussetzt. Dieser Schaden allein verleiht dem Betroffenen die notwendige Individualität. Es ist nicht ersichtlich, mit welcher Rechtfertigung erhebliche Marktbeeinträchtigungen gegenüber „normalen“ privilegiert und nur entsprechend hohe Schäden ersatzfähig sein sollten. Ein solches Konzept, daß notwendig die Geltendmachung eines tatsächlich eingetretenen oder – im Falle negatorischen Rechtsschutzes – eines drohenden Schadens vorschreibt, ist demjenigen des Art. 230 Abs.4 EG mit seinem qualifizierenden

---

[268] So noch EuGH Slg. 1969, 459, 482 „Eridania“.

[269] EuG Slg. 1994, II-121, 162 f. „Air France I“; 1995, II-1281, 1308 f. „ASPEC“; 1995, II-1329, 1352 ff. „AAC“; 1996, II-1399, 1419 f. „Skibsværftsforeningen“; ähnlich auch schon EuGH Slg. 1991, I-2501, 2532 „Extramet Industrie“.

[270] In Slg. 1995, II-1281, 1308 f. „ASPEC“ sowie Slg. 1996, II-1399, 1419 „Skibsværftsforeningen“ stellt das EuG fest, daß nur (sehr) wenige Unternehmen auf dem jeweils betroffenen Markt tätig sind. Noch deutlicher EuG 1995, II-1329, 1352 f. „AAC“: Die Jahresproduktion stärkehaltiger Erzeugnisse von insgesamt 390.000 Tonnen verteilte sich im wesentlichen auf nur drei Unternehmen zu Anteilen von 209.000, 160.000 und 12.000 Tonnen, so daß nahezu ein Duopol gegeben war. Zu demselben Ergebnis gelangt *Cremer*, in: *Calliess/Ruffert*, Art. 230 Rdn. 60 a.E.; *Ders.*: Forschungssubventionen im Lichte des EGV, S. 244 ff.; *Körber* EuZW 1996, 267, 272.

[271] Für hinreichende Individualisierung aller in ihren Wettbewerbsmöglichkeiten beeinträchtigten Marktteilnehmer *Cremer*, in: *Callies/Ruffert*, Art. 230 Rdn. 60; IM EG-WbR/*Immenga* FKVO Gerichtlicher Rechtsschutz Rdn. 34; *Körber* EuZW 1996, 267, 272.

[272] Ebenso, wenn auch mit anderer Begründung *Ruffert*: Subjektive Rechte im Umweltrecht der Europäischen Gemeinschaft, S. 193.

Merkmal der individuellen Betroffenheit funktional gleichwertig und bedarf daher keiner weitergehenden Ergänzung in dem letztgenannten Sinne[273].

(d) Begrenzung des gemeinschaftsrechtlichen Ersatzanspruchs auf unmittelbare Abnehmer bzw. Lieferanten: Das Abwälzungsargument in der Rechtsprechung des Gerichtshofs und die *passing-on* Doktrin des U.S. Supreme Court

Ökonomisch effizient wäre ein Begrenzung des gemeinschaftsrechtlichen Ersatzanspruch auf unmittelbare Abnehmer bzw. Lieferanten, wobei der Begriff der Unmittelbarkeit in Abhängigkeit von der jeweils in Rede stehenden wettbewerbswidrigen Verhaltensweise zu verstehen ist[274]. Im Mittelpunkt steht hierbei jedoch nicht mehr der Begriff der Betroffenheit. Auch diejenigen Teilnehmer am Wirtschaftsverkehr, die auf entfernteren Marktstufen tätig sind, und – beispielsweise infolge eines Preiskartells – höhere Preise zu zahlen haben, sind betroffen in dem Sinne, daß sie ein aus der Sicht des Wettbewerbsschutzes relevantes Interesse an der Durchsetzung der Art. 81 bzw. 82 EG haben. Die Frage ist vielmehr, auf welcher Ebene innerhalb der Vertriebskette der infolge eines Wettbewerbsverstosses eingetretene volkswirtschaftliche Schaden behoben werden soll. Nach dem derzeitigen Stand der Rechtsprechung des Gerichtshofs erscheint die wünschenswerte Begrenzung des Ersatzanspruchs auf unmittelbare Abnehmer bzw. Lieferanten nicht gesichert. Wünschenswert wäre daher eine Übernahme der dem US-amerikanischen Kartellrecht entstammenden *passing-on* Doktrin.

Der Gerichtshof erkennt in ständiger Rechtsprechung den Einwand des in Anspruch genommenen Schädigers an, dem Anspruchsteller stehe infolge der Rechtsverletzung deshalb kein Ersatzanspruch zu, weil dieser den ihm zunächst drohenden Schaden auf seine Abnehmer abgewälzt habe. In diesem Sinne hat Gerichtshof beispielsweise entschieden, Unternehmen, die von einem Mitgliedsstaat zur Leistung gemeinschaftsrechtswidriger Abgaben herangezogen wurden, könnten diese Abgaben später nicht erstattet verlangen, soweit sie die mit ihnen verbundenen Mehrkosten tatsächlich auf andere, insbesondere ihre Kunden abgewälzt hätten[275]. Auch die außervertragliche Haftung der Gemeinschaft nach

---

[273] Vgl. etwa das US-amerikanische Fusionskontrollrecht, daß anders als Art. 230 Abs.4 EG für die Anfechtung fusionskontrollrechtlicher Entscheidungen die Glaubhaftmachung eines aktuellen oder drohenden Schadens verlangt. Hierzu näher *Körber*: Die Konkurrentenklage im Fusionskontrollrecht der USA, Deutschlands und der Europäischen Union, S. 170 ff., 267.

[274] Vgl. zu den ökonomischen Hintergründen einer solchen Begrenzung bereits oben sub 1. Teil, C.IV.2. sowie 2. Teil, C.II.

[275] EuGH Slg. 1983, 3595, 3612 f. „San Giorgio“; zuletzt wieder EuGH Slg. 1997, I-165, 189 „Société Comateb“. Dem entsprechend erkennt der Gerichtshof (ebenda) auch nationale Vorschriften an, die eine Erstattung in dem genannten Sinne einschränken (a.A. *Schilling* EuZW 1997, 118, 119). Gegen das Effizienzgebot verstoßen sollen hingegen Regelungen der Be-

Art. 288 Abs.2 EG greift nach ständiger Rechtsprechung des EuGH nur durch, wenn der geltend gemachte Schaden nicht über die Preise an die Abnehmer weitergegeben worden ist[276].

Die sich m.E. zwingend hieraus ergebende weitere Frage, ob und unter welchen Voraussetzungen die den Schaden tatsächlich tragenden Abnehmer ihrerseits Ansprüche geltend machen können, hat demgegenüber kaum Beachtung gefunden. In einer neueren Entscheidung des Gerichtshof heißt es hierzu mehr beiläufig, wer zur Leistung einer rechtswidrigen Abgabe herangezogen worden sei, müsse dann einen Anspruch auf Rückerstattung haben, wenn er seinerseits zur Rückgewähr des zunächst auf seinen Abnehmer abgewälzten Betrags verpflichtet sei. Könne dagegen der Endabnehmer die Erstattung der ohne Rechtsgrund gezahlten Abgabe, deren Last er getragen habe, unmittelbar von den nationalen Behörden fordern, stelle sich die Frage der Erstattung an den Abgabepflichtigen als solche nicht[277]. Unter welchen Voraussetzungen dies der Fall ist, läßt der EuGH freilich offen.

Karsten Schmidt lehnt die Verleihung subjektiver Rechte an den Verbraucher bei wettbewerbsbeschränkenden Verhaltensweisen auf höheren Wirtschaftsstufen ausdrücklich ab und bezeichnet dies als herrschende Meinung[278]. Die Aussagekraft seines Ergebnisses ist jedoch schon deswegen begrenzt, weil er – abweichend von der hier vertretenen Lösung – ohne weiteres die Maßgeblichkeit von § 823 Abs.2 BGB und damit des deutschen Schutzgesetzprinzips voraussetzt.

---

weislast, nach denen der Abgabepflichtige stets den Nachweis zu erbringen hat, daß er die Abgabenlast nicht auf Dritte abgewälzt hat. *Eilmansberger*: Rechtsfolgen und subjektives Recht im Gemeinschaftsrecht, S. 145, sieht das Abwälzungsargument bereits als festen Bestandteil der Dogmatik eines gemeinschaftsrechtlichen Erstattungsanspruchs an.

276 EuGH Slg. 1979, 2955, 2973 f. „Ireks-Arkady"; 1979, 3017, 3039 f. „DGV"; 1979, 3045, 3065 f. „Interquell Stärke Chemie"; 1979, 3091, 3115 f. „Dumortier Frères". Mit Ausnahme der letzten Entscheidung hat der Gerichtshof freilich in keinem Fall hinreichende tatsächliche Anhaltspunkte für eine solche Abwälzung zu erkennen vermocht. In der Literatur ist die Berücksichtigungsfähigkeit des Abwälzungsarguments umstritten. Im Sinne des EuGH etwa GTE/*Gilsdorf/Oliver* Art. 215 Rdn. 60; *Ossenbühl*: Staatshaftungsrecht, S. 612 f. Bereits die bloße Möglichkeit einer Abwälzung lassen genügen *Lenz/Lageard* Art. 288 Rdn. 35; *Ruffert*, in: *Callies/Ruffert*, Art. 288 Rdn. 25; im Grundsatz ebenso *von Bogdandy* JuS 1990, 872, 875; *Ders.*, in: *Grabitz/Hilf*, Art. 288 Rdn. 117, dort allerdings mit leichten Zweifeln für den Fall funktionierenden Wettbewerbs. Ablehnend demgegenüber *Czaja*: Die außervertragliche Haftung der EG für ihre Organe, S. 37; *Grabitz*, in: *Schweitzer*: Europäisches Verwaltungsrecht, S. 167, 181; *Herdegen*: Die Haftung der Europäischen Wirtschaftsgemeinschaft für fehlerhafte Rechtsetzungsakte, S. 142 f.; *Schmitz*: Die Haftung der europäischen Wirtschaftsgemeinschaft für Verordnungsunrecht im Aufgaben- und Beihilfenrecht, S. 109; durchaus kritisch auch GA *Capotorti* Slg. 1979, 2955, 3005 ff. „Ireks-Arkady"; GA *Mancini* Slg. 1983, 1707, 1725 ff. „Pauls Agriculture".

277 EuGH Slg. 1997, I-165, 189 „Société Comateb".

278 IM EG-WbR/*K. Schmidt* Art. 85 Abs.2 Rdn. 81 mit Fn. 40.

Baur erkennt immerhin die Verbindung zwischen der anspruchshindernden Abwälzungseinwendung einerseits und der Frage nach der Ersatzberechtigung der letztlich geschädigten Verbraucher andererseits. Ihm freilich dient der Hinweis auf die mit der Feststellung einer Abwälzung verbundenen Schwierigkeiten allein dazu, Fälle des Ausbeutungsmißbrauchs vollständig einer schadensersatzrechtlichen Sanktionierung zu entziehen[279].

Eine dogmatisch schlüssige wie ökonomisch tragfähige Lösung[280] der Abwälzungsproblematik (*passing-on*) hat demgegenüber der U.S. Supreme Court in Gestalt der sogenannten *indirect-purchaser* oder *Illinois Brick rule* entwickelt. Zur Geltendmachung des Schadensersatzanspruch gemäß Section 4 Clayton Act[281] sind danach ausschließlich unmittelbare Abnehmer des oder der Unternehmen befugt, gegen die sich der Vorwurf kartellrechtswidrigen Verhaltens richtet. Sie können das Dreifache desjenigen Schadens ersetzt verlangen, der ihnen in Gestalt des *monopoly overcharge* entstanden ist. Mit dem Abwälzungseinwand werden die beklagten Unternehmen nicht gehört. Nur mittelbare Abnehmer kommen als Kläger im Rahmen von Section 4 Clayton Act hingegen nicht in Betracht[282]. Grundlegend sind die Entscheidungen des U.S. Supreme Court in *Hanover Shoe, Inc. v. United States Shoe Machinery Corp.*[283] einerseits sowie *Illinois Brick Co. v. Illinois*[284] andererseits.

In *Hanover Shoe* hatte der U.S. Supreme Court über die Klage eines unmittelbaren Abnehmers zu entscheiden, gegen die sich der Beklagte mit dem Abwälzungseinwand verteidigte. Das Gericht gab der Klage statt. Ob der Abnehmer seine Wiederverkaufspreise anhebe, sei für dessen Recht, nach Maßgabe von Section 4 Clayton Act dreifachen Schadensersatz zu verlangen ohne jede Bedeutung. Welchen Preis der Abnehmer beim Weiterverkauf auch immer fordere, der ursprüngliche Preis bleibe stets illegal hoch und der Gewinn des Abnehmers bleibe stets hinter dem zurück, den er unter Zugrundelegung eines rechtmäßigen

---

279 *Baur* EuR 1988, 257, 266 f.

280 Vgl. zu den ökonomischen Grundlagen bereits oben sub 1. Teil, C.IV.2. sowie 2. Teil, C.II.

281 Die *indirect-purchaser rule* beruht ausschließlich auf der Auslegung bundesstaatlichen Rechts, namentlich von Section 4 Clayton Act. Demgemäß hat der U.S. Supreme Court in California v. ARC America Corp., 490, U.S. 91 (1983), entschieden, daß die *indirect-purchaser rule* die Einzelstaaten nicht daran hindert, im Rahmen ihrer Zuständigkeit – also insbesondere für Schadensersatzansprüche auf der Grundlage ihres Antitrust Statute – eine anderweitige Regelung zu treffen. Die meisten Bundestaaten haben solche Regelungen erlassen.

282 Die *indirecht-purchaser rule* ist für horizontale Preisabsprachen entwickelt worden. Zur Übertragbarkeit der sie stützenden ökonomischen Erwägungen insbesondere auf gegen einzelne Wettbewerber gerichtete Behinderungsmaßnahmen vgl. oben sub 2. Teil, C.II.

283 392 U.S. 489 (1968).

284 431 U.S. 720 (1977).

Einkaufspreises hätte erzielen können[285]. Weiterhin erwägt der U.S. Supreme Court die Schwierigkeiten, mit denen Schadensersatzprozesse im Falle einer Zulassung des Abwälzungseinwands belastet würden. Die Preisgestaltung eines Unternehmens – so das Gericht – hänge von einer Vielzahl einzelner Faktoren ab. Die eindeutige Zuordnung einer Preiserhöhung zu nur einem dieser Faktoren, nämlich dem Einkaufspreis, sei demgemäß nahezu ausgeschlossen. Ebensowenig lasse sich in der Praxis – ob etwaiger hypothetischer Modellrechnungen – zuverlässig vorhersagen, welche Folgen eine Preiserhöhung für den Gesamtabsatz habe. Im übrigen sei der Nachweis, daß der Kläger dieselbe Preiserhöhung nicht auch ohne das rechtswidrige Verhalten des Beklagten vorgenommen hätte, ohnehin kaum zu erbringen. Dies gelte selbst dann, wenn man zugunsten des Klägers annehme, daß er seinen Preis tatsächlich infolge der mißbräuchlichen Preisgestaltung seines Lieferanten angehoben habe und seine Absatzzahlen trotzdem nicht zurückgegangen seien[286]. Auf die Rechtsstellung mittelbarer Käufer einschließlich der privaten Endverbraucher geht der U.S. Supreme Court in *Hanover Shoe* nur am Rande ein. Ihre Chancen, eine auf Section 4 Clayton Act gestützte Klage zu gewinnen, seien angesichts der dargestellten Schwierigkeiten im Bereich der Tatsachenfindung als minimal, ihre Motivation selbst zur Erhebung von Sammelklagen (*class actions*) infolgedessen als äußerst gering einzuschätzen. Zu einer effektiven Durchsetzung des Antitrust Law vermochten sie daher einen im Vergleich zu unmittelbaren Abnehmern nur geringen Beitrag zu leisten[287].

In *Illinois Brick* lag dem U.S. Supreme Court die Schadensersatzklage eines mittelbaren Abnehmers zur Entscheidung vor. Der Staat Illinois nahm die Illinois Brick Co., einen Hersteller von Betonblöcken, wegen angeblich kartellrechtswidriger Absprachen in Anspruch. Eine vertragliche Beziehung bestand zwischen den Parteien nicht. Vielmehr belieferte die Beklagte ausschließlich kleine Betriebe des Baugewerbes, die ihrerseits nur als Subunternehmer tätig wurden. Vertragspartner des klagenden Bundesstaates im Rahmen von Baumaßnahmen waren regelmäßig nur Generalunternehmer. Mit seiner Klage machte der Staat Illinois geltend, die unter Verstoß gegen Section 1 Sherman Act festgesetzten Preise der Beklagten seien letztendlich auf ihn abgewälzt worden[288]. Der U.S. Supreme Court wies die Klage durch *summary judgement* ab[289]. Denn

---

285 *Hanover Shoe, Inc.*, 392 U.S. at 489.

286 *Id.* at 492-493.

287 *Id.* at 494.

288 Zum Sachverhalt *Illinois Brick Co.*, 431 U.S. at 726-728.

289 Der Antrag auf *summary judgement* zählt zu den sogenannten *pretrial motions* und ist auf die Herbeiführung einer Entscheidung des Falles ohne vorherige Gerichtsverhandlung gerichtet. Die Argumentation des Antragstellers geht dahin, daß die bisherige Beweislage ohne verbleibende Zweifel die tatsächliche Grundlage des Falles widerspiegelt und daß auf dieser

klagebefugt im Rahmen von Section 4 Clayton Act seien ausschließlich die unmittelbaren Abnehmer der an einer rechtswidrigen Preisabsprache beteiligten Unternehmen. Maßgeblich für die Entscheidung des Gerichts waren zwei Überlegungen.

Zunächst stellte der U.S. Supreme Court fest, die Zulässigkeit des Abwälzungsarguments könne nur einheitlich beurteilt werden. Eine Differenzierung dahingehend, ob es als Verteidigungsmittel – *Hanover Shoe* – oder als Angriffsmittel – *Illinois Brick* – in den Schadensersatzprozeß eingeführt werde, komme nicht in Betracht. Ließe man das Abwälzungsargument nur zugunsten der Klägerseite zu, so begründe dies insbesondere die ernsthafte Gefahr einer mehrfachen Inanspruchnahme des Rechtsbrechers, der sich dann sowohl gegenüber seinen unmittelbaren Vertragspartnern als auch gegenüber allen mittelbaren Abnehmern einschließlich der privaten Endverbraucher zu verantworten hätte. Im übrigen beanspruchten die Ausführungen des Gerichts in *Hanover Shoe*, namentlich zu den Schwierigkeiten des Kausalitätsnachweises zwischen Rechtsverstoß einerseits und einer Anhebung der Preise auf den nachfolgenden Marktstufen andererseits, nicht deswegen minder Geltung, weil sich der Kläger und nicht der Beklagte auf die Abwälzung berufe. Näher liege vielmehr die gegenteilige Auffassung, daß sich die Komplexität sowie die sich hieraus ergebenden Unsicherheiten in der Beurteilung des Sachverhalts auf jeder weiteren Marktstufe vervielfachten. Anderweitige Umstände, die eine Ungleichbehandlung zulasten der Beklagtenseite rechtfertigten, vermochte der U.S. Supreme Court nicht zu erkennen. Unzutreffend sei insbesondere der Hinweis, durch die Zulassung des Abwälzungsarguments als Angriffsmittel werde der Sanktionsmechanismus des Antitrust Law gestärkt. Zweifel an der Effektivität von Schadensersatzklagen mittelbarer Abnehmer habe das Gericht bereits in *Hanover Shoe* anklingen lassen[290].

Auf dieser Grundlage entschied der U.S. Supreme Court sodann, die Berufung auf das Abwälzungsargument sei insgesamt unzulässig. An der Entscheidung *Hanover Shoe* und der ihr zugrunde liegenden Rechtsauffassung sei festzuhalten[291]. Dabei ließ sich der U.S. Supreme Court maßgeblich von der Frage leiten, welche Auswirkungen die Zulassung bzw. der Ausschluß des Abwälzungsarguments für die Effektivität der Schadensatzklage gemäß Section 4 Clayton Act zeitigten. Das Gericht bekräftigte zunächst seine Bedenken mit Blick auf die

---

tatsächlichen Grundlage nur eine Entscheidung zugunsten des Antragstellers in Frage kommt. Vgl. Geoffrey C. Hazard & Michelle Taruffo, American Civil Procedure 113,114 (1993).

290 *Illinois Brick Co.*, 431 U.S. at 728-735.

291 Der U.S. Supreme Court mißt in diesem Zusammenhang der *stare decisis doctrine* erhebliches Gewicht zu, sieht allerdings auch in der Sache keinen Grund dafür, von der in *Hanover Shoe* getroffenen Wertung abzuweichen. *Illinois Brick Co.*, 431 U.S. at 736, 737. Allgemein zur *stare decisis doctrine Blumenwitz*: Einführung in das anglo-amerikanische Recht, S. 25 f.

Komplexität der Abwälzungsproblematik. Die Wettbewerbstheorie vermochte – wenn überhaupt – Aussagen darüber, zu welchem Prozentsatz eine Preiserhöhung auf den jeweils nachfolgenden Marktstufen absorbiert werde, nur unter der einschränkenden Annahme vollkommenen Wettbewerbs zu treffen. Unter realen Gegebenheiten hingegen sei die Problematik kaum zu beherrschen.[292]. Zusammenfassend stellte das Gericht sodann fest: Dem gesetzgeberischen Ziel, die Betroffenen als *private attorneys general* in die Durchsetzung des Antitrust Law einzubinden, werde besser dadurch gedient, die Geltendmachung des gesamten Schadens in den Händen der unmittelbaren Vertragspartner zu belassen. Die hiermit verbundene Einschränkung der Kompensationsfunktion des Schadensersatzanspruchs – den tatsächlich Geschädigten, insbesondere den privaten Endverbrauchern bleibt jeglicher Ausgleich ihres Vermögensverlustes verwährt – nimmt der U.S. Supreme Court dabei ausdrücklich in Kauf[293].

Rechtsvergleichend fällt zunächst das dem U.S. Supreme Court und dem EuGH gemeinsame funktionale Verständnis des Schadensersatzanspruchs auf. Nach der in *Illinois Brick* zum Audruck gebrachten Auffassung des U.S. Supreme Court ist mit der Sanktion des Section 4 Clayton Act zuvorderst die Einbindung der Betroffenen in die Durchsetzung des Antitrust Law bezweckt. Demgegenüber tritt die Kompensationsfunktion zurück. Der Gerichtshof seinerseits bezeichnet in „Van Gend & Loos“ die Wachsamkeit der an der Wahrung ihrer Rechte intessierten Bürger als eine wirksame Kontrolle, welche die Kommission in ihrer Funktion als Hüterin der Verträge unterstütze[294]. Der Entschädigungsanspruch – so der Gerichtshof in „Francovich“ sowie „Brasserie du Pêcheur“ – stelle insofern die notwendige Ergänzung der unmittelbaren Anwendbarkeit dar, ohne den die praktische Wirksamkeit des Gemeinschaftsrechts in Frage gestellt sei[295]. Dem *private attorney general* des U.S. Supreme Court in *Illinois Brick*

---

[292] *Illinois Brick Co.*, 431 U.S. at 737-743.

[293] *Illinois Brick Co.*, 431 U.S. at 746-747. Die Vereinbarkeit der *indirect-purchaser rule* mit der Kompensationsfunktion des Schadensersatzanspruchs gemäß Section 4 Clayton Act ist in der US-amerikanischen Literatur umstritten. Dagegen Robert G. Harris & Lawrence A. Sullivan, *Passing On the Monopoly Overcharge: A Comprehensive Policy Analysis*, 128 U. Pa. L. Rev. 269, 346-48 (1979); Herbert Hovenkamp, *The Indirect-Purchaser Rule And Cost-Plus Sales*, 103 Harv. L. Rev. 1717, 1726-31 (1990); Edmund H. Mantell, *Denial of a Forum to Indirect-Purchaser Victims of Price Fixing Conspiracies: A Legal and Economic Analysis of Illinois Brick*, 2 Pace L. Rev. 153, 171-76 (1982); Gregory J. Werden & Marius Schwartz, *Illinois Brick and the Deterrence of Antitrust Violations: An Economic Analysis*, 35 Hastings L. J. 629, 638-39. A.A. William M. Landes & Richard A. Posner, *The Economics of Passing On: A Reply to Harris and Sullivan*, 128 U. Pa. L. Rev. 1274, 1275-76 (1980).

[294] EuGH Slg. 1963, 1, 26 „Van Gend & Loos“.

[295] EuGH Slg. 1991, I-5357, 5414 „Francovich“; zuletzt bestätigt durch EuGH Slg. 1996, I-1029, 1143 „Brasserie du Pêcheur“.

entspricht der *status activus processualis*[296], der dem Gemeinschaftsbürger im Rahmen des Konzepts der funktionalen Subjektivierung zukommt.

In der konkreten Umsetzung der gemeinsamen Konzeption mangelt es dem Gerichtshof jedoch gegenüber dem U.S. Supreme Court an der hineichenden ökonomischen Fundierung. Dies gilt insbesondere für die Abwälzungsproblematik. In der Literatur ist die Rechtsauffassung des Gerichtshofs vielfach kritisiert worden, gerade auch mit Blick auf die vom U.S. Supreme Court angesprochene Schwierigkeiten, die Wirkungen einer Preiserhöhung auf den nachfolgenden Marktstufen angesichts der Komplexität und Spontanität ökonomischer Entscheidungsprozesse nachzuvollziehen[297]. Aus rechtsdogmatischer Sicht ließe sich eine stärkere Orientierung an ökonomischen Zweckmäßigkeitserwägungen ohne weiteres in das Konzept der unmittelbaren Anwendbarkeit inkorporieren. Der Gerichtshof hat in ständiger Rechtsprechung ein weitgehend an Praktikabilitätserwägungen ausgerichtetes Verständnis der unmittelbaren Anwendbarkeit entwickelt[298]. Daß der Justiziabilität einer Norm dabei besonderes Gewicht beizumessen ist[299], spricht dabei eher für als gegen die Übernahme des ökonomisch geprägten Ansatzes des U.S. Supreme Court.

Ob der im Grundsatz unvereinbar erscheinenden Ausgangspunkte in der Frage der Zulässigkeit des Abwälzungsarguments, gelangen der Gerichtshofs und der U.S. Supreme Court in Einzelfällen dennoch zu übereinstimmenden Ergebnissen. Entscheidend hierfür dürfte die insgesamt restriktive Haltung des Gerichtshofs sein, was die Feststellung der tatsächlichen Voraussetzungen des Abwälzungseinwands anbelangt. Soweit ersichtlich hat der Gerichtshof bisher nur in einem das Schadensersatzrecht betreffenden Fall hinreichende tatsächliche Anhaltspunkte für die Abwälzung des Schadens als gegeben erachtet, namentlich in der Rechtssache „Dumortier Frères". Aus rechtsvergleichender Sicht ist der Fall deswegen von besonderem Interesse, weil der ihm zugrunde liegende Sachverhalt möglicherweise auch nach der Auffassung des U.S. Supreme Court ausnahmsweise die Zulassung des Abwälzungsarguments rechtfertigen würde.

---

296 Pernice NVwZ 1990, 414, 424.

297 *Czaja*: Die außervertragliche Haftung der EG für ihre Organe, S. 37; *Herdegen*: Die Haftung der Europäischen Wirtschaftsgemeinschaft für fehlerhafte Rechtsetzungsakte, S. 142 f.; wohl auch *von Bogdandy*, in: *Grabitz/Hilf*, Art. 288 Rdn. 117; vgl. auch die Schlußanträge GA *Capotorti* Slg. 1979, 2955, 3006 „Ireks-Arkady"; GA *Mancini* Slg. 1983, 1707, 1726 „Pauls Agriculture".

298 Vgl. hierzu bereits oben sub I.

299 Unmittelbar anwendbar ist eine Norm, wenn sie „rechtlich vollkommen" in dem Sinne ist, daß sie keiner weiteren Konkretisierung bedürftig, insbesondere inhaltlich klar und unbedingt ist, keine weiteren Vollzugsmaßnahmen erfordert und bei ihrer Anwendung weder den Gemeinschaftsorganen noch den Mitgliedsstaaten einen Ermessensspielraum beläßt. Grundlegend EuGH Slg. 1963, 1, 25 f. „van Gend & Loos"; vgl. auch EuGH Slg. 1973, 611, 623 „Capolongo"; 1986, 29, 83 „Hurd".

Die klagenden Unternehmen in „Dumortier Frères" stellten Grob- und Feingrieß auf Maisbasis (Gritz) her, der zur Weiterverwendung in der Brauindustrie bestimmt war. Hierfür erhielten sie bis Mitte 1975 Erstattungszahlungen aus den Mitteln der Gemeinsamen Marktorganisation für Getreide. Aufgrund einer Verordnung wurden die Erstattungen für die Gritzerzeugung in der Folgezeit gestrichen, während entsprechende Geldleistungen für die Herstellung von Stärkemehl auf Maisbasis auch weiterhin gewährt wurden. In einem Vorabentscheidungsverfahren befand der Gerichtshof die zugrundeliegenden Bestimmungen wegen Verstoßes gegen den Gleichheitssatz für rechtswidrig[300]. Daraufhin wurde im Jahre 1978 die alte Rechtslage wieder hergestellt. Mit ihrer Klage verlangten die Gritzproduzenten für den Zeitraum zwischen 1975 und 1977 von der Gemeinschaft Schadensersatz in Höhe der ausgebliebenen Erstattungen. Der Rat verteidigte sich mit dem Einwand, die klagenden Unternehmen hätten sich durch entsprechende Preiserhöhungen schadlos gehalten.

Der Gerichtshof verglich zunächst die Preisentwicklung für Gritz innerhalb des streitigen Zeitraums mit derjenigen für Stärkemehl auf Maisbasis. Den überwiegend parallelen Preisverlauf wertete er als Indiz gegen eine auf dem Fortfall der Erstattung für Gritz beruhenden Preiserhöhung und wies insoweit den Einwand des Rats zurück. Für den eng begrenzten Zeitraum Ende 1975 bis Anfang 1976 hingegen stellte der Gerichtshof eine Anhebung des Gritzpreises fest, der betragsmäßig den nichtgezahlten Erstattungen entsprach. Zusätzlich lagen dem EuGH für denselben Zeitraum vertragliche Vereinbarungen zwischen den klagenden Gritzproduzenten und deren Abnehmern vor. Danach erklärten sich letztere bereit, die Preiserhöhung für Gritz vorläufig zu akzeptieren, sofern erstere ihnen kaufvertraglich garantierten, daß sie – gegebenenfalls auch rückwirkend – in den Genuß einer von der Gemeinschaft gewährten neuen Erstattung kommen würden. Soweit diese Vereinbarungen reichten, sah der Gerichtshof den Abwälzungseinwand des Rats als begründet an[301].

In *Hanover Shoe* und *Illinois Brick* hat der U.S. Supreme Court angedeutet, möglicherweise sei eine Ausnahme von der *indirect-purchaser rule* anzuerkennen, soweit das Rechtsverhältnis zwischen dem unmittelbaren Abnehmer und dessen Kunden durch eine sogenannte *cost-plus* Vereinbarung geregelt sei. Zwar läßt sich die der Rechtssache „Dumortier Frères" zugrunde liegende Fallkonstellation nicht ohne weiteres unter die *cost-plus* Ausnahme subsumieren. Ihrem Rechtsgedanken nach könnte sie aber dennoch zur Anwendung gelangen. Eine *cost-plus* Vereinbarung zeichnet sich dadurch aus, daß der ihr zugrunde liegende Kaufpreis nicht fix vereinbart ist, sondern sich aus den Produktionskosten zuzüglich entweder eines festen Geldbetrags oder eines vorher bestimmten Pro-

---

[300] EuGH Slg. 1977, 1795 „Moulins Pont-à-Mousson/Office Interprofessionel des Céréales".
[301] EuGH Slg. 1979, 3091, 3116 „Dumortier Frères".

zentsatzes der Kosten errechnet[302]. Soweit eine solche *cost-plus* Vereinbarung vor der kartellrechtswidrigen Preisanhebung geschlossen wurde und nicht nur einen fixen Preisaufschlag auf die Produktionskosten enthält, sondern zusätzlich die abzunehmende Menge verbindlich festschreibt, will der U.S. Supreme Court das Abwälzungsargument ausnahmsweise gelten lassen. Denn unter diesen engen Voraussetzungen laufe der unmittelbare Abnehmer nicht Gefahr, infolge der Abwälzung einen Teil seines Absatzes einzubüßen. Der Effekt der kartellrechtswidrigen Preisanhebung auf die mittelbaren Abnehmer sei daher ohne weitere Bezugnahme auf das Zusammenspiel von Angebots- und Nachfrageelastizität nachweisbar[303].

Die in „Dumortier Frères" zwischen den Herstellern von Gritz und deren Kunden getroffenen Vereinbarungen erfüllen zwar nicht die strengen Voraussetzungen, die der U.S. Supreme Court an *cost-plus sales* stellt. Insbesondere wurden sie weder schon vor Einstellung der Erstattungen für die Gritzproduktion geschlossen, noch handelte es sich bei ihnen um *cost-plus* Vereinbarungen im engeren Sinn. Leider läßt sich der Sachverhaltsschilderung des Gerichtshofs nicht entnehmen, ob die Kunden ausdrücklich zugesichert haben, ihre Abnahmemengen konstant zu halten. Hiervon indessen ist nach dem Zweck der Vereinbarungen auszugehen. Das Zugeständnis der Hersteller, die Kunden nach einer etwaigen Wiederaufnahme der Erstattungszahlungen nachträglich schadlos zu stellen, erscheint nur dann sinnvoll, soweit letztere zunächst jedenfalls die gesamte Last der Preisanhebung tragen sollten. Ohne die Zusage fortdauernd konstanter Abnahmemengen aber wäre der Schaden trotz Anhebung der Gritzpreise zwischen der Produzenten und ihren Kunden verteilt worden. Ein Ausgleich zugunsten der Kunden erschiene dann ökonomisch unsinnig. Auf der Grundlage der ihm vorgelegten Vereinbarungen zwischen den Gritzerzeugern und ihren Kunden, war für den Gerichtshof sicher – insbesondere ohne Rückgriff auf ökonometrische Untersuchungen zur Angebots- und Nachfrageelastizität – bestimmbar, in welchem Maße sich der Schaden auf welcher Marktstufe realisiert hatte, nämlich auf derjenigen der Kunden. Daß die Vereinbarung nicht – wie vom U.S. Supreme Court für *cost-plus sales* allgemein verlangt – schon vor der rechtswidrigen Einstellung der Erstattungszahlungen geschlossen worden war, kann unter diesen Umständen keine maßgebliche Bedeutung erlangen.

---

[302] Vgl. zu diesem Begriff Herbert Hovenkamp, *The Indirect Purchaser Rule and Cost-Plus Sales*, 103 Harv. L. Rev. 1717, 1721 (1990).

[303] Hanover Shoe, Inc. v. United Shoe Machinery Corp., 392 U.S. 481, 494 (1968); Illinois Brick Co. V. Illinois, 431 U.S. 720, 735-36 (1977). Die Instanzgerichte sind den Ausführungen des U.S. Supreme Court unter Beibehaltung der engen Voraussetzungen gefolgt. Vgl. Phillips v. Crown Cent. Petroleum Corp., 602 F.2d 616, 633 n.4 (4th Cir. 1079), *cert. denied*, 444 U.S. 1074 (1980); Mid-West Paper Products Co. v. Continental Group, 596 F.2d , 573, 577 (3d Cir. 1979); Fisher v. Wattles, 639 F. Supp. 7, 8 (M.D. Pa. 1985).

Aus ökonomischer Sicht ist die Entscheidung des Gerichtshofs, den Abwälzungseinwand in „Dumortier Frères“ zuzulassen, demnach richtig. Wünschenswert wäre indessen nicht nur eine im Einzelfall zu richtigen Ergebnissen führende, sondern auch in der Begründung ökonomisch fundierte Lösung der Abwälzungsproblematik. Eine solche hat der U.S. Supreme Court in *Hanover Shoe* und *Illinois Brick* aufgezeigt.

C. Behebung des Schadens im Rahmen des nationalen Haftungs- und Verfahrensrechts: Aufgaben und Herausforderungen für die deutschen Zivilgerichte bei der Durchsetzung des europäischen Wettbewerbsrechts

Nach der hier vertretenen Auffassung sind die schadensersatzrechtlichen Folgen von Zuwiderhandlungen gegen die europäischen Wettbewerbsregeln unmittelbar dem Gemeinschaftsrecht zu entnehmen. Die Art. 81 und 82 EG enthalten auch im Verhältnis zwischen Privaten unmittelbar anwendbare Verbote. Als solche sind sie geeignet, in der Person des Einzelnen Rechte zu begründen, die dieser vor den nationalen Gerichten geltend machen kann. Die Zubilligung eines originär gemeinschaftsrechtlichen Ersatzanspruchs ergibt sich als logische Folge der horizontalen Drittwirkung der wettbewerbsrechtlichen Bestimmungen des EG-Vertrags[304]. Für den Eintritt der Schadensersatzpflicht sind vom Kläger nachzuweisen: Die Rechtswidrigkeit des gerügten Verhaltens, insbesondere eine Zuwiderhandlung gegen die Art. 81 oder 82 EG; die unmittelbare Betroffenheit des Klägers, d.h. der Kläger muß geltend machen, ein in seiner Position als Marktteilnehmer begründetes eigenes Interesse daran zu haben, daß die als verletzt gerügte Norm zu seinen Gunsten beachtet wird; das Vorliegen eines tatsächlichen Schadens; sowie einen unmittelbaren Kausalzusammenhang zwischen der Rechtsverletzung und dem Schaden des Klägers. Ob der gemeinschaftsrechtliche Ersatzanspruch eine verschuldensunabhängige Haftung konstituiert, wie dies Generalanwalt *Van Gerven* in „Banks“ vorgeschlagen hat, muß an dieser Stelle offen bleiben[305]. Die Folgen des verursachten Schadens sind demgegenüber, wie der Gerichtshof in ständiger Rechtsprechung seit „Francovich“ betont hat, im Rahmen des nationalen Haftungsrechts zu beheben[306]. Dabei dürfen die dort festgelegten Voraussetzungen weder ungünstiger sein als bei entsprechenden innerstaatlichen Ansprüchen (Diskriminierungsverbot) noch dürfen sie derart ausgestaltet sein, daß die Erlangung einer Entschädigung praktisch unmöglich gemacht oder übermäßig erschwert wird (Effizienzgebot)[307].

---

[304] Vgl. GA *Van Gerven* Slg. 1994, I-1209, 1250 „Banks“.

[305] GA *Van Gerven* Slg. 1994, I-1209, 1258 „Banks“.

[306] EuGH Slg. 1991, I-5357, 5415 f. „Francovich“; zuletzt bestätigt durch EuGH Slg. 1996, I-1029, 1153 „Brasserie du Pêcheur“.

[307] EuGH Slg. 1996, I-1029, 1153 „Brasserie du Pêcheur“. In anderem Zusammenhang bereits früher EuGH Slg. 1976, 2043, 2053 „Comet“; 1983, 3595, 3612 „San Giorgío“; 1989,

Mit der Zubilligung des gemeinschaftlichen Ersatzanspruchs nimmt das europäische Recht die nationalen Gerichte in die Pflicht. Dies ist insofern problematisch, als die Ausgestaltung der Haftungsvoraussetzungen letztinstanzlich nur durch den Gerichtshof einheitlich für alle Mitgliedsstaaten erfolgen kann. Die ökonomische Zweckmäßigkeit privater Rechtsdurchsetzung läßt sich indessen nicht abstrakt, sondern nur im Kontext einer konkreten Rechtsordnung und ihres zivilprozessualen Instrumentariums bewerten. Dies gilt grundsätzlich auch für die Frage der hinreichenden Justiziabilität einer Norm. Das logische Verhältnis von Zivilverfahrensrecht zu materiellem Recht wird aber durch das Effizienzgebot auf der europäischen Ebene in sein Gegenteil verkehrt. Dieser Prozeß läßt sich am Beispiel des Ausbeutungsmißbrauchs (Art. 82 S.2 lit.a EG) verdeutlichen. Gemäß Art. 1 VO Nr.17[308] begründet Art. 82 EG ein unmittelbar anwendbares Verbot. Dies entspricht der ständigen Rechtsprechung des Gerichtshofs. Danach können die Abnehmer eines marktbeherrschenden Unternehmens denjenigen Schaden ersetzt verlangen, der ihnen infolge eines mißbräuchlich überhöhten Preises entstanden ist. Jedenfalls im Kontext des deutschen Zivilprozeßrechts ist dies jedoch – wie die Ausführungen im 2. Teil dieser Arbeit gezeigt haben – ökonomisch nicht sinnvoll[309]. Trotzdem wird sich das im Wege der Schadensersatzklage angerufene deutsche Zivilgericht nicht einer Entscheidung in der Sache unter dem Hinweis entziehen können, die Berechnung des Schadens sei mit unüberwindlichen Schwierigkeiten verbunden[310]. Denn aufgrund des Effizienzgebots darf es die Durchsetzung des gemeinschaftsrechtlich begründeten Ersatzanspruchs nicht praktisch unmöglich machen. Nach ständiger Rechtsprechung des Gerichtshofs sind die nationalen Verfahrensrechtsordnungen grundsätzlich nicht geeignet, die Grenzen der Durchsetzbarkeit europarechtlicher Normen zu definieren. Vielmehr müssen sie sich ihrerseits am Maßstab des Effizienzgebots messen lassen[311]. Gegebenenfalls wäre es an dem na-

---

2965, 2985 „Kommission/Griechenland"; 1990, I-2911, 2935 „Hansen"; 1991, I-4371, 4387 „Vandevenne"; 1995, I-4599, 4620 f. „Peterbroeck".

308 Art. 1 Abs.3 VO Nr. 1/2003.

309 Vgl. oben sub 2. Teil, C.I.

310 So aber *Baur* EuR 1988, 257, 266 f.; i.E. ebenso IM EG-WbR/*K. Schmidt* Art. 86 Rdn. 33 iVm. Art. 85 Abs.2 Rdn. 76 ff.; *Koch*, in: *Grabitz/Hilf* (Altband I), Art. 86 Rdn. 88. Anders hingegen GK/*Mailänder* (3. Aufl.) Art. 86 Rdn. 102 f., der den Zweck des Art. 82 EG sogar *in erster Linie* im Schutz der Lieferanten und Abnehmer vor mißbräuchlichen Preisen sieht (Hervorhebung durch den Verfasser); wohl auch Dauses/*Emmerich* H.I. § 1 Rdn. 412; *Koch*: Schadensersatz bei unerlaubten wettbewerbsbeschränkenden Handlungen nach deutschem und europäischem Recht, S. 38.

311 Vgl. etwa EuGH Slg. 1976, 2043, 2053 „Comet" (Rechtsverfolgungsfristen); 1990, I-2433, 2473 f. „Factortame" (einstweiliger Rechtsschutz); 1990, I-2911, 2935 „Hansen" (allgemeine Ausgestaltung des Verfahrens); 1995, I-4599, 4620 ff. „Peterbroek" (Vortrag neuer Tatsachen in der Rechtsmittelinstanz); 1995, I-4705, 4736 f. „Van Schijndel" (Beibringungs-

tionalen Gesetzgeber, die für eine effiziente Durchsetzung des Ersatzanspruchs erforderlichen Modifikationen des Zivilverfahrensrechts herbeizuführen.

Für die Frage, inwieweit das europäische Kartellrecht als Leitbild für eine im Zuge der 6. GWB-Novelle vorzunehmende Neubewertung der privaten Rechtsdurchsetzung in Betracht kommt, ist daher festzuhalten, daß der Begriff der Effizienz im Sinne des gemeinschaftsrechtlichen *effet utile* durch die europäische Rechtsordnung spezifisch vorgeprägt ist. Die auf seiner Grundlage gewonnenen Ergebnisse lassen sich nicht im Verhältnis eins zu eins in das durch andere Rahmenbedingungen geprägte deutsche Kartellrecht übernehmen. Ob das gemeinschaftsrechtliche Effizienzgebot überhaupt in einem strikt ökonomisch-mathematischen Sinn verstanden werden kann, mag hier dahin stehen.

Das europäische Recht nimmt die nationalen Gerichte allerdings nicht ausschließlich in die Pflicht, sondern bringt ihnen zugleich erhebliches Vertrauen entgegen. Dies gilt insbesondere für ihre Fähigkeit, die auf dem Gebiet des Kartellrechts typischweise komplexen mikroökonomischen Problemstellungen sachgemäß zu erfassen und abzuurteilen. Eine erhebliche Aufwertung der nationalen Gerichte im System der europäischen Wettbewerbsaufsicht ist von der Kommission insbesondere im Zuge der Modernisierung des Kartellverfahrensrechts durch die VO Nr. 1/2003 bezweckt. Gemäß Art. 1 Abs.1 VO Nr. 1/2003 sind Vereinbarungen, Beschlüsse und aufeinander abgestimmte Verhaltensweisen im Sinne von Art. 81 Abs.1 EG, die nicht die Voraussetzungen des Art. 81 Abs.3 EG erfüllen, verboten. Art. 81 EG ist demnach insgesamt unmittelbar anwendbares Recht, auf das sich der Einzelne vor den nationalen Gerichten berufen kann (vgl. auch Art. 6 VO Nr. 1/2003). Die Freistellungswirkung des Art. 81 Abs.3 EG tritt danach ohne weiteres qua legem ein; die bisher konstitutive Wirkung der Freistellungsentscheidung (Art. 6 Abs.1 VO Nr.17) entfällt ebenso wie das Freistellungsmonopol der Kommission (Art. 9 Abs.1 VO Nr.17). Den nationalen Gerichten kommt somit nicht länger ausschließlich die Aufgabe zu, die wettbewerbsbeschränkenden Wirkungen einer Vereinbarung zu ermitteln. Sie werden künftig diese auch gegen etwaige (gesamt-) wirtschaftliche Vorteile im Sinne von Art. 81 Abs.3 EG abzuwägen haben[312]. Die hiermit verbundene verstärkte Einbindung der nationalen Gerichte bei der Durchsetzung

---

grundsatz und Amtsermittlung); 1999, I-3055, 3095 „Eco Swiss" (Aufhebung von Schiedssprüchen nach Fristablauf) mit Anm. *Spiegel* EuZW 1999, 568 f.

312 Vgl. zur Funktion des Art. 81 Abs.3 EG, Konflikte zwischen der Sicherung eines freien, unverfälschten und wirksamen Wettbewerbs einerseits und anderen (insbesondere gesamtwirtschaftlichen) Gemeinschaftsinteressen andererseits zu einem Ausgleich zu bringen, GTE/*Schröter* Vorbemerkung zu den Artikeln 85 bis 94 Rdn. 12 sowie Art. 85 Rdn. 295; *Immenga*, in: *Gerken*: Europa zwischen Ordnungswettbewerb und Harmonisierung, S. 229, 232; *Koch*, in: *Grabitz/Hilf* (Altband I), Art. 85 Rdn. 162; *Van Miert* WuW 1995, 553, 553 f.

des europäischen Wettbewerbsrechts ist von der Kommission ausdrücklich erwünscht[313].

Für die nationalen Gerichte ist hiermit nicht nur eine Zunahme der Arbeitsbelastung in quantitativer Hinsicht verbunden. Zumal für die deutsche Zivilgerichtsbarkeit geht mit dem von der Kommission favorisierten Modell eine qualitative Änderung der ihr zugewiesenen Aufgaben einher. Wegen Art. 81 Abs.3 EG wird ihr künftig eine die Wettbewerbspolitik der Gemeinschaft unmittelbar mitgestaltende Funktion zukommen[314].

Die der VO Nr.17 zugrunde liegende Kompetenzverteilung zwischen den nationalen Gerichten und der Kommission bei der Anwendung des europäischen Kartellverbots orientiert sich am zweistufigen Aufbau des Art. 81 EG. Im Rahmen der unmittelbaren Anwendbarkeit von Art. 81 Abs.1 EG obliegt die Feststellung der wettbewerbsbeschränkenden Wirkung einer Vereinbarung auch den nationalen Gerichten. Diese Entscheidung ist weitgehend justizförmig und mit der deutschen Rechtstradition vereinbar. Eine zwingende Bindung an die wettbewerbspolitischen Vorgaben der Kommission besteht insoweit ebensowenig wie eine Aussetzungspflicht für den Fall, daß die Kommission ein förmliches Verfahren einleitet. Allerdings sind die nationalen Gerichte im Interesse einer

---

[313] VO Nr. 1/2003, 7. Erwägungsgrund; Kommissionsvorschlag, S. 6 ff., 13; Weißbuch der Kommission, Tz. 69 ff., 76 ff., 83 ff., 99 f. In Deutschland hingegen regt sich heftiger Widerstand gegen die Reform. Vgl. etwa Monopolkommission: Sondergutachten 28, Stellungnahme zum Weißbuch der EU-Kommission (eine Zusammenfassung der Ergebnisse ist verfügbar in WuW 1999, 977 ff.). Vgl. weiterhin aus der Literatur *Deringer* EuZW 2000, 5 ff.; *Immenga* EuZW 1999, 609; *Mestmäcker* EuZW 1999, 523 ff.; *Paulweber/Kögel* AG 1999, 500 ff.; *Rittner* DB 1999, 1485 f.; *Ders.* EuZW 2000, 129; *Schwenn* RIW 2000, 179, 182. Siehe auch die Stellungnahmen des jetzigen Präsidenten des BKartA *Böge*: Der Wettbewerb braucht Rechtssicherheit, in: FAZ v. 7.9.99, Nr. 207, S. 19, sowie seines Vorgänger *Wolf*: Perspektiven des europäischen Kartellrechts (verfügbar im Internet unter der Adresse http://www.bundeskartell amt.de/prespektiven.html). Auch der BDI hat sich gegen die von der Kommission beabsichtigte Neufassung der VO Nr.17 ausgesprochen (vgl. FAZ v. 1.3.2000, Nr. 51, S. 18; neuerdings aber zurückhaltender in der Kritik, vgl. FAZ v. 25.4.2000, Nr. 96, S. 19). Gegen den gänzlichen Verzicht auf ein Anmeldeverfahren im Rahmen der Diskussion um die 6. GWB-Novelle bereits *Bunte* WuW 1994, 5, 12 f. Für die Reformbemühungen der Kommission hingegen *Temple Lang*: Decentralised Enforcement of Community Competition Law; *Schaub/Dohms*: Das Weißbuch der Europäischen Kommission über die Modernisierung der Vorschriften zur Anwendung der Artikel 81 und 82 EG-Vertrag, Die Reform der Verordnung Nr. 17. Die drei letztgenannten Autoren sind freilich selbst Mitglieder der Generaldirektion IV. Im Zuge der 7. GWB-Novelle wird möglicherweise auch im deutschen Recht ein System der Legalausnahme eingeführt werden.

[314] Beachte aber *Temple Lang*: Decentralised Enforcement of Community Competition Law, S. 6, der trotz allem Fälle für denkbar hält, die weder von den nationalen Gerichten noch von den nationalen Kartellbehörden, sondern ausschließlich von der Kommission zu behandeln seien, ohne freilich konkreter zu werden.

einheitlichen Rechtsanwendung befugt, ein anhängiges Verfahren auszusetzen[315].

Für die Erteilung von Freistellungen nach Art. 81 Abs.3 EG ist demgegenüber die Kommission – abgesehen von eng begrenzten Ausnahmefällen[316] – ausschließlich zuständig (Art. 9 Abs.1 VO Nr.17). Ihr obliegt in diesem Rahmen die umfassende wettbewerbliche Würdigung der gegen Art. 81 Abs.1 EG verstoßenden Absprache. Die Kommission hat wettbewerbsfördernde Effekte in Rechnung zu stellen und die Vereinbarung einer Gesamtabwägung unter Berücksichtigung der in Art. 81 Abs.3 EG benannten Faktoren zu unterziehen. Dabei ist der Kommission ein erheblicher wirtschaftlicher Beurteilungsspielraum eröffnet[317]. Durch ihre Freistellungspraxis kann die Kommission mithin maßgeblichen Einfluß auf die Wettbewerbspolitik der Gemeinschaft nehmen[318]. Dies gilt um so mehr, wenn man das gegenüber dem deutschen Recht grundsätzlich verschiedene wettbewerbspolitische Verständnis der Europäischen Union berücksichtigt. Wettbewerb ist hiernach kein absoluter Wert, nicht Selbstzweck, so wie das GWB ihn begreift, sondern Mittel zur Erreichung gemeinschaftspolitischer Ziele. In diesem Sinne ist der Wettbewerbsschutz zugunsten anderer Gemeinschaftspolitiken relativierbar[319]. Diese Relativierbarkeit kommt nicht nur in

---

[315] Vgl. EuGH Slg. 1991, I-935, 993 „Delimitis"; früher bereits EuGH Slg. 1974, 51, 62 f. „BRT/SABAM". Vgl. auch die Bekanntmachung der Kommission über die Zusammenarbeit mit den nationalen Gerichten, Tz. 22, sowie *Steindorff*: EG-Vertrag und Privatrecht, S. 341 f.

[316] In zwei Fallgestaltungen hat der EuGH (Slg. 1991, I-935, 993 „Delimitis") dem nationalen Richter das Recht zuerkannt, selbst zur Freistellungsfähigkeit einer Vereinbarung Stellung zu nehmen. Zunächst kann er eine Verletzung von Art. 81 Abs.1 EG dann feststellen und entsprechende Sanktionen anordnen, wenn er eine Anwendung des Art. 81 Abs.3 EG in dem konkreten Fall für ausgeschlossen hält. Ferner ist es ihm auch dann gestattet, nach Maßgabe des nationalen Verfahrensrechts einstweilige Maßnahmen zu treffen, wenn er sich in diesem Zusammenhang zur Anwendbarkeit des Art. 81 Abs.3 EG äußern muß. Vgl. auch die Bekanntmachung der Kommission über die Zusammenarbeit mit den nationalen Gerichten, ABl. 1993 Nr. C 39/6, Tz. 24 ff.

[317] *Deringer* EuZW 2000, 5, 8; *Mestmäcker* EuZW 1999, 523, 526; *Schaub/Dohms*: Das Weißbuch der Europäischen Kommission über die Modernisierung der Vorschriften zur Anwendung der Artikel 81 und 82 EG-Vertrag, Die Reform der Verordnung Nr. 17, S. 16. Vgl. zum Ermessens- bzw. Beurteilungsspielraum der Kommission auch EuGH Slg. 1966, 321, 396 „Grundig/Consten"; 1996, I-1611, 1624 „SPO"; EuG Slg. 1995, II-289, 382 „SPO". Enger *Everling* WuW 1989, 877, 891 f., nach dessen Auffassung der Kommission jenseits von Art. 81 Abs.3 EG kein Spielraum zu eigener Gestaltung zukommen soll. Der Beurteilungsspielraum der Kommission dürfe die wettbewerbspolitische Bewertung nicht umfassen. Einschränkend auch *Weyer* WuW 2000, 842, 849 ff.

[318] Vgl. *Weyer* WuW 2000, 842, 851.

[319] EuGH Slg.1973, 215, 244 ff. „Continental Can"; vgl. auch EuGH Slg. 1969, 1, 14 „Walt Wilhelm"; 1989, 803, 848 „Ahmed Saeed". Bezeichnend auch die Ausführungen des früheren Wettbewerbskommissars *Van Miert* (WuW 1995, 553, 554): „Die Wettbewerbspolitik der

der Formulierung der allgemeinen Vertragsziele (Art. 2 EG) zum Ausdruck, sondern ganz konkret in einer Vielzahl sogenannter Querschnittsklauseln, welche die Berücksichtigung entsprechender Belange auch im Rahmen der Wettbewerbspolitik rechtsverbindlich vorschreiben[320]. Diese Entwicklung scheint durch die beiden letzten Vertragsrevisionen eher gefördert als zurückgenommen worden zu sein[321].

Dieselbe Aufgabe, nämlich positive und negative Wettbewerbswirkungen mit anderen Gemeinschaftspolitiken in Ausgleich zu bringen, sollen nach den Reformvorstellungen der Kommission künftig auch die nationalen Gerichte wahrnehmen[322]. Denn – so die Auffassung der Kommission – die im Rahmen von Art. 81 Abs.3 EG implizierten Ermessensbefugnisse seien nicht dergestalt, daß sie ausschließlich von einer Verwaltungsbehörde ausgeübt werden könnten[323]. Die nationalen Gerichte werden demnach eine die Wettbewerbspolitik mitgestaltende Funktion erlangen[324]. Dem steht nicht entgegen, daß die Kommission besonderen Wert darauf legt, auch nach Fortfall des Freistellungsmonopols die Richtlinien der Wettbewerbspolitik selbst festzulegen, sei es durch eine vermehrte Veröffentlichung von Leitlinien, durch Gruppenfreistellungsverordnungen oder durch die Entscheidungen in Einzelfällen[325]. Auch die in Art. 16 Abs.1 VO Nr. 1/2003 begründete Verpflichtung der nationalen Gerichte, keine Entscheidungen zu erlassen, die zu Entscheidungen der Kommission in Widerspruch stehen, nimmt diesen nicht eine eigene Gestaltungsfunktion.

Mit der deutschen Kartellrechtstradition, die dem Gedanken der *rule of law* verpflichtet ist, scheinen die Reformvorschläge der Kommission nur schwer ver-

---

Kommission findet nicht in einem Vakuum statt. Sie hat stets auch die Auswirkungen in anderen Politikbereichen der Kommission mit in Betracht zu ziehen, wie etwa Industrie-, Regional-, Sozial- und Umweltpolitik."

[320] Vgl. etwa Art. 127 Abs.2 EG (Beschäftigungspolitik), Art. 151 Abs.4 EG (kulturelle Aspekte), Art. 157 Abs.3 S.1 EG (Industriepolitik), Art. 178 EG (Entwicklungspolitik).

[321] Vgl. schon zum Vertrag von Maastricht *Immenga*, in: *Gerken* (Hrsg.): Europa 2000 - Perspektive wohin? Die europäische Integration nach Maastricht, S. 147 ff.; *I. Schmidt*, in: Wirtschaftsdienst Bd. 72 (1992), 628 ff.; zum Vertrag von Amsterdam *A. Schmidt* WuW 1999, 133 ff.

[322] Zu eventuellen Schwierigkeiten einer Anwendung von Art. 81 Abs.3 EG insbesondere im Zivilverfahren vgl. *Jaeger* WuW 2000, 1062, 1072 ff.

[323] Kommissionsvorschlag, S. 5.

[324] Zur Gestaltung der Wettbewerbspolitik durch Entscheidungen nach Art. 81 Abs.3 EG vgl. EuGH Slg. 1989, 803, 848 „Ahmed Saeed".

[325] Kommissionsvorschlag, S. 10, 12, 17 f., 21 f. Weißbuch der Kommission, Tz. 83 ff. In Art. 10 VO Nr. 1/2003 wird der Kommission aus diesem Grund die Befugnis eingeräumt, für einzelne Vereinbarungen festzustellen, daß die Voraussetzungen des Art. 81 Abs.1 EG nicht vorliegen (sog. Positiventscheidungen).

einbar[326]. Bezeichnend hierfür sind die unterschiedlichen Konzeptionen des Art. 81 Abs.3 EG einerseits und der §§ 2 ff. GWB andererseits. Dem generalklauselartigen Freistellungstatbestand des europäischen Rechts setzt das GWB ein grundsätzlich dem Enumerationsprinzip folgenden Katalog von Befreiungstatbeständen entgegen. An die Stelle der weiten wirtschaftspolitischen Beurteilungsspielräume, die Art. 81 Abs.3 EG gewährt, treten enge Vorgaben des Gesetzgebers. Allgemein- und wirtschaftspolitische Belange sind von der Berücksichtigung weitestgehend ausgeschlossen. Wo sie unentbehrlich bleiben, sind sie dem Bundeswirtschaftsminister als politisch verantwortlicher Instanz zur Entscheidung übertragen (§§ 8, 71 Abs.5 S.2 GWB). Einen gewissen Bruch stellt insofern allein der im Zuge der 6. GWB-Novelle eingeführte Auffangtatbestand des § 7 GWB dar, der in seinem Wortlaut weitgehend Art. 81 Abs.3 EG nachempfunden ist[327]. Mit der Betonung seiner Eigenschaft als reiner Auffangtatbestand ist jedoch klargestellt, daß eine Umgehung der den §§ 2 bis 6 GWB zugrunde liegenden Wertungen mittels der Generalklausel nicht in Betracht kommt. Ferner hat der Gesetzgeber mit Bedacht auf die Übernahme des Tatbestandsmerkmals „Förderung des technischen und wirtschaftlichen Fortschritts“ verzichtet, um Mißverständnissen in der Richtung vorzubeugen, § 7 GWB sei als industriepolitische oder gemeinwohlorientierte Öffnungsklausel zu verstehen[328]. Auch hat der deutsche Gesetzgeber im Zuge der 6. GWB-Novelle das bestehende Anmeldesystem beibehalten. Mit § 5 c GWB a.F. hat er sogar die einzige Legalausnahme zugunsten der Regelung in § 9 Abs.4 GWB abge-

---

326 Auf die Bedeutung des rule of law-Prinzips weisen insbesondere hin *Möschel*, in: Frankfurter Institut (Hrsg.): Kartellrecht in der Reform, S. 45, 50, sowie der wissenschaftliche Beirat beim Bundesministerium für Wirtschaft in seiner Stellungnahme zu einer 6. GWB-Novelle (WuW 1996, 812, 816).

327 Gegen die Übernahme einer Art. 81 Abs.3 EG vergleichbaren Generalklausel haben sich im Zuge der Diskussion um die 6. GWB-Novelle ausgesprochen *Dreher* WuW 1995, 881, 896 f., 899; *Kerls*: Die Anpassung des deutschen Kartellverbots und seiner Ausnahmen an das europäische Recht, S. 174 ff.; *Möschel*, in: Frankfurter Institut (Hrsg.): Kartellrecht in der Reform, S. 45, 49 ff.; *Wolf*, in: Frankfurter Institut (Hrsg.): Kartellrecht in der Reform, S. 26, 29 f. Vgl. auch die ablehnende Stellungnahme des wissenschaftlichen Beirats beim Bundesministerium für Wirtschaft WuW 1996, 812, 816 f. Grundlage der ablehnenden Haltung war dabei meist die Befürchtung, das europäische Verständnis von Wettbewerbspolitik könnte Einzug auch in das GWB halten. Für eine Generalklausel hingegen *Bunte* WuW 1994, 5, 8 f., 11 f., 17.

328 Begr. RegE, BT-Drucks. 13/9720, S. 33, 48; ebenso *Möschel*, in: Frankfurter Institut (Hrsg.): Kartellrecht in der Reform, S. 45, 50. Auch für den Marktbeherrschungsbegriff in § 19 Abs.1 Nr.2 GWB ist eine Aufnahme des Merkmals „Entwicklung des technischen und wirtschaftlichen Fortschritts“ vorgeschlagen worden; vgl. *Groger*, in: Frankfurter Institut (Hrsg.): Kartellrecht in der Reform, S. 35, 41. Der Gesetzgeber ist dem nicht gefolgt.

schafft[329]. Damit bleiben wettbewerbspolitische Beurteilungsspielräume, soweit sie in den §§ 2 ff. GWB überhaupt noch eröffnet sind, den Kartellbehörden vorbehalten. Weder können die zugrundeliegenden Erwägungen vollumfänglich im Beschwerdeverfahren (§ 71 Abs.5 GWB) überprüft werden, noch steht es den Zivilgerichten zu, selbst über eine mögliche Befreiung vom Kartellverbot zu entscheiden[330].

Dennoch wird sich die deutsche Zivilgerichtsbarkeit den Vorgaben der neuen VO Nr. 1/2003 anzupassen haben. Zugleich wird auf Seiten des deutschen Kartellrechts das Bedürfnis nach einer weitergehenden Harmonizierung mit dem gemeinschaftsrechtlichen Sanktionsmechanismus begründet. Nur soweit es zu einer Harmonisierung der grundlegenden Regulierungsmechanismen auch zwischen dem europäischen Wettbewerbsrecht und den nationalen Kartellrechtsordungen kommt, ist das von der Kommission angestrebte Ziel der Schaffung gleicher Wettbewerbsbedingungen für alle in der Europäischen Union tätigen Unternehmen zu verwirklichen[331]. Ziel muß es dabei sein, die Zivilgerichte konsequenter in die Durchsetzung des Kartellrechts einzubeziehen. Eine dahingehende Tendenz zeigt sich nicht nur im Rahmen der von der Kommission angestrebten Modernisierung des Kartellverfahrensrechts. In die gleiche Richtung weist die neue Gruppenfreistellungsverordnung für vertikale Vereinbarungen und abgestimmte Verhaltensweisen, die den unmittelbar justiziablen Bereich des Art. 81 Abs.3 EG bereits de lege lata wesentlich erweitert hat[332]. Eine vergleichbare Entwicklung zeigt sich in denjenigen Mitgliedsstaaten, deren nationale Kartellrechtsordnungen bereits heute ähnlich Art. 81 Abs.3 EG die Möglichkeit gruppenweiser Freistellungen vorsehen[333].

Harmonisierung in diesem Sinne meint indessen nicht, daß das Genehmigungssystem der §§ 2 ff. GWB zwingend durch Legalausnahmen ersetzt oder zumindest die Möglichkeit von Gruppenfreistellungen vorgesehen werden müßte. Auch der gemeinschaftsrechtliche Ersatzanspruch ist nicht zwingend in seinen Voraussetzungen wie konkreten Ergebnissen in das deutsche Recht zu überführen. Entscheidend ist eine Harmonisierung mit Blick auf das grundlegende Kon-

---

329 Vgl. Begr. RegE, BT-Drucks. 13/9720, S. 34. Für die Beibehaltung des Anmeldesystems auch *Bunte* WuW 1994, 5, 12 ff.

330 Im Zuge der 7. GWB-Novelle wird die Einführung eines Systems der Legalausnahme erwogen, um – im Hinblick auf die VO Nr. 1/2003 – eine weitergehende Angleichung des deutschen an das europäische Wettbewerbsrecht zu erreichen.

331 Vgl. hierzu Kommissionsvorschlag, S. 9.

332 Verordnung (EG) Nr. 2790/1999 der Kommission vom 22.12.1999 über die Anwendnung von Art. 81 Absatz 3 des Vertrags auf Gruppen von vertikalen Vereinbarungen und aufeinander abgestimmte Verhaltensweisen, ABl. 1999 Nr. L 336/21.

333 Ein Überblick über die diesbezüglichen Regelungen der Mitgliedsstaaten findet sich bei *Dreher* WuW 1995, 881, 894 f.

zept des Zivilrechtsschutzes auf dem Gebiet des Kartellrechts. Insoweit ist dem europäischen Rechtsbestand die Erkenntnis zu entnehmen, daß die Zivilgerichte neben den Kartellbehörden gleichberechtigt mit der Durchsetzung des Kartellrechts betraut sind. Auch die Zivilgerichte, die über die Nichtdurchführung kartellrechtwidriger Vereinbarungen und Schadensersatzklagen befinden, nehmen öffentliche Interessen wahr; ihre Tätigkeit ist gerade nicht auf den Schutz individueller Rechte beschränkt[334]. Ein grundsätzlicher Vorrang der Kartellbehörden läßt sich nicht aus der Verwaltungsrechtslehre begründen. Maßgeblich ist eine an den Maßstäben ökonomischer Effizienz ausgerichtete Allokation der Rechtsdurchsetzungsbefugnisse. In diesem Sinne ist auch die Sanktion des Schadensersatzes zu verstehen, die sich nicht primär aus dem Kompensationsgedanken, sondern – insofern der Geldbuße gleich – aus ihrer präventiv verhaltenssteuernden Wirkung erklärt. Schließlich ist davon auszugehen, daß die Zivilgerichte der ihr mit der Durchsetzung des Schadensersatzanspruchs im Rahmen des Sanktionensystems zugewiesenen Funktion grundsätzlich gewachsen sind. Dabei stellt auch die Kommission nicht in Abrede, daß aufgrund der besonderen Komplexität kartellrechtlicher Sachverhalte im Einzelfall erhebliche Schwierigkeiten auftreten können[335]. Auf die Mitwirkung der nationalen Gerichte will die Kommission dennoch nicht verzichten. Gemäß Art. 15 Abs.1 VO Nr. 1/2003 sollen die mit der Anwendung der Art. 81 oder 82 EG befaßten Gerichte die Befugnis erhalten, in solchen Fällen die Kommission in Rechtsfragen zu konsultieren und um die Übermittlung von tatsächlichen Information zu ersuchen[336]. Die Kommission ihrerseits erhält – vergleichbar den §§ 90, 96 GWB[337] – gemäß Art. 15 Abs.3 S.3, 4 VO Nr. 1/2003 das Recht, solchen Verfahren als *amicus curiae* beizutreten. Weitere Vorschläge von Vertretern der Generaldirektion IV reichen von einer Stärkung der wirtschaftlichen Kompetenz der Richter durch Fortbildungsprogramme über die Bildung spezieller Wettbewerbsgerichte unter Beteiligung von Wirtschaftswissenschaftlern bis hin zur Einführung einer *class action* nach US-amerikanischem Vorbild[338]. Im Einzelfall wird man dennoch zu dem Ergebnis gelangen dürfen, daß eine Einbeziehung der Zivilgerichte ökonomisch ineffizient ist. Die pauschale Behauptung, die Zivilgerichte seien zu einer sach-

---

334 *Baudenbacher* WuW 2000, 1171.

335 Vgl. etwa die Ausführungen in der Bekanntmachung über die Zusammenarbeit der Kommission mit den nationalen Gerichten, ABl. 1993 Nr. C 39/6, Tz. 32.

336 Vgl. auch schon die Bekanntmachung über die Zusammenarbeit der Kommission mit den nationalen Gerichten, ABl. 1993 Nr. C 39/6, Tz. 37 ff.

337 Die Kommission nimmt ausdrücklich auf die deutsche Regelung Bezug; vgl. Weißbuch der Kommission, Tz. 107 sowie dort Fn. 63.

338 *Schaub/Dohms*: Das Weißbuch der Europäischen Kommission über die Modernisierung der Vorschriften zur Anwendung der Artikel 81 und 82 EG-Vertrag, Die Reform der Verordnung Nr. 17, S. 16; *Temple Lang*: Decentralised Enforcement of Community Competition Law, S. 4.

gemäßen Bewältigung kartellrechtlicher Sachverhalte nicht in der Lage, wie sie aus der Diskussion um den Schutzgesetzcharakter von § 22 GWB a.F. bekannt ist[339], läßt sich demgegenüber nicht aufrecht erhalten.

339 Vgl. hierzu oben sub 3. Teil, B.II.6.

5. Teil: Dogmatische Neuorientierung der privaten Rechtsdurchsetzung im deutschen Kartellrecht: Harmonisierung mit dem europäischen Wettbewerbsrecht als Ziel der 6. GWB-Novelle

Ihrem Gesetzentwurf zur 6. GWB-Novelle hat die Bundesregierung ausdrücklich die Harmonisierung mit dem europäischen Wettbewerbsrecht als Zielsetzung vorangestellt[1]. Dennoch ist das GWB auch nach Inkrafttreten der 6. GWB-Novelle keine bloße Kopie des europäischen Kartellrechts. Am augenfälligsten wird dies wohl bei der Regelung der Ausnahmen vom Kartellverbot. Hier hat der deutsche Gesetzgeber bewußt auf die Übernahme einer Art. 81 Abs.3 EG entsprechenden Generalklausel verzichtet, sondern ist dem bestehenden Enumerationsprinzip im wesentlichen (vgl. aber auch § 7 GWB[2]) Treu geblieben[3]. Auch bei der Behandlung vertikaler Wettbewerbsbeschränkungen ist der deutsche „Sonderweg" beibehalten worden[4]. Eine Vollharmonisierung war im Zuge der 6. GWB-Novelle zu keiner Zeit beabsichtigt. In der Begründung des Regierungsentwurfs heißt es hierzu:

> „Harmonisierung mit dem EG-Recht bedeutet einerseits Schaffung weitgehend übereinstimmender Rechtsgrundlagen in einem einheitlichen europäischen Wirtschaftsraum, andererseits aber auch Beibehaltung des deutschen Wettbewerbsrechts, wo es konkretere Regelungen enthält, wo sich das europäische Recht noch in der Entwicklung befindet oder wo das nationale Recht dem europäischen deutlich überlegen ist[5]."

---

[1] Begr. RegE, BT-Drucks. 13/9720, S. 1, vgl. auch S. 30.

[2] Der allgemeine Freistellungstatbestand in § 7 Abs.1 GWB ist nicht mit der Generalklausel in Art. 81 Abs.3 EG vergleichbar. Er ist nicht Grund-, sondern nur Auffangtatbestand und darf daher insbesondere nicht zu einer sachlichen Ausweitung der enumerativ aufgezählten Freistellungstatbestände verwendet werden, wie § 7 Abs.2 GWB sicherstellt (vgl. *Bunte* DB 1998, 1748, 1750; *Kahlenberg* BB 1998, 1593, 1595). Im übrigen soll er ausdrücklich nicht als industriepolitische oder gemeinwohlorientierte Öffnungsklausel dienen (vgl. Begr. RegE, BT-Drucks. 13/9720, S. 33). Herbe Kritik dennoch seitens der Monopolkommission: XII. Hauptgutachen 1996/97, S. 60 (Tz. 94).

[3] Zustimmend der wissenschaftliche Beirat beim Bundesministerium für Wirtschaft, WuW 1996, 812, 816 f.; *Lutz* GewA 1997, 265, 275; *Möschel*, in: Frankfurter Institut (Hrsg.): Kartellrecht in der Reform, S. 45, 49 ff.; *Wolf*, in: Frankfurter Institut (Hrsg.): Kartellrecht in der Reform, S. 26, 29 f.; für eine Übernahme von Art. 81 Abs.3 EG votierte hingegen *Bunte* WuW 1994, 5, 11 f., 17 f.

[4] Zustimmend *Groger*, in: Frankfurter Institut (Hrsg.): Kartellrecht in der Reform, S. 35, 39 f.; *Van den Bergh/Camesasca* WuW 1998, 1147, 1149 ff. Im Zuge der 7. GWB-Novelle werden eine Übernahme von Art. 81 Abs.3 EG, die Einführung eines Systems der Legalausnahme und die Einbeziehung vertikaler Wettbewerbsbeschränkungen in einen neuzufassenden § 1 GWB diskutiert.

[5] Begr. RegE, BT-Drucks. 13/9720, S. 30. In diesem Sinne auch Monopolkommission: XI. Hauptgutachten 1994/95, S. 388 ff. (Tz. 897 ff.), sowie das Gutachten des wissenschaftli-

Die Angleichung des GWB an das europäische Recht wird damit deutlich vorsichtiger vollzogen als in anderen Mitgliedsstaaten. So hat der britische Gesetzgeber bei der Neufassung des Competition Act im Jahre 1998 nicht nur das Kartellverbot des Art. 81 EG und das Mißbrauchsverbot des Art. 82 EG wörtlich übernommen, sondern ausdrücklich deren Auslegung durch den Gerichtshof auch für die Anwendung des nationalen Rechts als maßgeblich bestimmt (vgl. Section 60 Competition Act 1998). Eine entsprechende Auslegungsregel findet sich seit 1990 auch in Art. 1 Abs.4 des italienischen Kartellgesetzes[6]. Nicht gesetzlich verankert, aber doch zumindest in den Gesetzesmotiven vorgesehen ist eine Auslegung des nationalen Rechts nach Maßgabe der europäischen Entscheidungspraxis auch in Dänemark[7] und Finnland[8]. Der deutsche Gesetzgeber hat sich demgegenüber dem mit einer solchen dynamischen Verweisung verbundenen „Automatismus" bewußt entzogen. Statt dessen hat er sich auf den Hinweis beschränkt, eine weitere Angleichung des nationalen Wettbewerbsrechts an künftige Entwicklungen des EG-Rechts sei nicht ausgeschlossen[9].

Auch in Bezug auf die Frage, unter welchen Voraussetzungen Verstöße gegen kartellrechtliche Verbotsnormen einen Anspruch auf Ersatz des hieraus entstandenen Schadens zu begründen vermögen, kann daher nicht davon ausgegangen werden, der Gesetzgeber habe vorbehaltlos auf das europäische Recht verweisen wollen. Vielmehr bedarf es einer detaillierten Analyse der hinter der 6. GWB-Novelle stehende Motive. Die durch den Gesetzeswortlaut gezogenen Grenzen sind zu beachten. Die gilt insbesondere für die Zuwiderhandlung gegen das Mißbrauchsverbot des § 19 GWB.

A. Die Aufwertung des Deliktsrechts im Sanktionensystem des GWB als Ziel der 6. GWB-Novelle

§ 33 S.1 GWB in der Fassung der 6. GWB-Novelle bestimmt:

> „Wer gegen eine Vorschrift dieses Gesetzes oder eine Verfügung der Kartellbehörde verstößt, ist, *sofern die Vorschrift oder die Verfügung den Schutz eines anderen bezweckt*, diesem zur Unterlassung verpflichtet; fällt ihm Vorsatz

---

chen Beirats beim Bundesministerium für Wirtschaft, WuW 1996, 812 ff.; *Van den Bergh/ Camesasca* WuW 1998, 1147, 1149 ff.

[6] Vgl. die Übersetzung bei *Dreher* AG 1993, 437, 441: „Die in den vorliegenden Absätzen aufgeführten Bestimmungen werden nach den Grundsätzen der EG-Wettbewerbsregeln ausgelegt."

[7] Hierzu *Zinsmeister* WuW 1999, 115, 119.

[8] Hierzu *Dreher* AG 1993, 437, 442; *Nuolimaa* EuZW 1993, 88, 90.

[9] Begr. RegE, BT-Drucks. 13/9720, S. 30; siehe aber auch S. 51, wo für den neuen Mißbrauchstatbestand des § 19 Abs.4 Nr.4 GWB ausdrücklich auf die „vom Europäischen Gerichtshof bestätigte Praxis der Europäischen Kommission" hingewiesen wird.

> oder Fahrlässigkeit zur Last, ist er auch zum Ersatz des aus dem Verstoß entstandenen Schadens verpflichtet[10]."

Die Norm entspricht ihrem Wortlaut nach weitgehend § 35 Abs.1 S.1 GWB a.F. Allein der Anspruch auf Unterlassung findet nunmehr ausdrücklich Erwähnung, so daß es des Rückgriffs auf § 1004 BGB nicht mehr bedarf. Das Schutzgesetzprinzip als tragendes Konzept des deliktischen Rechtsschutzes ist demgegenüber im Wortlaut des § 33 S.1 GWB erhalten geblieben[11]. Es ginge jedoch zu weit, wollte man aus der Absage des Gesetzgebers an eine Vollharmonisierung schließen, die deliktischen Rechtsfolgen kartellrechtswidrigen Verhaltens haben von der Abgleichung mit den europarechtlichen Vorgaben völlig ausgeschlossen werden sollen. Das Gegenteil ist nachweislich für § 19 GWB der Fall. Hierzu heißt es in der Begründung des Regierungsentwurfs:

> „Der Mißbrauch einer marktbeherrschenden Stellung wird entsprechend Artikel 86 EG-Vertrag durch eine unmittelbar wirkende Verbotsnorm untersagt [...] Mit dem gemeinschaftsrechtlichen Ansatz wird die bessere Vorfeldwirkung erreicht. Darüber hinaus erhalten die Unternehmen die Möglichkeit, sich in Fällen des Mißbrauchs selbst – und ohne Einschaltung der Kartellbehörden – mit zivilgerichtlichen Schadensersatz- und Unterlassungsklagen zur Wehr zu setzen."[12]

An anderer Stelle fügt der Gesetzgeber hinzu:

> „Der bisherige § 35 Abs.2 wird gestrichen, da durch die Umgestaltung des bisherigen § 22 zu einer Verbotsnorm Schadensersatz schon ab Verstoß gegen den neuen § 19 verlangt werden kann[13]."

Hieraus ergeben sich Folgen nicht nur für die Auslegung des § 19 GWB, der zukünftig nach dem Willen des Gesetzgebers grundsätzlich als Schutzgesetz iSv. § 33 GWB zu behandeln sein wird. Vielmehr besteht Anlaß, die dem Deliktsrecht innerhalb des Sanktionensystems des GWB eingeräumte Stellung, die ihm zugewiesenen Aufgaben und seine Bedeutung als Mittel zur Durchsetzung objektiven Rechts einer grundlegenden Neubewertung zu unterziehen. In diesem Sinne vermögen die Vorgaben des europäischen Rechts, insbesondere dessen am Maßstab der Effizienz orientiertes Konzept der Rechtsverleihung, durchaus auch auf die Auslegung des Schutzgesetzprinzips in § 33 GWB Einfluß zu gewinnen.

I. Die „klassische" Funktionsanalyse im deutschen (Kartell-) Deliktsrecht

Für das Bürgerliche Recht wird überwiegend die Auffassung vertreten, Funktion des Deliktsrechts sei primär der Schadensausgleich, nicht hingegen die Bestra-

---

[10] Hervorhebung durch den Verfasser.

[11] Vgl. Begr. RegE, BT-Drucks. 13/9720, S. 42, 55.

[12] Begr. RegE, BT-Drucks. 13/9720, S. 35 f.

[13] Begr. RegE, BT-Drucks. 13/9720, S. 55.

fung des Schädigers[14]. Der Geschädigte solle so gestellt werden, wie er ohne Eintritt des schädigenden Ereignisses stehen würde. In diesem Sinne – orientiert am Interesse des Geschädigten, nicht aber am Verhalten des Schädigers – habe der Ausgleichsgedanke seinen unmittelbaren Niederschlag in § 249 S.1 BGB gefunden[15]. Das Schadensersatzrecht wird gleichermaßen auf die Regelung eines Zwei-Personen-Verhältnisses reduziert. Diese weitgehend individualistische Sichtweise wird lediglich partiell erweitert, soweit dem Ausgleichsgedanken zugleich wesentliche Bedeutung für die Befriedigungsfunktion des Rechts, namentlich in Form von Momenten der Rechtsverfolgung und Genugtuung konstatiert wird. Dabei wird auf den ergänzenden Hinweis, beide Aspekte seien nicht in einem punitiven Sinne zu verstehen, besonderen Wert gelegt. Denn Genugtuung solle dem Einzelnen nur in der Form zu Teil werden, daß er sein Recht durch den Ausgleich bestätigt sehe, nicht aber dadurch, daß der Schädiger bestraft werde. Der Einzelne müsse sich auf den Schutz seiner Rechte verlassen können[16].

Zurückhaltend begegnet die herrschende Ansicht zudem präventiven Aspekten im Schadensersatzrechts. Zwar ist anerkannt, daß Schadensersatzansprüche betriebswirtschaftlich betrachtet Kosten darstellen, und daß der Einzelne daher bestrebt sein wird, sein Verhalten im Sinne einer Minimierung seiner Kosten einzurichten. Gleichwohl soll sich Prävention nach herrschender Ansicht stets nur im Rahmen der übergeordneten Ausgleichsfunktion vollziehen – als erwünschtes Nebenprodukt oder Sekundärfunktion[17] – und bleibt damit einer zweidimensionalen, auf die Personen des Schädigers und des Geschädigten beschränkten Betrachtungsweise verhaftet[18]. Eine weitergehende Instrumentalisierung des Schadensrechts im Sinne der Abschreckung wird als typische Aufgabe des Kriminalstrafrechts für unvereinbar mit dem auf Schadensausgleich angelegten deutschen Zivilrecht angesehen[19]. Diese Auffassung geht auf die Verfasser des BGB zurück, die eine Einbeziehung moralisierender oder strafrechtlicher Gesichtspunkte in das zivile Schadensersatzrecht bewußt verworfen hatten – freilich ohne die zukünftige Entwicklung des Haftungsrechts zu erahnen[20]. Seit ei-

---

[14] MüKo/*Mertens* Vor §§ 823-853 Rdn. 41; Staudinger/*Hager* Vorbem §§ 823 ff. Rdn. 9.

[15] So ausdrücklich *Larenz*: Lehrbuch des Schuldrechts, Band 1, S. 424.

[16] MüKo/*Mertens* Vor §§ 823-853 Rdn. 42 f.; Staudinger/*Hager* Vorbem §§ 823 ff. Rdn. 9.

[17] *Lange*: Schadensersatz, S. 10 f.; *Larenz*: Lehrbuch des Schuldrechts, Band 1, S. 423 f.; MüKo/*Mertens* Vor §§ 823-853 Rdn. 44. Kritisch – wenn auch differenzierter – gegenüber präventiven Funktionen im Deliktsrecht auch *Esser/Schmidt*: Schuldrecht I/2, S. 175 f.

[18] Ähnlich *Kötz*, in: Festschrift für *Steindorff*, S. 643, 645.

[19] So ausdrücklich BGH NJW 1992, 3096, 3103, der gestützt auf diese Argumentation die Anerkennungsfähigkeit US-amerikanischer *punitive damages* Urteile nach § 328 ZPO verneint. Das BVerfG (NJW 1995, 649, 650) hat demgegenüber offengelassen, ob es sich bei *punitive damages* um Sanktionen handelt, die unter das Strafmonopol des Staates fallen.

[20] Mot. II, S. 17 f.

nigen Jahren indessen mehren sich die Stimmen in Rechtsprechung und Literatur, die der Prävention stärkere Bedeutung beimessen wollen.

Differenzierter stellt sich die funktionale Bewertung des Kartelldeliktsrechts dar. Im Schrifttum stark vertreten ist auch hier eine Auffassung, die – gestützt im wesentlichen auf die Begründung des Regierungsentwurfs zum GWB aus dem Jahre 1957[21] – § 35 GWB a.F. weniger als spezifisch kartellrechtliche Sanktionsvorschrift, sondern als ausnahmslos den allgemeinen Regeln folgenden Anspruch aus unerlaubter Handlung begreift. Sie mißt der Ausgleichsfunktion demnach auch für das Kartelldeliktsrecht zentrale Bedeutung bei. Die von drohenden Schadensersatzpflichten ausgehenden Anreize in Richtung kartellrechtskonformen Wettbewerbsverhaltens werden daneben zwar anerkannt. Eine selbständige, über die Ausgleichsfunktion hinausgehende Bedeutung wird der Prävention im öffentlichen Interesse jedoch verweigert. Denn das deutsche Kartellprivatrecht verstehe den Privatkläger – anders als das US-amerikanische – gerade nicht als *private attorney general*[22]. Zuweilen wird eine Instrumentalisierung des privaten Schadensersatzrechts gar für schädlich gehalten, da private Kläger in erster Linie ihre eigenen Interessen verfolgten und nicht sicher sei, daß diese stets oder auch nur überwiegend mit den Allgemeininteressen in Einklang stünden[23].

Ein anderer Teil des Schrifttums hat sich hingegen – dem Grundsatz der Selbständigkeit der kartellrechtlichen Begriffsbildung folgend[24] – von der herkömmlichen Funktionsbeschreibung des deutschen Deliktsrechts und den Vorstellungen des ursprünglichen GWB-Gesetzgebers emanzipiert. Seine Vertreter unterwerfen § 35 GWB a.F. dem Primat der am Maßstab der Wettbewerbsfreiheit orientierten kartellrechtlich-funktional Auslegung[25]. In dem Maße, in dem der

---

[21] Begr. RegE, BT-Drucks. 2/1158, S. 38.

[22] *Müller-Laube*: Der private Rechtsschutz gegen unzulässige Beschränkungen des Wettbewerbs und mißbräuchliche Ausübung von Marktmacht im deutschen Kartellrecht, S. 20 ff.; *Oehler*: Privater Rechtsschutz gegen Wettbewerbsbeschränkungen, 4. Kapitel, II 1; *Roth*, in: Frankfurter Kommentar, § 35 a.F. Rdn. 13 sowie § 33 Rdn. 16; für das Primat der Ausgleichsfunktion auch *Vollmer* DB 1979, 2213, wenngleich mit einer gegenüber Sanktions- und Präventionsgedanken offeneren Haltung. Kritisch insbesondere gegenüber dem Gedanken einer abschreckenden Sanktionierung in Zusammenhang mit den Art. 81 und 82 EG (iVm. § 823 Abs.2 BGB) *Steindorff* 34 C.M.L.R. 1259, 1270 (1997); *Weyer* ZEuP 1999, 424, 452 ff.; *Ders.* EuR 2000, 145, 148.

[23] GK/*Benisch* (4. Aufl.) § 35 Rdn. 3; *Kahrs*: Zivilrechtliche Ansprüche aufgrund einer Verletzung des Diskriminierungsverbots, S. 132 ff.

[24] Hierzu *Rittner*: Wettbewerbs- und Kartellrecht, § 5 Rdn. 76, S. 140 f.

[25] Hierzu *Rittner*: Wettbewerbs- und Kartellrecht, § 5 Rdn. 90, S. 145 f.; *Ders.*: Wirtschaftsrecht, S. 232 f.; *Wohlmann*, in: Festschrift für *Meier-Hayoz*, S. 461 ff. Kritisch hingegen IM/*Immenga* Einleitung Rdn. 67, wonach die funktionale Interpretation zwar eine wirtschaft-

ursprung des Schadensersatzanspruchs im Recht der unerlaubten Handlung damit an Bedeutung für dessen Auslegung verliert, tritt die Integration des Schadensersatzanspruchs in ein einheitliches, auf die Durchsetzung des Kartellrechts ausgerichtetes Sanktionensystem in den Vordergrund. Beispielhaft sei auf die Funktionsanalyse *Emmerichs* verwiesen, der feststellt:

> „§ 35 hat im Rahmen des Sanktionssystems des GWB die Aufgabe, durch die Mobilisierung der Interessen Privater an der Beachtung des Gesetzes für dessen umfassende Duchsetzung in der gesamten Rechtsprechung zu sorgen[26]."

Auch *K. Schmidt* räumt dem Schadensersatzrecht des GWB eine objektiv-präventive Funktion ein, obgleich er dem Gedanken einer privaten Wettbewerbsaufsicht insgesamt durchaus kritisch gegenübersteht. Der Normdurchsetzungsfunktion – so *K. Schmidt* – sei eine der Wiedergutmachung gegenüber *mindestens* gleichrangige Bedeutung beizumessen[27]. Tatsächlich finden sich im GWB diverse Ansätze eines präventiv ausgerichteten Zivilrechtsschutzes. (Spezial-) präventive Zwecke verfolgte insbesondere der in § 35 GWB a.F. zwar nicht ausdrücklich erwähnte, dennoch aber in Verbindung mit § 1004 BGB gewährte und gemäß § 890 ZPO vollstreckbare Unterlassungsanspruch[28]. Der Vorschrift des § 35 Abs.1 S.2 GWB a.F. ist zuweilen der Charakter einer Privatstrafe zuerkannt worden[29]. Darüber hinaus sind de lege ferenda mehrfach Forderungen erhoben worden, den verhaltenssteuernden Effekt des Kartelldeliktsrechts weiter auszubauen[30]. Beachtung hat dabei vor allem die *treble damages* Klage des US-amerikanischen Antitrust Law gefunden[31]. Ob der an solchen Vorschlägen ge-

---

liche Betrachtungsweise erfordern könne; darüber hinaus komme diesem Auslegungstopos jedoch keine eigenständige Bedeutung zu.

[26] IM/*Emmerich* (2. Aufl.) § 35 Rdn.13; ähnlich *Ders.* ZHR Bd. 139 (1975), 501, 517 sowie Bd. 140 (1976), 97, 115; i.E. auch *Hennig*, in: *Langen/Bunte* (8. Aufl.), § 35 Rdn. 3.

[27] *K. Schmidt*: Aufgaben und Leistungsgrenzen der Gesetzgebung im Kartelldeliktsrecht, S. 38, 43 (Hervorhebung durch den Verfasser); *Ders.*: Kartellverfahrensrecht – Kartellverwaltungsrecht – Bürgerliches Recht, S. 328 ff.; in diesem Sinne auch *Mailänder*: Privatrechtliche Folgen unerlaubter Kartellpraxis, S. 12 f.,123 f., 127 f.

[28] *K. Schmidt*: Kartellverfahrensrecht – Kartellverwaltungsrecht – Bürgerliches Recht, S. 328; *Zekoll/Rahlf* JZ 1999, 384, 390.

[29] *K. Schmidt*: Aufgaben und Leistungsgrenzen der Gesetzgebung im Kartelldeliktsrecht, S. 42. In der Tat lassen sich der Gesetzesbegründung entsprechende Hinweise entnehmen; vgl. Begr. RegE zum GWB, BT-Drucks. 2/1158, S. 38. Die Norm ist im Rahmen der 6. GWB-Novelle gestrichen worden, da sie, so die Begründung des Regierungsentwurfs (BT-Drucks. 1379720, S. 55), keine praktische Bedeutung erlangt habe.

[30] Vgl. etwa die Ergebnisse des im Auftrag des Justizministeriums erstellten Gutachtens von *Steindorff* ZHR Bd. 138 (1974), 504, 516, sowie *K. Schmidt*: Aufgaben und Leistungsgrenzen der Gesetzgebung im Kartelldeliktsrecht, S. 38 ff.

[31] In diesem Sinne insbesondere *I. Schmidt*: US-amerikanische und deutsche Wettbewerbspolitik gegenüber Marktmacht, S. 388 ff. Einen ähnlichen Ansatz im Falle der Verletzung von Immaterialgüterrechten verfolgt *Assmann* BB 1985, 15, 21 ff.

übten Kritik befindet sich der Präventionsgedanke auch im deutschen Kartellrecht im Vordringen[32]. Allerdings ist es bislang nicht gelungen, einen Weg aufzuzeigen, der eine dogmatisch schlüssige Einbeziehung dieses Ziels in die Auslegung des die Reichweite des privaten Rechtsschutzes im GWB maßgeblich bestimmenden Schutzgesetzerfordernisses ermöglicht hätte.

II. Neubewertung der Funktionen des Kartelldeliktsrechts im Zuge der 6. GWB-Novelle

Mit der 6. GWB-Novelle tritt der Gedanke der Schadenskompensation als tragende Säule des Kartelldeliktsrechts in den Hintergrund. Die Klagebefugnisse Privater, insbesondere der Schadensersatzanspruch gemäß § 33 GWB, werden gezielt im Sinne einer verbesserten Rechtsdurchsetzung gestärkt. Mit der Überführung der Mißbrauchskontrolle in eine unmittelbar sanktionierte Verbotsnorm vollzieht der Gesetzgeber eine grundlegende wettbewerbspolitische Korrektur. Eine Verbesserung der Vorfeldwirkung von Verbotsnormen soll dabei insbesondere durch zivilrechtliche Sanktionen erreicht werden. Insoweit orientiert sich die 6. GWB-Novelle maßgeblich an dem gemeinschaftsrechtlichen Konzept der unmittelbaren Wirkung. Im Sinne einer Mobilisierung privater Interessen kann weiterhin die partielle Einführung von Drittklagebefugnissen auf dem Gebiet der Zusammenschlußkontrolle gedeutet werden. Insgesamt gebietet die 6. GWB-Novelle daher eine grundlegende Neubewertung der Stellung des kartellrechtlichen Schadensersatzanspruchs im Sankionsmechnismus des GWB.

1. Wettbewerbspolitische Korrektur zugunsten des Verbotsprinzips durch den neuen § 19 GWB

Gemäß § 19 Abs.1 GWB ist die mißbräuchliche Ausnutzung einer marktbeherrschenden Stellung verboten. Folgt man der Ansicht des BGH, wonach § 22 GWB a.F. nicht die Eigenschaft eines Schutzgesetzes beizumessen war, so liegt hierin ein bemerkenswerter Wechsel des wettbewerbspolitischen Regulierungsansatzes gegenüber marktbeherrschenden Unternehmen. Hieraus ergeben sich Folgen nicht nur für die Auslegung von § 33 GWB, sondern für das Konzept des privaten Rechtsschutzes im deutschen Kartellrecht insgesamt. Zur Verdeutlichung sollen zunächst die Grundlagen der Wettbewerbspolitik dargestellt und der im Rahmen von § 22 GWB a.F. verfolgte Ansatz herausgearbeitet werden. Anschließend soll die Neufassung des § 19 GWB wettbewerbspolitisch gewürdigt werden.

a. Der wettbewerbspolitische Regulierungsansatz bei § 22 GWB a.F.

Die Charakterisierung des § 22 GWB a.F. zugrunde liegenden wettbewerbspolitischen Konzepts bereitet Schwierigkeiten. Verantwortlich zeichnet sich hierfür

---

[32] *K. Schmidt*: Kartellverfahrensrecht – Kartellverwaltungsrecht – Bürgerliches Recht, S. 331 ff.; *Zekoll/Rahlf* JZ 1999, 384, 390.

zum einen die teilweise uneinheitliche Terminologie. Problematisch ist eine Einordnung von § 22 GWB a.F. aber auch deshalb, weil kartellrechtliche Vorschriften nur selten einem einzigen Konzept folgen[33]. *I. Schmidt* etwa ordnet § 22 GWB a.F. als Anwendungsfall einer auf dem *rule of reason* Prinzip beruhenden ex post-Kontrolle ein[34]. *Fikentscher* hingegen spricht von einem Mißbrauchsgesetz als Verhaltenskontrolle[35]. Eine eingehende Auseinandersetzung mit dem wettbewerbspolitischen Instrumentarium ist daher an dieser Stelle unverzichtbar. Mit Blick auf § 22 GWB a.F. erscheint eine Darstellung der möglichen Regulierungskonzepte anhand der Dichotomien *structure approach / regulation approach*, *per se rule / rule of reason* sowie Verbotsprinzip / Verbietbarkeitsprinzip am besten geeignet. Die Disziplin der *institutional economics* schließlich setzt diese Regulierungskonzepte zueinander in Beziehung.

(1) ***Structure Approach / Regulation Approach***

Wettbewerbspolitik kann entweder auf die Erhaltung bzw. Wiederherstellung kompetitiver Strukturen angelegt sein (*structure approach*) oder aber die Herausbildung von Marktmacht im Grundsatz dulden und sich damit begnügen, marktbeherrschende Unternehmen, ihr Verhalten und die hierdurch erzielten Marktergebnisse staatlicher Regulierung zu unterstellen (*regulation approach*)[36]. Beide Ansätze sind im deutschen Kartellrecht vertreten. Marktbeherrschung infolge internen Unternehmenswachstums erkennt das GWB als notwendige Folge eines dynamischen Wettbewerbsprozesses an. Mit der Mißbrauchsaufsicht des § 22 GWB a.F. folgt das deutsche Kartellrecht daher einem auf dem *regulation approach* beruhenden Konzept. Unmittelbar auf die Verhinderung wettbewerbsbeschränkter Strukturen ausgerichtet sind hingegen die Regeln der Zusammenschlußkontrolle[37].

(2) ***Per se Rule / Rule of Reason***

Eine auf *per se rules* gestützte Wettbewerbspolitik wird um die Formulierung allgemein anwendbarer Verbotsnormen bemüht sein. Das Wesen solcher *per se*

---

33 *Fehl/Schreiter* ORDO Bd. 48 (1997), S. 219, 224, sprechen bzgl. des GWB von einem „mixtum compositum" verschiedener wettbewerbspolitischer Ansätze.

34 *I. Schmidt*: Wettbewerbspolitik und Kartellrecht, S. 144.

35 *Fikentscher*: Wirtschaftsrecht, Band II, S. 235.

36 Denkbar, allerdings von nur beschränkter praktischer Relevanz, sind weiterhin ein *laissez-faire approach*, d.h. ein grundsätzlicher Verzicht auf jede Art staatlicher Wettbewerbspolitik, sowie ein *ownership approach*, der auf eine Verstaatlichung marktmächtiger Unternehmen hinausläuft. Vgl. hierzu den Überblick bei *I. Schmidt*: Wettbewerbspolitik und Kartellrecht, S. 139 ff.

37 Anders als das interne wird das externe Unternehmenswachstum in der Wettbewerbstheorie eher kritisch beurteilt. Vgl. *Hoppmann*: Fusionskontrolle, S. 64 ff. mit Nachweisen insbesondere aus der US-amerikanischen Volkswirtschaftslehre.

rules hat der U.S. Supreme Court in *Northern Pacific Railway Co. v. U.S.* umschrieben:

> "However, there are certain agreements or practices which because of their pernicious effect on competition and lack of any redeeming virtue are conclusively presumed to be unreasonable and therefore illegal without elaborate inquiry as to the precise harm they have caused or the business excuse for their use. This principle of per se unreasonableness not only makes the type of restraints which are proscribed by the Sherman Act more certain to the benefit of everyone concerned, but it also avoids the necessity for an incredibly complicated and prolonged economic investigation into the entire history of the industry involved, as well as related industries, in an effort to determine at large whether a particular restraint has been unreasonable – an inquiry so often wholly fruitless when undertaken[38]."

Die Formulierung einer *per se rule* ist hiernach angezeigt, wenn aufgrund einer abstrakt generellen Bewertung feststeht, daß eine Verhaltensweise entweder (1) stets negative Wirkungen auf den Wettbewerb hat, oder (2) teils negative, teils neutrale, jedoch niemals positive Wirkungen auf den Wettbewerbs hat, oder (3) teils negative, teils neutrale und teils positive Wirkungen auf den Wettbewerb hat, die negativen Wirkungen die positiven jedoch bei weitem überwiegen[39].

Das wettbewerbspolitische Konzept der *rule of reason* stützt sich demgegenüber auf eine einzelfallorientierte Kontrolle von Marktverhalten und Marktergebnissen und versucht so den Schematismus von *per se rules* zu vermeiden, der selbst dort ein Abweichen nicht zuläßt, wo dies wettbewerbspolitisch wünschenswert erscheint. Der Rechtsanwender hat in jedem Einzelfall Vor- und Nachteile einer Verhaltensweise zu ermitteln und sie gegeneinander abzuwägen, um so die (Un-) Angemessenheit einer Wettbewerbsbeschränkung festzustellen[40]. *Rule of reason* Normen sind dort sinnvoll, wo unternehmerische Strategien sowohl wettbewerbsbeschränkend als auch wettbewerbsfördernd wirken können, die Wettbewerbskonformität jedoch im Regelfall überwiegt[41].

Der für § 22 GWB a.F. zentrale Begriff des Mißbrauchs läßt eine marktergebnisbezogene Einzelfallkontrolle nach Maßgabe der *rule of reason* ebenso zu wie

---

38 Northern Pacific Railway Co. v. U.S., 356 U.S. 1, 5 (1958). Eine Übersetzung der Textstelle findet sich bei *I. Schmidt* WiSt 1981, 282.

39 Carl Kaysen & Donald F. Turner, Antitrust Policy 143 (1965); *I. Schmidt* WiSt 1981, 282, 283.

40 *I. Schmidt* WiSt 1981, 282, 283.

41 *I. Schmidt*: Wettbewerbspolitik und Kartellrecht, S. 144. Eine auf entscheidungstheoretischen Überlegungen beruhende Begründung für *per se rules* findet sich bei C. Frederick Beckner III & Steven C. Salop, *Decision Theory And Antitrust Rules*, 67 Antitrust L. J. 41, 62-67 (1999).

eine abstrakte Verhaltenskontrolle im Sinne einer *per se rule*[42]. Den unbestimmten Rechtsbegriff „mißbräuchliche Ausnutzung einer marktbeherrschenden Stellung" in diesem Punkte auszufüllen, obliegt zuvorderst der rechtsanwendenden Praxis. Namentlich für die Preismißbrauchsaufsicht hat sich die Rechtsprechung für ein am Maßstab des Als-Ob-Wettbewerbs orientiertes Konzept und damit für die Kontrolle konkreter Marktergebnisse ausgesprochen[43]. Zum Ausdruck kommt der der *rule of reason* folgende Regulierungsansatzes ferner in der Möglichkeit der Rechtfertigung von mißbräuchlichem Verhalten. Schließlich ist der Rechtsanwender auch im Rahmen des Behinderungsmißbrauchs (§ 22 Abs.4 S. 2 Nr.1 GWB) – namentlich in Bezug auf das Merkmal „Beeinträchtigung in einer für den Wettbewerb in erheblichen Weise" – zu einer Marktergebnisprognose angehalten[44]. § 22 GWB a.F. ist daher zutreffenderweise als Regelung der *rule of reason* einzuordnen.

(3) Verbotsprinzip / Verbietbarkeitsprinzip (bzw. ex ante / ex post Kontrolle)[45]

Während die beiden zunächst behandelten Dichotomien primär die Formulierung des Tatbestands wettbewerbsrechtlicher Normen betreffen, verweist die Unterscheidung zwischen Verbotsprinzip und Verbietbarkeitsprinzip auf die Gestaltung der Rechtsfolgenseite. Dem Verbotsprinzip zuzuordnen ist dabei eine

---

[42] Nach *Hoppmann*: Behinderungsmißbrauch, S. 5 ff., läßt noch nicht abschließend beurteilen, inwieweit die Mißbrauchsaufsicht des GWB über marktbeherrschende Unternehmen als Ergebnis- oder Verhaltenskontrolle angelegt ist.

[43] Vgl. IM/*Möschel* § 19 Rdn. 153 ff. m.w.N. Im übrigen hingegen folgt die Mißbrauchsaufsicht jedoch gerade nicht dem Konzept des Als-Ob-Wettbewerbs (IM/Möschel § 19 Rdn. 8). Vgl. auch *Hoppmann*: Behinderungsmißbrauch, S. 5 ff., sowie *Ders.*: Marktmacht und Wettbewerb, S. 28 (dort Fn. 50), der auch für die Preismißbrauchsaufsicht einen verhaltensbezogenen Ansatz favorisiert. Mißbräuchliches Verhalten bei der Gestaltung von Preisen könne sich auch in der Art und Weise äußern, in der ein Unternehmen seine Preise setze.

[44] Vgl. hierzu bereits oben sub 2. Teil, C.II.

[45] Die Begriffspaare „*per se rule / rule of reason*" sowie „Verbotsprinzip / Mißbrauchsprinzip" sind nicht ohne weiteres gleichzusetzen. Es mag sein, daß insbesondere die amerikanische Diskussion über die *per se rule* bzw. die *rule of reason* sich weitgehend mit derjenigen im deutschen Recht um Verbots- und Mißbrauchsprinzip deckt (so *I. Schmidt* WiSt 1981, 282, 283). Beide Begriffspaare beschreiben jedoch selbständige Regulierungsansätze, die durchaus miteinander kombiniert werden können (vgl. *I. Schmidt*: Wettbewerbspolitik und Kartellrecht, S. 143 f.). Sec. 1 Sherman Act etwa konstituiert von seinem Wortlaut her unzweifelhaft ein striktes Verbot wettbewerbsbeschränkender Absprachen. Dennoch hat der U.S. Supreme Court die *rule of reason* in der Entscheidung Standard Oil Co. of New Jersey v. U.S., 221 U.S. 1, 60 (1910) zur allgemeinen Auslegungsregel von Sec. 1 Sherman Act erhoben. Seitdem bedarf die Unterwerfung einer Verhaltensweise unter ein per se Verbot der besonderen Rechtfertigung. Eine zusammenfassende Darstellung zu Sec. 1 Sherman Act findet sich bei *Sangmeister*: Die rule of reason und das per se-Konzept in der Rechtsprechung des Supreme Court der USA zu § 1 Sherman Act.

Norm, die Wettbewerbsbeschränkungen unmittelbar mit den Mitteln des Strafrechts, des Ordnungswidrigkeitenrechts, wahlweise auch des Zivilrechts sanktioniert. Die Rechtsfolgen finden ihren Anknüpfungspunkt in einem Verhalten, daß in der Vergangenheit begonnen worden und möglicherweise sogar bereits abgeschlossen ist. Das im Tatbestand umschriebene Verhaltensgebot wird zeitlich umfassend durchgesetzt. Das Erfordernis der Rechtsklarheit bedarf daher bei Verbotsnormen besonderer Beachtung. Grundlegende Bedeutung hat in diesem Zusammenhang die liberale Rechtsstaatslehre *v. Hayeks* erlangt[46]. Nach ihr ist es die Aufgabe des Staates, die Handlungsspielräume seiner Angehörigen durch die Formulierung allgemeiner (Verbots-) Regeln gegeneinander abzugrenzen und so für den Einzelnen einen Freiheitsraum zu schaffen, innerhalb dessen er seine Entscheidungen autonom, d.h. nach Maßgabe seiner individuellen Ziele und unter Gebrauch seines persönlichen Wissens, treffen kann. Die allgemeinen (Verbots-) Regeln selbst werden, da ihre Kenntnis ähnlich den Naturgesetzen in gewissem Rahmen Gewißheit über die Folgen des eigenen Handelns und die Möglichkeiten fremden Handelns schafft, Grundlage dieser Entscheidungen. Dies gilt jedoch nur, soweit sie auf Umstände abstellen, von denen erwartet werden kann, daß der Einzelne sie kennt oder zumindest festzustellen in der Lage ist. Verbotsgesetze dürfen daher keine Tatbestandsmerkmale enthalten, die auf generell unvorsagbare Marktergebnisse abzielen. Auch müssen sie im übrigen so bestimmt formuliert sein, daß ihr Adressat ohne weiteres voraussehen kann, ob ein von ihm in Betracht gezogenes Verhalten erfaßt wird oder nicht.

Verbietbarkeitsnormen verzichten demgegenüber auf eine rückwirkende Sanktionierung der im Tatbestand umschriebenen Verhaltensweisen, sondern sind auf deren Unterbindung mit Wirkung für die Zukunft gerichtet[47]. Aus wettbewerbspolitischer Sicht sind daher geringere Anforderungen an die Bestimmtheit solcher Normen hinnehmbar[48]. Die rechtstechnische Umsetzung erfolgt mittels

---

[46] Vgl. zu den folgenden Ausführungen *v. Hayek*: Die Verfassung der Freiheit, S. 178 ff., sowie *Ders.* ORDO Bd. 6 (1954), S. 3 ff.

[47] Die Anordnung der Unwirksamkeit von Rechtsgeschäften (vgl. § 22 Abs.5 S.1 GWB a.F.) ist keine Sanktion im eigentlichen Sinn. Sie ist nicht Folge der Verletzung einer Rechtspflicht, sondern Ausdruck der Mißbilligung des Rechtsgeschäfts als solchem (*Rittner*: Wettbewerbs- und Kartellrecht, § 14 Rdn. 22, S. 393).

[48] Zu den gegenüber Verbotsnormen abgesenkten Bestimmtheitsanforderungen vgl. *Clapham*, in: *Cox/Jens/Markert* (Hrsg.): Handbuch des Wettbewerbs, S. 129, 139; *Cox/Hübener*, in: *Cox/Jens/Markert* (Hrsg.): Handbuch des Wettbewerbs, S. 1, 30 f.; *Hoppmann*: Fusionskontrolle, S. 68 f., 81 ff.; *Ders.*, in: *Hoppmann/Mestmäcker*: Normenzwecke und Systemfunktionen im Recht der Wettbewerbsbeschränkungen, S. 1, 14; Carl Kaysen & Donald F. Turner, Antitrust Policy 142 (1965); *Sangmeister*: Die rule of reason und das per se-Konzept in der Rechtsprechung des Supreme Court der USA zu § 1 Sherman Act, S. 98 ff.; *I. Schmidt* WiSt 1981, 282, 283 f.; *K. Schmidt*, in: *Helmrich* (Hrsg.): Wettbewerbspolitik und Wettbewerbs-

verwaltungsrechtlicher Eingriffsermächtigungen, deren Ausübung entweder besonderen Kartellbehörden oder der Regierung zugewiesen ist. Eine solche Verbietbarkeitsnorm stellt insbesondere § 22 GWB a.F. dar.

(4) ***Institutional Economics***

In der praktischen Gestaltung wettbewerbsrechtlicher Normen lassen sich die den materiellen Gehalt kennzeichnenden Prinzipien der *per se rules* bzw. der *rule of reason* einerseits mit den auf die Rechtsfolgentechnik bezogenen Ansätzen des Verbots- bzw. des Verbietbarkeitsprinzips andererseits grundsätzlich miteinander kombinieren[49]. In der Wettbewerbspolitik hat es dabei die Disziplin der *institutional economics* übernommen, die Frage einer adäquaten Kopplung von Normen, Verfahren und Institutionen zu erforschen. Ihr liegt die Überlegung zugrunde, daß die Entscheidung zugunsten eines materiellen wettbewerbspolitischen Ansatzes die Wahl einer bestimmten institutionellen Gestaltung bedingt. *I. Schmidt* faßt die hierbei gewonnenen Ergebnisse in drei Fallgruppen zusammen[50]:

- *Per se rules* sind bevorzugt mit einer juristischen Verfahrenslösung zu kombinieren. Hierunter sind nach der gängigen Definition von *Bartling* alle institutionellen Regelungen zu verstehen, die der Judikative die endgültige Entscheidungskompetenz bei der Durchsetzung wettbewerbspolitischer Maßnahmen überlassen[51].
- Die mit der *rule of reason* verbundene Notwendigkeit, wettbewerbliche Vor- und Nachteile gegeneinander abzuwägen, bedingt eine Übertragung der Rechtsanwendung entweder an Sachverständigenorgane in einem nicht juristischen Verfahren – dies erscheint in der durch das Grundgesetz konstituierten Rechtsordnung wegen Art. 19 Abs.4 GG problematisch – oder an ein autonomes Kartellamt.
- Eine darüber hinaus gehende Abwägung wettbewerblicher mit allgemeinwirtschaftlichen oder allgemeinpolitischen Belangen schließlich ist hingegen im Rahmen einer ökonomisch-politischen Verfahrenslösung demokratisch legitimierten und verantwortlichen Instanzen, also insbesondere der Regierung oder einzelnen Ministern vorzubehalten.

Die in § 22 GWB a.F. vorgesehene Kopplung einer *rule of reason* an die ausschließliche Anwendungskompetenz der Kartellbehörden entspricht den Vorgaben der *institutional economics*.

---

recht, S. 19, 26; *Ders.*: Aufgaben und Leistungsgrenzen der Gesetzgebung im Kartelldeliktsrecht, S. 64 f.

[49] *I. Schmidt*: Wettbewerbspolitik und Kartellrecht, S. 143.

[50] *I. Schmidt*: Wettbewerbspolitik und Kartellrecht, S. 145 f. Ähnlich *Cox/Hübener*, in: *Cox/Jens/Markert*: Handbuch des Wettbewerbs, S. 1, 33 f.

[51] *Bartling*: Leitbilder der Wettbewerbspolitik, S. 62.

b. Wettbewerbspolitische Würdigung des neuen Mißbrauchsverbots

Mit der 6. GWB-Novelle vollzieht das deutsche Kartellrecht für die Mißbrauchsaufsicht den Wandel von der Verbietbarkeitsnorm des § 22 GWB a.F. zu der Verbotsnorm des § 19 GWB. Die nunmehr unmittelbar an mißbräuchliche Verhaltensweisen anknüpfenden Sanktionen ergeben sich aus § 33 GWB (Schadensersatz) einerseits sowie aus § 81 Abs.1 Nr.1 GWB (Bußgeld) andererseits[52]. Über § 33 GWB erfolgt zugleich – wenn auch dem Wortlaut nach weiterhin unter dem Primat des Individualschutzes[53] – die im Verhältnis zu den Kartellbehörden grundsätzlich gleichberechtigte Einbeziehung der Zivilgerichte in das System der Wettbewerbsaufsicht über marktbeherrschende Unternehmen. Im übrigen läßt die 6. GWB-Novelle das Konzept der Mißbrauchsaufsicht über marktbeherrschende Unternehmen unverändert. Dies gilt sowohl für die grundsätzliche Inkaufnahme von Marktmacht infolge internen Unternehmenswachstums (*regulation approach*) wie für die Formulierung des Normtatbestands im Sinne einer *rule of reason*.

Aus dem Blickwinkel der *institutional economics* führt der Übergang zu einem unmittelbar sanktionierten Mißbrauchsverbot zu Unstimmigkeiten. Denn der Mißbrauchsbegriff, dessen Auslegung grundsätzlich einer *rule of reason* folgt, ist danach der vom Gesetzgeber nunmehr favorisierten juristischen Verfahrenslösung grundsätzlich nicht zugänglich. Eine wettbewerbspolitisch schlüssige Novellierung der Mißbrauchsaufsicht hätte daher auch den Tatbestand des § 19 GWB erfassen müssen. Mit dem Übergang von der Eingriffsnorm zur Verbotsnorm hätte zugleich die Ablösung der Marktergebniskontrolle durch eine Verhaltenskontrolle einhergehen müssen. Dies folgt auch aus dem neoklassischen Wettbewerbsverständnis, welches dem Verbotsprinzip immanent ist. Begreift man den Wettbewerb als dynamischen Prozeß, als Entdeckungsverfahren, dessen Ergebnisse sich einer Vorhersage entziehen, so kann der grundsätzlich marktergebnisorientierte Regulierungsansatz des § 19 GWB den Mindestanforderungen an die Rechtsklarheit wettbewerblicher Normen nicht gerecht werden.

Eine umfassende Kontrolle des wettbewerblichen Verhaltens marktbeherrschender Unternehmen ohne Rücksicht auf dessen Wirkung wäre allerdings ökonomisch nicht sinnvoll. Eine dahingehende Vermutung, daß bestimmte Verhaltensweisen marktbeherrschender Unternehmen – unter Berücksichtigung langfristiger Wirkungen – regelmäßig Nachteile für den Wettbewerb auf dem betroffenen Markt zeitigen, besteht nur ausnahmsweise. Eine auf *per se rules* gestützte Mißbrauchsaufsicht liefe demnach Gefahr, marktbeherrschende Unternehmen

---

[52] Die verwaltungsrechtliche Mehrerlösabschöpfung knüpft hingegen weiterhin an Zuwiderhandlungen gegen kartellbehördliche Verfügungen an und bezieht nur Mehrerlöse ein, die nach Zustellung einer solchen Verfügung erlangt worden sind (§ 34 GWB).

[53] Vgl. auch Begr. RegE, BT-Drucks. 13/9720, S. 35 f.

auch von der Vornahme ökonomisch effizienter und daher erwünschter Verhaltensweisen abzuschrecken[54].

Vor diesem Hintergrund erscheint die vom Gesetzgeber gewählte Lösung insoweit wettbewerbspolitisch vertretbar, als sie die inhaltliche Ausgestaltung des Mißbrauchsbegriffs weiterhin der Rechtsprechung überläßt. Dies gilt jedenfalls für die Fälle des Behinderungsmißbrauchs (§ 19 Abs.4 Nr.1 GWB). Das Merkmal *in einer für den Wettbewerb auf dem Markt erheblichen Weise* verlangt nicht den konkreten Nachweis eines ineffizienten Marktergebnisses, sondern läßt die diesbezügliche Eignung einer Maßnahme genügen. Damit hat der Gesetzgeber den mit der Rechtsanwendung betrauten Gerichten die Möglichkeit eröffnet, verhaltensorientierte *per se rules* zu formulieren und dem Tatbestand so die notwendige Bestimmtheit zu geben. Im übrigen bleibt es dem marktbeherrschenden Unternehmen unbenommen, im Rahmen des Rechtsfertigungserfordernisses die der *per se rule* zugrunde liegende Vermutung zu entkräften[55]. Steht demgegenüber eine Verhaltensweise in Rede, deren Eignung, die Marktverhältnisse negativ zu beeinflussen, unter den besonderen Umständen des Falles aufgrund der bisherigen Erfahrung nicht hinreichend sicher festgestellt werden kann, so bleibt nur der Rückgriff auf die Generalklausel des § 19 Abs.1 GWB.

Im übrigen allerdings verbleiben schwerwiegende Zweifel an der wettbewerbspolitischen Vertretbarkeit eines unmittelbar sanktionierten Mißbrauchsverbots. Dies gilt insbesondere für die Fälle des Ausbeutungsmißbrauchs, aber auch für die Zugangsverweigerung nach § 19 Abs.4 Nr.4 GWB insoweit, als sie die Festsetzung eines angemessenen Zugangsentgelts erfordert. Zwar ist auch eine verhaltensorientierte Preismißbrauchsaufsicht grundsätzlich denkbar[56]. Allein fehlt es hierfür in der Rechtsprechung an einem hinreichend entwickelten Ansatz. Im übrigen hat die ökonomische Analyse der betreffenden Vorschriften gezeigt, daß eine Durchsetzung im Wege der privaten Schadensersatzklage nicht effizient wäre[57].

Allerdings hat der Gesetzgeber das Ziel einer Aufwertung des Verbotsprinzips in der 6. GWB-Novelle nicht durchgängig verfolgt. Für die Ausnahmen vom

---

[54] Section 2 Sherman Act folgt daher stets einer *rule of reason*. Standard Oil Co. of New Jersey v. U.S., 221 U.S. 1, 60-62 (1911); U.S. v. American Tobacco Co., 221 U.S. 106, 178-80 (1911). Die weitere Konkretisierung des rechtlichen Standards bei Section 2 Sherman Act ist umstritten. Vgl. den Überblick bei Steven C. Salop & Craig Romaine, *Perserving Monopoly: Economic Analysis, Legal Standards, And Microsoft*, 7 Geo. Mason L. Rev. 617, 649-53 (1999); Ronald A. Cass & Keith N. Hylton, *Preserving Competition: Economic Analysis, Legal Standards, And Microsoft*, 8 Geo. Mason L. Rev. 1, 24-30 (1999).

[55] Vgl. zu diesem Verständnis von § 19 Abs.4 Nr.1 GWB bereits oben sub 2. Teil, C.II.

[56] Vgl. etwa den Ansatz bei *Hoppmann*: Behinderungsmißbrauch, S. 5 ff.

[57] Vgl. oben sub 2. Teil, CIIII. und IV.

Kartellverbot (§§ 2 ff. GWB) hat er sich vielmehr strikt gegen die Einführung eines auf Legalausnahmen beruhenden Systems ausgesprochen und das bestehende Anmeldeverfahren nochmals gestärkt. Um deutlich zu machen, daß die Freistellung durch Verfügung und nicht von Gesetzes wegen erfolgt, wurde in die Ausnahmevorschriften durchgängig die Formulierung „können vom Verbot des § 1 freigestellt werden“ aufgenommen. Die bisherige Terminologie „§ 1 gilt nicht“ wurde als mißverständlich bewertet[58]. Materiell-rechtlich hat die 6. GWB-Novelle die letzte bis dahin noch verbliebene Legalausnahme des § 5 c GWB a.F. zugunsten einer Freistellung durch Anmeldung (§§ 4 Abs.2, 9 Abs.4 GWB) abgeschafft[59]. Hierzu heißt es in der Begründung des Regierungsentwurfs:

> „Ausgangspunkt für diese Verfahrensmodifizierung ist die Überlegung, daß die Freistellung von Kartellen gemäß den §§ 2 ff. nach deutscher Rechtstradition aus guten Gründen in einem gesetzlich geordneten, von der Kartellbehörde durchzuführenden Verfahren erfolgt. Legalfreistellungen, wie es sie etwa in Gestalt der Gruppenfreistellungsverordnungen im europäischen Recht gibt, weichen von diesem System ab. [...] Durch diese Rechtskontrolle und die entsprechende Vorfeldwirkung kann den wettbewerblichen Gefahren, die mit der Bildung von Kartellen einhergehen, in erheblichem Umfang entgegengewirkt werden[60].“

Ob ein Anmeldesystem besser geeignet ist, den wettbewerblichen Gefahren von Kartellen entgegenzuwirken, als ein System der Legalfreistellung, erscheint zweifelhaft[61]. Die Kommission hat im Rahmen ihrer Bemühungen um eine Modernisierung der VO Nr.17 zutreffend darauf hingewiesen, daß diejenigen Kartelle, von denen die größte Gefahr für den freien Wettbewerb ausgehe, nur selten im Anmeldeverfahren aufgedeckt würden. Vielmehr binde ein Anmeldesystem erhebliche Ressourcen und hindere die Kartellbehörde an der Verfolgung schwerwiegender Zuwiderhandlungen[62]. Betrachtet man die §§ 2 ff. GWB als gesetzlich festgeschriebene Ausformungen einer *rule of reason*[63], so ließe sich das Anmeldesystem unter Heranziehung der Aussagen der *institutional economics* rechtfertigen. Allerdings hat der Gesetzgeber gerade bei den Ausnahmetatbeständen der §§ 2 ff. GWB besonderen Wert darauf gelegt, die Voraussetzungen der Freistellung so genau als möglich im Gesetz selbst festzuschreiben, um so überhaupt die Möglichkeit richterlicher Nachprüfung der behördlichen Ent-

---

58 Begr. RegE, BT-Drucks. 13/9720, S. 33 f.

59 Begr. RegE, BT-Drucks. 13/9720, S. 33 f. Dementsprechend ist in § 4 Abs.2 GWB die bisherige Formulierung („§ 1 gilt nicht für Vereinbarungen“) beibehalten worden.

60 Begr. RegE, BT-Drucks. 13/9720, S. 34.

61 Im Zuge der 7. GWB-Novelle wird der Übergang zu einem System der Legalausnahme diskutiert.

62 Kommissionsvorschlag, S. 2; Weißbuch der Kommission, Tz. 44 f., 55, 77.

63 In diesem Sinne *I. Schmidt* WiSt 1981, 282, 283.

scheidungen zu gewährleisten[64]. Gegenüber § 19 GWB als auch Art. 81 Abs.3 EG erscheinen die §§ 2 ff. GWB daher noch eher einer unmittelbaren Rechtsanwendung durch die Zivilgerichte zugänglich.

Gegenläufig zu der Einführung des Verbotsprinzips in § 19 GWB verhält sich auch die Beibehaltung des deutschen Sonderwegs bei wettbewerbsbeschränkenden Vertikalvereinbarungen[65]. Solche Vereinbarungen unterwirft das deutsche Recht mit Ausnahme der vertikalen Preisbindung richtigerweise keiner *per se rule*, da mit ihnen regelmäßig auch wettbewerbsfördernde Effekte verbunden sein können. Vielmehr ist ihre wettbewerbsbeschränkende Wirkung im Einzelfall nachzuweisen. Dennoch wäre die Überführung in ein Verbotsgesetz vertretbar gewesen. Zwar mögen unter dem Gesichtspunkt der *institutional economics* Bedenken bestehen. Die Erfahrungen des US-amerikanischen Rechts mit Section 1 Sherman Act zeigen jedoch, daß auch ein Verbot wettbewerbsbeschränkender Vertikalvereinbarungen hinreichend justiziabel sein kann[66].

Auch wenn danach die Einführung des Verbotsprinzips nicht durchgängig für das gesamte GWB erfolgt ist, geht von der Neuregelung des § 19 GWB doch insoweit ein Impuls aus, als die Beibehaltung ausschließlicher kartellbehördlicher Zuständigkeiten in zunehmendem Maße der Rechtfertigung bedarf.

2. Verbesserung der Vorfeldwirkung gerade durch zivilrechtlich sanktionierte Verbotsnormen

Die Hinwendung des GWB zu einer Sichtweise, die das Kartelldeliktsrecht weniger von seiner individualschützenden Ausgleichsfunktion her, sondern zunehmend unter präventiven Aspekten betrachtet, tritt auch in den Begründungserwägungen zu § 19 GWB deutlich hervor. Nochmals sei daher an dieser Stelle die maßgebliche Passage aus der Begründung des Regierungsentwurfes zitiert:

> „Der Mißbrauch einer marktbeherrschenden Stellung wird entsprechend Artikel 86 EG-Vertrag durch eine unmittelbar wirkende Verbotsnorm untersagt. Bisher sieht das GWB eine *Bußgeldsanktion und Schadensersatzansprüche* beim Mißbrauch einer marktbeherrschenden Stellung erst vor, wenn sich ein Unternehmen über eine behördliche Mißbrauchsverfügung hinwegsetzt. [...] Mit dem gemeinschaftsrechtlichen Ansatz wird die *bessere Vorfeldwirkung* erreicht. Darüber hinaus erhalten die Unternehmen die Möglichkeit, sich in Fällen des Mißbrauchs selbst – und ohne Einschaltung der Kartellbehörden – mit zivilgerichtlichen Schadensersatz- und Unterlassungsklagen zur Wehr zu setzen[67]."

---

64 So ausdrücklich Begr. RegE zum GWB 1957, BT-Drucks. 2/1158, S. 19.

65 Hierzu Begr. RegE, BT-Drucks. 13/9720, S. 31.

66 Im Zuge der 7. GWB-Novelle könnte es zu einer Einbeziehung vertikaler Wettbewerbsbeschränkungen in einen neuzufassenden § 1 GWB kommen.

67 Begr. RegE, BT-Drucks. 13/9720, S. 35 f. (Hervorhebungen durch den Verfasser).

Zunächst fällt auf, daß die Verbesserung der Vorfeldwirkung sowohl auf die Bußgeldsanktion als auch auf den Schadensersatzanspruch bezogen wird. Damit findet die Präventionsfunktion des Kartelldeliktsrechts ausdrücklich Anerkennung. Auch ist die Reihenfolge der Erwägungen bemerkenswert: Primär bezweckt ist die bessere Vorfeldwirkung; „nur" darüber hinaus auch Stärkung des individuellen Rechtsschutzes[68].

Eine Gesamtbetrachtung der 6. GWB-Novelle führt jedoch auch in diesem Punkt zu einem uneinheitlichen Bild. Im Gegensatz zu der im Rahmen von § 19 GWB beabsichtigten Stärkung präventiver Aspekte im Kartelldeliktsrecht steht insbesondere der Fortfall der bisher in § 35 Abs.1 S.2 GWB a.F. enthaltenen Regelung, wonach bei Verstößen gegen die Aufnahme in eine Wirtschafts- oder Berufsvereinigung anordnende Verfügungen (§ 27 GWB a.F.) über den Ersatz etwaiger Vermögensschäden hinaus eine billige Entschädigung in Geld verlangt werden konnte. Die Vorschrift sollte ursprünglich einen Ausgleich dafür bereit halten, daß Unternehmen durch die Verweigerung der Aufnahme als solche „minderen Rechts" behandelt wurden[69]. In der Sache kam in ihr jedoch der Gedanke einer privaten Strafe bzw. eines Verwaltungszwangs mit privatrechtlichen Mitteln zum Ausdruck[70]. Zur Begründung der Streichung im Zuge der 6. GWB-Novelle führt der Gesetzgeber an, § 35 Abs.1 S.2 GWB a.F. habe keine praktische Bedeutung erlangt[71]. Dies als Kapitulation des Schadensersatzrechts vor der ihm zugewiesenen Aufsichtsfunktion zu deuten, ginge indessen fehl. Die weitgehende Bedeutungslosigkeit von § 35 Abs.1 S.2 GWB a.F. liegt keinesfalls in der mangelnden Effektivität des Konzepts einer privatrechtlichen Wettbewerbsaufsicht, sondern allein darin begründet, daß ihr Anwendungsbereich auf Fälle begrenzt war, die in der Praxis kaum vorkamen[72]. Eine Verbesserung der Vorfeldwirkung durch privatrechtliche Sanktionen hätte hier eher eine Verschärfung der Haftung erfordert, etwa durch Ausdehnung der in § 35 Abs.1 S.2 GWB a.F. enthaltenen Regelung auf die Verletzung sämtlicher Schutzgesetze und Schutzverfügungen. Im Ergebnis käme dies der US-amerikanischen *treble damages* Klage nach Section 4 Clayton Act nahe[73]. Die

---

68 Kritisch gegenüber der präventiven Vorfeldwirkung des Mißbrauchsverbots *GK/Leo* § 19 Rdn. 24. Die bloße Existenz des Verbots möge marktbeherrschende Unternehmen zwar zu einer genaueren Prüfung ihres Verhaltens bewegen. Die Vorfeldfunktion entziehe sich jedoch einer weiterreichenden qualitativen Analyse.

69 Begr. RegE zum GWB 1957, BT-Drucks. 2/1158, S. 38.

70 *K. Schmidt*: Aufgaben und Leistungsgrenzen der Gesetzgebung im Kartelldeliktsrecht, S. 42.

71 Begr. RegE, BT-Drucks. 13/9720, S. 55.

72 *K. Schmidt*: Aufgaben und Leistungsgrenzen der Gesetzgebung im Kartelldeliktsrecht, S. 42.

73 Für die Einführung eines Mehrfachschadensersatzes insbesondere *I. Schmidt*: US-amerikanische und deutsche Wettbewerbspolitik gegenüber Marktmacht, S. 389 f., der fol-

grundsätzliche Anerkennung präventiver Funktionen im Schadensersatzrechts sowie deren Stärkung gegenüber dem bloßen Ausgleichsgedanken stellt diese Inkonsequenz indessen nicht in Frage.

3. Überführung des Konzepts der unmittelbaren Anwendbarkeit in das deutsche Recht

Einen konkreten Ansatz zur Auslegung des deutschen Kartelldeliktsrechts im Sinne eines auf die effiziente Durchsetzung der Wettbewerbsordnung im Allgemeininteresse gerichteten Sanktionsmechanismus liefert der Verweis des Gesetzgebers auf das dem europäischen Recht entstammende Konzept der unmittelbaren Anwendbarkeit. Insoweit seien nochmals die Ausführungen des Regierungsentwurfs in Bezug auf die Einführung des Mißbrauchsverbots gemäß § 19 GWB betrachtet:

> „Der Mißbrauch einer marktbeherrschenden Stellung wird entsprechend Artikel 86 EG-Vertrag durch eine *unmittelbar wirkende* Verbotsnorm untersagt. [...] Artikel 86 EG-Vertrag enthält dagegen [anders als § 22 GWB a.F.] ein Verbot der mißbräuchlichen Ausnutzung einer marktbeherrschenden Stellung durch ein oder mehrere Unternehmen und ist als *unmittelbar wirkende* Verbotsnorm ausgestaltet[74]."

Der gleich zweifache Hinweis auf die unmittelbare Wirkung ist mit Blick auf die Dogmatik des deutschen Schutzgesetzprinzips bemerkenswert. Daß nur solche Vorschriften als Schutzgesetze in Betracht kommen, die ein bestimmtes Gebot oder Verbot enthalten, hat der auch BGH in ständiger Rechtsprechung zu § 35 GWB a.F. betont[75]. Das qualifizierende Merkmal der unmittelbaren Anwendbarkeit indessen beinhaltet einen speziell europarechtlichen Rechtsbegriff, dem der EuGH die Aufgabe einer umfassenden Justiziabilitätskontrolle zugewiesen hat. Unmittelbar anwendbar ist eine Norm danach nur, wenn sie rechtlich vollkommen ist, also keiner weiteren Konkretisierung bedarf, insbesondere inhaltlich klar und unbedingt ist, keine weiteren Vollzugsmaßnahmen erfordert und bei ihrer Anwendung weder den Gemeinschaftsorganen noch den Mitgliedsstaaten einen Ermessensspielraum beläßt[76]. Hiermit deckt sich das Erfordernis eines bestimmten Gebots oder Verbots, wie es der BGH formuliert hat, nur in einem Teilbereich, nämlich insoweit, als es zum Ausschluß bloßer Ein-

---

gende Ergänzung von § 35 GWB a.F. vorgeschlagen hat: „Ist im Falle des Absatzes 1 Satz 1 der Verstoß vorsätzlich begangen, so kann der Geschädigte Ersatz des Schadens in Geld in dreifacher Höhe verlangen." Ähnlich für Eingriffe in Immaterialgüterrechte auch *Assmann* BB 1985, 15, 21 ff.; dagegen etwa *Benisch*, in: Festschrift für *Hartmann*, S. 37, 48 f.; *K. Schmidt*: Aufgaben und Leistungsgrenzen der Gesetzgebung im Kartelldeliktsrechts, S. 42 ff.; *Steindorff* ZHR Bd. 138 (1974), 504, 515.

74 Begr. RegE, BT-Drucks. 13/9720, S. 35 f. (Hervorhebungen durch den Verfasser).

75 WuW/E BGH 1361, 1364 „Krankenhaus-Zusatzversicherung".

76 Grundlegend EuGH Slg. 1963, 1, 25 f. „van Gend & Loos"; vgl. auch EuGH Slg. 1973, 611, 623 „Capolongo"; 1986, 29, 83 „Hurd".

griffsermächtigungen aus dem Kreis potentieller Schutzgesetze dient. Ein geschlossenes Konzept, auf dessen Grundlage die hinreichende Justiziabilität einer Norm in Ansatz zu bringen wäre, hat sich bisher unter dem Primat des Schutzgesetzprinzips hingegen nicht entwickelt. Die Lösungsansätze in der Literatur variieren. Zuweilen wird auf den verfassungsrechtlichen Bestimmtheitsgrundsatz verwiesen, was zwar den Vorteil einer gesicherten Rechtsgrundlage hat, jedoch die notwendige, dem Merkmal der unmittelbaren Anwendbarkeit eigene Praktikabilität vermissen läßt[77]. Ein anderer Ansatz stützt sich auf den rechtspolitisch vernünftigen Gedanken, die Auslegung des Schutzgesetzprinzips dürfe nicht zu einer Instrumentalisierung des Zivilrechts dort führen, wo das zu seiner Durchsetzung vorgesehene Verfahren keine effiziente Aufgabenwahrnehmung erwarten lasse[78]. Die Schwäche dieses Ansatzes indessen liegt in seiner bisher fehlenden rechtlichen Fundierung.

Vor diesem Hintergrund verdient die vom Gesetzgeber in seinen Erwägungen zu § 19 GWB vorgenommene Differenzierung zwischen dem Verbot als solchem und dessen unmittelbarer Wirkung besondere Beachtung. Sie könnte, nimmt man das Ziel der 6. GWB-Novelle – nämlich die Einführung eines Mißbrauchsverbots *entsprechend* dem EG-Recht – ernst, in Richtung einer Übernahme des Kriteriums der unmittelbaren Anwendbarkeit und seiner Zielsetzung in die Dogmatik des § 33 GWB weisen. Im Sinne der angesprochenen wettbewerbspolitischen Neuausrichtung wie auch einer Stärkung präventiver Aspekte im Schadensersatzrecht wäre ein solcher Schritt grundsätzlich zu begrüßen.

4. Die partielle Einführung von Drittklagebefugnissen im Recht der Zusammenschlußkontrolle

Ansätze in Richtung einer verstärkten Mobilisierung privater Interessen zum Zwecke einer effizienteren Durchsetzung des Kartellrechts finden sich auch in den durch die 6. GWB-Novelle reformierten Vorschriften über die Zusammenschlußkontrolle. Von Belang ist hier vor allem der neue § 40 Abs.2 S.1 GWB, wonach die Freigabe eines Zusammenschlusses im Hauptprüfverfahren nicht mehr wie bisher durch formlose Verwaltungsmitteilung, sondern durch förmliche, insbesondere der Begründung, der Bekanntgabe an die Beteiligten (§ 61 Abs.1 GWB) und der Bekanntmachung im Bundesanzeiger (§ 43 S.1 Nr.2 GWB) bedürftige Verfügung erfolgt[79]. Zur Begründung heißt es im Regierungsentwurf:

---

[77] Vgl. speziell zu § 22 GWB a.F. oben sub 3. Teil, B.II.5.a. Zur praktikabilitätsorientierten Auslegung des Merkmals der unmittelbaren Anwendbarkeit schon oben sub 4. Teil, B.I.

[78] Vgl. speziell zu § 22 GWB a.F. oben sub 3. Teil, B.II.6.

[79] Für Freigabeentscheidungen im Rahmen der ersten Prüfphase (§ 40 Abs.1 GWB) reicht demgegenüber auch weiterhin eine formlose Verwaltungsmitteilung.

„Hierdurch wird die Transparenz der Verfahren, die mit Freigaben abschließen, nicht unerheblich erhöht. Außerdem wir klargestellt, daß Dritte künftig gegen Freigabeentscheidungen Beschwerde einlegen können, wenn sie in eigenen Rechten betroffen sind. Dies kann zwar die Umsetzung unternehmerischer Entscheidungen erschweren. Das Interesse an erhöhter Transparenz der Zusammenschlußkontrolle ist in diesem Fall aber vorrangig[80].“

Demnach stehen hinter der Vorschrift des § 40 Abs.2 S.1 GWB zwei Absichten, nämlich die Erhöhung der Transparenz fusionskontrollrechtlicher Verfahren sowie die Ermöglichung privater (Konkurrenten-) Klagen gegen Freigabeentscheidungen. Beide Ziele korrelieren miteinander. Einerseits wird durch die Pflicht zur Begründung und Bekanntgabe gewährleistet, daß Konkurrenten überhaupt Kenntnis von den sie potentiell betreffenden Zusammenschlußvorhaben und den für die Genehmigung durch das BKartA maßgeblichen Umständen erlangen, und so über eine hinreichende Entscheidungsgrundlage verfügen, um die Erfolgsaussichten einer Anfechtungsbeschwerde abschätzen zu können. Andererseits fördert die Möglichkeit einer gerichtlichen Überprüfung von Freigabeentscheidungen nicht nur deren Richtigkeit und Reflexion in der Öffentlichkeit, sondern hält das BKartA zugleich an, seine Entscheidung von vornherein nach außen hinreichend zu begründen und fördert so deren Transparenz. Das Gesetz macht sich so die Anfechtungsbeschwerde, erhoben von Privaten und motiviert durch die Verfolgung privater Interessen, gezielt zur Sicherung wettbewerblicher Strukturen dienstbar. Der Dritte wird als weitere Kontrollinstanz neben dem BKartA in das System der Wettbewerbsaufsicht integriert[81]. Auch wenn dies zunächst nur den Rechtsschutz im Verwaltungsverfahren betrifft, ist der hiermit verbundene Paradigmenwechsel auch für das Kartelldeliktsrecht von Bedeutung. Ob Verstöße gegen die Vorschriften der Zusammenschlußkontrolle damit zugleich auch deliktische Sanktionen nach sich zu ziehen vermögen, sei an dieser Stelle dahingestellt[82].

Allerdings folgt die Zulässigkeit verwaltungsgerichtlichen Rechtsschutzes gegen rechtswidrige Zusammenschlußvorhaben nicht schon unmittelbar aus der Verfügungsqualität der Freigabeentscheidungen. Denn bereits vor Inkrafttreten der 6. GWB-Novelle erfolgte zumindest die Untersagung eines Zusammenschlusses gemäß § 24 Abs.2 GWB a.F. durch förmliche Verfügung. Mit der Verpflichtungsbeschwerde stand Drittbetroffenen demnach ein statthafter Rechtsbehelf zur Verfügung, um die Untersagung des Zusammenschlußvorhabens zu erzwin-

---

80 Begr. RegE, BT-Drucks. 13/9720, S. 44.

81 *Laufkötter* WuW 1999, 671, 672; ähnlich auch Monopolkommission: XII. Hauptgutachten 1996/97, S. 62.

82 Ablehnend *Laufkötter* WuW 1999, 671, 676.

gen[83]. Die Regelung des § 40 Abs.2 S.1 GWB betrifft daher zunächst nur die statthafte Klageart. Gleichwohl konnten Dritte nicht zulässigerweise im Wege der Verpflichtungsbeschwerde gegen die Weigerung der Kartellbehörde vorgehen, einen Zusammenschluß zu untersagen. Denn nach Auffassung der Rechtsprechung bezweckte das Recht der Zusammenschlußkontrolle den Schutz des Wettbewerb ausschließlich im Interesse der Allgemeinheit. Ein subjektives Recht auf Untersagung rechtswidriger Zusammenschlüsse, wie es § 62 Abs.3 GWB a.F. voraussetze, bestand demnach nicht[84].

Vor diesem Hintergrund könnte es zweifelhaft erscheinen, ob die infolge § 40 Abs.2 S.1 GWB nunmehr statthafte, gegen die Freigabe eines Zusammenschlusses gerichtete Anfechtungsbeschwerde auch im übrigen zulässig ist. Denn auch die Anfechtungsbeschwerde verlangt eine materielle Beschwer des Beschwerdeführers, die regelmäßig die Geltendmachung eines subjektiven Rechts erfordert[85]. Dieses Ergebnis indessen widerspräche der mit § 40 Abs.2 S.1 GWB verbundenen Zielsetzung, Private stärker in die Durchsetzung des Rechts der Zusammenschlußkontrolle einzubinden. Sollen Dritte künftig gerichtlich gegen Freigabeentscheidungen im Hauptprüfverfahren im Wege der Anfechtungsbeschwerde vorgehen können, darf diese nicht so ausgestaltet sein, daß sämtliche Klagen schon wegen fehlender materieller Beschwer als unzulässig abgewiesen werden[86]. Zur Auflösung des Widerspruchs sind zwei Ansätze denkbar.

Entweder man verzichtet im Rahmen der Anfechtungsbeschwerde auf die materielle Beschwer als weitere Zulässigkeitsvoraussetzung neben der formellen Verfahrensbeteiligung[87]. Damit freilich würde man die für das deutsche Verwaltungsprozeßrecht traditionelle Bindung der Klage- bzw. Beschwerdebefugnis an die Geltendmachung subjektiver Rechte auflösen. Denn die Beiladung, auf die es dann maßgeblich ankäme, verlangt lediglich, daß der Dritte in seinen Interessen erheblich berührt wird (§ 54 Abs.2 Nr.3 GWB). Auch von demjenigen, dessen Beiladung im kartellbehördlichen Verfahren unterblieben ist, ohne daß ihn hieran ein Verschulden getroffen hätte, könnte dann nicht der Nachweis einer materiellen Beschwer eingefordert werden. Vielmehr wäre auch die von ihm

---

83 Ob die Untersagung selbst nach Einfügung des neuen § 40 Abs.6 GWB noch gerichtlich durchgesetzt werden kann, erscheint fraglich. Hierzu *Bechtold* BB 1997, 1853, 1857; *Ders.* NJW 1998, 2769, 2773; *Bunte* DB 1998, 1748, 1754.

84 WuW/E BGH 1556, 1561 „Weichschaum III"; KG WuW/E OLG 1637 „Weichschaum"; 1758, 1759 „Weichschaum II"; 5849, 5851 „Großverbraucher".

85 *Kollmorgen*, in: *Langen/Bunte*, § 63 Rdn. 21; IM/*K. Schmidt* § 63 Rdn. 27.

86 *Laufkötter* WuW 1999, 671, 674.

87 So *Bechtold* BB 1997, 1853, 1857; *Ders.* NJW 1998, 2769, 2773, der hierin freilich keine sich aus der 6. GWB-Novelle ergebende Besonderheit sieht, sondern im Rahmen der Anfechtungsbeschwerde eine materielle Beschwer grundsätzlich nicht für erforderlich hält (vgl. *Bechtold* § 63 Rdn. 5); auch *Bunte* DB 1998, 1748, 1754.

erhobene Anfechtungsbeschwerde bereits dann zulässig, wenn er eine erhebliche Beeinträchtigung seiner Interessen darzutun vermochte[88]. Ähnlich wie bereits im europäischen Recht würde damit die Beiladungsfähigkeit an die Stelle der tatsächlich erfolgten Beiladung treten[89].

Oder aber man versteht die Novellierung des § 40 Abs.2 S.1 GWB zugleich als gezielte Korrektur der Rechtsprechung in Bezug auf den subjektivrechtlichen Gehalt der fusionskontrollrechtlichen Vorschriften[90]. Formal bliebe die Bindung der Klage- bzw. Beschwerdebefugnis an die Lehre vom subjektiv-öffentlichen Recht dann zwar gewahrt. Dies indessen würde nichts daran ändern, daß die Zuweisung subjektiv-rechtlicher Qualität an die Vorschriften der Zusammenschlußkontrolle primär aus Gründen einer Verbesserung der objektiven Rechtsdurchsetzung erfolgt wäre. Die Figur des subjektiven Rechts würde mithin – in Anlehnung an *Jellinek's* Lehre vom formell subjektiven öffentlichen Recht[91] – weitgehend zu einer „inhaltslosen Rechtstechnik" degradiert[92].

Der Gesetzgeber scheint in seiner Begründung zu § 40 Abs.2 S.1 GWB der zweiten Alternative zuzuneigen. In diesem Sinne wird man die Ausführungen im Regierungsentwurf zu verstehen haben, wonach Dritte künftig gegen Freigabeentscheidungen Beschwerde einlegen können sollen, wenn sie *in eigenen Rechten betroffen* seien[93]. In der damit vollzogenen Abkehr von der materiellen Bindung der verwaltungsgerichtlichen Klage- bzw. Beschwerdebefugnis an den Schutz individueller Rechtspositionen liegt der Paradigmenwechsel in Bezug auf den privaten Rechtsschutz auf dem Gebiet des Zusammenschlußkontrolle begründet. Diese Erkenntnis kann nicht ohne Auswirkung auf zivilgerichtliche Klagerechte bleiben.

---

88 So unter dem Gesichtspunkt von Art. 19 Abs.4 GG *Schulte* AG 1998, 297, 303; vgl. auch *Kahlenberg* BB 1998, 1593, 1599.

89 Vgl. EuG Slg. 1995, II-1213, 1231 f. „CCE de la Société Générale des Grandes Sources"; 1995, II-1247, 1269 f. „Vittel"; 1996, II-649, 675 „Métropole Télévision".

90 Vgl. *Laufkötter* WuW 1999, 671, 674, die freilich noch eine alternative Auslegungsmethode liefert. Sie will das subjektive Recht, dessen Geltendmachung es im Rahmen der materiellen Beschwer bedarf, aus Art. 12 GG herleiten. Der Schutzbereich sei schon daher eröffnet, weil staatliche Maßnahmen, die den Wettbewerb als Institution beträfen (hier: Freigabeentscheidungen), eo ipso auch das Recht auf freie wirtschaftliche Betätigung berührten. Eine Verletzung dieses Rechts nimmt sie jedenfalls dann an, wenn ein Dritter durch die Freigabe eines Zusammenschlusses in seinen wettbewerblichen Möglichkeiten spürbar beeinträchtigt werde (vgl. *Laufkötter* WuW 1999, 671, 675).

91 Grundlegend *Jellinek*: System der subjektiven öffentlichen Rechte, S. 70 f.

92 Der Ausdruck „inhaltslose Rechtstechnik" entstammt *Masing*: Die Mobilisierung des Bürgers für die Durchsetzung des Rechts, S. 186.

93 Begr. RegE, BT-Drucks. 13/9720, S. 44 (Hervorhebung durch den Verfasser).

B. Das europäische Konzept der funktionalen Subjektivierung als Vorbild privater Rechtsdurchsetzung im GWB

Die 6. GWB-Novelle vollzieht die Neubewertung privater Klagen als Instrument der Wettbewerbsaufsicht unter Hinweis auf das Bedürfnis, das nationale mit dem europäischen Kartellrecht zu harmonisieren. Der europarechtliche Bezug der Reform tritt insbesondere mit Blick auf § 19 GWB hervor. Die Entscheidung zugunsten eines unmittelbar wirkenden Mißbrauchsverbots folgt ausweislich der Gesetzesbegründung dem Vorbild des Art. 82 EG[94]. Auch die Betonung der verbesserten Vorfeldwirkung gerade auch durch private Schadensersatzklagen ist dem europäischen Recht, namentlich der „Francovich" - Rechtsprechung, entnommen. Als Anstoß für die Fortentwicklung des deutschen Kartelldeliktsrechts im Sinne einer objektiven Wettbewerbsaufsicht war das europäische Recht unerläßlich. Eine Übernahme des Konzepts der unmittelbaren Anwendbarkeit bzw. der funktionellen Versubjektivierung erscheint im Ansatz denkbar. Für die Begründung konkreter Ergebnisse, namentlich für die Frage, welcher Personenkreis zur Geltendmachung des Schadensersatzanspruchs befugt sein soll, bedarf es indessen einer eigenständigen ökonomische Würdigung der privaten Rechtsdurchsetzung im nationalen Kontext.

I. Würdigung des europäischen Rechts als Anstoß für eine Fortentwicklung des Kartelldeliktsrechts im Sinne einer objektiven Wettbewerbsaufsicht

Die herausragende Bedeutung des europäischen Rechts für eine Fortentwicklung des deutschen Kartelldeliktsrechts im Sinne einer gezielten Instrumentalisierung privater Klagen erschließt sich aus dem Scheitern früherer Reformanstrengungen. Obwohl wettbewerbspolitisch begründet und mit rechtsvergleichenden Argumenten – vornehmlich aus dem US-amerikanischen Recht – unterlegt, haben sie es nicht vermocht, den Schadensersatzanspruch des § 35 GWB a.F. als eigenständiges Sanktionsinstrument zur Durchsetzung der Wettbewerbsordnung zu emanzipieren.

Bereits im Jahre 1973 hatte *I. Schmidt* vorgeschlagen, das Schutzgesetzprinzip als Grundlage des deliktischen Rechtsschutzes im GWB abzulösen. An die Stelle des damaligen § 35 GWB a.F. sollte nach seinem Willen eine Schadensersatznorm treten, die im wesentlichen Section 4 Clayton Act nachempfunden war, namentlich:

> „Wer dadurch, daß er vorsätzlich oder fahrlässig gegen ein Verbot dieses Gesetzes oder gegen eine aufgrund dieses Gesetzes von der Kartellbehörde oder

[94] Begr. RegE, BT-Drucks. 13/9720, S. 35 f.

dem Beschwerdegericht erlassene Verfügung verstößt, einem anderen Schaden zufügt, ist diesem zum Ersatz dieses Schadens verpflichtet[95]."

Als Hauptgegner dieses Vorschlags hat sich in der Folgezeit *K. Schmidt* hervorgetan. Er sah in ihm einen Rückfall in das bei den Vorarbeiten des BGB mit gutem Grund abgelehnte Prinzip einer nur auf Verbotsgesetze abstellenden Generalklausel. Eine solche brächte für die praktische Rechtsanwendung keine nennenswerte Erleichterung, da man auch bei ihr um deliktsrechtliche Zuordnungsprobleme nicht herum komme. Für den Kartelldeliktsschutz müsse es schon auf ein rechtserhebliches Betroffensein ankommen. Hierfür aber sei bisher kein dem Schutzgesetzprizip überlegenes Kriterium gefunden[96]. Auch erlaube das Schutzgesetzprinzip den Gerichten, auf einen Grundsatz des geltenden Schadensersatzrechts Rücksicht zu nehmen, der im wettbewerbspolitischen Schrifttum nicht immer hinreichend gewürdigt werde: Das deutsche Schadensersatzrecht verfolge gerade nicht das Ziel, Ersatz aller kausal durch einen Normverstoß bedingten Vermögensschaden zu gewährleisten, und zwar nicht aus dogmatischem Eigensinn, sondern als Ergebnis einer wohldurchdachten Interessenabwägung. Gerade im Wettbewerbsrecht gehe es nicht an, Unternehmensstrategien unter nicht absehbare Risiken zu stellen und die von einem Marktbeteiligten vorgefundenen Bedingungen ex tunc und zugunsten von jedermann im Wege des Schadensersatz zurechtzurücken[97].

Die Zurückweisung des von *I. Schmidt* unterbreiteten Reformvorschlags unter Berufung auf die allgemeinen Grundsätze des deutschen Schadensersatzrechts verdeutlicht die Problematik. Die Verwurzelung des kartellrechtlichen Schadensersatzanspruchs in dem subjektiv-rechtlichen Denkschema des allgemeinen Deliktsrechts ließ dessen Fortentwicklung im Sinne einer Instrumentalisierung zum Zwecke der objektiven Wettbewerbsaufsicht undenkbar erscheinen. *K. Schmidt* selbst konstatiert: Das Schutzgesetzprinzip bediene sich zur Durchsetzung objektivrechtlicher Normen der Wirtschaftsaufsicht des privatrechtlichen Anspruchs nach Maßgabe des rechtserheblichen Betroffenseins. Es grenze dadurch in prinzipiell sinnvoller Weise den subjektiv-rechtlichen Drittschutz von objektiver Wirtschaftsaufsicht ab[98].

Bemerkenswert sind in diesem Zusammenhang allerdings die Überlegungen *K. Schmidt's* zur Einführung einer an das Lauterkeitsrecht angelehnten allge-

---

[95] *I. Schmidt*: US-amerikanische und deutsche Wettbewerbspolitik gegenüber Marktmacht, S. 390.

[96] *K. Schmidt*: Aufgaben und Leistungsgrenzen der Gesetzgebung im Kartelldeliktsrecht, S. 25 f.; *Ders.*: Kartellverfahrensrecht – Kartellverwaltungsrecht – Bürgerliches Recht, S. 363.

[97] *K. Schmidt*: Aufgaben und Leistungsgrenzen der Gesetzgebung im Kartelldeliktsrecht, S. 28 f.

[98] *K. Schmidt*, ebenda (Fn. 97), S. 46.

meinen Unterlassungsklage auch im GWB. Zwar halte er den Gleichlauf des subjektiv-rechtlichen Drittschutzes durch Schadensersatz- und Unterlassungsklage neben der objektiven Wirtschaftsaufsicht für wohldurchdacht. Allerdings müsse sich der Gesetzgeber der wettbewerbspolitischen Aufgabe stellen, ob präventiver Drittschutz vom Schutzgesetzprinzip freigemacht werden könne. Einen solchen Unterlassungsanspruch könnten alle Marktbeteiligten geltend machen, einschließlich derjenigen auf vor- und nachgelagerten Wirtschaftsstufen. Im Ergebnis freilich bezweifelt *K. Schmidt*, daß die Unterlassungsklage im Kartellrecht eine dem Lauterkeitsrecht vergleichbare Bedeutung erlangen würde[99]. Offen bleibt, warum sich dem Gesetzgeber dieselbe wettbewerbspolitische Aufgabe nicht auch mit Blick auf den Schadensersatzanspruch stellen kann. Der Grund für die von *K. Schmidt* stillschweigend vorgenommene Differenzierung dürfte wiederum in dem subjektiv-rechtlichen Verständnis des Deliktsrechts liegen. Hier eröffnet der Blick auf das europäische Verständnis privater Klagebefugnisse mit seinem am Maßstab der Praktikabilität ausgerichteten und auf eine effiziente Durchsetzung des Rechts abzielenden Ansatz neue Perspektiven in Richtung einer Objektivierung des kartellrechtlichen Schadensersatzanspruchs.

Auch was das Verhältnis zwischen kartellbehördlicher und privater – genauer: durch Zivilklagen Privater initiierter – Wettbewerbsaufsicht anbelangt, lenkt das europäische Recht mit dem Prinzip einer Mobilisierung des Bürgers den Blick auf vergessen geglaubte Tatsachen. Dies hat zuletzt *Masing* mit Nachdruck hervorgehoben[100]: Ein materielles Monopol der öffentlichen Hand zur Wahrnehmung und Verwirklichung öffentlicher Interessen besteht im modernen Staat ebensowenig wie ein Anspruch des Einzelnen, in seinem Handeln, soweit dieses Gemeininteressen betrifft, nur von der öffentlichen Hand kontrolliert zu werden[101]. Unzweifelhaft können staatliche Entscheidungen nicht letztverantwortlich in die Hände des immer Privatperson bleibenden Bürgers gelegt werden. Diese staatliche Letztverantwortung bleibt jedoch im Zivilverfahren vollumfänglich gewahrt und wird allein durch die private Initiierung nicht in Frage gestellt. Das europäische Recht weist somit auf eine Neudefinition des Verhältnisses zwischen Verwaltung und Bürger, in dem letzterer seine Befugnisse nicht mehr aus einer abwehrenden Position gegen Staat und Verwaltung, sondern partiell in Gleichlauf mit Staat und Verwaltung ausübt. *Masing* spricht vom *status procuratoris* des Staatsbürgers[102]. Für das Kartellrecht eröffnet dies, verbunden

---

[99] *K. Schmidt*, ebenda (Fn. 97), S. 46 ff. Der Gesetzgeber müsse jedoch zugleich das Gegengewicht im Blick behalten, das im Schutz des eingerichteten und ausgeübten Gewerbebetriebs bestehe (vgl. S. 47, 105).

[100] *Masing*: Die Mobilisierung des Bürgers für die Durchsetzung des Rechts, S. 222 ff., allerdings mit Blick auf verwaltungsrechtliche Klagebefugnisse.

[101] Vgl. *Reinhardt* AöR Bd. 118 (1993), S. 617, 619 ff.

[102] *Masing*: Die Mobilisierung des Bürgers für die Durchsetzung des Rechts, S. 225 ff.

mit dem Verzicht auf die subjektiv-rechtliche Theorie des Kartelldeliktsrechts, die Möglichkeit einer unvoreingenommenen Verteilung von Aufsichtsbefugnissen zwischen Kartellbehörden und Zivilgerichten.

II. Begrenzte Übertragbarkeit konkreter Ergebnisse: Die Notwendigkeit einer selbständigen ökonomischen Bewertung privater Schadensersatzklagen im Kontext des nationalen Kartell- und Verfahrensrechts

Die grundlegende Konzeption privater Klagebefugnisse im europäischen Recht entspricht den Vorgaben eines am Maßstab ökonomischer Effzienz ausgerichteten Sanktionsmechanismusses. Sie kann im Zuge der notwendigen und vom Gesetzgeber mit der 6. GWB-Novelle angestrebten Harmonisierung des deutschen mit dem europäischen Kartellrecht für das GWB übernommen werden. An die Stelle einer strikten Trennung zwischen objektivrechtlicher Wettbewerbsaufsicht und subjektivrechtlichem Drittschutz, wie sie der Dogmatik des Schutzgesetzprinzip zugrunde liegt[103], tritt die Vorstellung einer einheitlichen Wettbewerbsaufsicht. Ihr dient sowohl die kartellbehördliche Tätigkeit als auch die private Rechtsverfolgung, namentlich durch Schadensersatzklagen. Der kartellrechtliche Schadensersatzanspruch definiert sich demgemäß primär aus seiner Präventionsfunktion; der Kompensationsgedanke tritt in den Hintergrund. Ob die Zuwiderhandlung gegen eine kartellrechtliche Norm einen privaten Ersatzanspruch begründet, betrifft ebenso wie die Frage, wer zu seiner Geltendmachung berechtigt ist, eine Entscheidung über die Allokation von Aufsichtsbefugnissen. Ein Vorrang – oder gar ein Monopol – zugunsten der Kartellbehörden besteht bei der Durchsetzung des Kartellrechts grundsätzlich nicht. Ein solcher Vorrang käme nur im Falle optimaler öffentlicher Rechtsdurchsetzung in Betracht, deren Voraussetzungen im GWB allerdings nicht erfüllt sind[104]. Entscheidend ist, ob die Gewährung des Schadensersatzanspruchs im Interesse der praktischen Wirksamkeit geboten ist.

Allerdings bedarf diese im Grundsatz dem europäischen Recht folgende Konzeption der spezifischen Umsetzung unter den Rahmenbedingungen des deutschen Rechts. Eine Überführung des gemeinschaftsrechtlichen Ersatzanspruchs, wie er im 4. Teil dieser Arbeit für die Verletzung des europäischen Wettbewerbsrechts erarbeitet worden ist, scheidet aus. Insbesondere das Merkmal der Betroffenheit, mit dessen Hilfe – unter Hinzuziehung des Kartellverfahrensrechts – der Kreis der anspruchsberechtigten Personen bestimmt worden ist, bedarf der kritischen Überprüfung. Zwar ist es grundsätzlich denkbar, den Schadensersatzanspruch auch im deutschen Kartellrecht als Interessenklage auszugestalten. Die Auslegung des Merkmals in dem Sinne, daß zur Geltendmachung

---

103 So *K. Schmidt*: Aufgaben und Leistungsgrenzen der Gesetzgebung im Kartelldeliktsrecht, S. 46.

104 Vgl. hierzu schon oben sub 2. Teil, A.I.1.

des Ersatzanspruch jeder befugt ist, der ein wirtschaftliches, marktbezogenes Eigeninteresse an der Beachtung der als verletzt gerügten Norm zu seinen Gunsten hat, führt für das deutsche Recht jedoch zu einer unter ökonomischen Gesichtspunkten zu weiten Ausdehnung der persönlichen Anspruchsberechtigung. Abzusehen ist daher auch von einer unreflektierten Übernahme der insoweit im Rahmen des gemeinschaftsrechtlichen Ersatzanspruchs konkret gewonnenen Ergebnisse.

Für welche Normen des GWB eine Sanktionierung im Wege des Schadensersatzanspruchs in Frage kommt, ist nach dem Kriterium ökonomischer Effizienz zu entscheiden. Gleiches gilt für die Bestimmung des Personenkreises, der zur Geltendmachung des Anspruchs befugt sein soll. Danach ist maßgeblich darauf abzustellen, ob die Gewährung des Schadensersatzanspruchs grundsätzlich eine Minimierung der sozialen Kosten des als verletzt gerügten Verhaltens erwarten läßt. Dabei wird man den Gerichten nicht abverlangen können, für jeden konkreten Fall mit Hilfe mathematischer Formeln den Betrag der sozialen Kosten und Nutzen exakt zu quantifizieren[105]. Ob die Rechtsprechung mit einer solchen Vorgehensweise überfordert wäre, mag hier dahinstehen[106]. Jedenfalls wäre sie ökonomisch ineffizient. Denn für die Effizienz privater Rechtsdurchsetzung kommt es nicht nur auf die hinreichende Bestimmtheit der als verletzt gerügten materiellen Verbotsnorm an, sondern auch auf die Justiziabilität der Sanktionsnorm selbst. Das Gericht könnte die Kosten/Nutzen Analyse nur unter Hinzuziehung eines Sachverständigen klären, was einen erheblichen Anstieg der Rechtsverfolgungskosten mit sich brächte. Die klägerische Darlegungs- und Beweislast, die Ungewißheit über den Verfahrensausgang und das Kostenrisiko würden erhöht, der Anreiz potentieller Kläger, im Interesse der Wettbewerbsordnung rechtsverfolgend tätig zu werden, entsprechend gemindert. Die ökonomische Effizienz des Schadensersatzanspruchs ist demnach sinnvollerweise fallgruppen- bzw. personengruppenspezifisch zu bewerten. Hierbei sind die im 2. Teil dieser Arbeit entwickleten acht Beurteilungskriterien zugrunde zu le-

---

[105] Selbst Oliver E. Williamson, *Economies as an Antitrust Defense*, 125 U. Pa. L. Rev. 699, 702, 730-731 (1977), ansonsten ein Verfechter einer ökonomischen Betrachtungsweise des Kartellrechts, tritt nur für eine begrenzte quantitative Analyse im Einzelfall ein.

[106] So *Taupitz* AcP Bd. 196 (1996), 114, 144. Vgl. auch dessen Fazit zur ökonomischen Analyse (S. 165 f.), das m.E. allerdings zu kritisch ausfällt: „Auf hoher Abstraktionsebene ist die ökonomische Analyse hilfreich. Sie vermag über Arbeitshypothesen interessante Einblikke in das Funktionieren einer ökonomischen Modellwelt zu geben. In den Niederungen der konkreten Rechtsanwendung bietet sie dagegen eher wenig Hilfestellung; es wäre sogar gefährlich und verfehlt, sie unter Abstraktion ihrer idealisierenden, abstrahierenden und isolierenden Prämissen unmittelbar zur Auslegung, Bewertung und Kritik rechtlicher Regelungen heranzuziehen. Die ökonomische Analyse des Rechts ist damit keine wohlfeile und unmittelbar umsetzbare Theorie für den grauen Alltag der Gerichte, sondern eher Urmaterial für leuchtende Erkenntnisse der Wissenschaft."

gen. Auf die dortige Analyse privater Sanktionen im Falle des Mißbrauchsverbot gemäß § 19 GWB sei beispielhaft verwiesen.

In der im 4. Teil dieser Arbeit gefundenen Auslegung führt der gemeinschaftsrechtliche Ersatzanspruch, insbesondere aufgrund der weiten Fassung des Merkmals der Betroffenheit, nicht zu einem durchgängig ökonomisch effizienten Einsatz privater Rechtsdurchsetzung. Zwar beruht die Rechtsprechung des Gerichtshofs zur unmittelbaren Anwendbarkeit des Gemeinschaftsrechts, einschließlich der haftungsrechtlichen Folgen für den Fall der Zuwiderhandlung, ihrerseits maßgeblich auf dem Bestreben, dessen volle Wirksamkeit sicher zu stellen. Auch betont der Gerichtshof in ständiger Rechtsprechung die Pflicht der nationalen Gerichte, einen *effektiven* Schutz der dem einzelnen durch das Gemeinschaftsrecht verliehenen Rechte zu gewährleisten[107]. Der Generalanwalt *Van Gerven* verweist in „Banks" zur Begründung des gemeinschaftsrechtlichen Ersatzanspruchs ausdrücklich auf dessen Rolle bei der wirksameren Gestaltung der europäischen Wettbewerbsbestimmungen[108]. Ob der Gerichtshof den Begriff der Effizienz allerdings in einem strikt ökonomischen Sinn versteht, der sich an dem Ziel der Minimierung der sozialen Kosten kartellrechtswidrigen Verhaltens orientiert, darf bezweifelt werden[109]. Jedenfalls aber erfordern die spezifischen Rahmenbedingungen der deutschen Kartellrechtsordnung eine eigenständige Bewertung der ökonomischen Effizienz. Unterschiede weisen das deutsche und das europäische Kartellrecht insbesondere mit Blick auf die Ermittlungsbefugnisse der mit der öffentlichen Rechtsdurchsetzung betrauten Behörden auf. Im übrigen sind für den Schadensersatzanspruch nach deutschem Recht die Schranken des Zivilverfahrensrechts zu berücksichtigen.

Das Konzept der unmittelbaren Anwendbarkeit ist historisch zu begreifen als eine Reaktion des Gerichtshofs auf die Gefahr eines nur unzureichenden Vollzugs des Gemeinschaftsrechts, begründet vornehmlich durch einen Mangel an eigenen Exekutivbefugnissen der Kommission. Auch für eine Erzwingung der danach für die Umsetzung des Gemeinschaftsrechts zwingend erforderlichen Kooperation der nationalen Behörden waren der Kommission nur unzureichende Rechtsbehelfe an die Hand gegeben[110]. Auf dem Gebiet des europäischen Wett-

---

[107] Vgl. EuGH Slg. 1996, I-1029, 1154 „Brasserie du Pêcheur" (Hervorhebung durch den Verfasser).

[108] GA *Van Gerven* Slg. 1994, I-1209, 1250 f. „Banks".

[109] Vgl. etwa die Schlußanträge von GA *Mischo* in der Rechtssache „Courage Ltd.", Tz. 58, wonach es bei der Gewährung von Schadensersatzansprüchen bei Verstößen gegen die Art. 81 und 82 EG nicht darum gehe, im Interesse der Wirksamkeit des Gemeinschaftsrechts eine Art von Sanktion zu verhängen, die der Geldbuße entspreche. Vielmehr gelte es lediglich, die Folgerungen aus der unmittelbaren Wirkung der Verbotsnormen zu ziehen.

[110] Vgl. zum historischen Hintergrund des Konzepts der unmittelbaren Anwendbarkeit bereits oben sub 4. Teil, B.I.

bewerbsrechts wurde die Kommission erst im Jahre 1962 ermächtigt, Zuwiderhandlungen unmittelbar gegenüber den verantwortlichen Unternehmen zu verfolgen. Eine vergleichbare historische Situation kann für das deutsche Kartellrechts nicht festgestellt werden.

Auch unterscheiden sich die Ermittlungsbefugnisse der Kommission von denjenigen der deutschen Kartellbehörden. Gemäß Art. 14 Abs.1 VO Nr.17 kann die Kommission alle zur Durchsetzung der in den Art. 81 und 82 EG niedergelegten Verbote erforderlichen Ermittlungen durchführen. Zu diesem Zweck ist sie insbesondere befugt, Räumlichkeiten von Unternehmen zu betreten, deren Geschäftsunterlagen zu prüfen und Abschriften der vorgefundenen Unterlagen anzufertigen. Gemäß Art. 14 Abs.3 VO Nr.17 kann die Kommission derartige Nachprüfungen durch Entscheidung anordnen und für den Fall der Nichtbefolgung ein Zwangsgeld festsetzen (Art. 16 Abs.1 lit.d VO Nr.17). Außerdem kann die Weigerung, der Entscheidung Folge zu leisten, mit einem Bußgeld geahndet werden (Art. 15 Abs.1 lit.c VO Nr.17). Die Kommission kann ihre Entscheidung jedoch nicht durch unmittelbaren Zwang oder im Wege der Ersatzvornahme durchsetzen. Insoweit ist die Kommission auf die Mitwirkung der nationalen Behörden angewiesen (vgl. Art. 14 Abs.5, 6 VO Nr.17)[111]. An dieser Situation wird sich auch infolge der angestrebten Modernisierung der VO Nr.17 nichts ändern, obwohl die Ermittlungsbefugnisse der Kommission insgesamt ausgeweitet werden sollen (vgl. Art. 20 Abs.6 VO Nr. 1/2003). Demgegenüber sind die deutschen Kartellbehörden befugt, Durchsuchungen vornehmen (§ 59 Abs.4 GWB, §§ 102 ff. StPO) und Gegenstände beschlagnahmen (§ 58 GWB, §§ 94 ff. StPO) – notfalls auch unter Anwendung unmittelbaren Zwangs[112]. Die im Falle der Nichtbefolgung einer Anordnung gemäß Art. 81 Abs.1 Nr.8 GWB zu verhängende Geldbuße bleibt allerdings hinter den Vorgaben des europäischen Rechts zurück[113].

Unterschiede weisen das europäische und das deutsche Recht auch hinsichtlich der im Rahmen der öffentlichen Rechtsdurchsetzung maximal zu verhängenden Geldbuße auf. Gemäß § 81 Abs.2 S.1 GWB können Verstöße gegen materiellrechtliche Verbotsnormen mit einem Betrag bis zur dreifachen Höhe des durch die Zuwiederhandlung erzielten Mehrerlöses geahndet werden. Demgegenüber

---

[111] IM EG-WbR/*Burrichter/Hauschild* Art. 14 VO 17 Rdn. 18.

[112] Maßgeblich sind das allgemeine Verwaltungsvollstreckungsrecht bzw. das Strafprozeßrecht.

[113] Gemäß § 81 Abs.1 Nr.8 iVm. Abs.2 S.1 Alt.2 GWB kann die Nichtbefolgung einer Anordnung der Kartebehörden gemäß § 59 Abs.2 GWB mit einer Geldbuße bis zu DM 50.000 geahndet werden. Für entsprechende Fälle bestimmt Art. 15 Abs.1 lit.c VO Nr.17 einen Höchstbetrag von 50.000 Euro. Gemäß Art. 23 Abs.1 lit.c VO Nr. 1/2003 wird dieser Betrag auf 1 % des im vorausgegangenen Geschäftsjahr erzielten Gesamtumsatzes angehoben.

bestimmt Art. 15 Abs.2 VO Nr.17[114] einen Höchtsbetrag von 10 % des im letzten Geschäftsjahr erzielten Umsatzes. Die Regelung des § 81 Abs.2 S.1 GWB verfehlt vermutlich die Vorgaben ökonomisch effizienter Strafen[115]. Ob die Kommission auf der Grundlage von Art. 15 Abs.2 VO Nr.17 eher in die Lage versetzt ist, dem volkswirtschaftlichen Schaden äquivalente Strafen zu verhängen, kann nicht ohne weiteres beurteilt werden. Sollte sich dies bestätigen, dann allerdings bestünde nicht für das europäische, sondern für das deutsche Recht ein stärkeres Bedürfnis für unterstützende private Rechtsverfolgung. Damit indessen wird die ökonomische Bewertung privater Rechtsdurchsetzung unter den Rahmenbedingungen des deutschen Rechts nicht in Frage gestellt. Eher zeigt sich hier, daß der gemeinschaftsrechtliche Ersatzanspruch gerade nicht strikt ökonomischen Maßstäben folgt.

Nicht vergleichbar sind schließlich die internen Entscheidungsstrukturen der Kommission und des Bundeskartellamts. Während die Entscheidungen des Bundeskartellamts durch gesonderte Beschlußabteilungen in einem justizförmigen Verfahren getroffen werden (§ 51 Abs.2 GWB), entscheidet die Kommission als politische Institution durch Mehrheitsvotum. Für das europäische Wettbewerbsrecht ist damit nicht in gleichem Maße gewährleistet, daß sich öffentliche Rechtsdurchsetzung strikt an wettbewerblichen Gesichtspunkten oder gar Maßstäben ökonomischer Effizienz orientiert. Denkbar ist insbesondere, daß von Seiten der nationalen Regierungen in für sie bedeutsamen Fällen Druck auf einzelne Kommissare ausgeübt wird, um die Entscheidung der Kommission zugunsten der in ihrem Hoheitsgebiet angesiedelten Unternehmen zu beeinflussen (sog. *national champions*).

Neben den unterschiedlichen Voraussetzungen öffentlicher Rechtsduchsetzung hat die ökonomische Bewertung privater Schadensersatzansprüche im deutschen Kartellrecht auch die spezifischen zivilverfahrensrechtlichen Rahmenbedingungen zu berücksichtigen. Sie bleiben bei der Entscheidung des Gerichtshofs über die unmittelbare Anwendbarkeit einer Norm des Gemeinschaftsrechts, die nur einheitlich für allen Mitgliedsstaaten erfolgen kann, außer Betracht. Vielmehr obliegt es den Mitgliedsstaaten, für eine den Vorgaben des *effet utile* genügende Umsetzung der sich aus der unmittelbaren Anwendbarkeit ergebenden Rechtsfolgen Vorsorge zu tragen[116].

---

[114] Art. 23 Abs.2 VO Nr. 1/2003.

[115] Vgl. hierzu bereits oben sub 2. Teil, A.I.1.

[116] Vgl. zu diesem Gedanken bereits oben sub 4. Teil, C.

6. Teil: Umsetzung eines Systems objektiv-privater Rechtsdurchsetzung im Rahmen des Schutzgesetzprinzips

Rechtstheoretisch leistet die 6. GWB-Novelle einen maßgeblichen Beitrag im Sinne einer grundlegenden Neubewertung des kartellrechtlichen Schadensersatzanspruchs im Rahmen des Sanktionensystems des GWB. Durch die Bezugnahme auf das europäische Recht öffnet sie den Blick für die objektiv-rechtliche Dimension des Schadensersatzanspruchs und rückt damit die Präventionswirkung anstelle der Ausgleichsfunktion in den Mittelpunkt der Betrachtung. De lege lata allerdings ist das Kartelldeliktsrecht auch nach Inkrafttreten der 6. GWB-Novelle von dem herkömmlichen Schutzgesetzprinzip dominiert. Der Gesetzgeber hat es insoweit verpaßt, die notwendige Lösung des kartellrechtlichen Schadensersatzanspruchs aus seiner überkommenen individualschützenden Funktion im Wortlaut kenntlich zu machen. Es stellt sich demnach die Frage, in welchem Umfang ob des Gesetzeswortlauts eine Fortentwicklung des Schadensersatzanspruch im Sinne eines am Maßstab präventiver Effizienz ausgerichteten Sanktionsinstruments möglich ist. Zu diesem Zwecke soll der hier vertretene Ansatz eines objektiv-rechtlich begründeten Schadensersatzrechts mit den in der Rechtsprechungspraxis des BGH auf der Grundlage des Schutzgesetzprinzips erzielten Ergebnissen verglichen werden. Sodann soll die Legitimität eines objektiv-rechtlichen Verständnisses des Schutzzweckkriteriums nachgewiesen werden. Dabei kommt den im GWB bereits angelegten Ansätzen einer Wettbewerbsaufsicht mit privatrechtlichen Mitteln, namentlich der Verbandsklage gemäß § 33 S.2 GWB, besondere Bedeutung zu. Berücksichtigung findet weiterhin die Schadensersatzklage des § 1 UWG. Schließlich wird die Lehre vom formell subjektiven Recht als mögliche Grundlage einer Objektivierung des Kartelldeliktsrechts bereits de lege lata vorgeschlagen.

A. Gemeinsamkeiten zwischen einem objektiv-rechtlichen Verständnis des Schadensersatzrechts und dem Schutzgesetzprinzip in der Rechtsprechungspraxis des BGH

Rechtsdogmatisch gehen das Schutzgesetzprinzip des § 33 GWB und ein objektiv-rechtlich begründeter kartellrechtlicher Schadensersatzanspruch von grundlegend verschiedenen Voraussetzungen aus. Insbesondere beruht das Schutzgesetzprinzip gedanklich auf einer strikten Trennung von Belangen des Individualschutzes und solchen des Institutionsschutzes. Während der Schadensersatzanspruch primär dem Schutz der individuellen Belange der Marktteilnehmer dient, obliegt die Durchsetzung der Wettbewerbsordnung im öffentlichen Interesse zuvorderst den Kartellbehörden. Demgegenüber begreift ein objektiv-rechtlicher Ansatz die individuellen Interessen der Marktteilnehmer als Faktor, den es durch die Gewährung privater Klagebefugnisse zur Durchsetzung der Wettbewerbsordnung zu instrumentalisieren gilt, soweit dies ökonomisch sinnvoll erscheint. Ob der grundlegenden dogmatischen Unterschiede weisen beide Konzepte in Teilbereichen ähnliche Wertungen auf. Sie sind insbesondere darauf zurückzuführen, daß der BGH in Ausfüllung des Schutzgesetzmerkmals in erheblichem Maße auf objektiv-rechtliche Gesichtspunkte zurückgreift. Dieser Umstand rechtfertigt den Schluß, daß bereits de lega lata ein gewisses Konvergenzpotential zwischen dem geltenden Schutzgesetzprinzip und dem hier präfferierten objektiv-rechtlichen Schadensersatzrecht besteht, an die angeknüpft werden kann.

Das Konzept eines objektiv-rechtlichen Schadensersatzrechts läßt sich in fünf Thesen zusammenfassen. *Erstens*: Es besteht weder ein Monopol des Staates zur Wahrnehmung öffentlicher Interessen noch ein Anspruch des einzelnen, nur aufgrund staatlicher Initiative zur Einhaltung der Rechtsordnung angehalten zu werden. *Zweitens*: Kartellbehörden und Zivilgerichte haben daher grundsätzlich gleichberechtigt Teilhabe an der Wettbewerbsaufsicht. *Drittens*: Deliktische Ansprüche sind primär von ihrer Präventivfunktion her zu begreifen; sie stellen ein Instrument zivilgerichtlicher Wettbewerbsaufsicht dar. *Viertens*: Wann und zu wessen Gunsten deliktische Sanktionen eingreifen sollen, ist eine Entscheidung über die Allokation von Aufsichtsbefugnissen, d.h. der Rechtsdurchsetzungsmacht. *Fünftens*: Diese Entscheidung ist ausschließlich am Maßstab der Effizienz, d.h. des Verhältnisses sozialer Kosten und sozialen Nutzens zu treffen.

Dieser Konzeption ist die im Rahmen von § 33 GWB erforderliche Schutzgesetzprüfung gegenüber zu stellen, wie sie der BGH in seiner grundlegenden Entscheidung „Krankenhaus-Zusatzversicherung“[1] impliziert bzw. wie sie die kartellrechtliche Literatur in der Folgezeit zu konkretisieren versucht hat. Danach ist an erster Stelle zu fragen, ob die auf ihre Schutzgesetzeigenschaft hin zu überprüfende Vorschrift überhaupt ein bestimmtes Gebot oder Verbot ausspricht. Sodann ist der objektive Schutzzweck zu ermitteln: Ist die fragliche Vorschrift ihrem Zweck nach allein auf den Schutz öffentlicher Interessen ausgerichtet oder dient sie zumindest auch dem Schutz individueller Interessen eines bestimmten Personenkreises, dem der Verletzte zugehörig ist? Schließlich bedarf es einer Prüfung, deren Gegenstand üblicherweise mit der Frage nach dem subjektiven Schutzzweck umschrieben wird[2]. Danach reicht es nicht schon aus, daß eine Vorschrift objektiv drittschützenden Charakter hat. Vielmehr muß es ihrem Zweck darüber hinaus entsprechen, wenn der Verletzte seine objektiv geschützten Individualbelange auch selbst und – wie es der BGH in seiner zu § 22 GWB a.F. ergangenen Entscheidung „Strombezugspreis“ ausdrückt[3] – unmittelbar, d.h. ohne Zwischenschaltung der Kartellbehörden, durch Klage vor den Zivilgerichten verwirklicht.

---

[1] WuW/E BGH 1361, 1364 „Krankenhaus-Zusatzversicherung“.
[2] Zu dieser Terminologie *Wrage*: UWG-Sanktionen bei GWB-Verstößen?, S. 2 f.
[3] WuW/E BGH 1299, 1300 „Strombezugspreis“.

Bei genauerer Betrachtung zeigt sich, daß der zweite Prüfungsschritt – Bestimmung des objektiven Schutzgehalts – für das GWB keine wirklich begrenzende Wirkung zeitigt. Vorschriften, die unter völliger Ausblendung von Individualinteressen einen reinen Institutionsschutz bezwecken, lassen sich kaum aufzeigen. Beide Schutzzwecke lassen sich nur selten – wenn überhaupt – so strikt voneinander trennen, wie es das Schutzgesetzprinzip gedanklich voraussetzt. Insoweit sei auf die nachfolgende Darstellung *Emmerichs* verwiesen:

> „Der Wettbewerb als Institution kann immer nur über den Schutz der wirtschaftlichen Betätigungsfreiheit aller einzelnen geschützt werden. Der Hauptzweck jeden Gesetzes zum Schutze des Wettbewerbs ist die Offenhaltung der Märkte und damit der umfassende Schutz der wirtschaftlichen Betätigungsfreiheit aller einzelnen. So gesehen sind Institutions- und Individualschutz keine Gegensätze, sondern nur zwei Seiten derselben Medaille, nämlich Schutz der Freiheit und Gleichheit aller einzelnen als Voraussetzung jeder funktionsfähigen Wettbewerbsordnung[4]."

Die Ausführungen *Emmerichs* verdeutlichen zugleich, daß mit Hilfe des Kriterium des objektiven Schutzzwecks – die grundsätzlich individualschützende Tendenz einer Vorschrift unterstellt – auch nur in sehr begrenztem Rahmen zu einer Differenzierung in persönlicher Hinsicht zu gelangen ist, nämlich insofern, als er ausdrücklich den umfassenden Schutz *aller* einzelnen Marktteilnehmer als Zweck des GWB bezeichnet. Marktteilnehmer in diesem Sinne ist insbesondere auch der private Endverbraucher. Der wichtigste Fall, in dem bereits der objektive Schutzzweck zu einer Versagung des Schadensersatzanspruchs führt, betrifft die Mitglieder eines Kartells[5].

Im übrigen fällt die Entscheidung darüber, ob der Verstoß gegen eine kartellrechtliche Vorschrift im konkreten Fall gerade auch zugunsten des Geschädigten einen Ersatzanspruch begründet, regelmäßig unter einem anderen Gesichtspunkt, nämlich demjenigen der Rechtsdurchsetzungsmacht. Sie betrifft die Frage, ob dem Verletzten die Befugnis zuerkannt werden soll, seine Interessen selbst und unmittelbar durchzusetzen, d.h. gerade durch Klage vor den Zivilgerichten, unter Umgehung der Kartellbehörden und in Konkurrenz zu deren Aufsichtsfunktion. Daß es sich hierbei um Überlegungen nahezu ausschließlich objektiv-rechtlicher Natur handelt, läßt sich nicht ernsthaft bestreiten. Für das Erfordernis eines bestimmten Gebots oder Verbots, wie der BGH es als Minimalanforderung für den Schutzgesetzcharakter einer Vorschrift formuliert hat, tritt

---

[4] IM/*Emmerich* (2. Aufl.) § 35 Rdn. 16 f. Ähnlich *Knöpfle* NJW 1967, 697, 699; *Müller-Laube*: Der private Rechtsschutz gegen unzulässige Beschränkungen des Wettbewerbs und mißbräuchliche Ausnutzung von Marktmacht im deutschen Kartellrecht, S. 13 f.; *K. Schmidt*: Kartellverfahrensrecht – Kartellverwaltungsrecht – Bürgerliches Recht, S. 319 ff.; *Ders.*, in: Festschrift für *Benisch*, S. 293, 296.

[5] Vgl. IM/*Emmerich* § 33 Rdn. 17 m.w.N.; KG WuW/E OLG 1903, 1905 „Air-Conditioning-Anlagen"; aber auch LG Mannheim WuW/E LG/AG 259, 263 „Zweitaxi".

dies offen zutage. Überlegungen zum materiellen Schutzgehalt werden hier nicht einmal vordergründig bemüht, wenn die herrschende Meinung unter diesem Aspekt den Schutzgesetzcharakter von „bloßen“ Eingriffsermächtigungen in Abrede stellt[6]. Aber auch für die Bestimmung des sogenannten subjektiven Schutzzwecks gilt letztlich nichts anderes. Dies hat der Streit um die Schutzgesetzeigenschaft von § 22 GWB a.F. über weite Strecken gezeigt. Allein werden hier solche Argumente, die an sich die Kompetenzverteilung und damit objektive Aspekte betreffen, gewissermaßen „künstlich“ versubjektiviert. Mit anderen Worten, aus ihnen wird auf das Fehlen einer individualschützenden Tendenz geschlossen.

Der Begriff der Rechtsdurchsetzungsmacht kennzeichnet zugleich den Berührungspunkt zwischen dem Schutzgesetzprinzip in der Rechtsanwendungspraxis der Rechtsprechung einerseits und einem objektiv-rechtlich begründeten Kartelldeliktsrecht andererseits. Er steht für die gemeinsame Erkenntnis, daß die Entscheidung über die Gewährung von Schadensersatzansprüchen letztlich die Allokation von Aufsichtsbefugnissen betrifft. Allerdings finden im Rahmen des Schutzgesetzprinzips ausschließlich die Aufsichtbefugnisse der Kartellbehörden Berücksichtigung: Die Gewährung von Schadensersatzansprüchen darf in keinem Fall eine Ausdehnung zivilgerichtlicher Kompetenzen in den ausschließlichen Zuständigkeitsbereich kartellbehördlicher Tätigkeit nach sich ziehen.

Die Tabelle auf der nachfolgenden Seite stellt die Grundlagen für die Bejahung bzw. Verneinung eines Schadensersatzanspruchs nach beiden Konzepten vergleichend gegenüber. Teilweise Übereinstimmung besteht zwischen beiden Konzepten bei der Begründung, warum eine materiell-rechtliche Norm der Durchsetzung im Wege des Schadensersatzanspruchs nicht zugänglich ist (untere Zeile). Die gemeinsame Idee ist hier der Schutz eines effizienten Systems der Wettbewerbsaufsicht, dessen tragende Bedeutung auch das Schutzgesetzprinzip als eigenständigen Wert anerkennt und im Konfliktfall dem Schutz individueller Interessen überzuordnen bereit ist. In einem subjektiv-rechtlich verankerten Rechtsschutzkonzept, das über die Gewährung von Schadensersatz- und Unterlassungsansprüchen auf der Grundlage des Schutzzwecks der verletzten Norm entscheidet, führt das zwangsläufig zu dogmatischen Verwerfungen. Eine Erklärung, die den Schluß von objektiv-rechtlich begründeten Umständen auf den fehlenden individualschützenden Charakter rechtfertigen würde, bleiben Rechtsprechung und Literatur überwiegend schuldig[7].

---

[6] Vgl. zu § 22 GWB a.F. oben sub 3. Teil, B.II.1. Eine Ausnahme stellt insofern freilich die Entscheidungspraxis zu § 27 GWB a.F. dar; vgl. BGHZ 29, 344, 349 ff. „Sanifa“; WuW/E BGH 499, 500 f. „Prüfungsverband“; 1061, 1062 ff. „Zeitungsgroßhandel II“.

[7] Vgl. aber *Buxbaum*: Die private Klage als Mittel zur Durchsetzung wirtschaftspolitischer Rechtsnormen, S. 30 ff., der die Problematik des Schadensersatzanspruchs bei Verletzung gesetzlicher Verbote rechtsvergleichend aus US-amerikanischer Sicht analysiert. Dabei zeigt

	Subjektiv-rechtlicher Ansatz	**Objektiv-rechtlicher Ansatz**
Gründe für die Gewährung eines deliktischen Anspruchs	Individualschützender Charakter der verletzten Norm.	Gewinn an präventiver Effizienz; gesellschaftlicher Wohlfahrtsgewinn.
Gründe gegen die Gewährung eines deliktischen Anspruchs	Die Gewährung einer deliktischen Sanktion greift in kartellbehördliche Aufsichtsbefugnisse ein, konterkarriert die Wertung der Kartellbehörden, überfordert die Zivilgerichte.	Die Gewährung einer deliktischen Sanktion verspricht keine Stärkung der Präventionswirkung bzw. führt sogar zu einem gesellschaftlichen Wohlfahrtsverlust.

Tabelle: Argumentationsmuster im Rahmen subjektiv- und objektiv-rechtlicher Ansätzen eines Schadensersatzrechts

Demgegenüber spielt der Aspekt der Rechtsdurchsetzungsmacht für die positive Begründung eines Schadensersatzanspruchs im Rahmen des Schutzgesetzprinzips keine Rolle (obere Zeile, linke Spalte). Soweit die Gefahr eines Eingriffs in kartellbehördliche Kompetenzen nicht zu befürchten und die Zivilgerichte nicht überfordert sind, folgt der subjektive Schutzweck ohne weiteres dem Ergebnis der objektiven Schutzzweckprüfung. Der objektiv-rechtliche Ansatz verlangt für die Gewährung eines Schadensersatzanspruchs hingegen den positiven Nachweise eines hiermit verbundenen Mehr an präventiver Effizienz (obere Zeile, rechte Spalte).

Allein auf der Grundlage der bisherigen Anwendungspraxis des Schutzgesetzprinzips läßt sich die Inkorporation eines objektiv-rechtlichen Kartelldelikts-

---

er eine Entwicklung auf, an deren Anfang eine dem § 823 Abs.2 BGB durchaus vergleichbare Rechtsregel (vgl. Restatement (First) of Torts § 286 (1939): „The violation of a legislative enactment by doing a prohibited act [...] makes the actor liable for an invasion of an interest of another if: (a) the intent of the enactment is exclusively or in part to protect an interest of the other as an individual; and (b) the interest invaded is one which the enactment is intended to protect"), an deren Ende jedoch eine allein auf objektive Umstände abstellende Doktrin (*implied tort dioctrine*) steht, die dem lateinischen Grundsatz „Ubi ius ibi remedium" folgt und die Aufsichtsfunktion privater Schadensersatzklagen in den Mittelpunkt rückt. Als Grund für diese Entwicklung bezeichnet *Buxbaum* den in der US-amerikanischen Rechtstradition weit verbreiteten Zweifel, den gesetzgeberischen Willen verläßlich feststellen zu können. Ähnliche Motive versucht er sodann im deutschen Recht, namentlich bei *Knöpfle*, NJW 1976, 679, nachzuweisen.

rechts daher nicht rechtfertigen. Andererseits erscheint die Berücksichtigung ökonomischer Gesichtspunkte im Rahmen des Schutzgesetzprinzips auch nicht von vornherein ausgeschlossen. Allein bedarf die Legitimität einer objektiv-rechtlich geprägten Auslegung des Schutzzweckerfordernisses der näheren Untersuchung.

B. Die Legitimität eines an objektiv-rechtlichen Gesichtspunkten, insbesondere am Maßstab der Effizienz orientierten Verständnisses des Schutzzweckerfordernisses

Das Tatbestandsmerkmal „den Schutz eines anderen bezweckende Rechtsnorm" enthält einen unbestimmten, normativen Rechtsbegriff. Ihn auszulegen und mit Wertungskriterien auszufüllen, bleibt dem Rechtsanwender vorbehalten. Die vom BGH für § 35 GWB a.F. gewählte Auslegung des Schutzgesetzerfordernisses folgt den Vorgaben des allgemeinen Deliktsrechts, namentlich der Regelung des § 823 Abs.2 BGB. Sie ist jedoch keineswegs die einzig zulässige Auslegung. Ein strikt auf den Individualschutz rekurrierendes Verständnisses des Schutzzweckerfordernisses ist insbesondere nicht schon deswegen geboten, weil der Gesetzgeber des GWB von 1957 die deliktische Haftungsnorm des Kartellrechts bewußt in Anlehung an § 823 Abs.2 BGB geschaffen hat[8]. Vielmehr ist eine objektiv-rechtliche Fortentwicklung des Schutzgesetzkriteriums durch den Grundsatz der kartellrechtlich funktionalen Auslegung gedeckt. Ansätze eines Systems privater Wettbewerbsaufsicht finden sich bereits im geltenden Recht. Ihnen kommt im Rahmen einer funktionalen Auslegung des Schutzzweckkriteriums maßgebliche Bedeutung zu.

I. Zur historischen Begründung des Schutzgesetzprinzips, seiner Übernahme in das GWB und seiner Offenheit gegenüber einer Fortentwicklung im Sinne einer spezifisch kartellrechtlich-funktionalen Auslegung

1. Das Schutzgesetzprinzip in den Beratungen zum BGB

Nachdem der Wortlaut der kartellrechtlichen Schadensersatznorm auf § 823 Abs.2 BGB zurückgeht, gilt es zunächst die Funktion des Schutzgesetzprinzips im Rahmen des allgemeinen Deliktsrechts zu erfassen. Hierbei kommt der Entstehungsgeschichte des deliktischen Haftungssystems besondere Bedeutung zu. Aus ihr erschließt sich ein primär funktionales Verständnis des Schutzgesetzprinzips.

Der erste Entwurf für ein Bürgerlichen Gesetzbuches hatte zunächst die Schaffung einer deliktischen Generalklausel folgenden Wortlauts vorgesehen:

> **§ 704** (1) Hat jemand durch eine aus Vorsatz oder Fahrlässigkeit begangene widerrechtliche Handlung – Tun oder Unterlassen – einem anderen einen Schaden zugefügt, so ist er dem anderen zum Ersatze des durch die Handlung

---

[8] Vgl. Begr. RegE zum GWB 1957, BT-Drucks. 2/1158, S. 38.

verursachten Schadens verpflichtet, ohne Unterschied, ob der Umfang des Schadens vorauszusehen war oder nicht.

Erst in den weiteren Beratungen wurde die hierdurch begründete Haftungszurechnung als zu weit empfunden und mittels verschiedener Formulierungen zu begrenzen versucht. Dabei zielte der Ansatz der ersten Kommission primär auf eine Korrektur hinsichtlich der Voraussehbarkeit des Schadens[9]. Eine Begrenzung der Klagebefugnis in persönlicher Hinsicht stand zunächst ebensowenig zur Diskussion, wie eine Differenzierung zwischen Normen, die allein öffentlichen Interessen zu dienen bestimmt waren, und solchen, denen der Gesetzgeber einen individualschützenden Zweck zukommen ließ. Im Gegenteil: Die Notwendigkeit einer Begrenzung der Haftung durch das Merkmal der Voraussehbarkeit ergab sich für die erste Kommission erst als Folge der allgemein geteilten Ansicht, daß ein gesetzliches Verbot grundsätzlich jedermann schützen solle[10]. Zwar trifft es zu, daß es gerade diese Ausdehnung der Haftung gegenüber *jedem* Verletzten war, die die zweite Kommission später als zu weit ansah und daher zum Anlaß nahm, den Tatbestand der Schutzgesetzverletzung nebst demjenigen der Verletzung eines absoluten Rechts anstelle der bis dahin favorisierten Generalklausel einzuführen[11]. Dennoch darf diese Entscheidung nicht aus dem beschriebenen historischen Kontext herausgerissen werden. Genau dies geschieht aber, wenn die mit dem Schutzgesetzprinzip eingeführte Dichotomie „Individualschutz contra Institutionsschutz" zum Selbstzweck erhoben und die Gewährung eines Schadensersatzanspruchs im konkreten Fall primär mit der Zuerkennung einer vom Gesetzgeber anerkannten, individuellen und daher gerade mit den Mitteln der Deliktsrechts zu begegnenden Schutzwürdigkeit gedeutet wird. Richtig verstanden ist die von § 823 Abs.2 BGB angeordnete Schutzzweckprüfung *ein Mittel unter mehreren* zur Begrenzung einer ansonsten als zu weit reichend angesehenen Haftungsanordnung. Ist die Unterscheidung zwischen Individualschutz und Institutionsschutz aber nicht Folge einer – wie auch immer zu begründenden – zwingenden Vorgabe in dem Sinne, daß Normen, die allein öffentlichen Interessen zu dienen bestimmt sind, dem Sanktionensystem des Zivilrechts schlechthin entzogen sind, sondern eine rein künstlich-funktionale, so muß auch eine Auslegungsmethode des Schutzzweckerfordernisses zulässig sein, die einen funktionalen und damit ganz oder zumindest teilweise objektiven Ansatz wählt.

---

[9] Vgl. Prot. II, 569.

[10] Mot. II, 726. Vgl. auch *Buxbaum*: Die private Klage als Mittel zur Durchsetzung wirtschaftspolitischer Rechtsnormen, S. 40.

[11] *Schulz-Schaeffer*: Das subjektive Recht im Gebiet der unerlaubten Handlung, Band I, S. 42.

Auf dieser Grundlage haben es vor allem *Buxbaum*[12] und *Fikentscher*[13] unternommen, § 823 Abs.2 BGB im Sinne einer privatrechtlichen Rechtsaufsicht weiterzuentwickeln. *Buxbaum* begreift die Einschaltung Privater zur Geltendmachung von Institutionsschutz gar als eigentlichen Zweck der in § 823 Abs.2 BGB gewährten Schadensersatzansprüche[14] und fordert eine Lösung von dem vorherrschenden einseitig privatrechtlichen Verständnis der Norm. Statt dessen seien verstärkt öffentlich-rechtliche Momente in das Deliktssystem einzuflechten und jede potentielle Schutznorm spezifisch unter dem Aspekt der Institutionshilfe zu betrachten[15]. Auch *Fikentscher* hält im Anwendungsbereich von § 823 Abs.2 BGB Fälle für denkbar, in denen eine Norm keinen unmittelbar individualschützenden Charakter hat, sondern einem besonderen sozialen Wert zu dienen bestimmt ist, in denen aber die Wahrnehmung des allgemeinen Interesses an dessen Bewahrung dennoch Privaten anvertraut werden könne. Unter gewissen einschränkenden Voraussetzungen – kein ausreichender anderweitiger Schutz des sozialen Wertes; hinlänglich erkennbares eigenes Interesse der privaten Klägers – sei hier eine fremdnützige Klage anzuerkennen, die er in Anlehnung an das aus dem Gesellschaftsrecht stammende Institut der „actio pro socio" als „actio pro institutione" bezeichnet und in Analogie zu § 823 Abs.2 BGB entwickelt[16].

2. Der Schutzzweckgedanke im Lichte der kartellrechtlich-funktionalen Auslegung von GWB-Normen

Nach der hier vertretenen Auffassung steht bereits das Schutzgesetzprinzip im Kontext des allgemeinen Deliktsrechts einer verstärkt an objektiven Maßstäben orientierten Auslegung nicht zwingend entgegen. Jedenfalls aber auf dem Gebiet des Kartellrechts ist ein solches Verständnis des Schutzgesetzprinzips durch das Gebot der kartellrechtlich-funktionalen Auslegung gedeckt. Insbesondere kommt dem bürgerlich-rechtlichen Haftungstatbestand des § 823 Abs.2 BGB eine bindende Präjudizienwirkung für die Auslegung der spezifisch kartellrechtlichen Schadensersatznorm des § 33 S.1 GWB nicht zu.

Allerdings nimmt der Regierungsentwurf für das GWB von 1957 in der Begründung zu dem deliktischen Tatbestand (§ 28 GWB i.d.F. von 1957) ausdrücklich auf die Regelung des § 823 Abs.2 BGB Bezug:

---

12 *Buxbaum*: Die private Klage als Mittel zur Durchsetzung wirtschaftspolitischer Rechtsnormen.

13 *Fikentscher*: Wirtschaftsrecht, Band II, S. 397, 527 ff.

14 *Buxbaum*: Die private Klage als Mittel zur Durchsetzung wirtschaftspolitischer Rechtsnormen, S. 37 ff.

15 *Buxbaum*: Die private Klage als Mittel zur Durchsetzung wirtschaftspolitischer Rechtsnormen, S. 60.

16 *Fikentscher*: Wirtschaftsrecht, Band II, S. 528 f.

„Zahlreiche Vorschriften dieses Gesetzes sind derartige Schutzvorschriften. Wer diesen Vorschriften zuwiderhandelt, muß also nach den Grundsätzen der deliktischen Haftung Schadensersatz leisten. [...] Ansprüche aus § 28 sind Ansprüche aus unerlaubter Handlung. Folglich sind die allgemeinen Vorschriften anzuwenden, die für die Haftung aus unerlaubter Handlung maßgeblich sind[17]."

Dabei hat sich der Gesetzgeber in anderen Punkten durchaus mit der Notwendigkeit einer Erweiterung der allgemeinen Haftungsregel auseinandergesetzt. Dies gilt insbesondere für die Einführung des alternativen Tatbestands der Verletzung einer Schutzverfügung[18]. Es kann demnach davon ausgegangen werden, daß es durchaus in der Absicht des Gesetzgebers lag, die herrschende Schutzgesetzdogmatik, wie sie Rechtsprechung und Lehre bis dato zu § 823 Abs.2 BGB entwickelt hatten, in das GWB zu überführen.

Das GWB verwendet indessen an vielen Stellen unbestimmte Rechtsbegriffe, die zuvor in anderem Zusammenhang, insbesondere im allgemeinen bürgerlichen Recht eine bestimmte Prägung erfahren haben. Das hervorragendste Beispiel dürfte das Merkmal des gemeinsamen Zwecks in § 1 GWB a.F. gewesen sein[19]. Wohl noch unter dem Einfluß der § 705 BGB entliehenen Formulierung legte der BGH in seinen frühen Entscheidungen zunächst eine gesellschaftsrechtliche Auslegung zugrunde[20]. Erst im Laufe der Zeit vermochte sich das Merkmal von seiner bürgerlich-rechtlichen Herkunft zu emanzipieren. Namentlich in seinem „Fertigbeton"-Urteil aus dem Jahre 1976 vollzog der BGH den Wechsel hin zu einem spezifisch wettbewerbsrechtlichen, insbesondere der Freiheit des Wettbewerbs als Zielsetzung des GWB hinreichend Rechnung tragenden Verständnis[21]. Am Ende dieser Emanzipation stand schließlich das „Druckgußteile"-Urteil aus dem Jahre 1997. Danach ist in Austauschverträgen ein gemeinsamer Zweck immer dann anzunehmen, wenn für die Wettbewerbsbeschränkung bei wertender Betrachtungsweise im Hinblick auf die Freiheit der Wettbewerbs ein anzuerkennendes Interesse nicht besteht[22].

Löst man sich von dem speziellen Fall des Merkmals des gemeinsamen Zwecks in § 1 GWB a.F. und abstrahiert die hinter der Argumentation des BGH stehende Idee, so gelangt man zu jener allgemeinen Auslegungsmaxime, die als

---

[17] Begr. RegE zum GWB 1957, BT-Drucks. 2/1158, S. 38.

[18] Begr. RegE zum GWB 1957, ebenda (Fn. 17).

[19] Das Merkmal ist im Zuge der 6. GWB-Novelle durch die sprachlich treffendere Formulierung – so die Begründung des Regierungsentwurfs (BT-Drucks. 13/9720, S. 31) – „miteinander in Wettbewerb stehende Unternehmen" ersetzt worden; kritisch hierzu *Baums* ZIP 1998, 233, 234 f.

[20] WuW/E BGH 359, 361 „Gasglühkörper"; 605, 607 „Flußspat".

[21] WuW/E BGH 1458, 1461 f. „Fertigbeton".

[22] WuW/E BGH 3115, 3118 „Druckgußteile". Eine neuere, zusammenfassende Darstellung der Entwicklung findet sich bei *K. Schmidt* AG 1998, 551, 553 ff.

Grundsatz der Selbständigkeit kartellrechtlicher Begriffsbildung bezeichnet wird. Sie besagt in ihrem Kern, daß die Auslegung kartellrechtlicher Normen primär nach spezifisch kartellrechtlich-funktionalen Wertungen und damit grundsätzlich unabhängig von anderen Rechtsgebieten zu erfolgen hat[23]. Für das Schutzgesetzprinzip als Grundlage des Kartelldeliktsrechts in § 33 GWB folgt daraus, daß der zu § 823 Abs.2 BGB entwickelten Dogmatik nicht die Wirkung eines bindenden Präjudizes zukommt. Vielmehr ist die Funktion des § 33 S.1 GWB im Rahmen des Sanktionensystems des GWB selbst zu ermitteln. Für die Verbandsklagebefugnis des § 35 Abs.3 GWB a.F., auf die im einzelnen noch einzugehen sein wird, hat der BGH einen solchen funktionalen Ansatz in seinem „Hitlisten-Platten"-Urteil bereits gewählt[24]. In Bezug auf den individuellen Schadensersatzanspruch hingegen haben die im Rahmen dieser Arbeit aufgezeigten, noch dem allgemeinen Deliktsrecht entstammenden Prämissen, vor allem die zwingende Bindung der Anspruchsberechtigung an die Wahrnehmung individueller Interessen und die Dominanz des Ausgleichsgedankens, eine Entwicklung in dieselbe Richtung verhindert[25].

Die hier vorgenommene Analyse hingegen hat – unter besonderer Berücksichtigung der 6. GWB-Novelle, ihrer Zielsetzung im Sinne einer Harmonisierung mit dem europäischen Kartellrecht und der durch sie konkret betroffenen Normen – ausführlich die Notwendigkeit einer Neubewertung der Funktionen des Kartelldeliktsrechts begründet. Dabei sind sowohl die wettbewerbspolitische Korrektur zugunsten einer Stärkung des Verbotsprinzips, gerade bei traditionell einem Verbietbarkeitsansatz unterliegenden Normen der *rule of reason* wie der Mißbrauchsaufsicht über marktbeherrschende Unternehmen[26], das Ziel einer Verbesserung der Vorfeldwirkung wettbewerbsrechtlicher Normen gerade auch durch deliktische Sanktionen[27], der Gedanke einer Überführung des spezifisch europarechtlichen Konzepts der unmittelbaren Anwendbarkeit in das GWB[28], als auch schließlich die Begründung erweiterter Drittklagebefugnisse im Recht der Zusammenschlußkontrolle[29] als Zeichen einer beabsichtigten Mobilisierung privater Interessen und Rechtsbehelfe im Sinne einer effizienteren (objektiven) Wettbewerbsaufsicht gedeutet worden. Dem Ansatz einer funktionalen, d.h. auf dieses Ziel hin ausgerichteten Auslegung folgend, muß es zulässig sein, die Frage, ob eine Norm des GWB Schutzgesetz iSv. § 33 S.1 GWB und damit Grund-

---

[23] *Rittner*: Wettbewerbs- und Kartellrecht, § 5 Rdn. 76, S. 140 f. sowie Rdn. 90, S. 145 f. Vgl. aber auch IM/*Immenga* Einleitung Rdn. 67.
[24] BGHZ 129, 203, 206 f. „Hitlisten-Platten"; vgl. näher unten sub II.1.b.
[25] Vgl. im einzelnen oben sub 5. Teil, A.I.
[26] Vgl. hierzu oben sub 5. Teil, A.II.1.
[27] Vgl. hierzu oben sub 5. Teil, A.II.2.
[28] Vgl. hierzu oben sub 5. Teil, A.II.1.3.
[29] Vgl. hierzu oben sub 5. Teil, A.II.1.4.

lage einer privaten Schadensersatzklage sein kann, auch unter Zuhilfenahme eines objektiven, an der ökonomischen und präventiven Effizienz einer solchen Klage ausgerichteten Maßstabs zu beantworten.

II. Anerkannte Ansätze einer privaten Wettbewerbsaufsicht und ihr Verhältnis zum Schutzgesetzprinzip

Die Maxime der kartellrechtlich-funktionalen Auslegung gebietet, die Funktion des Schutzgesetzprinzips unter besonderer Berücksichtigung des Sanktionensystems des GWB insgesamt zu ermitteln. Als Anhaltspunkt können in diesem Rahmen insbesondere solche Normen dienen, denen anerkanntermaßen das Konzept einer privaten Wettbewerbsaufsicht zugrunde liegt. Sie können sowohl die Gestalt (negatorischer) Verbandsklagen als auch individueller Schadensersatzklagen annehmen.

1. Private Wettbewerbsaufsicht durch (negatorische) Verbandsklagen

Beachtung unter dem Gesichtspunkt einer privaten Wettbewerbsaufsicht durch (negatorische) Verbandsklagen verdient § 33 S.2 GWB. Danach kann der Anspruch auf Unterlassung iSv. § 33 S.1 GWB auch von rechtsfähigen Verbänden zur Förderung gewerblicher Interessen geltend gemacht werden. Die Regelung ist ausweislich der Gesetzesbegründung der Vorschrift des § 13 Abs.2 Nr.2 UWG a.F. nachempfunden[30]. Bevor auf die besondere Problematik des § 33 S.2 GWB eingegangen werden kann, ist daher zunächst eine Auseinandersetzung mit den Funktionen der Verbandsklagebefugnis gemäß § 13 Abs.2 Nr.2 UWG erforderlich.

a. Die Klagebefugnis der gewerblichen Interessenverbände im Lauterkeitsrecht (§ 13 Abs.2 Nr.2 UWG)

Die Ausweitung der Klagebefugnis auf bestimmte Verbände findet sich bereits im UWG von 1896. Der Gesetzesentwurf verweist zur Begründung auf die Doppelnatur von Wettbewerbsstreitigkeiten, die sowohl den einzelnen Betroffenen als auch das allgemeine öffentliche Interesse tangiere. Bestimmte Wettbewerbsmethoden wie zum Beispiel unzulässige Werbung müßten auch dann unterdrückt werden, wenn sich kein Mitbewerber zur Klage entschließe[31]. Das RG und später der BGH haben sich dieser Wertung des Gesetzgebers im wesentlichen angeschlossen. Die Klagebefugnis der Verbände zur Förderung gewerblicher Interessen – so der BGH – beruhe darauf, daß unlautere Wettbewerbshandlungen nicht nur im Interesse des unmittelbar Betroffenen, sondern auch im Allgemeininteresse bekämpft würden. Gerade das Einschreiten angesehener und

---

[30] Schriftlicher Bericht des Ausschusses für Wirtschaftspolitik über den Entwurf eines GWB, zu BT-Drucks. 2/3644, S. 31.

[31] Entwurf eines Gesetzes zur Bekämpfung des unlauteren Wettbewerbs nebst Begründung v. 2.12.1895, Verhandlungen des Reichstags IX. Legislaturperiode, 4. Session, 1895/1896, S. 104 (zitiert nach Beater ZHR Bd. 159 (1995), 217, 219).

sachkundiger Körperschaften gegen Wettbewerbsverstöße sei besonders wirksam und abschreckend gegenüber potentiellen Nachahmern[32]. Derselbe Aspekt der Verbandstätigkeit, nämlich die Wahrnehmung öffentlicher Interessen, rechtfertigt es nach Ansicht des BGH auch, den Verbänden in Anwendung der Vorschriften der Geschäftsführung ohne Auftrag einen Anspruch auf Ersatz der im Zuge eines Abmahnverfahrens entstandenen vorprozessualen Kosten zuzuerkennen (§ 670 BGB)[33].

Bei einer genaueren Betrachtung der einzelnen Voraussetzungen des § 13 Abs.2 Nr.2 UWG wird jedoch deutlich, daß die Stellung der Verbandsklagebefugnis im Sanktionensystem des Lauterkeitsrechts vielschichtiger ist, als es die vorstehenden Ausführungen des BGH vermuten lassen. Eine endgültige Klarstellung in Bezug auf die mit der Verbandsklagebefugnis verfolgten Ziele ist auch nicht im Rahmen der UWG-Novelle 1994 erfolgt[34].

Gemäß § 13 Abs.2 Nr.2 GWB kann die Unterlassungsklage nur von Verbänden erhoben werden, deren Verbandszweck auf die Förderung gewerblicher Interessen gerichtet ist. Zwar stellt der BGH an die Formulierung des Verbandszwecks keine hohen Anforderungen[35]. Aus dem Merkmal der Förderung gewerblicher Interessen folgt jedoch, daß es für die Klagebefugnis nicht genügt, wenn sich Gewerbetreibende zu einem Verband zusammenschließen, der das Ziel der Bekämpfung unlauteren Wettbewerbs ohne jeden Zusammenhang mit den wirklichen Belangen seiner Mitglieder verfolgen soll. Erforderlich ist vielmehr eine dahingehende Zusammenfassung der gewerblichen Interessen der Mitglieder, daß der Verband bei seiner satzungsmäßigen Tätigkeit auch oder sogar im Schwerpunkt solche Wettbewerbsverstöße verfolgen soll, die gewerbliche Belange der in ihm zusammengeschlossenen Mitglieder tatsächlich in irgendeiner Weise berühren, und daß er zu diesem Zweck auch auf sachliche und örtliche Bezüge der Verstöße zu bestimmten Mitgliederinteressen achten soll[36]. Die Wahrnehmung von Allgemeininteressen ist damit nur in einem begrenzten Umfang zulässig[37].

---

[32] RGZ 120, 47, 49 „Markenverband“; 128, 330, 343 „Rundfunknachricht“; BGH GRUR 1956, 279 „Oliven“; 1960, 379, 379 f. „Zentrale“; 1964, 397, 398 „Damenmäntel“.

[33] BGHZ 52, 393, 399 f. „Fotowettbewerb“. Diese Auslegung des Aufwendungsersatzanspruchs aus §§ 683, 670 BGB ist seinerseits ein interessantes Beispiel der funktionalen Auslegung allgemein bürgerlich-rechtlicher Normen im Wettbewerbsrecht. Vgl. hierzu *Oppermann* AcP Bd. 193 (1993), 497, 526.

[34] BGBl. I, S. 1738.

[35] Vgl. die Zusammenstellung bei *Baumbach/Hefermehl* § 13 Rdn. 21 b.

[36] BGH GRUR 1990, 282, 284 „Wettbewerbsverein IV“, in Klarstellung von BGH GRUR 1988, 918, 919 „Wettbewerbsverein III“.

[37] *Baumbach/Hefermehl* § 13 Rdn. 21 b.

Andererseits darf die Verbandsklage nicht auf die kollektive Wahrnehmung der Interessen nur einzelner Mitglieder reduziert werden. Sie ist deshalb ausgeschlossen, wenn sich ein Wettbewerbsverstoß ausschließlich gegen Individualinteressen richtet, namentlich in den Fällen der §§ 14 ff. UWG sowie sonstiger reiner Individualrechtsverletzungen[38]. Für die Wahrnehmung einer selbständigen Aufgabe im Interesse der Allgemeinheit spricht zudem die Tatsache, daß die durch § 13 Abs.2 Nr.2 UWG zuerkannten Ansprüche materiellrechtlicher Natur sind, den Verbänden aus eigenem Recht zustehen und vor allem in ihrer Geltendmachung unabhängig sind von dem Willen des unmittelbar Verletzten[39].

Seit Inkrafttreten der UWG-Novelle 1994 setzt die Verbandsklagebefugnis gemäß § 13 Abs.2 Nr.2 UWG weiterhin voraus, daß dem klagenden Verband eine erhebliche Zahl von Gewerbetreibenden angehört, die auf demselben Markt wie der Verletzer Waren oder gewerbliche Leistungen gleicher oder verwandter Art vertreiben, sowie daß der geltend gemachte Wettbewerbsverstoß geeignet ist, den Wettbewerb auf dem relevanten Markt wesentlich zu beeinträchtigen. Die Begründung des Gesetzentwurfs enthält widersprüchliche Aussagen über den Regelungszweck der Verbandsklagebefugnis. Zunächst stellt die Begründung – insoweit die alte Rechtslage zusammenfassend – fest:

> „Die Klageberechtigung [...] der Verbände ist im *Interesse der Allgemeinheit* an der Wahrung des Bestandes des lauteren Wettbewerbs eingeräumt worden. Es ist eines der kennzeichnenden Merkmale des deutschen Wettbewerbsrechts, daß die Einhaltung der Wettbewerbsordnung weitgehend mit zivilrechtlichen Sanktionen stattfindet. Dies wäre ohne die Klagebefugnis der Verbände nicht möglich[40].“

Diese Ausführungen scheinen eher auf eine den Schutz von Allgemeininteressen ausgerichtete Zielsetzung hinzudeuten. An anderer Stelle allerdings, namentlich in Zusammenhang mit dem neu eingefügten Erfordernis einer erheblichen Zahl von auf dem relevanten Markt gewerblich tätigen Mitgliedern, steht zu lesen:

> „Die vorgeschlagene Regelung steht auch mit den Vorstellungen im Einklang, die der Schaffung der Verbandsklagebefugnis im Wettbewerbsrecht zugrunde lagen. Es geht dabei nämlich um die *kollektive Wahrnehmung von Mitgliederinteressen.* Wenn solche Mitgliederinteressen nicht berührt werden können, weil dem Wettbewerbsverein keine erheblich Zahl von betroffenen Mitbewer-

---

38 Vgl. *Baumbach/Hefermehl* § 13 Rdn. 6; *Köhler/Piper* § 13 Rdn. 3; *v. Gamm*: UWG, § 13 Rdn. 4 jeweils m.w.N.

39 *Baumbach/Hefermehl* § 13 Rdn. 5.

40 Begr. des Entwurfs der CDU/CSU und FDP Bundestagsfraktionen, BT-Drucks. 12/7345, S. 10 (Hervorhebung durch den Verfasser).

bern angehört, entfällt auch die innere Berechtigung für die Verfolgung von Wettbewerbsverstößen[41]."

Zuweilen ist hieran anknüpfend die Auffassung vertreten worden, mit Inkrafttreten der UWG-Novelle 1994 könne sich die Legitimation der Verbandsklagebefugnis allein noch aus der Wahrnehmung von Mitgliederinteressen ergeben[42]. Meines Erachtens trifft diese Bewertung nicht zu. Vielmehr sprechen die überwiegenden Gründe dafür, die Verbandsklage in Übereinstimmung mit der Rechtsprechung des BGH auch weiterhin primär mit der Wahrnehmung von Allgemeininteressen zu erklären. Soweit § 13 Abs.2 Nr.2 UWG idF. der Novelle von 1994 verlangt, daß dem klagenden Verband eine erhebliche Zahl von Gewerbetreibenden angehört, die auf demselben Markt tätig sind, ist für die hiermit verbundene Verschärfung neben dem Hinweis auf den kollektiven Schutz von Mitgliederinteressen zumindest eine weitere Erklärung denkbar, die ausschließlich auf die Effizienz der Verbandsklage als Instrument zum Schutz der Wettbewerbsordnung im Allgemeininteresse rekurriert. Das zweite neu eingefügte Merkmal, namentlich die Eignung der angegriffenen Maßnahme, den Wettbewerb auf dem relevanten Markt wesentlich zu beeinträchtigen, ist darüber hinaus mit dem behaupteten Regelungszweck einer kollektiven Wahrnehmung von Mitgliederinteressen nur schwer zu vereinbaren.

Zutreffend ist allerdings, daß die Klagebefugnis des § 13 Abs.2 Nr.2 UWG durch das Erfordernis einer erheblichen Zahl von Mitgliedern, die auf demselben Markt gewerblich tätig sind, sehr viel strikter auf die Wahrnehmung konkreter Mitgliederinteressen beschränkt wird. Dies zeigt ein Vergleich mit dem in dieselbe Richtung weisenden, aber weitaus zurückhaltender verstandenen Merkmal „Förderung gewerblicher Interessen". Insoweit hat der BGH die Ansicht vertreten, solange der Verband bei der Verfolgung von Wettbewerbsverstößen zumindest *auch* die sachlichen und örtlichen Interessen seiner Mitglieder wahrnehme, sei er kraft seiner *generellen Klagebefugnis* nicht gehindert, auch gegen Wettbewerbsverstöße vorzugehen, die weder Einzelinteressen noch das gemeinsame „zusammengefaßte" Interesse der Mitglieder unmittelbar beträfen. Denn an die Begrenzung der Tätigkeiten und Interessenbereiche eines Verbandes iSv. § 13 UWG dürften keine zu engen Maßstäbe angelegt werden, weil die

---

[41] Begr. des Entwurfs der CDU/CSU und FDP Bundestagsfraktionen, BT-Drucks. 12/7345, S. 12 (Hervorhebung durch den Verfasser).

[42] *Gröning* WRP 1994, 775, 780; ohne Anspruch auf Ausschließlichkeit erkennen auch *Köhler/Piper* § 13 Rdn. 17 eine Stärkung dieses Aspekts an; anders hingegen *Dieselhorst* WRP 1995, 1, 4 (dort insbesondere Fn. 42). Bereits vor Inkrafttreten der UWG-Novelle 1994 hat *Wolf*: Die Klagebefugnis der Verbände. Ausnahme oder allgemeines Prinzip?, S. 16 ff.; *Ders.* BB 1971, 1293, 1295, versucht, die Verbandsklage auf die Geltendmachung von Gruppeninteressen zu reduzieren. Dagegen mit Vehemenz *Rehbinder/Burgbacher/Knieper*: Bürgerklage im Umweltrecht, S. 99 ff.

Ausdehnung der Klagebefugnis durch diese Vorschrift auf dem Gedanken beruhe, daß die Bekämpfung unlauterer Wettbewerbshandlungen nicht nur im Interesse der unmittelbar Betroffenen, sondern auch im öffentlichen Interesse liege[43]. Demgegenüber verlangt § 13 Abs.2 Nr.2 UWG in jedem Fall einen konkreten Bezug der Verletzungshandlung zu dem sachlichen und örtlichen Markt, auf dem eine erhebliche Zahl von Verbandsmitgliedern gewerblich tätig ist[44]. Die Klagebefugnis eines Verbandes ist damit unmittelbar davon abhängig, daß ihm Mitglieder angehören, die ihrerseits gemäß § 13 Abs.2 Nr.1 UWG zur Erhebung der wettbewerbsrechtlichen Unterlassungsklage berechtigt sind[45].

Dennoch rechtfertigt es die Neufassung des § 13 Abs.2 Nr.2 UWG nicht, den Zweck der Verbandsklage auf die kollektive Wahrnehmung von Mitgliederinteressen zu reduzieren. Zumindest begründet die Norm eine Klagebefugnis gewerblichen Interessenverbände im Interesse der *gesamten Branche*. Denn für die Erheblichkeit der Mitgliederzahl kommt es gerade nicht auf das Verhältnis der branchenangehörigen zu branchenfremden Verbandsmitgliedern an[46], sondern vielmehr darauf, daß dem Verband eine für das Wettbewerbsgeschehen auf dem relevanten Markt repräsentative Anzahl von Mitbewerbern aus der betroffenen Branche angehört. Es muß Gewähr dafür gegeben sein, daß hinter der Unterlassungsklage eines Verbands eben nicht lediglich die Interessen eines einzelnen oder mehrerer seiner Mitglieder stehen, sondern das Interesse der gesamten Branche[47]. In diesen Grenzen jedenfalls kommt den gewerblichen Interessenverbänden auch weiterhin die Funktion einer Institution der privaten Wettbewerbsaufsicht zu.

Die Einschränkung der Klagebefugnis der gewerblichen Interessenverbände auf solche Märkte, auf denen eine erhebliche Zahl ihrer Mitglieder tätig ist, läßt sich ökonomisch rechtfertigen. Es spricht einiges dafür, daß die Effizienz von gewerblichen Interessenverbänden als private Rechtsdurchsetzer mit der Anzahl der auf dem betroffenen Markt tätigen Verbandsmitglieder korreliert. Die Effizienz privater Rechtsdurchsetzung hängt wesentlich von den Kosten ab, die mit

---

[43] BGH GRUR 1990, 282, 284 „Wettbewerbsverein IV" (Hervorhebungen durch den Verfasser); vgl. auch schon BGH GRUR 1964, 397, 398 „Damenmäntel"; 1975, 75, 76 „Wirtschaftsanzeigen-public-relations".

[44] *Baumbach/Hefermehl* § 13 Rdn. 23d ff.; zu den Vorstellungen des Gesetzgebers vgl. Begr. des Entwurfs der CDU/CSU und FDP Bundestagsfraktionen, BT-Drucks. 12/7345, S. 11.

[45] BGH GRUR 1997, 478 „Haustürgeschäfte II"; *Baumbach/Hefermehl* § 13 Rdn. 27 a; *Köhler/Piper* § 13 Rdn. 21.

[46] KG WRP 1994, 871, 873 „Abspecken" (Hervorhebung durch den Verfasser); *Baumbach/Hefermehl* § 13 Rdn. 23 b.

[47] Begr. des Entwurfs der CDU/CSU und FDP Bundestagsfraktionen, BT-Drucks. 12/7345, S. 12; BGH GRUR 1996, 804, 805 f. „Preisrätselgewinnauslobung III"; WRP 1996, 1102, 1103 „Großimporteur"; GRUR 1997, 927, 928 „Selbsthilfeeinrichtung der Beamten"; 1070, 1071 f. „Händlervereinigung".

der Aufdeckung rechtswidriger Verhaltensweisen verbunden sind. Je besser der privater Rechtdurchsetzer über die konkreten Marktverhältnisse und die Geschäftspraktiken der Marktteilnehmer informiert ist, desto leichter und kostengünstiger wird sich für ihn die Aufdeckung von Rechtsverstößen gestalten. Dabei kommt den gewerblichen Interessenverbänden der Informationsfluß zwischen ihnen und ihren Mitgliedern in einem Maße zugute, der durch externe Marktbeobachtung nur unter Aufwendung erheblicher Kosten auszugleichen ist. Allerdings reicht dieser Kostenvorteil der Verbände bei der Aufdeckung von Rechtsverstößen nur soweit, als sie auf einem bestimmten Markt tatsächlich über eine Mindestanzahl tätiger Mitglieder verfügen.

Zweifelhaft ist jedoch, ob das Merkmal der erheblichen Zahl an Mitbewerbern auf dem relevanten Markt in seiner konkreten Ausgestaltung den Vorgaben ökonomischer Effizienz gerecht wird. Die Verfolgung von Wettbewerbsverstößen ist unter anderem auch deshalb in die Hand der gewerblichen Interessenverbände gelegt worden, weil der unmittelbar Betroffene oftmals – unabhängig von den Kostenrisiken einer Klage – die offene Auseinandersetzung mit seinen Wettbewerbern aus Furcht vor eventuellen Nachteilen scheuen mag[48]. Der Grundsatz rechtlichen Gehörs (Art. 103 Abs.1 GG) aber verlangt grundsätzlich eine namentliche Nennung derjenigen Verbandsmitglieder, vermittels derer die Klagebefugnis nachgewiesen werden soll[49]. Der Gesetzgeber opfert hier das Prinzip der Anonymität dem Ziel, mißbräuchliche Klagen zu unterbinden, schießt damit aber weit über dasselbe hinaus und zielt zugleich auf den Lebensnerv der Verbände. Die Mitgliedschaft jedenfalls verliert ohne die Möglichkeit eines Vorgehens gegen möglicherweise übermächtige Wettbewerber im Schutze der Anonymität einen wesentlichen Teil ihrer Attraktivität[50]. Die hier getroffene Wertung des Gesetzgebers steht in einem offensichtlichen Gegensatz zu den beständigen Bemühungen einer zufriedenstellenden Lösung der sogenannten Roß und Reiter Problematik im GWB[51]. Es verwundert daher nicht, daß der BGH für die dortige Verbandsklagebefugnis einen anderen Weg eingeschlagen hat[52].

Soweit § 13 Abs.2 Nr.2 UWG weiterhin voraussetzt, daß die geltend gemachte Rechtsverletzung geeignet ist, den Wettbewerbs auf dem relevanten Markt er-

---

[48] Stellungnahme des Bundesrates zum RegE eines UWG-Änderungsgesetzes v. 1.6.82, BT-Drucks. 9/1707, S. 37; *Baumbach/Hefermehl* § 13 Rdn. 20; *Loewenheim* WRP 1987, 286; *Zöller* WRP 1994, 156, 158.

[49] BGH GRUR 1996, 217 „Anonymisierte Mitgliederliste"; 292, 294 „Aknemittel".

[50] Stellungnahme des Bundesrates zum RegE eines UWG-Änderungsgesetz v. 1.6.82, BT-Drucks. 9/1707, S. 37; *Nacken* WRP 1994, 791, 794; *Speckmann*: Die Wettbewerbssache, Rdn. 47.

[51] Vgl. zur sog. Roß und Reiter Problematik etwa *Baron* WuW 1998, 651, 653, *Bunte* DB 1998, 1748, 1753; *I. Schmidt* WuW 1997, 101, 116 ff.

[52] Hierzu sogleich sub b.

heblich zu beeinträchtigen, ist dies mit einem Verständnis der Verbandsklage als Instrument zur kollektiven Wahrnehmung der Mitgliederinteressen nur schwerlich zu erklären[53]. Vielmehr verweist die Begründung der UWG-Novelle 1994 in diesem Kontext ausdrücklich auf die Interessen der Allgemeinheit:

> „Damit soll erreicht werden, daß im Allgemeininteresse gegen Wettbewerbsverstöße vorgehende Kläger sich künftig auf Fälle beschränken, deren Auswirkungen auf das Wettbewerbsgeschehen so erheblich sind, daß die *Interessen der Allgemeinheit* ernsthaft betroffen sind[54]."

Ob es allerdings in der Absicht des Gesetzgebers lag, die Verbandsklage als Mittel privater Rechtsdurchsetzung gezielt zu stärken, darf bezweifelt werden. Vielmehr kommt in der Gesetzesbegründung – durchaus in Übereinstimmung mit der deutschen Rechtstradition – ein zumindest unterschwelliges Mißtrauen gegenüber einem System privatrechtlicher Wettbewerbsaufsicht und der hiermit einhergehenden Objektivierung von Klagebefugnissen zum Ausdruck[55]. Dies ist vor allem deswegen bemerkenswert, weil die in § 13 Abs.2 UWG getroffene Regelung insgesamt weit davon entfernt ist, die scheinbar gefürchtete Popularklagebefugnis zu etablieren[56].

Ausweislich der Gesetzesbegründung zielte die UWG-Novelle 1994 insbesondere darauf ab, Maßnahmen gegen die angeblich weitverbreiteten Mißbräuche der Klage- und Abmahnbefugnis zu treffen[57]. Den Vorwurf des Mißbrauchs begründet der Gesetzgeber dabei mit der Verquickung der als zu ausgiebig empfundenen Verfolgungsintensität insbesondere in Fällen nur „marginaler" Bedeutung einerseits sowie der von der Aussicht auf einen individuellen finanziellen Vorteil getriebenen Motivation auf Seiten der Wettbewerbsvereine andererseits. Finanzielle Vorteile in diesem Sinne sind der vom BGH in ständiger Rechtsprechung zuerkannte Aufwendungsersatzanspruch sowie etwaige, im Falle der Zuwiderhandlung gegen eine Unterwerfungserklärung verwirkte Vertragsstrafen[58].

Ökonomisch kann die Begrenzung der Klagebefugnis auf schwerwiegende Verletzungen sinnvoll sein. Möglicherweise rechtfertigen die bei der Verfolgung „marginaler" Rechtsverstöße anfallenden Schäden nicht die Kosten der Aufdeckung und gerichtlichen Aburteilung. Begrenzt sind insbesondere die Ressourcen der Wettbewerbsgerichte. Unter diesen Voraussetzungen kann es im Sinne öko-

---

[53] In diesem Sinne ist wohl auch die Kritik von *Borck* WRP 1994, 349, 352 zu verstehen.

[54] Begr. des Entwurfs der CDU/CSU und FDP Bundestagsfraktionen, BT-Drucks. 12/7345, S. 11 (Hervorhebung durch den Verfasser).

[55] Vgl. hierzu *Beater* ZHR Bd. 159 (1995), 217, 220.

[56] *Baumbach/Hefermehl* § 13 Rdn. 2b.

[57] Begr. des Entwurfs der CDU/CSU und FDP Bundestagsfraktionen, BT-Drucks. 12/7345, S. 5.

[58] Begr. des Entwurfs der CDU/CSU und FDP Bundestagsfraktionen, BT-Drucks. 12/7345, S. 10.

nomischer Effizienz geboten sein, die zur Verfügung stehenden Ressourcen gezielt auf die Verfolgung besonders schwerwiegender Verstöße zu verwenden[59]. Der Hinweis des Gesetzgebers auf die Arbeitsüberlastung der Wettbewerbsgerichte enthält demnach einen tragfähigen Ansatz für die unternommene Reform der Verbandsklagebefugnis[60].

Der Geltungsanspruch der staatlichen Wettbewerbsnormen wird hierdurch nicht in Frage gestellt[61]. Die Durchsetzung staatlicher Normen unterliegt wie andere Güter dem Konzept der Knappheit, d.h. der begrenzten Verfügbarkeit von Ressourcen. Einen absoluten Geltungsanspruch vermögen staatliche Normen daher nur ausnahmsweise zu begründen. Regelmäßig jedoch ist ihnen eine Begrenzung durch die einer Gesellschaft zur Verfügung stehenden Ressourcen immanent. Ob die Voraussetzungen, unter denen eine Beschränkung der Rechtsverfolgung auf besonders schwerwiegende Verstöße im Interesse ökonomischer Effizienz geboten ist, im Lauterkeitsrecht vorliegen, kann hier nicht ausführlich erörtert werden. Hingewiesen sei jedoch auf den Umstand, daß sich ein Großteil der Rechtsverfolgung durch die gewerblichen Interessenverbände im Vorfeld der Inanspruchnahme staatlicher Gerichte bewegt. Dies gilt insbesondere für die Abmahntätigkeit.

Allerdings liegt der Begründung der UWG-Novelle 1994 eine solche ökonomische Betrachtungsweise offenbar nicht zugrunde. Die Begrenzung der Verbandsklagebefugnis auf schwerwiegende Verstöße erfolgt insbesondere nicht unter Abwägung von Kosten und Nutzen der Verfolgung „marginaler“ Verletzungen des Wettbewerbsrechts. Dem vorstehend zitierten Hinweis auf die Überlastung der Wettbewerbsgerichte kommt allenfalls die Bedeutung einer Randbemerkung zu. Vielmehr scheint sich der Gesetzgeber speziell an der Rechtsverfolgung durch private Verbände zu stören. In den Begründung des Gesetzentwurfs heißt es in diesem Zusammenhang:

> „Es scheint aber nicht gerechtfertigt, daß einzelne lediglich abstrakt betroffene Mitbewerber wie eine Art „Wettbewerbspolizei“ alle auftretenden Verstöße ohne die sonst polizeilichem Handeln gegen geringfügige Verstöße innewohnende Zurückhaltung aufgreifen und unnachsichtig verfolgen[62].“

---

[59] Ähnlich *Schricker* GRUR Int 1994, 586, 588, sowie – wenn auch weniger deutlich auf den Aspekt der Reallokation eingehend – *Beater* ZHR Bd. 159 (1995), 217, 218.

[60] Begr. des Entwurfs der CDU/CSU und FDP Bundestagsfraktionen, BT-Drucks. 12/7345, S. 5.

[61] So aber *von Linstow* WRP 1994, 787, 789; *Zöller* WRP 1994, 156, 157; in dieselbe Richtung leise Kritik äußernd auch *Beater* ZHR Bd. 159 (1995), 217, 221, sowie *Borck* WRP 1994, 349, 351 f.

[62] Begr. des Entwurfs der CDU/CSU und FDP Bundestagsfraktionen, BT-Drucks. 12/7345, S. 11 f.

Mit einer strikt ökonomischen Betrachtungsweise nicht vereinbar ist auch der Versuch, die Verquickung von finanziellem Anreiz und Wahrnehmung von Allgemeininteressen in ein verwerfliches Licht zu rücken. Private Rechtsdurchsetzung funktioniert überhaupt nur aufgrund der Erwartung, aus der zugesprochenen Strafe die entstandenen Kosten decken und einen Gewinn erzielen zu können. Rechtssysteme, die deliktische Sanktionen primär als Instrument zur Durchsetzung objektiven Rechts verstehen, erkennen die Notwendigkeit besonderer finanzieller Anreize ausdrücklich an. Die Sanktion der *treble damages* in Section 4 Clayton Act bezweckt gerade, den Geschädigten zur Geltendmachung seines Rechts und damit zur Wahrnehmung der ihm zugewiesenen Funktion als *private attorney general* zu animieren[63]. Das gleiche Verständnis liegt der Institution der *punitive damages* zugrunde[64]. Im übrigen läßt sich kaum leugnen, daß auch die aus eigensüchtigen Motiven angestrengte Klage, so sie denn begründet ist, zur Durchsetzung der Rechtsordnung beiträgt[65].

b. Die Besonderheiten der kartellrechtlichen Verbandsklagebefugnis

Die Klagebefugnis der gewerblichen Interessenverbände auf dem Gebiet des Kartellrechts ist ausweislich der Gesetzesbegründung der Regelung des § 13 Abs.2 Nr.2 UWG a.F. nachempfunden[66]. Die vorstehenden Ausführungen in Bezug auf Funktion der Verbandsklage im UWG – Wahrnehmung von Allgemeininteressen durch private Körperschaften – beanspruchen damit grundsätzlich auch im Rahmen von § 33 S.2 GWB Geltung. Dennoch ist eine eigenständige Betrachtung der kartellrechtlichen Verbandsklage zwingend geboten. Dies folgt aus der unterschiedlichen Rechtstechnik, der sich der Gesetzgeber bei der Inkorporation der Verbandsklage in das UWG einerseits sowie das GWB andererseits bedient hat.

Die Klagebefugnis der gewerblichen Interessenverbände gemäß § 13 Abs.2 Nr.2 UWG knüpft unmittelbar an die Verwirklichung der materiellen Verbotstatbestände des Lauterkeitsrecht an:

> **§ 13** (2) In den Fällen der §§ 1, 3, 4, 6 bis 6c, 7 und 8 kann der Anspruch auf Unterlassung geltend gemacht werden [...] von rechtsfähigen Verbänden zur Förderung gewerblicher Interessen, [...].

Vorbehaltlich der qualifizierenden Voraussetzungen des § 13 Abs.2 Nr.2 UWG kommt die Unterlassungsklage danach schon dann in Betracht, wenn ein Ver-

---

63 Agency Holding Corp. v. Malley-Duff & Associates, Inc., 483 U.S. 143, 151 (1987); Reiter v. Sonotone Corp., 442 U.S. 330, 331 (1979); Illinois Brick Company v. Illinois, 431 U.S. 720, 746 (1977), *reh. den.* 434 U.S. 881 (1977).

64 Vgl. *Mörsdorf-Schulte*: Funktionen und Dogmatik US-amerikanischer punitive damages, S. 70 f. m.w.N.

65 *Beater* ZHR Bd. 159 (1995), 217, 221.

66 Schriftlicher Bericht des Ausschusses für Wirtschaftspolitik über den Entwurf eines GWB, BT-Drucks. 2/3644, S. 31.

stoß gegen die genannten Vorschriften objektiv gegeben ist. Abweichend hiervon enthielt § 35 Abs.3 GWB a.F. für die Verbandsklagebefugnis folgende Bestimmung:

> „*In den Fällen des Absatzes 1* kann ein Anspruch auf Unterlassung auch von Verbänden zur Förderung gewerblicher Interessen geltend gemacht werden, [...][67]."

Die Bezugnahme auf die „Fälle des Absatzes 1" hat zur Folge, daß auch im Rahmen der Verbandsklagebefugnis zwingend der Schutzgesetzcharakter einer als verletzt gerügten Norm zu untersuchen ist[68]. Zwar ist die ausdrückliche Verweisung auf den individuellen Unterlassungsanspruch in § 33 S.2 GWB entfallen. Eine inhaltliche Änderung ist hiermit allerdings ausweislich der Begründungserwägungen zur 6. GWB-Novelle nicht verbunden[69]. Die Verbandsklage scheint damit zunächst – entgegen ihrem Vorbild aus dem Lauterkeitsrecht – doch dem kollektiven Individualschutz der Verbandsmitglieder zu dienen.

Für das Verständnis der kartellrechtlichen Verbandsklage entscheidend ist damit die Frage, unter welchen Voraussetzungen „ein Fall des Absatzes 1" iSv. § 35 Abs.3 a.F. anzunehmen ist. Sie war lange Zeit umstritten. Nach einer Ansicht sollte es bereits ausreichen, wenn die als verletzt gerügte Vorschrift überhaupt Schutzgesetzcharakter hatte. Der Verbandsklage müsse im Interesse ihrer Wirksamkeit ein möglichst umfassender Anwendungsbereich eröffnet werden[70]. Nach anderer Ansicht sollte die Verbandsklage nur dann in Betracht kommen, sofern die verletzte Norm den Schutz zumindest einzelner Mitglieder des klagenden Verbandes bezweckte[71]. Der BGH hat den Streit in der „Hitlisten-Platten" Entscheidung im Sinne der erstgenannten Ansicht entschieden. In einem ersten Prüfungsschritt stellt der BGH zunächst fest, daß die als verletzt gerügte Vorschrift – im vorliegenden Fall § 26 Abs.4 GWB a.F. (nunmehr § 20 Abs.4 S.1 GWB) – überhaupt drittschützende Funktion hat, also nicht ausschließlich dem Schutz des Wettbewerbs als Institution dient[72]. Sodann fährt der BGH fort:

> „Nach der zutreffenden Auffassung des Berufungsgerichts setzt die Verbandsklagebefugnis aus § 35 Abs. 3 GWB [a.F.] nicht voraus, daß gerade auch Mitglieder des Verbandes durch das angegriffene kartellrechtswidrige Verhalten verletzt sind. Es ist auch nicht erforderlich, daß der Verband Mitglieder hat, die durch die als verletzt bezeichnete Vorschrift geschützt sind. Die Verbands-

---

[67] Hervorhebung durch den Verfasser.

[68] Vgl. *v. Gamm* WRP 1987, 290, 291.

[69] Vgl. Begr. RegE, BT-Drucks. 13/9720, S. 55.

[70] *Bechtold* § 33 Rdn. 10; IM/*Emmerich* (2. Aufl.) § 35 Rdn. 109.

[71] In diesem Sinne *Hennig*, in: *Langen/Bunte* (8. Aufl.), § 35 Rdn. 35; *v. Gamm* WRP 1987, 290, 291; *Wolf*: Die Klagebefugnis der Verbände. Ausnahme oder allgemeines Prinzip?, S. 19 ff., 34 ff.

[72] BGHZ 129, 203, 206 „Hitlisten-Platten".

klagebefugnis ist begründet worden, um Verbände zu Abwehrmaßnahmen gegen kartellrechtswidriges Verhalten instandzusetzen, die der unmittelbar Betroffene möglicherweise wegen wirtschaftlicher Abhängigkeit nicht ergreifen kann oder will. Die Erreichung dieses Gesetzeszwecks könnte erschwert werden, wenn ein Verband zur Förderung gewerblicher Interessen bei der Darlegung der Voraussetzungen seiner Prozeßführungsbefugnis auch offenlegen müßte, für welche seiner Mitglieder die verletzte Norm Schutzgesetz ist, und damit möglicherweise, wer von seinen Mitgliedern Wettbewerber des Anspruchsgegners ist[73]."

Die extensive Auslegung des BGH läßt auch für das Kartellrecht ein Verständnis der Verbandsklage zu, welches den gewerblichen Interessenverbänden die Aufgabe der Wahrnehmung von Allgemeininteressen beimißt. Die gegenteilige Auffassung, die Verbände seien im Rahmen von § 33 S.2 GWB ausschließlich oder jedenfalls primär zur kollektiven Vertretung der Interessen ihrer Mitglieder berufen[74], ist ohne den Verweis auf das Schutzgesetzprinzip nicht zwingend zu begründen. Eine wesentliche Beschränkung der Verbandsklage in dem vorstehend bezeichneten Sinn ergibt sich insbesondere nicht aus dem Umstand, daß es sich bei den Verbänden um solche „zur Förderung gewerblicher Interessen" handeln muß. Solange der Verband auch die sachlichen und örtlichen Interessen seiner Mitglieder wahrnimmt, ist er infolge seiner generellen Klagebefugnis grundsätzlich nicht gehindert, im öffentlichen Interesse auch gegen sontige Rechtsverstöße vorzugehen. Insoweit kann für § 33 S.2 GWB nicht anderes gelten wie für die identische Regelung im Rahmen von § 13 Abs.2 Nr.2 UWG[75].

Allerdings zwingen die Aufführungen des BGH in der „Hitlisten-Platten" Entscheidung ebenso wenig zu dem Schluß, die Verbandsklage ziele als Instrument privater Wettbewerbsaufsicht ausschließlich auf die Wahrnehmung von Allgemeininteressen. Zwar löst der BGH durch die von ihm gewählte Auslegung des Schutzgesetzprinzips die Klagebefugnis formal von den Interessen der Verbandsmitglieder. Den Nachweis, ob und welche kollektiven Interessen seiner Mitglieder betroffen sind, muß der klagende Verband nicht führen. Andernfalls – so der BGH – bestehe die Gefahr, daß der mit der Verbandsklage verbundene Gesetzeszweck nicht in vollem Umfang erreicht werde. Mit dem in diesem Zusammenhang vom BGH zitierten Normzweck allerdings läßt sich nicht zwingend belegen, die Verbandsklage diene primär der Wahrnehmung von Allgemeininteressen. Denkbar, aber ebenso wenig zwingend, ist auch eine Auslegung dahingehend, daß die Verbandsklage im Sinne eines kollektiven Schutzes indi-

---

[73] BGHZ 129, 203, 206 f. „Hitlisten-Platten"; vgl. auch schon OLG Koblenz WuW/E OLG 3263, 3265 „Landesapothekerverein".

[74] So etwa *v. Gamm* WRP 1987, 290, 291, der freilich ein sehr viel engeres Verständnis des Schutzgesetzerfordernisses zugrunde legt.

[75] Vgl. hierzu BGH GRUR 1990, 282, 284 „Wettbewerbsverein IV"; 1988, 918 „Wettbewerbsverein III".

vidueller Interessen gestärkt werden sollte[76]. Der unmittelbar Betroffene, an dessen Stelle die Verbände Abwehrmaßnahmen ergreifen sollen, mag deren Mitglied sein oder auch nicht. De facto freilich eröffnet der Verzicht auf den Nachweis konkret betroffener Mitgliederinteressen den gewerblichen Interessenverbänden ein weitgehend unbegrenztes Tätigkeitsfeld, welches sie im öffentlichen Interesse an der Wahrung der Wettbewerbsordnung ausfüllen können. Nicht zuletzt auch wegen der Anlehnung an § 13 Abs.2 Nr.2 UWG erscheint daher im Ergebnis die Ansicht überzeugender, auch die Verbandsklage im Kartellrecht ziele primär auf die Wahrnehmung von Allgemeininteressen.

Die „Hitlisten-Platten" Entscheidung des BGH ist nur auf der Grundlage einer kartellrechtlich-funktionalen, insbesondere der Freiheit des Wettbewerbs Rechnung tragenden Auslegung des Schutzgesetzprinzips verständlich. Insoweit kommt ihr für die Fortentwicklung des Schadensersatzanspruchs gemäß § 33 S.1 GWB im Sinne einer objektiven Wettbewerbsaufsicht beispielhafte Bedeutung zu. Zwar hält der BGH an der grundsätzlichen Unterscheidung zwischen ausschließlich institutionsschützenden und zumindest auch individualschützenden Normen fest. Auf der zweiten Ebene der traditionellen Schutzzweckprüfung allerdings, nämlich der Zuweisung der Klagebefugnis in persönlicher Hinsicht, verzichtet er ausdrücklich auf einen Rückgriff auf Normzwecküberlegungen. Vielmehr rekurriert er unmittelbar auf das Kriterium der Effizienz kartellrechtlicher Sanktionen. Da sich jedenfalls im materiellen Kartellrecht aber ohnehin kaum Normen aufzeigen lassen, die einen reinen Institutionsschutz bezwecken, die objektive Schutzzweckprüfung mithin in der Praxis zu keiner wesentlichen Begrenzung des deliktischen Rechtsschutzes führt, kommt der Ansatz des BGH dem hier propagierten System der Anspruchsgewährung auf der Grundlage einer Effizienzprognose recht nahe.

c. Objektive Wettbewerbsaufsicht nur durch negatorische Verbandsklagebefugnisse?

In Gestalt der Klagebefugnis der gewerblichen Interessenverbände gemäß § 33 S.2 GWB ist das Konzept einer privaten Wettbewerbsaufsicht bereits in dem Sanktionensystem des deutschen Kartellrechts angelegt. Bei der Fortentwicklung des Schadensersatzanspruchs gemäß § 33 S.1 GWB im Sinne einer objektiv begründeten Sanktion für kartellrechtswidriges Handeln geht es demnach „nur" um den Ausbau eines im Grundsatz anerkannten Rechtsinstituts. Dem kann nicht entgegengehalten werden, das Konzept einer privaten Wettbewerbsaufsicht komme für das GWB nur in Form der Verbandsklage und nur auf dem Wege des negatorischen Rechtsschutzes in Betracht. Der Einwand, das GWB kenne einen objektivierten Privatrechtsschutz nur in Gestalt der Ver-

---

[76] Vgl. zu dieser Überlegung Schriftlicher Bericht des Ausschusses für Wirtschaftspolitik über den Entwurf eines GWB, BT-Drucks. 2/3644, S. 31.

bandsklage, läuft bereits auf eine petitio principii hinaus. Denn den Nachweis für die Zulässigkeit objektiv-rechtlich begründeter Individualrechtspositionen im Rahmen von § 33 S.1 GWB gilt es vorliegend gerade zu erbringen. Mit Blick auf die Regelung des § 13 Abs.1 Nr.1 UWG ist er ferner nicht zwingend. Der weitere Einwand, die Begründung objektiver Privatklagebefugnise komme allein in Form von Unterlassungsklagen in Betracht, ist nur insoweit berechtigt, als weder das Wettbewerbs- noch das Lauterkeitsrecht die Figur einer Verbandsschadensersatzklage kennt. De lege ferenda ist ein solches Rechtsinstitut indessen durchaus vorstellbar. Im übrigen weist das bereits geltende System des negatorischen Rechtsschutz schadensersatzrechtliche Elemente auf. Die strikte Abgrenzung deliktischer und negatorischer Ansprüche, die dem gegen die Entwicklung eines objektiv-rechtlichen Schadensersatzanspruchs erhobenen Einwand zugrunde liegt, existiert in dieser Form nicht und ist daher wenig überzeugend.

In der wissenschaftlichen Diskussion hat die Verbandsschadensersatzklage de lege ferenda insbesondere als mögliches Instrument zur kollektiven Geltendmachung von Verbraucherschäden Beachtung gefunden. In einem für die *Kommission zur Bekämpfung der Wirtschaftskriminalität* erstellten Gutachten hat *Steindorff* vorgeschlagen, § 35 Abs.3 GWB a.F. in Anlehung an das Lauterkeitsrecht dahingehend zu erweitern, daß die Klagebefugnis auch Verbraucherverbänden eingeräumt und allgemein auf Schadensersatzklagen ausgedehnt werde. Voraussetzung hierfür sei lediglich, daß die Satzung des klagenden Verbandes ein geeignetes Verfahren für die Aufteilung der eingeklagten Gelder vorsehe[77]. In einem weiteren Gutachten für die *Kommission* hat *Mertens* die Einführung einer Verbandsschadensersatzklage im Rahmen von § 13 UWG befürwortet. Abweichend von *Steindorff* hingegen hält er eine Weiterleitung des Schadensersatzes an die Geschädigten nicht für zwingend erforderlich[78]. Die *Kommission* selbst hat schließlich die Einführung einer Verbandsklage zur Geltendmachung von Verbraucherschäden aufgrund irreführender Werbung für das Lauterkeitsrecht ausdrücklich empfohlen und eine entsprechende Ergänzung von § 35 Abs.3 GWB a.F. zur Diskussion gestellt[79].

Eine hinreichende dogmatische Aufarbeitung des Rechtsinstituts der Verbandsschadensersatzklage allerdings ist in diesem Zusammenhang nicht erfolgt. Unklar ist insbesondere, ob mit einer solchen Klage im Rahmen des deliktischen

---

[77] *Steindorff* ZHR Bd. 138 (1974), 504, 516 f.; ihm folgend *Witthuhn*: Die Ausgestaltung der privaten Klage im Wirtschaftsrecht, S. 200 f. Ablehnend *K. Schmidt*: Aufgaben und Leistungsgrenzen der Gesetzgebung im Kartelldeliktsrecht, S. 36 f., 44 f.

[78] *Mertens* ZHR Bd. 139 (1975), 438, 473 f.

[79] *Kommission zur Bekämpfung der Wirtschaftskriminalität*, Tagungsberichte, Bd. IX, S. 121 ff. Kritisch hierzu die Stellungnahme der Deutschen Vereinigung für gewerblichen Rechtsschutz und Urheberrecht, GRUR 1976, 136, 137.

Ausgleichsgedankens lediglich die kollektive Geltendmachung des Verbraucherschadens ermöglicht werden oder ein Instrument objektiver Wirtschaftsaufsicht geschaffen werden sollte. *Steindorff* vertritt in seinem Gutachten die Ansicht, mit der Einführung der Verbandsschadensersatzklage werde eine wesentliche Bedingung für die Aktivierung von Schadensersatzprozessen geschaffen, die sowohl im Interesse des Verbraucherschutzes als auch der Sanktionswirkung von Schadensersatzpflichten liege[80]. Insbesondere der letzte Halbsatz läßt zunächst vermuten, es gehe *Steindorff* vorrangig um die Stärkung der privaten Wirtschaftsaufsicht. Hiergegen spricht jedoch, daß *Steindorff* die Klagebefugnis nur solchen Verbraucherverbänden gewährt, deren Satzung ein geeignetes Verfahren für die Aufteilung der eingeklagten Gelder an die Verbraucher vorsieht. Zwar sollen die Verbraucherverbände nicht darauf beschränkt sein, den Schaden nur ihrer Mitglieder geltend zu machen[81]. Ebensowenig wie die Unterlassungsklage gemäß § 33 S.2 GWB bzw. § 13 Abs.2 Nr.2 UWG läßt sich die Verbandsschadensersatzklage daher auf die kollektive Wahrnehmung von Mitgliederinteressen reduzieren. Zumindest soll sie nach dem Willen *Steindorffs* dem Verbraucherschutz als solchem dienen. Dabei allerdings kommt letztlich wohl der Schadenskompensation, nicht der Prävention ausschlaggebende Bedeutung zu. Anders verhält es sich indessen, wenn man mit *Mertens* auf die zwingende Weiterführung des Schadens an die Geschädigten verzichtet[82]. Eine solche Schadensersatzklage wäre mit dem Ausgleichsgedanken nur schwerlich vereinbar. Sie ließe sich nur noch als Regelung der privaten Wirtschaftsaufsicht rechtfertigen[83].

Der nunmehr vorgelegte Regierungsentwurfs für ein neues UWG sieht in § 10 Abs.1 einen Gewinnabschöpfungsanspruch vor, der als selbständige Sanktion neben den Schadensersatzanspruch treten und von gewerblichen Interessenverbänden, Verbraucherschutzverbänden, Industrie- und Handelskammern sowie Handwerkskammern geltend gemacht werden können soll[84]. Durch den Gewinnabschöpfungsanspruch sollen Durchsetzungsdefizite bei sogenannten Streuschäden behoben werden. Er dient ausweislich der Gesetzesbegründung nicht dem individuellen Schadensausgleich, sondern der *wirksamen Abschrekkung*[85].

---

80 *Steindorff* ZHR Bd. 138 (1974), 504, 516.
81 *Steindorff* ZHR Bd. 138 (1974), 504, 516 f. Ebenso *Witthuhn*: Die Ausgestaltung der privaten Klage im Wirtschaftsrecht, S. 200 f. A.A. *Mertens* ZHR Bd. 139 (1975), 438, 473 f.
82 *Mertens* ZHR Bd. 139 (1975), 438, 473 f.
83 *K. Schmidt*: Aufgaben und Leistungsgrenzen der Gesetzgebung im Kartelldeliktsrecht, S. 37.
84 RegE, BR-Drucks. 301/03.
85 Begr. RegE, BR-Drucks. 301/03, S. 48 ff.

Auch de lege lata überzeugt der Einwand, das deutsche Wettbewerbsrecht kenne objektive Privatklagebefugnise nur in Gestalt von Unterlassungsklagen, nicht. Zwar gewährt der wettbewerbsrechtliche Abwehranspruch aus § 13 Abs.2 UWG bisher nach allgemeiner Ansicht ausschließlich negatorischen Rechtsschutz, nicht aber die Befugnis zur Geltendmachung von Schadensersatzansprüchen[86]. In der praktischen Anwendung allerdings lassen sich beide Rechtsbehelfe häufig nur schwer voneinander abgrenzen. Insbesondere schließt die Zielrichtung des negatorische Beseitigungsanspruchs – Beseitigung eines rechtswidrigen Störungszustands mit Wirkung für die Zukunft – nicht aus, daß im Einzelfall faktisch zugleich Wiedergutmachung mit Wirkung für die Vergangenheit – mithin Naturalrestitution iSd. §§ 249 ff. BGB – eintritt[87].

Zu Überschneidungen zwischen negatorischem Rechtsschutz und Schadensersatzsanktion kommt es ferner aufgrund des Instituts der strafbewehrten Unterwerfungserklärung. Die Unterlassungsklage setzt materiell-rechtlich voraus, daß entweder die Gefahr eines erstmaligen Wettbewerbsverstoßes drohend bevor steht (Begehungsgefahr) oder der Beklagte sich bereits zuvor wettbewerbswidrig verhalten hat und Wiederholungsgefahr besteht[88]. Dabei wird zulasten desjenigen, der wegen eines Wettbewerbsverstoßes berechtigt abgemahnt worden ist, tatsächlich vermutet, daß er sein wettbewerbswidriges Verhalten auch in Zukunft fortsetzen will. Die Vermutung der Wiederholungsgefahr kann der Verletzer in der Regel nur durch Abgabe einer bedingungslosen, unwiderruflichen und durch die Übernahme einer angemessenen Vertragsstrafe bewehrten Unterlassungserklärung widerlegen[89]. Ob die versprochene Vertragsstrafe angemessen ist, bestimmt sich in erster Linie nach dem finanziellen Interesse des Verletzers an weiteren Zuwiderhandlungen[90]. Zulässig ist es auch, die Vertragsstrafe in der Unterlassungserklärung nur dem Grunde nach festzuschreiben, die Bestimmung der Strafhöhe aber gemäß § 315 BGB in das Ermessen des Erklärungsempfängers, namentlich eines Wettbewerbers oder eines klagebefugten Verbands zu stellen. Für diesen Fall hat der BGH entschieden, daß bei der Ausübung des Leistungsbestimmungsrechts sowohl der repressive, strafähnliche Sanktionscharakter der Vertragsstrafe Berücksichtigung zu finden hat wie auch ihre Funktion

---

86 *Baumbach/Hefermehl* § 13 Rdn. 4 m.w.N.

87 Zur Abgrenzung des Beseitigungs- vom Schadensersatzanspruch im Rahmen von § 13 Abs.2 UWG vgl. BGH GRUR 1954, 163, 165 „Bierleiferungsverträge“; 1962, 315, 319 „Deutsche Miederwoche“.

88 *Baumbach/Hefermehl* Einl UWG Rdn. 260.

89 *Baumbach/Hefermehl* Einl UWG Rdn. 262 f.

90 In diesem Sinn OLG Hamm WRP 1978, 395, 397; *Baumbach/Hefermehl* Einl UWG Rdn. 275.

als pauschalisierter (Mindest-) Schadensersatz[91]. Die Abwicklung des durch die fortgesetzte Zuwiderhandlung entstandenen Schadens erfolgt danach nicht nur durch das Schadensersatzrecht, sondern auch im Rahmen des negatorischen Rechtsschutzes.

Die vorstehend zitierte Entscheidung des BGH betraf die zugunsten eines Wettbewerbers abgegebene strafbewehrte Unterwerfungserklärung. Dieselben Grundsätze müssen jedoch auch auf das zugunsten eines nach Maßgabe von § 13 Abs.2 Nr.2 UWG bzw. § 33 S.2 GWB klagebefugten Verbands eingegangene Vertragsstrafeversprechen zur Anwendung kommen. Daß ein solcher Verband Gläubiger eines im Rahmen einer Unterwerfungserklärung abgegebenen Vertragsstrafeversprechens sein kann, ist allgemein anerkannt. Durch die verwirkte Vertragsstrafe wird der finanzielle Status des Verbands im Allgemeininteresse gestärkt[92]. Wird die Bestimmung der Höhe einer zugunsten eines Verbands versprochenen Vertragsstrafe gemäß § 315 BGB in das Ermessen des Verbands gestellt, so folgt aus der Entscheidung des BGH, daß bei der Ausübung des Leistungsbestimmungsrechts insbesondere die Funktion der Vertragsstrafe als pauschalisierter (Mindest-) Schadensersatz zu berücksichtigen ist.

Gegen die hier vertretene Auffassung läßt sich nicht einwenden, dem Verband werde durch die Zuwiderhandlung gegen die Unterlassungserklärung regelmäßig kein eigener Schaden entstehen[93]. Zwar rechtfertigt sich die Einbeziehung potentieller Schadensfolgen in die Berechnung der Höhe einer Vertragsstrafe grundsätzlich aus der Absicht, dem Verletzten bei einer späteren Zuwiderhandlung den Schadensnachweis zu ersparen[94]. Die Regelung des § 340 Abs.2 BGB bestärkt dieses Verständnis. Anerkannt erscheint indessen, daß die Funktion der Vertragsstrafe als pauschalisierter (Mindest-) Schadensersatz nicht nur im Rahmen von Unterwerfungserklärungen zugunsten unmittelbar verletzter Wettbewerber in die Bestimmung der Strafhöhe einzustellen ist. Gleiches gilt jedenfalls auch, soweit Gläubiger des Vertragsstrafeversprechens ein nur nach Maßgabe von § 13 Abs.2 Nr.1 UWG klagebefugter Wettbewerber ist. Dies zumindest legt die Verortung der Problematik im Rahmen des § 13 UWG nahe. Denn eine Regelung der Ansprüche unmittelbar verletzter Wettbewerber enthält § 13 UGW gerade nicht[95]. Eine Differenzierung hinsichtlich des Zeitraums vor bzw. nach Inkrafttreten der UWG-Novelle 1994 ist hierbei nicht ersichtlich. Auf die Scha-

---

[91] BGH GRUR 1994, 146, 147 f. „Vertragsstrafebemessung“. Ebenso *Teplitzki*: Wettbewerbsrechtliche Ansprüche, Kap. 8 Rdn. 19 sowie Kap. 20 Rdn. 9. Vgl. auch *Köhler* GRUR 1994, 260, 262 f., der in der Höhe des durch die erneute Zuwiderhandlung entstandenen Schadens nur einen Wertungsgesichtspunkt von untergeordneter Bedeutung sieht.

[92] *Baumbach/Hefermehl* Einl UWG Rdn. 276 m.w.N.

[93] So aber *Köhler* GRUR 1994, 260, 262.

[94] *Baumbach/Hefermehl* Einl UWG Rdn. 276.

[95] *Köhler/Piper* Vor § 13 Rnd. 84.

densdeckungsfunktion der Vertragstrafe berufen konnte sich demnach auch derjenige Wettbewerber, der Waren gleicher oder verwandter Art vertrieb und in einem abstrakten Wettbewerbsverhältnis zu dem Verletzer stand (§ 13 Abs.2 Nr.1 UWG a.F.). Erforderlich war hiernach zwar mehr als die bloß theoretisch denkbare, nämlich die mit einer gewissen Wahrscheinlichkeit in Betracht kommende Möglichkeit einer Beeinträchtigung infolge der Verletzungshandlung. Die Wahrscheinlichkeit brauchte allerdings nur eine geringe zu sein[96]. Das Vorliegen eines solchen abstrakten Wettbewerbsverhätnisses begründet keine hinreichende Grundlage für die Vermutung, der gemäß § 13 Abs.2 Nr.1 UWG a.F. klagebefugte Wettbewerber werde regelmäßig einen eigenen Schaden erleiden. Ist ihm dennoch gestattet, sich auf die Funktion der Vertragsstrafe als (Mindest-) Schadensersatz zu berufen, so muß dies auch für die gemäß § 13 Abs.2 Nr.2 UWG klagebefugten Verbände gelten.

Über das Rechtsinstitut der Vertragsstrafe können die gewerblichen Interessenverbände im Rahmen des negatorischen Rechtsschutzes mithin die Befugnis erlangen, den Schaden der betroffenen Branche geltend zu machen. Diese Befugnis hängt nicht davon ab, daß die verwirkte Vertragsstrafe an die Geschädigten weitergeleitet wird. Vielmehr kommt die verwirkte Vertragsstrafe unmittelbar den Verbänden zugute. Unter diesen Voraussetzungen ist auch die der Vertragsstrafe immanente Schadensersatzfunktion mit der Ausgleichsfunktion des Deliktsrechts nicht mehr zu erklären. Schadensersatz und Unterlassungsklage wirken hier vielmehr als sich gegenseitig ergänzende Instrumente objektiver Wettbewerbsaufsicht.

2. Private Wettbewerbsaufsicht durch Schadensersatzklagen

Obwohl im negatorischen Rechtsschutz gemäß § 33 S.2 GWB schadensersatzrechtliche Elemente angelegt sind, läßt sich das Konzept einer privaten Wettbewerbsaufsicht durch Schadensersatzklagen für das Kartellrecht nicht an einer spezifischen Norm festmachen. Vielmehr gilt es im Rahmen dieser Arbeit gerade den Nachweis für die objektiv-rechtliche Natur des in § 33 S.1 GWB begründeten Schadensersatzanspruchs zu erbringen. Ansätze einer privaten Wettbewerbsaufsicht durch Schadensersatzklagen lassen sich jedoch für das Recht gegen den unlauteren Wettbewerb aufzeigen. Zwar beruht das Sanktionensystem des Rechts gegen den unlauteren Wettbewerb historisch bedingt auf Prämissen, die sich vom Kartellrecht wesentlich unterscheiden. Allerdings haben sich Schutzzweck und materiell-rechtliche Beurteilungsmaßstäbe beider Rechtsgebiete in der Vergangenheit zunehmend angenähert. Es erscheint daher gerechtfertigt, die Wertungen des Lauterkeitsrechts für die Auslegung des § 33 S.1 GWB zumindest ergänzend heranzuziehen.

---

[96] *Baumbach/Hefermehl* § 13 Rdn. 14.

a. Institutioneller Wettbewerbsschutz durch Schadensersatzklagen von Wettbewerbern im UWG

Nach heute allgemein anerkannter Auffassung verfolgen das Recht gegen den unlauteren Wettbewerb und das Kartellrecht gleichermaßen den Schutz des Wettbewerbs sowohl als Institution als auch im Interesse der einzelnen Marktteilnehmer[97]. Dennoch hat der Gesetzgeber für beide Rechtsgebiete wesentlich verschiedene Sanktionsmechanismen vorgesehen. Dabei zeichnet sich das Recht gegen den unlauteren Wettbewerb insbesondere dadurch aus, daß es die Aufgabe der Rechtsdurchsetzung nahezu ausschließlich den Zivilgerichten überantwortet. Nur ausnahmsweise sind Verstöße als Straftat oder Ordnungswidrigkeit zu verfolgen. Auf die Schaffung besonderer Verwaltungsbehörden hat der Gesetzgeber verzichtet[98]. Eine Zuständigkeit der allgemeinen Verwaltungsbehörden auf dem Gebiet des Lauterkeitsrechts besteht darüber hinaus nicht[99]. Soweit die Vorschriften des UWG dem institutionellen Wettbewerbsschutz zu dienen bestimmt sind, verwirklicht sich auch dieser Schutzzweck im Rahmen privater Klagen. Die Privatklagebefugnisse des Lauterkeitsrechts dienen demnach nicht nur dem Schutz individuell benachteiligter Wettbewerber; ihnen kommt vielmehr darüber hinaus die Funktion einer privaten Wettbewerbsaufsicht im öffentlichen Interesse zu.

Dieses Verständnis ist für die (Verbands-) Klagebefugnisse gemäß § 13 Abs.2 UWG bereits ausführlich begründet worden. Private Wettbewerbsaufsicht findet jedoch auch im Rahmen des Schadensersatzanspruchs gemäß § 1 UWG statt. Zwar läßt sich nachweisen, daß die Verfasser des UWG einem strikt individual-

---

[97] Vgl. statt aller *Baumbach/Hefermehl* Allg Rdn. 88 sowie Einl UWG Rdn. 52. Die früher vertretene Auffassung, nach der das Lauterkeitsrecht ausschließlich als Mittel des individuellen Konkurrentenschutzes, das Kartellrecht hingegen als solches des institutionellen Wettbewerbsschutzes verstanden wurde, mit der Folge eines antinomischen Spannungsverhältnisses zwischen beiden Rechtsgebieten, kann heute als überwunden angesehen werden (vgl. IM/*Möschel* § 19 Rdn. 257; *Wrage*: UWG-Sanktionen bei GWB-Verstößen?, S. 13).

[98] Auch für die Ahndung der Ordnungswidrigkeiten (§ 6 Abs.2 UWG) gelten die allgemeinen Vorschriften der §§ 36 ff. OWiG (*Baumbach/Hefermehl* § 6 Rdn. 8).

[99] Mit der UWG-Novelle v. 25.6.1987 (BGBl I, S. 1169) sind die einzigen bis dahin bestehenden unmittelbaren Zuständigkeiten der Verwaltungsbehörden im UWG – sie betrafen das Recht der Aus- und Sonderverkäufe (§§ 7 ff. UWG in der bis dahin geltenden Fassung) – beseitigt worden. Eine verwaltungsbehördliche Zuständigkeit kann heute allenfalls noch aufgrund der polizei- und ordnungsrechtlichen Generalklausel angenommen werden, sofern der Verstoß gegen das Wettbewerbsrecht zugleich eine Gefahr für die öffentliche Sicherheit und Ordnung darstellt. Hierbei dürfte es sich vorrangig um Fälle handeln, in denen der Rechtsverkehr getäuscht wird (§§ 1, 3 UWG). Ein solcher Rückgriff widerspricht jedoch der grundsätzlichen Wertung des Gesetzgebers, die Verfolgung von Wettbewerbsverstößen den Marktbeteiligten selbst vorzubehalten und kann daher nur in äußersten Ausnahmefällen in Betracht kommen (vgl. Gloy/*Melullis* § 24 Rdn. 3).

rechtlichen Verständnis von Wettbewerbsschutz verhaftet waren. Die in der Rechtsprechung auszumachenden Tendenzen einer zunehmend auf Gesichtspunkte der Marktstruktur zurückgreifenden Auslegung des Begriffs der guten Sitten im Sinne von § 1 UWG trägt ein solches Verständnis freilich schon lange nicht mehr. Dies gilt insbesondere für die Fallgruppe der marktbezogenen Unlauterkeit und verwandte Ansätze. Die fortschreitende Inkorporation des institutionellen Wettbewerbsschutzes in das Lauterkeitsrechts kann nicht ohne Auswirkungen für das funktionale Verständnis seines Sanktionsmechanismus bleiben. Das Verständnis des Schadensersatzanspruchs gemäß § 1 UWG im Sinne eines Instruments privater Wettbewerbsaufsicht ist vielmehr die zwingende Folge der Objektivierung seiner tatbestandlichen Voraussetzungen.

(1) Zum individualrechtlichen Ursprung des Lauterkeitsrechts

Seiner ursprünglichen Anlage nach war das Recht gegen den unlauteren Wettbewerb individualrechtlich konzipiert. Nach dem Willen seiner Verfasser sollte kein konkretes wettbewerbspoltisches Konzept verwirklicht[100], sondern die Einhaltung der grundlegenden Gebote der Sozialmoral im Wettbewerb gewährleistet werden[101]. Das UWG von 1896 diente allein dem individuellen Schutz einzelner Mitbewerber. Im Zuge der Einführung der Generalklausel des § 1 UWG im Jahre 1909 blieb diese Schutzrichtung erhalten[102].

Das individualrechtliche Verständnis des in § 1 UWG verankerten Schadensersatzanspruchs erklärt sich aus der zentralen Stellung des subjektiven Rechts als Institution des Privatrechts Ausgangs des 19. Jahrhunderts. Insbesondere war ziviles Unrecht überhaupt nur denkbar als Verletzung eines subjektiven Rechts. Die frühen wettbewerbsrechtlichen Theorien waren daher notwendigerweise Individualrechtstheorien. Dabei wurden zwei Ansätze verfolgt. Nach einer Ansicht sollte das Wettbewerbsrechts primär dem Persönlichkeitsschutz dienen, dem Schutz also der Person im Bereich ihrer wirtschaftlichen Betätigung. Eine andere Auffassung verstand das Wettbewerbsrechts als Unternehmensschutz, als Schutz der in einem Unternehmen verköperten wirtschaftlichen Werte. Nach beiden Ansichten jedoch war es erst der Eingriff in die subjektiven Rechte des Mitbewerbers, der das wettbewerbliche Unrecht konstituierte[103].

---

[100] Zur wirtschaftspolitischen Neutralität des UWG vgl. *Baumbach/Hefermehl* Allg Rdn. 88; Einl UWG Rdn. 75; *v. Gamm*: UWG, Einf A Rdn. 14, 16; *Ders.* NJW 1980, 2489, 2490.

[101] *Fezer* WRP 1993, 565, 570.

[102] *Fezer* WRP 1993, 563, 569.

[103] Vgl. zu den diesbezüglichen historischen Zusammenhängen *Fezer* WRP 1993, 565, 569. Wenn sich das Wettbewerbsrecht in der Folgezeit auch von diesem subjektivrechtlichen Ansatz gelöst hat, sind dem allgemeinen Zivilrecht doch beide Ansätze erhalten geblieben, nämlich durch die Anerkennung des allgemeinen Persönlichkeitsrechts sowie des Rechts am eingerichteten und ausgeübten Gewerbebetrieb als absolute Rechte iSv. § 823 Abs.1 BGB.

Vor diesem Hintergrund erscheint die Beauftragung der Zivilgerichtsbarkeit mit der Aufgabe der Rechtsdurchsetzung wettbewerbspolitisch konsequent. Betrachtet man allein den Eingriff in eine subjektive Rechtsposition des klagenden Mitbewerbers als das den Unwertgehalt unlauteren Verhaltens begründenden Moment, so reduziert sich die Betrachtungsweise des Gerichts notwendigerweise auf das konkrete Zwei-Personen-Verhältnis zwischen Kläger und Beklagtem. Die normative Bewertung des Verhaltens nach Maßgabe der Gebote der spezifisch wettbewerblichen Sozialmoral rückt in den Mittelpunkt der gerichtlichen Entscheidung. Externe Wirkungen der Verhaltensweise auf Dritte oder die Wettbewerbssituation insgesamt braucht das Gericht nicht zu berücksichtigen. Sozialökonomische Prognose- und Abwägungsentscheidungen bleiben daher ohne Bedeutung. Die hinreichende Justiziabilität selbst der hochgradig unbestimmten Generalklausel des § 1 UWG ist damit gewährleistet[104].

(2) Annäherung des Lauterkeitsrechts an das Kartellrecht: Institutioneller Wettbewerbsschutz im Rahmen von § 1 UWG

Die ursprünglich individualrechtliche Konzeption des Lauterkeitsrecht vermag die Rechtsprechung des BGH zu § 1 UWG in weiten Bereichen nicht mehr zu erklären. Gerechtfertigt erscheint vielmehr der Schluß, das Lauterkeitsrecht sei heute überwiegend objektiv-rechtlich strukturiert[105].

Nach allgemeiner Ansicht dient das Lauterkeitsrecht heute gleichermaßen dem individuellen Schutz der Mitbewerber wie dem institutionellen Wettbewerbsschutz[106]. Bedeutung hat der Aspekt des institutionellen Wettbewerbsschutzes insbesondere in den Fällen der allgemeinen Marktbehinderung erlangt. Dabei tritt die Marktstruktur als eigenständiger Wertungsgesichtspunkt vor allem beim

---

[104] Zur Bedeutung der hinreichenden Bestimmtheit der Lauterkeitstatbestände für die privatrechtliche Konzeption des UWG vgl. etwa *Ahrens* WRP 1980, 129, 129 f.; *Hermann* GRUR 1982, 395, 398 f.; *Knöpfle*: Die marktbezogene Unlauterkeit, S. 147; *Merkel* BB 1977, 705, 707; *Sachon* WRP 1980, 659, 665; *Ders.* WRP 1982, 183, 187. *Baudenbacher* GRUR 1981, 19, 27 f., hingegen hält § 1 UWG auch bei einer Einbeziehung marktstrukturpolitischer Erwägungen für hinreichend justiziabel. In der traditionell mehr auf das Kartellrecht ausgerichteten Wettbewerbspolitik waren es in erster Linie die Vertreter des sogenannten Wettbewerbsfreiheitskonzepts, die auf diesen Zusammenhang zwischen Rechtsfolgenseite – unmittelbar straf- und zivilrechtlich sanktioniertes Verbot (Verbotsprinzip) – und der Tatbestandsseite – Beschränkung auf eine reine Verhaltenskontrolle – hingewiesen haben. Vgl. etwa *Clapham*, in: *Cox/Jens/Markert* (Hrsg.): Handbuch des Wettbewerbs, S. 129, 139 f.; *Cox/Hübener*, in: *Cox/Jens/Markert* (Hrsg.): Handbuch des Wettbewerbs, S. 1, 29; *Fehl/Schreiter* ORDO Bd. 48 (1997), S. 219, 222; Carl Kaysen & Donald F. Turner, Antitrust Policy 142 (1965); *Hoppmann*: Problem einer praktikablen Definition des Wettbewerbs, in: *Schneider* (Hrsg.): Grundlagen der Wettbewerbspolitik, S. 9, 37; für die Mißbrauchsaufsicht über marktbeherrschende Unternehmen im speziellen *Hoppmann*: Behinderungsmißbrauch, S. 5 ff.

[105] Einschränkend *Fezer* WRP 1993, 563, 570.

[106] *Baumbach/Hefermehl* Allg. Rdn. 88 sowie UWG Einl Rdn. 52.

Verkauf unter Einstandspreis sowie beim kostenlosen Verteilen von Originalware, Fachzeitschriften und Anzeigenblättern mit redaktionellem Teil in Erscheinung. Zwar bereitet die dogmatische Einordnung der einschlägigen BGH-Rechtsprechung weiterhin Schwierigkeiten[107]. Mit der herrschenden Ansicht ist jedoch im Rahmen von § 1 UWG eine besondere Fallgruppe unter der Bezeichnung „marktbezogenen Unlauterkeit" bzw. „Marktstörung" anzuerkennen[108]. Sie bezeichnet eine fortschreitenden Prozeß der Objektivierung des Lauterkeitsrechts infolge seiner Annäherung an spezifisch kartellrechtliche Wertungen. An die Stelle der normativen, am Gebot der wettbewerblichen Sozialmoral ausgerichteten Auslegung von § 1 UWG tritt ein an den Auswirkungen auf die Marktstruktur abzielender Ansatz. Damit verliert auch der Schadensersatzanspruch als Rechtsfolge des § 1 UWG seine individualrechtliche Verankerung. Denn die „Art des Rechts bestimmt immer zugleich die Art des Unrechts" [109] und damit Grundlage und Inhalt der Sanktionen.

(a) Der Verkauf unter Einstandspreis

Die wettbewerbsrechtliche Beurteilung von Verkäufen unter Einstandspreis ist maßgeblich von marktstrukturellen Gesichtspunkten bestimmt[110]. Nach Auffassung des BGH obliegt es in einer marktwirtschaftlich orientierten Wirtschaftsordnung grundsätzlich dem Unternehmer, in eigener Verantwortung über die Preisgestaltung zu entscheiden. Verkäufe unter Einstandspreis sind daher zulässig, sofern nicht besondere, die Sittenwidrigkeit begründende Umstände hinzutreten. Als solchen hat es der BGH angesehen, wenn die beschriebene Preisgestaltung allein mit der Zielsetzung erfolgt, einen bestimmten Wettbewerber zu verdrängen oder gar zu vernichten. Auch die Gefährdung des Wettbewerbsbe-

---

[107] Ausführliche Literaturnachweise bei *Knöpfle*: Die marktbezogene Unlauterkeit, S. 1 ff.

[108] Die aus der Anerkennung einer besonderen Fallgruppe der „marktbezogenen Unlauterkeit" bzw. der „Marktstörung" zu ziehenden Konzequenzen für das Lauterkeitsrechts sind umstritten. Einen Überblick über das gesamte Meinungsspektrum findet sich bei *Knöpfle*: Die marktbezogene Unlauterkeit, S. 1 ff. Zuweilen ist die Ansicht vertreten worden, der BGH habe sich in allen einschlägigen Entscheidungen stets nur von originär dem Lauterkeitsrecht zuzuordnenden Gesichtspunkten leiten lassen (*v. Gamm*: UWG, Einf A Rdn. 16; *Ders.* NJW 1980, 2489, 2490). Andere Stimmen haben eine stärkere Berücksichtigung strukturpolitischer Argumente eingefordert (so vor allem die Anhänger der sogenannten Vorfeldthese; ein ausführlicher Überblick über den Meinungstand findet sich bei *Merz*: Die Vorfeldthese, S. 31 ff.). Schließlich ist geschlußfolgert worden, das Gericht habe bei der Anwendung von § 1 UWG ganz allgemein die wirtschaftspolitischen Entscheidungen des Gesetzgebers zu berücksichtigen (*Sack* WRP 1974, 247, 250 f.; *Ders.* WRP 1975, 65, 72 f.).

[109] *Fezer* WRP 1993, 563, 570.

[110] Ähnlich *Sack* WRP 1983, 63, 66 ff.; *Bunte* GRUR 1981, 397, 404 f. Ablehnend gegenüber einer Deutung der BGH-Rechtsprechung im Sinne einer gezielten Instrumentalisierung des UWG zum Zwecke des Marktstrukturschutzes *Knöpfle*: Die marktbezogene Unlauterkeit, S. 56 f.; *Merz*: Die Vorfeldthese, S. 85 f.

stands kann einen solchen besonderen Umstand darstellen. Dies gilt nach Auffassung des BGH insbesondere dann, wenn Verkäufe unter Einstandspreis

> „[...] dazu führen, allgemein die Mitbewerber vom Markt zu verdrängen und wenn dadurch der Wettbewerb auf diesem Markt völlig oder nahezu aufgehoben wird, *oder* wenn ernstlich damit zu rechnen ist, daß Mitbewerber in einem solchen Maße diese Preisaktionen nachahmen, daß es zu einer gemeinschaftsschädigenden Störung des Wettbewerbs kommt[111]."

In beiden Alternativen kommt die herausgehobene Stellung marktstruktureller Gesichtspunkte für die wettbewerbsrechtliche Beurteilung von Verkäufen unter Einstandspreis deutlich zum Ausdruck. Dies folgt für die erste Alternative aus der nachfolgenden Subsumtion des BGH selbst. Danach – so der BGH – sei in dem vorliegenden Fall ein Verstoß gegen § 1 UWG nicht begründet, weil eine Möglichkeit des beklagten Unternehmens, durch die streitgegenständliche Preisgestaltung den Wettbewerb nachhaltig zu beeinflussen, schon wegen der *Struktur des betroffenen Marktes*, insbesondere aber wegen des nur *geringen Marktanteils* der Beklagten, nicht gegeben sei[112].

Mit der ursprünglich individualrechtlichen Konzeption des UWG schwerlich vereinbar ist auch die zweite Alternative insoweit, als sie maßgeblich auf die Nachahmungsgefahr durch andere Mitbewerber abstellt[113]. Im Rahmen der Nachahmungsgefahr begründet der BGH den Unrechtsgehalt nicht länger aus der individuellen Behinderung des einzelnen Mitbewerbers, sondern primär aufgrund einer objektiv marktergebnisorientierten Betrachtung. Der BGH nimmt unmittelbar auf originär kartellrechtliche Wertungen Zugriff. Denn für das Kartellrecht ist durch die sogenannte Bündeltheorie anerkannt, daß eine Beschränkung des Wettbewerbs aufgrund einer Vielzahl gleicher oder gleichartiger Maßnahmen auch dann zu besorgen ist, wenn jede einzelne dieser Maßnahmen für sich wettbewerblich unbedenklich erscheint[114]. Zugleich führt die Argumentati-

---

[111] BGH WRP 1979, 300, 302 „Verkauf unter Einstandspreis I" (Hervorhebung durch den Verfasser).

[112] BGH WRP 1979, 300, 302 „Verkauf unter Einstandspreis I" (Hervorhebungen durch den Verfasser). Die Beklagte betrieb mehrere Großmärkte im Raum Hessen, in denen sie unter anderem Mineralwasser verkaufte. Das Berufungsgericht hatte in tatsächlicher Hinsicht festgestellt, daß sich der Marktanteil aller Verbrauchermärkte am Mineralwasser-Vertrieb auf 20 % belief, wovon wiederum nur ein kleiner Anteil auf die Großmärkte der Beklagten entfiel.

[113] Dieser Aspekt findet sich ebenso in den meisten anderen Fallgruppen der Marktstörung und wird an dieser Stelle daher exemplarisch behandelt.

[114] Der EuGH wendet die Bündeltheorie bei der wettbewerblichen Bewertung von Netzen gleichartiger Verträge an (IM EG-WbR/*Emmerich* Art. 85 Abs.1 Rdn. 207; GTE/*Schröter* Art. 85 Rdn. 115, jeweils mit Nachweisen aus der Rechtsprechung). Im deutschen Recht hat der BGH die Notwendigkeit einer alle parallelen Bindungssysteme umfassenden Gesamtbetrachtung bei § 18 Abs.1 lit.c GWB a.F. anerkannt (BGHZ 112, 218, 225); für § 18 Abs.1

on des BGH in Grenzbereiche der Dogmatik des deutschen Haftungsrechts. Denn mit dem Hinweis auf die Nachahmungsgefahr begründet der BGH eine deliktische Verantwortlichkeit für eine Folge, die zu einem erheblichen Teil durch das autonome Verhalten Dritter herbeigeführt wird. Eine solche (Mit-) Haftung für das Verhalten Dritter läßt das allgemeine Deliktsrecht allerdings nur in engen Grenzen zu. Einer weitergehenden Ausdehnung steht grundsätzlich das Prinzip der personalen Verantwortung entgegen[115]. Dogmatisch unbedenklich ist die Schadensersatzsanktion des § 1 UWG in den Fällen der Nachahmungsgefahr daher nur, soweit man sie von vornherein objektiv-rechtlich begründet sieht.

Zwar hat der BGH in späteren Entscheidungen sowohl im Rahmen von § 1 UWG als auch zum Kartellrecht wiederholt betont, beide Rechtsgebiete folgten bei der rechtlichen Beurteilung von Verkäufen unter Einstandspreis eigenständigen Wertungen. Sie vermögen den grundsätzlichen Befund einer primär marktstrukturellen Gesichtpunkten folgenden Auslegung des § 1 UWG jedoch nicht entscheidend zu entkräften. So hat der BGH zwar klargestellt:

> „Ob eine solche Niedrigpreis-Politik unter struktur- und wettbewerbspolitischen Gesichtspunkten unzulässig oder problematisch ist, weil, wie das BKartA in einer Untersagungsverfügung nach § 37 a GWB ausführt[116], mittelständische Unternehmen dazu nicht in der Lage sind, ist bei der Anwendung des § 1 UWG nicht zu prüfen[117]."

In dem nur wenige Jahre später ergangenen „Preiskampf" – Urteil allerdings hat der BGH marktstrukturpolitische Erwägungen des Berufungsgerichts wiederum ausdrücklich gebilligt. Das Berufungsgericht hatte einen Verstoß gegen § 1 UWG darin gesehen, daß zwei große Einzelhändler abwechselnd über mehrere Monate hinweg die Schallplattenpreise des jeweils anderen unterboten und dabei auch unter ihrem Einstandspreis verkauft hatten. Die Verkäufe unter Einstandspreis hätten – so das Berufungsgericht – bei längerem Andauern zur Folge gehabt, daß nur noch wenige Großanbieter auf dem Schallplattenmarkt verblieben wären. Kleine und mittlere Anbieter, die vom Schallplattenumsatz lebten

---

lit.a, b GWB a.F. entspricht dies der herrschenden Meinung (vgl. *Wolter*, in: Frankfurter Kommentar, § 16 Rdn. 103 m.w.N. aus der Entscheidungspraxis der Instanzgerichte sowie des BKartA). Da der Gesetzgeber die Eingriffsvoraussetzung des § 18 Abs.1 lit.c GWB in den neuen § 16 GWB übernommen hat, ohne hiermit eine inhaltliche Änderung zu bezwecken (vgl. Begr. RegE, BT-Drucks. 13/9720, S. 50), dürfte die Bündeltheorie im Bereich der Mißbrauchsaufsicht über Vertikalvereinbarungen auch weiterhin anwendbar sein. *Wolter*, in: Frankfurter Kommentar, § 16 Rdn. 102, hält den bisherigen Streit für erledigt.

[115] Eine Mindermeinung lehnt die Rechtsprechung des BGH zur Nachahmungsgefahr aus dem genannten Grunde ab; vgl. *Dietrich* DB 1978, 525, 528 (mangelnde Bestimmtheit für den Adressaten des Verbots gemäß § 1 UWG); *Knöpfle*: Die marktbezogene Unlauterkeit, S. 58; *Kraft*, in: Festschrift für *Bartholomeyczik*, S. 223, 238.

[116] WuW/E BKartA 2029, 2037 „Co-op Bremen".

[117] BGH WRP 1984, 136, 139 „Verkauf unter Einstandspreis II".

und Verluste in diesem Bereich nicht wie Großanbieter durch Gewinne aus dem Verkauf anderer Waren auffangen könnten und die es sich deswegen nicht leisten könnten, Schallplatten dauerhaft oder nur über eine längere Zeit hinweg unter Einstandspreis anzubieten, hätten dabei nicht weiter existieren können[118]. Der BGH erklärte, diese Beurteilung halte der revisionsrechtlichen Prüfung stand[119].

Auch die zu § 26 Abs.4 GWB a.F. ergangenen Entscheidung in der Rechtssache „Hitlisten-Platten" rechtfertigt keine andere Bewertung. Danach liegt eine unbillige Behinderung iSv. § 26 Abs.4 GWB a.F. dann vor, wenn entweder der Tatbestand des Verdrängungswettbewerbs oder eine sonstige Ausnutzung überlegener Marktmacht nachgewiesen werden kann, die geeignet ist, durch Behinderung kleiner oder mittlerer Wettbewerber die strukturellen Voraussetzungen für wirksamen Wettbewerb – einschließlich eines Wettbewerbs durch kleine oder mittlere Unternehmen – nachhaltig zu beeinträchtigen[120]. Dabei weist der BGH zwar ausdrücklich darauf hin, dieser Maßstab sei keinesfalls mit demjenigen des Lauterkeitsrechts deckungsgleich. In der Sache jedoch läßt sich eine fortdauernde Wertungsparallelität nicht in Abrede stellen. Dies gilt im übrigen auch für das im Zuge der 6. GWB - Novelle aufgenommene Verbot von Verkäufen unter Einstandspreis (§ 20 Abs.4 S.2 GWB). Nicht nur hat sich der Gesetzgeber insoweit ausdrücklich auf die Rechtsprechung des BGH berufen[121]. Vielmehr hat der BGH mit dem „Preiskampf" – Urteil zumindest konkludent den Mittelstandsschutz als auch für das Lauterkeitsrecht relevanten Gesichtspunkt

---

[118] So die Zusammenfassung der Entscheidungsgründe des Berufungsgerichts durch den BGH (GRUR 1990, 371 „Preiskampf").

[119] BGH GRUR 1990, 371, 372 „Preiskampf".

[120] BGHZ 129, 203, 210 f. „Hitlisten-Platten".

[121] Vgl. Begr. RegE, BT-Drucks. 13/9720, S. 37 f. Inwieweit hiermit eine Änderung gegenüber der bisherigen BGH-Rechtsprechung verbunden ist, die den systematischen Einsatz des Verkaufs unter Einstandspreis verlangte und hierbei vor allem auf Häufigkeit und Intensität abstellte, ist nicht klar. Zwar läßt das Merkmal „nicht nur gelegentlich" darauf schließen, daß insofern eine Korrektur der BGH-Rechtsprechung beabsichtigt war. Die Schwelle, ab der eine Kartellrechtswidrigkeit zu bejahen wäre, würde demnach abgesenkt worden sein (so wohl *Bechtold* NJW 1998, 2769, 2772). Andererseits heißt es in der Gesetzesbegründung ausdrücklich, die Grenze der zulässigen Preisgestaltung solle dort gezogen werden, wo vorsätzliche Verdrängungspraktiken oder *systematische* Untereinstandspreisverkäufe (Hervorhebung durch den Verfasser) zu einer Gefährdung des funktionierenden Wettbewerbs auf den betroffenen Märkten führten. So hält etwa *Markert* eine inhaltliche Änderung der Rechtslage durch die neuen Tatbestandsmerkmale „nicht nur gelegentlich" und „sachlich nicht gerechtfertigt" für wenig wahrscheinlich (vgl. den Diskussionbericht zum Vierten Symposion zu Fragen des Kartell- und Energierechts zu Ehren von Herrn Prof. Dr. *Kurt Markert*, verfaßt von *Lohse*, AG 1998, 578, 579; ebenso *Kahlenberg* BB 1998, 1593, 1597). Beinahe resignierend mutet das Ergebnis von *Gaedertz* WRP 1999, 31, 33, an: Genauso wie die 5. GWB-Novelle werde auch die 6. GWB-Novelle keine Eindämmung des Lockvogel-Unwesens herbeiführen.

anerkannt[122]. Damit aber hat er sich zugleich die für das kartellrechtliche Verbot des Verkaufs unter Einstandspreis maßgebliche Wertung weitgehend zu eigen gemacht.

(b) Kostenlose Verteilung von Originalwaren und Gratisverteilung von Fachzeitschriften

Auch die wettbewerbsrechtliche Zulässigkeit des kostenlosen Verteilens von Originalware bzw. der Gratisverteilung von Fachzeitschriften bestimmt sich nach Maßgabe der einschlägigen BGH-Rechtsprechung primär nach den konkreten Marktverhältnissen. Mit dem ursprünglichen Konzept des UWG im Sinne einer individualrechtlichen Verhaltenskontrolle hat der objektiv-rechtliche Ansatz des BGH hingegen nur wenig gemein.

Der BGH ging in seinem „SUWA" – Urteil zunächst davon aus, Werbeaktionen in Form eines kostenlosen Verteilens von Originalware seien grundsätzlich sittenwidrig im Sinne von § 1 UWG, da sie den Bestand des Wettbewerbs aufzuheben drohten. Zwar betonte der BGH ausdrücklich, die Entscheidung beruhe ausschließlich auf spezifisch wettbewerbsrechtlichen Erwägungen[123]. Maßgeblich für den BGH waren indessen nicht Aspekte des Individualschutzes, sondern solche des Marktstrukturschutzes. In diesem Sinne lassen sich nicht nur die Ausführungen des BGH zur besonderen Schutzbedürftigkeit kleiner und mittlerer Mitbewerber deuten[124], sondern auch – wie bereits im Rahmen des Verkaufs unter Einstandspreis dargelegt worden ist – der Hinweis auf die drohende Nachahmungsgefahr[125].

Zwar hat der BGH in der „Kleenex" – Entscheidung von seiner noch im „SUWA" – Urteil vertretenen Auffassung ausdrücklich Abstand genommen. Danach ist das kostenlose Verteilen von Originalware nunmehr grundsätzlich mit § 1 UWG vereinbar. Weiterhin erklärte der BGH, wirtschaftspolitische Aspekte seien im Rahmen von § 1 UWG nicht zu berücksichtigen[126]. Auch könne das Lauterkeitsrecht nicht zum Zwecke des Mittelstandsschutzes instrumentalisiert werden. Ein Verhalten könne nicht schon deshalb als wettbewerbswidrig

---

[122] BGH GRUR 1990, 371, 372.

[123] BGHZ 23, 365, 375 „SUWA".

[124] BGHZ 23, 365, 371 „SUWA"; i.E. ebenso BGH GRUR 1957, 363, 364 „Sunil".

[125] BGHZ 23, 365, 372 „SUWA".

[126] BGH WRP 1965, 223, 255 „Kleenex". Deshalb komme es auch nicht darauf an, ob der Werbende bei wiederholter Anwendung des Verschenkens von Originalware objektiv gegen anerkannte betriebswirtschaftliche Grundsätze verstoße. Inwieweit damit die Ausführungen des BGH in der neueren Entscheidung „Annoncen-Avis" (GRUR 1990, 44, 45) noch in Einklang stehen, erscheint zweifelhaft. Das Berufungsgericht hatte die Klage unter dem Gesichtspunkt der Gefährdung des Wettbewerbsbestands mit dem Argument abgelehnt, die Beklagte habe nach betriebswirtschaftlich vernünftigen, auf Dauer angelegten, sachgerechten Kriterien gehandelt. Der BGH hat diese Argumentation ausdrücklich gebilligt.

angesehen werden, weil es zur Sättigung des Markts und damit zu einer Verdrängung der Mitbewerber vom Markt führe[127]. Eine Rückkehr zu einem individualrechtlichen Verständnis von § 1 UWG ist mit der „Kleenex"-Entscheidung dennoch nicht verbunden. Vielmehr könne – so der BGH – das kostenlose Verteilen von Originalware weiterhin dann gegen § 1 UWG verstoßen, wenn die ernstliche Gefahr bestehe, daß andere Wettbewerber die Aktion nachahmten und es deshalb zu einer gemeinschaftsschädigenden Störung des Wettbewerbs komme[128].

Darüber hinaus mißt der BGH in der „Kleenex" – Entscheidung den konkreten Marktverhältnissen für die wettbewerbsrechtliche Bewertung des kostenlosen Verteilens von Originalware maßgebliche Bedeutung bei[129]. Ähnlich dem Kartellrecht verlangt die Subsumtion unter § 1 UWG demnach zunächst eine Abgrenzung des räumlich und sachlich relevanten Markts. Nur das *massenhafte* kostenlose Verteilen von Originalwaren läßt eine Gefahr für den Bestand des Wettbewerbs besorgen. Wettbewerb aber findet stets im Rahmen eines örtlich und sachlich definierten Markts statt. Auch die Frage, ob überhaupt ein *massenhaftes* Verteilen vorliegt, kann daher nur in Hinblick auf einen konkreten Bezugsmarkt entschieden werden. Die Ausführungen des BGH in beiden vorstehend bezeichneten Urteilen bestätigen diesen Befund. Namentlich in der „SUWA" – Entscheidung hat der BGH die Ansicht vertreten, jede Massenverteilung *in einem Bezirk* sei unzulässig, soweit sie für *diesen Bezirk* wesentlich ins Gewicht falle und deshalb zu erwarten stehe, daß sie den Bestand des Wettbewerbs *in diesem Bezirk* gefährde[130]. In örtlicher wie sachlicher Hinsicht hat der BGH die Marktabgrenzung des Berufungsgerichts im „Kleenex"-Fall bemängelt. Dort nämlich hatte das Berufungsgericht die Anzahl der zum Gratisbezug von bestimmten Papiertüchern berechtigenden Gutscheine – 25.000 Stück – ausschließlich zur Gesamtzahl der Einwohner des gesamten Bundesgebietes in Beziehung gesetzt. Konkludent hatte das Berufungsgericht damit einen bundesweit einheitlichen Markt für Papiertücher angenommen, obwohl die Verteilung

---

[127] BGH WRP 1965, 223, 255 „Kleenex"; ebenso in der Folgezeit BGH WRP 1969, 154, 155 „Goldener Oktober". Welche Bedeutung der Billigung mittelstandspolitischer Überlegung durch die Entscheidung in der Sache „Preiskampf" (BGH GRUR 1990, 371, 372) hat, ist zweifelhaft. Immerhin hat der BGH in seiner letzten Entscheidung zur vorliegenden Problematik daran festgehalten, daß eine mögliche Änderung der Marktstrukturen noch keine Wettbewerbswidrigkeit unter dem Aspekt der allgemeinen Marktbehinderung begründe (BGH GRUR 1993, 774,776 „Hotelgutschein").

[128] BGH WRP 1965, 223, 225 „Kleenex".

[129] BGH WRP 1965, 223, 225 sowie 226 „Kleenex".

[130] BGHZ 23, 365, 376 f. „SUWA" (Hervorhebung durch den Verfasser). Ähnlich, wenn auch zum Problem der kostenlosen Verteilung von Anzeigenblättern, BGH WRP 1971, 269, 270 f. „Stuttgarter Wochenblatt II" („Maßgeblich ist nur der örtliche Bezirk, in dem die Parteien des Rechtsstreits sich begegnen").

der Gutscheine allein in Wiesbaden stattgefunden hatte. Der BGH hob die Entscheidung des Berufungsgerichts mit der Begründung auf, dieses habe zu Unrecht lediglich die Auswirkungen auf die als Mitbewerber in Frage kommenden Hersteller derselben Warenart betrachtet, nicht aber die Auswirkungen auf die Wettbewerbslage bei den Händlern[131]. Eine differenzierte Betrachtung der verschiedenen Märkte innerhalb der Vertriebskette verdeutlicht den Einwand des BGH. In Wettbewerb zueinander stehen zunächst die Hersteller, die um den Absatz ihrer Produkte an den Handel bemüht sind. Dieser Markt wird in räumlicher Hinsicht meist überregional sein. Er kann das gesamte Bundesgebiet umfassen, aber auch darüber hinaus reichen[132]. Insbesondere wenn das relevante Produkt weder leicht verderblich noch mit unverhältnismäßigen Transportkosten verbunden ist, wird es für den Händler in der Regel nicht auf die räumliche Distanz zum Ort des Herstellers ankommen. Die Verteilung der Gratisgutscheine erfolgte im „Kleenex" – Fall jedoch nicht an die Händler, sondern an die Verbraucher. Unmittelbar betroffen war demnach primär der Wettbewerb zwischen den Händlern der verschiedenen Papiertücher. Der insoweit räumlich relevante Markt bestimmt sich aus der Sicht der Verbraucher und wird daher regelmäßig lokal begrenzt sein. Das in der „Kleenex" – Entscheidung seitens des BGH für § 1 UWG gefundene Ergebnis entspricht weitgehend kartellrechtlichen Wertungen. Die Entscheidung bestätigt damit erneut die hier vertretene These einer fortschreitenden Abgleichung beider Rechtsgebiete.

Die Rechtsprechung des BGH zur Gratisverteilung von Fachzeitschriften ist ähnlich zu bewerten. Zwar hat der BGH in der für diese Fallgruppe maßgeblichen Leitentscheidung „Bäckereifachzeitschrift" ausdrücklich betont, es könne nicht der Zweck von Wettbewerbsstreitigkeiten sein, rechtspolitische Zielvorstellungen umzusetzen. Daher genüge für die Annahme einer die Allgemeinheit betreffenden Bestandsgefährdung nicht schon die abstrakte Gefährdung oder die

---

131 BGH WRP 1965, 223, 227 „Kleenex".

132 Aufgrund ökonomischer Modelle wird man häufig zu räumlichen Märkten gelangen, die über das Bundesgebiet hinausreichen. Für die kartellrechtliche Beurteilung nach dem GWB fanden solche internationalen Märkte jedoch – jedenfalls bisher – grundsätzlich keine Berücksichtigung. Der räumliche Markt wurde insofern normativ begrenzt (BGHZ 74, 322, 326 „Organische Pigmente"; WuW/E BGH 3026, 3029 f. „Backofenmarkt"). Inwieweit die Neuregelung von § 19 Abs.2 Nr.2 GWB, wonach auch der tatsächliche oder potentielle Wettbewerb durch außerhalb des Geltungsbereichs des GWB ansässige Unternehmen zu einer Korrektur der Rechtsprechung des BGH führen wird, bleibt abzuwarten. Zum einen verlangt sie lediglich eine Berücksichtigung der Wettbewerbsverhältnisse auf dem ökonomisch relevanten Markt (Begr. RegE, BT-Drucks. 13/9720, S. 36). Eine Anerkennung dahingehend, daß Märkte auch normativ grenzüberschreitend sein können, enthält die Vorschrift nicht. Zum anderen fehlt es an einer entsprechenden Vorschrift in der - theoretisch wichtigeren - Marktbeherrschungsdefinition des § 19 Abs.2 Nr.1 GWB. Vgl. hierzu die Kritik von *Bechtold* BB 1997, 1853, 1855; *Bunte* DB 1998, 1748, 1752.

Möglichkeit rechtspolitisch unerwünschter Entwicklungen. Erforderlich sei vielmehr, daß aus der umstrittenen Werbemaßnahme eine konkrete Gefahr für den Bestand des Wettbewerbs erwachse, durch die die Interessen der Allgemeinheit in einem nicht unerheblichen Umfang beeinträchtigt würden[133]. Im Grundsatz erkennt der BGH dennoch die Notwendigkeit an, die Sittenwidrigkeit auch bei der Gratisverteilung von Fachzeitschriften aus objektiven Momenten, namentlich unter Berücksichtigung von Marktstruktur und Marktfolgen zu begründen. Denn im Rahmen der von Seiten des BGH für erforderlich gehaltenen Gesamtwürdigung der Werbemaßnahme soll es sowohl auf die Anzahl der Wettbewerber auf dem betroffenen Markt (Marktstruktur) als auch auf die Auswirkungen ankommen, die sich mittelbar im Falle einer Nachahmung durch die Mitbewerber ergeben könnten (Marktfolgen)[134]. Insoweit ist der Verhinderung einer Vermachtung von Märkten auch für das UWG maßgebliche Bedeutung beizumessen[135].

(c) Kostenlose Verteilung von Anzeigenblättern mit redaktionellem Teil

Einen Verstoß gegen § 1 UWG unter dem Aspekt der allgemeinen Marktbehinderung hat der BGH weiterhin für die kostenlose Verteilung von Anzeigenblättern mit redaktionellem Teil in Betracht gezogen[136]. Auch in der einschlägigen Rechtsprechung zu dieser Fallgruppe lassen sich Anhaltspunkte für einen Marktstrukturschutz im Rahmen des Lauterkeitsrechts aufzeigen. Schwierigkeiten ergeben sich allerdings insoweit, als das Lauterkeitsrechts hier zugleich durch das Grundrecht der Pressefreiheit überlagert wird.

Der BGH hat die kostenlose Verteilung von Anzeigenblättern mit redaktionellem Teil als sittenwidrig im Sinne von § 1 UWG angesehen, sofern hierdurch die ernste Gefahr einer gemeinschaftsschädlichen Störung des Wettbewerbs[137], die Gefährdung des Bestands der übrigen Tageszeitungen[138] bzw. des Bestands der Tagespresse als verfassungsrechtlich garantierter Institution[139] begründet wird. Auch die Gefahr einer Nachahmung durch andere Wettbewerber kommt

---

[133] BGH GRUR 1982, 53, 55 „Bäckereifachzeitschrift".

[134] BGH GRUR 1982, 53, 55 „Bäckereifachzeitschrift".

[135] Ähnlich *Ulmer*: Schranken zulässigen Wettbewerbs, S. 63 ff.; *Sambuc* GRUR 1981, 796, 798 ff. A.A. *Merz*: Die Vorfeldthese, S. 133; vgl. auch *Bunte* GRUR 1981, 397, 399; *Ders.* GRUR 1977, 633, 638.

[136] Die Verteilung von Anzeigenblättern ohne redaktionellen Teil hält der BGH (GRUR 1956, 223, 225 „Freiburger Wochenbericht") für grundsätzlich unbedenklich.

[137] BGH WRP 1969, 193, 194 Stuttgarter Wochenblatt I"; WRP 1977, 400, 402 „WAZ-Anzeiger".

[138] BGH GRUR 1956, 223, 225 „Freiburger Wochenbericht"; WRP 1969, 193, 194 Stuttgarter Wochenblatt I".

[139] BGH WRP 1985, 330, 331 „Bliestal-Spiegel"; GRUR 1992, 191, 193 „Amtsanzeiger", in einem etwas anderen Zusammenhang auch BGH GRUR 1991, 616, 617 f. „Motorboot-Fachzeitschrift".

als ein die Sittenwidrigkeit konstituierender Gesichtspunkt in Betracht[140]. Insbesondere der Aspekt der Nachahmungsgefahr deutet – wie bereits dargelegt[141] – auf ein objektiviertes Verständnis von § 1 UWG. In der Rechtssache „Stuttgarter Wochenblatt I" beispielsweise hat der BGH einen Verstoß gegen § 1 UWG darin gesehen, daß kleinere örtliche Zeitungen durch die kostenlose Verteilung der Anzeigenblätter im Wettbewerb um Werbekunden in existenzgefährdender Weise verdrängt worden waren. Dabei nahm der BGH insbesondere Bezug auf einen aktuellen Bericht der Pressekommission, wonach sich die Verteilung des Werbevolumens durch die kostenlosen Anzeigenblätter insbesondere zum Nachteil der Klein- und Mittelpresse verschoben habe[142].

Erwägungen hinsichtlich der Auswirkungen von kostenlosen Anzeigenblättern mit redaktionellem Teil auf die Marktstruktur finden sich weiterhin in der Entscheidung „WAZ-Anzeiger". Dort hatte der Herausgeber einer bekannten Tageszeitung zugleich ein kostenloses Anzeigenblatt aufgelegt. Tageszeitung und Anzeigenblatt waren in vielfacher Hinsicht eng miteinander verbunden. Insbesondere bot der Herausgeber einen Kombinationstarif für die Veröffentlichung von Anzeigen in beiden Druckerzeugnissen an. Außerdem wurde im Anzeigenblatt regelmäßig für die Tageszeitung geworben[143]. Der BGH sah hierin einen Verstoß gegen § 1 UWG, den er primär mit der Gefahr einer Vermachtung des örtlichen Markts für Tageszeitungen begründete:

> „Diese enge Verknüpfung von WAZ und Anzeigenblatt und der damit verbundene Einsatz des Anzeigenblatts als Werbemittel für Inserentenkunden, Abonnenten und Leser der WAZ führen nach Feststellungen des Berufungsgerichts zu einer *wesentlichen Stärkung der Marktposition* und zu einem Wettbewerbsvorsprung der WAZ, den konkurrierende Tageszeitungen auf diesem regionalen Markt auch nicht durch eigene Leistungssteigerungen ausgleichen können[144]."

Der hier vertretenen Auffassung, auch die Rechtsprechung zur kostenlosen Verteilung von Anzeigenblättern mit redaktionellem Teil sei maßgeblich durch objektiv-rechtliche Erwägungen bestimmt, läßt sich nicht entgegenhalten, der BGH habe stets betont, es könne nicht die Aufgabe des UWG sein, wettbewerbliche Strukturen zu erhalten. Die Beteuerung steht in erkennbarem Widerspruch zu der vom BGH selbst verfolgten, vorstehend dargelegten Rechtsanwendungspraxis. Soweit der BGH mit ihr darüber hinaus der Ansicht Ausdruck verleihen will, Wettbewerbsmaßnahmen seien nicht schon allein deswegen unlauter

---

140 BGH WRP 1969, 193, 194 „Stuttgarter Wochenblatt I".
141 Vgl. bereits oben sub (a).
142 BGH WRP 1969, 193, 195 „Stuttgarter Wochenblatt I" unter Hinweis auf den Bericht der Pressekommission vom 3.7.1968 (BT-Drucks. 5/3122, S. 28).
143 Zum Sachverhalt näher BGH WRP 1977, 400, 400 f. „WAZ-Anzeiger".
144 BGH WRP 1977, 400, 403 „WAZ-Anzeiger" (Hervorhebung durch den Verfasser).

im Sinne von § 1 UWG, weil sie den Mitbewerbern unangenehm seien oder einzelne von ihnen zur Geschäftsaufgabe nötigten, liegt dem keine spezifisch lauterkeitsrechtliche Wertung zugrunde[145]. Vielmehr ist auch für das Kartellrecht anerkannt, daß selbst marktbeherrschende Unternehmen weder eine allgemeine Verantwortung für das Überleben einzelner Wettbewerber, noch für die Marktstruktur insgesamt trifft[146].

Nichts anderes folgt auch aus der „Amtsanzeiger“ – Entscheidung des BGH. Sie beruht vielmehr auf spezifisch verfassungsrechtlichen Erwägungen zum Grundrecht der Pressefreiheit (Art. 5 Abs.1 GG) und ist daher nicht der Verallgemeinerung fähig. Die Beklagte in dem zugrunde liegenden Verfahren vertrieb sowohl eine Tageszeitung als auch ein Anzeigenblatt. Neben einem auf lokale Nachrichten ausgerichteten redaktionellen Teil und Inseraten enthielt das Anzeigenblatt zusätzlich den Amtsanzeiger der Stadt Heidelberg, dessen Verbreitung die Beklagte kostenlos übernommen hatte. Hiergegen wandte sich die Klägerin, die selbst ein Anzeigenblatt herausgab, mit der Begründung, die Beklagte sei auf dem Anzeigenmarkt bereits aufgrund der örtlichen Monopolstellung ihrer Tageszeitung marktbeherrschend. Durch den kostenlosen Abdruck des Amtsanzeigers gelange sie in den Genuß eines weiteren Vorsprungs, den die Klägerin als einzige wesentliche Wettbewerberin nicht ausgleichen könne[147].

Ob des der Rechtssache „WAZ-Anzeiger“ vergleichbaren Sachverhalts verneinte der BGH einen Verstoß gegen § 1 UWG unter dem Gesichtspunkt der allgemeinen Marktbehinderung[148]. Dabei nahm der BGH ausdrücklich die Gefahr in Kauf, daß das Anzeigenblatt der Klägerin als einzig nennenswerter Konkurrent der Beklagten vom Markt verdrängt werden, sich also ein Monopol auf dem Anzeigenmarkt bilden könne[149]. Hieraus kann indessen nicht der Schluß gezogen werden, der BGH räume dem Schutz der vorhandenen Marktstruktur im Rahmen von § 1 UWG grundsätzlich keine Bedeutung ein. Vielmehr beruhte die Entscheidung des BGH auf übergeordneten verfassungsrechtlichen Aspekten. Nach Auffassung des BGH konnte die auf § 1 UWG gestützte Klage des-

---

145 Vgl. BGH GRUR 1956, 223, 224 f. „Freiburger Wochenbericht“; WRP 1969, 193, 195 „Stuttgarter Wochenblatt I“; WRP 1985, 330, 332 „Bliestal-Spiegel“, sowie für den kostenlosen Abdruck privater Kleinanzeigen in entgeltlich vertriebenen Zeitschriften BGH GRUR 1990, 44, 45 „Annoncen-Avis“; GRUR 1991, 616, 617 „Motorboot-Fachzeitschrift“.

146 Vgl. KG WuW/E OLG 2148, 2149 „Sonntag Aktuell II“. Ebenso *Mestmäcker*: Medienkonzentration und Meinungsvielfalt, S. 130.

147 Zum Sachverhalt und den Anträgen BGH GRUR 1992, 191, 191 f. „Amtsanzeiger“.

148 Die Revision des Klägers gegen das abweisende Berufungsurteil hatte teilweise Erfolg, weil das Berufungsgericht zu Unrecht nicht darüber Beweis erhoben hatte, ob das Verhalten der Beklagten unter dem Gesichtspunkt des Verdrängungswettbewerbs gegen § 1 UWG verstieß. Insoweit wurde der Rechtsstreit zurückverwiesen.

149 BGH GRUR 1992, 191, 193 „Amtsanzeiger“.

wegen keinen Erfolg haben, weil die von der Beklagten herausgegebene Tageszeitung in höherem Maße den Schutz der Pressefreiheit (Art. 5 Abs.1 GG) für sich beanspruchen konnte als das Amtsblatt der Klägerin[150]. Spezifisch wettbewerbsrechtliche Gesichtspunkte kamen neben der Grundrechtsabwägung gerade nicht zum Tragen. Für die Stellung des Marktstrukturschutzes im Rahmen des UWG können der Entscheidung daher keine Anhaltspunkte entnommen werden.

b. Zur Aktivlegitimation des unmittelbar Verletzten im Lauterkeitsrecht: Das konkrete Wettbewerbsverhältnis als Ergebnis einer formalisierten Schutzzweckprüfung

In Gestalt des Schadensersatzanspruchs gemäß § 1 UWG findet der Gedanke privater Wettbewerbsaufsicht durch individuelle Schadensersatzklagen bereits im geltenden deutschen Wettbewerbsrecht Anerkennung. Seine Übertragung auf das Kartellrecht ist daher grundsätzlich legitim. Sie ist zulässig insbesondere auch durch die Fortentwicklung des in § 33 S.1 GWB begründeten Schadensersatzanspruchs. Das im Gesetzeswortlaut zum Ausdruck kommende Schutzgesetzprinzip steht dem wegen des Gebots der kartellrechtlich-funktionalen Auslegung nicht zwingend entgegen. Vielmehr läßt sich anhand der Aktivlegitimation im Rahmen von § 1 UWG beispielhaft aufzeigen, auf welche Weise eine ursprünglich vom Schutzzweckgedanken bestimmte Regelung den Wandel hin zu einer dem objektiven Regelungsziel des Schadensersatzanspruchs entsprechenden formalisierten Auslegung vollziehen kann.

Die Aktivlegitimation des durch unlauteres Verhalten unmittelbar Verletzten folgt nach Maßgabe der in ständiger Rechtsprechung vom BGH vertretenen Auffassung aus den materiellen Verbotstatbeständen des UWG selbst. Zur Geltendmachung des Schadensersatzanspruchs gemäß § 1 UWG ist danach befugt, wer in einem konkreten Wettbewerbsverhältnis zu dem Verletzer dergestalt steht, daß eine Behinderung seiner Absatzbemühungen durch das streitgegenständliche Verhalten konkret möglich erscheint[151]. Ihre Grundlage findet die Auslegung des BGH im Schutzgesetzprinzip. Dies ergibt sich aus der Entstehungsgeschichte des UWG. Der UWG-Gesetzgeber verstand die von ihm begründeten Verbote als deliktsrechtliche Verbotsnormen, namentlich als Schutzgesetze im Sinne von § 823 Abs.2 BGB. Daher hielt er eine den Wortlaut des

---

[150] BGH GRUR 1992, 191, 193 „Amtsanzeiger".

[151] St. Rspr. seit BGH GRUR 1966, 445, 446 „Glutamal". An der Selbständigkeit der Klagebefugnis des unmittelbar Verletzten gegenüber § 13 Abs.2 Nr.1 UWG hat sich durch dessen Neufassung im Zuge der Novelle von 1994 (BGBl. I, S. 1738) ausweislich der Gesetzesbegründung (Begr. RegE, BT-Drucks. 12/7345, S. 6, 10, 11, 13 f.; Bericht des Rechtsausschusses, BT-Drucks. 12/8089, S. 4) nach nahezu einhelliger Ansicht nichts geändert; vgl. BGH WRP 1998, 973, 974 „Fotovergrößerungen"; 1999, 421, 422 „Vorratslücken"; sowie *Baumbach/Hefermehl* § 13 Rdn. 19 b m.w.N. A.A. nur LG Frankenthal BB 1995, 797, 798; 1996, 761, 761 f.

§ 823 Abs.2 BGB wiederholende Vorschrift im UWG selbst für entbehrlich. Vielmehr ging der UWG-Gesetzgeber selbstverständlich davon aus, ersatzberechtigt solle im Falle der Verletzung des § 1 UWG sein, wessen Schutz die Norm bezwecke[152]. Ursprünglich aber sollte das UWG ausschließlich dem Schutz der Mitbewerber gelten[153]. In seiner ursprünglich engen Auslegung im Sinne eines Substitutionswettbewerbs zwischen den Parteien entspricht das Merkmal des konkreten Wettbewerbsverhältnisses damit dem ursprünglichen individualrechtlichen Schutzzweck des Lauterkeitsrecht.

Später indessen hat der BGH die Aktivlegitimation im Rahmen von § 1 UWG durch eine zunehmend extensive Auslegung des Merkmals des konkreten Wettbewerbsverhältnisses erweitert. Demnach ist nicht mehr erforderlich, daß die Parteien des Schadensersatzprozesses dergleichen Branche angehören[154]. Nicht einmal der Zugehörigkeit zu der gleichen Wirtschaftsstufe bedarf es zwingend[155]. Vielmehr sieht der BGH es bereits als ausreichend an, wenn die Parteien erst durch die angegriffene Handlung in Wettbewerb getreten sind, mochten sie auch im übrigen auf verschiedenen Märkten tätig gewesen sein[156]. Auch muß sich das wettbewerbswidrige Verhalten nicht gezielt gegen den Kläger wenden, sondern kann durchaus in erster Linie marktbezogen oder gegen die Abnehmer gerichtet sein[157].

Die Ausweitung der Ersatzberechtigung in der Rechtsprechung des BGH trägt letztlich den vielfachen Erweiterungen des Schutzzwecks des UWG, namentlich mit Blick auf die Marktgegenseite und den Wettbewerb als Institution Geltung. Vollzogen hat der BGH diesen Wandel indessen nicht unter Rückgriff auf den Schutzzweckgedanken, sondern im Rahmen des Merkmals des konkreten Wettbewerbsverhältnisses[158]. Für das Verhältnis zwischen Ersatzberechtigung und Schutzgesetzprinzip folgt hieraus zunächst, daß sich das Merkmal „konkretes Wettbewerbsverhältnis“ von seiner ursprünglichen Bindung an den Schutzzweck der Norm emanzipiert und eine eigenständige Bedeutung erlangt hat. Soweit die Schadensersatzklage gemäß § 1 UWG als Instrument privater Wettbewerbsaufsicht zu verstehen ist, insbesondere also in den Fällen der Marktstö-

---

152 Vgl. zu den historischen Zusammenhängen insbesondere *Tilmann* BB 1994, 1793, 1794, sowie die Begr. des RegE zur UWG-Novelle von 1978, abgedruckt in WRP 1978, 277, 283.

153 Vgl. hierzu bereits oben sub (1).

154 BGH GRUR 1960, 144, 146 „Bambi“; 1972, 553 „Statt Blumen ONKO-Kaffee“; 1985, 550, 552 „Dimple“.

155 BGH GRUR 1983, 582, 583 „Tonbandgerät“.

156 BGH GRUR 1972, 553 „Statt Blumen ONKO-Kaffee“; 1985, 550, 552 „Dimple“.

157 *Baumbach/Hefermehl* § 13 Rdn. 19.

158 So richtig erkannt von *Tilmann* BB 1994, 1793, 1795. Für eine Rückkehr zu einer ausschließlich am Schutzzweck der verletzten Norm orientierten Auslegung *Sack* WRP 1982, 615, 624 f.; *Ders.*, in: Festschrift für *v. Gamm*, S. 161, 177 ff., insbesondere S. 180.

rung, hat sich die Ersatzberechtigung darüber hinaus von ihrer individualrechtlichen Begründung gelöst. Hierfür war die vorherige rechtliche Verselbständigung der Ersatzberechtigung in Gestalt des Merkmals des konkreten Wettbewerbsverhältnisses notwendige Voraussetzung. In beiden Punkten kommt der Aktivlegitimation im Rahmen der Schadensersatzklage gemäß § 1 UWG Vorbildcharakter für die angestrebte Fortentwicklung des Schutzgesetzprinzips im § 33 S.1 GWB im Sinne einer kartellrechtlich-funktionalen Auslegung zu.

C. Ein Vorschlag zur Objektivierung der Schutzgesetzprüfung auf der Grundlage der Lehre vom formell subjektiven Recht

Im Rahmen einer kartellrechtlich-funktionalen Auslegung ist es nach den bisherigen Erkenntnissen grundsätzlich legitim, die in § 33 S.1 GWB angelegte Schutzzweckprüfung anhand objektiver Wertungskriterien auszufüllen. Mit den Zielvorgaben des Kartellrechts vereinbar ist dabei insbesondere ein maßgeblich auf die Effizienz des Schadensersatzanspruchs als Mittel objektiver Wirtschaftsaufsicht rekurrierendes Verständnis. Der BGH selbst hat eine solche Auslegungsmethode im Rahmen der Verbandsklagebefugnis gemäß § 33 S.2 GWB gewählt. Einen Ansatz, daß hier vertretene objektiv-rechtliche Verständnis auch dogmatisch in die nach § 33 S.1 GWB erforderliche Schutzzweckprüfung zu integrieren bietet die dem öffentlichen Recht entstammende Rechtsfigur des formell subjektiven Rechts.

I. Die Lehre vom formell subjektiven öffentlichen Recht: Formalisierung des Schutzzweckkriteriums im öffentlichen Recht

Der Begriff des subjektiven öffentlichen Rechts umschreibt die dem Einzelnen kraft öffentlichen Rechts verliehene Rechtsmacht, vom Staat zur Verfolgung eigener Interessen ein bestimmtes Verhalten verlangen zu können[159]. Ein subjektives öffentliches Recht in diesem Sinne ist dann begründet, wenn eine zwingende Rechtsvorschrift nicht nur dem öffentlichen Interesse, sondern zumindest auch dem Interesse einzelner Bürger zu dienen bestimmt ist[160]. Die Verleihung subjektiver Rechtspositionen im öffentlichen Recht wie im Kartelldeliktsrecht folgt damit gleichermaßen der Lehre vom Normzweck.

Im Anschluß an *Jellinek* ist für das öffentliche Recht jedoch anerkannt, daß der Gesetzgeber grundsätzlich frei ist, subjektive Rechtspositionen auch dann einzuräumen, wenn er hiermit nicht den Schutz individueller Interessen, sondern den Vollzug objektiven Rechts bezweckt[161]. Dabei wird in der Regel zugleich darauf

---

159 *Maurer*: Allgemeines Verwaltungsrecht, § 8 Rdn. 2.

160 *Maurer*: Allgemeines Verwaltungsrecht, § 8 Rdn. 8.

161 *Jellinek*: System der subjektiven öffentlichen Rechte, S. 70 f. Zu einem weiteren Grund für die Schaffung formeller Rechtsposition vgl. *K. Schmidt*: Klagebefugnis und Beschwerdebefugnis verfahrensbeteiligter Dritter im europäischen und im nationalen Kartellrecht, in: Festschrift für *Ernst Steindorff* zum 70. Geburtstag, S. 1085, 1093 f. (Zubilligung formali-

hingewiesen, daß solche formell subjektiv-öffentlichen Rechte nur Ausnahmecharakter haben könnten[162]. Darüber hinaus wird zumeist angenommen, die Qualifikation bloßer Interessen zu einer subjektiven Rechtsposition könne nur ausdrücklich durch Gesetz erfolgen[163]. Den Charakter formell subjektiver öffentlicher Rechte hat *Masing* unter Verwendung der Kategorien von Recht und Reflex anschaulich herausgearbeitet:

> „Der Gesetzgeber verleiht zur Durchsetzung einer im primär öffentlichen Interesse liegenden Norm reflexhaften Begünstigungen die Qualität subjektiver Rechte; in der Rechtsanwendung aber muß diese Norm gegenüber einzelnen dann unter der Prämisse angewendet werden, sie diene gerade gezielt den begünstigten Individualinteressen, mit der Folge, daß das allgemeine Anliegen des Gesetzes vom Verständnis her zum Reflex gerät[164]."

In der verwaltungsrechtlichen Wissenschaft existieren materielles und formelles Verständnis des subjektiven öffentlichen Rechts weitgehend unabhängig von einander. Zuweilen ist gefordert worden, zwischen subjektiven Rechten im eigentlichen Sinn und der zur Geltendmachung von Fremdinteressen übertragenen Rechtsmacht sei eine klare terminologische Differenzierung vonnöten[165]. Eine darüber hinaus reichende Reflektion der dogmatischen Sprengkraft des Rechtsinstituts des formell subjektiven öffentlichen Rechts ist jedoch weitgehend ausgeblieben[166]. *Scherzberg* indessen hat die These zur Diskussion gestellt, das subjektive öffentliche Recht werde seines materiellen Gehalts entkleidet. Letztlich enthalte es nicht mehr als die Befugnis des Einzelnen zur Durchsetzung einer normativ intendierten Konfliktentscheidung[167]. Sie weist damit in dieselbe Richtung wie die hier vertretenen Auffassung, wonach die Gewährung privater Klagebefugnisse primär als Entscheidung über die Allokation von Aufsichtsbefugnissen zu begreifen ist.

---

sierter Klagerechte in der Erwartung, daß eine Rechtsverletzung wahrscheinlich, aber regelmäßig nur schwer feststellbar ist).

[162] *Jellinek*: System der subjektiven öffentlichen Rechte, S. 71; *Preu*: Subjektivrechtliche Grundlagen des öffentlichen Drittschutzes, S. 138. *Schmidt-Aßmann*, in: Festschrift für *Christian-Friedrich Menger*, S. 107, 110.

[163] *Bachof*: Reflexwirkungen und subjektive Rechte im öffentlichen Recht, in: Gedächtnisschrift für *Walter Jellinek*, S. 287, 293; *Huber*: Konkurrentenschutz im Verwaltungsrecht, S. 278 f.; *Ress*: Das subjektive öffentliche Recht, in: *Ermacora/Winkler/Koja/Rill/Funk* (Hrsg.): Allgemeines Verwaltungsrecht, S. 105, 114 f.

[164] *Masing*: Die Mobilisierung des Bürgers für die Durchsetzung des Rechts, S. 188.

[165] So *Bachof*: Reflexwirkungen und subjektive Rechte im öffentlichen Recht, in: Gedächtnisschrift für *Walter Jellinek*, S. 287, 293.

[166] So die Analyse von *Masing*: Die Mobilisierung des Bürgers für die Durchsetzung des Rechts, S. 190.

[167] *Scherzberg* DVBl 1988, 129, 130.

II. Die Beschwerdebefugnis gemäß § 63 Abs.2 GWB als Anwendungsfall der Lehre vom formell subjektiven Recht auf dem Gebiet des Kartellrechts

Im Sinne einer Begründung formell subjektiver öffentlicher Rechte läßt sich auf dem Gebiet des Kartellrechts die Beschwerdebefugnis der am Verfahren vor der Kartellbehörde Beteiligten begreifen (§ 63 Abs.2 GWB). Die Beschwerde nach § 63 GWB dient nach überwiegender Ansicht regelmäßig der Durchsetzung subjektiver öffentlicher Rechte[168]. Für die Verpflichtungsbeschwerde kommt dies bereits im Wortlaut von § 63 Abs.3 GWB zum Ausdruck. Darüber hinaus ist jedoch anerkannt, daß zur Beschwerde jedenfalls befugt ist, wer in seinen Rechten verletzt ist[169]. Das Rechtsschutzkonzept der kartellrechtlichen Beschwerde folgt damit grundsätzlich der Klagebefugnis gemäß § 42 Abs.2 VwGO.

Allerdings hat der Gesetzgeber die Beschwerdebefugnis durch die Regelung des § 63 Abs.2 GWB grundsätzlich allen am Verfahren vor der Kartellbehörde Beteiligten zugestanden, und zwar unabhängig von deren subjektiv-rechtlichem Betroffensein. Gemäß § 54 Abs.2 Nr.3 GWB sind danach insbesondere solche Personen beschwerdebefugt, deren Interessen durch die Entscheidung der Kartellbehörde erheblich berührt werden und die auf ihren Antrag hin zu dem Verfahren beigeladen worden sind. Darüber hinaus wird man die Beschwerdbefugnis auch denjenigen Personen im Sinne von § 54 Abs.2 Nr.3 GWB zuerkennen müssen, deren Beiladung im Verfahren vor der Kartellbehörde zu Unrecht unterblieben ist[170]. Damit aber wird deutlich, daß die Beschwerdebefugnis gemäß § 63 Abs.2 GWB ihren Grund nicht die Verfahrensbeteiligung als solcher, sondern vielmehr in der erheblichen Interessenberührung im Sinne von § 54 Abs.2 Nr.3 GWB findet. Die „bloßen" Interessen der Verfahrensbeteiligten werden durch die Formalisierung der Beschwerdebefugnis zu formell subjektiven Rechten qualifiziert.

III. Der „formell subjektive" Schadensersatzanspruch gemäß § 33 S.1 GWB

Zwar wird die Begründung formell subjektiver Rechte vorrangig in Gestalt verwaltungsrechtlicher Klagebefugnisse in Betracht kommen. Dogmatisch ist je-

---

[168] IM/*K. Schmidt* § 63 Rdn. 4; *K. Schmidt*: Klagebefugnis und Beschwerdebefugnis verfahrensbeteiligter Dritter im europäischen und im nationalen Kartellrecht, in: Festschrift für *Ernst Steindorff* zum 70. Geburtstag, S. 1085, 1095.

[169] Dies gilt unabhängig davon, ob die betreffende Person im Verfahren vor der Kartellbehörde beteiligt war. Vgl. IM/*K. Schmidt* § 63 Rdn. 22; *Kollmorgen*, in: *Langen/Bunte*, § 63 Rdn. 20; *K. Schmidt*: Klagebefugnis und Beschwerdebefugnis verfahrensbeteiligter Dritter im europäischen und im nationalen Kartellrecht, in: Festschrift für *Ernst Steindorff* zum 70. Geburtstag, S. 1085, 1095.

[170] IM/*K. Schmidt* § 63 Rdn. 22.

doch auch gegen formell subjektive Rechtspositionen auf dem Gebiet des Zivilrechts nichts zu erinnern. Nachdem der Gesetzgeber die Lehre vom formell subjektiven Recht für das Kartellverwaltungsrecht bereits als zulässiges Regelungsinstrument anerkannt hat, stellt sich zwingend die Frage nach der Legitimation eines formell subjektiven Schadensersatzanspruchs auf der Grundlage von § 33 S.1 GWB. Sie ist meines Erachtens zu bejahen.

Allerdings enthalten die Verbotsnormen des GWB gerade keine *ausdrücklichen* Bestimmungen darüber, zu wessen Gunsten sie – unabhängig von einer materiellen Schutzzweckprüfung – als Schutzgesetz im Sinne von § 33 S.1 GWB gelten. Die engen Voraussetzungen, unter denen die verwaltungsrechtliche Wissenschaft die Existenz formell subjektiver Rechte anerkannt hat, liegen demnach nicht vor[171]. Vielmehr hat der Gesetzgeber den kartellrechtlichen Schadensersatzanspruch bewußt der Regelung des § 823 Abs.2 BGB nachempfunden. Dabei ist dem Hinweis, zahlreiche Vorschriften des GWB seien Schutzgesetze im Sinne von § 823 Abs.2 BGB, zu entnehmen, daß der Gesetzgeber ursprünglich Schadensersatzansprüche durchaus nur im Falle der Verletzung materiell individualschützender Normen gewähren wollte[172].

Die Annahme eines formell subjektiven Rechts muß indessen auch dann zulässig sein, wenn aus der Gesetzesbegründung hinreichend deutlich wird, daß der Rechtsanwender von der Notwendigkeit einer materiellen Normzweckprüfung freigestellt werden soll. So verhält es sich beispielsweise mit der Neuregelung des Mißbrauchsverbots im Zuge der 6. GWB-Novelle. In der Begründung des Regierungsentwurfs wird an verschiedenen Stellen ausdrücklich darauf hingewiesen, daß der neue § 19 GWB als Schutzgesetz im Sinne von § 33 S.1 GWB anzusehen sei[173]. Zwar ist es grundsätzlich denkbar, der Gesetzgeber habe hiermit allein seiner Auffassung Ausdruck verleihen wollen, daß das Mißbrauchsverbot nach Maßgabe seines materiellen Normzwecks dem Schutz einzelner Marktteilnehmer diene. Die Möglichkeit einer solchen Schutzrichtung soll hier nicht in Abrede gestellt werden. Für die Entscheidung des Gesetzgebers zugunsten eines unmittelbar anwendbaren Mißbrauchsverbots tragend waren jedoch nicht Gesichtspunkte des Individualschutzes, sondern der Wille, die Verfolgung des mißbräuchlichen Einsatzes von Marktmacht gerade durch die Gewährung individueller Schadensersatzansprüche zu verbessern[174].

Darüber hinaus ist den Bergründungserwägungen zur 6. GWB-Novelle insgesamt das Bestreben zu entnehmen, private Interessen gezielt stärker als bisher zur Durchsetzung der Wettbewerbsordnung zu instrumentalisieren. Dies gilt

---

171 Vgl. zur Notwendigkeit einer ausdrücklichen Regelung oben sub I.
172 Vgl. Begr. RegE 1957, BT-Drucks. 2/1158, S. 38.
173 Begr. RegE, BT-Drucks. 13/9720, S. 35 f., 55.
174 Vgl. hierzu ausführlich oben sub 5. Teil, A.II.2.

auch für den Schadensersatzanspruch gemäß § 33 S.1 GWB[175]. Zugleich hat im Zuge der 6. GWB-Novelle das europarechtliche Konzept der funktionalen Subjektivierung Einzug in das deutsche Kartelldeliktsrecht gefunden. Die besondere Betonung, die der Gesetzgeber auf die unmittelbare Anwendbarkeit von Verbotsnormen legt, mag hierfür als Indiz gelten[176]. Der kartellrechtliche Schadensersatzanspruch hat sich von seiner Zielrichtung her damit spätestens mit der 6. GWB-Novelle endgültig von den Vorgaben des allgemeinen Deliktsrechts gelöst. Wenn der Wortlaut des § 33 S.1 GWB dennoch weiterhin auf den Schutzzweck der verletzten Norm verweist, so kann damit in Anbetracht der primär objektiv-rechtlichen Begründung des Schadensersatzanspruchs allein die Frage nach dem formellen Schutzgesetzcharakter gestellt sein. Schutzgesetz im Sinne von § 33 S.1 GWB ist demnach nicht diejenige Norm, die zumindest auch dem Schutz individueller Interessen zu dienen bestimmt ist, sondern die nach dem übergeordneten Zweck des Kartelldeliktsrechts und dem hieran ausgerichteten objektivierten Willen des Gesetzgebers im Interesse einer effizienten Durchsetzung der Wettbewerbsordnung als Schutzgesetz gelten soll.

175 Vgl. hierzu ausführlich oben sub 5. Teil, A.II.

176 Vgl. zur Übernahme des Konzepts der unmittelbaren Anwendbarkeit oben sub 5. Teil, A.II.3.

7. Teil: Private Mißbrauchsaufsicht nach Inkrafttreten der 6. GWB-Novelle gemäß § 33 iVm. § 19 GWB: Eine kritische Analyse von Rechtsprechung und Literatur

Das neue Mißbrauchsverbot des § 19 GWB ist nach Auffassung des BGH grundsätzlich geeignet, Unterlassungs- und Schadensersatzansprüche gemäß § 33 GWB zu begründen[1]. Die hiermit verbundene Aufgabe der noch in der „Strombezugspreis" – Entscheidung zu § 22 GWB a.F. vertretenen gegenteiligen Ansicht, ist zu begrüßen[2]. Die bisherige Rechtsprechung der Instanzgerichte sowie die einschlägige kartellrechtliche Literatur lassen jedoch vermuten, daß eine dogmatische Neuorientierung des Kartelldeliktsrechts im Sinne einer objektiv-rechtlichen Wettbewerbsaufsicht auch im Zuge der 6. GWB-Novelle nicht vollzogen werden wird. Zwar wächst den Zivilgerichten mit der Anerkennung von § 19 GWB als Schutzgesetz die Aufgabe zu, nunmehr auch im Rahmen des Mißbrauchsaufsicht über maktbeherrschende Unternehmen neben den Kartellbehörden die Durchsetzung der Wettbewerbsordnung zu gewährleisten. Dabei bleibt jedoch die überkommene Aufgabenverteilung zwischen Zivilgerichten und Kartellbehörden erhalten. Während nämlich die Kartellbehörden den Mißbrauch von Marktmacht primär im öffentlichen Interesse verfolgen, bleiben die Zivilgerichte in erster Linie mit dem Schutz individueller Belange betraut. Daß diese individualistische Auffassung des kartellrechtlichen Schadensersatzanspruchs auch die Rechtsprechung zu § 19 GWB beherrscht, zeigt eine neuere Entscheidung des Berliner Kammergerichts. Danach

> „ist eine unerlaubte Handlung betroffen, soweit die Antragstellerin gleichrangig einen Anspruch aus §§ 19 Abs.4 Nr.4, 33 GWB geltend macht [...] In Rechtsprechung und Literatur ist anerkannt, daß Verstöße gegen § 35 GWB a.F. bzw. gegen die mit Wirkung vom 1. Januar 1999 in Kraft getretene Nachfolgenorm § 33 GWB regelmäßig unerlaubte Handlungen im Sinne von § 32 ZPO sind, weil § 35 GWB a.F. bzw. § 33 GWB n.F. den Schutzgesetzverletzungen gemäß § 823 Abs. 2 BGB nachgebildet sind. Die nach Auffassung der Antragstellerin kartellrechtswidrigen Handlungen der Antragsgegnerinnen betreffen nicht nur den durch das GWB geschützten Markt als Gesamtheit, sondern die Rechtssphäre der Antragstellerin, deren individuelle Interessen kartellrechtlich in § 33 GWB i.V.m. mit der jeweiligen Kartellrechtsnorm vergleichbar einem absoluten Recht geschützt sind. Ein solches Schutzgesetz stellt auch und gerade der neue § 19 Abs.4 Nr. 4 GWB dar[3]."

Richtigerweise indessen sind Kartellbehörden und Zivilgerichte als grundsätzlich gleichberechtigt mit der Rechtsdurchsetzung auf dem Gebiet des Kartellrechts anzusehen. Ihre Kompetenzen sind ausschließlich unter Gesichtspunkten

---

[1] BGH NJW 2001, 2541, 2544 (obiter dictum).

[2] WuW/E BGH 1299, 1300 „Strombezugspreis".

[3] KG KGR Berlin 2000, 181; vgl. auch GK/*Leo* § 19 Rdn. 170 (Schadensersatzanspruch zugunsten derjenigen, die durch das Mißbrauchsverbot *geschützt* werden).

ökonomischer Effizienz gegeneinander abzugrenzen. Für die Abgrenzung der Anspruchsberechtigung im Rahmen von § 19 GWB folgt hieraus die Gefahr, daß die bislang vorherrschende pauschale Versagung von Schadensersatzansprüchen wegen mißbräuchlicher Ausübung von Marktmacht in ihr Gegenteil, nämlich eine pauschale Gewährung deliktischen Rechtsschutzes verkehrt wird. In diese Richtung weisen etwa Stimmen in der Literatur, wonach § 19 GWB Schutzgesetz zugunsten aller sein soll, die durch einen Mißbrauch beeinträchtigt[4], betroffen[5] oder geschädigt sind[6]. Auch die teilweise vertretene Ansicht, zur Geltendmachung des Schadensersatzanspruchs könnten auch private Endverbraucher befugt sein, ist bei einer ökonomischen Betrachtungsweise nicht haltbar[7]. Die mangelnde Berücksichtigung ökonomischer Gesichtspunkte läßt sich für alle Beispielstatbestände des § 19 Abs.4 GWB anhand der einschlägigen Rechtsprechung und Literatur belegen.

A. Behinderungsmißbrauch (§ 19 Abs.4 Nr.1 GWB)

Soweit ersichtlich waren die ordentlichen Gerichte seit Inkrafttreten der 6. GWB-Novelle in zwei Fällen mit der Eigenschaft von § 19 Abs.4 Nr.1 GWB als Schutzgesetz im Sinne von § 33 S.1 GWB befaßt. Sowohl das LG Kassel[8] als auch das OLG Düsseldorf[9] haben dabei übereinstimmend die Ansicht vertreten, in den Fällen des Behinderungsmißbrauchs bestehe grundsätzlich ein Schadensersatz- bzw. Unterlassungsanspruch gemäß § 33 S.1 GWB, der vor den Zivilgerichten einklagbar sei. Obwohl beide Entscheidungen im Ergebnis unter ökonomischen Aspekten nicht zu beanstanden sind, lassen sie allein keinen Schluß darüber zu, anhand welcher Kriterien die Rechtsprechung künftig im Rahmen von § 19 Abs.4 Nr.1 GWB die Abgrenzung der Anspruchsberechtigung in persönlicher Hinsicht vornehmen wird. Unklar ist insbesondere, ob sich die in der Literatur zuweilen in Anlehnung an die Rechtsprechung zu § 20 Abs.1 GWB (§ 26 Abs.2 GWB a.F.) vertretene Auffassung durchsetzen wird, wonach zur Geltendmachung der Ansprüche gemäß § 33 S.1 GWB neben den betroffenen Wettbewerbern des marktbeherrschenden Unternehmens nur solche Unternehmen der Marktgegenseite berechtigt sein sollen, die unmittelbar in ihren Wettbewerbsmöglichkeiten beschränkt worden sind[10]. Immerhin hat die – unzutref-

---

[4] *Bornkamm*, in: *Langen/Bunte*, § 33 Rdn. 23.

[5] GK/*Leo* § 19 Rdn. 9, 14; Wiedemann/*Wiedemann* § 23 Rdn. 78.

[6] *Bechtold* § 33 Rdn. 4.

[7] So aber wohl BGH NJW 2001, 2541, 2544 (obiter dictum); *Bornkamm*, in: *Langen/Bunte*, § 33 Rdn. 23; *Roth*, in: Frankfurter Kommentar, § 33 Rdn. 51, 69; Wiedemann/*Wiedemann* § 23 Rdn. 78.

[8] LG Kassel ZNER 2000, 152.

[9] OLG Düsseldorf WuW/E DE-R 545, 547 (obiter dictum).

[10] *Weyer* AG 1999, 257, 259; IM/*Möschel* § 19 Rdn. 249. Wohl auch *Bornkamm*, in: *Langen/Bunte*, § 33 Rdn. 23.

fende – weiterreichende Ansicht, § 19 Abs.4 Nr.1 GWB diene ausschließlich dem Schutz der Wettbewerber hinsichtlich des Marktzutritts, keinesfalls aber dem Schutz der Marktgegenseite, bisher in der Rechtsprechung keine Berücksichtigung gefunden[11].

Nach Ansicht des LG Kassel steht dem Anbieter von Telekommunikationsleistungen gemäß §§ 33 S.1, 19 Abs.4 Nr.1 GWB ein Unterlassungsanspruch gegen das marktbeherrschende Stromversorgungsunternehmen zu, soweit dieses seinen Kunden für den Fall niedrigere Strompreise verspricht, daß sie zugleich Telefondienste von dem mit ihm verbundenen Telekommunikationsdienstleister beziehen[12]. Zwar besteht hier kein Wettbewerbsverhältnis unmittelbar zwischen dem klagenden und dem marktbeherrschenden Unternehmen. Dennoch handelt es sich um eine Wettbewerberklage, da das mit der Klägerin konkurrierende Telekommunikationsunternehmen konzernrechtlich mit dem beklagten Stadtwerk verbunden war.

Das Urteil des OLG Düsseldorf hingegen betrifft die Schadensersatz- und Unterlassungsansprüche eines Unternehmens der Marktgegenseite, welches durch den Mißbrauch unmittelbar in seinen Wettbewerbsmöglichkeiten behindert worden ist. Namentlich in Betracht gezogen hat das OLG Düsseldorf Ansprüche gemäß § 33 S.1 GWB zugunsten eines neu in den Markt drängenden privaten Fachkrankenhauses gegen die gesetzlichen Krankenkassen und ihre Verbände, sofern sich nämlich herausstellen sollte, daß die von diesen getroffenen Vereinbarungen über Pflegesätze, Behandlungsquoten etc. zu einer wettbewerbswidrigen Behinderung im Sinne von 19 Abs.4 Nr.1 GWB zugunsten der bereits am Markt befindlichen Krankenhäuser führen[13].

Eine Einschränkung der Anspruchsberechtigung dahingehend, daß Unternehmen der Marktgegenseite nicht oder nur insoweit zur Geltendmachung des Schadensersatz- bzw. Unterlassungsanspruchs gemäß §§ 33 S.1, 19 Abs.4 Nr.1 GWB befugt sind, als sie unmittelbar in ihren Wettbewerbsmöglichkeiten beschränkt werden, ist abzulehnen. Richtigerweise ist die Klagebefugnis im Rahmen des Behinderungsmißbrauchs den unmittelbaren Abnehmern des marktbeherrschenden Unternehmens, des betroffenen Wettbewers sowie aller nicht betroffener

---

[11] So aber *Roth*, in: Frankfurter Kommentar, § 33 Rdn. 69.

[12] LG Kassel ZNER 2000, 152.

[13] OLG Düsseldorf WuW/E DE-R 545, 547 (obiter dictum). Das Urteil betraf keinen unmittelbar zwischen dem privaten Fachkrankenhaus und den gesetzlichen Krankenkassen bzw. deren Verbänden auf der Grundlage von § 33 S.1 GWB geführten Zivilrechtsstreits. Vielmehr wollte das private Fachkrankenhaus im Wege der Verpflichtungsbeschwerde ein Einschreiten des BKartA erreichen. Das Gericht verneinte einen Anspruch auf Einschreiten des BKartA u.a. mit dem Hinweis auf die ausreichenden Rechtsschutzmöglichkeiten gemäß § 33 S.1 GWB. Das Gericht konnte daher im Ergebnis offen lassen, ob materiell-rechtlich ein Verstoß gegen § 19 Abs.4 Nr.1 GWB gegeben war.

Wettbewerber gleichermaßen zuzuerkennen[14]. Dies gebietet das Gebot der Äquivalenz von Strafhöhe und dem auf die mißbräuchliche Behinderung zurückzuführenden volkswirtschaftlichen Schaden. Ihm wird nur dann entsprochen, wenn den Unternehmen der Marktgegenseite das Recht gewährt wird, den *monopoly overcharge* in voller Höhe als Schadensersatz geltend zu machen[15]. Darauf, ob sie unmittelbar in ihren Wettbewerbsmöglichkeiten beeinträchtigt sind, kommt es dabei nicht an. Vielmehr werden die unmittelbaren Abnehmer – in dem Sinne, in dem der Begriff hier Verwendung findet – stets gleichmäßig betroffen sein. Eine Ausnahme ist nur insoweit zuzulassen, als es sich bei den unmittelbaren Abnehmern um private Endverbraucher handelt[16].

Die in ständiger Rechtsprechung von Seiten des BGH im Rahmen von § 26 Abs.2 GWB a.F. (§ 20 Abs.1 GWB) vertretene, gegenteilige Auffassung, Unternehmen der Marktgegenseite seien nur insoweit zur Geltendmachung des kartellrechtlichen Schadensersatzanspruchs berechtigt, als das wettbewerbsbehindernde Verhalten gegen sie gerichtet sei, läßt sich nicht auf das Verbot von Behinderungsmißbräuchen gemäß § 19 Abs.4 Nr.1 GWB übertragen[17]. Zwar überschneiden sich die Anwendungsbereiche der §§ 19 Abs.4 Nr.1 und 20 Abs.1 GWB in der Praxis weitgehend[18]. Allerdings zielt das Verbot unbilliger Behinderungen gemäß § 20 Abs.1 GWB nicht strikt auf die Bewahrung eines ökonomisch effizienten Wettbewerbs, sondern ist maßgeblich von dem Motiv des Mittelstandsschutzes mitbestimmt[19]. Diese Differenzierung hinsichtlich des Regelungszwecks kommt insbesondere darin zum Ausdruck, daß § 20 Abs.1 GWB abweichend von § 19 Abs.4 Nr.1 GWB nicht den Nachweis einer *für den Wettbewerb auf dem Markt erheblichen Behinderung* erfordert[20].

B. Ausbeutungsmißbrauch bzw. Preis- und Konditionenspaltung (§ 19 Abs.4 Nr.2, 3 GWB)

Weder Fälle des Ausbeutungsmißbrauchs (§ 19 Abs.4 Nr.2 GWB) noch solche der Preis- und Konditionenspaltung (§ 19 Abs.4 Nr.3 GWB) sind – soweit ersichtlich – bisher im Wege der Zivilklage gemäß § 33 S.1 GWB gerichtlich geltend gemacht worden. In einem anderen Zusammenhang allerdings hat der BGH die Ansicht vertreten, eine Preisgestaltung unter Verstoß gegen § 19 Abs.4 Nr.2 GWB könne auch nach § 33 GWB Unterlassungs- und Schadensersatzansprüche nach sich ziehen[21]. Nähere Ausführungen zur Abgrenzung des Schutzzwecks

[14] Zum Begriff des unmittelbaren Abnehmers vgl. bereits oben sub 2. Teil, C.II.
[15] Vgl. hierzu näher oben sub 2. Teil, C.II.
[16] Vgl. auch insoweit oben sub 2. Teil, C.II.
[17] Vgl. zu § 26 Abs.2 GWB a.F. IM/*Markert* (2. Aufl.) § 26 Rdn. 299 m.w.N.
[18] IM/*Möschel* § 20 Rdn. 239.
[19] *Schultz*, in: *Langen/Bunte*, § 20 Rdn. 8, 13.
[20] Zum Verhältnis der Schutzzwecke der §§ 19 und 20 GWB vgl. IM/*Markert* § 20 Rdn. 17.
[21] BGH NJW 2001, 2541, 2544.

von § 19 Abs.4 Nr.2 GWB in persönlicher Hinsicht finden sich an dieser Stelle nicht. Es steht jedoch zu vermuten, daß der BGH im Falle des Ausbeutungsmißbrauchs einen umfassenden Schutz der Marktgegenseite im Gesetz angelegt sieht. Zur Geltendmachung der Ansprüche aus § 33 S.1 GWB wäre demnach auch der private Endverbraucher berechtigt, sollte er für eine Ware oder Dienstleistung ein nicht wettbewerbsadäquates Entgelt an das marktbeherrschende Unternehmen gezahlt haben. Diese Wertung jedenfalls läßt sich dem Gesamtzusammenhang der einschlägigen Ausführungen des BGH entnehmen.

Die Klägerin des zugrunde liegenden Rechtsstreits, ein kommunales Wohnungsunternehmen, hatte mit der Beklagten einen Vertrag über die Versorgung ihrer Mietwohnungen mit Fernseh- und Hörfunkprogrammen über Kabel-Hausverteilungsanlagen geschlossen. Die Höhe des von den Mietern der Klägerin an die Beklagte zu entrichtenden monatlichen Teilnehmerentgelts stand dabei unter dem Vorbehalt einer vorherigen Zustimmung der Klägerin. Der BGH sah hierin eine unzulässige vertikale Preisbindung im Sinne vom § 14 GWB. Die Absprache sei auch nicht deswegen ausnahmsweise gerechtfertigt, weil die Beklagte infolge des Vertrags mit der Klägerin gegenüber deren Mietern eine monopolartige Stellung für den Empfang von Kabelprogrammen erlangt hatte. Eine Preiskontrolle durch die Klägerin sei nicht erforderlich, da die Mieter anderweitig hinreichend gegen eine mißbräuchliche Preisgestaltung der Beklagten geschützt seien[22]. Soweit der BGH die Mieter dabei auf die ihnen zustehenden Ansprüche aus §§ 33 S.1 GWB verweist, kann dem nur entnommen werden, 19 Abs.4 Nr.2 GWB sei Schutzgesetz gerade auch zugunsten privater Endverbraucher.

Die Rechtsauffassung des BGH wird ganz überwiegend von der kartellrechtlichen Literatur geteilt[23]. Sie steht jedoch in Widerspruch zu den Anforderungen an ein auf ökonomische Effizienz ausgerichtetes Kartelldeliktsrecht. Aufgrund der mit einer zivilgerichtlichen Preiskontrolle verbundenen Schwierigkeiten ist die Schutzgesetzeigenschaft sowohl von § 19 Abs.4 Nr.2 GWB als auch von § 19 Abs.4 Nr.3 GWB abzulehnen[24]. Dem kann nicht entgegengehalten werden,

---

[22] BGH NJW 2001, 2541, 2544.

[23] Unter ausdrücklicher Einbeziehung privater Endverbraucher *Bornkamm*, in: *Langen/Bunte*, § 33 Rdn. 23; *Roth*, in: Frankfurter Kommentar, § 33 Rdn. 51, 69; wohl auch Wiedemann/*Wiedemann* § 23 Rdn. 78. Bejahend ferner IM/*Möschel* § 19 Rdn. 249 sowie i.E. *Weyer* AG 1999, 257, 259. Immerhin begrenzt *Roth*, in: Frankfurter Kommentar, § 33 Rdn. 50, den Schadensersatzanspruch auf die unmittelbar auf der Marktgegenseite agierenden Wirtschaftsteilnehmer. Akteure auf weiter vor- bzw. nachgelagerten Marktstufen seien demgegenüber ausgeschlossen.

[24] Vgl. hierzu ausführlich oben sub 2. Teil, C.I. und III. Zutreffend im Ansatz *Weyer* AG 1999, 257, 259, der die Schwierigkeiten bei der Feststellung der Mißbrauchsgrenze und bei der Schadensberechnung erkennt, aber i.E. dennoch – wenn auch nur eingeschränkt – die

das im Rahmen der 6. GWB-Novelle seitens des Gesetzgebers verfolgte Ziel einer verbesserten Vorfeldwirkung durch zivilrechtlichen Schutz sei primär beim Ausbeutungsmißbrauch relevant[25]. Zwar trifft es zu, daß die Überführung von § 22 GWB a.F. in ein Mißbrauchsverbot für die von § 19 Abs.4 Nr.1 GWB erfaßten Behinderungspraktiken insoweit keine wesentliche Ausweitung des deliktischen Rechtsschutzes nach sich gezogen hat, als in diesen Fällen bereits nach alter Rechtslage Unterlassungs- und Schadensersatzansprüche gemäß § 26 Abs.2 GWB a.F. iVm. § 35 Abs.1 GWB a.F. in Betracht kamen[26]. Der Streit um die Schutzgesetzeigenschaft von § 22 GWB a.F. war daher primär für die Fälle des Ausbeutungsmißbrauchs von Interesse. Allerdings ist die mit dem Hinweis auf eine verbesserte Vorfeldwirkung verbundene gesetzgeberische Intention hier nicht im Sinne einer schlichten Ausdehnung deliktischer Sanktionen, sondern einer gezielten Stärkung der Präventionswirkung deliktischer Sanktionen verstanden worden. Dies bedingt im Rahmen von § 33 S.1 GWB eine primär an objektiven Wertungen ausgerichtete Auslegung des Schutzgesetzprinzips. Dabei kommt dem Gesichtspunkt der ökonomischen Effizienz herausragende Bedeutung zu. Ein Gewinn an ökonomischer Effizienz ist in den Fällen des Ausbeutungsmißbrauchs infolge der Gewährung von Schadensersatzansprüchen jedoch gerade nicht zu erwarten.

C. Verweigerung des Zugangs zu wesentlichen Einrichtungen (§ 19 Abs.4 Nr.4 GWB)

Im Gegensatz zu den §§ 19 Abs.4 Nr.1 bis Nr.3 GWB hat der Tatbestand der Verweigerung des Zugangs zu wesentlichen Einrichtungen gemäß § 19 Abs.4 Nr.4 GWB seit seiner Einfügung im Zuge der 6. GWB-Novelle auch in zivilgerichtlichen Rechtstreitigkeiten erhebliche Beachtung gefunden. Nach der von den Instanzgerichten im Anschluß an § 6 Abs.1 EnWG überwiegend vertretenen Auffassung soll Zugangspetenten aus dem in § 33 S.1 GWB geregelten Unterlassungsanspruch iVm. § 19 Abs.4 Nr.4 GWB ein Anspruch auf Zugang zu dem Netz bzw. anderen wesentlichen Infrastruktureinrichtungen des marktbeherrschenden Unternehmens erwachsen[27]. In einem Fall hat das LG

Schutzgesetzeigenschaft von § 19 Abs.4 Nr.2 GWB bejaht. IM/*Möschel* § 19 Rdn. 249 verneint zumindest einen Anspruch auf Vertragsschluß zu wettbewerbsanalogen Preisen.

[25] So aber IM/*Möschel* § 19 Rdn. 249.

[26] In der Praxis überschneiden sich beide Tatbestände weitgehend; vgl. IM/*Markert* § 20 Rdn. 239.

[27] KG KGR Berlin 2000, 181; OLG Dresden RdE 2001, 144, 148; OLG Schleswig-Holstein RdE 2002, 75, 76; LG Berlin RdE 2000, 237, 246 (nicht rechtskräftig, Berufung anhängig beim KG unter dem Az. 29 U 6516/00 Kart.); LG Magdeburg WuW/E DE-R 542, 544 „Euro Power"; LG Rostock RdE 2001, 237, 241; LG Potsdam RdE 2001, 241, 243; LG Leipzig RdE 2002, 24, 25 (alle für Strom); LG Dortmund BB 2000, 2325, 2326 f. (Gas); OLG Hamburg WuW/E DE-R 403, 408 „Pay-TV-Durchleitung" (Zugang zu Gemeinschaftsanlagen zur

Berlin einem Unternehmen, dem der Zugang verweigert worden war, darüber hinaus einen Anspruch auf Ersatz des ihm durch die Zugangsverweigerung entstandenen Schadens zuerkannt[28].

Indessen verspricht zumindest die Gewährung von Schadensersatzansprüchen bei Verstößen gegen § 19 Abs.4 Nr.4 GWB keine gegenüber einem behördlichen Aufsichtsmechanismus ökonomisch effizientere Rechtsdurchsetzung. Insoweit ist die Qualifizierung von § 19 Abs.4 Nr.4 GWB als Schutzgesetz im Sinne von § 33 S.1 GWB abzulehnen. Die seitens der Rechtsprechung überwiegend vertretene Auffassung ist demgegenüber auf eine mangelnde Auseinandersetzung mit den ökonomischen Implikationen des für § 19 Abs.4 Nr.4 GWB maßgeblichen Tatbestandsmerkmals „gegen angemessenes Geld" zurückzuführen. Insbesondere die hieraus folgende tatbestandliche Unbestimmtheit und die Unmöglichkeit einer hinreichend sicheren Quantifizierung des Schadens haben bisher keine Beachtung gefunden[29]. Nur zaghaft klingen Zweifel an einer zivilgerichtlichen Preiskontrolle an[30].

Eine Auseinandersetzung mit der hinreichenden Bestimmtheit des Merkmals „gegen angemessenes Entgelt" und den damit verbundenen Schwierigkeiten im Rahmen der Schadensberechnung findet sich insbesondere nicht in dem vorstehend angeführten Urteil des LG Berlin. Zwar hat der ausgeschlossene Wettbewerber als Schaden nur fruchtlose Aufwendungen geltend gemacht, die er im Hinblick auf den angestrebten Marktzutritt getätigt hatte, nicht hingegen entgangenen Gewinn[31]. Gleichwohl hätte das LG Berlin der Schadensersatzklage nicht ohne weiteres stattgeben dürfen, und zwar selbst dann nicht, wenn man § 19 Abs.4 Nr.4 GWB als taugliche Grundlage von Schadensersatzansprüchen grundsätzlich bejahen wollte. Denn der Wettbewerbern in Fällen kartellrechts-

---

Übertragung von Rundfunk- und Fernsehprogrammen in Mehrfamilienhäusern). Als Schutzgesetz erkennen § 19 Abs.4 Nr.4 GWB weiterhin an *Bornkamm*, in: *Langen/Bunte*, § 33 Rdn. 23; *Dreher* DB 1999, 833, 838; IM/*Möschel* § 19 Rdn. 211; *Römermann/Schröder* BB 2000, 2327; *Schwintowski* WuW 1999, 848, 852; auch *Roth*, in: Frankfurter Kommentar, § 33 Rdn. 51, 69, allerdings unter Ausschluß der Marktgegenseite.

[28] LG Berlin RdE 2000, 237 (nicht rechtskräftig, Berufung anhängig beim KG unter dem Az. 29 U 6516/00 Kart.).

[29] Vgl. zur ökonomischen Analyse von Schadensersatzansprüchen im Falle von Verstößen gegen § 19 Abs.4 Nr.4 GWB ausführlich oben sub 2. Teil, C.IV.

[30] Vgl. etwa *Dreher* DB 1999, 833, 838, der einen umfassenden Anspruch auf Vertragsschluß in den Fällen des § 19 Abs.4 Nr.4 GWB ablehnt, da der Richter ansonsten den Vertrag in concreto formulieren müßte. Denn bei § 19 Abs.4 Nr.4 GWB gehe es – anders als bei § 20 Abs.1 GWB – nicht um einen Vertragsschluß aus Gleichbehandlungsgründen, für dessen Inhalt auf eine Vielzahl vorhandener Verträge zurückgegriffen werden könne. In Rede stehe bei § 19 Abs.4 Nr.4 GWB vielmehr der erstmalige Zugang.

[31] LG Berlin RdE 2000, 237 (nicht rechtskräftig, Berufung anhängig beim KG unter dem Az. 29 U 6516/00 Kart.).

widriger Behinderungsmaßnahmen – als solche ist die unberechtigte Zugangsverweigerung nach § 19 Abs.4 Nr.1 GWB einzuordnen[32] – zustehende Schadensersatzanspruch berechnet sich grundsätzlich nach dem entgangenen Gewinn[33]. Die folgt aus dem Gebot der Äquivalenz von Strafe und volkswirtschaftlichem Schaden[34]. Das LG Berlin hätte demnach untersuchen müssen, ob der tatsächlich geltend gemachte Schaden – nämlich die fruchtlos getätigten Aufwendungen – einen hinreichend guten Näherungswert für den im Falle des erfolgreichen Markteintritts zu erwartenden Gewinn bildeten. In diesem Zusammenhang wären sodann Erwägungen zu dem Merkmal „gegen angemessenes Entgelt" erforderlich geworden. Denn in die Berechnung der hypothetisch zu erzielenden Gewinnspanne ist das an den Netzinhaber abzuführende Entgelt als Kostenfaktor einzustellen. An diesem Punkt hätte sich das LG Berlin sodann mit den hier vorgetragenen Zweifeln an der Schutzgesetzeigenschaft von § 19 Abs.4 Nr.4 GWB auseinandersetzen müssen.

Kritisch gewürdigt hat die Rechtsprechung das Merkmal „gegen angemessenes Entgelt" allein im Rahmen von § 253 Abs.2 Nr.2 ZPO, nicht aber unter ökonomischen Gesichtspunkten. Zudem hat die Mehrzahl der Instanzgerichte – übereinstimmend für § 19 Abs.4 Nr.4 GWB sowie § 6 Abs.1 EnWG – die Auffassung vertreten, der Antrag, das marktbeherrschende Unternehmen Zug um Zug gegen die Zahlung eines angemessenen Entgelts zur Gestattung des Zugangs zu verurteilen, sei ausreichend bestimmt[35]. Demgegenüber hat das OLG Dresden den gleichen Antrag zwar für unzulässig erachtet und dabei zutreffend darauf hingewiesen, auch eine Leistungsklage auf Zahlung einer angemessenen Vergütung komme wegen § 253 Abs.2 Nr.2 ZPO nicht in Betracht[36]. Einen auf dem Zivilrechtsweg durchsetzbaren Zugangsanspruch gemäß § 33 S.1 iVm. § 19 Abs.4 Nr.4 GWB hat es gleichwohl bejaht. Für die hinreichende Bestimmtheit des Antrags auf Gestattung des Zugangs Zug um Zug gegen angemessenes Entgelt verweist die überwiegende Ansicht auf § 315 BGB. Denn danach habe der Netzinhaber zunächst ein angemessenes Entgelt vorzuschlagen. Diese Ar-

---

[32] Vgl. hierzu bereits oben sub 2. Teil, C.IV. Ein Unternehmen, dem der Zugang zu wesentlichen Einrichtungen entgegen § 19 Abs.4 Nr.4 GWB verweigert wird und das daher gemäß § 33 S.1 GWB Schadensersatz beansprucht, klagt in seiner Eigenschaft als potentieller Wettbewerber auf dem abgeleiteten Markt, nicht als Nachfrager der ihm verweigerten Leistung. Unzutreffend daher LG Berlin RdE 2000, 237 (nicht rechtskräftig, Berufung anhängig beim KG unter dem Az. 29 U 6516/00 Kart.).

[33] Vgl. hierzu oben sub 2. Teil, C.II.

[34] Vgl. hierzu oben sub 1. Teil, B.I.

[35] LG Dortmund BB 2000, 2325, 2326 (§ 19 Abs.4 Nr.4 GWB); LG Potsdam WuW/E DE-R 464, 465 (§ 6 Abs.1 EnWG).

[36] OLG Dresden RdE 2001, 144 (insoweit nicht abgedruckt). Zur hinreichenden Bestimmtheit kartellbehördlicher Durchleitungsverfügungen vgl. BGH WuW/E DE-R 977 ff. „Fährhafen Puttgarden" sowie OLG Düsseldorf WuW/E DE-R 569, 574 ff. „Puttgarden".

gumentation mag über die § 253 Abs.2 Nr.2 ZPO betreffenden Bedenken in dem um die Gewährung des Zugangs geführten Rechtstreits hinweg helfen. Als Grundlage für die Berechnung der Schadenshöhe nach Maßgabe des durch die Verhinderung des Marktzutritts entgangenen Gewinns kommt eine einseitige, nachträgliche Leistungsbestimmung gemäß § 315 BGB jedenfalls nicht in Betracht.

Zusammenfassung

Im Zuge der 6. GWB-Novelle hat der Gesetzgeber auf dem Gebiet der Mißbrauchsaufsicht über marktbeherrschende Unternehmen eine grundlegende wettbewerbspolitische Wende vollzogen. An die Stelle der Verbietbarkeitsnorm des § 22 GWB a.F. ist die Verbotsnorm des § 19 GWB getreten. Damit können mißbräuchliche Verhaltensweisen marktbeherrschender Unternehmen nunmehr unmittelbar mit Wirkung für die Vergangenheit durch die Verhängung eines Bußgelds gemäß § 81 Abs.1 Nr.1 GWB sanktioniert werden. Zugleich erhalten die Betroffenen grundsätzlich die Möglichkeit, selbst und ohne vorherige Einschaltung der Kartellbehörden den ihnen entstandenen Schaden vor den Zivilgerichten einzuklagen. Ziel des Gesetzgebers war es dabei insbesondere, die Vorfeldwirkung des Mißbrauchsverbots zu stärken.

Indem sie die private Schadensersatzklage bewußt im Interesse der Wettbewerbsordnung instrumentalisiert, stellt die 6. GWB-Novelle die herkömmliche Systematik kartellrechtlicher Sanktionen grundlegend in Frage. Insbesondere bietet sie Anlaß, das Verhältnis öffentlicher und privater Rechtsdurchsetzung auf dem Gebiet des Kartellrechts neu zu bestimmen. Dabei kommt die vorliegende Untersuchung im wesentlichen zu folgenden Ergebnissen:

1. **Die Auslegung kartellrechtlicher Sanktionsnormen ist vorrangig anhand ökonomischer Gesichtspunkte vorzunehmen.**
   - Unternehmerisches Verhalten im Wettbewerb ist wesentlich von zweckrationalen Entscheidungen bestimmt. Kartellrechtliche Normen sind daher einer dem Primat ökonomischer Effizienz folgenden Auslegung in besonderem Maße zugänglich.
   - Kartellrechtliche Sanktionen sind dergestalt zu wählen, daß – erstens – die für einen Wettbewerbsverstoß zu verhängende Strafe dem durch diesen verursachten volkswirtschaftlichen Schaden entspricht, und daß – zweitens – die sozialen Kosten kartellrechtswidrigen Verhaltens insgesamt minimiert werden.
   - Das Ziel der Kostenminimierung wird regelmäßig am ehesten erreicht bei einer Kombination aus hoher Strafandrohung und niedriger Verfolgungsintensität.
   - Eine Minimierung der sozialen Kosten kartellrechtswidrigen Verhaltens in diesem Sinne wird am besten durch ein System öffentlicher Rechtsdurchsetzung gewährleistet, sofern – erstens – das Handeln der zuständigen Behörden ausschließlich von dem Ziel ökonomischer Effizienz bestimmt ist, und – zweitens – die zuständigen Behörden mit dem Maß an finanziellen und personellen Mitteln ausgestattet sind, um eine optimale Verfolgungsintensität sicherstellen zu können. Denn nur in einem solchen System sind Strafhöhe und Verfolgungsintensität als Variablen unabhängig voneinander frei wählbar, so daß auf eine Anhebung der Strafandro-

hung mit einer Absenkung der Verfolgungsintensität reagiert werden kann. Die Geltendmachung privater Sanktionen ist demgegenüber maßgeblich durch die Gesetze von Angebot und Nachfrage sowie das Gebot der Profitabilität bestimmt. Aus der Sicht des privaten Rechtsverfolgers signalisiert die Anhebung der Strafandrohung daher eine höhere Nachfrage nach Verfolgungsmaßnahmen; zugleich wird ein höherer Gewinn in Aussicht gestellt. Die externen Kosten einer höheren Verfolgungsintensität bleiben dabei außer Acht.

- Die Vorgaben optimaler öffentlicher Rechtsdurchsetzung werden in der realen Welt regelmäßig nicht erfüllt sein. Ergänzend sind daher private Sanktionen grundsätzlich in Betracht zu ziehen.
- Für die Ausgestaltung privater Rechtsdurchsetzung stehen dem Gesetzgeber verschiedene Mechanismen zur Verfügung. Dabei ist zunächst zu entscheiden, ob die Geltendmachung von Schadensersatzansprüchen grundsätzlich dem freien Wettbewerb zwischen privaten Rechtsverfolgern überlassen oder bestimmten Personengruppen von Gesetzes wegen vorbehalten bleiben soll. Im Rahmen einer gesetzlichen Zuweisung von Klagerechten ist sowohl die Errichtung eines privaten Rechtsdurchsetzungsmonopols denkbar als auch eine ausschließliche Berechtigung des oder der Geschädigten. Die Klagerechte können dabei übertragbar oder nicht übertragbar ausgestaltet werden. Sie können auf einzelne Gruppen von Geschädigten begrenzt werden.

2. **Eine private Mißbrauchsaufsicht ist im Rahmen von § 19 GWB ökonomisch nur in den Fällen des Behinderungsmißbrauchs effizient; im übrigen ist eine Durchsetzung im Wege privater Schadensersatzklagen abzulehnen.**

- Ein genereller Verzicht auf private Sanktionen – insbesondere solche des Deliktsrechts – ist für das deutsche Kartellrecht nicht geboten. Weder entsprechen die Rahmenbedingungen der kartellbehördlichen Rechtsdurchsetzung den Vorgaben an ein System optimaler öffentlicher Rechtsdurchsetzung. Noch steht in Anbetracht der Ausgestaltung des zivilgerichtlichen Verfahrens zu befürchten, daß die mit Schadensersatzklagen befaßten Zivilgerichte schlechthin mit der Behandlung auch komplexer kartellrechtlicher Sachverhalte überfordert wären.
- Ob eine konkrete Norm des deutschen Kartellrechts unter ökonomischen Gesichtspunkten einer Durchsetzung im Wege privater Schadensersatzklagen zugänglich sein sollte, läßt sich unter Zuhilfenahme von insgesamt acht Kriterien bestimmen, namentlich: (1) Der Höhe des regelmäßig zu erwartenden externen Schadens; (2) der Verteilung – insbesondere der Streuung – des Schadens; (3) der Heimlichkeit bzw. Offenheit der Zuwiderhandlung; (4) der Praktikabilität einer Zuweisung von Klagebefugnis-

sen an den oder die Geschädigten; (5) der Höhe der Verfahrenskosten; (6) der Normbestimmtheit und Normklarheit; (7) der Möglichkeit, eine kartellrechtswidrige Verhaltensweise strategisch – insbesondere im Wege der Drohung – einzusetzen; sowie (8) der Effizienz der Ermessenskontrolle, der die Kartellbehörde in Anwendung der betreffenden Norm unterliegt.

- Im Falle des Behinderungsmißbrauchs (§ 19 Abs.4 Nr.1 GWB) kann die Gewährung privater Schadensersatzansprüche wesentlich zur Durchsetzung einer effizienten Wettbewerbsordnung beitragen. Aus ökonomischer Sicht sollte die Klagebefugnis allerdings auf die Wettbewerber des marktbeherrschenden Unternehmens sowie die unmittelbaren Abnehmer beschränkt werden. Dabei ist der Anspruch der Wettbewerber grundsätzlich nach Maßgabe des ihnen infolge der Behinderung entgangenen Gewinns, der Anspruch der Abnehmer hingegen anhand des *monopoly overcharge* zu berechnen.
- Aus ökonomischer Sicht sollten die Tatbestände des Ausbeutungsmißbrauchs (§ 19 Abs.4 Nr.2 GWB) sowie der Preis- und Konditionenspaltung (§ 19 Abs.4 Nr.3 GWB) hingegen einer Durchsetzung im Wege privater Schadensersatzklagen nicht zugänglich sein. Ihnen mangelt es an dem hierfür unabdingbaren Mindestmaß an tatbestandlicher Bestimmtheit. Insbesondere die Feststellung des wettbewerbsanalogen Preises bereitet erhebliche Schwierigkeiten, die sich nicht nur auf die Motivation potentieller Kläger, sondern auch auf die erforderliche Quantifizierbarkeit des Schadens nachteilig auswirken. Zudem birgt die private Mißbrauchsaufsicht in den Fällen der § 19 Abs.4 Nr.2 und 3 GWB die Gefahr einer übermäßigen Kontrolle der im Rahmen der Marktwirtschaft grundsätzlich dem freien Spiel von Angebot und Nachfrage überantworteten Preisbildung. Sie läßt eine Beeinträchtigung der Dynamik des Wettbewerbsprozesses besorgen und stellt daher die Leistungsfähigkeit des Wettbewerbs als Regulierungsmechanismus einer optimalen Ressourcenallokation in Frage.
- Auch in Zusammenhang mit dem im Zuge der 6. GWB-Novelle eingefügten Tatbestand der unberechtigten Verweigerung des Zugangs zu wesentlichen Infrastruktureinrichtungen (§ 19 Abs.4 Nr.4 GWB) muß die Gewährung privater Schadensersatzansprüche aus ökonomischer Sicht ausscheiden. Zwar betrifft die *essential facilities doctrine* einen Sonderfall des Behinderungsmißbrauchs. In Gestalt des Merkmals des angemessenen Entgelts ist aber auch hier die Bestimmung wettbewerbsanaloger Geschäftsbedingungen zumindest im Rahmen der Schadensberechnung unerläßlich. Insofern sind dieselben Einwände gegen schadensersatzrechtli-

che Sanktionen zu erheben wie in der Fällen der § 19 Abs.4 Nr.2 und 3 GWB.

3. **Vor Inkrafttreten der 6. GWB-Novelle waren private Schadensersatzansprüche auf dem Gebiet der Mißbrauchsaufsicht über marktbeherrschende Unternehmen ausgeschlossen. Das Schutzgesetzprinzip des § 35 Abs.1 S.1 GWB a.F. sowie das hinter ihm stehende, primär an individuellen Belangen ausgerichtete Rechtsschutzkonzept verhinderte die Institutionalisierung einer ökonomisch effizienten, privaten Mißbrauchsaufsicht.**
   - Private Schadensersatzansprüche kamen vor Inkrafttreten der 6. GWB-Novelle ausschließlich nach Maßgabe von § 35 GWB a.F. in Betracht. Danach war Schadensersatz nur insoweit zu leisten, als der Verstoß eine Vorschrift des GWB betraf, die den Schutz eines anderen bezweckte. Als Schutzgesetz in diesem Sinne hat der BGH nur solche Normen anerkannt, die in Gestalt eines bestimmten Gebots oder Verbots den Schutz eines bestimmten Personenkreises umfaßten und gegen eine näher bestimmte Art der Schädigung eines im GWB festgelegten Rechtsguts oder Individualinteresses gerichtet waren.
   - In ständiger Rechtsprechung haben der BGH und die Instanzgerichte die Auffassung vertreten, die Mißbrauchsaufsicht über marktbeherrschende Unternehmen gemäß § 22 GWB a.F. stelle kein Schutzgesetz im Sinne von § 35 Abs.1 S.1 GWB a.F. dar, da sie nicht dem unmittelbaren Schutz von Individualinteressen diene. Die herrschende Ansicht in der Literatur hat sich dieser Ansicht angeschlossen.
   - Die Schutzgesetzdefinition des BGH rekurriert maßgeblich auf die individuellen Interessen der Marktteilnehmer. Allerdings haben sich in der praktischen Anwendung typisierte Schutzgesetzmerkmale herausgebildet, auf deren Grundlage zunehmend objektiv-rechtliche Kriterien Eingang in die Schutzzweckprüfung gefunden haben. Zugleich hat die herrschende Ansicht jedoch an der subjektiv-rechtlichen Dogmatik des Kartelldeliktsrechts festgehalten. Eine gezielte Instrumentalisierung des Schadensersatzrechts im Interesse der effizienten Durchsetzung der Wettbewerbsordnung mußte daher ausscheiden.
4. **Das europäische Wettbewerbsrecht instrumentalisiert private Schadensersatzklagen gezielt zur Durchsetzung der in den Art. 81 und 82 EG niedergelegten Verbote im Allgemeininteresse. Zu diesem Zweck hat der Gerichtshof im Wege der richterlichen Rechtsfortbildung einen Ersatzanspruch begründet, der seine Grundlage unmittelbar im Gemeinschaftsrecht findet. Die Auslegung dieses Anspruchs ist maßgeblich durch das gemeinschaftsrechtliche Effizienzgebot (Art. 5 EG) bestimmt. Nicht hingegen folgt er in jedem Fall strikt ökonomischen Maßstäben.**

- Nach der vorherrschenden Auffassung bestimmen sich die zivilrechtlichen Folgen von Verstößen gegen das Gemeinschaftsrecht – insbesondere die Frage des Schadensersatzes – ausschließlich nach Maßgabe des nationalen Rechts. Dies hat das Gericht Erster Instanz für die Art. 81 und 82 EG in „Automec" ausdrücklich bestätigt. Der BGH hat daher in ständiger Rechtsprechung Schadensersatz auf der Grundlage von § 823 Abs.2 BGB gewährt.
- Für die Haftung der Mitgliedsstaaten indessen hat der Gerichtshof in „Francovich" und „Brasserie du Pêcheur" zum Ausdruck gebracht, die Verpflichtung zum Ersatz des infolge gemeinschaftsrechtswidrigen Verhaltens entstandenen Schadens finde ihre Grundlage unmittelbar im Gemeinschaftsrecht. Im Anschluß an die Ausführungen des Generalanwalts *Van Gerven* in „Banks" ist vor diesem Hintergrund auch für Verstöße gegen die Art. 81 und 82 EG ein originär gemeinschaftsrechtlicher Ersatzanspruch anzunehmen. Der Gerichtshof hat einen solchen Anspruch zuletzt in „Courage Ltd." konkludent anerkannt.
- Rechtsdogmatisch folgt der Schadensersatzanspruch bei Verstößen gegen die europäischen Wettbewerbsregeln der Theorie des subjektiven Gemeinschaftsrechts. Danach erfolgt die Einräumung subjektiver Rechtspositionen im europäischen Recht nicht unter dem Gesichtspunkt des Individualschutzes, sondern bezweckt die Instrumentalisierung der Interessen des Einzelnen zur Durchsetzung der objektiven Rechtsordnung. Vor diesem Hintergrund hat die Rechtsprechung das Konzept der unmittelbaren Wirkung des Gemeinschaftsrechts entwickelt, das seine notwendige Ergänzung in dem Schadensersatzanspruch findet.
- Für die Geltendmachung des Schadensersatzanspruchs kommt es daher nicht auf den Schutzzweck der europäischen Wettbewerbsregeln an. Die Abgrenzung der Klagebefugnis in persönlicher Hinsicht ist vielmehr ausschließlich aus dem Begriff der unmittelbaren Wirkung heraus zu bestimmen. Wer sich auf die unmittelbare Wirkung der Art. 81 und 82 EG berufen kann, erschließt sich aus der Regelung der verfahrensrechtlichen Stellung Drittbetroffener im europäischen Kartellverfahrensrecht. Erforderlich ist danach grundsätzlich der Nachweis eines eigenen, in der Eigenschaft als Teilnehmer am Marktprozeß begründeten Interesses daran, daß die verletzte Norm zu den eigenen Gunsten beachtet und durchgesetzt wird.
- In dieser, an der Rechtsprechung des Gerichtshofs ausgerichteten Auslegung führt das Merkmal der unmittelbaren Wirkung zu einer ökonomisch ineffizienten Ausweitung der privaten Wettbewerbsaufsicht im europäischen Recht. Nicht sinnvoll sind insbesondere die von privaten Endverbrauchern erhobenen Schadensersatzklagen. Auch sollte die Geltendma-

chung des volkswirtschaftlichen Schadens auf die Ebene der unmittelbaren Abnehmer des bzw. der Schädiger beschränkt sein. Das Abwälzungsargument ist daher entgegen der von Seiten des Gerichtshofs in ständiger Rechtsprechung vertretenen Auffassung abzulehnen. Schließlich erscheint eine Durchsetzung des Mißbrauchsverbots insbesondere in den Fällen des Preismißbrauchs nicht angezeigt.

- Die Durchsetzung des gemeinschaftsrechtlichen Ersatzanspruchs erfolgt im Rahmen des nationalen Haftungs- und Verfahrensrechts. Dabei müssen die nationalen Gerichte infolge der Novellierung des europäischen Kartellverfahrensrechts nicht nur mit einer quantitativ gesteigerten Inanspruchnahme rechnen. Insbesondere die Übertragung der Kompetenz zur Anwendung von Art. 81 Abs.3 EG wird die Qualität der Rechtsprechung beeinflussen. Auch die Zivilgerichte werden in zunehmendem Maße selbst wettbewerbspolitische Wertungen treffen müssen.

5. **Das im Zuge der 6. GWB-Novelle von Seiten des Gesetzgebers verfolgte Ziel einer Harmonisierung des deutschen und des europäischen Kartellrechts bietet Anlaß, die Aufgaben des Kartelldeliktsrechts grundlegend neu zu bestimmen. Ziel ist dabei eine am Maßstab ökonomischer Effizienz ausgerichtete Auslegung des kartellrechtlichen Schadensersatzanspruchs.**

   - Nach den Vorstellungen des GWB-Gesetzgebers von 1957 beinhaltete die kartellrechtliche Schadensersatzregelung einen Anspruch aus unerlaubter Handlung, der ausnahmslos den Vorgaben des allgemeinen bürgerlichen Rechts folgte. An dem sich hieraus ergebenden Primat der Ausgleichsfunktion gegenüber präventiven Gesichtspunkten hat die herrschende Ansicht weitgehend festgehalten. Nur ausnahmsweise ist auf die mit dem Schadensersatzanspruch verbundene Mobilisierung privater Interessen zur Durchsetzung der Wettbewerbsordnung hingewiesen worden.
   - Infolge der 6. GWB-Novelle hat die Präventionsfunktion des Kartelldeliktsrechts eine erhebliche Aufwertung erfahren. Sie kommt zum Ausdruck in (1) der wettbewerbspolitischen Neuausrichtung des Regulierungsansatzes gegenüber marktbeherrschenden Unternehmen durch die Einführung eines unmittelbar sanktionierten Mißbrauchsverbots; (2) dem hiermit verbundenen Ziel, die Vorfeldwirkung des Mißbrauchsverbots gerade durch die Ermöglichung privater Schadensersatzklagen zu stärken; (3) der möglichen Überführung des Konzepts der unmittelbaren Wirkung aus dem europäischen in das deutsche Recht; sowie schließlich (4) der Einführung von Drittklagebefugnissen auf dem Gebiet der Fusionskontrolle.
   - Für die dogmatische Weiterentwicklung des deutschen Kartelldeliktsrechts im Sinne eines Mittels der objektiven Wettbewerbsaufsicht ist dem

europäischen Rechtsschutzkonzept maßgebliche Bedeutung beizumessen. Denn es stellt klar, daß ein Monopol zur Wahrnehmung und Durchsetzung öffentlicher Interessen zugunsten der öffentlichen Hand ebensowenig besteht, wie ein Anspruch des Einzelnen, daß sein das Allgemeininteresse betreffende Handeln nur der Kontrolle durch die öffentliche Hand unterliegt. Das europäische Konzept des privaten Rechtsschutzes fordert daher eine Neudefinition des Verhältnisses von Bürger und Verwaltung bei der Wahrnehmung öffentlicher Interessen dienender Aufgaben.

- Eine Auslegung des deutschen Kartelldeliktsrechts nach Maßgabe der für Inhalt und Reichweite des gemeinschaftsrechtlichen Schadensersatzanspruchs gewonnenen konkreten Ergebnisse scheidet jedoch aus. Vielmehr bedarf das Konzept einer funktionalen Instrumentalisierung privater Interessen durch die Gewährung deliktischer Klagebefugnisse der autonomen Umsetzung unter Berücksichtigung der für das deutsche Recht bestimmenden Rahmenbedingungen. Dies betrifft die Leistungsfähigkeit der Zivilgerichte, der Kartellbehörden und der ihnen jeweils zur Wahrnehmung ihrer Aufgaben zur Verfügung stehenden verfahrensrechtlichen Instrumente. Dabei müssen an die Stelle der Vermutung, die Gewährung privater Schadensersatzansprüche werde im Zweifel stets im Sinne einer effektiven Rechtsdurchsetzung liegen, vermehrt ökonomisch nachweisbare Wertungen treten.

6. **Die Umsetzung eines am Maßstab ökonomischer Effizienz ausgerichteten Rechtsschutzkonzepts ist ob des in § 33 S.1 GWB fortgeschriebenen Schutzgesetzprinzips bereits de lege lata zulässig.**

- Die in Anwendung des Schutzgesetzprinzips erforderliche Abgrenzung individualschützender und institutionsschützender Normen ist kein Selbstzweck. Für den Gesetzgeber des BGB war sie vielmehr nur einer von mehreren zur Diskussion gestellten Regulierungsmechanismen, um die als zu weit empfundene Haftungsandrohung einer deliktsrechtlichen Generalklausel zu korrigieren. Das Schutzgesetzerfordernis ist daher dem Grunde nach einer funktionalen Auslegung zugänglich.
- Im Rahmen des Kartelldeliktsrechts unterliegt das Schutzgesetzprinzip zudem dem Gebot der kartellrechtlich-funktionalen Auslegung. Danach hat die Begriffsbildung im Kartellrecht grundsätzlich autonom, insbesondere unabhängig von der Auslegung desselben Tatbestandsmerkmals im bürgerlichen Recht zu erfolgen. Die Auslegung des Schutzgesetzprinzips im Rahmen von § 823 Abs.2 BGB entfaltet für das Kartelldeliktsrecht daher nicht die Wirkung eines bindenden Präjudizes.
- Das Konzept einer objektiven Wettbewerbsaufsicht durch private Klagen ist im Wettbewerbs- und Kartellrecht bereits de lege lata anerkannt. Es hat Eingang gefunden insbesondere in die Verbandsklagebefugnisse gemäß

§ 13 Abs.2 Nr.2 UWG bzw. § 33 S.2 GWB sowie den individuellen Schadensersatzanspruch gemäß § 1 UWG.

- Die Unterlassungsklage der gewerblichen Interessenverbände gemäß § 13 Abs.2 Nr.2 UWG war von Beginn an durch den Gesetzgeber als objektive Privatklagebefugnis begründet. Die objektive Zielrichtung des Schadensersatzanspruchs gemäß § 1 UWG hingegen hat sich erst im Laufe der Zeit aus einer ursprünglich allein dem Individualschutz dienenden Norm durch eine fortschreitende Formalisierung des Schutzzweckverständnisses entwickelt. Auch im Rahmen der Verbandsklage gemäß § 33 S.2 GWB hat die Rechtsprechung die Auslegung des Schutzgesetzerfordernisses dem Zweck untergeordnet, im Interesse der Allgemeinheit eine effiziente Sanktion zu schaffen. Das Schutzgesetzprinzip in § 33 S.1 GWB steht der Fortentwicklung der Norm im Sinne einer primär objektiven Interessen dienenden Sanktionsnorm demnach nicht zwingend entgegen.
- Dogmatisch kann das Ziel einer Objektivierung des kartellrechtlichen Schadensersatzanspruchs unter Rückgriff auf die von *Jellinek* begründete Rechtsfigur des formell subjektiven Rechts in die Auslegung des Schutzgesetzprinzips integriert werden.

7. **Die Öffnung der Mißbrauchsaufsicht über marktbeherrschende Unternehmen für private Schadensersatzklagen infolge der 6. GWB-Novelle ist grundsätzlich zu begrüßen. Eine Analyse der insoweit bisher vorliegenden Rechtsprechung läßt jedoch befürchten, daß ökonomischen Wertungen auch künftig nicht das gebotene Gewicht bei der Auslegung des Schadensersatzanspruchs beigemessen werden wird.**

- Das neue Mißbrauchsverbot des § 19 GWB ist grundsätzlich Schutzgesetz im Sinne von § 33 S.1 GWB. Die Rechtsprechung gewährt daher nunmehr umfassend deliktischen Rechtsschutz gegen mißbräuchliche Verhaltensweisen marktbeherrschender Unternehmen. Dies gilt insbesondere für alle Beispielstatbestände des § 19 Abs.4 GWB.
- Die von Seiten des Gesetzgebers angestrebte Stärkung der präventiven Funktion des kartellrechtlichen Schadensersatzanspruchs hat in der Rechtsprechung nicht die gebotene Beachtung gefunden. Nicht das Konzept einer gezielten Instrumentalisierung privater Schadensersatzklagen im Interesse des institutionellen Wettbewerbsschutzes bestimmt die Auslegung von § 33 S.1 GWB, sondern weiterhin der Gedanke des Individualschutzes. Ökonomische Wertungen haben für die Frage, ob und zu wessen Gunsten eine Norm Schutzgesetz ist, demgemäß keine Bedeutung erlangt.
- Nach dem derzeitigen Stand der Rechtsprechung ist der privaten Mißbrauchsaufsicht durch Schadensersatzklagen gemäß § 33 S.1 iVm. § 19 GWB ein zu weiter Anwendungsbereich eröffnet. Dies gilt insbesondere

für die Fälle des Ausbeutungsmißbrauchs (§ 19 Abs.4 Nr.2 GWB), der Preis- und Konditionenspaltung (§ 19 Abs.4 Nr.3 GWB) sowie der unberechtigten Verweigerung des Zugangs zu wesentlichen Infrastruktureinrichtungen (§ 19 Abs.4 Nr.4 GWB).

Deutsches und Europäisches Wirtschaftsrecht

Herausgegeben von Jürgen F. Baur

Band 1 Matthias Wolter: Das Tatbestandsmerkmal der Lückenlosigkeit qualitativer Selektivvertriebssysteme im Spannungsverhältnis zwischen Wettbewerbs- und Kartellrecht. 2001.

Band 2 Nicole Hagemann: Rechtsschutz gegen Kennzeichenmissbrauch unter Berücksichtigung der Internet-Domain-Name-Problematik. 2001.

Band 3 Bernd Nelißen: Die Abgrenzung "horizontaler" und "vertikaler" Wettbewerbsbeschränkungen nach der 6. GWB-Novelle. 2001.

Band 4 Silke Rütters: Die neue *Schirm-* Gruppenfreistellungsverordnung (EG) Nr. 2790/1999 der Kommission. Zu den Ursachen der weitreichenden Reform der EG-Wettbewerbspolitik gegenüber vertikalen Wettbewerbsbeschränkungen und deren materiellrechtlichen Grenzen. 2002.

Band 5 Dirk Strohe: Demarkationen und Bezugsbindungen in gewerblichen Energielieferverträgen. 2003.

Band 6 Cyrille de Crozals: Die Anwendung der Artikel 81 und 82 EGV durch die französischen Behörden und Gerichte. 2003.

Band 7 Daniela Seeliger: Geltungsbereich der Zusammenschlusskontrolle und Grundsätze für die Beurteilung von Zusammenschlüssen nach der 6. Novelle des Gesetzes gegen Wettbewerbsbeschränkungen. Ausgewählte Anwendungsprobleme aus der Praxis zu §§ 35 und 36 GWB. 2003.

Band 8 Till Schreiber: Das argentinische Gesetz 25.156 zum Schutz des Wettbewerbs. Eine rechtsvergleichende Darstellung unter besonderer Berücksichtigung des Protokolls zum Schutz des Wettbewerbs im MERCOSUR und der Rechtsprechung der Comisión Nacional de Defensa de la Competencia. 2003.

Band 9 Mathias Mantler: Der GMP-Vertrag aus bauvergaberechtlicher Sicht. 2004.

Band 10 Christoph Renard: Das französische Fusionskontrollrecht. 2004.

Band 11 Anika Gerken: Rechtsschutzmöglichkeiten europäischer Wirtschaftsteilnehmer gegen GATT-widrige Wirtschaftshemmnisse. 2004.

Band 12 Markus Röhrig: Schadensersatzansprüche im deutschen Kartellrecht nach der 6. GWB-Novelle. Eine ökonomische Betrachtung privater Wettbewerbsaufsicht am Beispiel des neuen Mißbrauchsverbots gemäß § 19 GWB. 2004.

www.peterlang.de

FSC
www.fsc.org
MIX
Papier | Fördert
gute Waldnutzung
FSC® C083411

Kolibri 360 GmbH
Ferdinand-Jühlke-Straße 7
99095 Erfurt, Deutschland
produktsicherheit@kolibri360.de

Druck:
CPI Druckdienstleistungen GmbH
im Auftrag der
Kolibri 360 GmbH
Ferdinand-Jühlke-Str. 7
99095 Erfurt